U0125588

戴庆厦自选文集

Daiqingxia Zixuanwenji

戴庆厦◎著

中央民族大学出版社
China Minzu University Press

图书在版编目（CIP）数据

戴庆厦自选文集 / 戴庆厦著 . —北京：中央民族大学出版社，2021.1

（中央民族大学名师学术文集）

ISBN 978-7-5660-1780-2

Ⅰ. ①戴… Ⅱ. ①戴… Ⅲ. ①少数民族—民族语言学—中国—文集 Ⅳ. ①H2-53

中国版本图书馆 CIP 数据核字（2019）第 301923 号

戴庆厦自选文集

作　　者　戴庆厦
责任编辑　戴佩丽
封面设计　舒刚卫
出版发行　中央民族大学出版社
　　　　　北京市海淀区中关村南大街 27 号　　邮编：100081
　　　　　电话：（010）68472815（发行部）　传真：（010）68933757（发行部）
　　　　　　　（010）68932218（总编室）　　　　（010）68932447（办公室）
经 销 者　全国各地新华书店
印 刷 厂　北京鑫宇图源印刷科技有限公司
开　　本　787 × 1092　1/16　印张：37
字　　数　530 千字
版　　次　2021 年 1 月第 1 版　2021 年 1 月第 1 次印刷
书　　号　ISBN 978-7-5660-1780-2
定　　价　148.00 元

“中央民族大学名师学术文集”出版前言

“所谓大学之大，非有大楼之谓也，乃有大师之谓也。”著名教育家、原清华大学校长梅贻琦先生广为人知的这句名言，道出了大学教育的真谛。任何著名大学，其所以著名，其所以为世人瞩目，乃在于她拥有名家大师，执掌其教学科研，引领其学科建设，使学问能日日精进，德行能时时砥砺，境界能渐渐提升，而成就斐然、名重一时的栋梁之材能如璀璨群星不断脱颖而出、辉耀于世界。

中央民族学院是中国共产党和中央人民政府为持续深入地推动中国特色解决民族问题道路的探索，于1950年4月确定创办的一所地位极其重要、意义极其特殊的高等院校。① 其根脉是中国共产党1941年于延安创办的民族学院。建校伊始，根据学校定位和当时开展学科建设、人才培养、科学研究以及为新中国民族工作提供高水平决策咨询服务的迫切需要，在中央政府和各方面的大力支持下，一大批在民族学、社会学、人类学、历史学、语言学、民族艺术等学科领域闻名遐迩的顶尖学者，或已崭露头角的青年才俊，如翦伯赞、吴泽霖、潘光旦、吴文藻、闻宥、于道泉、杨成

① 1950年4月，中共中央政治局做出了在北京设立中央民族学院的决定。6月30日，中华人民共和国政务院任命中央民委副主任乌兰夫、刘格平分别兼任中央民族学院正副院长，由中央民委主持的中央民族学院建校筹备工作正式启动。9月，政务院任命刘春出任中央民族学院副院长，主持日常工作。在北京市政府的支持下，确定将校址选在北京西郊的魏公村。11月24日，周恩来总理主持政务院第60次政务会议，通过了《培养少数民族干部试行方案》和《筹办中央民族学院试行方案》两个重要文件。1951年4月12日，政务院第78次政务会议决定任命费孝通为中央民族学院副院长。6月11日，中央民族学院举行开学典礼，中央人民政府副主席朱德、政务院副总理董必武出席并讲话。一所新型的、富有中国特色的现代大学在北京诞生了。

志、陈振铎、冯家昇、翁独健、费孝通、林耀华、傅懋绩、陈述、傅乐焕、王锺翰、马学良、陈永龄、施联朱、金天明、宋蜀华、贾敬颜、王辅仁、黄淑娉、吴恒等，先后来到中央民族学院，使尚处草创时期的中央民族学院一跃成为全国民族研究和人才培养的重镇和高地，迅速跻身全国名校之列，并成为我国对外学术交流的重要窗口。经由这些杰出专家学者开拓的研究领域、奠定的学术传统和擘画的专业布局，历经半个多世纪的拼搏进取和薪火相传，已积蓄成为中央民族学院迈向综合性研究型大学的丰沛特色泉源和坚实学科根基，是中央民族学院坚持服务国家民族工作大局的基本定位、保持国家民族工作重要人才摇篮和重要智库地位的牢固支撑。如今的中央民族大学，在创建一流大学、一流学科的征途中，依然也必然以前辈大师名家呕心沥血奠定的基业为张本。名家大师与大学建设发展关系之密切和深远，于此可以充分见证和深切体味。

名家大师不仅是大学教育之根本，也是世道人心的皈依，因为他们的学行才识堪称"三不朽"。《左传·襄公二十四年》载："太上有立德，其次有立功，其次有立言，虽久不废，此之谓三不朽。"孔颖达在《春秋左传正义》中阐明："立德谓创制垂法，博施济众"；"立功谓拯厄除难，功济于时"；"立言谓言得其要，理足可传"。中央民族大学建校创业史上的这些名家大师，学养精深，妙手著文，成果等身，"言得其要，理足可传"，可谓"立言"；他们绝大多数参与甚至领导了民族识别、少数民族社会历史调查、"民族问题五套丛书"编写，并为新中国各个历史时期民族政策的制定提供了决策咨询和理论支撑，为民族地区和少数民族培养了千千万万优秀专业技术人才和干部人才，为巩固和发展中国特色社会主义新型民族关系奠立了知识、理论、人才基础，为新中国民族团结进步事业呕心沥血、披肝沥胆、鞠躬尽瘁，可谓"立功"；他们高风亮节，严谨治学，谦和待人，传道授业，树立规范，为学校、学科"创制垂法"，打造了"博施济众"的基业，可谓"立德"。名家大师们的高尚人格、深厚学养、奉献精神、治学风范，是中央民族大学兴校办学极其宝贵的财富，是中央民族大学建设国际知名高水平大学的厚重历史资本，是中央民族大学一代又一代师生为学为人的典范和楷模。

“最是人间留不住，朱颜辞镜花辞树”，出生于19世纪末至20世纪初叶，为学校事业和学科建设筚路蓝缕、备尝艰辛的老一辈名家大师，在留下令人感佩的不凡业绩和使人景仰的道德文章后，已先后辞世。所幸，“江山代有人才出”，成长于新中国建设和改革开放时期的一大批学者，如今已肩负起学校事业和学科建设的重担。他们或亲炙前辈名家大师的教诲，尽得师传而承绪继业、有所发扬；或笃志于民族高等教育事业、钟情于民族研究，而选择中央民族大学安身立业且成就突出。为展现他们的学术风采，推重他们的治学精神，中央民族大学编辑出版这套“名师学术文集”。借由这套文集，广大读者和社会各界可以更具体深入地了解中央民族大学的现在，并展望她的美好未来。

“中央民族大学名师学术文集”编委会

2020年10月

目　录 Contents

自　序

校领导拨专款为我们几位资深教授出版自选集，我感到既暖心又兴奋。衷心感谢校领导的关怀和厚爱。

新中国建立初期的1952年，我就来到中央民族学院学习少数民族语言，四年毕业后留校任教至今。不知不觉已过了67年。我除了出外实习、田野调查、开会外，大部分时间都是在这个美丽的校园中度过的，在“宿舍、办公室、教室”三个点来回移动。母校建校后大部分的历程，我都经历过，使我对母校产生了同舟共济、不离不舍的感情。我把母校看成是自己的家，愿意为她的发展、壮大尽自己的一份力量。我认为，一个教师爱校与爱国是一致的，二者是相辅相成的。

我主要是做语言学的教学、研究的。我的工作和我的兴趣，主要是少数民族语言，主攻景颇语和藏缅语。所以，我的成果里大多是景颇语和藏缅语方面的研究。此外，为了工作的需要，我还做了一些社会语言学和语言功能等方面的研究，诸如语言政策、语言国情、跨境语言、濒危语言、语言关系等的研究。

在这个自选集里，我主要选景颇语和藏缅语的论文，还选几篇社会语言学和语言功能等方面的论文。不一定很完善，很周到，但多少能反映我半个多世纪的历程，能看出我在做什么。

语言是一种由各种信息汇集、受各种因素影响的复杂综合体，要科学地、准确地认识语言的特点和演变规律，是很不容易的，有的还要经过多次的反复。我把自己半个世纪以来发表的成果选出一些编辑成册，奉献给读者，希望能得到批评指正。

编辑这本到处是音标的专业书很有难度。我要感谢责任编辑戴佩丽教授的耐心和努力，以及出版社的领导和工作人员的帮助。还要感谢我的老伴徐悉艰（中国社会科学院人类学与民族学研究所教授）尽心帮助我选稿、校对。

谨把此书献给伟大祖国70周年生日！祝敬爱的祖国蒸蒸日上、繁荣富强！还祝母校各族学子不断进步，学业有成！

戴庆厦

于中央民族大学

507工作室，2019-8-3

景颇语名词的类称范畴

［**提要**］本文指出景颇语名词存在个称名词和类称名词的对立，两者构成类称范畴。类称范畴是景颇语名词的重要特征之一，不仅具有语义特征，而且还存在形态特征。本文先分析了类称范畴的现状，指出其语法形式、语义内容和句法功能等方面的特征，然后分析了其形成的内部条件和外部条件。

［**关键词**］景颇语　名称　类称范畴

人类对客观事物均有“类”的概念，即把名词分为不同的类。但不同的语言，由于认识上和语言特点上的差异，对名词“类”的归纳及其使用的语法形式也不相同。景颇语名词分为“个称名词”和“类称名词”两类，构成类称范畴。类称范畴是景颇语名词的重要特征之一，不仅具有语义特征，而且还存在形态特征。本文着重分析景颇语类称范畴的现状，并剖析其形成的条件。

一

所谓“个称名词”，是指称一个个具体的事物；而“类称名词”则总称一类事物。如nam^{31} si^{31}“水果”（个称）一词，是指具体的一个个水果，如用在ŋai^{33}（我）nam^{31} si^{31}（水果）lă^{55} ŋai^{51}（一）ʃa^{55}（吃）ju^{33}（过）n^{31}

ŋai^{33}（句尾）“我吃过一个水果了”这一句子中，“水果”或指“香蕉”，或指“桔子”。但作为类称名词的nam^{31} si^{31} nam^{31} so^{33}“水果”（类称），是总称水果类。如n^{33} tai^{33}（这）ko̱^{ʔ55}（里）nam^{31} si^{31} nam^{31} so^{33}（水果）kʒai^{31}（很）lo^{ʔ55}（多）ai^{33}（句尾）“这地方水果很多”。这个句子中的“水果”一词，是指一类水果。两者除语义不同外，在语法形式上也不同。类称名词是在个称名词的基础上加配音音节或加另一个个称名词构成。这与汉语不同。汉语的“水果”，既可用作“个称”，如“这个水果很甜”；又可用作“类称”，如“水果有营养”两者的形式一样，其差异主要在句子中体现。又如：汉语的“今天吃什么菜”，这个“菜”是个称名词，指的是某种菜，而“今天集市上卖的菜很多”，这一句中的“菜”是指各种各样的菜。两句中的“菜”形式相同，意义不同。若用景颇语来表达。前者用ʃat^{31} mai^{55}“菜”，后者则通过语法手段构成ʃat^{31} mai^{55} ʃat^{31} mo^{33}“菜”（类称）。两者语法形式不同。所以景颇语的类称名词译成汉语时，要注上“类称”两字，以示与个称名词相区别。①

类称范畴的语法形式有二：一是四音节格式。凡构成类称名词的个称名词大都是双音节的（有少量是单音节的），而类称名词则是四音节的。四音节性成为类称名词的形态标志。二是音节之间存在语音和谐。多数是第一和第三音节相同，第二和第四音节语音和谐，或双声，或叠韵，或谐韵。所谓“谐韵”，是指第四音节韵母中的元音均比第二音节韵母中的元音的舌位低。有许多词仅是第二音节和第四音节语音和谐。有少数是第二、第四音节相同，例如：

双声：lǎ^{33} phʒo^{33} lǎ^{55} phʒa^{55}　　落叶
　　（配音）　落叶

叠韵：pu̱ŋ^{55} phʒo^{51}　　pu̱ŋ^{33} lo^{33}　　白发老人
　　白发、白发老人（配音）

---

① 由于“类称”包括各种不同的小类，因而过去我在《景颇语语法》一书中曾用“总称”一词。该书由中央民族学院出版社出版，1992年。

谐韵：thiŋ^{31} nu^{33} thiŋ^{31} saŋ^{33}　　　　大房子

大房子　（配音）

构成类称名词的词素主要有两种类型：由一个双音节名词加上配音音节构成的；由两个双音节名词构成。这两种类型，语音形式和语义特征各有一些不同的特点。分述如下：

（一）由一个双音节名词构成的类称名词

这类类称名词的语义是由个称名词扩大为类称名词，两者的基本词汇意义相同。如：num^{31} naŋ^{33} “同伴”（个称）—num^{31} no^{31} num^{31} naŋ^{33} “同伴”（类称），前者指一个个具体的同伴；后者则扩称所有的同伴。又如khau^{33} na^{31} “水田”（个称）—khau^{31} thiŋ^{55} khau^{33} na^{31} “水田”（类称），前者指某一块具体的水田；后者则总称所有的水田。在语音形式上，这种类称名词是由双音节名词加两个配音音节合成的。配音音节有在前的，也有在后的。在前在后的选择，是由该名词的第二音节是什么元音决定的，若第二音节的元音是低元音，配音音节在前；若第二音节韵尾音是高元音，配音音节则在后。构成前高后低的语音和谐。两个配音音节的前一音节一般均与个称名词的第一音节一致，而第二音节与个称名词的第二音节有语音和谐关系（多为声母相同，或押韵或谐韵）。

配音音节在后的，如：

sum^{31} tso̱$^{?55}$ sum^{31} ʒa$^{?31}$　　　　情人

情人　（配音）

thiŋ^{31} pu^{33} thiŋ^{31} pje̱n^{33}　　　　左邻右舍

邻居　（配音）

tǎ^{31} ʒat^{31} tǎ^{31} ʒoi^{31}　　　　老百姓

老百姓（配音）

phun^{55} khjep^{55} phun^{55} khap^{55}　　　　碎木片

碎木片　（配音）

tsu̱p^{55} ni^{33} tsu̱p^{55} naŋ^{31} 破布

破布 （配音）

mau^{31} mi^{31} mau^{31} sa^{33} 故事

故事 （配音）

tsi̱n^{33} jam^{33} tsi̱n^{33} tam^{33} 灾难

灾难 （配音）

mă^{31} ka̱u^{33} mă^{31} jaŋ^{33} 附近

附近 （配音）

配音在前的。如：

phun^{33} wu^{33} phun^{55} wop^{55} 朽木

（配音） 朽木

ku̱m^{33} pho^{33} ku̱m^{55} phaʔ^{55} 礼品

（配音） 礼品

a^{31} ʃu^{33} a^{31} ʃan^{31} 猎物

（配音）肉

ʃă^{31} pʒi^{31} ʃă^{31} pʒai^{31} 报酬

（配音）工资、报酬

a^{31} kho^{33} a^{31} khaŋ^{55} 权利

（配音）权利

tiŋ^{31} lo^{31} tiŋ^{31} la^{33} 老头

（配音）老头

ka̱ʔ^{55} ti̱n^{31} ka̱ʔ^{55} pu^{33} 小竹篮

（配音） 小竹篮

（二）由两个双音节名词构成的类称名词

这类类称名词的语义构成有以下几种情况：

1. 由两个个称名词合成类称名词。类称名词的词义是个称名词词义的总和，两者是相加的关系。例如：

lǎ^{31} ko^{33} lǎ^{31} ta̱^{ʔ55}　　手脚

脚　　手

pau^{31} ji^{31} pau^{31} la^{31}　　锣

母锣　　公锣

pho^{ʔ55} mji^{33} pho^{ʔ55} maŋ^{31}　　中老年妇女

中年妇女　老年妇女

kǎ^{31} juŋ^{33}　　kǎ^{31} tʃan^{33}　　兄弟姐妹

女子的兄弟　男子的姐妹

nam^{31} pu̱^{31}　　nam^{31} pa̱n^{33}　　花

种子植物的花　供观赏的花

lǎ^{31} mjin^{33}　　lǎ^{31} tsa̱^{33}　　指甲、指头、趾甲和趾头

指甲、趾甲　手指头、脚趾头

kǎ^{31} ni^{33} kǎ^{31} tsa̱^{31}　　岳父母

岳母　　岳父

khǎ^{55} ʒo^{ʔ55} n^{31} khap^{55}　　深洼陡坡

小洼　　崖

2. 由两个个称名词扩大引申而成类称名词。两者是扩大的关系。例如：

n^{35} phʒo^{51} n^{33} khje^{33}　　谷子

白谷　　红谷

mǎ^{55} tʃi̱^{51} mǎ^{31} jan^{33}　　蚊蝇类飞虫的总称

苍蝇　　蚊

kǎ̱^{55} khum^{51} n^{33} kjin^{33}　　瓜类

南瓜　　黄瓜

ʃiŋ^{33} ta̱i^{33} sum^{55} pʒa^{ʔ55}　　爬虫类

软体虫　毛虫

lǎ^{31} ku̱ŋ^{33} ka^{33} mai^{33}　　炊具

锅铲　　瓢

$tiŋ^{31}$ $phut^{31}$ $thiŋ^{31}$ $ʒa^{31}$　　故居

遗迹　　房基

pum^{31} $laŋ^{31}$ $ʃă^{31}$ $koŋ^{31}$　　崇山峻岭

山岭　　高山

$lă^{31}$ mu^{31} $mă^{31}$ $ʒaŋ^{33}$　　气候

天　　雨

一部分表示时间的个称名词也能构成类称名词。其词义是两个个称名词所指时间的相加或扩大。例如：

tai^{31} ni^{55} tai^{31} $na^{ʔ55}$　　目前

今天　　今晚

$lă^{31}$ ni^{55} $lă^{31}$ $na^{ʔ55}$　　一两天（时间短）

一天　　一夜

$phot^{55}$ tin^{31} $phot^{55}$ ni^{55}　　明后天

后天　　明天

$kă^{31}$ loi^{55} n^{55} $thoi^{55}$　　任何时候

何时　　天、日子

$thă^{31}$ $niŋ^{33}$ $phʒa^{31}$ $niŋ^{33}$　　明后年

明年　　大后年

a^{31} $khjiŋ^{33}$ a^{31} $t\underline{e}n^{31}$　　光阴、时间

时间　　时间

$mă^{55}$ ni^{55} ma^{33} ni^{55}　　前几天

昨天　　前天

3.由两个意义交叉的个称名词构成类称名词。类称名词的基本意义与其中的一个个称名词的意义相同。例如：

n^{31} $ʒut^{55}$ n^{31} $ʒa^{33}$　　骨骼

骨骼　　骨

$lă^{31}$ $mji^{ʔ31}$　$lă^{31}$ man^{55}　　关节

节、关节　　两个关节之间的部分

n^{31} puŋ^{33} lă^{31} ʒu^{33}　　狂风

风　　狂风

kă̠^{33} si^{33} kă̠^{33} maŋ^{33}　　样子

样子　　答案

a^{31} li^{31}　　a^{31} na^{31}　　传染病

传染病　病

niŋ^{31} soi^{33} niŋ^{31} sa^{ʔ31}　　生命

生命　　气

thuŋ^{55} khiŋ^{31} lai^{31} li^{ʔ31}　　文化

风俗习惯　文化

u^{31} pjit^{31}　　u^{31} tsa̠^{33}　　麻雀

一种小鸟　麻雀

4. 由两个同义或近义的个称名词构成类称名词。例如：

phun^{31} nu^{33} phun^{31} kam^{33}　　大树

大树　　大树

lă^{31} khon^{55} khan^{33} se^{33}　　苛捐杂税

税　　税

khon^{31} tu̠ŋ^{33} khon^{31} la^{31}　　大姑娘

大姑娘　大姑娘

niŋ^{31} ʒum^{55} niŋ^{31} ta̠u^{55}　　助手

助手　　助手

khʒi^{ʔ31} tu̠ŋ^{33} khʒi^{ʔ31} waŋ^{33}　　胎儿

胎儿　　胎儿

tʃă^{31} phot^{31} mă^{31} nap^{31}　　大清早

早晨　　清早

niŋ^{31} ʃoŋ^{33} niŋ^{31} la^{33}　　带头人

带头人　带头人

第（二）类类称名词的语音形式：第一、第三音节不求相同。但也有相同的，这是因为用来构造的个称名词的第一音节相同。而且在选用词素时，还存在尽可能选用第一音节相同的双音节个称名词的趋向。但第二、第四音节则要求谐韵，即第四音节韵母的元音在舌位上要比第二音节低。可见第（二）类对语音形式的要求比第（一）类宽。但也有少量类称名词是由形容词、量词、动词等构成的。例如：

ʃă^{33} ʒe^{33}　　ʃă^{33} kan^{33}　　英雄

勇敢（形）（配音）

sum^{31} pu̱m^{31}　　sum^{31} ta^{ʔ31}　　许许多多的

堆、群（量、动）（配音）

ʃă^{31} ton^{55} ʃă^{31} taŋ^{33}　　分寸

量（动）量（名）

ʃă^{55} ku̱m^{51} ʃă^{55} ka̱p^{55}　　墙

墙（名）贴（动）

类称范畴在语义上除了“类称”这一中心意义外，在部分词上，有的加一些附加意义，有的添加义项，有的变了意义。例如：

kai^{31} nu^{31} kai^{31} saŋ^{33}　　夫人（更加尊重义）

夫人　（配音）

a^{31} tʃu^{55} ʃiŋ^{55} na^{55}　　隐患（转义）

刺　鞭子

mji^{ʔ31} ti^{55} mji^{ʔ31} ma̱ŋ^{55}　　盲人（贬义，用于骂人）

盲人　（配音）

mă^{31} liŋ^{33} mă^{31} la^{31}　　大森林（转义）

森林　（配音）

tsin^{33} jan^{33} tsi̱n^{33} ta̱m^{33}　　灾难（程度加深）

灾难　灾难

mǎ[55] lut[55] mǎ[55] kho[51] 草烟（增加亲切语气）

草烟 （配音）

ta̱u[33] su[55] ta̱u[33] naŋ[33] 最后（语气加重）

最后 （配音）

lǎ[31] toʔ[31] lǎ[31] ŋaʔ[31] 时间，时机，场合（转义）

季节、阶段（配音）

综上两种结构类型，类称范畴的语音结构有以下三种形式。其中以第一、第二两种形式为最常见。(拉丁符号下的数码，1表双声，2表叠韵，3表谐韵)

1.ABAC式

（1）AB_1AC_1

tʃi[33] wo̱i[33] tʃi[33] wa̱[51] 祖先、祖辈

祖先 祖辈（男性）

khin[31] tot[31] khin[31] ta̱ŋ[33] 土坎儿

土坎儿 （配音）

sum[31] wum[33] sum[31] wo[31] 丛，草丛

丛，草丛 （配音）

tʃǎ[55] khʒiŋ[51] tʃǎ[55] khʒaʔ[55] 零碎时间

片刻 （配音）

（2）AB_2AC_2

kǎ[31] wa[31] kǎ[31] ʃa[31] 父子

父 子

kai[31] ta[55] kai[31] na[31] 寡妇

寡妇 （配音）

n[31] khap[55] n[31] tʃa̱p[55] 悬崖峭壁

崖 （配音）

mǎ[31] ka̱m[31] mǎ[31] ʃam[55] 信仰

信仰 （配音）

（3）AB_3AC_3

mă[31] khon[55] mă[31] ŋoi[31]　　歌、歌曲

歌　　（配音）

kă[31] ku[31] kă[31] moi[33]　　公婆

公公　婆婆

tsi̱ŋ[33] tu[33] tsi̱ŋ[33] man[33]　　草

草　（配音）

niŋ[31] po[33] niŋ[31] la[31]　　领袖

领袖　（配音）

2.ABCD式

（1）AB_2CD_2

tʃă[31] phu[33] mă[31] nu[33]　　报酬

工钱　价钱

li[31] wo[55] phun[31] to[55]　　伤风感冒

流感　（配音）

mă[31] tse̱[31] lă[31] pje[55]　　猛兽

猛兽　（配音）

kă[31] thoŋ[31] niŋ[31] tʃo̱ŋ[33]　　村庄

村庄　（配音）

（2）AB_3CD_3

ʒuʔ[55] jak[31] tʃam[33] tʃau[31]　　艰难困苦

困难　困难

a[31] laŋ[31]　a[31] lai[31]　　作风

作风、性格　作风

a[31] ʒoŋ[33]　na[33] ta[31]　　（显）威风

光荣、虚荣　荣耀、虚荣

ji^{ʔ33} sun^{33} khau^{33} na^{31}　　田地

田园　水田

3.ABCB式

phun^{55} phaŋ^{33} wa^{ʔ31} paŋ^{33}　　竹丛和树丛

树丛　竹丛

n^{55} tat^{55} nai^{31} tat^{55}　　播种季节

春播　芋　放

n^{55} si^{51} nai^{31} si^{31}　　收成、收获

谷穗　芋果

n^{33} li^{33} nai^{31} li^{33}　　庄稼的种子

谷种　芋　放

kin^{55} ʃa^{ʔ55} la^{ʔ31} ʃa^{ʔ55}　　丑话

丑话　（配音）

mă^{31} sat^{31}　tiŋ^{31} sat^{31}　　纪念

做（记号）（配音）

类称名词中也存在同义词或近义词，它们主要由一个双音节个称名词与另一个个称名词结合构成，或与不同的配音音节结合构成意义相同或相近的一组类称名词。例如：

lă^{31} ʒu^{33} puŋ^{31} ka^{31}　　暴风雨

暴风　狂风

lă^{31} ʒu^{33} mă^{31} ʒaŋ^{33}　　暴风雨

暴风　雨

tʃiŋ^{31} khu^{ʔ31}　tʃiŋ^{31} ju^{ʔ55}　　亲戚朋友

亲戚、朋友　亲戚、朋友

mă^{31} kji̱n^{33} tʃiŋ^{31} khu^{ʔ31}　　亲戚朋友

近亲　亲戚、朋友

a^{31} ʒon^{31} a^{31} lai^{31} 作风
作风、性格 作风
a^{31} ʒon^{31} a^{31} sam^{55} 作风
作风、性格 脾气

a^{31} ʒu^{31} a^{31} ʒat^{55} 子孙后代
藤子、藤蔓 嫂子、小叔子
kă^{31} ʃu^{31} kă^{31} ʃa^{31} 子孙后代
孙子 孩子

景颇语近代吸收的一些借词（主要是傣语、缅语、汉语），也能构成类称名词。有的是由借用的个称名词加配音音节构成，有的是由两个借用的个称名词构成。例如：

a^{31} kju̱^{55} a^{31}ʒa^{33} 利益
利益（缅）(配音）

khau^{33} thiŋ^{55} khau^{33} na^{31} 水田
（配音） 水田（傣）

tu^{31} sat^{31} tu^{31} mjeŋ^{55} 野兽
野兽（傣）(配音）

phă^{55} kji^{55} phă^{33}ʒo^{33} 作料
香菜（傣）蒜（傣）

a^{31} khaŋ^{55} a^{31} ja^{33} 权利
权利（缅）(配音）

lă^{31} khaŋ^{55} khan^{33} se^{33} 苛捐杂税
税 税（傣）

tsau^{31} lau^{33} tsau^{31} pan^{31} 作料
作料（汉）(配音）

kho^{33} kham^{55} kho^{33} saŋ^{33} 大国王
国王（傣） 大国王（傣）

有少量类称名词兼用作状态词（又称状态副词）。例如：

si^{33} khʒuŋ^{33} si^{33} than^{31} 生死关头（类称）；生死存亡（状态词）：

～ ʒe^{33} ai^{33} n^{55} thoi^{55}，生死存亡的日子。

（泛）的日子

niŋ^{31} ʒum^{55} niŋ^{31} ta̱u^{55} 助手，副手（类称）；互相帮助地：

ʃă^{31} ta^{31} ～ ʒai^{31} khat^{55} ʒa^{ʔ31} ka^{ʔ31} ai^{33}，我们要互相帮助。

互相　（泛）互相 要 （句尾）

景颇语名词的类称范畴不仅有其特殊的语音形态和语义特征，而且还有其独立的句法功能。其句法功能成为语法形式的一个重要标志。个称名词和类称名词在句法功能上的差异主要有：

1.个称名词能受数量词和指代词的修饰，而类称名词不能。（以下打*号的表示不能用）例如：

ŋai^{33} nam^{31} si^{31}（*nam^{31} si^{31} nam^{31} so^{33}）lă^{55} ŋăi^{51} mi^{33} ʒa^{ʔ31} n^{31} ŋai^{33}.

我　水果　水果（类称）　一　一　要（句尾）

我要一个水果。

n^{33} tai^{33} ko̱^{ʔ55} kă^{31} thoŋ^{31}（*kă^{31} thoŋ^{31} niŋ^{31} tʃo̱ŋ^{33}）mă^{31} ŋa^{33} ŋa^{31} ai^{33}.

这　里　村子　村子（类称）　五　有（句尾）

这里有五个村子。

nam^{31} lap^{31}（*nam^{31} lap^{31} nam^{31} lo^{33}）n^{33} tai^{33} ko^{31}　lă^{33} ŋu^{33} lap^{31} ʒe^{51}.

叶子　叶子（类称）　这　（话助）芭蕉　叶　是

这叶子是芭蕉叶。

n^{33} li^{33}（*n^{33} li^{33} nai^{31} li^{33}）tai^{33} the^{33} lo^{ʔ55} sai^{33}. 那些种子够了。

种子　种子（类称）那些　够　了

2.个称名词能受形容词修饰，而类称名词不能。例如：

n^{33} tai^{33} ko^{31}　kʒai^{31} na^{31} pjo̱^{33} ai^{33} mau^{31} mji^{31}（*mau^{31} mji^{31} mau^{31} sa^{33}）ʒe^{51}.

这　（话助）很　听　舒服的　故事　故事（类称）　是

这是很好听的故事。

ʃi^{33} ko^{31} ŋje^{ʔ55} a^{ʔ31} num^{31} naŋ^{33}（*num^{31} no^{31} num^{31} naŋ^{33}）kă^{31} tʃa^{33} ʒe^{31}.

他（话助）我的 的 伙伴 伙伴（类称） 好 是

他是我的好伙伴。

3.个称名词能受表示限制性的名词修饰，而类称名词不能。例如：

kha^{ʔ31} li^{31} a^{31} na^{31}（*a^{31} na^{31} a^{31} khja^{55}）ʒai^{55} ŋa^{31} ai^{33}.

疟疾 病 疾病 （类称） 是 （助动）(句尾）

是疟疾病。

tʃă^{31} khʒai^{33} mau^{31} mji^{31}（*mau^{31} mji^{31} mau^{31} sa^{33}）ʒe^{51}.

孤儿 故事 故事（类称） 是

是孤儿的故事。

tai^{33} kă^{31} thoŋ^{31} niŋ^{31} po^{33}（*niŋ^{31} po^{33} niŋ^{31} la^{31}）wa^{33} ʒe^{51}.

那 寨子 首领 首领(类称） 者 是

是那寨子的首领。

类称名词不能受数量词、指代词、形容词和表示限制性的名词的修饰，是因为它所指示的名词是成类的、概括的，而不是具体的、个别的，与语义的特点有关。类称名词与个称名词在句法上相同的特点也有不少。主要是：都能作句子的主语、宾语，并能作修饰语、时间地点状语以及领属性修饰语的中心语。但类称名词的使用范围较窄。例如：

1.作主语

n^{31} ʃuŋ^{33} ta̱^{33} tu^{31} tʃaŋ^{33} lă^{31} mji^{ʔ31} lă^{31} man^{55}（lă^{31} mji^{ʔ31}）tʃe̱^{33} mă^{31} tʃi̱^{ʔ55} ai^{33}.

冬季 到 的话 关节 （类称）（关节） 会 疼 （句尾）

到冬天关节会疼。

kă^{31} juŋ^{33} kă^{31} tʃan^{33}（kă^{31} juŋ^{33}）ko^{31} joŋ^{31} kham^{33} tʃa^{33} ŋa^{31} ma^{ʔ31} ai^{33}.

兄弟姐妹（类称） 兄弟 （助）都 健康 （助词）(句尾）

兄弟姐妹都健康。

lă^{31} phum^{31} lă^{31} pho^{33}（lă^{31} phum^{31}）n^{33} ku̱ŋ^{31} ai^{33}.

手脚（类称） 上臂 不强 （句尾）

手脚不灵

a^{31} ʒon^{31} a^{31} lai^{31}（a^{31} ʒon^{31}）kǎ^{31} tʃa^{33} ai^{33} mǎ^{31} ʃa^{31}.

作风(类称)　行为　好　的 人

作风好的人。

a^{31} ŋo^{33} a^{31} ŋam^{31}（a^{31} ŋam^{31}）ko^{31} pha^{33} ti^{33} na^{33}？

剩下的(类称)　剩的　(话助)什么 做 将要

剩下的做什么?

2.作宾语

ki̱n^{55} ʃa^{ʔ55} la^{ʔ31} ʃa^{ʔ55}（ki̱n^{55} ʃa^{ʔ55}）khum^{31} tsu̱n^{33} mu^{ʔ31}！

丑话(类称)　丑话　别　说　(句尾)

你们别说丑话!

ʃǎ^{31} pʒi^{31} ʃǎ^{31} pʒai^{33}（ʃǎ^{31} pʒai^{33}）thu^{33} ja^{33} na^{33} ku̱n^{55}？

报酬　报酬　付　给 将要吗

要付给报酬吗?

ʃi^{33} ko^{31} pǎ̱^{55} muŋ^{51} pǎ̱^{33} man^{33}（pǎ̱^{55} muŋ^{51}）tʃe̱^{33} ai^{33} wa^{33} ʒe^{51}.

他(话助)道理(类称)　道理　知道的 者　是

他是懂道理的人。

n^{33} tai^{33} ko^{31} sǎ^{31} lu^{33} sǎ^{31} lat^{31}（sǎ^{31} lat^{31}）pʒu̱^{33} n^{31} na^{55} lu^{ʔ31} ai^{33} ʒe^{51}.

这　(话助)汗水　(类称)汗　出　之后　有　的 是

这是用汗水换来的。

tai^{33} lam^{33} ko^{31} n^{31} po̱t^{31} n^{31} phaŋ^{33}（n^{31} po̱t^{31}）ta̱m^{33} ʒa^{ʔ31} ai^{33}.

那　事　(话助)根 源(类称)　根　找　要　(句尾)

那事要找根源。

naŋ^{33} a^{31} khjiŋ^{33} a^{31} te̱n^{31}（a^{31} khjiŋ^{33}）khum^{31} lǎ^{33} phot^{31} ka̱u^{55} u^{ʔ31}!

你　光阴(类称)　时间　别　浪费　掉　(句尾)

你别浪费光阴!

3.作修饰语

mă^{31} naŋ^{33} ʃă^{31} ta^{ʔ31} n^{31} su^{31} n^{31} non^{55}（n^{31} su^{31}）mjit^{31} n^{33} mai^{33} ʒoŋ^{33} u^{ʔ31}.

朋友　互相　妒忌（类称）妒忌　思想 不 可以 有（句尾）

朋友之间彼此不可有妒忌之心。

mă^{31} lom^{55} mă^{31} lam^{55}（mă^{31} lom^{55}）tʃum^{31} muŋ^{31} kun^{33} u^{ʔ31}！

万一需要的（类称）万一需要的 盐　也　带（句尾）

你把万一需要的盐也带上！

a^{33} tʃi^{33} a^{33} woi^{33}（a^{33} tʃi^{33}）a^{ʔ31} ka^{31} mă^{31} tat^{31} ʒe^{51}.

长辈（类称）祖父　的 遗嘱　是

是长辈的遗嘱。

lă^{33} pau^{55} lă^{31} ʒa^{33}（lă^{33} pau^{55}）lai^{31} ka̱^{33} puk^{31} ʒe^{51}.

历史（类称）历史　书　本　是

是历史书。

4.作时间、地点状语

tai^{31} ni^{55} tai^{31} na^{ʔ55}（tai^{31} ni^{55}）ʃa^{55} na^{33} ko^{31} lu^{31} ai^{33}.

目前（类称）今天　吃 要（助）有（句尾）

目前吃的还有。

kă^{31} loi^{55} n^{55} thoi^{55}（kă^{31} loi^{55}）muŋ^{31} khum^{31} mă^{31} lap^{31} ka̱u^{55} u^{ʔ31}!

任何时候（类称）何时　也　别　忘记　掉（句尾）

（你）任何时候也不要忘记！

mă^{31} liŋ^{33} mă^{31} la^{31}（mă^{31} liŋ^{33}）ko̱^{ʔ55} tu^{31} sat^{31} tu^{31} mjeŋ^{55} lo^{ʔ55} tik^{31} ai^{33}.

大森林（类称）森林　里　野兽（类称）　多 极（句尾）

大森林里野兽很多。

ʃiŋ^{31} tʃut^{31} ʃiŋ^{31} no^{33}（ʃiŋ^{31} tʃut^{31}）khan^{55} ta̱m^{33} ju^{33} u^{ʔ31}！

角落（类称）　角落　处　找　看（句尾）

（你）在角落到处找找看！

5.作领属性修饰语的中心语。

muŋ^{55} mǎ^{31} ʃa^{31} a^{ʔ31} a^{31} kju̱^{55} a^{31} ʒa^{33}（a^{31} kju̱^{55}）mǎ^{31} ko̱p^{31} mǎ^{31} ka^{33} ʒa^{ʔ31}

人民　　　的 利益（类称）利益　　保护　　　　要

ka^{ʔ31} ai^{33}.

（句尾）

我们要保护人民的利益。

n^{55} ta̱^{51} mǎ^{31} ka̱u^{33} mǎ^{31} jaŋ^{33}（mǎ^{31} ka̱u^{33}）khan^{55} nam^{31} si^{31} phun^{55} kʒai^{31}

房屋　附近（类称）　　附近　　　一带　果子　　树　　很

tu̱^{33} ŋa^{31}　ai^{33}.

长（助动）（句尾）

房屋的附近有许多果树。

ʃi^{ʔ55} a^{ʔ31} lǎ^{33} phum^{31} lǎ^{31} pho^{33}（lǎ^{33} phum^{31}）n^{33} ku̱ŋ^{33} ai^{33}.

他　　手脚（类称）　　上臂　　　不 强　（句尾）

他的手脚不灵活。

pʒa̱t^{31} ʃiŋ^{31} ʒa^{31} a^{31} sat^{31} a^{31} sa^{33}（a^{31} sat^{31}）kǎ^{31} tʃa^{33} ai^{33}.

社会　　　秩序（类称）行为、动作好　　（句尾）

社会秩序好。

二

下面再就类称范畴形成的内部和外部条件做些分析，以便进一步认识其形成的原因。

1.从认识规律上看，景颇语的名词形成类称范畴是在认识事物类别的基础上逐渐形成的。客观事物存在类别，类别又有不同的层次，有大类别、小类别、中类别等。对不同层次的类别，景颇语用词汇手段来区分。如ʃǎ^{31} ʒo^{33}“老虎”、tsa̱p^{55}“熊”、khaŋ^{31} khji^{31}“狮子”……归为tu^{31} sat^{31}“野兽”；lǎ^{55} si^{51}“黄豆”、mam^{33}“谷子”、khai^{55} nu^{33}“玉米”……归为khai^{55} n^{55}

mai^{51}“庄稼”。但景颇语在语用中则以语法手段区分“个称”和“类称”，这不同于大类和小类的区别。“个称”又可称为“具体称”，是说话时指一个个具体的事物，而不是一类事物；“类称”又可称“总称”或“统称”，是指一类事物。景颇语在语用中，重视区分具体事物与一类一物，并赋予其固定的语法形式。在景颇族的观念中，什么时候用个称名词，什么时候用类称名词，是很清楚的。

2.景颇语类称范畴的构成，带有本民族对客观世界的认识特点。哪些名词能构成类称范畴，是以景颇族的社会生活条件、认识特点为依据的，即富有民族性。不是所有的个称名词都能构成类称名词，而只有那些在景颇族看来能扩大成类并存在多种类的名词才能构成类称名词。如：nam^{31} si^{31}“水果”包括各种类别，可以构成nam^{31} si^{31} nam^{31} so^{33}“水果”（类称）；a^{31} na^{31}“病”包含各种各样的病，可以构成a^{31} na^{31} a^{31} khja^{33}“病”（类称）。但n^{55} ta̠^{51}“房子”在景颇族生活中比较简单，过去只有一种茅草房，只是到了现代才增加了“砖房”，所以没有构成类与个体名词之对立。kum^{31} phʒo^{31}“银子”在景颇族看来，也只一种；所以不构成“银子类”。但它能与tʃa^{31}“金子”一起构成更高一层的类称tʃa^{31} kum^{31} phʒo^{31}“财产”（类称）。lǎ^{31} ʃi^{33}“第一个小老婆”和lǎ^{31} pai^{33}“第二个小老婆”能构成lǎ^{31} si^{33} lǎ^{31} pai^{33}“小老婆”（类称），是因为景颇族经历过漫长的奴隶制社会，曾有过多妻制，所以才有类称；景颇族居住在山区，用竹筒盛水、背水，有长短、粗细不等，形状各样的竹筒，所以有n^{31} tum^{55} n^{31} ta̠ŋ^{33}“竹筒”（类称）。

3.类称范畴的形成有其语音条件。能构成类称名词的主要是双音节名词。单音节和两个音节以上的名词大多不能构成类称名词。只有少数几个单音节名词能构成类称名词。就多数而言，即使是语义上有需，语音上不合此要求，也构不成类称名词。

类称范畴之所以选用四音节词的语法形式，是由景颇语的语音特点决定的。景颇语的词以双音节为主，特别是名词，双音节词的比例更大，下

面是从《景汉词典》统计出的音节数比例：①

《景汉词典》共有词、词素15245个，其中双音节词8317个，其次是单音节词、三音节词、四音节词，个数分布是2693、2103、2001，五音节以上的词为131个。见下表：

音节数 比例	单音节词	双音节词	三音节词	四音节词	五音节词	六音节词	七音节词	八音节词
词数	2693	8317	2103	2001	98	25	7	1
千分数	176.65	545.56	137.95	131.26	6.43	1.64	0.46	0.07
平均词长	4.28	7.84	11.23	14.33	17.77	21.60	25.14	28.00

名词、动词、形容词的音节数比例如下：

数量 词类	单音节词	双音节词	三音节词	四音节词	五音节词	六音节词	七音节词	八音节词
名词	545	4794	1602	1177	77	21	7	1
动词	1252	2009	191	122	8			
形容词	227	16	44	17				

双音节词要变换其语音形式表示不同的语法意义，其出路一是增加音节，二是变音。所以景颇语中大量使用双声叠韵（谐韵）的手段构成不同词类和不同语法意义的四音节词。这种语法形式不仅使用在名词上，还使用在别的词类上。如动词、形容词、副词等构成四音节状态词，有的表示程度加深，有的表示语义扩大等。② 选用四音节格式造词有个好处是容易形成韵律。例如：

① 徐悉艰等:《景汉词典》，云南民族出版社，1983年。

② 徐悉艰:《景颇语的状态词》，载《语言研究》1982年第2期。

动词、形容词、副词		状态词	
mă^{31} ko$^{\text{ʔ}31}$	弯	mă^{31} kji$^{\text{ʔ}31}$ mă^{31} ko$^{\text{ʔ}31}$	弯弯曲曲
a^{31} tsa̱ŋ^{33}	轻	a^{31} tsa̱ŋ^{33} a^{55} waŋ^{51}	轻巧地
a^{55} kjiŋ^{51}	紧张地	a^{55} kjiŋ^{51} a^{55} kaŋ^{51}	紧紧张张地
a^{31} kut^{31}	擦（破）	a^{31} kut^{31} a^{31} kat^{31}	东擦西擦地

动词构成四音节词，表示程度加深、次数多或语义扩大。如：

kă^{31} wan^{31}	访问	kă^{31} wan^{31} kă^{31} tsa̱n^{33}	访问（程度加深多次）
n^{33} tʃu^{33}	恨	n^{33} tʃu^{33} n^{33} toŋ^{33}	仇恨

4.这种个体和类别的对立，在景颇语的动词中也有反映。景颇语动词中有ʒai^{31}、ti^{33}、ŋa^{33}、ŋu^{55}、ʒe^{33}五个泛指动词，其意义具有泛指、类称的特点。它不具体指某种动作行为，而能随不同的语言环境分别指明各种不同的动词词义。如ʒai^{31}表示“干、搞、做、办、弄、变、成、成为”等意义，当限制某人做某事时，当“做”用，当阻止某人拿某物时当“拿”讲。这种泛指特点，与类称特点有部分叠合。① 这说明景颇语的类称范畴在别的词类上也有反映。

（原载《民族语文》1999年第6期）

① 戴庆厦、徐悉艰：《景颇语语法》，中央民族学院出版社，1992年。

景颇语方位词“里、处”的虚实两重性

——兼论景颇语语法分析中的“跨性”原则

[提要] 本文通过具体实例论述了景颇语的“里、处”既有方位词属性，又有结构助词属性，是虚实两重性的词。并认为虚实两重性是景颇语实词虚化过程中的一种变异现象，分析了其出现的两个条件。文章还根据这种语言事实提出了景颇语语法分析中的“跨性”原则，即对双重性的语言现象必须采用多元分析法。

[关键词] 景颇语　方位词　虚实　两重性

景颇语方位词中表示“里、处”义的有ko̱^{ʔ55}、e^{31}、te^{ʔ31}、tha^{ʔ31}、ku^{33}五个，这类词使用频率很高，语法上颇有特点。过去我们在确定它们的词性时曾反复不定，有时认为是名词，有时认为是助词。① 后来才明白，这类词虽是方位词，但因经常与动词连用，出现了虚化，又具有状语助词的功能，成为虚实两重性的“两栖词”。本文试就这类词的虚实两重性的特点做些具体分析，并兼论景颇语语法分析中必须使用的“跨性”原则。

① 如在《景颇语语法》一书里，我和徐悉艰曾把e^{31}、tha^{ʔ31}视为状语助词。该书1992年5月由中央民族学院出版社出版。

一、“里、处”的实词性

1.景颇语方位词“里、处”主要用在名词、代词之后构成名词性短语，表示某种特定的方位。例如：

	n^{55} ta̠^{51}家	n^{33} tai^{33}这
ko̠^{ʔ55}	n^{55} ta̠^{51} ko̠^{ʔ55}在家里	n^{33} tai^{33} ko̠^{ʔ55}在这里
e^{31}	n^{55} ta̠^{51} e^{31}在家里	n^{33} tai^{33} e^{31}在这里
te^{ʔ31}	n^{55} ta̠^{51} te^{ʔ31}在家里	n^{33} tai^{33} te^{ʔ31}从这里
tha^{ʔ31}	n^{55} ta̠^{51} tha^{ʔ31}在家里面	n^{33} tai^{33} tha^{ʔ31}在这里面
khu^{33}	n^{55} ta̠^{51} khu^{33}从家（方向）	n^{33} tai^{33} khu^{33}在这（方向）

例句：

①ma^{31} n^{55} ta̠^{51} ko̠^{ʔ55} ŋa^{31} ma^{ʔ31} ai^{33}. 孩子在家里。

孩子 家 里 在 （句尾）

ʃi^{33} tai^{33} ko̠^{ʔ55} jup^{55} ŋa^{31} ai^{33}. 他睡在那里。

他 那 里 睡 在 （句尾）

②tʃoŋ^{31} ma^{31} ni^{33} joŋ^{31} ʃiŋ^{31} nip^{31} kă^{31} ta̠^{31} e^{31} tuŋ^{33} ka^{ʔ31}!

同学 们 都 树荫 下 处 坐 （句尾）

同学们都在树荫下坐吧！

ʃi^{33} pum^{31} e^{31} ŋa^{31} ai^{33}. 他在山上。

他 山 处 在 （句尾）

③nu̠^{51} n^{55} ta̠^{51} te^{ʔ31} wa^{31} mat^{31} sai^{33}. 母亲回家了。

母亲 家 里 回 （助动）（句尾）

an^{55} the^{33} tʃoŋ^{31} te^{ʔ31} sa^{33} ka^{ʔ31}! 我们去学校吧！

我们 学校 处 去 （句尾）

④sǎ^{31} poi^{55} <u>tha^{ʔ31}</u> paŋ^{33} tat^{31} u^{ʔ31}!　　（你）放在桌子里面吧！

桌子　里　放　上（句尾）

wo^{55} ʒa^{31} <u>tha^{ʔ31}</u> ko^{31}　n^{55} mai^{33} paŋ^{33} ai^{33}.　　那里不可以放。

那　里　（话助）不 可以 放　（句尾）

⑤mo^{33} to^{33} lam^{33} <u>khu^{33}</u> khom^{33} ka^{ʔ31}!　　（我们）顺汽车路走吧！

汽车　路　方向 走　（句尾）

kǎ^{33} ʒa^{31} <u>khu^{33}</u> sa^{33} a^{ʔ31} ni^{51}？　　从哪儿走？

哪儿　方向 去（句尾）

2.虽然这几个词都当“里、处”讲，基本用法也相同，但在语义、语法上还存在一些差异。主要是：

e^{31}和tha^{ʔ31}还能放在时间名词的后面，表示在某段时间内。所以这两个词实际上应称之为方位时间词。例如：

mǎ^{31} nap^{31} <u>e^{31}</u> khau^{33} na^{31} te^{ʔ31} sa^{33} sai^{33}.　　（他）清晨就去水田了。

清晨　里 水田　里　去（句尾）

khjiŋ^{33} mǎ^{31} sum^{33} tha^{ʔ31} ʒot^{31} ka^{ʔ31}!　　（我们）三点钟起来吧！

点钟　三　里　起　（句尾）

e^{31}和ko̱^{ʔ55}虽都表方位，但e^{31}表示大块的方位，而ko̱^{ʔ55}则表示小块的方位，如muŋ^{31} kan^{31} e^{31} “世界上”、pum^{31} e^{31} “山里”，一般用e^{31}。而方位较小的则用ko̱^{ʔ55}。如tʃiŋ^{33} kha^{33} lam^{33} ko̱^{ʔ55} “门口”、sǎ^{31} poi^{55} ko̱^{ʔ55} “桌子上”，一般用ko̱^{ʔ55}。但二者在与一些词的配合上则无截然的界限，可以换用。例如：

ʃi^{33} n^{55} ta̱^{51} <u>ko̱^{ʔ55}</u>（<u>e^{31}</u>）ŋa^{31} ai^{33}.　　他在家里。

他 家　里　里　在（句尾）

ko^{ʔ55} ʒa^{31} <u>ko̱^{ʔ55}</u>（<u>e^{31}</u>）tsa̱p^{55} ŋa^{31} a^{ʔ31} ni^{55}？　　（他）站在哪儿？

哪儿　里　里　站　在（句尾）

te^{ʔ31}多与sa^{33} “去”、wa^{31} “来”、ju^{ʔ55} “下”、luŋ^{31} “上”等位移动词相结合，表示欲往之方位。例如：

tʃoŋ^{31} te^{ʔ31} sa^{33} wa^{31} sai^{33}. （他）上学校去了。

学校 里 去（助动）（句尾）

pum^{31} lǎ^{31} ko^{33} te^{ʔ31} ju^{ʔ55} wa^{31} sai^{33}. （他）下山脚了。

山 脚 里 下（助动）（句尾）

tha^{ʔ31}表示的某个方位或某个时间内。如：kha^{ʔ31} tha^{ʔ31} “河里面”、la^{31} ni^{55} mi^{33} tha^{ʔ31} “某一天里”、tai^{33} tha^{ʔ31} “那里面”。

khu^{33}表示的方位是动作行为的“方向”，是沿着这一方向施行动作行为的。其语义特点与另外几个略有不同。除指某一方向的处所外，还引申指“按……方式”。例如：

tai^{33} khu^{33} sa^{33} u^{ʔ31}! （你）往这个方向去吧！

这 方向 去（句尾）

mo^{33} to^{33} khu^{33} sa^{33} ka^{ʔ31}! （我们）乘汽车去吧！

汽车 方式 去（句尾）

3.这类词除了能放在名词、代词之后表示方位或时间外，还能单独受动词、形容词的限制做句子成分的中心语。这时，其名词性就更明显了。例如：

ʃi^{33} ŋa^{31} ai^{33} ko̱^{ʔ55} sa^{33} tʃa̱i^{33} u^{ʔ31}! 你到他住的地方去玩吧！

他 在 的 处 去 玩 （句尾）

nu̱^{51} sa^{33} ai^{33} khu^{33} ta̱m^{33} u^{ʔ31}! （你）按母亲去的方向找吧！

母亲去 的 方向 找 （句尾）

tso̱^{31} ai^{33} ko̱^{ʔ55} tsa̱p^{55} u^{ʔ31}! （你）站在高处吧！

高 的 处 站 （句尾）

ʃi^{33} ʃǎ^{55} lo^{51} tsa̱n^{33} ai^{33} te^{ʔ31} sa^{33} a^{ʔ31} kha^{33}! 他去那么远的地方！

他 那么 远 的 处 去（句尾）

kǎ^{31} pa^{31} ai^{33} tha^{ʔ31} paŋ^{33} u^{ʔ31}! （你）放在大的里面！

大 的 处 放 （句尾）

te^{ʔ31}和tha^{ʔ31}还能作为名词词根构成少量的合成词。例如：

kă^{31} te^{ʔ31}哪里 n^{55} te$^{ʔ31/51}$这里 lă^{31} tha^{ʔ31}上面

（前缀）里 （前缀）里 （前缀）里

te^{ʔ31}和e^{31}还能与方位词ʃoŋ^{33}"前"、phaŋ^{33}"后"结合成合成词。例如：

ʃoŋ^{33} te^{ʔ31}前面 phaŋ^{33} te^{ʔ31}后面

前 处 后 处

ʃoŋ^{33} e^{31}从前 phaŋ^{33} e^{31}后来，以后

前 处 后 处

这类合成词还能单独用于句子之外，与句中的动词距离很远，显然是一个实词词根的性质。例如：

ʃoŋ^{33} te^{ʔ31} ŋai^{33} ko^{31} tʃoŋ^{31} ma^{31} lă^{55} ŋai^{55} mi^{33} ʒe^{ʔ55}.

从前 我 （话助）学 生 一 一 是

从前我是一个学生。

phaŋ^{33} e^{31} ʃi^{33} pha^{33} kă^{31} lo^{33} jaŋ^{31} ŋai^{33} muŋ^{31} pha^{33} kă^{31} lo^{33} na^{33} n^{31} ŋai^{33}.

以后 他 什么 做 的话 我 也 什么 做 要（句尾）

以后他做什么我也做什么。

4.在有的语境中还能像其他名词、代词一样重叠。重叠后表示强调，若与疑问代词结合，重叠则表示多数。（不同于景颇语的虚词的重叠）例如：

kă^{31} ʒa^{31} ko^{ʔ55} ko^{ʔ55} sa^{33} n^{31} ni^{51}? （你）去哪些地方呢？

哪儿 里 里 去（句尾）

kă^{31} ʒa^{31} te^{ʔ31} te^{ʔ31} sa^{33} ju^{33} a^{ʔ31} ni^{51}? （你）去过哪些地方？

哪儿 处 处 去 过（句尾）

tai^{33} să^{31} poi^{55} tha^{ʔ31} tha^{ʔ31} na^{55} ko^{31} ŋje^{ʔ55} a^{ʔ31} khʒai^{33} ʒe^{51}.

那 桌 子 里 里 的（话助）我的 的 全 是

那桌子里的全是我的。

除了e^{31}外，都能与表示范畴的定语助词na^{55}"的"结合，构成"的"结构当句子成分使用。例如：

n^{33} tai^{33} wa^{33} ko^{31} kă^{31} ʒa^{31} kă^{31} thoŋ^{31} ko̱^{ʔ55} na^{55} ʒe^{ʔ55}?

这 人 （话助）哪 寨 里 的 是

这个人是哪个寨子的？

kă^{31} ʒa^{31} te^{ʔ31} na^{55} ʒe^{ʔ55}? 是哪里的？

哪 里 的 是

5.这些词虽然都有实词的特点，但在不同的语境里，实词的意义强弱不同。一般来说，当它作为句子的中心成分时，实词性最强，表示实实在在的方位义，如下例①、②；而当放在方位名词之后、动词之前时，实词意义较弱，如下例③、④。

①ʃi^{33} ŋa^{31} ai^{31} ko̱^{ʔ55} sa^{33} ta̱m^{33} u^{ʔ31}! （你）到他的住处找！

他 在 的 处 去 找 （句尾）

②kʒai^{31} tsa̱n^{33} ai^{33} te^{ʔ31} ŋa^{31} ai^{31}. （他）在很远的地方。

很 远 的 处 在（句尾）

③n^{55} khu^{ʔ55} ko̱^{ʔ55} ŋa^{31} ŋa^{31} ai^{31} ko^{31} joŋ^{31} ʃa^{55} ju^{33} mă^{33} sai^{33}.

屋 处 在 在 的（话助）都 吃 过（句尾）

在屋里的人都吃过了。

④naŋ^{51} te^{ʔ31} sa^{33} u^{ʔ31}! （你）来这里吧！

这里 处 来（句尾）

6.这些方位词虽与其他名词有着一些共同的特点，但也存在一些重要差异。差异主要是：①不能单独作句子成分。其功能主要是附在名词、代词后当补充成分，其次是受动词、形容词的修饰当名词性短语的中心成分。②不能称数量，即不能受数量词修饰。③不能当定语使用。由于主要作名词、代词的补充成分，而不当句子的主要成分，这大概是它容易发生虚化的原因之一。

二 “里、处”的虚词性

上面谈到，“里、处”在用法上主要是放在名词、代词之后组成状语性的短语。由于它与后面的动词的关系很密切，使它出现虚化，成为连接名词与动词的桥梁，产生了结构助词的功能。其虚词性可以从以下几点得到证明：

1.这类方位词在句中出现，不是表达实在意义的需要，而是为了语法结构的需要。如下面几个句子的方位词对前面名词的表义可有可无，不加也不影响意义的表达，但在语法结构上则是必不可少的：

naŋ^{33} khau^{33} na^{31} te^{ʔ31} sa^{33} u^{ʔ31}!　　你去水田吧！

你　水田　处　出（句尾）

ŋai^{33} pe^{31} kji̱n^{33} ko̱^{ʔ55} ŋa^{31} ŋa^{31}　n^{31} ŋai^{33}.　　我在北京。

我　北京　处　出（助动）（句尾）

ʃi^{33} ko^{31}　tʃoŋ^{31} e^{ʔ31} ŋa^{31} ai^{33}.　　他在学校。

他（话助）学校 处 在（句尾）

当名词、代词修饰动词时，如果没有方位词就难以成句，或使原义改变。如下面几个不加方位词的句子都是病句。

*ʃi^{33} n^{55} khu^{ʔ55}（ko̱^{ʔ55}）ŋa^{31} ŋa^{31}　ai^{33}.　　他在屋里。

他 屋　里　在（助动）（句尾）

*ŋa^{55} n^{33} tai^{33} kha^{ʔ31}（e^{31}）ʒoŋ^{33} ma^{ʔ31} ai^{33}.　　这河里有鱼。

鱼 这　河　处　有（句尾）

*kă^{33} nau^{33} kă^{33} phu^{31}（tha^{ʔ31}）kʒau^{33} tset^{31} ai^{33}.

弟弟　哥哥　处　更　勤快（句尾）

弟弟比哥哥更勤快。

有的句子，加不加方位词其结构性质发生了变化，有的句子意义也随之发生变化。试看下面的对比句子：

①naŋ^{33} ʃi^{33} ko̱^{ʔ55} ʃă^{31} ʒin^{55} u^{ʔ31}! 你向他学习吧！（修饰关系）

你 他 处 教 学 （句尾）

naŋ^{33} ʃi^{33} phe^{ʔ55} ʃă^{31} ʒin^{55} u^{ʔ31}! 你教他吧！（支配关系）

你 他（宾助）教 学 （句尾）

②ʃi^{33} n^{55} ta̱^{51} te^{ʔ31} wa^{31} sai^{33}. 他回家了。（修饰关系）

他 家 处 回 （句尾）

ʃi^{33} n^{55} ta̱^{51} wa^{31} sai^{33}. 他回家了。（支配关系）

他 家 回 （句尾）

③ʃi^{33} tʃoŋ^{31} te^{ʔ31} luŋ^{31} sai^{33}. 他上学校去了。（修饰关系）

他 学校 处 上 （句尾）

ʃi^{33} tʃoŋ^{31} luŋ^{31} sai^{33}. 他上学去了。（支配关系）

他 学校 上 （句尾）

④naŋ^{33} lai^{31} ka̱^{33} tha^{ʔ31} paŋ^{33} to̱n^{31} u^{ʔ31}! 你放进书里吧！（修饰关系）

你 书 里 放 进 （句尾）

naŋ^{33} lai^{31} ka̱^{33} paŋ^{33} to̱n^{31} u^{ʔ31}! 你把书放进吧！（支配关系）

你 书 放 进 （句尾）

例①的ʃă^{31} ʒin^{55}有“学、教”二义，前加方位词ko̱^{ʔ55}时用“学”义，前加宾语助词phe^{ʔ55}时用“教”义，方位词和宾语助词的使用决定义项的选择。从ko̱^{ʔ55}和phe^{ʔ55}的互补中可以证明ko̱^{ʔ55}的助词属性。例②、例③的te^{ʔ31}具有状语助词的作用，而不加te^{ʔ31}则是支配关系。例①加tha^{ʔ31}表示“在其中”，是修饰关系；而不加tha^{ʔ31}则是支配关系，“把此换进”，意思迥然不同。

但也有一些句子，加不加方位词并不改变句子意义或句法结构，加起强调的作用。例如：

ʃi^{33} ʃă^{31} niŋ^{33} ʃă^{31} ku^{31} （e^{31}） n^{55} ta̱^{51} a^{55} wa^{51} ŋa^{31} ai^{33}.

他 年 每 处 家 （前）回 （助）（句尾）

他每年回老家。

2.有的“里、处”还用在非方位、地点的名词后面。不表示方位；而表示结构关系的语法意义。如e^{31}可用在充当施动者的名词、代词的后面，强调动作行为是由该名词、代词发出的，具有表示主动者的语法意义，这与原来表示方位的实词义相差甚远。例如：

kǎ^{31} nu^{31} e^{31} mǎ^{31} ʒi^{33} ja^{33} ai^{33}. 是母亲买给的。

母亲 处 买 给（句尾）

ʃi^{33} e^{31} ʃa^{55} kạu^{55} sai^{33}. 被他吃掉了。

他 处 吃 掉 （句尾）

又如tha^{ʔ31}也可用在表示人或动物的名词或代词的后面。表示前面的事物是被比较的对象，这也属于结构关系的语法意义。例如：

kǎ^{31} nau^{33} ko^{31} kǎ^{31} phu^{31} tha^{ʔ31} kʒau^{33} tsọ^{31} ai^{33}.

弟弟 （话助）哥哥 处 更 高 （句尾）

弟弟比哥哥更高。

naŋ^{33} ʃi^{33} tha^{ʔ31} kʒau^{33} tsọm^{33} n^{31} tai^{33}. 你比他更美。

你 他 处 更 美 （句尾）

3.由于这类方位词存在一定程度的虚化，所以很容易与后面一个虚词或副词连成一体，在语感上当做一个虚词，而且在读音上与后面虚词或副词的结合比与前面名词的结合更紧。如：kọ^{ʔ55}和n^{31} na^{55}（连词）结合为kọ^{ʔ55} n^{31} na^{55}“自……起”，tha^{ʔ31}和kʒau^{33}（副词“更”）结合为tha^{ʔ31} kʒau^{33}“比……更”，tha^{ʔ31}和lai^{31}（除）n^{31} na^{55}结合为tha^{ʔ31} lai^{31} n^{31} na^{55}“除外”。这说明方位词与前面的名词、代词的关系疏远了，而与后面的成分结合紧了。这也是方位词虚化的表现。例如：

n^{33}tai^{33} kọ^{ʔ55}n^{31}na^{55} wo^{55}ʒa^{31} tu^{31} khʒa^{31} teŋ^{33} mǎ^{31} sum^{33} tsạn^{33} ai^{33}.

这 处（连） 那 到（助动）里 三 远 （句尾）

从这里到那里有三里远。

ŋai^{33} naŋ^{33} tha^{ʔ31} kʒau^{33} phum^{33} ai^{33}. 我比你更胖。

我 你 处 更 胖 （句尾）

an^{55} tha^{ʔ31} lai^{31} n^{31} na^{55} joŋ^{31} sa^{33} ka^{ʔ31}!　　除我俩外都去吧！

我俩处　除（连）　都　去（句尾）

三　几点认识

从以上的共时分析中，并参看亲属语言的特点，能够得到以下几点认识：

1.景颇语的方位词“里、处”原是实词，后来又兼有虚词的特点，成为既是实词又是虚词的“两栖词”。经过这一演变，其词性模糊了，不再具有截然的界限。这种兼用，是由实词虚化引起的。景颇语存在大量实词虚化现象，方位词的虚化，是实词虚化的一个部分。① 但方位词的虚化与别的词的虚化相比，既有共同点，又有不同点。有的实词虚化，本身已失去实词的特点，不具有两重性。如句尾词中有少量是由代词虚化而来的，虚化后就成了虚词，不再是实词。但“里、处”则不同，虚化后虚实二性共存。

2.景颇语方位词出现虚化，其条件主要有二：一是它大多出现在状语与中心语之间，这种位置容易使它兼有表示语法结构关系的功能。景颇语的泛指动词也是由于处在状态词与中心词之间而走向虚化。② 二是它主要居于名词、代词之后，不论在语法结构或在语义结构上都处于从属的地位（或劣势地位），这就容易使它出现虚化。特别是在语义上，方位词的表义功能在大多数情况下不是必要的，缺了它也不影响意义的表达，这就使它有可能兼任别的功能。

3.揭示景颇语“里、处”的虚实两重性，对我们认识语言现象以及语言研究方法会有一些新的启示。

语言成分的跨类现象带有普遍性，在许多语言里多少都会有。跨类

① 戴庆厦:《景颇语实词的虚化》，载《中央民族大学学报》1996年第4期。

② 戴庆厦、徐悉艰:《景颇语语法》，中央民族学院出版社，1992年。

成分既可以是词，也可以是词素。但就多数情况而言，跨类的跨度不会太大。如藏缅语族许多语言的形容词（部分）能兼动词用；哈尼语的结构助词ne^{33}，又表工具、从由；景颇语的ai^{33}既是句尾词，又是结构助词，实词与虚词的兼用，是跨度较大的一种兼类，是两种性质完全不同的词性融在一个词上。在景颇语里，虚实融为一体的还有一种称为“半实半虚语素”的。这种语素来自实词，但在合成词中语义已虚化，语音形式也随之发生了变化。但虚化的程度不一。虚化程度高的，说这种语言的人已辨不出其原义，很像前缀；虚化程度低的，既有实词特点；又有虚词特点。① 跨类现象，是景颇语语法的一个重要特点。

以分析型特点为主的语言，当不同的词根（或词）排列在一起时，会使其中处于弱势的词根（或词）出现虚化现象。这种变化，不仅是方位词，还可以找到许多。如“动词中心语+助动词补充语”的语法结构，居于补充地位的助动词就出现一定程度的虚化。又如双音节复合词，前一个实词素也由于处于语音弱化的地位而容易虚化。景颇语的实词（或实词素）虚化，存在一个逐步扩散的过程，在其过渡阶段（或称中间阶段），虚化的成分有实又有虚，这就具有虚实两重性。虚实两重性的表现多种多样：有的在语境中当实词用，有的在语境中当虚词用；有的语言成分就是半虚半实的；有的以实为主，有的以虚为主……而当虚化过程完全结束时，“实”的一面便已殆尽，只剩下“虚”的一面，两重性的特征随之消失。由此可以认为、虚实两重性是实词虚化过程中出现的一种变异，它打破了语言现象的单一属性，而使语言现象具有跨类属性。

景颇语的方位词兼有结构助词的属性，还与景颇语结构助词比较发达有关。与同语族亲属语言比较，可以看出景颇语的结构助词比较丰富，使用频率较高。如表示修饰关系的定语助词，既有表修饰关系的，又有表领属关系的，各用不同的词，而大多数亲属语言则不分或不用。又如状语助

① 如mǎ^{31} ʃe^{55}（岔）“岔路”、mǎ^{31} ju^{ʔ55} “下坡路” 中的mǎ^{31}由lam^{33} “路” 虚化而来，抽象化较高，景颇人已感觉不出与lam^{33} “路” 的关系。n^{33} na^{33} “你姐姐”、n^{55} nu^{51} “你母亲” 中的n$^{33/55}$，来自naŋ^{33} “你”，虚化程度较低，景颇人能意识到二者的联系。

词中表示施动与表示工具的，景颇语用不同的词，而哈尼、载瓦、缅等语言则用相同的词。由于景颇语需要较多的结构助词，因而就调动了各种手段从不同的渠道来丰富这一类词，而通过方位词“里、处”转化为结构助词则是其中的一个渠道。”①

4.我主要想说明，语言是属于动态性质的，其演变始终处于不断增加新的特征、不断改变旧的特征的过程中，常常是新旧交替、不同属性同时存在。这就是说，语言现象的属性常常不是单一的，不同质的特征会融在一起，使一个事物既有这个特征，又有那个特点。由于语言现象存在“两栖”特征，因而在观察、分析语言现象的方法上就不能绝对化，而要采取“跨性”原则。所谓“跨性”原则，就是要承认有许多语言现象是跨类的，因而不能用“单一”的眼光去看待每一种语言现象，不能硬性认为甲就不能是乙，乙就不能是甲，非此即彼，非彼即此。在分析方法上必须是多元的，即同时分析不同属性的特征，并揭示其二者的内在关系(包括现时的、历史的)。但在过去的藏缅语语法研究中，我们有时看到“绝对化”“单一化”的分析方法，使得本来是活生生的语言现象被看成是“呆板的”“僵化的”。这对藏缅语语法的深入研究是很不利的。②

（原载《民族语文》1998年第6期）

---

① 景颇语为什么有丰富的结构助词，这大约与景颇语整个语法构造体系以及语法类型的演变特点有关，是个值得专门研究的课题。

② 1998年4月我在香港城市大学中文、翻译及语言学系任客座研究教授时，听了上海师范大学刘丹青教授关于“汉语中的后置词及其相关语序类型”的报告，他在报告中论证了汉语方言存在方位词虚化现象，并给我看他的讲稿。正好这段时间我在做这一题目，互相交换了一些想法，我从中得到一些启发。

景颇语的泛指动词

［提要］泛指动词是景颇语动词中的一个类别，使用频率很高。本文主要分析泛指动词的基本特点及其类别，研究泛指动词语法特点及其形成的内部机制。

［关键词］景颇语　泛指动词　语法化

本文从共时角度分析、描写泛指动词的基本特点，主要是语义语法特征及其类别，并探索形成语法化的内部机制。

一　泛指动词与一般动词的异向

景颇语的动词可以根据其语义、语法特征分成多个不同的类别，泛指动词是其中的一个类别。景颇语的泛指动词共有五个：ʒai^{31}、ti^{33}、ŋa^{33}、ŋu^{55}、ʒe^{33}。这五个词的语义、语法特点各不相同，但相互之间有联系，构成一个独立的系统。它与别的动词相比（本文称“一般动词”），既有共性，又有自己的个性。

（一）泛指动词不同于一般动词的特点

1.在语义上，泛指动词因其语义泛指而得名。具有“泛指、泛用”的特点，即多义项的特点，能够表示一组相近或相关的意义。景颇语的动词从表义特点上分，可分为“表具体义”和“表泛指义”两大类。表具体义的，是指表示一个个专门的动词意义，如“来、去、走、跑、吃、看、闻”等。虽然一般动词有的也有多个义项，但毕竟是有限的。而表泛指义的动词，则能够依据不同的语境，产生一系列相近或相关的意义。先看下面两个例子：

（1）pă^{33} loŋ^{33} ʃiŋ^{31} khum^{31} ti^{33} u^{ʔ31}!

衣 服 这样 不要 （泛）（句尾）

你不要这么弄（褶、放等）衣服！

（2）ʃiŋ^{31} khum^{31} ʒai^{31}! 不要这么做（办、弄、整）！

这么 不要 （泛）

例（1）的 ti^{33} 在不同的语境中有“弄、褶、放”等不同的语义；例（2）的 ʒai^{31} 在不同的语境中有“办、弄、整”等不同的语义。

2.在语法上，泛指动词与一般动词也存在较大的差异。最大的差异是：在句中主要做谓语，而且大多不能单独出现，而必须与别的词（如副词、状态词、代词等）在一起构成谓语。例如：

（3）phaŋ^{33} te^{ʔ31} no^{ʔ55} ʒai^{31} na^{33} n^{31} ni^{51}? 你以后还要做吗？

以后 还 （泛）要 （句尾）

（泛指动词 ʒai^{31} 受副词 noʔ^{55} “还”修饰。）

（4）ʃi^{33} phe^{ʔ55} a^{31} tsin^{33} a^{31} jaŋ^{33} ŋu^{55} tsu̱n^{33} tan^{55} ʒit^{51}!

他（宾助）仔仔细细地 （泛）告诉 （句尾）

请你仔仔细细地告诉他吧！

（泛指动词 ŋu^{55} 受状态词 a^{31} tsi̱n^{33} a^{31} jaŋ^{33} “仔仔细细地”修饰。）

（5）ʃi^{33} ʃi^{33} phe^{ʔ55} kă^{31} niŋ^{31} ŋa^{33} tsu̱n^{33} tat^{31} nu^{ʔ31} ni^{51}.

他 他（宾助）怎么 （泛） 说 （助动）（句尾）

他对他怎么说的。

（泛指动词 ŋa^{33} 受代词 kă^{31} niŋ^{31} “怎么”限制。）

还有一个重要差异是：一般动词能够通过加前缀和语音曲折的形态化构成使动范畴，如 su^{31}“醒”——tʃă^{31} su^{31}“使醒”；noi^{33}“挂”——noi^{55}“使挂”，但泛指动词不能。这可能与泛指动词的语义有关，因语义广泛，不具体确定，不适合增加使动意义。

3.一般动词的数量是无限的；而表示泛指义的动词是有限的，只有上述五个。在语用中，泛指动词使用频率很高。有时，一个句子中会出现几个泛指动词，不同的泛指动词可以连用。例如：

（6）ʒai^{55} n^{55} ʒai^{55} ʒe^{33} ai^{33} tat^{55} ʃin^{33} khʒai^{33} ta̠m^{33} ju^{33} ʒe^{33} ŋa^{31}
行 不 行 （泛）的 电影 净 找 看（泛）（助动）
n^{33} tai^{33} lu^{33}！ 你净找不行的电影看呀！
（句尾）呀

（7）tai^{31} ni^{55} ko^{31} ʃat^{31} ʃa^{55} na^{33} ŋu^{55} wa^{31} ʒe^{33} ni$^{?31}$ ai^{33}.
今 天（话助）饭 吃 要（泛）（助动）（泛）（句尾）
我今天想吃饭。

（8）n^{33} tai^{33} tson^{31} wa^{31} a^{31} ʒai^{31} to̠^{33} ai^{33} ko^{31}， kǎ^{31} niŋ^{31}
这 像 （助动） 老（泛）（助词）的（话助）怎么
ŋu^{55} tsu̠n^{33} na^{33} ʒai^{31} wa^{31} sai^{33} ku̠n^{55}. 老像这样，怎么说呢？
（泛） 说 要（泛）（助动）（句尾）（语助）

例（6）有两个泛指动词，前一个ʒe^{33}，表示“不行”的存在；后一个ʒe^{33}，表示“净找不行的电影看”的存在。例（7）有两个泛指动词，ŋu^{55}表示“想”义，对象是“吃饭”；ʒe^{33}，表示全句“我今天想吃饭”的存在。例（8）有三个泛指动词：ʒai^{31}表示“做”义，加前缀a^{31}表示“经常”义；ŋu^{55}表示“说”义，强调对他说；后一个ʒai^{31}也表示“说”义，但只强调说话者说。

（二）泛指动词与一般动词的共同特点

一般动词的特点，有的在泛指动词里也有。主要是：

1.泛指动词与其他动词一样，在句中的功能主要是做谓语。例如：

（9）ʃi^{33} phe$^{?55}$ ko^{31} khau^{33} ŋu^{55} n^{31} ŋai^{33}. 我称他哥。
他（宾助）（话助）哥 （泛）（句尾）

（10）naŋ^{33} tai^{33} tson^{31} ʒai^{31} u^{ʔ31}! 你像那样做吧！
你 那 像 （泛）（句尾）

2.泛指动词与其他动词一样能重叠，重叠表示动作的多数。例如：

（11）naŋ^{33} ʃiŋ^{31} khʒai^{33} ŋu^{55} ŋu^{55} ti^{33} n^{31} na^{55}，ʃi^{33} kʒai^{31} kǎ^{31} ja^{ʔ31}
你 那样净 （泛）（泛）（泛）后 他很 害 羞
ka̱u^{55} aŋ^{31} nu^{ʔ31} ai^{33}. 你老那样说，他该感到很害羞。
（助动）该（句尾）

（12）khum^{31} ti^{33} ŋu^{55} mǎ^{31} kaŋ^{33} tan^{51} khʒai^{33} ti^{33} ti^{33} ʒai^{33} n^{31} tai^{33}.
不要 （泛）（泛）一边 这样净 （泛）（泛）（泛）（句尾）
刚说不要做还不断做。

例（11）的ŋu^{55} ŋu^{55}重叠式表示多次说；例（12）的ti^{33} ti^{33}重叠式表示多次做。

3.泛指动词与其他动词一样，能构成“前缀a^{55}+动词+ŋa^{31}”的格式，表示动词的经常性。例如：

（13）kǎ^{31}te^{31} tsu̱n^{33} ti̱m^{51} ʃǎ^{31} ni^{55} ʃǎ^{31}naŋ^{33} tan^{51} ʃa^{31} a^{55} ti^{33} ŋa^{31} u^{ʔ31} ai^{33}.
怎么 说 即使天 每 这样地 老做（助动）（句尾）
即使怎么说，每天也这样老在做。

（14）tai^{33} tson^{31} ʃa^{31} a^{55} ʒai^{31} ŋa^{31} ma^{ʔ31} ai^{33}. 他们像那样老做。
那 像 仅 老（泛）（助动）（句尾）

4.泛指动词与其他动词一样，能受副词、状态词、重叠动词（或形容词）的限制。（例子见上）

从以上的异同分析中可以看到，泛指动词与一般动词具有一些共同的特点，在归属上应放在动词类中。但它与一般动词还存在一些重要的差异，包括语义和语法特点的差异，所以属于动词的一个类别，在动词中应成一个小类。

二 泛指动词的类别

这五个泛指动词按其语义、语法特点可分为三类：

1. ʒai^{31}和ti^{33}

表示“干、做、办、拿、摸、变、成……”通过人体四肢发出的动作行为。二者的差别是：ʒai^{31}强调动作行为自身的发生、变化，不强调是否触及另一事物。而ti^{33}强调动作行为的发生、变化是触及另一事物，二者可以带宾语，也可以不带。所以，ʒai^{31}和ti^{33}的区别主要是语义上的及物不及物，而不是语法结构方面的。先比较下面两个句子。

（15）ʃiŋ^{31} khum^{31} ʒai^{31} lu^{33}!　　不要这样做!

这样 不要 （泛）（语助）

（16）ʃiŋ^{31} khum^{31} ti^{33} lu^{33}!　　不要这样做（这个）!

这样 不要 （泛）（语助）

（15）、（16）这两句的基本意义相同，都是“不要这样做”。区别在于，说前一句时，说话者心目中强调的是“做”，而后一句强调的是“做什么”。又如：

（17）nam^{31} si^{31} khje^{33} khje^{33} ʒai^{31} wa^{31} sai^{33}.

果子 红 红 （泛）（助动）（句尾）

果子变成红红的了。

（18）ʃi^{33} khʒai^{33} ʃa^{31} kǎ^{31} le^{55} kǎ^{31} lau^{31} ʒai^{31} jup^{55} to̠^{33} ŋa^{31} ai^{33}.

他 独自 翻来覆去状 （泛）睡 着 在 （句尾）

他独自翻来覆去地睡着。

（19）a^{31} khjep^{55} a^{31} khap^{55} ti^{33} a^{31} ʃep^{31} ka̠u^{55} se^{ʔ55} ai^{33}.

细碎状 （泛）削 掉 （句尾）

我已削成细碎了。

（20）an^{55} the^{33} joŋ^{31} phe^{ʔ55} a^{31} ʒoi^{55} a^{31} ʒip^{55} ti^{33} sat^{31} mji^{ʔ31} ai^{33}.

我们 都 （宾助）蹂躏状 （泛）杀 （句尾）

他极力蹂躏我们。

（17）（18）两句的ʒai^{31}补不出宾语。（19）句虽不出现宾语，但隐含着宾语。a^{31} ʃep^{31} “削”是有对象的。（20）句出现宾语，语法上是及物的。

2. ŋa^{33}和ŋu^{55}

表示“说、讲、唱、叫、想、感到、觉得……”与言语、心理活动有关的动作行动。二者的差别是：ŋa^{33}强调动作行为自身的发生、变化，不触及另一事物。而ŋu^{55}强调动作行为的发生、变化，触及另一事物。二者可以带宾语，也可以不带。所以，ŋa^{33}和ŋu^{55}的区别主要是语义上的及物不及物，而不是语法结构上的。比较下面的两个句子：

（21）ʃan^{55} the^{33} kǎ^{31} niŋ^{31} ŋa^{55} tsu̱n^{33} ma^{ʔ31} ni^{51}？ 他们怎么说的？

他们 怎么 （泛）说 （句尾）

（22）ʃan^{55} the^{33} kǎ^{31} niŋ^{31} ŋu^{55} tsu̱n^{33} ma^{ʔ31} ni^{51}？

他们 怎么 （泛）说 （句尾）

他们怎么（对他）说的？

这两句的基本意义也是相同的，都是“他们怎么说的？”区别在于：说前一句时，说话者心目中强调的是“他们说”，而后一句除了表示“他们说”外，还强调“对谁说”。又如：

（23）ʃiŋ^{31} ŋa^{33} khum^{31} mǎ^{31} khon^{55} sa^{ʔ55}！ 你不要那样唱！

那样（泛）不要 唱 （句尾）

（24）ja^{ʔ55} the^{33} kǎ^{31} ʃuŋ^{33} wa^{31} ai^{33} tson^{31} ŋa^{33} ʒe^{33} ai^{33}.

最近 冷 （助动）的 像 （泛）（泛）（句尾）

感到最近像要冷起来。

（25）a^{55} tso̱m^{51} ʃa^{31} ŋu^{55} ʃe^{ʔ31} ʃǎ^{31} tum^{55} u^{ʔ31}！

好好地 （泛）才 提醒 （句尾）

你好好地提醒（他）吧！

（26）tai^{31} ni^{55} ko^{31} ji$^{?55}$ sa^{33} ŋu^{55} ŋa^{33} n^{31} ŋai^{33}.

今天 （话助）地 去（泛）（泛）（句尾）

我（已对人）说今天要下地。

（23）、（24）句的ŋa^{33}虽然可以补出宾语，但主要强调主体的动作行为。（25）、（26）句的ŋu^{55}强调“提醒”“说”触及另一对象，但句中并不出现宾语。

由此看来，景颇语的这两类区别，不完全是传统语法所说的“及物不及物”。传统语法上的及物不及物的分法，主要是就能不能带宾语而言的，能带宾语的是及物的，不能带宾语的是不及物的。但这里所说的“触及”与“非触及”，主要是就语义而言的，与语法结构存在交叉。用ʒai^{31}和ŋa^{33}时，主要强调某个动作行为的出现和存在，不关心是否触及的对象，大多不带宾语，但也可以带宾语，不带宾语时有的也隐含着宾语，如例（21）的tsu̱n^{33}“说”，是个及物动词，实际上隐含着与“话”有关的宾语。例（23）的mǎ^{31} khon^{55}“唱”也是个及物动词，在言语使用中语义指向的宾语是“歌”。至于景颇语泛指动词的这类区别应使用什么术语，有待进一步确定。

3. ʒe^{33}

ʒe^{33}与以上两组泛指动词的特点略有不同。其动作义较弱，具有判断义，表示性质状态、动作行为的存在。其来源与判断词“是”ʒe^{55}（用在一般语气的叙述句里）、ʒe^{51}（用在强调语气的叙述句里）、ʒe$^{?55}$（用在疑问句里）有关。它一般不能单独作句子成分，而要与其他修饰成分一起才能作句子成分。作句子成分时，要后带结构助词ai^{33}，不像其他几个泛指动词一样能带句尾词。ʒe^{33}还常与tson^{31}“像”一起连用，构成固定短语tson^{31} ʒe^{33} ai^{33}“像……似的”。例如：

（27）naŋ^{33} ko̱$^{?55}$ sa^{33} sa^{33} ʒe^{33} ai^{33} kǎ^{31} tai^{33} ʒe$^{?55}$?

你 处 去 去（泛）的 谁 是

经常去你那儿的是谁?

（28）ŋaŋ^{33} na^{33} tson^{31} ʒe^{33} ai^{33} lǎ^{31} ta̱^{ʔ55} lom^{31} ʒit^{31}!

牢固 要 像 （泛）的 挑选 参加（句尾）

你挑选个牢固的拿来!

泛指动词还能前加n^{31}音节，主要起配音作用。如：n^{31} ŋa^{33}、n^{31} ʒe^{33}。加n^{31}是适应双音韵律的需要。例如：

（29）a^{55} tui^{51} n^{31} ŋa^{33} ai^{33} mi^{33} ʃa^{55} mǎ^{31} ju^{33} ŋa^{31} n^{31} ŋai^{33}.

甜 （泛）（助）（语助）吃 想 （助动）（句尾）

我感到想吃甜的。

（30）ʃi^{ʔ55} a^{ʔ31} ko^{31} a^{33} tʃa̱ŋ^{33} n^{31} ʒe^{33} ai^{33} ʒai^{55} lu^{ʔ55} ai^{33}.

他的 的（话助）黑 （泛） 的 是 （句尾）

他的是黑的。

人类表达自己的情感，主要是两类：一类是与动作行为有关的，另一类是与性质、状态有关的。与动作行为有关的，又有两类，一类与四肢的动作有关，是看得见的，另一类与心理活动、大脑活动、言语活动有关，是看不见的。景颇语的五个泛指动词，大体囊括这几方面的意义，基本能满足交际的需要。这就是说，景颇语泛指动词的出现，以及类别划分的特点，是由语用的认知特点和实际交际的需要决定的。

三 泛指动词的语法化

泛指动词的语法化与其所在句法位置有关。所以这里先要讲泛指动词的句法结构类型。泛指动词的句法结构有三种：

第一种是泛指动词单独做句子的谓语。例如：

（31）ʃi^{33} ko^{31} ʃi^{33} phe^{ʔ55} ja^{33} na^{33} ŋa^{33} sai^{33}. 他说要给他了。

他（话助）他（宾助）给 要 （泛）（句尾）

（32）khum^{31} ʃa^{55} mǎ^{55} sa^{ʔ55} ŋu^{55} kǎ^{31} te^{31} la̱ŋ^{31} tsu̱n^{33} ti̱m^{51}，a^{55} ʃa^{55} ŋa^{31}

不要 吃（句尾）（泛）多少 次 说 即使 老吃（助动）

ai^{33}. 说多少遍不要吃还老在吃。

（句尾）

（33）ji$^{?55}$ sa^{33} na^{33} ŋu^{55} ŋa^{31} n^{31} ŋai^{33}. 我说要去地里。

地 去 要（泛）（助动）（句尾）

（34）tai^{31} ni^{55} ko^{31} mam^{33} tan^{31} sa^{33} ka$^{?31}$ ŋa^{33} ai^{33} ŋu^{55} sa^{33} tsu̱n^{33}

今天 （话助）谷子 割 去（句尾）（泛）的（泛）去 说

su$^{?31}$. 你去告诉（大家）他说今天去割谷子。

吧

例（31）的ŋa^{33}、例（32）和（33）的ŋu^{55}都是单独作谓语。但这种句子出现频率较低。这是因为泛指动词的语义是泛指的，需要有状语的限制，使其意义具体化。例（34）的ŋa^{33}和ŋu^{55}是并列谓语，前者表示说了什么，后者表示已经对人说了。

第二种是由状语加泛指动词构成谓语。状语多由状态词、副词、否定词、代词、重叠动词（或形容词）等担任。例如：

（35）khje^{33} khje^{33} ʒai^{31} sai^{33}. 变成红红的了。

红 红 （泛）（句尾）

（36）mǎ^{31} ʃa^{31} nau^{31} lo$^{?55}$ n^{31} na^{55} mǎ^{31} tsu̱t^{55} mǎ^{31} tsa̱t^{55} ŋa^{33} ai^{33}.

人 太 多 因为 拥挤不堪状 （泛）（句尾）

因为人太多，感到拥挤不堪。

（37）kǎ^{31} niŋ^{31} ti^{33} jaŋ^{31} kǎ^{31} niŋ^{31} mai^{33}. 怎么做怎么行。

怎么 （泛）的话 怎么 行

（38）ja$^{?55}$ the^{33} ko^{31} wa^{31} wa^{31} sa^{33} sa^{33} ʒai^{31} ŋa^{31} ma$^{?31}$ ai^{33}.

最近 （话助）回 回 去 去（泛）（助动）（句尾）

最近他们来来回回地走。

例（35）的ʒai^{31}受重叠形容词khje^{33} khje^{33}修饰；例（36）的ŋa^{33}受状态词mǎ^{31} tsu̱t^{55} mǎ^{31} tsa̱t^{55}修饰；例（37）的ti^{33}受代词kǎ^{31} niŋ^{31}修饰；例（38）的ʒai^{31}受重叠动词wa^{31} wa^{31} sa^{33} sa^{33}修饰。

第三种是由状语加泛指动词加一般动词（即表示具体意义的动词）构成谓语，三者的关系是：状语加泛指动词先组成修饰语，再修饰一般动词，例如：

（39）naŋ^{33} kǎ^{31} niŋ^{31} ʒai^{31} kǎ^{31} lo^{33} n^{31} ni^{51}! 你怎么做？

你 怎么 （泛）做 （句尾）

（40）phʒaŋ^{33} ʒai^{31} pai^{55} wa^{31} mat^{31} sai^{33}. 迅速地又回去了。

迅速状（泛）又 回 （助动）（句尾）

（41）naŋ^{33} ʃiŋ^{31} ti^{33} khum^{31} kǎ^{31} lo^{33} u^{ʔ31}! 你不要那样做！

你 那样（泛）不要 做 （句尾）

（42）ka̱p^{55} ka̱p^{55} ti^{33} mǎ^{31} kap^{31} to̱n^{31} u^{ʔ31}! 你紧紧地贴上吧！

紧贴状 （泛）贴 （助动）（句尾）

（43）kǎ^{31} le^{55} kǎ^{31} lau^{31} ti^{33} kǎ^{31} kaŋ^{33} tat^{31} u^{ʔ31}!

翻来覆去状 （泛）烤 （助动）（句尾）

你翻来覆去地烤吧！

（44）naŋ^{33} ko^{31} kǎ^{31} niŋ^{31} ŋu^{55} mjit^{31} ŋa^{31} n^{31} ni^{51}?

你 （话助）怎么 （泛）想 （助动）（句尾）

你（对他）怎么想的？

例（39）的泛指动词ʒai^{31}与代词结合共同修饰“做”；例（41）的泛指动词ti^{33}与指示代词结合共同修饰“做”，中间还加修饰副词“不要”khum^{31}。

以上三种结构，语法化主要出现在第二、第三种的句子中。这是因为这两种形式的泛指动词要不处在表示实在意义的状语后面，要不前面既有表示实在意义的状语，后面又有表示实在意义的动词，所以容易语法化。可见，泛指动词的位置及其前后是否存在实义词，是发生语法化的主要条件。

泛指动词语法化后，大多变为状语的后缀“地”。如例（42）的ti^{33}动词的意义已很弱，已经弱化为ka̱p^{55} ka̱p^{55}“紧贴状”的后缀。在母语人的心目中，已辨不出它是个动词。

景颇语泛指动词的演变趋势是语法化范围不断扩大。语法化的进一步发展，就出现脱落。在现在的年轻人中，泛指动词的使用频率越来越低，甚至可以不用。如下面例句括号内的泛指动词，许多人，特别是青少年已不用了。

（45）n^{55} khu^{ʔ55} mǎ^{31} tsa̱t^{55} ʃǎ^{31} pat^{31}（ʒe^{33}）ai^{33}. 屋内肮脏。

屋里　肮脏状　（泛）（句尾）

（46）a^{31} ʒai^{55} thep^{31} thep^{31}（ti^{33}）ta^{55} mu^{ʔ31}! 东西妥善地放好！

东西　妥善　（泛）放（句尾）

（47）ŋje^{ʔ55} ta̱^{ʔ55} mǎ^{31} tsut^{31} mǎ^{31} tsat^{31}（ŋa^{33}）ai^{33}. 我的手很粗糙。

我的 手　粗糙状　（泛）（句尾）

泛指动词是否虚化和脱落，还与状语的性质有关。状语如果动作性强，泛指动词容易虚化或脱落；如果状语是性质、状态的，则不容易虚化或脱落。例（18）的状语是kǎ^{31} le^{55} kǎ^{31} lau^{31}“翻来覆去状”，所以句中的ʒai^{31}在一些人的口语中已经脱落。而例（17）的状语是khje^{33} khje^{33}“红红的”，句中的ʒai^{31}则很少脱落。

泛指动词的脱落，必然导致句法结构的变化。第二种结构由于泛指动词的脱落，使原来的状语提升为谓语。第三种结构由于有泛指动词，谓语存在两个层次，而泛指动词脱落后，则变为一个层次。例如：“请你仔仔细细地告诉他吧！”

（48）ʃi^{33} phe^{ʔ55}　a^{31} tsin^{33} a^{31} jaŋ^{33} ŋu^{55}　tsu̱n^{33} tan^{55} ʒit^{31}!

他（结助）仔仔细细　（泛）说　给（句尾）

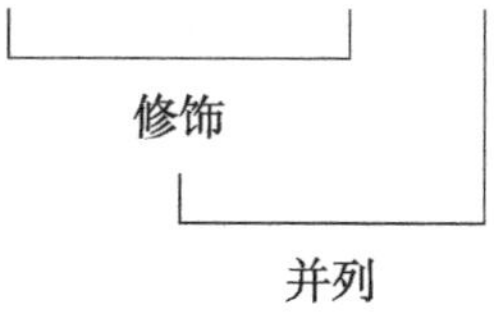

修饰

并列

（49）$ʃi^{33}$ $phe^{ʔ55}$ a^{31} $tsin^{33}$ a^{31} $jaŋ^{33}$ $tsu̱n^{33}$ tan^{55} $ʒit^{31}$!

他（结助）仔仔细细 说 给（句尾）

修饰

例（48）是两个层次，例（49）是一个层次。

参考文献

[1] 戴庆厦、徐悉艰:《景颇语语法》，中央民族学院出版社，1992年。

[2] 徐悉艰、肖家成、岳相昆、戴庆厦:《景汉辞典》，云南民族出版社，1983年。

（原载《语言科学》2007年第6期）

景颇语助动词形成的途径及条件

[**提要**] 本文分三部分探讨了景颇语助动词的形成问题。首先从语法功能、语义差别的角度论证了助动词在景颇语中是一个独立的词类。然后探讨了助动词形成的具体途径，指出它是通过动词虚化、状态词转化等手段而形成的，并指出动词虚化为助动词的语义条件和语义变化以及由此形成的虚化链。最后从理论上分析了助动词形成的各种相关条件，指出助动词的形成是与景颇语处于由粘着型向分析型语言过渡、出现实词虚化、双音节化等趋势密切相关。

[**关键词**] 景颇语　助动词　途径　条件

景颇语助动词是景颇语词类中比较特殊的一类词。通过研究不难发现，景颇语助动词大都是由动词抽象、虚化而成的，是产生较晚的一类词。在意义上，助动词具有不同程度的抽象性，但也有一些词意义比较实在。主要用来修饰和辅助说明动词的状态。从语法上看，景颇语助动词固定在动词的后面，在句中作动词的补语。景颇语助动词究竟是如何产生、形成的，在固定成类的过程中其条件和规律又是什么。这是本文所要探讨的问题。

一　景颇语助动词是个独立的词类

助动词是用在动词后对动词起辅助作用的一类词，它表示动作行为的状态、性质、能愿等意义。在景颇语词类中，助动词虽然数量不多，但使用频率较高，自成一个系统。我们统计了《景汉词典》的全部词汇，助动词在整个词汇中的比例如下：在15245个景颇语词、词素中，有67个助动词，占总数的4.18%。其中54个单音节词，占81%，13个多音节词，占19%。

景颇语助动词虽然大多是由动词演变而来的，但它的基本特点已与动词相差很大，不是属于动词的附类。二者的差别主要有以下几点：

1.助动词的句法位置总是紧跟在谓语动词之后，不像动词那样能够单独作谓语、单独带宾语。例如:（文中例句中凡加“＿”的是动词，加“﹏﹏”的是助动词。）

①tiŋ^{31} si^{31} tum^{31} sai^{33}.　　铃响了。

　铃　　响　（句尾）

②ŋai^{33} ʃat^{31} ʃa^{55} sǎ^{33} ŋai^{33}.　我吃饭了。

　我　饭　吃（句尾）

③tsa̱p^{55} a^{31} khʒep^{31} ŋa^{31} maʔ^{31} ai^{33}.（他们）并排站着。

　站　并排　　在（句尾）

④n^{31} tsi̱n^{33} noʔ^{55} luʔ^{31} la^{55} kaʔ^{31}!　（我们）再喝点水吧！

　水　　再　喝　取（句尾）

例①、例②是动词单独作谓语的句子。例③中的助动词a^{31} khʒep^{31}和动词tsap^{55}一起充当谓语部分。例④中的助动词la^{55}和动词luʔ^{31}一起作谓语，并带有宾语n^{31} tsi̱n^{33}。句中若没有动词，助动词就失去了意义和存在的条件。由此可见，景颇语助动词不具有单独作谓语、带宾语的语法功能。

2. 助动词只能充当谓语动词的补语，语法作用单一。景颇语助动词不像动词那样在句中能充当谓语、定语、状语等语法成分，在句中只能作句子成分的辅助成分而不能作句子成分的中心成分。副词、状态词限制和修饰谓语时总是放在动词之前。例如：（下列中加点的是状语。）

⑤ŋai^{33} ʃi^{33} phe^{ʔ55} kʒai^{31} kǎ^{31} ʒum^{33} mǎ^{31} ju^{33} n^{31} ŋai^{33}.　我很想帮助他。

我　他（助）很　帮助　想　（句尾）

⑥nan^{55} the^{33} ma^{ʔ55} khʒa^{31} ʃa^{55} ka̱u^{55} mu^{ʔ31}!　你们全部吃掉吧！

你们　全部　吃　掉　（句尾）

例句中的副词kʒai^{31}、ma^{ʔ55} khʒa^{31}放在动词kǎ^{31} ʒum^{33}、ʃa^{55}之前，不能直接修饰助动词mǎ^{31} ju^{33}、ka̱u^{55}。助动词功能的单一性和辅助性特点，成为它在词类中独立成类的主要依据。

3. 从语义上看，助动词虽然与动词有一定的联系，但还有所不同。动词中除部分抽象动词以外，大多数动词词义实在，动作性强，而助动词的意义则多为抽象义，动作性弱，有的甚至失去了动作义，主要表示动作行为的状态意义。例如：

⑦ʃi^{33} u^{31} sat^{31} sai^{33}.　他杀了鸡。

他　鸡　杀　（句尾）

⑧ŋai^{33} phe^{ʔ55} mǎ^{31} ni^{33} sat^{31} n^{31} ŋai^{33}.　把我笑死。

我　（助）笑　激烈（句尾）

⑨n^{31} luŋ^{31} tʃa̱i^{33} khaʒt^{31} wa^{31} sai^{33}.　石头滚下去了。

石头　滚　（助动）（助动）（句尾）

⑩khom^{33} tʃa̱i^{33} ŋa^{31} ma^{ʔ31} ai^{33}.　（他们）随便走走。

走　随便（助动）（句尾）

例⑦中的sat^{31}是动词，意义是“杀”，由它而来的例⑧中的助动sat^{31}则已经失去了“杀”的动作意义，只表示动作行为的激烈性，成为动词的补语。例⑨中的tʃa̱i^{33}是动词，意思是“滚、转动”，动作性很强，而例⑩中的助动词tʃa̱i^{33}，已失去了动作义，只表示动作行为khom^{33}“走”

的随意性。

“助动词”是汉语语法学者提出的一个汉语词类名称，并且被认为是汉语动词的一个小类。景颇语的“助动词”名称虽与汉语相同，但两者的特点不同。

汉语的助动词类属于动词，其主要语法功能与动词一致。例如，二者都能充当谓语并带宾语，都可以放在“～不～”的格式中，都可以单说，等等。汉语助动词在意义上保留着动词的词义，动作义很强。但汉语助动词的语法分布又有别于动词，例如不能重叠，不能带后缀“着、了、过”等。可见，汉语助动词与动词在语法功能上大同小异，因而助动词成为动词的一个小类。而景颇语中的助动词与动词则是小同大异，是不同的词类。这样分别处理，似乎更能反映出不同语言的词类特点。

二　景颇语助动词形成的具体途径

本节我们将进一步探讨景颇语助动词形成的具体途径。通过研究我们发现，助动词绝大多数是由动词抽象、虚化而来的，少数是由状态词演化而成的。在抽象、演化的过程中，只有少数动词、状态词发生了音变，改变了原来的词性和词义，转用为助动词。而大多数动词和状态词不改变读音，只改变词性和词义变为助动词，从而成为动词或状态词的兼类词。还有少数几个助动词是通过模拟事物的声音形成的。大部分助动词都是单音节的单纯词，也有几个是通过构词途径构成的双音节的复合助动词。分述如下：

（一）由动词虚化的助动词

1.绝大多数助动词是由动词整体转用的，从而形成了助动词与动词兼类。在我们统计的景颇语的67个助动词中，与动词兼类的有40个。这些词在语音上与动词一致，但语法、语义特征不同。例如：

⑪ lǎ^{31} kat^{31} a^{31} t̠et^{31} ai^{33}.　　　蜜蜂在身边飞叫。

蜜蜂　飞叫　（句尾）

wan^{31} wut^{31} a^{31} t̠et^{31} u$^{?33}$!　　　（你）用力吹火吧！

火　吹　用力　（句尾）

⑫ n^{31} tsi̠n^{33} pun^{31} u$^{?31}$!　　　（你）吧！

水　洒　（句尾）

mǎ^{31} jen^{33} mǎ^{31} tho^{33} pun^{31} ai^{33}.　　　（他）吐上吐沫。

吐沫　吐　吐上（句尾）

⑬ tʃum^{31} tat^{31} u$^{?31}$!　　　（你）放盐吧！

盐　放（句尾）

ti$^{?31}$ tha$^{?31}$ paŋ^{33} tat^{31} u$^{?31}$!　　　（你）放进锅里吧！

锅 里　放　进（句尾）

⑭ phjen^{33} khat^{55} ŋa^{31} ma$^{?31}$ ai^{33}.　　　（他们）在打仗。

仗　打　（助动）（句尾）

kǎ^{31} rum^{33} khat^{55} ka$^{?31}$!　　　（我们）互相帮助吧！

帮助　互相（句尾）

上例中的a^{31} t̠et^{31}、pun^{31}、tat^{31}、khat^{55}在前一句中当动词用，在后句中当助动词用。作动词时，在句中充当谓语，作助动词时，在句中当谓语的补语。这些兼类词，动词性与助动词性是并列的，但在来源上，助动词的源头是动词。

2. 有些动词在抽象成助动词的过程中，不是整体转用成助动词，而是出现了语音变化，从而形成了音义均不同于动词的新的助动词。

⑮ ŋai^{33} muŋ^{31} lom^{55} na^{33} n^{31} ŋai^{33}.　　　我也要参加。

我　也　参加 要（句尾）

ʃi^{33} n^{33} taŋ^{51} phai^{33} ŋa^{31} ai^{33},　sa^{33} phai^{33} lom^{31} u$^{?31}$!

他 不 胜任 抬　（助动）（句尾）去　抱　参加（句尾）

他抬不动，（你）也去参加抬吧！

⑯a^{31} mu^{55} n^{33} tai^{33} no^{ʔ55} ta^{55}　u^{ʔ31}!　　（你）暂且放下这工作！

工 作　这　　还　放下（句尾）

ʃi^{33} khʒai^{33} tʃoŋ^{31} e^{31} ŋa^{31} ta̱^{ʔ55} sai^{33}.　　他一个人留在学校了。

他 单独　学校 里 在　下（句尾）

例⑮中的lom^{55}是动词，为“参加”义，通过音变而成助动词lom^{31}，用以表示“参加”的动作行为具有“帮助义”。例⑯中的ta^{55}是动词，意思是“放下”，音变后形成助动词ta̱^{ʔ55}，用以表示“放下”这一动作行为的延续性。动词转用为助动词，词的语音只是发生了部分的变化。有的是声调的变化，例⑮中的lom^{55}变调为lom^{31}；有的是韵母发生变化，如例⑯中的ta^{55}，韵母由松元音a变成带喉塞尾的紧元音a̱^{ʔ}。

3.在动词演变成助动词的过程中，除了词性变化以外，词义的变化也十分明显。从实在到虚化，从具体到抽象，词的实在意义受到不同程度的削弱，语法意义进一步增强。词义的抽象化主要是通过以下几个途径实现的：

第一，选取动词附有的情状作为助动词词义。作为助动词来源的动词，有相当数量的词在表示动作行为的同时，伴随有明显的独特的情状。虚化其动作义，提取并强化其情状特点，从而形成起修饰作用的助动词词义。例如：

⑰kha^{55} tʃi^{31} a^{31} te̱t^{31} ai^{33}.　　（他）紧催还债。（紧催）

债　还　紧催（句尾）

wan^{31} wut^{31} a^{31} te̱t^{31} u^{ʔ31}!　　（你）用力吹火吧！（用力性）

火　吹　用力地（句尾）

⑱ʃi^{33} than^{31} wa^{31}　sai^{33}.　　他昏迷过去了。（昏迷）

他 昏迷（助词）（句尾）

ʃi^{33} mă^{31} ni^{33} than^{31}　ai^{33}.　　他大笑。（剧烈性）

他 笑　　剧烈的（句尾）

⑲ʃi^{33} a^{ʔ31} phaŋ^{33} naŋ^{33} n^{31} ŋai^{33}.　　我跟着他。（跟随）

他 的 后面　跟　（句尾）

ŋai³³ muŋ³¹ khan⁵⁵ naŋ³³ ŋa³¹ n³¹ ŋai³³.

我 也 跟 伴随地（助动）（句尾）

（伴随性）我也跟随他去。

⑳ʃi³³ u³¹ sat³¹ ŋa³¹ ai³³. 他在杀鸡。（杀）

他 鸡 杀 （助动）（句尾）

ʃi³³ pheʔ⁵⁵ mǎ³¹ ni³³ sat³¹ n³¹ ŋai³³. 笑死他。（激烈性）

他（宾助）笑 激烈地（句尾）

㉑ma³¹ tʃa̱i³³ ŋa³¹ ai³³. 小孩在玩（正在）。

孩子 玩 （助动）（句尾）

khom³³ tʃa̱i³³ ŋa³¹ maʔ³¹ ai³³. （他们）随便走走。（随意性）

走 （助动）（助动）（句尾）

上面数例中，每例的前一句的动词在后一句中虚化为助动词使用。例⑰中的a³¹ te̱t³¹作动词时是“紧催”义，助动词义则表示动作的用力性，例⑱中的than³¹动词义是“昏迷”，助动词义是表示动作的剧烈性。例⑲中的naŋ³³表示“跟随”的动作，作助动词时则是表示动作的伴随性。例⑳中的sat³¹动词义是“杀”，助动词义则为表示动作行为的激烈性。例㉑中tʃa̱i³³动词是“玩”的意思，助动词义是表示动作行为的随意性、从这些例子中我们可以看出，这些助动词是抽取动词的主要附有意义而形成的，它专门修饰、强调动词的性质、状态，成为动词的修饰词。

第二，选取动作行为的趋势或结果作为助动词词义。动词所表达的动作义都有其行势，有的强调动作行为的开始变化，有的表示动作行为的发展趋向、有的表示动作行为的结果，而助动词则提取其趋势或结果用以表示动作行为的状态。例如：

㉒sǎ³¹ tek³¹ thaʔ³¹ paŋ³³ uʔ³¹! （你）装进箱子里吧！（放、装）

箱子 里 放 （句尾）

lai³¹ ka̱³³ ʃǎ³¹ ʒin⁵⁵ paŋ³³ wa³¹ sǎ⁵⁵ kaʔ⁵⁵!

书 学习 （助动）（助动）（句尾）

（我们）开始学习吧！（开始状）

㉓khʒat^{31} mat^{31} sai^{33}. 落下了。（落下）

落 （助动）（句尾）

phun^{55} joŋ^{33} khʒat^{31} wa^{31} sai^{33}. 木头淌下去了（由上而下）。

木头 淌 （助动）（助动）（句尾）

㉔a^{31} ʒai^{55} joŋ^{31} mat^{31} sai^{33}. 东西都丢失了。（丢失）

东西 都 丢失（句尾）

nu̠^{51} gum^{31} kai^{33} mat^{33} sai^{33}. 母亲老了。（动作终结、结束）

母亲老 （助动）（句尾）

㉕n^{31} sa^{31} mat^{31} sai^{33}, ka̠u^{55} nu^{ʔ55}! 旧了，（你）扔了吧！（丢、扔）

旧 （助动）（句尾）扔 （句尾）

ʃa^{55} ka̠u^{55} u^{ʔ31}! （你）吃掉吧！（掉）

吃（助动）（句尾）

㉖n^{31} tsi̠n^{33} pun^{31} u^{ʔ31}! （你）洒水吧！（洒）

水 洒 （句尾）

mǎ^{31} jen^{33} mǎ^{31} tho^{55} pun^{31} u^{ʔ31}! （你）啐上一口吐沫！（往上）

吐沫 啐 （助动）句尾

例㉒中paŋ^{33}动词义是“放、装”，这一动作的开始阶段被强调后形成表示“动作行为开始变化”的助动词；例㉓、例㉔句中的动词都是由于其动作趋势被强调而演化成助动词。例㉓句中的khʒat^{31}动词义为“落下”，动作趋势被强调后成为助动词，表示动作由上而下的方向。㉔句中的mat^{31}动词义是“丢失”，其趋势“失去”被强调，形成表示动作行为终结的助动词。例㉕、例㉖的句中的动词则是由于其动作结果被强化而演变为助动词。例㉕句的ka̠u^{55}动词义为“扔”，其结果造成了“使某物丢掉”，成为表示“失掉”结果的助动词。例㉖句的pun^{31}，动词义为“洒”，其结果是“使某物附在他物表面”，于是形成表示“在……时”意义的助动词。

第三，助动词义由削弱动词的动作义并强调动词基本义所表达的情状构成。这些助动词在具有一定动作性的同时还强调动作的情态，从而起到修饰动词的作用。例如：

㉗ na^{ʔ55} n^{31} thu^{33} n^{33} tai^{33} ko̠^{ʔ55} to̠^{33} ŋa^{31} ai^{33}. 你的刀在这里。（在）

你的 刀 这 里 放（助动）（句尾）

jup^{55} to̠^{33} ŋa^{31} ai^{33}. （他）睡在那里。（在）

睡 （助动）（句尾）

㉘ mam^{33} taŋ^{31} ʃi^{33} ʒai^{55} tʃaŋ^{33} tai^{31} niŋ^{33} lu^{31} to̠ŋ^{31} na^{33} sai^{33}.

谷子 箩 十 是 的话 今 年 能 度过（助动）（句尾）

有十箩谷子今年就能度过去了。（度过）

kha^{ʔ31} ʒap^{55} to̠ŋ^{31} sai^{33}. （他）渡过河了。（过）

河 渡 （助动）（句尾）

㉙ lai^{31} ka̠^{33} tsi̠^{31} ma^{ʔ55} sai^{33}. 墨水完了。（尽、完）

墨水 完 了

kum^{31} phʒo^{31} laŋ^{33} ma^{ʔ55} sai^{33}. 钱用完了。（尽、完）

钱 用 完 了

㉚ na^{ʔ55} tai^{31} ni^{55} n^{55} ta̠^{51} ŋa^{31} n^{31} ni^{51}? 你今天在家吗？（在）

你 今天 家 在（句尾）

ja^{ʔ55} ʃa^{31} ʒin^{55} ŋa^{31} ma^{ʔ33} ai^{33}. 现在（他们）正在学习。（正在）

现在学 习 在（句尾）

㉛ pon^{33} tin^{33} lǎ^{55} ŋai^{51} mi^{33} ʒa^{ʔ31} ŋa^{31} n^{31} ŋai^{33}.

钢笔 一 一 需要（助动）（句尾）

（我）需要一支钢笔。（需要）

kǎ^{31} lo^{33} ʒa^{31} ai^{33}. 必须做。（需要，必须）

做 必须（句尾）

上例中这些助动词所来源的动词均动作性不强，同时本身又表达一定的情态。所以动作义削弱后，所表达的情态得到强调，成为具有动词义的助动词。

第四。在动词义的基础上添加别的意义形成助动词义。例如：

㉜ʃi^{33} phe^{ʔ55} ja^{33} u^{ʔ31}! （你）给他吧！（给）

他（宾助）给（句尾）

laŋ^{33} ja^{33} u^{ʔ31}! （你）帮拿吧！（帮）

拿 着（句尾）

㉝ŋai^{33} muŋ^{31} lom^{55} na^{33}. 我也要参加。（参加）

我 也 参加 要

sa^{33} phai^{33} lom^{31} u^{ʔ31}!

去 抬 （助词）（句尾）

（你）也去参加抬吧！（为帮助而参加）

例㉜的ja^{33}作动词“给”时，没有“帮助”义，添加了“帮助”义后即成为助动词；lom^{55}作动词“参加”时，没有“帮助”义，添加“帮助”义后即成为助动词lom^{31}。这类助动词不仅具有原来动词的词义，同时又添加了新的意义，使其对动作行为具有补充的作用。

动词向助动词转化的过程中，语义演变有一个共同的特点：动词的动作义不同程度地被削弱，动词的附加因素被强调，但动词虚化为助动词有层次上的差别。从以上分析中我们能够看出，第一、第二类动词的动作性较强，虚化的程度也较强，演化为助动词后，已经失去了原动词的基本义。第三类动词的动作性不强，虚化的程度也较弱，演化为助动词后，原动词的基本义在一定程度上保留了下来。第四类是通过添加词义而形成的助动词，虚化程度最弱，演化为助动词后，在保留了原动词的基本义的同时又增添了表示某种性质的词义。因此说，动词演化为助动词的过程是一个词义不断虚化的过程，但不同语义特点的动词虚化的程度不同，使这一过程呈现出层次性，形成了一个虚化程度由强到弱的“虚化链”。这个虚化链，使得助动词的表义功能具有多样性，满足了语言表达的需要。当然，虚化程度的不同，与每个动词的词义特点密切相关。

4.景颇语的助动词是提取数量繁多的动词中的少量转化而成的。在

《景汉词典》中，动词有3582个，而虚化为助动词的仅有60多个。那么，具有哪些语音语义特点的动词容易虚化为助动词呢？

语音上，能虚化为助动词的大多是单音节动词。双音节动词中虚化为助动词的多为前弱后强的双音节词。据统计，在由动词虚化而成的60多个助动词中，由单音节词虚化而成的有50多个，由双音节动词虚化而成的不足10个，其中有7个是前弱后强的双音节词。能虚化为助动词的动词之所以大多为单音节动词，原因有二：一是因为景颇语中单音节动词的绝对数量大。在3582个动词中，单音节词数为1252个，占464‰。单音节动词数量大，使得转为助动词的单音节词的比例也大。二是景颇语词汇存在双音节化趋势。助动词要与数量很大的单音节动词结合，构成一个双音节的语法结构体，就必须取单音节形式。

在语义上，凡动作性强并附有鲜明的情状或本身隐含趋向、结果、方向等行势语义的动词，容易虚化为助动词。我们认为，任何动词都具有某种状态、行势，只是有的明显、突出，有的微弱，那些具备鲜明突出状态的动词，如khom^{33}“走：流动性”、khʒat^{31}“落：方向性”khat^{55}“打仗：相互性”、tʃa̠i^{33}“玩：随意性”、te̠t^{31}“紧催：用力性”、than^{31}“昏迷：剧烈性”等以及明显隐含行势的动词，如tat^{31}“放：进”、ka̠u^{55}扔：掉”、khʒup^{33}“碰：着”、la^{55}“拿：取”、pun^{31}“洒：上”等容易虚化成助动词。因为这些独特的状态、行势正是助动词所要强调的，而那些状态、行势微弱或模糊的动词，如mjit^{31}“想”、laŋ^{33}“拿着”、kǎ^{31} lo^{33}“做”等就不虚化成助动词。此外，动作性虽弱，但动词本身具有表情状的功能，也可虚化为助动词。如tom^{31}“收完：完结”、to̠ŋ^{31}“度过；过”、maʔ^{55}“尽、完”等。

总之，景颇语中能虚化为助动词的动词，都是动作意义具体的动词，因为这样的动词有抽象、虚化的空间，而那些意义抽象的动词几乎不能虚化为助动词。

（二）由状态词演变的助动词

状态词是修饰限制动词或动词性成分的词，助动词的语法作用与它有很大的相似处。不同的是，状态词大多置于动词或动词性成分之前，而助动词则位于动词之后。景颇语中有的助动词是由状态词通过音变转化而来的，二者形成同族词。有的状态词则整体地转用为助动词，成为状态词和助动词的兼类词。例如：

㉞khʒep^{31} ʒai^{31} tsa̱p^{55} mu^{ʔ31}! （你们）整齐地站成一行！

整齐地成一行（泛）站 （句尾）

tsa̱p^{55} a^{31} khʒep^{31} ŋa^{31} ma^{ʔ31} ai^{33}. （他们）并排站着。

站 （助动） （助动）（句尾）

㉟khʒa^{31} ti^{33} to̱n^{31} ka̱u^{55} u^{ʔ31}! （你）干脆放下吧！

干脆地（泛）（助动）（助动）（句尾）

ŋut^{55} khʒa^{31} kă^{31} lo^{33} na^{31}. 直到做完为止。

完 （助动）做 （句尾）

㊱ŋau^{33} ŋau^{33} ʒa^{31} e^{31} khʒa^{31} ti^{33} to̱n^{31} mu^{ʔ31}!

木料 场地（方助）干脆地（泛）（助词）（句尾）

（你们）干脆把木料放在堆木料的地方吧！

ʃă^{31} te̱^{31} na^{ʔ55} khʒa^{31} khʒa^{31} ko^{31} n^{55} lu^{31} ŋa^{31} n^{31} ŋai^{33}.

那么 久 （助动） （话助）没 有 在 （句尾）

要待那么久，（我）待不了。

例㉞句中khʒep^{31}是状态词，意思是“整齐地成一行”，a^{31} khʒep^{31}是由状态词khʒep^{31}加前缀a^{31}构成的，意思是“并排地”。例㉟句中的khʒa^{31}原是状态词，意思是“干脆地放下”，转化为助动词后，意义是“直到……为止”。例㊱句中的khʒa^{31} khʒa^{31}为状态词，意为“干脆地放下”，用以修饰多数，转化为助动词后，意义为“直到……为止”，语气比助动词khʒa^{31}重。例㉞句中的助动词是由状态词音变后转化而成；例㉟、㊱句中的助动词是由状态词整体转变后转化而成，是助动词与状态词的兼类词。

与动词虚化为助动词不同的是，状态词之所以能够转化为助动词是由于两者语法作用的相近和语义表达的需要。相似的语法作用使状态词转化为助动词成为可能，语义上的需要使这种转化成为必要，由状态词转化而成的助动词基本上引用了状态词的词义。如果说大多数助动词是动词抽象、虚化的结果，那么由状态词兼用的助动词则是“借用”的产物。

（三）模拟事物的声音形成的助动词

景颇语中极少数的助动词是通过模拟事物的声音形成的，例如ʒuŋ31、te̠ʔ55等。

㊲khʒep31 ʒuŋ31　ŋa31　ai33.　　（他）大哭。

哭　（助动）（助动）（句尾）

mǎ31 tʃi̠ʔ55 ʒuŋ31　ŋa31　ai33.　　（他）正病重。

病　（助动）（助动）（句尾）

㊳ʃi33 khʒai31 ʃa31　kǎ31 lo33 te̠ʔ55　si33　ŋa31　ai33.

他 单独 （助）做　（助动）（助动）（助动）（句尾）

他一个人干活忙得要死。

ʒuŋ31、te̠ʔ55通过摹声手段构成助动词。ʒuŋ31用以表示程度加剧；te̠ʔ55用来表示动作集中在一个人身上。

（四）通过构词法形成的复合助动词

有些助动词是由单音节助动词加上前缀或由两个助动词复合而成的复合助动词。如：

㊴phot55 ni55 sa33 sǎ33 na33 n31 ŋai33.　　（我）明天要去。

明天　去（助动）（句尾）

㊵u31 sat31 a31 nan31 ka̠u55　u ʔ31!　　（你）干脆把鸡杀掉！

鸡 杀 （助动）（助动）（句尾）

㊶ja33 ʃǎ31 nan31 ka̠u55　uʔ31!　　（你）干脆给掉吧！

给（助动）（助动）（句尾）

㊷naŋ51 teʔ31 kǎ31 tai33 muŋ31 n33 sa33 lu31 na33.　这里谁也不能来。

这 里 谁　也 不 去（助动）

例㊴句中的sǎ33 na33是由前缀sǎ33“表示完成”加na33“要”构成，意思是“要、将要”。例㊵句中a^{31}“表多次”和nan^{31}“表示动作行为延续”构成，意思是“说明动作加剧或最后完成”。例㊶句中的ʃă^{31} nan^{31}是由使动前缀ʃă^{31}加nan^{31}“表示动作行为延续”构成，意思是“使动作最后完成”。例㊷句中的lu^{31} na^{33}是由助动词lu^{31}“能”与na^{33}“可能”复合而成，意思是“能”，只用于禁止语气。前三句的助动词是通过附加法形成的，后一句的助动词是通过复合法形成的复合助动词。

三　景颇语助动词形成的相关条件

景颇语助动词数量不多，但使用频率较高，在语言使用中占有重要的地位。我们统计了2737个词的话语材料，助动词就使用了215个，占7.9%。有了助动词，才使得景颇语的表达能力更强、更精密。别的语言中有许多靠实词或语法成分表达的意义，景颇语则靠助动词表示。如表示“由上而下”的趋向义，普米语用动词的前缀表示，而景颇语用助动词khʒat^{31}表示。还有一些助动词所表达的意义，是许多语言所没有的，如tat^{31}，表示动作行为影响到宾语。

景颇语为什么有这样一类作为动词补语的助动词？这是由景颇语的语法特点决定的。

现代景颇语语法属于带有一些屈折形式但以分析形式为主的语言类型，反映了黏着型向分析型过渡的特点。据研究，古代景颇语像其他一些藏缅语亲属语言一样，有着丰富的屈折形式，包括词缀、变音等语法形式，而且形态变化主要集中在动词上。后来动词的屈折形式逐渐脱落，其担负的语法意义转由句尾词和助动词表达。景颇语的句尾词是一种虚词，位于句子末尾，表达动词的人称、数、式、方向等语法意义。在嘉戎、普米等亲属语言里由前缀或后缀表达的语法意义，在景颇语里大多由句尾词表示。还有一些动作行为的附加意义，则由助动词来承担。景颇语在动词后跟着助动词和句尾词这两类词，使得动作行为的意义更具体、更准确，能够表达出各种不同的意义。助动词后置的特点与景颇语的宾动式结构密切相关。宾语在前，动词在后，使得修饰限制动词的各种成分在动词后找到了更大的空间，其修饰、限制语义或单纯或复杂，均可以在动词后面拥有尽可能自由的伸缩空间，例如动词后可以带有一个助动词，也可以带多个助动词，① 助动词还可以重叠。② 若在动词前则有其不便。

助动词大多来自动词，与动词共同使用一种形式，而不另造新的形式，这符合语言使用的经济原则。因为在景颇语中，动词数量庞大，语义丰富复杂，从动词中选取部分富有状态、情势的词当助动词，既符合景颇语的特点，又有利于表达各种丰富的思想。

由动词转为助动词，是实词虚化的结果。现代景颇语存在多种形式的实词虚化，如人称代词虚化为句尾词，动词虚化为泛指动词等，助动词的形成是景颇语实词虚化的一种类型，是符合景颇语演变趋势的。

出现助动词一类，还与景颇语双音节化有关。景颇语在发展过程中出现双音节化倾向，这不仅表现在构词上，还表现在词组结构上。景颇语的谓语大多是由动词和助动词构成，而带有助动词的谓语动词大多是单音节词，助动词位于其后，不仅在语义上给予补充，在音节上也构成双音节结构。双音节化当然不是形成助动词的主要原因，但至少可以说，双音节化的趋向为助动词的出现提供了符合景颇语特点的模式。

可见，景颇语助动词的形成，除了语言表达的需要外，还与景颇语语

---

① 动词后可以连用两个或三个助动词，其排列顺序是由语义规律决定的。助动词中ŋa^{31}“正在”、wa^{31}“起来”、ta̱$^{?55}$“动作行为对叙述者已结束，对被叙述者还在延续”，常放在后面。例如：

A. kǎ^{31} ʒum^{33} khat^{55} ŋa^{31} ma$^{?31}$ ai^{33}.　　他们互相帮助。
帮助　（助动）（助动）（句尾）

B. n^{31} luŋ^{31} tʃa̱i^{33} khʒat^{31} wa^{31} sai^{33}.　　石头滚下去了。
石头　滚　（助动）（助动）（句尾）

C. n^{55} phje^{51} tha$^{?31}$ paŋ^{33} to̱n^{31} ta̱^{55} sai^{33}.　　已经放在背包里了。
背包　里　放　（助动）（助动）（句尾）

② 动词后的助动词可以重叠，重叠式表示动作行为的经常性。重叠式虽在助动词上，但其表示的语法意义是属于整个谓语的，即动作行为的经常性。

法结构的发展特点密切相关，是各种相关因素互相制约、各自调整、不断平衡的结果。

（原载《藏缅语族语言研究》(二)，云南民族出版社，1998年12月）

再论景颇语的句尾词

[**提要**] 本文从景颇语语音、语法、语义的相互关系以及语言结构的系统性上，并通过亲属语言比较，分析句尾词的性质、来源、形成条件以及发展趋势，此外还从景颇语句尾词的特征看藏缅语代词化的来源问题。

[**关键词**] 景颇语　句尾词

1990年，我发表了《景颇语的句尾词》一文，[①] 对景颇语句尾词的共时特征，包括其语法意义及语法形式做了系统分析描写，但对其性质、来源涉及不多。事过5年，随着藏缅语语法研究的不断深入，以及国内外学术界对藏缅语代词化（pronominalization）问题的关注和讨论，我对景颇语句尾词的特点又有了一些新的认识。本文主要从景颇语语音、语法、语义的相互关系以及语言结构的系统性上，并通过亲属语言的比较，分析句尾词的性质、来源、形成条件以及发展趋势，还从景颇语的特征看藏缅语代词化的来源问题。

一　句尾词的性质

句尾词的性质是什么，它在句子里是一个什么成分，与别的成分有什

① 戴庆厦:《藏缅语族语言研究》，云南民族出版社，1990年。

么关系，这是首先要明确的问题。

句尾词是词还是动词的后附成分？有的藏缅语学者曾经提出过这个疑问。因为藏缅语有一些语言，如嘉戎语、羌语、独龙语等，表示动词的语法意义主要以附加成分（前缀或后缀）、变音的形式出现，而且这种语法形式与动词紧密地黏合在一起，成为动词的一部分。而景颇语句尾词同样是在动词之后，是否也是动词的后附成分？我认为不是，它是独立的虚词。理由如下：

1.从句尾词与动词的结合关系上看，它虽在动词之后，但并不黏附在动词之上。句尾词的语音形式比较固定，不随前面的动词语音特点而发生变化。而且，它与动词之间还有微小的间隔，二者之间能插入助动词。例如：

①naŋ^{33} ʃa^{55} u^{ʔ31}！你吃吧！

你　吃（句尾）

②naŋ^{33} ʃa^{55} ka̱u^{55} u^{ʔ31}！你吃掉吧！

你　吃 掉 （句尾）

③ʃi^{33} kǎ^{31} lo^{33} ai^{33}. 他做。

他 做　　（句尾）

④ʃi^{33} kǎ^{31} lo^{33} ŋa^{31} ai^{33}. 他正在做。

他 做　　正在（句尾）

⑤ŋai^{33} sa^{33} n^{31} ŋai^{33}. 我去。

我　去（句尾）

⑥ŋai^{33} sa^{33} na^{33} n^{31} ŋai^{33}. 我要去。

我　去 要 （句尾）

例②、例④、例⑥的句子，动词与句尾词之间都有助动词，二者之间还有微小的间隔。

2.从句尾词的特点上看，无论是在语法意义上，还是在语法形式上，都是自成系统的。在语法意义上，它综合表示多种语法意义，其中有语气、人称、数、方向等，在不同的语气之中又有强调非强调、变化非变化的对立。它在句中担负的功能是其他词类所没有的。其语法意义可用下表示之：

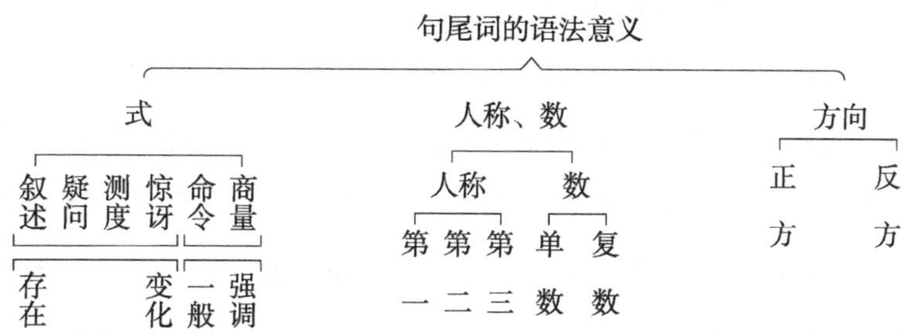

从语法形式上看，句尾词本身有丰富的形态变化，包括加不同的附加成分、语音交替（不同的声母交替、韵母交替、声调交替，三者中有变化一个的，也有两个或三个都变化的）。句尾词的形态变化，与前面的动词没有粘连关系。句尾词有其独立的结构体系：它由单音节词和多音节词构成，多音节词中多数是由双音节词构成的。多音节的句尾词，是由两个或两个以上的语素构成的合成词，其中有一个是重音节，多在第二音节上，前一音节为非重音节，或称弱化音节，构成“前弱后强”的语音模式。如mǎ^{31} sa$^{?55}$用在主语是第二人称复数禁止命令句里，强调语气，sa$^{?55}$为重音节，表示语气，mǎ^{31}为弱化音节，表示人称、数。二者的语音特点不同，承担的语义也不同，有点像实词中前缀与词根的关系。句尾词从它自身的构成上看，有丰富的形态变化，属黏着、屈折形式，但它在句中又当虚词用，与其他词的关系是分析关系，是分析形式，所以它是黏着、屈折形式与分析形式的混合体，可视为“带着黏着、屈折特点的分析形式”。这个特点，在汉藏语系语言中实属少见。

总之，从现状上看，景颇语句尾词是一个独立的词类，属于虚词类。它不但有自己独特的结构系统，而且在句中具有别的词类不能取代的功能。至于它以前是不是动词的后附成分，则是另一个值得探讨的问题。确定句尾词是一个游离于动词之外的虚词，对于认识句尾词的来源及其演变是很有必要的。

接着要研究的是，句尾词是表示动词的语法成分，还是表示谓语的语法成分，还是属于整个句子的？①我认为是属于整个句子的。理由如下：

其一，句尾词的作用主要是表示整个句子的语气，还表示主语、宾语、物主名称的人称、数，以及动作行为的方向。这些作用，虽然都与句子的中心成分——动词（或谓语）有密切关系，但就句尾词与句子的各种成分的关系看，还是属于整个句子的。在省略主语的句子中，其主语的人称、数可由句尾词来体现。主张“动词中心说”的，有的常把与动词有关系的各种语法意义都加在动词上，使动词承担的语法范畴扩大化，这不能不是一种片面性。

其二，句尾词表示的语法意义不仅与动词有关，而且还与形容词有关。它能放在形容词后表示形容词谓语句的语气和主语的人称、数。所以，把它看成是动词的语法成分也是不合适的。例如：

ʃi^{33} kʒai^{31} tso̱m^{31} ai^{33}. 她很美丽。

她 很 美丽（句尾）

ŋje^{ʔ55} ma^{31} ʒam^{33} ʒam^{33} ʃă^{31} ku̱t^{31} li^{ʔ31} ai^{33}. 我的孩子相当努力。

我的 孩子相当 努力 （句尾）

景颇语的虚词有连词、助词、感叹词等几类，助词中又分结构助词和语气助词两类。这些虚词除感叹词是游离于句子结构之外的独立成分，在句中与其他成分没有结构上的关系之外，都与句子或词组的结构有关。但它们各自的作用不同，不属于一个层面。这些虚词大致可分为三类：结构助词的作用是用来组成词组的，有些词组没有结构助词的帮助是立不起来的。句尾词和语气助词是用在句子上的，表示整个句子的语法意义或语气的，除少数名词谓语句和省略谓语句外，句子没有句尾词是不成句的。连词主要用在词组中，但也用来连接分句。由此看来，句尾词、语气助词是属于整个句子的虚词，犹如声调属于整个音节而不只属于元音一样。句尾

① 过去有的学者认为是属于谓语的，称之为谓语助词。见刘璐《景颇语语法纲要》，出版社，1959年。

词与结构助词、连词相比，不是一个层次的虚词，而是高于其他虚词的语法成分。

要说明的是，少数句尾词还有结构助词的功能，也就是说在层次上具有二重性。例如：

ʃi³³ ka̲³³ ai³³ lai³¹ ka̲³³ kʒai³¹ tso̲m³¹ ai³³. 他写的字很漂亮。

他 写（结助）字 很 漂亮（句尾）

ʃi³³ kă³¹ lo³³ sai³³ ŋa³³ tsu̲n³³ niʔ³¹ ai³³. 他对我说他做了。

他 做 （结助）说 说 （句尾）

虚词与词组结构或句子结构的关系，可用下表示之：

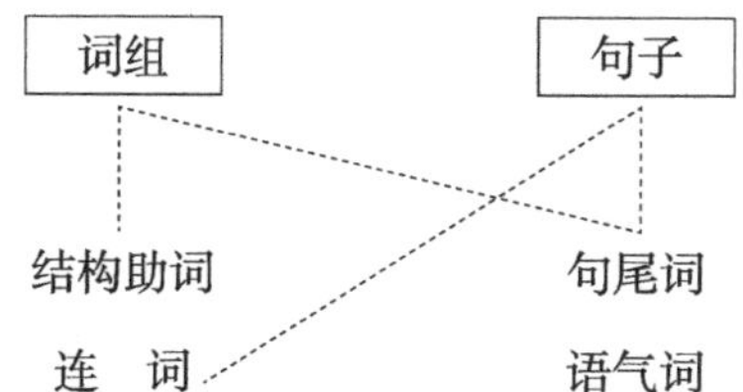

综上所述，句尾词与其他虚词相比有如下几个不同的特点：（1）句尾词的数量大，是其他虚词所不能比的。景颇语的句尾词约在330个左右，而其他每种虚词的数量都不超过50个。（2）它有形态变化，其他虚词没有。（3）绝大多数句子都少不了句尾词，而可以少别的虚词。（4）句尾词在句中的层次比别的虚词高。

二 句尾词的来源

句尾词是怎样产生的？这当中涉及两个问题：一是在词源上与什么词有关，是由什么词转化而来的。二是形成句尾词的客观条件是什么，是什么因素促使景颇语产生如此丰富的句尾词。

先谈词源。通过词源比较，能够看到有些句尾词与实词有关。按照先实后虚的认识规律，可以认为这些句尾词是由实词虚化而成的。目前，只发现来自人称代词和动词两类。

来自人称代词的有两个：一是来自第一人称单数的人称代词ŋai^{33}“我”；另一个是来自第二人称单数的人称代词naŋ^{33}“你”。分述如下：

（1）第一人称单数的人称代词ŋai^{33}“我”

→句尾词n^{31} ŋai^{33}，用在第一人称单数作主语的存在式叙述句里。

→句尾词să^{33} ŋai^{33}，用在第一人称单数作主语的变化式叙述句里。

→句尾词ʒiŋ^{31} ŋai^{33}，用在第一人称单数作主语、来方向的叙述句里用。

例句：

ŋai^{33} sa^{33} n^{31} ŋai^{33}.　我去。

我　去（句尾）

ŋai^{33} sa^{33} să^{33} ŋai^{33}.　我去了。

我　去（句尾）

ŋai^{33} tu^{31} ʒiŋ^{31} ŋai^{33}.　我到了。

我　到（句尾）

（2）第二人称单数人称代词naŋ^{33}“你”

→句尾词n^{31} tai^{33}，用在第二人称单数作主语的叙述句里，存在式。

→句尾词n^{31} ni^{51}，用在第二人称单数作主语的疑问句里，存在式。

→句尾词ʒin^{31} ni^{51}，用在第二人称单数作主语正方向的疑问句里。

例句：

naŋ^{33} kʒai^{31} kă^{31} tʃa^{33} n^{31} tai^{33}.　　你很好。

你　很　好　（句尾）

naŋ^{33} n^{33} ʃa^{55} n^{31} ni^{51}?　　你吃吗？

你　不吃　（句尾）

naŋ^{33} muŋ^{31} sa^{33} ʒin^{31} ni^{51}?　　你也来吗？

你　也　来（句尾）

第一、第二人称复数代词及第三人称代词，没有转为句尾词的。

来自动词的句尾词有以下几个。其中，有的语音形式不变，有的变了，主要是韵母发生变化。

（3）动词 la^{31} “等待”

→句尾词 la^{ʔ31}，用在第二人称单数作主语，动作行为具有等待的命令句里。

→句尾词 mǎ^{31} la^{ʔ31}，用在第二人称复数作主语，动作行为具有等待的命令句里。

例句：

naŋ^{33} n^{33} tai^{33} ko̱^{ʔ55} la^{31} ŋa^{31} la^{ʔ31}!　　你在这里等着！

你　这　　里　等　在（句尾）

nan^{55} the^{33} joŋ^{31} tʃoŋ^{31} e^{31} la^{31} ŋa^{31} mǎ^{31} la^{ʔ31}!　　你们都在学校等着！

你们　　都　学校 里 等　在（句尾）

（4）动词 sit^{31} “移动”

→句尾词 sit^{31} 用在第二人称单数作主语，动作行为是去方向的命令句里，一般敦促语气。

→句尾词 mǎ^{31} sit^{31} 用在第二人称复数作主语，动作行为是去方向的命令句里，一般敦促语气。

例句：

kau^{31} ŋui^{55} ʃa^{31} wa^{31} sit^{31}　jo^{51}!　　你慢慢地回去呦！

慢慢　　地　回　（句尾）呦

nan^{55} the^{33} nan^{33} ʃe^{ʔ31} sa^{33} mǎ^{31} ʒi^{33} la^{55} mǎ^{31} sit^{31}!　　你们亲自去买来吧！

你们　　亲自 才　去 买　　拿（句尾）

（5）动词 sa^{33} “去”

→句尾词 su^{ʔ31}，用在第二人称单数作主语的命令句里，动作行为是去方向。

→句尾词 mǎ^{31} su^{ʔ31}，用在第二人称复数作主语的命令句里，动作行为是去方向。

例句：naŋ^{33} lau^{33} sa^{33} su^{ʔ31}！　　　　你快去吧！

你　快　去（句尾）

joŋ^{31} sa^{33} kǎ^{31} ʒum^{33} mǎ^{31} su^{ʔ31}！　　　　你们都去帮忙吧！

都　去　帮忙　　（句尾）

（6）动词ʒa^{ʔ31} “要”

→句尾词ʒit^{31}用在第二人称单数作主语的命令句里，动作行为是来方向。

→句尾词ʒit^{31} ka^{ʔ31}，用在第三人称作主语的商量句里，动作行为是来方向。

→句尾词ʒa^{ʔ31} ai^{33}，用在第三人称单数作主语的叙述句里，动作行为是正方向。

例句：ŋai^{33} ko̱^{ʔ55} sa^{33} ʒit^{31}！　　　　你来我处！

我　处　来（句尾）

ʃi^{33} sa^{33} kǎ^{31} ʒum^{33} ʒit^{31} ka^{ʔ31}！　　　　他来帮忙吧！

他 来　帮忙　　（句尾）

ʃi^{33} muŋ^{31} sa^{33} ʒa^{ʔ31} ai^{33}.　　　　他也来了。

他 也　　来（句尾）

（7）动词lu^{31} “有”

→句尾词lu^{ʔ31} ai^{33}，用在第三人称单数作领有主语或领有宾语的叙述句里，存在式。

→句尾词li^{ʔ31} ni^{51}，用在第一人称单数作领有主语或领有宾语的疑问句里，存在式。

例句：ʃi^{ʔ55} lai^{33} ka̱^{33} kʒai^{31} kǎ^{31} tʃa^{33} lu^{ʔ31} ai^{33}.　　　　他的书很好。

他的 书　　很　好　　（句尾）

ŋje^{ʔ55} lǎ^{31} pu^{31} n^{33} tso̱m^{31} li^{ʔ31} ni^{51}?　　　　我的裙子美吗？

我的 裙子　　不 美　（句尾）

景颇语的实词转为句尾词时，有两种方式：一是取整个音节，如例（1）的ŋai^{33}“我”、例（4）的sit^{31}“移动”。二是取声母，如例（2）的naŋ^{33}“你”，取声母n，例（5）的sa^{33}“去”，取声母s，例（6）的ʒa$^{?31}$“要”取声母ʒ，例（7）的lu$^{?31}$，取声母l。在以上两种方式中，第二种最多，第一种较少。

从每组句尾词的系统看，大多数的句尾词都是类推产生的。如由人称代词naŋ^{33}“你”转来的句尾词都具有n声母或n韵尾，或n音节。

例如：

n^{31} tai^{33}，用在第二人称单数作主语的叙述句里，存在式。

nit^{55} tai^{33}，用在第二人称单数作主语的叙述句里，强调式。

ʒin^{31} tai^{33}，用在第二人称单数作主语的叙述句里，动作行为是正方向。

ni$^{?31}$，用在第二人称单数作主语、第一人称作宾语的命令句里。

又如由动词lu^{31}“有”转来的句尾词，都带有l声母。例如：

lit^{31} tai^{33}，用在第二人称单数作领有主语或领有宾语的叙述句里，存在式。

li$^{?31}$ ni^{51}，用在第一人称单数作领有主语或领有宾语的叙述句里，存在式。

li$^{?55}$ ni^{51}，用在第一人称单数作领有主语或领有宾语的疑问句里，变化式。

三　句尾词系统形成的语言条件

景颇语句尾词如此丰富、变化又如此复杂，构成景颇语语法的一个重要特点，使其在藏缅语中独树一帜。藏缅语有的语言（如载瓦语等），虽然有少量表示句子的人称、数、语气的虚词，但数量很少，而且不系统。那么，景颇语为什么能产生如此数量的句尾词呢，它究竟是与什么语言条件有关？要回答这个问题，必须研究藏缅语动词的整体特点。

藏缅语的一些语言（主要是北部语群的语言），动词的形态变化比较发达。动词的形态有加词缀（前缀、后缀）、变音、重叠等。景颇语的动词，形态变化不甚发达，只保留少量前缀，无后缀，变音现象也少，少量的前缀主要是表示动词的使动意义。在景颇语里，表示语气、人称、数、方向等语法意义的语法形式，都由句尾词来担任。景颇语的句尾词有少量与别的亲属语言的动词形态，能找到对应关系。如与独龙语比较，表示第二人称单数的语法形式，景颇语是句尾词中的n，而独龙语是动词前缀nɯ³¹。试看下列例句：

景颇语：naŋ³³ ta̱m³³ n³¹ tai³³.　　你找。
　　　　你　找　（句尾）

独龙语：na⁵³ nɯ³¹ la⁵³.　　你找。
　　　　你（前）找

景颇语：naŋ³³ tʃe̱³³ ʃa⁵⁵ n³¹ni⁵¹?.　　你会吃吗?
　　　　你　会　吃　（句尾）

独龙语：na⁵³ kai⁵³/⁵⁵ ma³¹ nɯ³¹ sɔ⁵³/⁵⁵?　　你会吃吗?
　　　　你　吃　　（前）会

表第一人称单数的语法形式，景颇语是句尾词，而独龙语是动词的韵尾。例如：

景颇语：ŋai³³ n³³ sa³³ n³¹ ŋai³³.　　我不去。
　　　　我　不去（句尾）

独龙语：ŋa⁵¹ mɯ³¹ diŋ⁵³/⁵⁵.　　我不去。
　　　　我　不　去

景颇语：ŋai³³ ta̱m³³ n³¹ ŋai³³.　　我找。
　　　　我　找　（句尾）

独龙语：ŋa⁵³ laŋ⁵³/⁵⁵.　　我找。
　　　　我　找

应该进一步研究的是，景颇语表示人称、数的语法形式，为什么不与动词黏在一起，而是脱离动词聚合为一个独立的虚词呢？经综合考察，我认为这与景颇语语音结构发展的特点有关。

在景颇语里，动词中双音节词占多数，即使是一些基本词，也是双音节词居多。例如：kǎ^{31} kat^{31} “跑”、kǎ^{31} lo^{33} “做”、ʃǎ^{31} ʒin^{55} “学”、kǎ^{31} jat^{31} “打”等。在所统计的3582个动词中，双音节词有2009个，占56.09%，单音节词只有1252个，占34.9%，此外还有一些三音节、四音节词。形容词也是双音节词多于单音节词。在555个形容词中，双音节词有267个，单音节词有227个。双音节词的语音模式，大多是“前弱后强”，即前一音节是弱化音节，后一音节是重音节。弱化音节有两个来源：一是由复辅音声母的前一辅音分离而出构成一个音节，即由带复辅音声母的单音节词分化成两个单辅音声母的音节，前一个为弱化音节。如：kǎ^{31} pje^{ʔ31} “踩”、kǎ^{31} tsu̱t^{55} “擦”、kǎ^{31} thap^{31} “叠”、mǎ^{31} ti^{ʔ31} “撑”、mǎ^{31} tu̱t^{55} “连接”、mǎ^{31} sop^{33} “摸”等。另一来源是前缀。其中主要是表示使动意义。如ʃǎ^{31} ti^{ʔ31} “使断”、tʃǎ^{31} kha^{ʔ31} “使分离”、ʃǎ^{31} mjit^{55} “使灭”。双音节词居多，使得语音系统中出现了双数节律；而双数节律的出现又促使双音节词数量的增加。由于景颇语的动词、形容词以双音节词居多、而双音节词的特点又排斥在其前后再加前缀或后缀（因为它不符合双数节律的特点），因而主要表示动词、形容词语法意义的语法成分只好推至动词、形容词之后，以句尾词的形式出现。景颇语的句尾词也是以双音节词为主，双音节词也以“前弱后强”的模式出现。在350个句尾词中，双音节词64个，单音节词18个，三音节词138个，四音节词30个。三音节词是由表示人称、数的双音节词素加表示语气的单音节词素构成。在读音上，其第三音节的音长要拉长一倍，与四音节词的音长相当，也构成双数节律。句尾词由双音节或三音节组成，一方面符合双数节律，另一方面使其有足够的容量表示多种语法意义。总之，双数音律的出现，使得一部分表示语法意义的成分聚合在一起，成为独立于动词（或形容词）之外的虚词。这是景颇语不同于其他亲属语言（独龙、羌、嘉戎等语言）重要特点之一。

动词上存在形态变化的语言，也存在不同语法成分聚合在一个语音单位上的现象。如羌语支“有些表示人称范畴的语法成分是可以离析的，有些表示人称范畴的语法成分因与表示时态的语法成分合成为一体，很难将它单独离析出来。数范畴往往与人称范畴结合用一种形式。一般说来，一个词缀表示一种语法意义，但有时一个词缀或几个词缀相连表示几种复合的语法意义。”① 所不同的是，景颇语是将这些语法成分独立成为一个虚词。

类推、类化是句尾词向系统化方向丰富发展的主要手段。从共时分析中得知，景颇语句尾词经过长期演变，已形成一个严密的系统，表现在各个语法意义配合整齐，而且其语法形式的变化很有规律。比如在语法意义上，各大类、各小类的句尾词，在人称上都有第一、第二、第三等三类人称，在数上都有单数、复数的对立；表示叙述、疑问、测度、惊讶等语气的句尾词，大多有存在与变化的对立；表示命令、商量等语气的句尾词，大多又分一般和强调的不同语气。在语法形式上，单数变复数主要是在词根上加前缀mǎ表示，不同的人称靠变换声母或韵母表单示：一般语气与强调语气的对立靠变化声调表示；存在式与变化式靠有无声母或变化声调表示；不同的方向由变化声母、韵母表示。例如：

sai^{33}，用在第三人称单数作主语的叙述句里，存在式。

mǎ^{33} sai^{33}，用在第三人称复数作主语的叙述句里，变化式。

teʔ^{31} ai^{33}，用在第一人称作主语、第二人称单数作宾语的叙述句里，存在式。

weʔ^{31} ai^{33}，用在第一人称作主语、第三人称单数作宾语的叙述句里，存在式。

liʔ^{31} ai^{33}，用在第一人称单数作领有主语或领有宾语的叙述句里，存在式。

lit^{31} ai^{33}，用在第二人称单数作领有主语或领有宾语的叙述句里，存在式。

niʔ^{31}，用在第二人称作主语、第一人称单数作宾语的命令句里，一般式。

niʔ^{55}，用在第二人称作主语、第一人称单数作宾语的命令句里，强调式。

① 黄布凡:《汉藏语概论》中的羌语支部分，北京大学出版社，1991年。

ai^{33}，用在第三人称单数作主语的叙述句里，存在式。

sai^{33}，用在第三人称单数作主语的叙述句里，变化式。

li^{ʔ31} ai^{33}，用在第一人称作领有主语或领有宾语的叙述句里，存在式。

li^{ʔ55} ai^{33}，用在第一人称作领有主语或领有宾语的叙述句里，变化式。

ʒit^{31}，用在第二人称单数作主语的命令句里，正方向。

su^{ʔ31}，用在第二人称单数作主语的命令句里，反方向。

一般认为藏缅语的第三人称以及各人称的复数是后起的，因而可以认为这些后起的语法形式之所以有如此严格的语音关系，应该是类推、类化的结果。语法形式的类推、类化，使得景颇语的语法意义、语法形式由少变多，由不整齐变得整齐。

四　景颇语句尾词的发展趋势

景颇语句尾词曾经历了比较充分、系统的发展过程，但到了近期又转入了一个新阶段，出现了简化的趋势。一般说来，不同人群使用句尾词的多少存在以下差异：(1) 杂居区或社会发展比较先进的地区，句尾词用得较少，而聚居区用得较多。(2) 口语比书面语简化。(3) 青年人用句尾词比老年人少。(4) 景颇语水平好的，用句尾词较多。

句尾词的简化，主要是人称、数的简化。比较明显的是，表示第三人称单数的句尾词sai^{33}、ai^{33}有逐渐取代第一、第二人称单数和各人称复数的趋势。如下列例句的句尾词在部分地区、部分人中已被sai^{33}、ai^{33}所代替：

ŋai^{33}（我）		să^{33} ŋai^{33} / sai^{33}
an^{55} the^{33}（我们）		să^{55} ka^{ʔ55} ai^{33} / sai^{33}
naŋ^{33}（你）	sa^{33}（去）ju^{33}（过）	sin^{33} tai^{33} / sai^{33}
nan^{55} the^{33}（你们）		mă^{33} sin^{33} tai^{33} / sai^{33}
ʃi^{33}（他）		sai^{33}
ʃan^{55} the^{33}（他们）		mă^{33} sai^{33} / sai^{33}

我（我们、你、你们、他、他们）去过了。

ŋai^{33}（我）	kʒai^{31}（很）kǎ^{31} tʃa^{33}（好）	n^{31} ŋai^{33} / ai^{33}
an^{55} the^{33}（我们）		ka^{ʔ31} ai^{33} / ai^{33}
naŋ^{33}（你）		n^{31} tai^{33} / ai^{33}
nan^{55} the^{33}（你们）		mǎ^{31} tai^{33} / ai^{33}
ʃi^{33}（他）		ai^{33}
ʃan^{55} the^{33}（他们）		ma^{ʔ31} ai^{33} / ai^{33}

我（我们、你、你们、他、他们）很好。

但表示语气、方向的句尾词，简化的比较少。只是由于人称、数的简化，属于这两类的句尾词也大大减少。

与景颇语有亲缘关系的语言，也存在由黏着、屈折型向分析型演变的趋势。正如黄布凡教授所指出的：“羌语支有一部分语言和方言形态变化相当丰富，如羌语、嘉戎语，其丰富程度在藏缅语族中居于首位。杂居或接近汉语、彝语通行区的语言（如贵琼、尔苏、史兴、纳木兹等语言）形态变化大大减弱，正在或已经由黏着型向分析型发展。”① 景颇语的形态变化先聚合在句尾词上，然后句尾词再逐渐简化，这是景颇语向分析型演变的一个重要途径。

五　从景颇语句尾词的特征看藏缅语代词化的来源问题

如何认识藏缅语代词化的来源，是藏缅语语法研究中的一个重要课题。目前，国内外学术界对代词化的来源有两种完全对立的意见：一种认为它是原始藏缅语的特点，现在藏缅语中的代词化现象是原始藏缅语的遗存。另一种认为是后来产生的，不是原始藏缅语就有的。景颇语句尾词的特征及其来源能为探讨藏缅语代词化的来源问题提供一些线索。

景颇语的句尾词与藏缅语有代词化现象的语言相比，有对应关系的是

① 黄布凡:《汉藏语概论》羌语支部分，北京大学出版社，1991年。

第一、第二人称单数，第三人称及第一、第二人称复数无对应关系。羌语支人称范畴的语法手段有附加词缀（包括前缀和后缀）、词根内部曲折和加助词等。如嘉戎语，“前缀只表示人称，后缀既表示人称也表示数。”① 而景颇语都在动词后加句尾词表示。试看下列对应：

嘉戎语	景颇语		嘉戎语	景颇语
tʃhᴇ–ŋ	sa^{33} n^{31} ŋai^{33}	（我）去	tʃhᴇ–i	sa^{33} ka?^{31} ai^{33}（咱们）去
tə–tʃhᴇ–	sa^{33} n^{31} tai^{33}	（你）去	tə–tʃhᴇ–ɳ	sa^{33} mǎ^{31} tai^{33}（你们）去
tʃhᴇ	sa^{33} ai^{33}	（他）去	kə–tʃhᴇ	sa^{33} ma^{ʔ31} ai^{33}（他们）去

景颇语和羌语支语言都有反映主语人称、数的语法成分，又都有既反映主语又反映宾语的人称、数的成分；景颇语和羌语还有反映主语和宾语的领有人称。但这些表示相同语法意义的语法成分，景颇语与羌语之间则无同源关系。

由此看来，原始藏缅语的代词化形成的构拟，最多只能推至第一、第二人称单数，而多数形式是后来才产生的。即使是第一、第二人称单数形式，有的语言（如克伦语）也是后来才产生的。可以肯定的一点是，代词化的出现早在原始藏缅语时期就已有了萌芽，其萌芽的条件与原始藏缅语语音、语法以及语义的特点有关。

从亲属语言比较中推测，原始藏缅语的形态变化比较发达，而且形态变化主要集中在动词上。如动词的使动范畴，大约也是原始藏缅语的重要特征之一，能够构拟出原始形式。即为什么原始藏缅语存在比较复杂的形态变化，而后来又趋于简化？弄清这个问题是很有意义的，但又是一个难点较大的问题，因为它不是由一个因素决定的。

我认为原始藏缅语存在比较复杂的形态变化，与当时的语音结构有关。原始藏缅语的语音结构比较复杂，声母、韵母比较丰富，多音节词比例大，没有声调。这种语音布局容易产生形态变化。因为词的多音节性容易通过音节的变换表示不同的语法意义。声母、韵母简化后，产生了声

① 黄布凡:《汉藏语概论》，北京大学出版社，1991年。下列嘉戎语例句也引自该书。

调；有声调的语言容易产生词根语，每个音节大都有其独立的意义。词根语和有声调的语言，比较注重节律，容易衍生出双声叠韵律和双数节律。从现代藏缅语的情况看，凡声母韵母丰富、没有声调或声调不发达的语言，形态变化都比较发达（如羌语支语言）；而声母韵母不丰富、声调相对发达的语言，形态变化则相对贫乏（如缅彝语支语言）。

在藏缅语里，代词化现象居于动词之后的比较多，但也有居前的。居前的语言，有的是人称代词语音弱化、语义虚化的结果。人称代词居于动词之前，与动词关系密切，久而久之，与动词黏着一起，并弱化、虚化为动词的前缀。由于它已改变为前缀，在实词虚化了，因而在它的前面还能再加人称代词，出现了“语义叠合”。克伦语就是属于这一类的例子。克伦语是分布在藏缅语区南端的一种藏缅语，在许多重要特点上与其他语言不同（如SVO型）。但克伦语有代词化的前缀，前缀前还能再加人称代词。第一、第二人称单数前加弱化的人称代词，双数、复数前加人称代词的第一音节，也需弱化。第三人称无此形式。可以认为克伦语代词化前缀是后来的产物，是人称代词虚化的结果。例如：①

（ja^{33}）jǎ^{33} mi^{55} ne^{31} li^{55}. 我睡着了。

我 （前）睡 着 了

（na^{33}）nǎ^{33} mi^{55} ne^{31} li^{55}. 你睡着了。

你 （前）睡 着 了

pu^{31} wɛ^{55} θe^{31} pǔ^{31} kǎ^{31} mi^{55} lɔ^{33} lɔ^{55}. 我们要睡了。

我们 （前）（前）睡 了

θu^{55} wɛ^{55} θe^{31} θǔ^{55} kǎ^{31} mi^{55} lɔ^{33} lɔ^{55}. 你们要睡了。

你 们 （前）（前）睡 了

a^{31} wɛ^{55} mi^{55} ne^{31} li^{55}. 他睡着了。

他 睡 着 了

双音节词前一音节弱化，是藏缅语部分语言的一个共同特点。

① 戴庆厦、傅爱兰、刘菊黄：《克伦语》，载《藏缅语十五种》，北京燕山出版社，1991年。

例如：

克伦语：kǎ^{31} pɔ^{33}光　　pǎ^{31} na^{31}水牛　　kǎ^{31} jɔ^{33}慢

载瓦语：fǒ^{21} mau^{55}毛　　nǒ^{21} phjo^{21}耳朵　　jǒ^{21} kjap̠^{55}鳞

阿昌语：sǎ^{31} le^{ʔ55}沙　　kǎ^{31} lam^{31}乌鸦　　tsǎ^{31} oi^{31}儿童

独龙语：pɯ̌^{31} ma^{55}妇女　　mɯ^{31} li^{53}地方　　aŋ^{31} u^{55}头

景颇语：mǎ^{31} ʃa^{31}人　　lǎ^{55} ŋai^{51}一　　kǎ^{31} pa^{31}大

景颇语的一部分双音节复合词，前一语素弱化后，语义出现了虚化，变成了似前缀又不似前缀的半实半虚语素。[①] 例如：

mam^{33} 谷→n

n^{55} loi^{51} 早谷　　n^{55} phʒo^{51} 白谷

早　　白

lam^{33} 路→mǎ

mǎ^{31} ʃe^{55} 岔路　　mǎ^{31} lun^{55} 上坡路

岔　　上

这种语音弱化、语义虚化的演变模式，在一定程度上制约了代词化形成的特点。

亲属语言间现存的共同语言特征，有的是原始形式的遗存，有的则可能是后来各自产生的。之所以能产生共同的语言特征，这是因为亲属语言间具有适合产生共同特征的因素。不要以为现存的共同特征都是由原始共同语留下来的。每个语言现象的产生，都有它内部系统的条件。我想，这个认识对研究藏缅语代词化现象是适用的。

（原载《民族语文》1996年第4期）

---

① 戴庆厦、徐悉艰:《景颇语词汇学》，中央民族大学出版社，1995年。

景颇语谓语人称标记的多选择性

[**提要**]本文从语义、语法、语用的角度，分析了景颇语句尾词人称标记一致关系的九种不同类别。并进而指出景颇语谓语人称标记的多选择性，其功能是为了增强、扩大句子的语言表达。还分析景颇语复句出现谓语人称标记泛化的现象。

[**关键词**]景颇语　人称标记　多选择性　一致关系

一　引　　言

谓语人称形式与主语的一致关系，是藏缅语族语言（以下简称“藏缅语”）语法的一个重要特点。它对藏缅语语法结构的演变，有着重要的制约和影响作用。因此，“一致关系”的研究，历来受到藏缅语语言学家的重视，成为动词研究中的热点之一。以往已有过一些研究成果，也有过不同观点的争论。

通常所说的“一致关系”主要包括两层意思：一是指动词的人称形式（包括数）要与主语一致。即主语是什么人称，动词就要用什么人称形式。所以有的称之为“动词一致关系”（verb agreement）。二是指动词的人称形式与人称代词一致，即动词取人称代词的全部或部分作为前缀或后缀。所以有的称之为“代词化”（pronominalize）。由于藏缅语的动词和形容词特点相近，形容词作谓语时也存在与主语的一致关系，所以本文将这种一致关系称之为“谓语人称标记的一致关系”。藏缅语语言类别众多，不同语言的一致关系丰富程度不同、语法形式也不同，但相互间存在着历史亲缘或类型学的关系。[①]

景颇语是藏缅语中的一种语言，也存在谓语人称标记的一致关系，而且非常丰富。但景颇语谓语的人称形式是通过位于句子末尾的句尾词来表示的，有别于其他语言，成为藏缅语“一致关系”的一种特殊的类型。深入挖掘景颇语谓语人称一致关系的特点，不仅有助于景颇语语法范畴的认识，而且对藏缅语“一致关系”的性质、功能及其历史来源等的研究都会有一定的帮助。

句尾词是景颇语词类中独立的一类虚词，约有330个左右。它出现在谓语之后，也就是句子的末尾，主要表示谓语的人称（分第一、第二，第三人称，非人称归在第三人称中）、数（单、复数）、体（存在体和变化体，一般体和强调体）等语法意义。句尾词的人称形式具有多选择性的特点，既有句内不同成分（除主语外，还有宾语、定语等）的一致关系，还有句外的所指因素（所要强调的成分）。在过去的研究中（包括本文作者），一般只重视分析前者，而对后者则缺乏研究。对前者，也是主要关注与主语的一致关系，而忽视与宾语、定语的一致关系。这种局限性，影响对句尾词本质属性的深入认识。

本文拟在过去研究的基础上，进一步对景颇语句尾词人称标记的多选择性做语义、语法、语用分析，希望能有助于景颇语句尾词乃至藏缅语人称一致关系的研究。

二　景颇语谓语人称标记的九种类别

景颇语句尾词在句中出现什么人称标记，大多与主语存在一致关系。

---

① 孙宏开曾对藏缅语的代词化现象做了比较系统的介绍，参看《藏缅语中的代词化现象》，载《国外语言学》1994年第3期。

即主语是什么人称，句尾词也用什么人称。例如：

（1）（ŋai^{33}）n^{33} sa^{33} n^{31} ŋai^{33}. 我不去。

我 不去（句尾）

（2）（nan^{55} the^{33}）n^{33} sa^{33} mă^{55} ni^{51}? 你们不去吗？

你们 不去（句尾）

（3）（naŋ^{33}）n^{55} t̠a^{51} wa^{31} u^{ʔ31}! 你回家吧！

你 家 回（句尾）

例（1）的主语是第一人称单数“我”，动词后与之相配的句尾词就用第一人称单数形式n^{31}ŋai^{33}。例（2）的主语是第二人称多数“你们”，与之相配的句尾词mă^{55}ni^{51}也是第二人称多数形式。例（3）的主语是第二人称单数“你”，动词后与之相配的句尾词是u^{ʔ31}，也是第二人称单数形式。由于句尾词反映了主语的人称、数，所以句中的人称代词主语可以省略。

但是，句尾词的人称形式不只与主语一致，还能由于表达上的需要或语境的不同，或与定语、宾语一致，或与句外所要强调的成分一致。例如：（以下例句中加斜杠的表示前后两个句尾词都能用。）

（4）ŋje^{ʔ55} ʃiŋ^{31} ma^{33} e^{31} muŋ^{31} kha^{33} ŋa^{31} a^{31} toŋ^{33} / li^{ʔ31} toŋ^{33}?

我的 脊背 （方助）也 疤 有（句尾）/（句尾）

我的脊背还有疤吗？

（5）tʃoŋ^{31} ma^{31} joŋ^{31} a^{31} miu^{55} kă^{31} te^{31} tu^{31} ma^{ʔ31} ni^{51} / mă^{55} ni^{51}?

学生 都 民族 多少 到（句尾）/（句尾）

学生都有多少个民族？

例（4）的主语是第三人称形式（非人称的事物都用第三人称标记），句尾词可以用第三人称形式a^{31}toŋ^{33}；但如果要强调主语的领属定语，也可用表示领属定语的第一人称形式li^{ʔ31}toŋ^{33}，这时句尾词的人称形式与定语一致。例（5）的主语是第三人称多数“学生”，句尾词一般用第三人称多数ma^{ʔ31}ni^{51}；但如果想表达包括被问的学生也在内，就用第二人称多数的形式mă^{55}ni^{51}，这时句尾词与主语不一致。

景颇语人称标记的多选择性，是由多种因素或条件决定的。其中，有的与强调重点的不同有关，有的与谓语对主语的语义选择有关，有的与说话者附加的主观意图有关，还有与句型有关的。常见的主要有以下9种：

1. 主语带领属定语的，句尾词既可与主语的人称一致，也可与领属定语的人称一致。不同的一致关系，强调的重点不同，但句子的基本义不变。例如：

（6）nan^{55} the^{33} a^{ʔ31} mǎ^{31} naŋ^{33} ni^{33} wa^{31} mat^{31} mǎ^{33} sai^{33} / lit^{55} tai^{33}.

你们 的 朋友 们 回 （助动）（句尾）/（句尾）

你们的朋友们都回去了。

（7）ʃi^{ʔ55} n^{55} phje^{51} kʒai^{31} tso̱m^{31} ai^{33} / lu^{ʔ31} ai^{33}.

他的背 包 很 漂亮（句尾）/（句尾）

他的背包很漂亮。

（8）ŋje^{ʔ55} puŋ^{31} kho^{ʔ55} kʒai^{31} kǎ^{31} lu^{31} ai^{33} / li^{ʔ31} ai^{33}.

我的 包头 巾 很 长 （句尾）/（句尾）

我的包头巾很长。

例（6）的主语“朋友们”是第三人称多数，句尾词可用第三人称多数mǎ^{33}sai^{33}；但为了强调领属者“你们的”，就用领属者是第二人称多数的句尾词lit^{55}tai^{33}。例（7）的主语“背包”是第三人称单数，句尾词可用第三人称单数ai^{33}；但为了强调领属者“他的”，也可用表示领属者是第三人称单数的句尾词lu^{ʔ31}ai^{33}。例（8）的主语“包头巾”是第三人称单数，句尾词可用第三人称单数ai^{33}；但为了强调领属者“我的”，也可用领属者是第一人称单数的句尾词li^{ʔ31}ai^{33}。

2. 隐藏领属定语的主语，句尾词的使用允许多选择，即可以使用不同的人称形式指示不同的领属定语。主语的领属者是什么人称，要由句尾词的人称形式来定。随着句尾词的更换，句子的基本义也随之变化。例如：

（9）kum^{31} kai^{33} tiŋ^{31} la^{33} no^{ʔ55} khʒuŋ^{33} ma^{ʔ31} ni^{51} / lit^{31} ni^{51} / lu^{ʔ31} ni^{51}?

老太太 老大爷 还 活 （句尾）/（句尾）/（句尾）

（他们的、你的、他的）老人还在吗？

（10）n^{55} ta̠^{51} mă^{31} ʃa^{31} joŋ^{31} kă^{31} te^{31} ʒai^{55} mă^{55} ni^{51} / ma^{ʔ31} ni^{51}?

家　人　都　多少　是（句尾）/（句尾）

（你们的、他们的）家里人都有多少？

3.为了表达“自谦、亲切、客气”的语气，常用第一人称标记的句尾词，表示说话者也在内。例如：

（11）tʃoŋ^{31} ma^{31} tu^{31} khum^{33} mă^{33} sai^{33} / să^{55} ka^{ʔ55} ai^{33}. 学生到齐了。

学生　到 齐　（句尾）/（句尾）

（12）khut^{31} muŋ^{31} khut^{31} sai^{33}，thon^{31} u^{ʔ31} /　să^{55} ka?^{55}！

熟　也　熟（句尾）端　（句尾）/（句尾）

熟也熟了。（你/我们）端下吧！

例（11）的主语是第三人称多数，句尾词可用第三人称多数mă^{33}sai^{33}与之一致，但也可用第一人称多数să^{55}ka^{ʔ55}ai^{33}，表示“我”也在内。例（12）的主语是第二人称单数，句尾词可用第二人称单数u^{ʔ31}与之一致，但也可用第一人称多数să^{55}ka^{ʔ55}，表示包括“我”也在内。

下面这个句子由两个分句组成，主语是一个，但用不同的句尾词。前一分句的句尾词用第二人称多数mă^{55}sa^{ʔ55}，与主语“你们”一致，而后一分句则改用第一人称多数ka^{ʔ31}，与主语不一致。因为后一分句，说话者把自己也算在内，含有客气的意味。

（13）（nan^{55} the^{33}）khum^{31} kă^{31} ʒu^{31} mă^{55} sa^{ʔ55}! a^{55} tso̠m^{51} ʃa^{31} tuŋ^{33} ka^{ʔ31}!

（你们）　不要　闹　（句尾）好好地　坐　（句尾）

（你们）不要闹了！好好地坐吧！

4.句子若带宾语，句尾词的人称标记既可与主语一致，又可与主语、宾语都一致。例如：

（14）ŋai^{33} ʃi^{33} phe^{ʔ55}　tsu̠n^{33} tan^{55} să^{33} ŋai^{33} / we^{ʔ31} ai^{33}.

我　他（宾助）告诉　（句尾）/（句尾）

我告诉他了。

（15）naŋ^{33} ʃi^{33} phe^{ʔ55}　ja^{33} să^{55} ni^{51} / nit^{55} ni^{51}?　你给他了吗?

　　你　他（宾助）给（句尾）/（句尾）

例（14）的主语是第一人称单数“我”，可以使用只表示主语人称形式的să^{33}ŋai^{33}。但这个句子带第三人称单数宾语“他”，说话者如果要强调宾语是谁，也可使用主语是第一人称、宾语是第三人称单数的句尾词we^{ʔ31}ai^{33}。例（15）的主语是第二人称单数“你”，可以使用只表示主语人称形式的să^{55}ni^{51}。但这个句子带第三人称单数宾语“他”，也可使用既表主语又表宾语的句尾词nit^{55}ni^{51}，表示要强调宾语是谁。

5. 主语不明确，或无法补出的，句尾词大多用第三人称形式，若要表示客气的语气，可用第一人称形式。例如：

（16）pha^{33} n^{33} ʒa^{31} sai^{33}，　wa^{31} să^{55} ka^{ʔ55}!　没关系了，回去吧!

　　没关系　（句尾）回（句尾）

（17）pai^{55} khʒum^{55} ka^{ʔ31}!　再见!

　　再　见　（句尾）

（18）wun^{31} li^{55} lu^{31} u^{ʔ31} ka^{ʔ31}!　吉祥如意!

　　吉祥　有（句尾）

（19）n^{33} tai^{33} phe^{ʔ55}　pha^{33} ŋa^{33} ma^{ʔ31} ni^{51}?　这叫什么?

　　这　（宾助）什么 称（句尾）

（20）lă^{33}ma^{33}wa^{33} ka^{33}tu^{33} sa^{33} jaŋ^{31}，kă^{31} ʒa^{31} lam^{33} khu^{33} sa^{33} ma^{ʔ31} ni^{51}?

　　假如　嘎都　去 的话　哪　路（助）去（句尾）

　　假如去嘎都的话，从哪条路去?

（21）pha^{33} tim^{51} ʃa^{31} lu^{31} laŋ^{33} tʃaŋ^{33} ʒai^{55} sai^{33}!

　　什么 即使 仅 有 用　的话 行（句尾）

　　是什么能用就行了!

以上各句的句尾词，例（16）、例（17）、例（18）用第一人称形式，例（19）、例（20）、例（21）用第三人称形式。

6. 主语是第三人称形式的，若要强调说话者或听话者也在内，句尾词可以用第一或第二人称的形式。例如：

（22）sǎ^{31} ʒa^{33} the^{ʔ31} tʃoŋ^{31} ma^{31} joŋ^{31} khjiŋ^{33} mǎ^{31} tsa̠t^{55} tʃan^{55} ʒai^{55} ma^{ʔ31} ai^{33} /

老师　和　同学　都　千　八　余　是（句尾）/

ka^{ʔ31} ai^{33}.　老师和同学共有八千多人。

（句尾）

（23）n^{55} ta̠^{51} mǎ^{31} ʃa^{31} kǎ^{31} te^{31} ʒai^{55} ma^{ʔ31} ni^{51} / mǎ^{55} ni^{51}?

家 人　多少　是（句尾）/（句尾）

家里有多少人?

例（22）的主语是第三人称多数，句尾词可用第三人称多数ma^{ʔ31}ai^{33}与主语一致；但如果要强调也包括说话者在内，句尾词就用第一人称多数形式的ka^{ʔ31}ai^{33}。例（23）的主语是第三人称多数，一般用ma^{ʔ31}ni^{51}。但要含听话者在内，也可用第二人称多数形式的句尾词mǎ^{55}ni^{51}。

7.主从复合句中的前一分句，句尾词人称标记的区分不甚严格，有泛化的趋势，甚至可以不用。泛用的，主要使用第三人称ai^{33}、sai^{33}。

例如：

（24）an^{55} the^{33} ma^{31} nau^{31} lo^{ʔ55} ai^{33}　mǎ^{31} tʃo^{31}，mǎ^{31} tsa̠n^{31} ŋa^{31} ka^{ʔ31} ai^{33}.

我们　孩子 太　多 句尾 因为　穷　在（句尾）

因为我们孩子太多，所以穷。

（25）ŋai^{33} kǎ^{31} lo^{33} ŋut^{55} ai^{33}　phaŋ^{33} ŋai^{33} phe^{ʔ55}　ja^{33} ʒit^{31}!

我　做　完（句尾）后　我（宾助）给（句尾）

我做完后，你给我吧！

（26）nan^{55} the^{33} kum^{31} phʒo^{31} lu^{31} sai^{33}　mǎ^{31} tʃo^{31}，pha^{33} muŋ^{31} lu^{31}

你们　钱　有（句尾）因为　什么 也　能

mǎ^{31} ʒi^{33} mǎ^{33} tai^{33}.　因为你们都有钱了，所以你们什么也能买了。

买　（句尾）

（27）mǎ^{31} ʒaŋ^{33} nau^{31} thu^{ʔ31} n^{31}na^{55} n^{55} lu^{31} sa^{33} n^{31} ŋai^{33}.

雨　太　下（连）没 有　去（句尾）

因为老下雨所以没有去。

例（24）的主语是“我们”，但前一分句（从句）的句尾词用第三人称ai33。例（25）的主语是“我”，但前一分句（从句）的句尾词也用第三人称的ai33。例（26）的主语是“你们”，前一分句（从句）的句尾词用的是第三人称的sai33。例（27）的主语是“我”，但前一分句（从句）不用句尾词。

上面所列的句子在语法结构上都是由两个分句组成的主从复句，但为什么会出现这种泛化趋势呢？可能的解释是认知上的原因。也就是母语人把这类主从复句的从句看成是整个句子的状语，表示主要谓语的条件、时间等意义。所以在人称标记上，只在后一个分句上严格标注。因为后一分句是复句的落脚点，是复句的语义重心。前一分句的人称标记不严格要求一致，于是出现了泛化，使用第三人称单数形式ai33、sai33。这时的ai33、sai33在句中只起结构助词的作用。甚至还可以不用（例27）。

除主从复句外，联合复句也出现泛化，但程度不及主从复句高。有的联合复句（尤其是并列复句）还要分别使用与分句人称一致的句尾词。例如：

（28）ŋai33 ʃa31 kǎ31 lo33 ai33　　n55 ʒe51，ʃi33 muŋ31 kǎ31 lo33 lom31 ai33.
　　我　仅　做　（句尾）不是　他　也　做　参加（句尾）
　　不仅是我做，他也参加做了。

（29）ŋai33 ko31　tʃoŋ31ma31 ʒai55 n31 ŋai33，ʃi33 ko31　sǎ31 ʒa33 ʒe55 ai33.
　　我（话助）学生　是（句尾）他（话助）老师　是（句尾）
　　我是学生，他是老师。

（30）an55 the33 wa31 mat31　sǎ55 ka?55 ai33，nan55 the33 no?55 ŋa31 ŋa31
　　我们　回（助动）(句尾）　你们　还　在（助动）
mu?31！ 我们回去了，你们还在吧！
（句尾）

例（28）的前一分句，句尾词应该用第一人称n31 ŋai33，但用了第三人称ai^{33}。例（29）、例（30）中的分句都严格使用与主语一致的句尾词。

8. 向第二人称发出疑问的疑问句，不管主语是什么人称，都用第二人称单数形式的句尾词。例如：

（31）nan^{55} the^{33} ka^{55} e^{31} khjen^{33} n^{55} khʒat^{31} n^{31} ni^{51}?

你们 地方（方助）霜 不 下 （句尾）

你们地方不下霜吗?

（32）khjiŋ^{33} kǎ^{31} te^{31} thu^{31} sǎ^{55} ta̱^{51}? 几点了?

时间 多少 指 （句尾）

例（31）、例（32）的主语是“地方”“时间”都是第三人称，但句尾词的人称标记都用第二人称单数形式。

9. 现代景颇语的句尾词在整体上出现了简化、泛化的趋势，特别是在青少年的口语里表现得最为明显。其演变特点主要是：句尾词由多到少；由复杂到简单；表示第三人称的句尾词ai^{33}、sai^{33}泛化使用，代替了第一、第二人称。例如：

（33）ŋai^{33} ʃat^{31} ʃa^{55} / sai^{33} （原为sǎ^{33} ŋai^{33}）. 我吃饭了。

我 饭 吃 （句尾）

（34）mǎ^{31} ʃa^{31} ni^{33} kʒai^{31} tʃa̱t^{55} ŋa^{31} ai^{33} （原为ma^{ʔ33} ai^{33}）.

人 们 很 拥挤 在 （句尾）

人们很拥挤。

（35）u^{31} khai^{55} phe^{ʔ55} ʃiŋ^{33} ʒun^{33} lǎ^{55} khoŋ^{51} la̱ŋ^{31} jo^{ʔ31} sai^{33}.

小鸡 （宾助）碎米 两 次 喂 （句尾）

（原为sǎ^{33} ŋai^{33}） 我给小鸡喂了两次碎米。

（36）nep^{31} khji^{31} ʒe^{33} ai^{33} lai^{31} muŋ^{31} lai^{33} ka̱u^{55} ʒa^{ʔ31} ai^{33}.

鼻涕 擤 （泛）的 习惯 也 改 掉 要 （句尾）

（原为ka^{ʔ31} ai^{33}） 我们要改掉擤鼻涕的习惯。

例（33）的主语是“我”，句尾词应该用第一人称单数形式，但许多人改用第三人称单数sai^{33}。例（34）的主语是“人”，句尾词应该用第三人称多数形式，但许多人改用第三人称单数ai[33]。例（35）的主语是"我"（省略），句尾词应该用第一人称单数形式，但许多人改用第三人称单数sai[33]。例（36）的主语是"我们"（省略），句尾词应该用第一人称多数形式，但许多人改用第三人称单数ai[33]。

三　对谓语人称标记多选择性的几点认识

1.景颇语谓语人称标记具有多选择性的特点。多选择性是由谓语语法标记的多功能性决定的。谓语的人称标记除了与句内的语法成分（除主语外，还有宾语、定语等）一致外，还与句子成分形式以外的语义成分（包括省略的、说话者附加的）存在一致关系。

2.景颇语谓语人称标记的一致关系，是为了增强、扩大语言表达能力而生成的一种语义、语法手段。既受语法、语义条件的制约，还受语用条件的制约。也就是说，它不是消极地、单纯地为"一致"而一致，只限于达到形式一致的效果；而是积极地、从不同方面增强、补充句子的表现能力，甚至还能表达在句中没有出现的（或省略的，或隐藏的）语义成分。如果主语所指对象不明确，句尾词还能通过语法形式的变换来体现所指的意义（如例11、例12），包括强调的重点是什么，范围是什么等（如例13、例14、例15）。

景颇语是以谓语为中心的一种语言。句中的主语、宾语、状语、定语、补语等都可以省略，唯有谓语不能。任何句子都必须有谓语。而谓语则能够通过附着在上面的各种语法形式和语法意义，来补充、增强句子的表达能力。

3.现代景颇语在复句中出现了一致关系泛化的现象，主要表现在复句的分句中泛化使用第三人称句尾词，出现与主语不一致。这种现象既与母语人对复句的认知特点有关，又与景颇语的语法类型由屈折型向分析型方向发展有关。

4.揭示谓语人称标记多选择性的成因和条件，对我们解释藏缅语人称一致关系的历史来源及类型学特征都会有帮助的。

参考文献

[1] 戴庆厦、徐悉艰:《景颇语语法》，中央民族学院出版社，1992年。

[2] 戴庆厦:《再论景颇语的句尾词》，载《民族语文》1996年第4期。

[3] 戴庆厦:《景颇语句尾词形成的结构机制》，载《中央民族大学学报》2003年第2期。

（原载《中国语文》2008年第5期）

语言转型与词类变化①

——以景颇语句尾词衰变趋势为例

［**提要**］本文从语言类型转型的视角，分析景颇语句尾词出现大面积衰退的各种表现及其成因。指出景颇语句尾词出现衰退，是由于从粘附性成分向分析性成分转型引起的。其衰变的具体表现是：句尾词由后缀变为带有分析、黏附特征的虚词；有的句尾词变为不区分人称、数；句尾词使用的总量大量减少；三个音节以上的句尾词已经很少使用，主要使用双音节和单音节的句尾词。句尾词衰变的趋势是：区分人称、数的功能不断减弱，主要担负区别句子语气的功能。

［**关键词**］景颇语　句尾词　语言转型　词类变化

语言类型转型是语言演变的常见现象，如从屈折型语言向粘着型语言演变，从屈折型语言、粘着型语言向分析型语言演变等。语言类型转型有的是整体的，有的是局部的。语言类型的转型，必然会引起词类的变化。

景颇语是景颇族使用的语言之一，属于汉藏语系藏缅语族景颇语支。在中国，景颇族主要分布在云南省西南边疆中缅交界的国境线上，人口有147，828人（2010）；在缅甸、印度、泰国也有分布，又称Kachin（克钦）。

① 本文在“中国民族语言学会汉藏语言文化专业委员会第一届学术研讨会”（中国传媒大学，2018.12.29）上宣读过。承蒙黄行、薄文泽两位教授提出启发性意见，特此致谢。

在缅甸，景颇族约有150万人。

通过景颇语使用的共时分析，可以发现句尾词处于大面积衰变之中。其变化，不仅使得句尾词这一词类的性质、功能发生了变化，还影响了景颇语类型特点的变化。句尾词的衰变，是由于景颇语由粘附性成分向分析性成分转化引起的。所以，分析景颇语句尾词具体的衰变途径，揭示其衰变的缘由，对景颇语语法类型乃至藏缅语语法类型的演变研究都有着一定的价值和意义。

一 景颇语句尾词的主要特点

景颇语的词类有名词、代词、动词、形容词、数词、量词、貌词、状词、副词、关系助词、句尾词、语气词和叹词等13类。关于句尾词,《景颇语语法纲要》(1959：36）指出“由于景颇语中的谓词往往是相连的几个，语尾助词并不是只附着在某一个谓词之上，而是位于表达谓词的其他语法范畴的各个语法成分的最后。因此我们把这类语法成分叫‘语尾助词’。”刘璐（1984）也称为“语尾助词”。句尾词是景颇语词类中的一类虚词，用在句子末尾表示句子的人称、数、体、貌、方向等语法意义。与其他藏缅语族语言（以下简称“藏缅语”）相比，其特殊之处主要有以下三点：

第一，景颇语句尾词是一类独立的虚词。藏缅语大多有表示人称、数、体、貌等语法意义的语法形式，这是原始藏缅语已有的一个特征。这种表示人称、数、体、貌等语法意义的语法形式，后来由于语言发展的不平衡性，出现了不同的特点。大致是：北部的羌语支语言，如羌语、嘉戎语、普米语等保留较多，其语法形式是附在动词前或后的前缀或后缀；南部的彝缅语支语言，如彝语、哈尼语、拉祜语、阿昌语等保留较少，表示人称、数的功能已基本消失，只有载瓦语、浪速语等还保留少数几个能表人称、数的句尾词。景颇语则处于中间状态，表示人称、数的语法形式由后缀的语法形式变为独立的虚词。

在景颇语里，这类表示人称、数、体、貌、语气的语法形式，已不是后缀，而是独立的词。为什么？主要是：它是由声母、韵母、声调共同组成的音节形式。它虽然也位于动词之后，但与动词在发音上截然分开，而且在动词的后面还可以再加上貌词、副词等别的词类。例如：

1）mǎ³³ ko³³ si³¹ khʒat³¹ wa³¹ sai³³. 梨子掉下来了。

梨子 掉 貌词 句尾词

2）nu̱⁵¹ ma³¹ tʃu̱ˀ⁵⁵ ʃǎ³¹ tʃu̱ˀ⁵⁵ mat³¹ sai³³. 妈妈给孩子喂奶。

妈妈孩子奶 喂 貌词 句尾词

3）nam³¹ pa̱n³³ n³³ tai³³ tso̱m³¹ tik³¹ ai³³. 这花美极了。

花 这 美 极 句尾词

在构词上，这类属于虚词的句尾词有其不同于其他虚词的特点。句尾词若由无前缀的词根构成，其不同语法意义靠声韵调的语音变换表示。如：ai³³指称句子主语是第三人称单数，语气是存在叙述式；加了声母s-的sai³³，指称句子主语也是第三人称单数，但语气是变化叙述式。又如：uˀ³¹，指称主语是第二人称单数，语气是命令式；加了声母m-的muˀ³¹，指称句子主语则是第二人称复数，语气也是命令式。

句尾词大多由“前缀+词根”构成，具有分析加黏附的特点。不同的词根表示不同的语气，不同的前缀表示不同的人称、数；不同的前缀表示不同的人称、数的，如：n³¹ni⁵¹，指称句子主语是第二人称单数，语气是疑问式，其中的前缀n³¹指称第二人称，词根ni⁵¹指称疑问式；n³¹toŋ³³，指称句了主语是第二人称单数，语气是测度式，其中，前缀n³¹指称第二人称单数，词根toŋ³³指称测度式。又如：sai³³，指称主语是第三人称单数，语气是变化叙述式；加了前缀mǎ³³的mǎ³³sai³³，表示主语是第三人称复数，语气也是变化叙述式。n³¹ta̱⁵¹，指称主语是第二人称单数，语气是疑问式；前缀改为mǎ⁵⁵的mǎ⁵⁵ta̱⁵¹，指称主语是第二人称复数，语气还是疑问式。

景颇语的虚词能带前缀，而词根或前缀都有语音变化，这是虚词的一种特殊现象，是多数藏缅语所没有的。这与景颇语的虚词来自有语音变化的后缀有关。一般说来，虚词属于分析型特点，而形态变化属于黏附型特点，但景颇语的句尾词构造，二者混在一起，形成“分析加黏附”，是黏附型向分析型演变的过渡特征的遗留。

由上可见，景颇语的句尾词不同于北部藏缅语形态发达的羌语、普米语的后缀，也不同于南部藏缅语分析性发达的彝语、哈尼语、拉祜语的语气助词。它是藏缅语中一类比较特殊的虚词。

第二，句尾词使用广泛，在句中具有强制性。景颇语的句子绝大多数都要在句末带句尾词，句尾词成为句子不可缺少的成分。没有句尾词，句子就不能完句。即便是唱词和传统诗歌，也离不开句尾词，句尾词也要像其他词一样唱出或吟出。只有极少量在动词后使用ʒai^{55}“是”、na^{33}“要”的句子，或独词句等，可以不带句尾词。

句尾词在句子中具有强制性的特点，大约与原先的粘附性谓语离不开表示人称、数、语气等语法意义和语法形式有关。每个句子都带句尾词，是景颇语句子结构的一种基本的模式，区别于其他藏缅语。

第三，句尾词是一个成系统的词类。戴庆厦、岳相昆（2012）在做景颇语句尾词研究时花了很大气力收集景颇语的句尾词，共收集到332个句尾词。刘璐（1984）认为景颇语的语尾助词大约有140多个。

景颇语的句尾词可以按语义、语法形式的特点进行分类。笔者先按语气的不同进行分类。第一步先分称叙述、疑问、测度、惊讶、命令、商量等6类。这6类各用不同的词根表示。如：叙述句用带ai^{33}的词根，疑问句用带ni^{51}的词根，测度句用带toŋ^{33}的词根，惊讶句用带kha^{33}的词根，命令句用带-ʔ、-t促声韵尾的词根，商量句用带-ka^{ʔ31}的词根。第二步是在各大类下再按人称的不同分类。人称分第一人称、第二人称、第三人称。第三步再按其他的语法意义，如叙述句、疑问句、测度句、惊讶句中的存在式和变化式的对立，命令句、商量句中的一般式和强调式的对立，“来”向和“去”向的对立进行分类。景颇语的句尾词大多只指明主语，但也有部分是既指明主语又指明宾语的，还有区分领属和非领属的对立。景颇语句尾词的生成和演变，不是杂乱无章的，而是按系统演变的，往往是相关的特点一起变化。

二　景颇语句尾词衰退的表现

通过句尾词使用频率的变化、不同人群使用句尾词的差异，可以获知景颇语句尾词出现衰退的趋势。下面，我们从几个不同角度来分析句尾词衰退的表现。

第一，从使用数量上看，使用的数量出现大幅度下降。景颇语的句尾词有300多个，但目前大多数人常用的大约只有40个左右。

最近，笔者对景颇文杂志《WUN PONG》〔文蚌〕2009年第1期中3篇景颇语语料的句尾词的使用数量和出现频率进行了统计。

1）Nlung Nsen Poi（新米节）(《WUN PONG》〔文蚌〕2009年第1期第2–8页），出现22个句尾词，计140次，各句尾词出现的频率如下：

句尾词	频率	句尾词	频率	句尾词	频率	句尾词	频率
ai³³	43	sai³³	26	nuʔ³¹ai³³	22	uʔ³¹	8
mă³³sai³³	8	mă⁵⁵nuʔ⁵⁵ai³³	6	muʔ³¹	4	kaʔ³¹	3
n³¹ŋai³³	3	n³¹tai³³	3	uʔ³¹ai³³	2	kaʔ³¹ai³³	2
să⁵⁵kaʔ⁵⁵	2	ʒit³¹	2	maʔ³¹ai³³	1	să⁵⁵kaʔ⁵⁵ai³³	1
mă³¹ʒit³¹	1	a³¹ta̱⁵¹	1	să⁵⁵ta̱⁵¹	1	mă³¹nuʔ³¹ta̱⁵¹	1
sa⁵⁵kaʔ⁵⁵	1	seʔ⁵⁵ai³³	1				

（2）Jahtong Htu（春菜）(《WUN PONG》)（文蚌）2009年第1期第8–10页），出现11个句尾词，计64次，各句尾词出现在频率如下：

句尾词	频率	句尾词	频率	句尾词	频率	句尾词	频率
ai³³	21	sai³³	15	nuʔ³¹ai³³	15	maʔ³¹ai³³	5
kaʔ³¹	2	n³¹ni⁵¹	1	uʔ³¹	1	mă³³sai³³	1
să⁵⁵kaʔ⁵⁵	1	suʔ³¹	1	ʒit³¹	1		

（3）Ja dim a Hkon Ji Prat（扎丁的少女年华）(《WUN PONG》)(文蚌）2009年第1期第11–12页），出现10个句尾词，计48次，各句尾词出现的频率如下：

句尾词	频率	句尾词	频率	句尾词	频率	句尾词	频率
ai^{33}	24	sai^{33}	7	$nu^{ʔ31}ai^{33}$	7	$u^{ʔ31}$	4
$a^{31}t\underline{a}^{51}$	1	$t\underline{a}^{51}$	1	$m\check{a}^{33}sai^{33}$	1	$u^{ʔ31}ai^{33}$	1
$ma^{ʔ31}ai^{33}$	1	ni^{51}	1				

这3篇语料中，句尾词出现都不到25个。最多的一篇是22个，出现140次，其中还包括少量人称、数混用的句子。

第二，句尾词的衰退在言语者的“听”和“说”上出现差异。大致有3种情况：1）会听会说；2）会听不会说；3）不会听也不会说。这3种情况中已不会说的句尾词，但大多还能听懂。“听”和“说”出现差异，是句尾词衰退的过渡表现。

第三，从社会语言学角度观察，使用句尾词的能力，年轻人不如老年人，文化水平低的不如文化水平高的，杂居区不如聚居区。拿中国景颇语与缅甸景颇语相比，缅甸景颇语句尾词的衰退略高于中国景颇语。但缅甸懂景颇文的人群掌握、使用句尾词的能力相对强些。

近5年来，笔者两次到缅甸境内做景颇语的调查，发现缅甸景颇族口语中的句尾词已大量衰退。这里举两例来说明。2014年1月和2017年8月，笔者带了一个课题组到缅甸做田野调查，先后到曼德勒、东枝、仰光、克钦邦八莫等地调查景颇族及其他民族的语言使用情况，还测试了景颇族一些人的句尾词保存情况。总的情况是，句尾词大面积衰退，语气功能保留，不同的人称、数大多已不区分。下面是一位30岁青年人句尾词的使用情况。他姓Sumlut，母语为景颇语，会景颇文，大学文化水平。经测试，他的叙述式尾词都泛用第三人称的ai^{33}、sai^{33}，命令句的复数都用单数。例如：

1）$ʃi^{33}$ n^{33} $k\underline{a}m^{33}$ sa^{33} ai^{33}. 他不愿意去。

他 不 愿意 去 句尾词

2）ŋai^{33} n^{33} ka̱m^{33} sa^{33} ai^{33}.（应为n^{31} ŋai^{33}，现为ai^{33}。）我不愿意去。

我　不愿意 去 句尾词

3）an^{55} the^{33} n^{33} ka̱m^{33} sa^{33} ai^{33}.（应为ka^{ʔ31} ai^{33}，现为ai^{33}。）

我们　　不愿意　去 句尾词

我们不愿意去。

4）ʃan^{55} the^{33} n^{33} kam^{33} sa^{33} ai^{33}.（应为ma^{ʔ31}ai^{33}，现为ai^{33}。）

他们　　不愿意　去　句尾词

他们不愿意去。

5）ʃi^{33} mu^{31} ju^{33} sai^{33}. 他见过了。

他 见　过 句尾词

6）ŋai^{33} mu^{31} ju^{33} sai^{33}.（应为sǎ^{33} ŋai^{33}，现为sai^{33}。）我见过了。

我　见　过　句尾词

7）naŋ^{33} mu^{31} ju^{33} sai^{33}.（应为sin^{33} tai^{33}，现为sai^{33}。）你见过了。

你　见　过 句尾词

8）ʃan^{55} the^{33} mu^{31} ju^{33} sai^{33}.（应为mǎ^{33} sai^{33}，现为sai^{33}。）他见过了。

他们　　见　过 句尾词

疑问句大多改用不具有人称、数功能的语气词i^{51}、ku̱n^{55}。例如：

1）naŋ^{33} muŋ^{31} tʃiŋ^{31} pho^{ʔ31} a^{31} mju^{55} ʒe^{ʔ55} i^{51}？（应为n^{31} ni^{51}，现为语气词i^{51}。）

你　也　景颇　　族　　是　吗

你也是景颇族吗？

2）ʃi^{33} muŋ^{31} tʃiŋ^{33} pho^{ʔ31} a^{31} mju^{55} ʒe^{ʔ55} i^{51}？（应为a^{31} ni^{51}，现为语气词i^{51}。）

他 也　景颇　　族　　是　吗

他也是景颇族吗？

3）naŋ^{33} ʃi^{33} phe^{ʔ55} tʃo^{31} ŋut^{55} sai^{33}　i^{51}？（应为n^{31} ni^{51}，现为sai^{33}加语气词i^{51}。）

你　他　宾助　给　完　句尾词　语气词

你给他了吗？

4）ʃan^{55} the^{33} pai^{55} wa^{31} sai^{33}　ku̠n^{51}？（应为mǎ^{55} sǎ^{55} ni^{51}，现为sai^{33}加语气词ku̠n^{51}。）

他们　　又　　回　句尾词 语气词

他们又回了吗？

固有语言特点的保持，多是人口聚居、人数多的地区会保存得多些，但也有人口少或分散地区，会保存得多些。中国景颇语属于后者。语言的保存与消失，往往与文化联系在一起。中国景颇族不但在语言上保留了一些缅甸景颇语没有的特点，而且在传统文化、自然宗教上也保存了一些缅甸景颇族已消失的特点。

第四，表义泛化是减少句尾词使用的一个重要手段。主要有：不同的人称用同一个句尾词表示。如：ai^{33}、sai^{33}原是表示第三人称叙述句的句尾词，后来泛化为也能表示第一、二人称叙述句。所以，ai^{33}、sai^{33}成为出现频率最高的句尾词。即是说，在三个人称中，表示第一、二人称的句尾词消失最快，合并到第三人称中去，在单数、复数中，复数消失合并到单数上。上面3篇语料的统计可以证明这一点，ai^{33}、sai^{33}都是使用频率最高的。在许多人的口语中，主语是第一、第二人称的（包括单数和复数），都改用表示第三人称单数的ai^{33}、sai^{33}。例如：

1）ʃi^{33} kʒai^{31} pa^{55} ai^{33}.　　　　他很累。

他　很　累　句尾词

2）ŋai^{33} kʒai^{31} pa^{55} n^{31} ŋai^{33}（=ai^{33}）.　　　　我很累。

我　很　累　句尾词　句尾词

3）an^{55} the^{33} kʒai^{31} pa^{55} ka^{ʔ31} ai^{33}（=ai^{33}）.　　　　我们很累。

我们　　很　累　句尾词　　句尾词

4）naŋ^{33} kʒai^{31} pa^{55} n^{31} tai^{33}（=ai^{33}）.　　　　你很累。

你　很　累　句尾词　句尾词

5）nan^{55} the^{33} kʒai^{31} pa^{55} mǎ^{33} tai^{33}（=ai^{33}）.　　你们很累。

你们　很　累　句尾词　句尾词

6）ʃi^{33} ʃa^{55} sai^{33}.　　他吃了。

他　吃　句尾词

7）ŋai^{33} ʃa^{55} sǎ^{33} ŋai^{33}（=sai^{33}）.　　我吃了。

我　吃　句尾词　句尾词

8）an^{55} the^{33} ʃa^{55} sǎ^{55} ka^{ʔ55} ai^{33}（=sai^{33}）.　　我们吃了。

我们　吃　句尾词　句尾词

9）naŋ^{33} ʃa^{55} sin^{33} tai^{33}（=sai^{33}）.　　你吃了。

你　吃　句尾词　句尾词

10）nan^{55} the^{33} ʃa^{55} mǎ^{33} sin^{33} tai^{33}（=sai^{33}）.　　你们吃了。

你　吃　句尾词　句尾词

上面例句中括弧内的句尾词是泛化用的，已与句子的人称、数不一致。又如，不分人称、数、表疑问语气的传信语气词，在许多句子里代替了区分人称、数的句尾词。例如：

1）naŋ^{33} sa^{33} na^{33} ku̱n^{55}（n^{31}ni^{51}），n^{55} sa^{33} na^{33} ku̱n^{55}（n^{31} ni^{51}）?

你　去　要　吗　句尾词　不　去　要　吗　句尾词

你去吗，还是不去吗?

2）ʃi^{33} n^{33} ʒa^{ʔ31} ai^{33} ku̱n（a^{31} ni^{51}）?　sa^{33} san^{55} ju^{33} u^{ʔ31}！

他　不　要　的　吗　句尾词　去　问　看　句尾词

他不要吗? 你去问问!

下面的例句，应使用括弧外的句尾词，但许多人都改用括弧内不指明领属关系的句尾词ai^{33}。例如：

1）ŋai^{33} phu^{51} ko^{31} sǎ^{31} ʒa^{33} rai^{55} li^{ʔ31} ai^{33}（=ai^{33}）.我的哥哥是老师。

我　哥哥　话题　老师　是　句尾词　句尾词

2）an^{55} the^{33} a^{ʔ31} tʃoŋ^{31} ko^{31} kʒai^{31} tso̱m^{31} li^{ʔ31} ai^{33}（=ai^{33}）.

我们　的　学校　话题　很　美　句尾词　句尾词

我们的学校很美。

3）na$^{?55}$ lǎ^{31} pu^{31} kʒai^{31} tsom^{31} lit^{31} tai^{33}（=ai^{33}）.你的裤子很好看。

你的 裤子 很 美 句尾词 句尾词

4）nan^{55} the^{33} a$^{?31}$ n^{55} ta^{51} kʒai^{31} kǎ^{31} pa^{31} mǎ^{31} lit^{31} tai^{33}（=ai^{33}）.

你们 的 家 很 大 句尾词 句尾词

你们的家很大。

5）ʃi$^{?55}$ a$^{?31}$ lǎ^{31} pu^{31} kʒai^{31} tsom^{31} lu$^{?31}$ ai^{33}（=ai^{33}）.你的裤子很好看

你 的 裤子 很 美 句尾词 句尾词

6）ʃan^{55} the^{33} a$^{?31}$ tʃoŋ^{31} kʒai^{31} kǎ^{31} pa^{31} mǎ^{31} lu$^{?31}$ ai^{33}（=ai^{33}）.

他们 的 学校 很 大 句尾词 句尾词

他们的学校很大。

第五，从音节多少上看，三个音节以上的句尾词大多已不用。如：mǎ^{55} sin^{55} te$^{?55}$ ka$^{?31}$，用在商量句里，表示征求听话者同意第一人称实施动作行为给第二人称复数，强调语气；mǎ^{55} sǎ^{55} lit^{55} kha^{33}，用在惊讶句里，表示主语或宾语的领有者是第二人称复数，谓语是变化式。这些三个以上音节的句尾词已不使用，使用的多是一个音节、两个音节和少量的三个音节的句尾词。

第六，从语体上看，诗歌、谚语等文学语言，句尾词的使用也显现逐渐减少的趋势，许多句子可以不用句尾词。诗歌多在句末一句上加上句尾词。但下面4句诗歌都不带句尾词：

1）tam^{31} ŋa^{33} wa^{33} a^{31} la^{33} naŋ^{33} e^{31}， 渔夫男子你啊，

渔夫 者 男子 你 啊

2）kaŋ^{31} kum^{31} tuŋ^{33} mǎ^{31} ʃa^{31} naŋ^{33} ŋe^{31}， 世上的人你啊，

世上 人 你 啊

3）khau^{31} li^{31} n^{31} sa$^{?31}$ khʒai^{33} tan^{31}， 你灭绝了我的亲族，

亲族 气 尽 割

4）khau^{31} pa^{31} n^{31} soi^{33} khʒai^{33} ʒan^{31}. 你拆散了我的亲人。

亲人　　生命　尽　分

又如，下面4句诗歌，有的带句尾词，有的不带：

1）nu̱[51] to[33] kă[31] lai[55] phe[ʔ55] lă[33] ma[33] mjit[31] jaŋ[31]，假如思念妈妈的话，

母　论　替身　宾助　假如　想念 的话

2）lă[31] ʒuŋ[33] sum[31] khʒan[33] kin[31] ʒat[31] u[ʔ31]，你就吹起腊戎笛子联络吧，

腊戎　笛子　　联络　句尾词

3）na[ʔ55] to[33] mă[31] lai[55] phe[ʔ55] maŋ[31] jaŋ[31]，假如怀念往事的话，

你的 论 替身　宾助　怀念 的话

4）mă[31] tum[31] pa̱n[33] seŋ[33] the[ʔ31] kin[31] sat[31] su[ʔ31].你就吹起笛子借以告慰吧。

吹　　笛子　　用　结束　句尾词

上例1）、3）句不带句尾词，2）、4）句带句尾词。

总之，根据多方面分析的材料能够证明句尾词已出现衰退的趋势。但是必须同时看到，句尾词虽然出现衰退，但它作为景颇语的一个词类仍然存在，仍具有活力，表现在大多数句子都还必须携带句尾词，缺少句尾词就不能完句。这是因为句尾词的功能是综合表示人称、数、方向、语气等语法意义，特别是语气，这是表义所不可缺少的，没有语气成不了句子，所以尽管句尾词出现“缩身”的趋势，人称、数、方向等语法意义的功能可以衰退，通过实词语义或上下文等手段来取代，但语气则会在句尾词上保存下来，像汉语的语气助词“吗、吧、了”等在句末只表示各种丰富的语气，而不表示人称、数等语法意义。顶计景颇语的句尾词还会长期使用下去，主要担负表示句子语气的功能。

三　语言转型与词类变化

从上文的分析中我们可以得出以下一些认识：原属于黏附型语法特点的景颇语，逐渐由黏附型向分析型转化，而作为景颇语词类之一的句尾词，由于它具有表示人称、数等黏附成分，必然也会在黏附型和分析型特

点的消长上发生变化，这是不以人们的意志为转移的。景颇语句尾词的变化主要表现在：由后缀转为虚词，后缀是黏附型特征，而虚词是分析型语言的特征；表示人称、数的语法形式发生了一定程度的淡化，有的句尾词变为不分人称、数；句尾词使用的总体数量大量减少；三音节以上的句尾词已很少使用，主要使用双音节和单音节的句尾词。句尾词衰变的趋势是，区分人称、数的功能不断减弱，其功能主要是担负区别语气。这些都是从黏附型向分析型转化的表现。

人类语言在历史演变中会出现语言转型，这已成为语言学家的共识。但是，有关语言转型的一系列具体问题，却还未被人们所认识。如：为什么语言会出现转型，其动因是什么，制约语言转型的因素有哪些？不同语言的语言转型具体规律有哪些，共性是什么，个性是什么？语言转型对语言结构会产生什么影响，包括对每个词类特点的影响，以及对句法结构有什么影响？语言由黏附型转为分析性，形态少了，表示句子的人称、数、方向等语法意义是否逐渐改为由分析性特点，如实词、话题、结构助词、上下文语境、语序等来承担？

词类是语言结构的重要组成部分，语言转型必然在词类上有强烈的反映。但在语言研究中，语言转型如何影响词类的变化，这是个未被认知的领域，本文主要是摸索探讨景颇语从粘附性向分析性转型的过程中，句尾词的特点发生了什么变化，包括这一变化的具体表现有哪些，哪个是主要的，哪些是次要的，变化的具体模式是什么，还有，句尾词的变化还会牵制其他词类发生哪些变化，等等。所以笔者认为，词类共时特点的形成及其演变，可以通过语言类型转型来认识，也就是说，语言类型的转型可以为研究词类共时特点的形成及其演变提供一个有效的视角。本文仅涉及句尾词一个词类，至于其他词类，如结构助词、状词、貌词、名词、动词、四字格词等，肯定也会随语言转型而发生新的变化，这些个案都有待今后进一步研究。

参考文献

中国科学院少数民族语言研究所主编:《景颇语语法纲要》，科学出版社，1959年。

刘璐编著:《景颇族语言简志（景颇语）》，民族出版社，1984年。

戴庆厦、岳相昆:《景颇语的句尾词》，载：戴庆厦《戴庆厦文集》(第一卷)，中央民族大学出版社，2012年。

孙宏开、胡增益、黄行主编:《中国的语言》，商务印书馆，2007年。

戴庆厦:《景颇语谓语人称标记的多选择性》,《中国语文》2008年第5期。

戴庆厦:《景颇语参考语法》，中国社会科学出版社，2012年。

戴庆厦、闻静:《论分析性语言的研究眼光》,《云南师范大学学报》2017年第3期。

徐悉艰、肖家成、岳相昆、戴庆厦编著:《景汉辞典》，云南民族出版社，1983年。

（原载《民族语文》2019年第1期《中国人民大学书报资料中心》2019（8）转载。）

景颇语两类句尾词的功能互补

[**提要**]本文发现景颇语句尾词有"尾$_1$""尾$_2$"两类。文中使用功能系统理论来分析这两类句尾词的特点及功能互补。指出"尾$_1$"紧跟在谓语之后，数量多达316个，通过形态变化表达谓语的语气以及人称、数、体、方向等语法意义；"尾$_2$"位于"尾$_1$"之后，数量少，没有形态变化，表示情态意义，包括信息来源的性质、状态、可靠性、确定性等语法意义。二者功能不同，相互补足。

[**关键词**]景颇语　两类句尾词　功能互补

景颇语属于汉藏语系藏缅语族景颇语支，是跨中国、缅甸、印度的一种跨境语言。本文发现景颇语句尾词有"尾1""尾2"两类，使用功能系统理论来分析这两类句尾词的特点、功能及功能互补。

一、题解

景颇语有丰富的句尾词，其功能是表示语气、人称、数、式、情态等语法意义。景颇语的句子，基本上都以句尾词收尾，而且句尾词是句子结构不可缺少的强制性特征。不像与景颇语有亲缘关系的分析性较强的语言，如汉语、彝语、哈尼语那样，句子可以以动词或动词短语收尾，不必带语气助词。景颇语有数量繁多、表义丰富的句尾词，这应该是景颇语区别于其他亲属语言的一个突出的、重要的特点，这已被国内外汉藏语言学家普遍认可。

我过去发表过四篇有关句尾词研究的论文，对句尾词在句法结构中的形式、功能、类型、演变趋势等进行了系统的分析。但随着研究的深入，我发现景颇语的句尾词有两类，一类是紧跟在谓语后的（称之为“尾$_1$”），还有一类是位于“尾$_1$”后的表示“情态”意义的（称之为“尾$_2$”）。我过去只重视“尾$_1$”的研究，而忽视对“尾$_2$”的研究。“尾$_2$”虽然数量不多，但在句法结构中具有重要的作用，而且其特点与“尾$_1$”有很大不同，属于不同的类别。试看下面两个例句：

（1）ʃi^{33} să^{31} ʒa^{33} ta̠i^{33} sai^{33}.　　　　他成了老师。

　　他 老 师　成（尾$_1$）

（2）ʃi^{33} să^{31} ʒa^{33} ta̠i^{33} sai^{33}　ta^{ʔ31}.　　听说他成了老师。

　　他 老师　成（尾$_1$)(尾$_2$)

例（1）用“尾$_1$”sai^{33}收尾。sai^{33}表示的语法意义是：句子主语是第三人称单数、叙述语气，变化式。但例（2）是两个句尾词并列使用，除了加sai^{33}这一句尾词外，还在sai^{33}的后面再加上“尾$_2$”ta^{ʔ31}。显然，sai^{33}和ta^{ʔ31}是两类不同的句尾词。

关于句尾词的名称，不同人由于对其功能、作用认识角度的不同，曾有过“谓语助词”“句尾助词”“语尾助词”“句尾词”等不同的称呼。我在本文中以其在句尾的位置统一用“句尾词”来称呼（简称“尾”，又分“尾$_1$”和“尾$_2$”）。景颇语的句尾词属于虚词类。它在句法结构中担负着传达什么信息的特殊功能，是其他词类所不能代替的。所以，深入地、系统地认识景颇语的句尾词，探索它本身的结构特点，以及在语法结构中的功能和地位，是十分必要的，这是认识景颇语句法结构特点及其规律的重要一环。

本文的研究重点有二：一是在过去对“尾$_1$”研究的基础上，进一步揭示“尾$_2$”的特点；二是通过“尾$_1$”和“尾$_2$”的比较，从理论上深化对景颇语句尾词特点的认识。希望能反映我对景颇语句尾词的最新认识。

二、"尾$_1$"的特点分析

"尾$_1$"的特点主要有以下几个：

（一）数量多，成系统。

根据我收集到的材料，景颇语的"尾$_1$"共有330个左右，其中有的常用有的不常用。这个数字是相当可观的。这些"尾$_1$"变化复杂，在语用中构成整齐的系统。

"尾$_1$"在句中的功能，是表示语气、人称、数、式、体、方向等语法意义。我现在认为，其中表示语气的功能是最重要的。语气有五种：叙述语气、祈使语气、疑问语气、惊讶语气、测度语气；人称有第一、第二、第三等"三称"；数有单数、复数。例如：第一人称单数做主语的叙述式用ŋai^{33}，若是复数用ka^{ʔ55}ai^{33}；第二人称单数做主语的疑问式用sǎ^{55}ni^{51}，若是第三人称单数用a^{31}ni^{51}；第二人称单数做主语的命令句用u^{ʔ31}，若是复数用mu^{ʔ31}；第一人称单数做主语的商量句用n^{31}ka^{ʔ31}，复数用ka^{ʔ31}；第一人称单数做主语的测度句用a^{31}toŋ^{33}，复数用ka^{ʔ31}toŋ^{33}；第二人称单数做主语的惊讶句用n^{31}kha^{33}，复数用mǎ^{33}kha^{33}。

在叙述式、疑问式、测度式、惊讶式里，还有存在式和变化式的对立。例如：第一人称单数做主语的叙述句，存在体用n^{31}ŋai^{33}，变化体用sǎ^{33}ŋai^{33}；第二人称单数做主语的疑问句，存在体用n^{31}ni^{51}，变化体用sa^{55}ni^{51}；第三人称单数做物主主语的惊讶句，存在体用n^{31}ni^{51}，变化体用sǎ^{55}ni^{51}。

在命令式、商量式里，还有一般体和强调体的对立。例如：第一人称单数做主语的命令句，一般体是u^{ʔ31}，强调体是nu^{ʔ55}；第一人称单数做主语的商量式，一般式用n^{31}ka^{ʔ31}，强调式用ni^{ʔ55}ka^{31}。第二人称单数做主语的测度式，一般式用n^{31}toŋ^{33}，强调式用sǎ^{55}toŋ^{33}。

表示方向的，第二人称单数做主语的，正方向的是ʒit^{31}，反方向的是su^{ʔ31}。

这里必须指出的是："尾$_1$"所承担的六种语法意义中，"语气"是最重的，是核心功能。其根据是：1.表"语气"遍及所有的句尾词，即每个句尾词都表示某种"语气"，而其他几种只出现在某些句尾词上。如：一般体和强调体的对立，只出现在表示命令式、商量式的句尾词里，表示方向的，只有四个句尾词。六种语法意义功能大小的排序是：语气>人称>数>存变体>强调式>方向。2.从构词上看，"尾$_1$"多由"前缀+词根"构成，词根表示的语义是语气，是全词的核心，前缀表示的语义是人称、数、体。如：mă^{31}tai^{33}表示主语是第二人称复数叙述句，其中词根tai^{33}表叙述语气，前缀mă^{31}表主语是第二人称复数。3."尾$_1$"的语气功能比较稳定，不发生变化，而其他几个功能都有不同程度的变化。如表示人称、数的，出现合并的趋势，第一人称单数变化体原来用să^{33}ŋai^{33}，现与第三人称单数变化体合并，都用sai^{33}，尤以年青一代为显著。

（二）有形态变化。

"尾$_1$"是虚词，但有形态变化，这在汉藏语系语言中是一种很特殊的现象。形态变化有：加前缀、变换前缀、变化语音（声母、韵母、声调）。

1.变换前缀：主要是表示单数和复数。如：ni^{ʔ55}ka^{ʔ31}和sa^{ʔ55}ka^{ʔ55}是通过前缀的变换表示不同的意义。二者都用在商量句里，表示征求听话者同意第一人称施行某种动作行为，强调语气，前者表单数，后者表复数。

2.变换声母：有的是零声母与声母的变换。零声母表存在体，声母表示变化体。如：a^{31}toŋ^{33}和să^{55}toŋ^{33}都用在测度句里，表示主语是第一人称单数，但前者表存在体，后者表变化体。有的是不同声母变换的。如：te^{ʔ31}ai^{33}和we^{ʔ31}ai^{33}：用在叙述句里，表示主语是第一人称，宾语是第二人称单数。前者是存在体，后者是变化体。

表示方向的，正方向的词根声母为ʒ，反方向的词根声母为s。如：ʒit^{31}和su^{ʔ31}都用在命令句里，主语是第二人称单数，一般语气，前者是正方向，后者是反方向。

3.变换韵母：其中，有区别物主的人称的；也有区别主语人称的。例如：li^{ʔ31}ai和lit^{31}tai^{33}：用在存在式的叙述句里，表示主语或宾语的领有者的人称、数。前者是第一人称单数，后者是第二人称单数。

4.变换声调：主要表示存在体和变化体，一般语气和强调语气。例如：sit^{31}和sit^{55}都表命令语气，前者是一般语气，后者是强调语气。

（三）“尾$_1$”的句法位置紧跟在谓语之后。所以有的学者据此把它看成是谓语助词。这不是没有道理的。

（四）部分“尾$_1$”能找到是从实词虚化而来。如：表第一人称单数的n^{31}ŋai^{33}，与ŋai^{33}“我”同源，表第二人称单数的n^{31}tai^{33}，与naŋ^{33}“你”同源。但绝大多数“尾$_1$”都找不到来源。这有两种可能：一是不是来自实词的语法化；二是语法化时间太久，已找不到“主人”。

三、“尾$_2$”的特点分析

在这一节里，我通过“尾$_2$”和“尾$_1$”的比较，显示“尾$_2$”的特点。“尾$_2$”和“尾$_1$”的语法特点有同有异，异大于同。

（一）“尾$_1$”“尾$_2$”语法特点的共性

在共性上，“尾$_2$”和“尾$_1$”都是虚词，在句中都是独立的词，有自身的声调、韵律，可以切分出来，不是谓语的后缀。它在句子中都以独立的身份出现，不受别的成分修饰，也不修饰别的成分。这是主要的共同点。例如：

n^{55} ta̠^{51} na^{55} ni^{33} joŋ^{31} kham^{33} tʃa^{33} ŋa^{31} ma^{ʔ31} ai^{33}.　　家里的人都健康。
家　　的　人们都　健康　　（貌）（尾$_1$）

n^{55} ta̠^{51} na^{55} ni^{33} joŋ^{31} kham^{33} tʃa^{33} ŋa^{31}　ma^{ʔ31} ai^{33} ʒai^{55}.
家　　的　人们 都　健康　　（貌）（尾$_1$）（尾$_2$）
家里的人肯定都健康。

（二）“尾$_1$”“尾$_2$”语法特点的差异

1.“尾$_1$”和“尾$_2$”的位置都在句子的末尾，即在动词谓语的后面。不同的是，“尾$_1$”紧靠动词谓语，而“尾$_2$”在“尾$_1$”之后。这个位置在大多数句子里是固定的，强制性的。在句子结构上，景颇语的句子绝大部分都要带“尾$_1$”才能完句；但“尾$_2$”则可有可无。这就是说，“尾$_1$”是句子结构的必要成分；而“尾$_2$”则不是非加不可的。例如：

ma^{31} ni^{33} joŋ^{31} kat^{55} te^{ʔ31} sa^{33} ma^{ʔ31} ai^{33}.　　孩子们都上街去了。

孩子们 都　街（方）去（尾$_1$）

ma^{31} ni^{33} joŋ^{31} kat^{55} te^{ʔ31} sa^{33} ma^{ʔ31} ai^{33} n^{55} then^{55}.

孩子们 都　街（方）去（尾$_1$）　（尾$_2$）

孩子们可能都上街去了。

只有少数例外。判断词ʒe^{ʔ55}“是”、体貌词na^{33}“要”在少数句子里能代替“尾$_1$”收尾，所以（尾$_2$）能加在这几个词的后面。例如：

tai^{31} ni^{55} naŋ^{33} kǎ^{31} te^{ʔ31} sa^{33} na^{33} ʒe^{ʔ55} ta^{51}？　　今天你将要去哪儿？

今天　你　哪儿　去（貌）是（尾$_1$）

ʃan^{55} the^{33} phot^{55} ni^{55} muŋ^{31} sa^{33} kǎ^{31} ʒum^{33} na^{33} ta^{ʔ31}.

他们　明天　也　去 帮助　（貌）（尾$_2$）

据说他们明天也要去帮忙。

2.“尾$_1$”和“尾$_2$”虽然都是虚词，表示谓语、句子的语法意义。但二者表示的语法意义不同。“尾$_1$”表示语气、人称、数、式、体、方向等语法意义，并以表示“语气”为主；而“尾$_2$”则主要表示“情态”意义，包括信息的来源的性质、状态，区分可靠性、确定性等意义。

3.从词形上看，“尾$_1$”有形态变化（见上），而“尾$_2$”没有。在语源上，“尾$_1$”还能找到几个与实词有关的；而“尾$_2$”没有发现与实词有关系的。

4.尾$_2$数量少，只见以下8个。其功能和用法逐个分析如下：

（1）ta^{ʔ31}：用在叙述句的句末表示转述语气，表达传达句子的信息是转述别人的，是听说的。可译为“听说、据说”。例如：

nu̠^{51} kat^{55} te^{ʔ31} sa^{33} mat^{31} sai^{33} ta^{ʔ31}.　　听说妈妈上街去了。

妈妈街（方）去（貌）(尾$_1$)(尾$_2$)

ma^{31} ko̠^{ʔ55} tʃoŋ^{31} luŋ^{31} sai^{33} ta^{ʔ31}.　　听说麻果上学了。

麻果　学校 上 （尾$_1$)(尾$_2$)

mă^{55} ni^{55} tai^{33} tson^{31} ŋa^{33} tsu̠n^{33} ai^{33} ta^{ʔ31}.　　听说昨天是那样说的。

昨天　那 像 （泛）说（尾$_1$)(尾$_2$)

mă^{31} kui^{33} khʒit^{31} jaŋ^{31} tʃiŋ^{31} lam^{31} n^{55} pu̠^{55} ʃă^{31} nu^{31} ma^{ʔ31} ai^{33} ta^{ʔ31}.

大象　怕　的话 象鼻　下面　靠　（尾$_1$）（尾$_2$）

据说怕大象的话要靠在象鼻下面。

但ta^{ʔ31}也见有在句中当实词用的，这时ta^{ʔ31}含有较强的实词“听说”义。这是ta^{ʔ31}的词汇化表现。例如：

tʃoŋ^{31} up^{31} ta^{ʔ31} ŋa^{33} jaŋ^{31} nan^{55} the^{33} joŋ^{31} sa^{33} mă^{31} su^{ʔ31} ta^{ʔ31}.

校长　听 说 说 的话 你们 都 去（尾$_1$）（尾$_2$）

听校长说你们都去。

pha^{33} ta^{ʔ31} lo^{31}？ ŋai^{33} ʒai^{31} n^{55} tʃe̠^{33} mă^{31} tat^{31} n^{31} ŋai^{33}.

什么 说（尾$_2$）我　还 不 会 听　（尾$_1$）

你说什么啊？我还不会听。

（2）i^{33}和i^{51}：用在叙述句的后面，表示信息是“不确定”的。i^{33}用在对自己：i^{51}用在对别人。例如：

ma^{31} a^{ʔ31} a^{31} na^{31} tai^{31} ni^{55} mai^{33} wa^{31} sai^{33} i^{33}？

孩子的 病　今天　好 （貌）(尾$_1$)(尾$_2$)

孩子的病今天可能好了吧？

ʃa^{55} ai^{33} i^{33}，　n^{55} ʃa^{33} ai^{33} i^{33}？　　吃呢，还是不吃呢？

吃（尾)(语）不 吃（尾$_1$)(尾$_2$)

nu̠^{51} wa̠^{51} joŋ^{31} n^{55} ta̠^{51} ŋa^{31} ma^{ʔ31} ai^{33} i^{51}？　　父母都在家吗？

父母　都　家　在（尾$_1$)(尾$_2$)

nan^{55} the^{33} a^{ʔ31} n^{55} phje^{51} joŋ^{31} ti̠^{ʔ55} naŋ^{33} ta^{ʔ31} ai^{33} i^{51}？

你们　　的 挎包　　都 自己　　织（尾$_1$)(尾$_2$)

你们的挎包都是你们织的吗？

wa$^{?31}$ ʃat^{31} tʃo$^{?31}$ sai^{33} i^{55}？　　猪食喂了吗？

猪　食　喂　（尾$_1$)(尾$_2$)

（3）n^{55}then^{55}：用在叙述句后面表示信息的来源是“估计”的、不确定的。可译为“可能、大概、恐怕”义。在句中还能再加副词mǎ^{31}khoi^{33}“可能”与之呼应。例如：

ʃi^{33} kǎ^{33} lo^{33} ŋut^{55} sai^{33} n^{55} then^{55}.　　他可能做完了。

他 做　　完（尾$_1$)（尾$_2$)

sǎ^{31} ʒa^{33} n^{33} sa^{33} sai^{33} n^{55} then^{55}.　　老师可能不去了。

老师　不 去（尾$_1$)（尾$_2$)

ʃi^{33} mǎ^{31} khoi^{33} mǎ^{31} tʃi̱$^{?55}$ sai^{33} n^{55} then^{55}.　　他恐怕病了。

他 可能　　病　　（尾$_1$)（尾$_2$)

ma$^{?55}$ khʒa^{31} ʃut^{55} ai^{33} khʒai^{33} ʒai^{55} sai^{33} n^{55} then^{55}.　　可能完全错了。

完全　　错（尾$_1$）全　是（尾$_1$)（尾$_2$)

（4）ku̱n^{55}：用在叙述句后面表示信息的来源是“不肯定的”。可译为“大约”。例如：

phu^{51} n^{55} ʒa$^{?31}$ sai^{33} ku̱n^{55}？ lǎ^{31} wan^{33} sa^{33} san^{55} ju^{33} su$^{?31}$！

哥哥 不 要（尾$_1$)(尾$_2$) 快　　去　问　看（尾$_1$)

哥哥大约不要了？你去问问看！

ma^{31} la$^{?31}$ mjit^{31} n^{33} pjo̱^{33} sai^{33} ku̱n^{55}？麻腊大约不愉快了吧？

麻腊　　心　不 愉快（尾$_1$)(尾$_2$)

kǎ^{31} pa^{31} ai^{33} ku̱n^{55}，kǎ^{31} tʃi^{31} ai^{33} ku̱n^{55}？是大的，还是小的？

大　（尾$_1$)(尾$_2$) 小　（尾$_1$)(尾$_2$)

ma^{31} la$^{?31}$ n^{31} thu^{33} ʃap^{31} la^{55} ai^{33} ja^{33} sai^{33} ku̱n^{55}？

麻腊　刀　　借　拿（尾$_1$）给（尾$_1$)(尾$_2$)

麻腊借来的刀给了吧？

由于na^{33}“要”，在景颇语里可以做句子的结尾，所以后面可以带（尾$_{2}$）ku̠n^{55}。例如：

tʃu̠^{55} ʃă^{31} tʃu̠^{55} na^{33} ku̠n^{55}，ʃiŋ^{31} n^{55} ʒai^{55} ʃat^{31} ʃa^{55} na^{33} ku̠n^{55}？

奶 喂奶 要（尾$_{2}$） 或者 饭 吃 要（尾$_{2}$）

先喂奶呢，还是先吃饭?

（5）mi^{33}：用在叙述句后面表示信息存在“疑惑”。如果为了强调，在它的后面还能加判断词ʒe^{ʔ55}“是”。例如：

naŋ^{33} pji^{33} n^{33} tʃe̠^{33} ai^{33} mi^{33}. 连你也不懂。

你 连 不 懂（尾$_{1}$）（尾$_{2}$）

tʃo^{31} ai^{33} mi^{33} ʒe^{ʔ55}，n^{55} tʃo^{31} ai^{33} mi^{33} ʒe^{ʔ55}，ŋa^{33} muŋ^{31} n^{55} tʃe̠^{33}

对（尾$_{1}$）（尾$_{2}$）是 不 对（尾$_{1}$）（尾$_{2}$）是 我 也 不 知

n^{31} ŋai^{33}.

（尾$_{1}$）

是对呢，还是不对呢，我也不知。

（6）ʒai^{55}：用在叙述句的末尾强调信息的可靠性。由动词ʒai^{55}“是”虚化而成，可译为“确实”。例如：

ʃi^{33} ko^{31} sam^{33} mă^{31} ʃa^{31} ʒe^{55} ai^{33} ʒai^{55}. 他确实是傣族。

他（话）傣 人 是（尾$_{1}$）（尾$_{2}$）

tai^{33} tʃă^{33} khjon^{33} ko^{31} kʒai^{31} mă^{31} tse̠^{31} ai^{33} ʒai^{55}. 那狼是很凶恶。

那 狼 （话）很 凶 恶 （尾$_{1}$）（尾$_{2}$）

ʃi^{33} kă^{31} ja^{ʔ31} ai^{33} the^{ʔ31} mji^{ʔ3} man^{33} sum^{55} mat^{31} ai^{33} ʒai^{55}.

他 害羞 （尾$_{1}$）和脸 失 掉 （尾$_{1}$）（尾$_{2}$）

他确实感到害羞和丢脸。

ti̠^{ʔ55} naŋ^{33} a^{ʔ31} a^{31} sak^{31} phe^{ʔ55} tʃă^{31} sum^{55} ka̠u^{55} ʃă^{31} ŋun^{55} lu^{ʔ31} ai^{33} ʒai^{55}

自己 的 寿命 （宾）. 受损 掉 使 （尾$_{1}$）（尾$_{2}$）

会损害自己的寿命。

（7）le^{31}：用在命令句的后面，表示“不满”的情感。例如：

lau^{33} kă^{31} lo^{33} u^{ʔ31} le^{31}！ 你快做吧！

快 做 （尾$_1$）（尾$_2$）

ʃiŋ^{31} khum^{31} ti^{33} u^{ʔ31} le^{31}！ 不要那么搞嘛！

那么 不要 搞（尾$_1$）（尾$_2$）

（8）lo^{31}：用在省略动词谓语的疑问句末尾，表示信息是“不确定的”。这类句子的主语或宾语多是疑问代词。例如：

n^{33} tai^{33} kă^{31} niŋ^{31} lo^{31}？这个怎么样？ pha^{33} po^{ʔ31} lo^{31}？什么？

这 怎样 （尾$_2$） 什么 （尾$_2$）

ka^{331} te^{ʔ31} lo^{31}？哪儿？ kă^{31} niŋ^{31} lo^{31}？怎么了？

哪儿（尾$_2$） 怎么 （尾$_2$）

四、几点认识

通过以上的分析，我对景颇语的句尾词有以下几点认识：

（一）句尾词在景颇语的句法结构中具有不同于其他虚词的特点和作用

它有自己的一套严密、对称的系统，在组词造句中有着重要的不可替代的作用。认识景颇语的特点，必须摸透句尾词的构词、功能、演变趋势等特点。

（二）景颇语句尾词的数量、手段、承担的语法意义、语法功能都有不同的特点

“尾$_1$”主要表语气，还表人称、数、体、方向等语法意义，把语气和人称、数等融在一个词上。“尾$_1$”紧跟在谓语之后，与谓语的关系密切。在亲属语言里，与“尾$_1$”有对应的语言是谓语的后缀，如独龙语。[①]“尾$_2$”在“尾$_1$”之后，表示句子的“情态”。“情态”属于信息来源的性质、状态，也就是与目前语法学家所关注的“示证”“传讯”范畴有关。前者告诉听话

① 参看梅广.独龙语句尾词研究［J］.语言研究，1991,（1）。

者要知道一件什么事、要做一件什么事；后者告听话者所说的信息有什么特点。二者功能不同，相互补足。

（三）从演变上看，景颇语的"尾$_1$"已过了鼎盛发展的阶段，现已逐渐走向泛化、合并，特别是缅甸的景颇语，青少年一代，人称、数的区分已不甚严格，但不同语气的区分还保持明确的界线。"尾$_2$"的发展还有较大的空间。

［参考文献］

（1）梅广.独龙语的句尾词，中国语文，1996年第1期。

（2）戴庆厦.再论景颇语的句尾词，民族语文1996年第4期。

（3）戴庆厦.景颇语句尾词形成的结构机制，中央民族大学学报，2003年第2期。

（4）戴庆厦.景颇语谓语人称标记的多选择性，中国语文，2008年第5期。

（原载《云南师范大学学报》2016年第4期）

景颇语词的双音节化对语法的影响

［提要］双音节化是景颇语中高于音素的语音特点。现代景颇语的语音构造存在双音节化倾向，不仅双音节词占多数，而且双音节化出现在大部分词类上。双音节化是历史形成的，是由景颇语语音、语法、语义的特点决定的，但反过来又制约语音、语法、语义的特点。本文具体分析了双音节化对语法的影响，包括抑制某些词类的形成（如量词），改变构词方式、出现实词虚化、扩大动词的分析形式、大量出现句尾词等。文章认为，语法形式影响语法结构的特点，其广度和深度会因各语言的不同特点而不同，景颇语语音影响语法主要反映在词类特点、构词特点、句法结构特点等几方面。

［关键词］景颇语　双音节化　语法

语法特点的形成与演变，受着各种内部、外部条件的制约。其中有语音方面的，有语义方面的……，揭示制约语法特点形成及演变的各种因素，是语法研究的重要任务之一。

景颇语的语音构造，存在双音节化倾向。双音节化倾向对语法的特点，包括构词方式、语法形式、语法意义以及句法特点等都有一定的影响。本文拟从双音节化的特点入手，分析这种音律对语法（包括词法、句法）的影响。

一、景颇语词的双音节化

从现代景颇语词的音节数量分布状况上，可以看到景颇语的词在总体上双音节词占多数，而且双音节化出现在大部分词类上。我们统计了《景汉词典》的15，245个词，其中双音节词有8317个占词汇总数的55%，在各类词中，只有助词、助动词是单音节的，其他均以双音节为主，其中以名词，句尾词的比例为最大。名词中双音节词有4794个，而单音节词只有545个；句尾词中双音节词有164个，而单音节词只有18个。其次是动词、副词（包括状态词，下同）、代词。动词中双音节词有2009个，单音节词有1252个；副词中双音节词有1007个，单音节词有598个；代词中双音节词有61个，单音节词有20个。

在各类词中，有的单音节词或三音节词与双音节词并用，可以自由变读，意义不变。[①] 。例如：

单音节	双音节	汉义
ta̠^{ʔ55}	lă^{31}ta̠^{ʔ55}	手
mai^{31}	n^{31}mai^{31}	尾
ti^{ʔ31}	n^{31}ti^{ʔ31}	锅
ka̠^{ʔ55}	n^{31}ka̠^{ʔ55}	竹篮
ŋja̠u^{33}	lă^{31}ŋja̠u^{33}	猫
kat^{31}	kă^{31}kat^{31}	跑
noŋ^{55}	kă^{31}noŋ^{55}	推
ʒai^{31}	kă^{31}ʒai^{31}	尚
三音节	双音节	
kă^{31}kat^{31}khom^{33}	kat^{31}khom^{33}	跑步
lam^{33}lă^{33}mo^{33}	lam^{33}mo^{33}	大路
ʃă^{33}kau^{33}khje^{33}	kau^{33}khje^{33}	洋葱

① 戴庆厦、徐悉艰:《景颇语词汇学》，中央民族大学出版社，1995。

sǎ^{55}li^{ʔ55}ai^{33}	li^{ʔ55}ai^{33}	句尾词（第一人称叙述式）
mǎ^{31}nit^{31}tai^{33}	mjit^{31} tai^{33}	句尾词（第三人称叙述式）

双音节词的来源主要有两个方面：一是来自古代藏缅语的带复辅音声母的单音节词。古代带复辅音声母的单音节词到了景颇语里，前一辅音分离出去，加上元音构成一个音节，使原来的单音节词变为双音节词。从景颇语与亲属语言比较中，可以看到景颇语有不少双音节词在有复辅音声母的亲属语言里与带复辅音声母的单音节词对应。例如：

脚：景颇 lǎ^{31}ko^{33}，道孚 ʂko，却域 ʂko^{55}，贵琼 ŋga^{55}

胆：景颇 ʃǎ^{31}kʒi^{31}，羌 xtʂə，道孚 skrə，扎坝 ʂtʂʌ^{13}

麂子：景颇 tʃǎ^{55}khji^{55}，藏 rgja，羌 ɕtɕɛ，普米 stʃə^{55}

水獭：景颇 ʃǎ^{31}ʒam^{33}，藏 sram，道孚 ʂsəm，却域 ʂsɛ^{55}

蛇：景颇 lǎ^{31}pu̱^{33}，藏 sbrul

三：景颇 mǎ^{31}sum^{33}，藏 gsum，羌 khsə，道孚 xsu

四：景颇 mǎ^{31}li^{33}，藏 bʑi，羌 gʐə，道孚 rlʒə

五：景颇 mǎ^{31}ŋa^{33}，藏 lŋa，道孚 ŋɢvɛ

九：景颇 tʃǎ^{31}khu^{31}，藏 dgu，羌 ʐguə，普米 zgiɯ^{55}，道孚 ŋgə，扎坝 ŋgʌ^{13}，吕苏 ŋgɯ^{35}

炒：景颇 kǎ^{31}ŋau^{33}，藏 rŋo，道孚 rŋo

接：景颇 mǎ^{31}tu̱t^{55}，藏 bstud，羌 zdə，嘉戎 kɐmthəp

在藏缅语中复辅音声母趋于消失的语言里，景颇语的双音节词则与带单辅音的单音节词对应。例如：

天：景颇 lǎ^{31}mu^{31}，普米 mɤ^{55}，却域 mu^{55}，独龙 mu^{ʔ55}，缅 mo^{55}，怒 mu^{55}，纳西 mɯ^{33}

气：景颇 n^{31}sa^{ʔ11}，吕苏 se^{55}，载瓦 so^{ʔ55}，哈尼 sa̱^{31}，纳西 sa^{55}，怒 sa̱^{53}

毒：景颇 n^{31}tu̱k^{55}，藏 dug，羌 duə，普米 tu^{31}，嘉戎 tək，却域 tu^{55}，怒 du^{33}，彝 du^{55}

七：景颇 sǎ^{31}nit^{31}，错那门巴 nis，贵琼 n̥i^{55}，阿昌 n̥it^{55}

摸：景颇 mǎ^{31}sop^{31}，独龙 sɔp^{55}，载瓦 sop^{55}，怒 sa̱^{55}，哈尼 so̱^{33}

二是来自复合词构词法。景颇语有部分复合词是由两个根词组成的双音节词，这类复合词的构词方式是能产的，是丰富双音节词的一个重要手段。例如：

tʃoŋ^{31}ma^{31}　学生　　sai^{33}lam^{33}　血管

学校 孩子　　　　血　路

ma^{31}pau^{33}　养子　　kha^{ʔ31}la^{55}　引水沟

孩子 养　　　　　水 拿

有些双音节复合词是由一个双音节词和一个单音节词复合而成的，在构词时，双音节词省去一个音节。例如：

pu^{31}tʃa̱ŋ^{33}　　黑裤　　（lǎ^{31}pu^{31} 裤）

裤 黑

khʒai^{31}noi^{55}　　吊桥　　（mǎ^{31}Khʒai^{31} 桥）

桥　吊

luŋ^{31}tin^{31}　　小园石　　（n^{31}luŋ^{31} 石头）

石　园的

tʃap^{31}khje^{33}　　红辣椒　　（mǎ^{33}tʃap^{55} 辣椒）

辣椒 红

景颇语双音节词的一个重要语音特点是前弱后强，即前一个音节读为弱化音节。这个特点只出现在单纯词和部分复合词（前词根已虚化或半虚化）上。所谓弱化音节，是指前一音节的读音读得弱而轻，其元音读为ə，少数读为u、ɨ。其中，与舌尖音声母、舌叶音声母结合的读为ɨ，与w声母结合的读为u，其余均读为ə（在标音时均标为ǎ）。鼻辅音以及元音自成音节的，在另一音节之前也读为弱化音节。例如：

mǎ^{31}ʃa^{31}　　[mə^{31}ʃa^{31}]　　人

kǎ^{31}loi^{55}　　[kə^{31}loi^{55}]　　何时

sǎ^{31}ʒa^{33}　　[sɨ^{31}ʒa^{33}]　　老师

ʃă^{31}ʒa^{31} [sɨ^{31}ʒa^{31}] 地方

wă^{33}tʃo^{33} [wu^{33}tʃo^{33}] 镐

n^{31}nan^{33} 新

n^{31}pa^{55} 被子

a^{31}ʒut^{31} 擦

a^{31}jai^{55} 乱扔

双音节词的前一弱化音节，有不少是由多种不同的音节形式聚合为一种音节形式。① 例一：

ŋa^{33} → wă

wă^{33}khje^{33} 黄牛　　wă^{33}pja^{33} 流产牛仔

ŋa^{55} 鱼→wă

wă^{31}lai^{55} 鲫鱼　　wă^{31}man^{55} 鲨鱼

kă^{55}wa^{55} 竹→wă

wă^{31}tʃe̠n^{33} 竹片　　wă^{31}ma̠ŋ^{33} 紫竹

wa^{33} 牙→wă

wă^{55}thap^{55} 重牙　　wă^{33}man^{33} 门牙

n^{31}wa^{33} 斧→wă

wă^{55}thoŋ^{51} 斧背　　wă^{33}na^{33} 斧眼

khai^{55}nu^{33} 玉米→wă

wă^{33}phʒa^{33} 玉米地　　wă^{55}phji^{ʔ55} 玉米皮

例二：

sum^{31} 铁 → n

n^{31}ʃi^{31} 小刀　　n^{31}khʒut^{31} 磨刀石

mam^{33} 谷子→n

n^{33}khje^{33} 红谷　　n^{55}loi^{51} 早谷

naŋ^{33} 你→n

① 戴庆厦、徐悉艰：《景颇语语法》中央民族学院出版社，1992。

n^{55}wa^{51} 你父　　　　n^{33}na^{33} 你姐

lǎ^{31}mu^{33} 天→n

n^{55}sin^{55} 黑天　　　　n^{31}ʃuŋ^{33} 冷天

n^{31}kup^{31} 嘴→n

n^{31}pje̱t^{31} 瘪嘴　　　　n^{31}ʃo^{ʔ31} 翘嘴

ma^{31} 孩子→n

n^{31}pja^{31} 流产儿　　　　n^{31}kji^{ʔ31} 私生子

由于音节的聚合和类化，使得相当一部分双音节词的前一音节存在相同的读音。音节的聚合和类化，还带来语义，语法特点的变化。（下详）

二、词的双音节化对语法的影响

景颇语词的双音节化对语法的影响主要表现在以下几个方面。

（一）词的双音节化抑制某些词类的发展，其中比较明显的是抑制个体量词的发展。景颇语的个体量词不发达，表个体名词的量时大多不用个体量词，数词直接与名词结合。例如：

mǎ^{31}ʃa^{31}　lǎ^{55}ŋai^{51}　　一个人

人　　一

lǎ^{55}khum^{51}　lǎ^{55}khoŋ^{51}　　两把椅子

椅子　　二

phum^{55}　mǎ^{31}sum^{33}　　三棵树

树　　三

个体量词的不发达，大约与数词大多是双音节的有关。景颇语在1–10的数词中，双音节的有八个，单音节的只有两个。由于景颇语的名词大多也是双音节的，因而名词称数量时，为了节律上的需要，就直接带上双音节数词，共同组成四个音节，不必再带上量词。数词单独做句子成分时，由于是双音节的，表义清晰度大，可以不用量词增强清晰度。所以在景颇语里，个体量词少，不易增多，即使是已出现的少量个体量词，为了符合双数节律，构成了复合的或带前缀的双音节量词。例如：

num^{31}po^{33} 个（妻子） ʃan^{31}po^{33} 个（猎物）

女人 头 肉 头

thiŋ^{31}nep^{55} 块（地板） wǎ$^{?31}$phaŋ^{33} 丛（竹丛）

房 垫 竹子 棵

thiŋ^{31}kʒam^{33} 块（楼板）

房 搭

由于个体量词存在用与不用两种情况，因而名词在称量时存在两种基本意义相同而结构形式不同的词组结构。一种是“名词+数词”，另一种是“名词+量词+数词”。两种结构表示的基本意义相同。如：

n^{33}kjin^{33} mǎ^{31}sum^{33}= n^{33}kjin^{33} khum^{31} mǎ^{31}sum^{33}

黄瓜 三 黄瓜 根 三

三根黄瓜

u^{31}ti^{31} lǎ^{55}khoŋ^{51} = u^{31}ti^{31} khum^{31} lǎ^{55}khoŋ^{51}

蛋 二 蛋 个 二

两个鸡蛋

这两个基本意义相同而格式不同的词组结构，存在于同一语法系统中。二者有竞争，但又相互补充。就发展趋势看来，“名词+量词+数词”的格式有逐渐增多的趋势。这是由于加了量词的结构比不加量词的结构意义丰富，突出了名词的性质或性状等附加意义，于是双音节节律上的需要服从了表义上的需要，致使景颇语量词存在逐渐发展的趋势。

（二）词的双音节化使得景颇语的构词方式增加了。其一，双音节化使得一部分单纯词变为合成词，分出了词根和假前缀，不仅增加了前缀的类别，而且还增加了构词的类别。所谓假前缀，是指双音节合成词中既像前缀又不是前缀的语素。它的来源有多种：其中一个重要来源是来自古代景颇语复辅音音节的前一辅音。这个辅音原是无意义的，后来与后一辅音分离，分成了两个音节。形成两个音节之后，后一音节已有一定的独立性，逐渐成为词根，具有构词能力；而前一音节由于后一音节的独立使用，也相应地有了一定的独立性。以下举例与古代藏语对照：

mă^{31}sum^{33} 三，藏语 gsum^{33}

sum^{31}ʃi^{33} 三十

lă^{31}pu̱^{33} 蛇，藏语 sbrul

pu̱^{33}mut^{55} 灰蛇，pu̱^{33}nen^{33} 蛇唾液

mă^{31}ko^{ʔ31} 弯，藏语 hgug

ko^{ʔ31}ko^{ʔ31} 有点弯的

现代景颇语的语素有五种：实语素、虚语素、半实半虚语素、假语素、搭配语素。其中的虚语素、半实半虚语素、假语素都作前缀用，与后面的词根组成合成词。假语素的出现，不仅使一个词分出了前缀和词根两部分，而且增加了合成词的构词格式。

其二，双音节词的大量增加，加上前一音节由于出现聚合、类化，其实词特点逐渐减弱，变为半实半虚语素，结果在前缀中增加了半实半虚语素，在合成词中增加了“半实半虚语素+词根”的构词格式。这类合成词与“实语素+实语素”的复合词，在性质上已出现差异，应是不同的类别。在语感上，说话人已辨别不出半实半虚语素的实在意义，因此在使用时还可以在其前面加上原来读音的词。这种同义重叠现象说明复合词前一音节的语义已经虚化。例如：

wă^{33}phʒa^{33}= khai^{55} nu^{33}　wă^{33}phʒa^{33} 玉米地

玉米 地　　玉米　　　玉米地

n^{31}ka̱^{ʔ33}= mam^{33}　n^{31}ka̱^{ʔ33} 谷囤

谷囤　　谷　　谷囤

wă^{33}　man^{33}= wa^{33}　wă^{33}　man^{33} 门牙

牙　面前　牙　牙　面前

其三，词的双音节化，为词的构成增加了新的方式。如加a构成的双音节词，a既有体现语法意义（改变词性、增加语法意义）的作用，又有改变词汇意义的作用。例如：

mun^{55}细末	a^{31}mun^{55}	捻（成细末）
tsip^{55}窝	a^{31}tsip^{55}	蓬乱
tam^{31}宽敞	a^{55}tam^{51}	宽敞状
khjep^{55}（碎）块	a^{31}khjep^{55}	弄碎
koŋ^{31}身体	a^{31}koŋ^{31}	身材
tʃe^{ʔ55}锄	a^{31}tʃe̱^{ʔ55}	啄
khʒi^{ʔ31}编	a^{31}khʒi^{ʔ31}	缠绕

（三），词的双音节化使得动词使动态的分析式和加前缀的屈折形式有了较大的发展。景颇语使动态的语法形式有屈折式和分析式两种。屈折式又分加前缀式和语音交替式两种。单音节自动词组成使动态时，大多使用加前缀构成双音节的使动词。此外，有少量语音交替的屈折式。语音交替是古老的形式，但其能产量低。例如：

自 动	使 动	
pom^{33}发胀	ʃă^{31}pom^{33}	使胀发
tʃa̱i^{31}转动	ʃă^{31}tʃa̱i^{31}	使转动
to^{ʔ31}断	ʃă^{31}to^{ʔ31}	使断
ka̱^{31}跳（舞）	ʃă^{31}ka̱^{31}	使跳（舞）
kha^{ʔ31}分离	tʃă^{31}kha^{ʔ31}	使分离
phai^{33}抬	tʃă^{31}phai^{33}	使抬
pja^{ʔ55}垮	phja^{ʔ55}	使垮
pja̱n^{33}开	phjan^{31}	解开
ʒoŋ^{33}使在	ʒoŋ^{55}	使在、关

但是，双音节动词的使动态，主要使用分析式，即在动词后加助动词ʃă^{31}ŋun^{55}，构成四个音节。由于动词是双音节，也用了双音节的助动词。

如果不用助动词，而用加前缀的手段，前缀加在双音节动词前构成三个音节，则不符合双数节律。例如：

自动	使动	
kǎ^{31}lo^{33} 做	kǎ^{31}lo^{33}ʃǎ^{31}ŋun^{55}	使做
ʃǎ^{31}tʃu̱t^{55} 赶	ʃǎ^{31}tʃu̱t^{55}ʃǎ^{31}ŋun^{55}	使赶
kǎ^{31}tsu̱t^{55} 擦	kǎ^{31}tsu̱t^{55}ʃǎ^{31}ŋun^{55}	使擦
mǎ^{31}ʒi^{33} 买	mǎ^{31}ʒi^{33}ʃǎ^{31}ŋun^{55}	使买

现代景颇语使用加前缀构出了大量的双音节使动词，以及分析式的大量出现，不能不与动词的双音节化有关。

（四）句尾词作为一个单独的词类大量出现，也与词的双音节化有关。景颇语的句尾词是藏缅语中比较特殊的一个词类。它是放在句子末尾、游离在动词之外的虚词。其作用主要是表示整个句子的语气，还表示主语、宾语物主名称的人称、数，以及动作行为的方向，这些语法意义大多与动词的关系更为密切。藏缅语许多语言表示人称、数、方向等语法意义是在动词上加前缀或后缀表示，而景颇语则使用虚词表示，这是为什么？我看这与动词的双音节化有关。动词的双音节化，使得其前后不便于再加前缀或后缀，因为再加前缀或后缀就破坏了其双音节节律。景颇语用独立的句尾词表示这些语法意义，句尾词不附着在动词之上，从而维持了动词的双音节特点。有趣的是，句尾词大多数也以双音节形式出现虽然也有少数三音节的，但其中有一些能变读为双音节。如：

mǎ^{31}nu^{ʔ31}ni^{51} ～ mu^{ʔ31}ni^{51} 主语为第三人称的疑问式句尾词

mǎ^{31}ni^{ʔ31}ka^{ʔ31} ～ mji^{ʔ31}ka^{ʔ31} 主语为第三人称的命令式句尾词

sǎ^{55}li^{ʔ55}ai^{33} ～ li^{ʔ55}ai^{33} 主语为第一人称的叙述式句尾词

双音节的句尾词在语音上也同其他词一样是“前弱后强”的语音模式。后一音节主要表示语气、方向，前一音节表示人称、数。二者的语音特点不同，承担的语义也不同，有点像实词中前缀与词根的关系。

句尾词的出现，改变了景颇语句子结构的特点。有了独立的句尾词后，动词的语法意义大多已不在动词上表示，而集中在句尾词上，使得整个句子的句法结构由古代的屈折型转向分析型。句尾词是虚词，它与其他词的关系是分析关系，但它自身又有丰富的形态变化，又属粘着、屈折形式，应该说，它是粘着式、屈折式与分析形式的混合体，可视为“带有粘着、屈折特点的”分析形式。[①] 景颇语的句法结构以词序和虚词为主要语法手段，辅之以形态变化，这种结构特点的形成虽由各种因素共同决定的，但不能不认为双音节化则是其中的一个不可忽视的因素。

三

双音节化是一种语音特征，它是大于音素的语音结构。我们平时说一个音节的结构，总是说它一般由声母、韵母、声调三要素组成，而双音节词则是词的语音特征，高于声、韵、调层次的。景颇语双音节化的主要特征是音节的多少，但还辅之以别的一些特征，如前一音节弱化、类化、聚合，两个音节之间的元音和谐[②] 、双声谐韵等。

双音节化是一种音律，具有语音节奏感。语言是表达思维、感情的，为了增强语言使用的效果，在语言里总是要使用某种音律来达到这一目的。但是，不同语言有不同音律，使用什么音律，则是由这种语言本身的特点和规律决定的。正如第一节所述，景颇语的双音节化节律，是由景颇语自身的特点和规律决定的。

语法结构是通过语音形式来表现的。所以语法结构的特点必然会受到语音形式的制约，而语音形式的变化也会影响语法结构的变化。语音形式影响语法结构的特点，其广度和深度会因各语言的不同特点而不同，景颇语语音影响语法主要表现在词类特点、构词特点、句法结构特点等几

① 戴庆厦:《再论景颇语的句尾词》，载《民族语文》1996（4）。

② 景颇语并列结构复合词的前后音节存在元音和谐。参看拙文《景颇语并列复合词的元音和谐》，载《民族语文》1989（5）。

方面。

语法结构的变化有多种条件，如语法本身的特点、语义特点、语用特点、语音特点等，除了内部因素外，还会有外部因素，因而认识其变化的条件，必须广开思路从多方面进行研究。但是，由于语法和语音的关系最为密切，因而从微观上分析语音对语法的制约则成为研究语法的一个比较重要的任务。

（本文系作者参加在香港召开的《1997赵元任中国语言学研究中心学术年会》的论文。原载《民族语文》1997年第6期。《中国人民大学书报资料中心》1998年第1期转载。）

景颇语单纯词在构词中的变异

［**提要**］本文对景颇语单纯词在构词中出现变异的现象进行了分析、概括。先分析了语音变异的几种形式，指出音变存在逐步扩散的特点。然后分析了语义变异的类别，以及制约语义变异的条件。最后论述了这种变异与景颇语语音特点的相互制约的关系，以及变异对合成词结构系统的影响。指出单纯词的虚化带来了怎样辨认语素性质的问题，即辨认语素应如何处理共时与历时的关系，怎样处理语感与理性分析的关系。

景颇语单纯词构成复合词时，有许多出现变异。变异不仅出现在语音形式上，而且还出现在语义上。变异主要出现在复合词的前一语素上。由于语素的变异，使得语素的性质、复合词的结构类型发生了一些变化，并出现了怎样认识语素的问题。

一　语音变异形式

单纯词在复合词中的语音变异，有的在声母上，有的在韵母上，有的二者兼有。单纯词若是双音节的，构成复合词时一般取后一音节，因而语音变异也在后一音节上。单纯词在复合词中，有的还出现变调。

1.韵母变化　属于这一类变化的比较多。其中主要是元音弱化，元音弱化后音值也随之变化。例如：

kǎ^{55} wa^{55} “竹子” →wǎ^{31}

wǎ^{31} tʃe̱n^{33} 竹片　wǎ^{31} po̱t^{31} 竹根　wǎ^{31} tsi̱t^{31} 绿竹　wǎ^{31} kji̱p^{31} 瘪竹

竹　片　　　竹　根　　　竹　绿　　　竹　瘪

ka^{55} “土” →kǎ^{31}

kǎ^{31} khjeŋ^{33} 红土　kǎ^{31} mut^{31} 肥土　kǎ^{31} tʃa̱ŋ^{33} 黑土　kǎ^{31} ni^{31} 稀泥

土　红　　　土　灰　　　土　黑　　　土　细

mǎ^{31} sin^{31} “心” →sǎ^{31}

sǎ^{31} lum^{33} 心脏　sǎ^{31} kʒi^{31} 胆　sǎ^{31} te^{55} 肾

心　圆　　　心　胆　　　心　肾

wa^{33} “牙” →wǎ^{55}

wǎ^{55} thap^{55} 重牙　wǎ^{55} ʒoŋ^{51} 翘牙　wǎ^{55} tʃi^{55} 牙床　wǎ^{55} ʒum^{51}〔牙〕掉光

牙　叠　　　牙　耸立状　　　牙　龇　　　牙　掉

niŋ^{31} wa^{33} “斧” →wǎ^{55}

wǎ^{55} thoŋ^{51} 斧背　wǎ^{55} na^{33} 斧眼　wǎ^{55} laŋ^{33} 把儿

斧　后　　　斧　耳　　　斧　把儿

tʃiŋ^{33} kha^{33} “门” →khǎ^{55}

khǎ^{55} noi^{55} 门楣　khǎ^{55} lap^{55} 窗子　khǎ^{55} tun^{55} 门坎

门　吊　　　门　叶　　　门　地面

pu̱^{31} “肠” →pǎ̱^{31}

pǎ̱^{31} tuŋ^{31} 粉肠　pǎ̱^{31} tʃat^{31} 子宫　pǎ̱^{31} ʒan^{31} 理〔肠〕

肠　粉　　　肠　加　　　肠　理

lǎ^{31} pu̱^{33} “蛇” →pǎ̱^{33}

pǎ̱^{33} nen^{33} 蛇唾液　pǎ̱^{33} nui^{33} 蟒

蛇　光滑　　　蛇　软

有少数是舒声韵变为带 -ˀ 的促声韵。例如：

lǎ^{55} ŋa^{55} “野芭蕉” →ŋaˀ^{31}

ŋa$^{?31}$ tuŋ^{31} 芭蕉叶上端 ŋa$^{?31}$ li^{31} 芭蕉叶芽

野芭蕉 叶端 野芭蕉 叶芽

ŋa$^{?31}$ kʒo̱p^{55} 一种野芭蕉

野芭蕉 枯黄

带塞音韵尾的韵母大多不变，如由 wa$^{?31}$ “猪” 组成的复合词很多，未见有变化的。但有个别带塞音韵尾的音节弱化为非塞音韵尾的音节。如：

tʃiŋ^{31} pho$^{?31}$ “人” →phǎ^{55}

phǎ^{55} on^{55} 领导者 phǎ^{55} ʒeŋ^{55} 指挥者

人 领 人 指挥

2.声母变化 有 ŋ→w，n→l、w，l→m 等。声母变化的多与元音弱化同时出现。例如：

ŋa^{33} “牛” →wǎ^{33}

wǎ^{55} lam^{55} 乱逛的牛 wǎ^{55} tat^{55} 牧场

牛 逛 牛 放

wǎ^{55} pja^{33} 流产牛 wǎ^{55} tam^{55} 乱跑的牛

牛 流 牛 迷

ŋa^{55} “鱼” →wǎ^{31}

wǎ^{31} lun^{55} 逆水鱼群 wǎ^{55} ʒat^{31} 鲤鱼

鱼 上 鱼 划破

wǎ^{33} khje^{33} 黄鱼 wǎ^{31} man^{55} 鲨鱼

鱼 红 鱼 灵

nǎ^{33} “耳” →lǎ^{55}

lǎ^{55} tso̱p^{55} 耳膜 lǎ^{55} tan^{55} 耳饰 lǎ^{55} kjo̱^{51} 耳屎 lǎ^{55} pje̱n^{33} 耳垂

耳 膜 耳 显示 耳 干瘪 耳 板

khai^{55} nu^{33} “玉米” →wǎ^{55}

wǎ^{55} khʒo$^{?55}$ 干玉米 wǎ^{33} po̱^{33} 玉米核

玉米 干 玉米 心

wǎ^{33} phʒa^{33} 玉米地　wǎ^{55} phji^{ʔ55} 玉米皮

玉米 地　　　　　玉米 皮

lan^{33} sun^{33} “路” →mǎ^{31}、num^{31}

mǎ^{31} sun^{33} 小路　mǎ^{31} pʒo^{ʔ31} 岔路　num^{31} ʃe^{55} 岔路（mǎ^{31} ʃe^{55}）

路 小　　　　路 岔　　　　路 岔

num^{31} sat^{31} 做〔路标〕num^{31} pʒo^{ʔ31} 十字路口

路 划　　　　　　路 叉

3.音节简化为n　带鼻韵尾的音节和声母是鼻辅音的音节简化为n，带-m、-n、-ŋ 3个韵尾的音节都有简化的。例如：

sum^{31} “铁” →n^{31}

n^{31} tup^{31} 秃刀　n^{31} khʒut^{31} 磨刀石　n^{31} ʃi^{31} 小刀　n^{31} pje^{55} 刀面

铁 秃　　　铁 磨　　　铁 小　　　铁 扁

mam^{33} “谷” →n^{55}

n^{55} loi^{51} 早谷　n^{55} tat^{55} 春播　n^{55} phʒo^{51} 白谷　n^{55} sa^{51} 旧谷

谷 早　　　谷 播　　　谷 白　　　谷 旧

naŋ^{33} “你” →n^{33}

n^{55} wa^{51} 你父　n^{33} khau^{33} 你姐夫

你 父　　　你 姐夫

thiŋ^{31} “房” →n^{31}

n^{31} ko^{33} 户　n^{31} kʒaŋ^{55} 门闩　n^{31} tsa̱m^{33} 旧房　n^{31} jan^{33} 长房子

房 户　　房 闩　　房 朽　　房 引申

wan^{31} “火” →n^{31}

n^{31} khʒet^{31} 火柴　n^{31} khut^{31} 火烟　n^{31} tʃa^{55} 光彩

火 划　　　火 烟　　　火 光

ma^{31} “孩子” →n^{31}

n^{31} ko̱^{ʔ55}　老大（女）n^{31} kji^{ʔ31} 私生子

孩 老大（女）　　　孩 弯

ʒoŋ^{31} “虎” →n^{31}

n^{31} pa^{31} 大虎　n^{31} tʃat^{31} 虎窝　n^{31} tʃap^{31} 虎腥味

虎 大　　　虎 窝　　　虎 辣

有的语素，变异形式有多种，多数是两种，少数是三、四种。这种现象反映了语素变异的渐变过程，即相当数量的语素出现了不止一次的变化。例如：“路” 有lam^{33}、num^{33}、mǎ^{31}、n^{31} 4种变异形式。从音理上观察，可以认为其变异次序是lam^{33}→num^{33}→mǎ^{31}→n^{31}。lam^{33}变为num^{33}，是韵尾影响声母的结果，num^{33}变为mǎ^{31}以及mǎ^{31}变为n^{31}，是音节简化的结果。但在不同的词上，变异的数量不同。例如：

lam^{31} sun^{33}，num^{31} sun^{33}，mǎ^{31} sun^{33}，n^{31} sun^{33}小路　lam^{33} ka̠u^{33}，num^{33} ka̠u^{33}路边

lam^{31} ʃe^{55}，num^{31} ʃe^{55}，mǎ^{31} ʃe^{55}岔路　lam^{31} sat^{31}，num^{31} sat^{31}　做〔路标〕

又如：“石” 有luŋ^{31}、mǎ^{31}、n^{31} 3种变异形式，“火” 有wan^{31}、n^{31}两种形式。例如：

luŋ^{31} khʒut^{31}，mǎ^{31} khʒut^{31}，n^{31} khʒut^{31}　磨刀石

wan^{31} khʒet^{31}，n^{31} khʒet^{31}　火柴

音变是逐渐扩散的，有的变，有的不变。已变的，有的保留变与不变两读，有的只用变式，原式已不用。如sin^{31} “心” 在有些词上不变，在有些词上原式与变式并存，在有些词上只有变读形式。下例的 “肾脏” 保留两读，“胆”“心脏” 的原式已不用。例词：

已变	不变
sin^{31} te^{55} ～ sǎ^{31} te^{55} 肾脏	sin^{31} wop^{55} 肺
心 肾　心 肾	心 松软
sǎ^{31} kʒi 胆	sin^{31} to̠t^{55} 暴燥
心 胆	心 越过
sǎ^{31} lum^{33} 心脏	sin^{31} taʔ^{31} 胸
心 圆	心 横

又如，ŋa^{55}“鱼”在大多数词里都变读为wǎ^{55}，而且原式和变式共存的很少，不变读的也较少。① 例：

已变	不变
wǎ^{31} khje^{33} 黄鱼	ŋa^{55} sep^{31} 鱼鳞
鱼　红	鱼　鳞
wǎ^{31} lun^{55} 逆水鱼群	ŋa^{55} sau^{55} 鱼肝油
鱼　上	鱼　油
wǎ^{31} man^{55} 鲨鱼	ŋa^{55} ʃat^{31} 鱼饲料
鱼　灵	鱼　食物
wǎ^{31} ʒu^{55} 咸鱼	ŋa^{55} li^{33} 鱼秧子
鱼　咸	鱼　子

二　语义变异

单纯词的语义用在复合词中，有的不变，有的发生了变化。其变化有以下3类：

1.语素语义虚化　凡语音形式出现变异的语素，其语义出现不同程度的虚化。语义虚化的程度，取决于以下几个因素：

（1）取决于语音变化的大小：凡语音变化小的，词义虚化程度低。因为语音变化小，说话者容易将变式与原式联在一起。如下例的ka^{55}“土”变为kǎ^{31}，lǎ^{33}ŋa^{33}“野芭蕉”变为ŋaʔ^{31}等。

ka^{55} khjeŋ^{33}→kǎ^{31} khjeŋ^{33}红土　lǎ^{55} ŋa^{55} li^{31}→ŋaʔ^{31}　li^{31} 芭蕉叶芽

土　红　　土　红　　　野芭蕉　叶芽　野芭蕉　叶芽

而语音变化大的，词义虚化程度较高，说话者不易与原式意义相联系来判断其实在的意义。如下例的ʒoŋ^{31}“虎”变为n^{31}：

① 参看拙著《景颇语双音节词的音节聚合》，载《语言研究》，1993年第1期。

ʒoŋ^{31} pa^{31} 大虎～ n^{31} pa^{31} 大虎

虎 大 虎 大

（2）取决于变异语素出现数量的多少：凡出现多的，虚化程度较低，因为出现多的语素其原式意义不易改变。如ŋa^{33}“牛”变为wǎ^{55}，虽语音变化较大，但由于含有这一变式的复合词较多，人们能从众多的wǎ^{55}中概括出“牛”义。例如：

wǎ^{33} noŋ^{33} 牛群　wǎ^{33} pja^{33} 流产牛　wǎ^{33} tʃit^{55} 牛尿　wǎ^{33} si^{33} 死牛

牛 群 牛 流 牛 尿 牛 死

（3）取决于是否存在变读：有些复合词，语素虚化和未虚化的两种形式同时存在，可以变读。如“老大（男）”：ma^{31}（孩）kam^{33}（老大）～ n^{31}（孩）kam^{33}（老大）。这种变读现象，使人们容易联想到虚化语素的来源，在一定程度上抑制了其虚化的程度。而无变读的词，由于失去了联想，容易虚化。又如：

ma^{31} no^{33} ～ n^{31} no^{33} 老二（男）

孩 老二（男） 孩 老二（男）

lam^{31} ʃe^{55} ～ num^{31} ʃe^{55} 岔路

路 岔 路 岔

（4）取决于语境：虚化的语素在不同的语境中，存在不同的虚化程度。有些复合词，单独做句子成分时其所包含的实语素虚化程度较低，而当它的前面再加上非虚化的原式时，构成语义重叠，这时虚化语素的虚化程度较高。例如：

wǎ^{31} lun^{55} ～ ŋa^{55} wǎ^{31} lun^{55} 逆水鱼群

鱼 上 鱼 鱼 上

wǎ^{33} na^{33} ～ ŋa^{33} wǎ^{33} na^{33} 牛耳

牛 耳 牛 牛 耳

wǎ^{31} ʒat^{31} ～ ŋa^{55} wǎ^{31} ʒat^{31} 鲤鱼

鱼 鲤 鱼 鱼 鲤

wǎ^{33} phʒa^{33} ～ khai^{55} nu^{33} wǎ^{33} phʒa^{33} 玉米地

玉米 地　　玉　米 玉米 地

puŋ^{31} khʒut^{31} ～ po^{33} puŋ^{31} khʒut^{31} 洗头

头　洗　　头　头　洗

n^{31} ka̠^{ʔ55} ～ mam^{33} n^{31} ka̠^{ʔ55} 谷囤

谷 囤　　谷　谷 囤

puŋ^{31} khʒak^{55} ～ po^{33} puŋ^{31} khʒak^{55} 敲头

头　敲　　头　头　敲

wǎ^{33} ti̠k^{55} ～ wa^{33} wǎ^{33} ti̠k^{55} 咬紧牙

牙　咬紧　　牙　牙 咬紧

两种形式的存在，反映了复合词中的变读语素由于所处的环境不同在语义的虚化程度上存在可变性的特点。

2.构成的复合词增加了新义　有些带变读语素的复合词，在与别的实语素结合时出现了新义。如wǎ^{55} ji^{51}（牛+母）单独用时为“母水牛”义，而与kum^{31} ʒa^{31} “马”结合时当“母”义用，意义比原义扩大了，为kum^{31} ʒa^{31} wǎ^{51} ji^{51}“母马”。增加的新义，大多比原义所指范围宽，也有引申义的。比如：

wǎ^{55} loŋ^{51} 牛厩，厩　kum^{31} ʒa^{31} wǎ^{55} loŋ^{51} 马厩

牛　厩　　　　马　　厩

wǎ^{33} noŋ^{33} 牛群，群　mǎ^{31} ʃa^{31} wǎ^{33} noŋ^{33} 人群

牛　群　　　　人　　群

wǎ^{55} ʃat^{55} 牛饲料，饲料　ŋa^{33} wǎ^{55} ʃat^{55} 牛饲料

牛　饲料　　　　牛

wǎ^{33} taŋ^{33} 拴牛桩，十字架　je^{33} su^{ʔ55} wǎ^{33} taŋ^{33} 耶稣十字架

牛　架　　　　耶稣　　十字架

3.构成的复合词改变了原义　有些复合词由于语义虚化，意义改变了。新义与原义相比，大多为扩大所指范围。如：wǎ^{33} laŋ^{33}（斧+把），原

义为“斧把”，wǎ^{33}来自niŋ^{31} wa^{33}“斧”。现这一词义已不用，转为扩大的新义“把儿”，如果要表示原义的“斧把”，则要加niŋ^{31} wa^{33}，说成niŋ^{31} wa^{33} wǎ^{33} laŋ^{33}。又如：wǎ^{33} na^{33}（斧+耳），原义为“斧头上的孔”，wǎ^{33}来自niŋ^{31} wa^{33}“斧”。现转为扩大的新义“斧、锤上的孔”，如果要表示原义的“斧孔”，还要加niŋ^{31} wa^{33}“斧”，说成niŋ^{31} wa^{33} wǎ^{33} na^{33}。

景颇语有些复合词的语素保留了古词成分。这种古词已不单用，单用时用另一个词。通过亲属语言比较，可以发现复合词中的这种语素与其他亲属语言有同源关系，而单用的词则没有。这类保留在复合词中的古语素意义已虚化，使用者已觉察不出什么实在意义。例如：

	单用	在复合词中	载瓦语	哈尼语
头发	kǎ^{55} ʒa^{55}	sam^{55} pan^{51}辫子，sam^{31} pam^{33}白发	u^{31} tsham^{21}	tshe^{55} khɔ^{55}
		头发 辫子　　头发 蒙住	头　发	发　根
铁	phʒi^{31}	sum^{31} tu^{33}铁锤	ʃam^{51} to̱$^{?55}$	sɔ^{55}
		铁　锤	铁	
女子	num^{33}	mi̱^{31} ʒam^{55}中年妇女	mji^{31}	mi^{31} za^{31}
		女 恰好		女 小
黑	tʃa̱ŋ^{33}	sin^{31} na$^{?55}$西方	no$^{?21}$	na̱^{33}
		天　黑		
路	lam^{33}	wǎ^{33} khja^{33}牛路	khjo^{51}	—
		牛　路		
黄豆	lǎ^{55} si^{51}	no$^{?31}$ tʃa̱ŋ^{33}黑豆	nu$^{?31}$	nɯ̱^{33} si^{31}
		豆　黑		豆　果
		no$^{?31}$ loi^{31}早豆		
		豆 早		
火	wan^{31}	mji^{31} loŋ^{33} khu^{33}枪眼，mji^{31} phʒap闪电	mji^{21}	mi^{31} dza^{31}
		火 通洞状 孔　　火　闪		火
天	n^{55} thoi^{55}	tai^{31} ni^{55}今天	nji^{55}	nɔ^{33}

		今 天		
圆	tin³¹	să³¹ lum³³ 心脏	liŋ⁵⁵	xu⁵⁵ lɯ³³
		心 圆		

三

单纯词在复合词中当语素时为什么出现变异？我认为，这与景颇语的语音特点有关。现代景颇语在语音结构上有3个重要特点：1.词的双音节化倾向。有两个途径：一是单音节词变双音节词，二是两个音节以上的语素组成复合词时有些缩减成两个音节。2.双音节词存在前轻后重节律。即前一音节弱化，重音在后一音节。3.双音节词前一音节出现聚合作用，即不同的音节形式聚合为相同、相近的形式。如：ma³¹、ʒoŋ³¹、tiŋ³¹、kum³¹、lam³³、luŋ³¹、num³³等聚合为n；ŋa⁵⁵、ŋa³³、wa³³、nu³³等聚合为wă³³。单纯词在复合词中出现变异，是由现代景颇语的这几个语音特点决定的。语音变异又引起语义变异。

由于单纯词在复合词中出现变异，景颇语合成词的结构形式产生了一些新的特点。景颇语合成词的结构主要有“实语素+实语素”“前缀+实语素”“实语素+后缀”等3种，由于实语素的虚化，“实语素+实语素”这一格式发生了分化，新增了“半实半虚语素+实语素”的构词格式。半实半虚语素，既不像实语素，又不像前缀，介于二者之间。由此可见，实语素的虚化，势必引起构词结构的变化。

从发展上看，这些虚化语素有可能进一步虚化而演变成为虚语素。一方面，这些单纯词随着时间的推移，虚化程度会越来越高，最终会使说话者不能将它与原式的意义联系在一起。另一方面，由于这些虚化语素在语音演变上与那些表示语法意义的语素以及假语素（来自景颇语复辅音声母的前一辅音）汇合成相同或相近的语音形式，又促使其语义的虚化。例如：

	实语素（虚化）	虚语素	假语素
să：	să^{31} lum^{33}心脏	să^{31} tsa̱p^{55}使站	să^{31} nit^{31}七
	心　圆	（前缀）站	
mă：	mă^{31} pʒo^{ʔ31}岔路	mă^{31} kap^{31}盖子	mă^{31} nam^{55}闻
	路　岔	（前缀）盖	
n：	n^{55} loi^{51}早谷	n^{55} sin^{55}黑天	n^{31} puŋ^{33}风
	谷 早	（前缀）黑	
lă：	lă^{55} tso̱p^{55}耳膜	lă^{55} ʒut^{55}擦子	lă^{31} pu̱^{33}蛇
	耳　膜	（前缀）擦	

由于单纯词在复合词中出现虚化现象，加上有些语素与前缀、假前缀在语音上合流，这就给研究者辨认前缀带来了许多困难，① 并在认识上出现了两个新问题。第一、对语素的辨认，是以共时分析为主要依据，还是要加上历时分析。因为有些语素从共时分析上看不出什么实词意义，类似虚语素，而通过亲属语言比较则能发现它来自实词。如sum^{31} nep^{55} “铁钻子”一词，nep^{55}是“垫”义，sum^{31}分析不出什么实词意义，从共时分析上可以看成是前缀，是个“前缀+动词”变为合成名词。但通过亲属语言比较，则能发现sum^{31}是古词“铁”在复合词中的遗迹，是个实语素。这个合成词应看成是“虚语素+实语素”，还是“实语素+实语素”呢？第二、判断一个语素的意义是根据说话人的语感，还是根据语言学的理性分析。如n^{31} khʒut^{31} “磨刀石”一词，khʒut^{31}为“磨”义，说话人的感觉是清晰的，但对n^{31}，已觉察不出是什么实词意义，容易当作前缀对待，若进一步做理性分析，则可发现它来自n^{31} luŋ^{31} “石”的luŋ^{31}，是实词虚化。应该怎样区分景颇语的实语素和虚语素，是景颇语研究中尚未完全解决并有研究价值的问题。

（原载《民族语文》2009年第6期）

---

① 过去有些学者把景颇语虚化的单纯词、假前缀都看成是前缀，没有区分同一语音形式的不同来源、不同性质。

景颇语并列结构复合词的元音和谐

[提要] 本文认为景颇语并列复合词词素的顺序与语义特点关系不大，而与元音舌位高低搭配的元音和谐有关。这种元音和谐不仅制约并列复合词词素的顺序，而且还是并列复合词区别于非并列复合词、并列词组的语法形式之一。可以说是一种表示构词结构关系的“形态”，而且这种形态在并列结构词组和并列复合句上有所“扩散”。文中还对景颇语并列复合词词素的和谐规则进行系统的梳理和排列。

[关键词] 景颇语　并列结构　元音和谐

并列结构复合词的词素孰先孰后，或与语义有关，或与语音有关，或与语义、语音都有关。本文拟分析景颇语元音和谐的特点同并列复合词词素顺序的关系。

一

景颇语并列结构复合词里的词素顺序，与语义特点关系不大。举例来说：表示人的称谓的名词，有的是表阴性的词素在前，如“父母” nu̠^{51}（母）wa̠^{51}（父），“男女” num^{33}（女）la^{33}（男）。而有的词则是表阳性的词素在前，如“祖先” tʃi^{33}（祖父）wo̠i^{33}（祖母），“公婆” ku^{51}（公）mo̠i^{33}（婆）。

又如："东西" sin^{31}pʒo̱^{ʔ53}（东）sin^{31}na^{ʔ55}（西），"东" 在前，"西" 在后；而 "南北" tiŋ^{31}tuŋ^{33}（北）tin^{31}ta^{ʔ31}（南），则是 "北" 在前，"南" 在后。"天地" lǎ^{31}mu^{31}（天）ka^{55}（地），位置在上的居前，而 "上下" lǎ^{31}wu^{55}（下）lǎ^{31}tha^{ʔ31}（上）位置在下的居前。那么，景颇语并列复合词里的词素顺序究竟由什么决定的呢？我们看到，这类复合词的词素顺序主要是由语音特点决定的，而且主要与元音和谐有关。元音和谐表现在元音舌位高低的搭配上，与元音舌位前后无关。具体说来，有以下几个特点：

一、在双音节复合词里，前一个词素的元音应高于后一个词素，或二者相同（与舌位前后无关）。前一个词素的元音不能低于后一个词素。若是复合元音韵母，和谐时以主要元音为准。例如：

lu^{ʔ31} ʃa^{55} 食物　kup^{31} tʃo̱p^{55} 帽子　nai^{31} mam^{33} 粮食　tʃiŋ^{33} pau^{31} 锣鼓
喝 吃　戴 套　芋头 谷子　鼓 锣

kun^{33} phai^{33} 担负　khum^{33} tsup^{55} 齐全　ŋui^{31} pjo̱^{33} 舒服　pan^{31} sa^{ʔ55} 休息
背 抬　全 齐　满意 高兴　休息 歇

二、在三音节复合词里，若前一个词素为单音节，元音和谐出现在第一个音节和第三个音节上；若前一个词素为双音节，则第二音节和第三音节的元音和谐。例如：

tʃum^{31} mǎ^{55} tʃap^{55} 调味品　phan^{55} ʃǎ^{31} lat^{31} 创造　tʃu̱^{33} pã̱^{55}la^{55} 子弹和箭的总称
盐 辣 子　创造 创造　子弹 箭

mjit^{31} mǎ^{31}sin^{31} 心意　lǎ^{31}mu^{31} ka^{55} 天地　ʃǎ^{33}ta̱^{33} tʃan^{33} 日月
思想 心　天 地　月 日

三、在四音节复合词里，元音和谐出现在第一、第三音节之间和第二、第四音节之间。其中对二、四音节的和谐，要求较严。例如：

lǎ^{31}ʒu^{33} mǎ^{31}ʒaŋ^{33} 暴风雨　kǎ^{31}ʃu^{31} kǎ^{31}ʃa^{31} 子孙　lǎ^{31}pu^{31} pa̱^{33}lo̱ŋ^{33} 衣着
暴风 雨　孙 子　裤子 衣服

a^{31}khjiŋ^{33} a^{31}te̱n^{31} 时间　ji^{ʔ55}sun^{55} khau^{33}na^{31} 田园　ŋa^{31} lu^{ʔ31} ŋa^{31} ʃa^{55} 生活
时间 时间　旱地 园子 水田　在 喝 在 吃

ʃă^{31}tum^{55} tʃă^{31}phʒaŋ^{31} 使觉醒　　a^{31}khun^{31} a^{31}khʒoʔ^{55} 干

提醒　使醒　　表面干　内部干

四、景颇语的并列结构复合词中，有一类是由双音节的词素加两个配音音节并列组成。这类复合词也存在元音和谐，和谐规律同上。这类词中，双音节词素居前，配音音节居后的占多数。例如：

thiŋ^{31}pu^{31} thiŋ^{31}pje̱n^{33} 左邻右舍　să^{31}up^{31} să^{31}ap^{31} 闷热　a^{31}tsa̱ŋ^{33}a^{55}waŋ^{31} 轻巧地

邻居　（配音）　闷　（配音）　轻　（配音）

ka^{31}loʔ^{55} ka^{31}laʔ^{55} 吵闹　kă^{31}mji̱n^{33} kă^{31}mja̱n^{33} 皱皱巴巴状　a^{31}mjaʔ^{31} ʃă^{55}la^{55} 乱抓状

吵架　（配音）　皱　（配音）　抓　（配音）

配音音节也有在前的。在这类复合词里，双音节的词素的元音多数为a，因为在元音和谐上要求居前的音节元音比居后的舌位高。例如：

lă^{33}phʒo^{33} lă^{55}phʒa^{55}　各种落叶　mă^{31}tsuʔ^{31} mă^{31}tsaʔ^{31}　乱糟糟

（配音）落叶　（配音）杂乱

kă^{31}lik^{55} kă^{31}lok^{55}　东一块西一块地　kă^{31}ʃiʔ^{55} kă^{31}ʃai^{55}　参差不齐

（配音）脱落　（配音）错 开

khau^{33}thiŋ^{55} khau^{33}na^{31}　水田总称　kum^{33}pho^{33} kum^{33}phaʔ^{33}　各种礼品

（配音）　水田　（配音）　礼品

五、完全相同的或高低相同而前后不同、松紧不同的元音和谐，若构词成分中有一个是配音音节，一般是该配音音节在后。例如：

lă^{31}kon^{31} lă^{31}mon^{31}　懒洋洋　a^{31}li^{33} a^{31}thi^{31}　笨重的

懒惰　（配音）　重　（配音）

a^{31}na^{31} a^{31}khja^{33}　疾病　ʃă^{55}tʃaʔ^{55} ʃă^{55}laʔ^{55}　硬邦邦

病　（配音）　硬　（配音）

mă^{31}tse̱^{31} lă^{31}pje^{55}　猛兽　mă^{31}ko̱i^{33} mă^{31}joŋ^{31}　治丧

凶恶的（配音）　埋　（配音）

mă^{31}tat^{31} mă^{31}ʒa^{33}　听从　kă^{31}jau^{33} kă^{31}ja^{31}　混杂状

听　（配音）　搅拌　（配音）

若构词成分由两个词根组成，其次序与辅音韵尾有关。一般是，有辅音韵尾的在后，无辅音韵尾的在前。例如：

sai^{31} ʃan^{31}　　亲骨肉　　a^{33}phu^{33} a^{33}khjiŋ^{33}　　臭烘烘的

血　肉　　　　　　　臭　　臭烘烘

ʃă^{33}ta̱^{33} tʃan^{33}　　日月　　a^{33}pjo̱^{33} a^{33}ŋon^{33}　　和和气气地

月　　日　　　　　　快乐　舒服

若一个带鼻音韵尾，另一个带塞音韵尾，大多是带塞音韵尾的居后。例如：

tan^{31} pʒa̱^{ʔ55}　　清楚　　phan^{55} ʃă^{31}lat^{31}　　创造

清楚 清楚　　　　　　创造 创造

khum^{33} tsu̱p^{55}　　齐全　　mă^{31}kji̱n^{33} tʃiŋ^{31}khu^{ʔ31}　　亲戚

全　　齐　　　　　　近亲　　亲戚

相同的元音和谐（松紧可以不同），构词成分的次序有的取决于意义。两个词素中，与整个复合词的意义较近或在构词上起主要作用的词素，放在前面。例如：

ŋaŋ^{31} ka̱ŋ^{33}　　结实　　ʃan^{31} ŋa^{55}　　荤菜

牢　绷紧　　　　　　肉　鱼

a^{55}ŋui^{51} a^{55}tui^{51}　　轻言细语地　　kă^{31}khjin^{33} kum^{31}tin^{31}　　聚集

慢　　甜　　　　　　聚集　　使成团

六、元音和谐与松紧、声调无关。相同的元音，紧的可在前，也可在后，声调也可高可低。例如：

kă^{31} thoŋ^{31} niŋ^{31} tʃo̱ŋ^{33}　　村子　　a^{31}pa̱i^{31} a^{31} lai^{33}　　别别扭扭的

kă^{31} tʃi̱^{33} kă^{31} pu̱^{33}　　一小点儿　　a^{31}jai^{55} a^{31}ka̱i^{55}　　凌乱状

a^{55} san^{51} a^{33} pa̱n^{33}　　轻松点　　kau^{31}ŋui^{55} kau^{31}si^{55}　　慢腾腾地

二

景颇语的基本元音有五个：i、e、a、o、u。这些元音在并列结构复合词中的和谐情况有以下一些方式：

居前的元音	居后的元音				
i	i	e	a	o	u
u	i	e	a	o	u
e	e	a	o		
o	e	a	o		
a	a				

从上表可以看出：居前的元音越高，后面与之和谐的元音越多；反之亦然。如居前的元音为i、u，五个元音都能同它和谐；居前的元音为a，则只有一个a能同它和谐。就是说，居前的元音舌位高低与和谐的能量大小成正比。例词：

i——i

mǎ^{55}ni^{55} ma^{33}ni^{55}　前几天　pha^{ʔ31}tʃi^{55} niŋ^{31}li^{33}　知识

昨天　前天　知识　（配音）

i——e

tip^{31} sep^{31}　剥削　kji̱n^{55} kǎ^{31}tep^{55}　危机

压　剥　忙　逼

i——a

tiŋ^{33} man^{33}　老实　tʃi^{33} khai^{31}　祖父

直　老实　祖父 祖母

i——o

kjit^{31} noi^{55}　吊　mǎ^{31}tʃi̱^{ʔ55} mǎ^{31}ko̱^{ʔ55}　疾病

拴　挂　病　（配音）

i——u

lă^{31}ti^{31} lă^{31}mun^{31}　千千万万

一千万 一万万

mă^{31}sin^{31} să^{31}lum^{33}　心脏

心　心脏

u——i

kă^{55}khum^{51} n^{33}kjin^{33}　瓜类

南瓜　黄瓜

mjit^{31}khʒum^{55} kum^{31}tin^{31}　团结一致

团结　使成团

u——e

mă^{31}su^{ʔ31} khă^{55}lem^{55}　哄骗

骗　哄

phun^{55} pa̠^{55}nep^{55}　被褥

穿　垫

u——a

phun^{55} kă^{55}wa^{55}　竹木

木　竹

phuŋ^{31} ʃiŋ^{31}ka̠ŋ^{31}　威望

威信　威风

u——o

khun^{31} khʒo^{ʔ55}　干

表面干 内部干

mă^{31}su^{ʔ31} mă^{31}ko^{ʔ31}　虚伪的

骗　弯

u——u

n^{31}puŋ^{33} lă^{31}ʒu^{33}　狂风

风　狂风

kun^{31} tiŋ^{31}khu^{33}　家庭

家庭 家庭

e——e

n^{55}se^{55} nai^{31}se^{55}　经吃的程度

经吃（配音）

n^{33}kʒe̠m^{33} n^{55}nem^{51}　看不上

看不上 （配音）

e——o

kă^{31}thet^{31} kă^{31}mot^{31}　生病的

热　（配音）

nem^{31} tso̠^{31}　高低

低　高

e——a

tʃă^{31}then^{31} ʃă^{31}pja^{ʔ55}　破坏

弄坏　弄垮

mă^{31}kjep^{31} mă^{31}ka̠p^{31}　黏黏的

粘　（配音）

o——e

tho^{55} tho^{55}　le̱^{55} le̱^{55}　胡思乱想　po̱^{55}po̱^{55} pje̱^{55}pje̱^{55}　很便宜的

那（上方）那（下方）　便宜（配音）

o——o

pu̱ŋ^{55} phʒo^{31} pu̱ŋ^{55} lo^{33} 白髮老人　mǎ^{31}lom^{55} mǎ^{31}kom^{55}　万一需要的

头　白　头　晚　万一需要（配音）

o——a

lǎ^{31}ko^{33} lǎ^{31}ta̱^{ʔ55}　手脚　thom^{55} phaŋ^{33}　将来

脚　手　后面　以后

a——a

lǎ^{31}ta̱^{ʔ55} lǎ^{31}wa^{ʔ31}　挑肥拣瘦地　kham^{33}tʃa^{33}　健康

挑选（配音）　康　好

根据以上的和谐规律，一个实词作为词素往往能构成一组语义相同或相近的复合词。例如：

a^{55}ŋui^{51} a^{55}tui^{51}　轻言细语地　a^{55}ŋui^{51} a^{33}ŋon^{33} 舒舒服服地

慢　甜　慢　舒服

a^{55}ŋui^{51} a^{33}pjo̱^{33}　舒适地

慢　快乐

a^{33}pjo̱^{33} a^{33}lo^{33}　舒舒服服地　a^{33}pjo̱^{33} a^{55}len^{51}　舒适而令人留恋的

快乐（配音）　快乐　留恋

a^{33}pjo̱^{33} a^{33}ŋon^{33}　和和气气地

快乐　舒服

mǎ^{31}ko̱i^{33} mǎ^{31}joŋ^{33}　治丧　mǎ^{31}ko̱i^{33} mǎ^{31}jaŋ^{33}　治丧

埋　（配音）　埋　（配音）

a^{55}lo^{ʔ55} a^{55}lom^{55}　充足的　a^{55}lo^{ʔ55} a^{55}la^{ʔ55}　足够的

多　包涵　多　（配音）

a^{55}lo^{ʔ55} a^{55}lam^{51}　很充足的

多　（配音）

例外现象有以下几种，其条件主要与语义有关。其一，某个词素的元音虽低于另一个词素，但在构成复合词时，其意义比另一个词素更重要，因而将这个词素放在元音比它高的词素之前。例如：

tʃa^{31} kum^{31}phʒo^{31}　　财产（景颇人认为，财产中金子是最重要的）

金　　银

tʃă^{31}then^{31} ʃă^{31}ʒun^{31}　　破坏

弄坏　弄散

其二，并列复合词的构词成分中若有一个词素是从别的语言借入的，这个借词成分大多放在本族语词素之后。如果借词成分的元音比复合词中的另一个成分（固有词词素）高，和谐规律就出现例外。例如：

lă^{31}khon^{55} khan^{33} si^{33}　　苛捐杂税　　tan^{31}tan^{31} leŋ^{55} leŋ^{55}　　一清二楚

捐税　　税（傣语）　　清楚　　亮（汉语）

mă^{31}kan^{55} a^{31}mu^{55}　　工作

专业　　工作（缅语）

其三，由文学语言词和口语词作为词素结合而成的并列复合词，一般是文学语言词（词素）在前。如果文学语言词（词素）的元音比口语词（词素）低，就违反了和谐规律，出现例外。例如：

ʃă^{31}kʒoi^{31} phuŋ^{31}tsi̱n^{33}　　水　　sin^{31} tai^{33}　mă^{31} sin^{31}　心

水（文）水（口）　　心　（文）心　（口）

有些词有两读现象，如nam^{31} lap^{31}（叶子）nam^{31} lo^{33}（配音）“叶子的总称”也可读为nam^{33} lo^{33} nam^{31} lap^{31}；phot^{55}tin^{31}（后天）phot^{55}ni^{55}（明天）“明后天”也可读为phot^{55}ni^{55}phot^{55}tin^{31}。这种现象是语音原则同语义原则“竞争”的反映。语音原则要求以元音和谐规律来构词，要求语义服从语音；而语义原则则强调语义领先，不顾语音和谐，凡语义较重要的都必须居前，从而破坏语音和谐。在一些词上，这两种原则都在起作用，于是出现“两读”现象。

三

景颇语的并列词组一般不受元音和谐规律的制约。前一个词的元音可高于后一个词，也可低于后一个词。前后词的次序比较灵活，可以相互调换。例如：

sǎ^{31}poi^{55} the^{ʔ31} lǎ^{55}khum^{51}　　桌子和椅子

桌子　和　椅子

或lǎ^{55}khum^{55} the^{ʔ31} sǎ^{31}poi^{55}　　椅子和桌子

ʃǎ^{31}pa^{31} the^{ʔ31} n^{33}kjin^{33}　　茄子和黄瓜

茄子　和　黄瓜

或n^{33} kjin^{33} the^{ʔ31} ʃǎ^{31}pa^{31}　　黄瓜和茄子

naŋ^{33} the^{ʔ31} ʃi^{33}　　你和他

你　和　他

或ʃi^{33} the^{ʔ31} naŋ^{33}　　他和你

ŋai^{33} tsa̱^{51} the^{ʔ31} ŋai^{33}khʒi^{33}　　我岳父和我女婿

我　岳父　和　我女婿

或ŋai^{33}khʒi^{33} the^{ʔ31} ŋai^{33} tsa̱^{31}　　我女婿和我岳父

因此，元音和谐是区别景颇语并列词组和并列复合词的一种标志。但是我们看到，并列复合词里的词素顺序已在一定程度上“扩散”到并列词组上。有的并列词组，虽然词的前后次序可以更换，但其中常用的一种与并列复合词里的词素顺序相同。例如：

复合词		词组
nu̱^{51} wa̱^{51}	父母	kǎ^{31}nu^{31} the^{ʔ31} kǎwa^{31}（也说kǎ^{31} wa^{31} the^{ʔ31} kǎ^{31} nu^{31}）父和母
母　父		母　和　父
tʃum^{31} mǎ^{55}tʃap^{55}	调味品	tʃum^{31} the^{ʔ31} mǎ^{55}tʃap^{55}（也说mǎ^{55} tʃap^{55} the^{ʔ31} tʃum^{31}）盐和辣子
盐　辣子		盐　和　辣子

lǎ^{31}ko^{33} lǎ^{31}ta̲^{ʔ55} 手脚 lǎ^{31}ko^{33} the^{ʔ31} lǎ^{31}ta̲^{ʔ55}（也说lǎ^{31} ta̲^{ʔ55} the^{ʔ31} lǎ^{31}ko^{33}）手和脚

脚 手 脚 和 手

不仅如此，并列复合词里的词素顺序，还"扩散"到并列复句中去。有的并列复句，两个分句的主语用什么词，也按元音和谐的规则安排先后，特别是在诗歌语言里更为明显。例如：

nu̲^{51} ko^{31} khai^{55}mu^{55} mǎ^{31}ʃa^{31} ʒe^{51}，wa̲^{51} ko^{31} tʃak^{31}mu^{55} mǎ^{31}ʃa^{31} ʒe^{51}.

母亲（助词）农 民 是 父亲（助词）工 人 是

母亲是农民，父亲是工人。

ʃoŋ^{33} e^{31} kha^{55},phaŋ^{33} e^{31} ʃa^{55}. 先有苦，才有吃（即先苦后甜）。

先（助词）苦 后（助词）吃

lǎ^{31} mun^{31} tʃiŋ^{31}khaŋ^{31} e^{31} lat^{31}，lǎ^{31}tsa̲^{33} a^{31}laŋ^{31} e^{31} mǎ^{31} jat^{31}。

一万 山岭 （助词）繁殖 一百 山岗（助词）繁衍

（牲畜）在一万个山岭上繁殖，在一百个山岗上繁衍。

此外，还应当指出，非并列结构的复合词，也不受和谐规律的制约，前后成分的元音可高可低。例如：

pje̲n^{33} li^{33} 飞机 li^{33} po^{33} 船头 ka^{31} lo^{ʔ55} 吵架

飞 船 船 头 话 多

loŋ^{31} ta̲^{ʔ55} 衣袖 man^{33} ju^{33} 镜子 ju̲p^{31} phʒaŋ^{31} 醒时

衣 手 脸 看 睡 醒

ʃan^{31} khjep^{55} 肉片 nep^{31} san^{31} 清鼻涕

肉 片 鼻涕 清

因而，元音和谐也是区别并列复合词和非并列结构复合词的一个标志。

四

综上所述，景颇语里并列结构复合词的元音和谐，是以元音的舌位高低为依据的。居后的元音要比居前的元音舌位低，或相同。这是一种"宽度"的元音和谐。它属于元音不一致的和谐（舌位高低相配），不同于阿尔泰语系元音一致的和谐（或唇状相同，或舌位前后相同）。元音和谐是景颇语并列结构复合词内构词成分搭配的依据，对构词成分的次序起着制约的作用。它又是并列结构复合词区别于非并列结构复合词和并列词组的语法形式之一。可以说，景颇语并列结构复合词内的元音和谐是一种表示构词结构关系的"形态"，这种形态在并列结构词组和并列复句上也有所"扩散"。并列复合词里的词素顺序主要受元音和谐规律的制约，语义服从语音。但元音和谐也已在一定程度上受到语义的冲击，表现为有些词违反和谐原则而出现例外。

元音和谐，是语言节奏的组成部分。节奏，是景颇语中尚未被完全认识的一个特征，它包括音节数目的搭配、声母交替、韵母押韵、元音和谐、声调配合、音节强弱结合等多种手段。节奏的存在，不仅影响整个语音系统的变化，而且还影响语义、语法的变化。弄清元音和谐的特点，有助于我们认识语言的节奏。藏缅语族有的语言（如藏语、哈尼语等），也存在元音和谐，景颇语的元音和谐同这些语言的元音和谐存在什么异同，尚有待今后进一步研究。

（原载《民族语文》1986年第5期）

景颇语词汇化分析[①]

[提要]本文归纳出景颇语词汇化的三种途径：由复合词融为单纯词或准单纯词；包含古词语素的复合词融为准单纯词；由短语融为复合词。并认为，景颇语的词汇化和语法化在有的结构中是同步完成的。

本文讨论的词汇化（lexicalization），是指句法范畴的结构演变为词法结构范畴的过程。这种现象在不同语言里都有出现，有的学者将其叙述为“从句法层面的自由组合到固定的词汇单位的演变过程。”（董秀芳，2002）其中包括成分语法化的过程。

景颇语的词汇化途径主要有以下三种：由复合词融为单纯词或准单纯词；包含古词语素的复合词融为准单纯词；由短语融为复合词。

一　由复合词融为准单纯词

有的复合词，因前一实语素虚化（有的是半虚化），而使整个词融为准单纯词。景颇语里由这一词汇化手段形成的词，数量较多，有一定的能产性。

所谓“准单纯词”，是指介于单纯词和复合词之间的双音节词，在特点上偏向于单纯词。虚化后的前一实语素，语音也发生变化，使得母语人

① 本文系为“《民族语文》创刊30周年学术研讨会”提供的论文。

已感觉不出其原义是什么，语感上把整个词看成是单纯词。加上不同语素的虚化，又存在语音形式聚合规则，即不同的读音都变为同一形式，这就更增加了语素的虚化程度，使得母语人更感觉不出其原义。过去，我曾称之为“半前缀”“半实半虚前缀”。

属于这种词汇化的有以下几类：

例1：几个语素虚化后语音形式聚合为wǎ（有不同的变调）。

ŋa^{33} “牛”弱化为wǎ^{33}：wǎ^{33} khje^{33} 黄牛　wǎ^{33} khji^{55} 牛粪
　红　粪

ŋa^{55} “鱼”弱化为wǎ^{31}：wǎ^{31} lun^{55} 逆鱼　wǎ^{31} zep^{31} 糙鱼
　上　糙

wa^{33} “牙”弱化为wǎ^{55}：wǎ^{55} tap^{55} 翘牙　wǎ^{55} thap^{55} 重牙
　翘　重

kǎ^{55} wa^{55} “竹”弱化为wǎ^{31}：wǎ^{31} po̱t^{31} 竹根　wǎ^{31} kji̱p^{31} 瘪竹
　根　瘪

khai^{55} nu^{33} “玉米”弱化为wǎ^{55}：wǎ^{55} khʒo^{ʔ55} 干玉米　wǎ^{55} loi^{51} 早玉米
　干　早

n^{31} wa^{33} “斧”弱化为wǎ^{33}：wǎ^{33} laŋ^{33} 斧把　wǎ^{33} na^{33} 斧孔
　拿　耳

例2：几个语素虚化后语音形成聚合为n（或niŋ^{31}，有不同的变调）。

mam^{33} “谷子”弱化为n：n^{55} phun^{55} 杆　n^{33} li^{33} 谷种
　树　种子

sum^{31} “铁”弱化为n：n^{31} tup^{31} 铁匠　n^{31} ʃi^{31} 刀
　打　小

ma^{31} “孩子”弱化为n：n^{31} kji^{ʔ31} 私生子　n^{31} pat^{31} 背巾
　弯　绕

例3：几个语素虚化后语音形式聚合为pǎ（有不同的变调）。

pu̠^{31}“肠”弱化为pă̠：pă̠^{31} tuŋ^{33} 粉肠 pă̠^{31} tʃat^{31} 子宫

粉 加

lă^{31} pu̠^{33}“蛇”弱化为pă̠：pă̠^{31} nen^{33} 蛇吐液 pă̠^{31} nui^{33} 蟒蛇

粘 软

例4：lam^{33}“路”语素虚化后语音形式变为mă^{31}。

mă^{31} ʃe^{55} 岔路 mă^{31} ju^{55} 下坡路

岔 下

这类“准单纯词”，由于前一语素虚化程度不一，或虚化后的读音与原读音的差异大小不一，词汇化程度存在不同的层次。虚化程度高的，更接近单纯词。对“准单纯词”，母语人一般只能辨出后一音节的意义，都当一个单纯词使用。

二　包含古词语素的复合词融为准单纯词

复合词融为准单纯词的，有一类是复合词中遗留古词语素的。景颇语有的古词（与亲属语言有同源关系，可以证明过去曾经使用过），现在不用了，但它还保留在少数复合词中。这类保留古词的复合词，由于其中作为构词语素的古词已经不单独使用了，母语人已分离不出其意义，也不知其意义是什么，就把整个词当成一个不可分离的单纯词看待。① 例如：

sum^{31} tu^{33} 铁锤 sum^{31} thiŋ^{31} 风箱

（铁）锤 （铁）房

（sum^{31}是古词，现代景颇语的“铁”用phʒi^{31}。）

ni^{33} ni^{55} 两天 ni^{33} jaʔ^{55} 两夜

（二）天 （二）夜

（ni^{33}是古词，现代景颇语的“二”用lă^{55} khoŋ^{51}。）

① 参看戴庆厦、徐悉艰：《景颇语词汇学》，中央民族学院出版社，1995年。

no^{ʔ31} kju̱^{55}　豆角　no^{ʔ31} phu^{33}　豆豉

（豆）角状　（豆）豉

（no^{ʔ31}是古词，现代景颇语的“豆”用lǎ^{55} si^{51}。）

sam^{55} pan^{51}　辫子　sam$^{55/31}$ pam^{33}　少白发

（头发）辫　（头发）蒙住

（sam^{55}是古词，现代景颇语的“头发”用kǎ^{55} ʒa^{55}。）

sin^{31} na^{ʔ55}　西方　a^{33} tʃa̱ŋ^{33}　n^{31}　na^{ʔ31} na^{ʔ31}　黑不溜秋的

（天）黑　（前缀）黑（前缀）（黑）（黑）

（na^{ʔ55}是古词，现代景颇语的“黑”用tʃa̱ŋ^{33}。）

mji^{31} ʒam^{33}　少女　pho^{ʔ55} mji^{31}　中年妇女

（女）恰好　人（女）

（mji^{31}是古词，现代景颇语的“妇女”用num^{33}。）

古词在复合词中的遗存，是复合词词汇化的一个手段。但属于这一类的词不多，能产性较低。

三　由短语合成复合词

短语有的由于使用频率高，久而久之融为一个固定的复合词，有的因语法化成为语法成分。这是词汇化的一种途径。能发生词汇化的短语，其构造成分常见的是虚词类的连词、副词，实词类的判断动词、方向名词等。主要有以下几类。

1.“是”与连词或副词合成的词

（1）ʒai^{55} tʃaŋ^{33}、ʒai^{55} jaŋ^{31}是的话

由ʒai^{55}“是”和tʃaŋ^{33}或jaŋ^{31}“的话”合成，当连词用。《景汉词典》已把它们看成一个词收入词条。例如：

ʃi^{33} n^{33} sa^{33} ai^{33} ʒai^{55} tʃaŋ^{33}，ŋai^{33} muŋ^{31} n^{33} sa^{33} n^{31} ŋai^{33}.

他 不 去 的 是的话　我 也 不 去（尾助）

他不去的话，我也不去。

（2）ʒai^{55} ti̠^{ʔ55} muŋ^{31}或ʒai^{55} ti̠m^{51}构成“但是”

前者是由ʒai^{55}“是”和ti̠^{ʔ55} muŋ^{31}“也”融合而成。后者的ti̠m^{51}是ti̠^{ʔ55} muŋ^{31}的合音。这两个词汇化的词，既可用在句中，也可用在句首。例如：

mjit^{31} ko^{31} mjit^{31} ai^{33}， ʒai^{55} ti̠m^{51} kǎ^{31} lo^{33} ko^{31} n^{55} tu^{31} ai^{33}.

想 （话助）想 （尾助），但是 做（话助）没 到（尾助）。

想是想了，但是没做到。

tʃe̠^{33} ko^{31} tʃe̠^{33} sai^{33}， ʒai^{55} ti̠^{ʔ55} muŋ^{31} no^{ʔ55} ʃǎ^{31} ku̠t^{31} ʒa^{ʔ31} ai^{33}.

懂（话助）懂（尾助），但是 还 努力 要（尾助）。

懂是懂了，但是还要努力。

ʒai^{55} ti̠m^{51} ŋai^{33} no^{ʔ55} n^{33} tʃe̠^{33} n^{31} ŋai^{33}. 但是我还不懂。

但是 我 还 不 懂 （尾助）

（3）合音的ʒeŋ^{51}“那么”

ʒeŋ^{51}由ʒai^{55}“是”和tʃaŋ^{33}或jaŋ^{31}“的话”合音而成，义为“那么”。它用在句首，作为话语关联标记。例如：

ʒeŋ^{51}，naŋ^{33} thi^{55} ju^{33} u^{ʔ31}! 那么，你数数看！

那么 你 数 看（尾助）

ʒeŋ^{51}，naŋ^{33} lam^{33} tʃe̠^{33} ai^{33} wa^{33} sa^{33} su^{ʔ31}!

那么 你 路 懂 的（语气）去（尾助）

那么，你既然懂得路就去吧！

以上三例都是由判断词ʒai^{55}“是”组成的词。这说明景颇语的ʒai^{55}“是”具有较强的词汇化能力。

2.由泛指动词与指示代词或疑问代词合成的词

景颇语有ti^{33}、ʒai^{31}、ŋa^{33}、ŋu^{55}、ʒe^{33}等五个泛指动词。所谓“泛指动词”，是指动词不表示某个具体的动作行为，而是表示一组相关的动作行为。它随句子环境而选用某一个具体的意义。当它与指示代词、疑问代词结合时，动词意义虚化，相当于后缀“地”，与前面的指示代词、疑问代词构成词汇化，共同当一个词使用，表示一个概念。在句法上，它的后面能带连词n^{31} na^{55}“之后”与动词隔离，这也证明前面的两个词已融成一个词。例如：

kǎ^{31} niŋ^{31} ʒai^{31}　怎样　ʃiŋ^{31} ʒai^{31}　那样

怎（泛动）　那（泛动）

pha^{33} ʒai^{31}　为什么　tan^{51} ʒai^{31}　这样

什么（泛动）　这（泛动）

例句：

kǎ^{31} niŋ^{31} ti^{33} n^{31} na^{55} tsi̱^{31} ʃǎ^{31} mai^{55} la^{55} n^{31} ni^{51}？　你是怎么治好的？

怎么　地　之后　治　使好　（体助）(尾助）

ʃiŋ^{31} ʒai^{31} kǎ^{31} pu^{33} pu^{33} ʒai^{31} ŋa^{31} n^{31} ŋai^{33}.　我是那样的高兴。

那样 地　高兴　（叠）地（体助）(尾助）

pha^{33} ʒai^{31} n^{33} tʃe̱^{33} n^{31} ni^{51}？　你为什么不知道？

为什么　不知道（尾助）

kǎ^{31} niŋ^{31} ʒai^{31} kǎ^{31} lo^{33} n^{31} ni^{51}？　你怎么做呢？

怎么　地　做　（尾助）

3.由ʃa^{31}“仅”与形容词构成的副词性形容词

其模式是：a^{55}+形容词+ʃa^{31}“仅”。这个模式当中，不能插入别的词。如：

a^{55} tso̱m^{51} ʃa^{31}　好好地　a^{55} pui^{51} ʃa^{31}　慢慢地

（前缀）美　仅　（前缀）慢　仅

a^{55} loi^{51} ʃa^{31}　容易地　a^{55} kǎ^{31} tʃoŋ^{31} ʃa^{31}　突然地

（前缀）易　仅　（前缀）突然　仅

例句：

an^{55} the^{33} joŋ^{31} a^{55} tso̱m^{51} ʃa^{31} ʃǎ^{31} ʒin^{55} ʃǎ^{31} ku̱t^{31} ka^{ʔ31}！

我们　都　好好地　学习　努力（尾助）

我们都好好地努力学习吧！

a^{55} pui^{51} ʃa^{31} wa^{31} u^{ʔ31} !

慢慢地　　回（尾助）

你慢慢地回去吧！

4. 体貌助词与动词构成复合动词，景颇语的体貌助词很发达，① 体貌助词用在动词的后面表示各种不同的“体”和“貌”。动词做谓语时，大多要带体貌助词。由于体貌助词常跟在动词之后，结合较紧，其中有的已与动词融为一体，词汇化为一个词。如：

tsu̱n^{33} tan^{55}　　告诉　　ʒai^{55} ŋa^{31}（ai^{33}）　　就是

说　显示貌　　是　存在体

例如：

ŋai^{33}　e^{ʔ55}　　tsu̱n^{33} tan^{55} u^{ʔ31} !　　你告诉我吧！

我　（宾助）告诉　　（尾助）

ʒai^{55} ŋa^{31} ai^{33}，khum^{31} tsu̱n^{33} u^{ʔ31} !　　就是了，别说！

就是（尾助）别　　说　（尾助）

5. 方位词与名词合成的名词

景颇语的常用的方位词有 ko̱^{ʔ55}“处”、te^{ʔ31}“处” e^{31}“处” tha^{ʔ31}“里”、khu^{33}“方（向）”等。这类词构词能力很强，使用频率很高。但它们具有虚实两重性的特点，是“两栖”类的词。在有的语境下，能单独做句子成分。② 例如：

a^{31} khjak^{31} ai^{33} ko̱^{ʔ55} bai^{55} tsu̱n^{33} tan^{55}　te^{ʔ31} !　　重要的地方你再说说！

重要　　的 处　再　说　（体助）(尾助）

ŋje^{ʔ55}　ma^{31}　sa^{33} ai^{33} khu^{33} sa^{33} ta̱m^{33} u^{ʔ31} !

我的 孩子 去　的 方向 去 找　（尾助）

你到我的孩子去的方向去找吧！

---

① 我过去称之为“助动词”，见《景颇语语法》，中央民族学院出版社，1992年。

② 参看戴庆厦:《景颇语方位词“里、处”的虚实两重性——兼论景颇语语法分析中的“跨性”原则》,《民族语文》1992年第6期。

但在有的语境下，由它参与的短语会发生词汇化，融成一个实词。例如：

ʃoŋ³³ te²³¹　　从前　　phaŋ³³ te²³¹　　以后
前　处　　　　　　　　后　　处

ʃoŋ³³ e³¹　　前面　　phaŋ³³ e³¹　　后面
前　处　　　　　　　　后　　处

n³³ tai³³ khu³³　　这方法　　tai³³ khu³³　　那方法
这　　方法　　　　　　　　那　方法

例句：

ʃoŋ³³ te²³¹ ŋai³³ tʃiŋ³¹ pho²³¹ ka³¹ n³³ tʃe̠³³ n³¹ ŋai³³.
从前　　我　景颇　　　语 不　懂（尾助）
从前，我不懂景颇语。

phaŋ³³ te²³¹ pjo̠³³ na³³ mǎ³¹ tu³³ ʃe²³¹ ʃǎ³¹ ku̠t³¹ ai³³ ʒe⁵¹.
以后　　幸福 为了　　才　努力　　的 是
是为了以后的幸福而努力的。

tai³³ khu³³ kǎ³¹ lo³³ u²³¹！　　　　你按那方法做吧！
那　方法　做　（尾助）

这些词汇化的词，有的还能受名词修饰。例如：

moi³¹ ʃoŋ³³ te²³¹　　　　从前；古时
早先 从前

6.tha²³¹ n⁵⁵ ka⁵⁵ “不仅”

由tha²³¹ “里”（方位词）和n⁵⁵ ka⁵⁵ “不仅”（傣语借词）合成。表示递进义。用在分句之间，也可用在句首。用在句首时，前面要加指示代词tai³³ “那”。例如：

lai³¹ ka̠³³ ʃǎ³¹ ʒin⁵⁵ ʒa²³¹ ai³³ tha²³¹ n⁵⁵ ka⁵⁵ khum³¹ muŋ³¹ ʃǎ³¹ kja̠ŋ³³ ʒa²³¹ ai³³.
书　　学　　要　的 不仅　　　身体　也　锻炼　　要（尾助）
不仅要学习，还要锻炼身体。

tai^{33} tha^{ʔ31} n^{55} ka^{55}，kǎ^{31} ka^{31} muŋ^{31} no^{55} ŋa^{31} ai^{33}.

那 不仅如此 另外 也 还 有（尾助）

不仅如此，另外还有。

7. 由mǎ^{31} tʃo^{31} "因为" 词汇化的连词或代词

mǎ^{31} tʃo^{31} "因为" 是个连词。由实词mǎ^{31} tʃo^{ʔ31} "归拢、撮" 语法化而成。它主要用在分句之间，前面常出现ai^{33} "的"。例如：

mǎ^{31} ʒaŋ^{33} thu^{31} ai^{33} mǎ^{31} tʃo^{31}，ŋai^{31} n^{33} sa^{33} n^{31} ŋai^{31}.

雨 下 的 因为 我 不 去（尾助）

因为下雨，我不去了。

由mǎ^{31} tʃo^{31} "因为" 与代词tai^{33} "那"、pha^{33} "什么" 词汇化的复合词，在句中可以出现在句首。如：

tai^{33} mǎ^{31} tʃo^{31} 因此 pha^{33} mǎ^{31} tʃo^{31} 为什么

那 因为 什么 原因

例如：

tai^{33} mǎ^{31} tʃo^{31} an^{55} the^{33} joŋ^{31} lai^{31} ka̱^{33} ʃǎ^{31} ʒin^{55} ʃǎ^{31} ku̱t^{31} ka^{ʔ31}！

因此 我们 都 书 学习 努力 （尾助）

因此我们都要努力学习！

pha^{33} mǎ^{31} tʃo^{31} kham^{33} tʃa^{33} ai^{33} lam^{33} sǎ^{31} ti^{31} ʒa^{ʔ31} a^{31} ni^{51}？

为什么 健康 的 身体 注意 需要（尾助）

为什么要注意身体健康？

四 景颇语词汇化的特点分析

景颇语词汇化的研究目前还处在起始阶段，有待于一步一步地深入。从上面语料的分析中，可以得出以下几个认识。

1. 景颇语的词汇化和语法化不是截然对立的。在部分结构中，词汇化是与语法化同步完成的。如上文所说的准单纯词的形成，伴随着前一语素的语法化（或称“虚化”）。语法化与词汇化是紧密相连的。没有前一语素的语法化，就不能词汇化成准单纯词。

过去把词汇化看成是语法化的反方向，是从虚实角度来说的。如果从总的特点和整个过程来说，词汇化和语法化既有对立的一面，又有交叉的一面。不能简单地说是不同方向的语法演变。

2.景颇语的词汇化手段主要有三种：一是由复合词融为准单纯词：二是包含古词语素的复合词融为准单纯词；三是由短语合成复合词。三者之中以第三种为最能产。

第一种由复合词融为准单纯词的词汇化手段，是景颇语不同于其他亲属语言的一个特点。它是复合词向单纯词演变的过渡阶段，预计还会向前发展，最终演变为单纯词

3.由词汇化手段融成的词，与原先的结构相比，除了语义发生变化外，在语法功能上也发生变化。如上面说的mǎ^{31} tʃo^{31}“因为”只能用在分句之间，而词汇化后的tai^{33} mǎ^{31} tʃo^{31}“因此”、pha^{33} mǎ^{31} tʃo^{31}“为什么”可以用在句首。

参考文献

戴庆厦、徐悉艰:《景颇语语法》，中央民族学院出版社，1992年。

戴庆厦、徐悉艰:《景颇语词汇学》，中央民族学院出版社，1995年。

戴庆厦:《景颇语方位词“里、处”的虚实两重性——兼论景颇语语法分析中的“跨性”原则》,《民族语文》1992年第6期。

董秀芳:《词汇化：汉语双音节词的衍生和发展》，四川民族出版社，2002年。

江蓝生:《跨层非短语结构“的话”的词汇化》,《中国语文》1995年第5期。

刘坚、曹广顺、吴福祥:《论诱发汉语词汇语法化的若干因素》,《中国语文》1995年第3期。

罗思明:《〈词汇化与语言演变〉简介》,《当代语言学》2008年第3期。

汪维辉:《〈词汇化:汉语双音节词的衍生和发展〉评介》,《语言科学》2006年第3期。

王灿龙:《词汇化二例——兼论词汇化和语法化的关系》,《当代语言学》2005年第3期。

吴福祥:《近年来语法化研究的进展》,《外语教学与研究》2004年第1期。

(原载《民族语文》2009年第6期。《中国人民大学书报资料中心》2009(11)转载。)

景颇语亲属称谓的语义分析

[**提要**]本文运用语义层次分析法分析景颇语亲属称谓的语义特征。全文分四部分：一、亲属称谓的义素分析。把亲属称谓的义素成分分为三个主要成分和两个次要成分。二、亲属称谓的义位网络。指出不同义位组合的特点。三、亲属称谓的语义组合。分析亲属称谓语义组合不同于其他名词的几个特点。四、亲属称谓语义场的基本特点。归纳出丰富性、封闭性、社会性等三个主要特点。

[**关键词**]景颇语　亲属称谓　语义

景颇语亲属称谓丰富多彩，语义特征错综复杂。语义是分层次的，不同的层次各有不同的特点。本文分以下几个层次对景颇语亲属称谓的语义特征进行初步分析。①

一　亲属称谓的义素分析

义素是构成语义成分的最小单位。义素是通过词义对比从理论上提取出来的、带有区别特征的语义单位，反映一群意义相关的词的共同语义特征，也可以说是语义切分的微观层次。

① 景颇语按不同支系分别使用景颇语、载瓦语、勒期语、浪速语、波拉语等多种语言，不同语言的亲属称谓不同程度地存在差别。景颇语是景颇支系使用的一种语言。

景颇语亲属称谓的数量很多，常用的约有300个左右。这些亲属称谓从结构上可分为单式和复式两种。单式是最基本的，只有26个，大多是单个语素，用于直呼和构词。① 复式是在单式的基础上构成的，由两个或两个以上的语素组成。26个单式亲属称谓的义素成分可以分割为以下几种：(1) 辈分,(+长辈,－晚辈,=平辈。++表长两辈,－－表晚两辈，其余类推。)(2) 性别 (+男,－女)。(3) 亲疏 (+血亲,－姻亲)。(4) 长幼 (+长,－幼)。(5) 呼方性别 (+男，－女)。这26个亲属称谓大多只用前三个义素成分作为区别性特征就可区别开。试看下列矩阵 (每个词只选其中最基本的一个意义。横线隔开上辈和下辈，虚线隔开上下辈中的不同辈分。)：

	辈分	性别	亲疏
wa̱^{51} 父	+	+	+
nu̱^{51} 母	+	－	+
tsa̱^{51} 岳父	+	+	－
ni̱^{33} 岳母	+	－	－
ku^{51} 公公	+	+	－
mo̱i^{33} 婆婆	+	－	－
tʃi^{33} tui^{31} 祖父	++	+	+
tʃi^{33} khai^{31} 祖母	++	－	+
tʃi^{33} 曾祖父	+++	+	+
wo̱i^{33} 曾祖母	+++	－	+
tʃi^{33} ke̱^{31} 高祖父	++++	+	+
wo̱i^{33} ke̱^{31} 高祖母	++++	－	+
ʃa^{51} 儿	－	+	+

① 有少数几个由复合词表示。如：

tʃi^{33} tui^{31} 祖父　　tʃi^{33} ke̱^{31} 高祖父
曾祖父祖母　　曾祖父曾祖母

ʃu^{13} mǎ^{31} ʃi^{31} 曾孙　　ʃu^{13} mǎ^{31} ʃa^{31} 玄孙
孙 小　　孙 儿

ʃu^{51}孙	--	+	+
ʃu^{31} mă^{31} ʃi^{31}曾孙	---	+	+
ʃu^{31} mă^{31} ʃa^{31}玄孙	----	+	+
la^{33}丈夫	=	+	−
num^{33}妻子	=	−	−
phu^{51}哥	=	+	+
na̱^{33}姐	=	−	+
na̱u^{33}弟	=	+	+
juŋ^{33}［女之］哥	=	+	+
tʃan^{33}［男之］姐	=	−	+
khau^{33}姐夫	=	+	−
ni̱ŋ^{33}［女之］嫂	=	−	−
ʒa̱t^{55}［男之］嫂	=	−	−

有少数几组词区别不开的，还可另外加上别的义素成分。主要有两种情况：一种是需要区别长幼的，可加“长幼（+长、−幼）”义素成分；另一种是要区别呼方性别的，可加“呼方性别（+男方、−女方）”义素成分。例如：

	辈分	性别	亲疏	长幼
phu^{51}哥	=	+	+	+
na̱u^{33}弟	=	+	+	−

	辈分	性别	亲疏	呼方性别
tsa̱^{51}岳父	+	+	−	+
ku^{51}公公	+	+	−	−
phu^{51}哥	=	+	+	+～−
juŋ^{33}［女之哥］	=	+	+	−
na̱^{33}姐	=	−	+	+～−
tʃan^{33}［男之］姐	=	−	+	+

{ niŋ[33]［女之］嫂 = – – –

ʒa̱t[55]［男之］嫂 = – – +

这样，我们可以从义素的功能上把亲属称谓的义素成分分为两类：一类是主要的，能把大多数亲属称谓的语义区分开，可称之为主要义素成分；另一类是次要的，只区别少数词，可称之为次要义素成分。相对地说，景颇语亲属称谓的义素特征没有其他语义特征复杂。复式亲属称谓除了以上的义素成分外，还有另外一些义素成分（见后）。

二　亲属称谓的义位网络

义位是指独立运用的语义单位，是比义素层次高的语义成分。一个多义词，其中的每个意义都是一个义位。景颇语的亲属称谓，具有多义位的特点①。不同义位聚合在一起，形成交错复杂的义位分布。除少数一些词（如丈夫、妻子以及排行称谓）只有单个义位外，大多数都是多义位的。其中少的两三个，多则一二十个。如ku[51]一词，就有下列十七个义位：（1）公公（2）公公的亲兄弟（3）公公的连襟兄弟（4）公公的同姓兄弟（5）姑父（6）姑父的亲兄弟（7）姑父的连襟兄弟（8）姑父的同姓兄弟（9）大伯子（10）大伯子的亲兄弟（11）大伯子的连襟兄弟（12）大伯子的同姓兄弟（13）〔女子的〕姐夫（14）〔女子的〕姐夫的兄长（15）〔女子的〕姐夫的连襟兄长（16）〔女子的〕姐夫的同姓兄长（17）丈人种家的男子或女子对姑爷种家上一辈男子的称呼②。景颇语的其他语义场，一个词的义位超过三个的很少，而亲属称谓的义位大多在五个以上，词的义位容量很大。因此可以说，亲属称谓是所有语义场中义位最丰富的一类词。

义位聚合形成义位网络。不同的语义场或不同的词，由于受到不同客

① 关于义位划分标准的问题，在理论上尚未解决。是以该民族的概念为标准，还是以客观事物的实际区分为标准，或是二者兼而有之，以概念为标准也会遇到困难，因为人们的概念是在变化的，而且有的具有模糊性，本文的义位划分，仅是初步的，有待进一步完善。

② 如果把“兄弟”再分为“兄”和“弟”，义位就更多了。

体的制约，义位网络的组合往往呈现出不同的特点。景颇语亲属称谓的义位网络，在组合上存在以下一些特点。

1. 在亲疏关系上，大多数词都能容纳亲疏关系不同的义位，既有血亲又有姻亲，血亲内既有宗亲又有外亲。具体说来，大多数亲属称谓至少包括以下六种义位：除基本义位外，还有五种是基本义位的嫡亲、堂房、姨表、连襟（女性为妯娌）、同姓等义位。景颇人认为，同姓皆亲戚，或近或远都有血缘关系，同姓不婚。这六种义位组成的义位网络，是亲属称谓中最基本、最常见的义位网络。如wa̠^{51}一词的义位有：（1）父亲（2）父亲的亲兄弟（3）父亲的堂兄弟（4）父亲的表兄弟（5）父亲的连襟兄弟（6）父亲的同姓兄弟。具有这些义位的亲属称谓包括不同辈分和不同性别。但长三辈以上和晚两辈以下的，义位分布就比较简单。例如（√表有此义位）：

		基本义位	嫡亲	堂房	姨表	连襟	（妯娌）	同姓
wa̠^{51}	父等	√	√	√	√	√		√
nu̠^{51}	母等	√	√	√	√		√	√
tsa̠^{51}	岳父等	√	√	√	√	√		√
ni̠^{33}	岳母等	√	√	√	√		√	√
tʃi^{33} tui^{31}	祖父等	√	√	√	√	√		√
tui^{31}	祖母等	√	√	√	√		√	√
tʃi^{33}	曾祖父等	√	√	√	√	√		√
wo̠i^{33}	曾祖母等	√	√	√	√		√	√
tʃi^{33} ke̠^{31}	高祖父等	√	×	×	×	×		×
wo̠i^{33} ke̠^{31}	高祖母等	√	×	×	×		×	×
ʃa^{51}	儿、女等	√	√	√	√	√	√	√
ʃu^{51}	孙、孙女等	√	√	√	√	√	√	√
ʃu^{31} mă^{31} ʃi^{31}	曾孙	√	×	×	×	×		×
ʃu^{31} mă^{31} ʃa^{31}	玄孙	√	×	×	×	×		×
phu^{51}	哥等	√	√	√	√	√		√

nau̠³³	弟妹等	√	√	√	√	√	√	√

除姨表外，长两辈以上和晚两辈以下的血亲称谓，宗亲和外亲也能组成义位网络。长三辈以上和晚三辈以下的，只有宗亲义位无外亲义位。宗亲与外亲同称，是母权制与父权制两种亲属观念混合的产物，反映母权制特征在父权制上留有痕迹。例如：

	宗亲	外亲
$tʃi^{33}$ tui^{31}	祖父	外祖父
tui^{31}	祖母	外祖母
$tʃi^{33}$	曾祖父	外曾祖父
$wo̠i^{33}$	曾祖母	外曾祖母
$tʃi^{33}$ $ke̠^{31}$	高祖父	×
$wo̠i^{33}$ $ke̠^{31}$	高祖母	×
$ʃu^{51}$	孙、孙女	外孙、外孙女
$ʃu^{31}$ $mǎ^{31}$ $ʃi^{31}$	曾孙	×
$ʃu^{31}$ $mǎ^{31}$ $ʃa^{31}$	玄孙	×

以丈人种和姑爷种的姻亲关系组织义位网络，是景颇语亲属称谓的一个重要特点。景颇族实行单向姑舅表婚，即姑家男子有优先娶舅家女子的权利，而舅家的男子则不能反过来娶姑家的女子。丈人种（舅家女子家族）与姑爷种（姑家男子家族）构成婚姻关系的两大集团。这种婚配关系使得某些词既有血亲义位又有姻亲义位。例如：

	血亲	姻亲
$tsa̠^{51}$	舅父	岳父，[女子称] 丈人种家的同辈男子
$ni̠^{33}$	舅母	岳母，[男子称] 表嫂，表弟媳
$mo̠i^{33}$	姑母	婆婆
$khʒi^{33}$	外甥	女婿

在严格遵守单向姑舅表婚的地区，这两种义位的分立实际上是不严格的，因为亲属关系是血亲加上姻亲。而到近代，一些地方的婚姻关系已不

受单向舅表婚的限制，血亲关系与姻亲关系在实际上已分离，但反映这种婚姻关系的义位网络仍保存下来，使得语义与客观实际出现不一致现象，应该说，他们使用这些词时，血亲义位与姻亲义位是截然分立的。

2. 在性别上，亲属称谓的义位网络有两种类型：一是单性型，或都是男性义位，或都是女性义位；二是双性型，既有男性义位，又有女性义位（以其中一个为主）。后者多出现在下一辈或幼辈的词上。例如：

		男性	女性
phu⁵¹	哥等	√	×
na̱³³	姐等	×	√
wa̱	父等	√	×
nu̱⁵¹	母等	×	√
tʃi³³ tui³¹	祖父等	√	×
tui³¹	祖母等	×	√
tʃi³³	曾祖父等	√	×
wo̱i³³	曾祖母等	×	√
na̱u³³	弟、妹等	√	√
ʃa⁵¹	子、女等	√	√
fu⁵¹	孙、孙女等	√	√
nam³¹	内侄、内侄女等	√	√
khʒi³³	外甥、外甥女等	√	√

对下辈和幼辈的排行称谓①，也按性别分为两套。大多是单性的；女性词不表男性，男性词不表女性。但有少数词兼指双性，其兼指特点是男性义位比女性义位大一位。如：kha⁵⁵“男老七、女老六”、kjiŋ⁵⁵“男老十、女老九”。但也有个别大几位的，如ʒoi³³“男老八、女老三”，整套排行称谓如下：

① 排行称谓原为亲属称谓，但许多人又把它当名字使用。

	老大	老二	老三	老四	老五	老六
男性	kam^{33}	no^{33}	la^{ʔ31}	tu̱^{55}	ta̱ŋ^{33}	jo^{33}
女性	ko̱^{ʔ55}	lu^{ʔ55}	ʒoi^{33}	thu^{ʔ31}	ka̱i^{83}	kha^{55}
	老七	老八	老九	老十		
男性	kha^{55}	ʒoi^{33}	jun^{31}	kji̱ŋ^{33}		
女性	pʒi̱^{33}	jun^{31}	kji̱ŋ^{33}			

表示“哥、姐”的序次称谓，也有几个是兼指两性的。例如：

男性	pa^{31} 大哥	pok^{55} 二哥	toi^{55} / tʃi^{31} 三哥	lum^{31} 四哥
	kun^{55} / thaŋ^{33} 五哥	thuŋ^{33} 六哥	tim^{31} 七哥	
女性	ʃoŋ^{33} 大姐	pok^{55} 二姐	tʃi^{31} 三姐	lum^{31} 四姐
	thaŋ^{33} 五姐	to̱m^{33} 六姐	tim^{31} 七姐	

在辈分上，大多数词的不同义位均属同辈，但也有少数词的义位分别指上下两个不同的辈分。例如：

	下一辈	同辈
nam^{33}	内侄、儿媳	弟媳、小姨子
khʒi^{33}	女婿、外甥	丈人家的男子对姑爷种家同辈女子的称呼
	上一辈	同辈
ku^{51}	公公、姑父	大伯子，姐夫
tsa̱^{51}	岳父、舅父	［女子称］丈人种家的同辈男子
ni̱^{33}	岳母、舅母	表嫂，表弟媳

还有一种是有辈分的义位与不分辈分的义位组合在一起。不分辈分的义位限于姻亲关系较远的亲戚。例如：

	有辈分	不分辈分
tʃi^{33}	曾祖父，外曾祖父	对丈人种家的男子不分辈分的称呼
ʃu^{55}	孙子，孙女	对姑爷种家的男子不分辈分的称呼

义位的多少因辈分的不同而异。高三辈、低三辈的义位较多；过了三辈，义位较少。如tʃi[33] ke̠[31]“高祖父”、ʃu[31] mǎ[31] ʃi[31]“曾孙”ʃu[31] mǎ[31] ʃa[31]“玄孙”等只有一个义位。

4.在区分长幼上，同一辈分的称谓，大多数词区分长幼比较严格，为phu[51]“兄”、na̠u[33]“弟”。但也有不分长幼的，如khau[33]［男子的］姐夫、［男子的］妹夫、［男子的］姑表哥、［男子的］姑表弟，tʃan[33]［男子的］姐、［男子的］妹，juŋ[33]［女子的］兄、［女子的］弟。非同辈的称谓，大都是长幼义位共在一个词上。如tsa̠[51]“岳父、岳父的哥哥、岳父的弟弟”、khʒi[33]“女婿、女婿的哥哥、女婿的弟弟”、tʃi[33] tui[31]“祖父、祖父的哥哥、祖父的弟弟”等。

5.从称呼的方向上看，大多数词的义位是单向的，即仅限于一方对另一方的称呼，而不能倒过来使用。但也有少数词的义位是双向的，双方都可使用。这类词仅限于平辈的亲属称谓。例如：

ʒat[55]　　［男子的］嫂子/小叔子，［女子的］妹夫/小姨子

khau[33]　　［男子的］姐夫/小舅子

三　亲属称谓的语义组合

景颇语的名词（当语素使用时），大多具有较强的构词能力，可以与别的名词或形容词、动词等语素构成合成词，还能与一些前加成分构成派生词。但亲属称谓有所不同，不仅构词能力弱，而且在语素的组合上具有一些不同于其他名词的特点。主要是：

1.前加成分能与亲属称谓词根结合的只有一个kǎ[31]。无前加成分的表示直称（指当面称呼），有前加成分的表示泛称（非当面称呼）。直称变为泛称后，有的音节语音发生变化，主要是紧元音变为松元音，高降调变为低降调。其他名词无此组合式。例如：

	直称	泛称
母	nu̱^{51}	kǎ^{31} nu^{31}
父	wa̱^{51}	kǎ^{31} wa^{31}
哥	phu^{51}	kǎ^{31} phu^{31}
弟	na̱u^{33}	kǎ^{31} nau^{33}
儿	ʃa^{51}	kǎ^{31} ʃa^{31}
孙	ʃu^{51}	kǎ^{31} ʃu^{31}

此外，一部分直称的亲属称谓在使用时还能前加a^{55}，构成双音节。a^{55}除了起配音作用外，还能增加一些“亲切、亲热”的附加意义，似前加成分又不典型。如：a^{55} nu̱^{51}“妈妈”、a^{55} wa̱^{51}“爸爸”、a^{55} ʃa^{51}“孩子”等。

2.亲属称谓词根除长四辈和晚三辈外，大多能与第一、二人称单双数，第三人称双数、前加成分kǎ^{31}（既表泛称又表第三人称）构成合成词或派生词，表示亲属称谓属于某一人称。与之结合的人称代词使用不定格，不用领格。其中第二人称单数人称代词naŋ^{33}“你”与亲属称谓结合后音变为n^{55}或niŋ^{55}（声调随后一音节而变化）。其他名词无此特点，与人称代词结合时只能构成词组（人称代词为单数时必须使用领格形式，为复数时必须加结构助词a^{ʔ31}“的”），不能构成合成词。试看下列两组对比的词：

合成词		词组	
ŋai^{33} nu^{31}	我母亲	ŋje^{ʔ55} lai^{31} ka̱^{33}	我的书
我 母亲		我的 书	
n^{55} nu^{51}	你母亲	na^{ʔ55} lai^{31} ka̱^{33}	你的书
你 母亲		你的 书	
kǎ^{31} nu^{31}	他母亲	ʃi^{ʔ55} lai^{31} ka̱^{33}	他的书
（前加）母亲		他的 书	

与双数人称代词结合时，虽也表示领属，但所指的亲属已由单个扩至两个，即出现语义扩大现象。亲属称谓的意义若是同辈，加人称代词后表示两个同辈的亲属称谓；若是上辈或下辈，则表示两个不同辈分的亲属称

谓。人称代词是第一人称的，指说话者与词根所指的亲属；加第二、第三人称的，指第二、第三人称与词根所指的亲属。例如：

	an⁵⁵我俩	nan⁵⁵你俩	ʃan⁵⁵他俩
phu⁵¹	哥	an⁵⁵ phu⁵¹	我们哥弟俩
		nan⁵⁵ phu⁵¹	你们哥弟俩
		ʃan⁵⁵ phu⁵¹	他们哥弟俩
nu⁵¹	母	an⁵⁵ nu⁵¹	我们母子俩
		nan⁵⁵ nu⁵¹	你们母子俩
		ʃan⁵⁵ nu⁵¹	他们母子俩
tsa̱⁵¹	岳父	an⁵⁵ tsa̱⁵¹	我们岳父女婿俩
		nan⁵⁵ tsa̱⁵¹	你们岳父女婿俩
		ʃan⁵⁵ tsa̱⁵¹	他们岳父女婿俩

其他名词加双数人称代词时，必须加结构助词a²³¹，不出现语义扩大。例如：

an⁵⁵ a²³¹ lai³¹ ka̱³³　　我俩的书
我俩的 书

nan⁵⁵ a²³¹ lai³¹ ka̱³³　　你俩的书
你俩的　书

ʃan⁵⁵ a²³¹ lai³¹ ka̱³³　　他俩的书
他俩的 书

3.两个亲属称谓可以并列组成合成词。合成词的意义是两个词的意义的总和，有的是相加关系，有的是泛指诸如此类。词的排列先后受元音和谐律的制约。元音和谐律的主要规则是：后一音节的元音舌位必须比前一音节的元音舌位低（如果是四个音节，和谐的是第二、第四音节）。例如：

nu̱⁵¹ wa̱⁵¹　　父母　　phu³¹ nau³³　　兄弟
母 父　　　　　　兄　弟

kǎ31 ni33 kǎ31 tsa̱33　　岳父母　　kǎ31 tʃi33 kǎ31 woi33　　曾祖父母

岳母　　岳父　　　　　　曾祖父　曾祖母

a33 tʃi33 a33 woi33　　长辈　　a33 tʃi33 a55 wa51　　长辈男子

曾祖父祖母　　　　　　曾祖父父

亲属称谓大多数是相互组成并列合成词或四音格词，而且其中多数是同辈的词组合在一起的。这种并列结构，还能插入单双数人称代词组成四音格结构。例如：

n55 ʃu51 n55 ʃa51　　你子孙

你 孙 你 儿

nan55 phu51 nan55 na̱u33　　你们兄弟俩

你俩 兄　　你俩 弟

4. 有少数表示上辈女性的亲属称谓，可加num33“女”，在语义上起强调作用，还可加la33“男性”，构成男性词（即男性词由女性词根构成）①。例如：

ke̱31 num33　　曾祖母　　ke̱31 la33　　曾祖父

曾祖母女　　　　曾祖母男

tui31 num33　　祖母　　tui31 la33　　祖父

祖母女　　　　祖母男

khai31 num33　　祖母　　khai31 la33　　祖父

祖母 女　　　　祖母 男

nu̱51 num33　　母亲

母 女

5. 表示“哥、姐”的排行称谓可与其他亲属称谓组成合成词，表示亲属称谓有长幼区别。例如：

wa̱51 pa31　　大伯父　　nu̱51 pa31　　大伯母

wa̱51 pok55　　二伯父　　nu̱51 pok55　　二伯母

① 这种构词现象告诉我们：这类词中的女性词早于男性词。

wa̱^{51} toi^{55}　三伯父　nu̱^{51} toi^{55}　三伯母

wa̱^{51} lum^{31}　四伯父　nu̱^{51} lum^{31}　四伯母

wa̱^{51} thaŋ^{33}　五伯父　nu̱^{51} thaŋ^{33}　五伯母

wa̱^{51} thaŋ^{33}　六伯父　nu̱^{51} thuŋ^{33}　六伯母

6.某些表示姻亲的亲属称谓，可以与表示先后次序的ʃoŋ^{33}“前”、phaŋ^{33}“后”结合，表示姻亲关系的先后。例如：

ʃoŋ^{33} kǎ^{31} nu^{31}　前母　phaŋ^{33} kǎ^{31} mu^{31}　后母

ʃoŋ^{33} kǎ^{31} wa^{31}　前父　phaŋ^{33} kǎ^{31} wa^{31}　后父

ʃoŋ^{33} la^{33}　前夫　phaŋ^{33} la^{33}　后夫

ʃoŋ^{33} num^{33}　前妻　phaŋ^{33} num^{33}　后妻

四　亲属称谓语义场的基本特点

从以上分析可以看到，在景颇语的语义体系中，亲属称谓语义范围构成了一个独立的语义场。这个语义场与别的语义场相比，具有以下几个明显不同的特点。

1.丰富性：景颇语亲属称谓有丰富的语义范畴，可以分为辈分、长幼、亲疏、性别、场合（直称、泛称）、语气（一般称呼、尊称、雅称）等不同类别。不同的语义范畴，有的用不同的词表示（如辈分），有的用语法手段表示（如直称、泛称），有的用构词手段表示（如尊称等）①。语义在义素、义位等不同层次上存在不同的特点，一般看来，义素的特征比义位简单。语义范畴的对立，既有二分的，又有多分的，如辈分可分为平辈和非平辈两类，长辈和晚辈中又各分为四级；人称分为第一人称、第二人称、第三人称三类。

① 如：词根加上“大”义，表示尊称，如ju̱^{ʔ31}（岳父）+tuŋ^{33}（大）=岳父（尊称）。词根加上配音音节构成四音格词表示尊称，如kǎ^{31} juŋ^{33}（女子的兄弟）+kǎ^{31} tʃa^{31}（配音音节）=女子的兄弟（尊称）。词根加上配音音节构成四音格词表示总称，如tǎ^{31} mi^{31}（配音音节）+tǎ^{31} ma̱^{ʔ55}（女婿）=女婿（总称）。词根加上wa^{33}表雅称，如tǎ^{31} ma^{ʔ55}（女婿）+wa^{33}（者）=丈夫（雅称）。

2.封闭性：反映在词汇的产生与增减上，景颇语其他类别的名词，都数量不等地从外族语言里（主要是汉语、傣语、缅语）吸收一些词汇来丰富自己，而亲属称谓则不同，都是本语固有词，尚未发现有外来借词。这就是说，景颇语亲属称谓的语义，不大受外族语言的影响，具有排外的封闭特点。其二，在语义内容上，亲属称谓的义位成分，大都局限于亲属称谓意义本身，与其他类别的意义不出现交叉。少数几个例外是后起的词。如ʃoŋ^{33}“姐”，又有“先”义。经分析“先”是本义，“姐”是后起的引申义。当“姐”用时无构词能力（如不能加kǎ^{31}构成泛称）。而且表示“姐”义还有一个na̱^{33}，是比较古老的。① 其三，表现在构词能力上，亲属称谓与其他语义结合的能力弱，能与其结合的词素不多。

3.社会性：亲属称谓语义场受社会观念（主要是婚姻家庭观念）的制约比任何一个语义场都更直接、更强烈。景颇族关于婚姻家庭的种种观念在亲属称谓语义场中都得以广泛反映。义位的分合、义位的联系以及语义场的词汇分布等，都直接受婚姻家庭观念的制约。由于亲属称谓的变化往往落后于婚姻家庭制度的演变，因而历史上曾经存在过的婚姻家庭制度往往会在现行的亲属称谓中留有遗迹，这就使不同的婚姻家庭特点共存于一个语义场。如“母”与“姨母”同称nu̱^{51}，是母系制的特点，“父”与“伯父、叔父”同称wa̱^{51}，是父系制的特点，“丈夫”与“男子”同称la^{33}，“妻子”与“女人”同称num^{33}，是血缘婚的遗迹。所以，研究亲属称谓语义必须更紧密地联系社会特点。

［后记］本文的研究成果有许多是与岳相昆、肖家成、徐悉艰编纂《景汉词典》中共同取得的。在写这篇论文的过程中，又参考了肖家成的《景颇族的亲属称谓与婚姻制度》一文（载《民族学研究》第五辑）；得到一些帮助。

（原载《民族语文》1991年第1期）

① 又如tuŋ^{33}“大伯母、大”、tim^{31}“老幺、结尾”、a^{31} lat^{31}“长子、最早的”，各个词的前一意义豆油后一意义引申而来。

景颇语的实词虚化

［提要］本文主要揭示景颇语实词虚化的各种表现，并在此基础上对实词虚化的特点、原因进行理论上的探讨。文章认为引起实词虚化的因素有多种，但主要是为了扩大语言表达功能，调整表达词汇意义和语法意义的比例。还具体分析了由于实词虚化引起语法结构变化的种种表现。

［关键词］景颇语　实词　虚化

景颇语有实词虚化现象，这在汉藏语的许多语言中都能见到。实词虚化是语法、语义演变的一种方式，它对改变语言结构特点起着很大的作用。研究语言的演变，不能不研究实词虚化。因为实词虚化不仅改变实词的意义，而且有些还改变其语音形式。因而如果不弄清实词虚化的特点，就不可能确定其原先的面貌是什么。就语言历史比较来说，拿已改变的意义和形式来比较是不可能得出科学结论的。西方有些学者重视语法化（grammaticalization）的研究，其原因也是如此。

这里需要说明一点的是：西方学者提出的“语法化”或我国学者提出的“词汇语法化”，其概念与这里所说的“虚化”不完全相同。语法化，主要是指非语法成分转为语法成分；而虚化（bleaching），既有语法化内容，又有非语法化内容。景颇语的实词虚化，既有实词变化为表示语法意义的虚词或前缀、后缀，又有实词虚化为半实半虚语素，或无意义音节。

研究景颇语这类现象，似用“虚化”这一概念更好。①

景颇语的实词虚化，出现在不同类别的词上，而且虚化的程度也很不一致，形成不同的层次。不同层次的虚化现象，构成一个“虚化链”（bleaching chain）。研究景颇语实词虚化，若能揭示虚化链的层次，就能更好地认识其特点。景颇语的实词虚化，到目前发现的有以下一些：

一　名词在复合词中虚化

复合词中发生虚化的词素，只出现在前一音节上。实语素虚化后，有的成为半实半虚语素，有的成为无意义音节。这些发生虚化的名词，不仅语义虚化，语音形式也发生变化，因而使用该语言的人对其中的多数已难以辨认出其原义。语音形式的变化，有的是音节简化，有的是元音弱化。有的是音节转化。语音的变化，促进和巩固了语义的虚化。举例如下：

1.音节简化：主要是含有鼻辅音或鼻韵尾的音节简化为辅音切主音节 n（有 m、ŋ 变体）。例如：

mam^{33} 谷→n

n^{55} si^{51}	旧谷	n^{55} loi^{51}	早稻
谷 旧		谷 早	
n^{33} li^{33}	谷种	n^{33} nan^{33}	新谷
谷 种		谷 新	

ma^{31} 孩子→n

n^{31} kji^{ʔ31}	私生子	n^{31} pʒi^{33}	老七（女）
孩 弯		孩 老七	

① 刘坚等先生在“论诱发汉语词汇语法化的若干因素”一文（载《中国语文》1995年第3期）中说：“通常是某个实词或因句位置、组合功能的变化而造成词义演变或因词义的变化而引起句法位置、组合功能的改变，最终使之失去原来的词汇意义，在语句中只具有某种语法意义，变成了虚词。这个过程可以称之为‘语法化’。”

n^{31} pat^{31}　背巾　n^{31} no^{33}　老二（男）
孩 绕　孩 老二

ʒoŋ^{31} 虎→n

n^{31} pa^{31}　虎　n^{31} tʃat^{31}　产小虎的窝
虎 大　虎 窝

ʒuŋ^{31} 头→n

n^{31} khoʔ^{55}　包头巾　n^{31} khum^{55}　枕头
头 包　头 枕

2.元音弱化：不同的元音都弱化为ă。例如：

wa^{33} 牙→wă

wă^{33} kji^{55}　牙床　wă^{33} ka̠m^{33}　臼牙
牙 龇　牙 臼

wă^{55} ʒum^{51}　牙掉光的人　wă^{55} ʒoŋ^{51}　翘牙
牙 掉光　牙 耸立状

pu̠^{33} 肠→pă̠

pă̠^{31} tuŋ^{31}　粉肠　pă̠^{31} tʃat^{31}　子宫
肠 粉　肠 加

pă̠^{31} ʒam^{31}　理［肠］　pă̠^{33} saŋ^{33}　食管
肠 理　肠 擦

ka̠^{55} wa^{55} 竹→wă

wă^{31} tʃe̠n^{33}　竹片　wă^{31} that^{31}　厚竹
竹 片　竹 厚

wă^{31} ma̠ŋ^{33}　紫竹　wă^{31} kjip^{55}　瘪竹
竹 紫　竹 瘪

有的元音弱化后，声母也发生变化。如：ŋa^{33}“牛”、ŋa^{55}“鱼”转化为wă。例如：

ŋa^{33} 牛→wă

wǎ³³ khje³³	黄牛	wǎ³³ noŋ³³	牛群
牛 红		牛 群	
wǎ⁵⁵ la⁵¹	公水牛	wǎ⁵⁵ tat⁵⁵	牧场
牛 公		牛 放	

ŋa⁵⁵ 鱼→wǎ

wǎ³¹ man⁵⁵	鲨鱼	wǎ³¹ tsa̱ŋ³³	细鳞鱼
鱼 灵		鱼 轻	
wǎ³¹ ʃu³¹	小鲸鱼	wǎ³³ khje³³	黄鱼
鱼 孙		鱼 红	

3.音节转化：由一个音节转为在发音上与其差别较大的音节。例如：

lam³³ 路→mǎ

mǎ³¹ ʃe⁵⁵	岔路	mǎ³¹ sun⁵⁵	小路
路 岔		路 小	
mǎ³¹ juʔ⁵⁵	下坡路	mǎ³¹ lun⁵⁵	上坡路
路 下		路 上	

khai⁵⁵ nu³³ 玉米→wǎ

wǎ³³ phʒa³³	玉米地	wǎ⁵⁵ khʒoʔ⁵⁵	干玉米
玉米地		玉米干	
wǎ³³ po̱³³	玉米核	wǎ⁵⁵ phjiʔ⁵⁵	玉米皮①
玉米核		玉米皮	

二　名词虚化为量词

有些名词可以转化为量词，当量词用。当量词用时意义在某种程度上虚化，表示事物的量。由于量词是表示事物的量，其本身已不含名词的实在意义，而在一定程度上含有语法意义。例如：

① 此段详见戴庆厦《景颇语单纯词在构词中的变异》，载《民族语文》1995年第4期。

n^{31} tsi̱n^{33} kom^{33} mi^{33}　　一杯水（kom^{33}的名词义为“杯子”）

水　杯　一

ʃat^{31} n^{31} kup^{31} mi^{33}　　一口饭（n^{31} kup^{31}的名词义为“嘴”）

饭　口　一

mǎ^{55} lut^{55} sum^{33} phja^{33} mi^{33}　　一晒蒂烟丝（sum^{33} phja^{33}的名词义为“晒蒂”）

烟丝　晒蒂　一

u^{31} khum^{31} mi^{33}　　一只鸡（khum^{31}的名词义为“身体”）

鸡　只　一

mam^{33} ʃiŋ^{31} kja̱ŋ^{55} mi^{33}　　一穗谷子（ʃiŋ^{31} kja̱ŋ^{55}的名词义为“穗子”）

谷子　穗　一

no^{ʔ31} lep^{55} tu̱m^{33} tu̱m^{33} mi^{33}　　一粒豆籽（tu̱m^{33}的名词义为“核、籽”）

豆籽　粒　一

mai^{31} sau^{31} lap^{31} mi^{33}　　一张纸（lap^{31}的名词义为“叶子”）

纸　张　一

名词虚化为量词，语音形式不变，只是在句中的语序有所变化，能与数词结合成数量结构。

三　人称代词虚化为句尾词

句尾词是位于句子末尾表示语法意义的虚词。它表示的语法意义有：主语或宾语的人称、数，句子的语气，谓语的方向。句尾词中有些词是由人称代词虚化而成的。能虚化的人称代词，只限于第一、第二人称单数。虚化的句尾词，只取人称代词的声母，与表示语气的词根合成一个音节。

人称代词		句尾词	
ŋai^{33}	我	n^{31} ŋai^{33}	表示主语是第一人称单数，叙述式。
naŋ^{33}	你	n^{31} tai^{33}	表示主语是第二人称单数，叙述式。
		n^{31} ni^{51}	表示主语是第二人称单数，疑问式。

例句：

ŋai^{33} n^{33} sa^{33} n^{31} ŋai^{33}. 我不去。

我 不 去（句尾）

naŋ^{33} kʒai^{31} tʃe̠^{33} kǎ^{31} lo^{33} ŋa^{31} n^{31} tai^{33}. 你很会做。

你 很 会 做 （助动）（句尾）

naŋ^{33} n^{33} sa^{33} n^{31} ni^{51}？ 你不去吗？

你 不 去（句尾）

第三人称单数的人称代词是khji^{33}（或ʃi^{33}），叙述式句尾词用ai^{33}，疑问式句尾词用a^{31} ni^{51}，似无同源关系。

四　动词虚化为句尾词

有少数几个动词能虚化为句尾词。这种句尾词除表示句子的人称、数、语气外，还表示动作行为的方向。虚化而成的句尾词，只取动词的声母，与表示语气的词根合成一个音节。例如：

动词		句尾词
sa^{33}去	su^{ʔ31}	表示主语是第二人称单数，命令式，去方向。
	sit^{31}	表示主语是第二人称单数，命令式，敦促语气，去方向。
ʒa^{ʔ31}要	ʒit^{31}	表示主语是第二人称单数，命令式，来方向。
la^{31}等	la^{ʔ31}	表示主语是第三人称单数，叙述式，动作行为先于说话者。

例句：

naŋ^{33} khum^{31} sa^{33} su^{ʔ31}！ 你别去！

你 别 去（句尾）

naŋ^{33} lau^{33} sa^{33} mǎ^{33} ʒi^{33} la^{55} sit^{31}！ 你快去买来！

你 快 去 买 来（句尾）

naŋ^{33} la^{55} wa^{31} ʒit^{3}！ 你拿来吧！

你 拿来（句尾）

naŋ^{33} no^{ʔ55} ŋa^{31} ta^{55} la^{ʔ31}！ 你还在吧！

你 还 在 （助动）（句尾）

五 动词虚化为助动词

景颇语的助动词用在动词（包括兼有动词性质的形容词）的后面表示动作行为的势态、性质、能愿等，对动词起辅助作用。助动词大多是由动词转来的，虽也属于实词范畴，但在意义上与动词相比已有一定程度的虚化。在用法上，它不能单独作谓语，总是放在动词的后面和动词一起组成谓语。如khʒat^{31}一词，当动词用时是“落”义，意义很实在，而作助动词用时，则表示动作行为“从上而下”，不如前者实在。例如：

phun^{55} joŋ^{33} khʒat^{31} wa^{31} ʒa^{ʔ31} ai^{33}. 木头淌下来了。

木头 淌 （助动）（助动）（句尾）

ʃi^{33} phaŋ^{33} khʒat^{31} sai^{33}. 他落后了。

他 落 后 （句尾）

wa^{31}当动词用时是“回”义，意义很实在，而当助动词用时，则表示动作行为正在逐渐进行中，或性质状态正在变化中。例如：

khai^{55} nu^{33} tu̠^{33} wa^{31} ʒa^{31} ai^{33}. 玉米长出来了。

玉 米 长（助动）（句尾）

mă^{31} ʒaŋ^{33} thu^{ʔ31} wa^{31} ʒa^{ʔ31} ai^{33}. 下雨了。

雨 下 （助动）（句尾）

ŋa^{31}当动词用时是“在、有”义，而当助动词用时表示动作行为正在进行或正存在着。例如：

naŋ^{33} pha^{33} kă^{31} lo^{33} ŋa^{31} n^{31} ni^{51}？ 你在做什么？

你 什么 做 （助动）（句尾）

ʃi^{33} kʒai^{31} ʃă^{31} ku̱t^{31} ŋa^{31} ai^{33}. 他很努力。

他 很 努力 （助动）（句尾）

景颇语助动词表示的意义和作用主要有以下几种：表示动作行为的势态；表示动作行为所处的过程；表示动作行为的结果；表示动作行为的某种属性；表示说话者对动作行为所持的态度等。

六 一般动词虚化为泛指动词

景颇语有ʒai^{31}、ti^{33}、ŋu^{55}、ʒe^{33}、ʒai^{31}五个泛指动词。这五个词来自动词，是动词虚化而成的。泛指动词在意义上、用法上都有一些不同于一般动词的特点。在意义上，泛指动词所表达的意义比较抽象并具有泛指的特点、概括性的特点，不固定指某个意义，而能随不同的语境分别指明各种不同的动词意义。例如：ʒai^{31}原为“做”义，虚化为泛指动词后，在不同的语境中有“做、拿、写、睡、唱”“等不同的意义。当它受状态词修饰时，其语义更为虚化，像个状态词的后缀，谓语的主要意义在状态词上。例如：

pă̱^{33} lo̱ŋ^{33} khje^{33} khje^{33} ʒai^{31} wa^{31} sai^{33}. 衣服变红了。

衣 服 红 红 （泛）（助动）（句尾）

la^{31} son^{33} a^{31} pʒep^{55} a^{31} pʒep^{55} ti^{33} u^{ʔ31}！ 你把大蒜拍一拍！

大蒜 拍打状 （泛）（句尾）

泛指动词在用法上有一些不同于一般动词的特点。主要有：

1.泛指动词能受状态词修饰，而一般动词不能。例如：

sum^{33} nuŋ^{33} ʃiŋ^{33} ti^{33} ʒe^{33} ai^{33} mă^{31} ʃa^{31} ʒe^{51}. 是个慈祥的人。

慈祥状 （泛）的 人 是

mă^{31} tsu̱t^{55} mă^{31} tsa̱t^{55} ŋa^{33} ai^{33}. 感到拥挤。

拥挤状 （泛）（句尾）

2.泛指动词能受指示代词“这样、那样”的限制，而一般动词不能。例如：

niŋ⁵¹ ti³³ paŋ³³ u²³¹！　　你就这样放吧！

这样（泛）放　（句尾）

ʃiŋ³¹ ʒai³¹ khum³¹ tʃe̱²⁵⁵ u²³¹！　　你不要那样锄！

那样（泛）勿　锄　（句尾）

3.泛指动词没有自动态和使动态的区别，而一般动词有。

4.泛指动词不能重叠，而一般动词能。

七　古语素在复合词中虚化

景颇语有些复合词保存了一些过去曾经使用过的词；而这些词后来已不单独使用，作为古语素在复合词中保存了下来。这些古语素的语义在复合词中大多已虚化，使用这种语言的人已不能明晰地分出其意义，存在不同层次的模糊度。例如：

虚化的语素no²³¹"豆"，单用时是lǎ⁵⁵ si⁵¹

no²³¹ tʃa̱ŋ³³黑豆　　no²³¹ phu³³豆豉

豆　黑　　豆　豉

虚化的语素na²⁵⁵"黑"，单用时是tʃa̱ŋ³³

sin³¹ na²⁵⁵西方　　a³³ tʃa̱ŋ³³ n³¹ na²³¹ na²³¹乌黑乌黑的

天　黑　　黑　黑　黑

虚化的语素pho²³¹"叶"，单用时是lap³¹

pho²³¹ tuŋ³³　　大片叶子的上部

叶　主

pho²³¹ kup³¹　　重叠用的两张叶子

叶　双

虚化的语素mji³¹"火"，单用时是wan³¹

mji³¹ phʒap³¹ mji³¹ loŋ³³ khu³³　　枪眼

火　闪　火　通洞状孔

有的古语素的语音形式还出现简化，这类语素的语义虚化程度较高。如虚化的语素sum³¹“铁”简化为n³¹，单独用时是phʒi³¹

n³¹ tup³¹　　秃刀　　　　n³¹ ʃi³¹　　小刀

刀 秃　　　　　　　　　铁 小

从以上实词虚化的各种现象中，可以理出以下一些规律和认识：

1.从词类上看，实词能虚化的，只有名词、动词、代词三类。最多的是名词，其次是动词、代词。其他实词尚未发现虚化的。名词虚化的，主要出现在复合词中，其位置多在前一语素上。人称代词虚化的，只限于第一、第二人称单数，第三人称及第一、第二人称复数未见有虚化的。动词虚化的，大量的是虚化为助动词，此外还有虚化为句尾词、助动词的。

2.从语义上看，实词虚化的程度大小不一。大致有以下几个层次：（1）虚化程度最高的，是人称代词、动词，虚化为句尾词。句尾词是表示语法意义的虚词，与实词在语法特点和语义特点上截然不同。（2）名词在复合词中虚化，由原来的实语素虚化为虚语素。但其中又存在不同的层次，有的虚化程度较高，说话人已感觉不出其原义，而有些还能隐约地感觉出其原义是什么。（3）动词虚化为泛指动词。泛指动词在有状态词修饰的情况下，动词意义很虚，其动词意义已向状态词上转移；泛指动词单独使用时，动词意义相对较实。（4）动词虚化为助动词，名词虚化为量词。助动词和量词都有实词意义，但不如名词、动词实在，并包含一定程度的语法意义。

3.引起实词虚化的因素有多种。能看到的主要有：（1）为了扩大语法成分。一种语言，表示词汇意义的成分和表示语法意义的成分是成比例的，而且在历史演变过程中不断地在调整这种比例。实词虚化，是扩大语法成分的需要，也是扩大语法成分的一种手段。景颇语的一部分实词出现虚化，增强了某些语法的表现能力，如表示词的人称、数、方向、名词的类别等。（2）词类的兼用。某个词既当这一词类用，又兼另一词类，符合语言使用的“经济原则”，因而是人类语言的普遍现象。不过，由于语言特点不同，词类兼用的特点也会有所不同。由于不同词类存在不同的虚实程度，因而由实词兼用虚词或由较实的实词兼用一定程度虚化的实词就形成实词虚化现象。由词类兼用引起实词虚化在景颇语中比较常见，有名词兼用量词、动词兼用助动词等。(3) 语音的变化。由语音的变化引起语义的虚化在景颇语里也比较常见。景颇语的双音节词，存在“前轻后重”的节律和前一音节读音聚合的音变规律，这些规律使得双音节词的前一音节（其中部分是语素）发生语音变化。[①] 语音变化很自然地会引起语义的虚化，使原来有实在意义的语素变成虚的或模糊的语素。语音变化程度越大，语义虚化程度越高。总的看来，实词虚化是为了扩大语言表达功能，调整表达词汇意义和语法意义的比例。

由于实词虚化，常常带来语法结构的变化，即从原有的语法形式改变为新的语法形式。这就是西方语言学家提出的“再分析”(reanalysis)。景颇语的语法再分析有以下一些现象：

1.复合词中的前一个语素虚化后，复合词的结构改变为“半实半虚语素+实语素”或“无义音节+实语素”，从而改变了复合词的结构规则（例子见上）。

2.泛指动词虚化后，已向后缀转化。由状态词修饰泛指动词的结构，是修饰成分在前，中心成分在后；而虚化后的泛指动词，状态词成为中心成分，泛指动词是它的后缀。这就是说，由于泛指动词的虚化，中心成分出现了转移。例如：

pha^{33} muŋ^{31} khum^{33} khum^{33} ʒai^{31} sai^{33}. 什么也齐全了。
什么 也 齐全状 （泛）（句尾）

sum^{33} ʒi^{33} tiŋ^{31} kʒe̱n^{33} ti^{33} kaŋ^{33} ʃă^{31} ka̱ŋ^{33} u^{ʔ31}！（你）把绳子绷紧！
绳子 绷紧状 （泛）拉 使绷紧 （句尾）

由于虚化的作用，泛指动词出现逐渐脱落的趋势。在有的人的口语里，已不用或少用泛指动词，状态词单独作句子中的谓语或直接限制一般

① 戴庆厦：《景颇语双音节词的音节聚合》，载《语言研究》1993年第1期。

动词。这也是句法结构发生了变化。例如（泛指动词加括号表示可以省略）：

ʃi^{33} mă^{31} tsa̱n^{31} mă^{31} jan^{55}（ʒe^{33}）ai^{33}.　　　他穷。

他 穷苦状　　　（泛）（句尾）

ʃă^{55} nut^{55} ʃă^{55} nat^{55}（ʒai^{31}）mat^{31}　sai^{33}.　　　弄得乱七八糟了。

乱七八糟状　　（泛）（助动）（句尾）

pă̱^{33} lo̱ŋ^{33} mă^{31} tsa̱t^{55} ʃă^{31} pat^{31}（ŋa^{33}）ai^{33}.　　　感到衣服脏了。

衣服　　肮脏状　　（泛）　　（句尾）

附带再说一点，景颇语除了实词能虚化外，个别副词也出现虚化。如副词ʃa^{31}“仅、只”用在名词、代词、数量词等实词后表示“仅、只”等限定意义，但用在形容词后，“仅、只”义淡化，与前面的形容词结合很紧，已具有后缀的特点。例如：

ŋai^{33} ʃa^{31} ʒe^{51}.　　　仅是我。

我 仅 是

lă^{55} ŋai^{51} ʃa^{31} ʒe^{51}.　　　仅一个。

一　　仅 是

a^{55} tso̱m^{51} ʃa^{31}　kă^{31} lo^{33} u^{ʔ31}！　　　（你）好好地做吧！

好好　（地）做　　（句尾）

（原载《中央民族大学学报》1996年第4期）

景颇语的话题[①]

[**提要**] 本文认为，景颇语是一种具有话题结构的语言。话题不同于主语，话题结构也不同于句子成分。二者自成系统，各有标志，各有作用，在句中结为一体使用。景颇语话题的特点，是由其语法类型特点——以分析型为主但又有屈折型特点决定的。

[**关键词**] 景颇语　话题

话题（又称主题），是语法研究中的一个重要概念。这些年来，对汉语话题的研究已成为热门课题，普遍认为汉语句子存在话题。但对话题的性质、功能、特点等的认识，都还存在不少分歧。汉藏语中的非汉语诸语言，也有话题范畴，但很少有人去研究。其实，非汉语的话题研究，会对汉语的话题研究乃至话题的理论研究，提供有益的帮助。本文试对景颇语话题的性质、功能及有关特点进行具体分析，并由此提出一些认识，供相关研究者参考。在研究范围上，主要限于句本位的话题，至于篇章结构的话题，将另行研究。

① 本题2000年10月13日曾在香港城市大学语言资讯科学研究中心和中文、翻译及语言学系联合举办的学术会上报告过。

一　景颇语的句子存在话题句

景颇语的句子为了突出话题，形成“话题+述题”的句子结构；话题在句子的前部，述题在句子的后部。话题的后面加上助词ko³¹，构成话题结构。ko³¹是话题的标志，在景颇语中是个高频率的助词。ko³¹不但显示话题，强调话题，而且还对话题与述题起间隔作用。先看下面两个话题句：

ŋai³³ ko³¹　kǎ³¹ phu³¹ ʒai⁵⁵ ŋa³¹　n³¹ ŋai³³.　我是哥哥。

我（话助）哥哥　是（助动）(句尾)

n³³ tai³³ lam³³ pheʔ⁵⁵　ko³¹　kǎ³¹ tai³³ muŋ³¹ tʃe̱³³　sai³³.

这　事（宾助）(话助）谁　也　知道（句尾）

这事谁都知道了。

tai³¹ ni⁵⁵ ko³¹　ŋai³³ n³³ sa³³ niʔ⁵⁵ ai³³.　今天我不去。

今 天（话助）我 不 去（句尾）

从话题与句子成分的关系上看，话题可以是主语，也可以是宾语、状语。也就是说，主语、宾语、状语在句子中都能被强调当话题使用，而定语、补语则不能当话题。例如：

主语：n³³ tai³³ phun⁵⁵ ko³¹　sum³³ wum³³ phun⁵⁵ ʒai⁵⁵ ŋa³¹　ai³³.

这　树（话助）桃　树　是（助词）(句尾)

这树是桃树。

ti̱ʔ⁵⁵ naŋ³³ ʃut⁵⁵ ai³³ ko³¹　tiʔ⁵⁵ naŋ³³ kham³¹ la⁵⁵ ʒaʔ³¹ ai³³.

自己　错　的（话助）自己　负责　起 要（句尾）

自己错的自己负责。

宾语：u³¹ n³³ tai³³ pheʔ⁵⁵　ko³¹　n⁵⁵ ka̱p³¹ ka̱u⁵⁵ jaŋ³¹ n³³　mai³¹ sai³³.

鸟 这（宾助）(话助）不 打　掉　的话不 行（句尾）

这鸟不打掉不行了。

tʃoŋ^{31} ma^{31} phe^{ʔ55} ko^{31} mjit^{31} kă^{31} lu^{31} ai^{33} the^{ʔ31} ʃă^{31} ʒin^{31}

学生 （宾助）（话助）耐心 的 以 教育

ʒa^{ʔ31} ka^{ʔ31} ai^{33}.

要 （句尾）

（我们）对学生要耐心教育。

状语：phot^{55} ni^{55} ko^{31} kă^{31} niŋ^{31} ʒai^{31} ti̠m^{51} n^{31} pa^{55} ta^{ʔ31} să^{33} na^{33}

明 天（话助）怎么 （泛）的话毯子 织 就要

ni^{ʔ55} ai^{33}.

（句尾）

（我）明天无论如何就要织毯子。

kat^{55} te^{ʔ31} ko^{31} n^{33} sa^{33} n^{31} ŋai^{33}. 街上（我）不去。

街 （方位）（话助）不 去 （句尾）

话题助词还可用在名词作谓语的句子中。这种句子，主语与谓语相同，是拷贝式句子。例如：

kă^{55} khum^{51} ko^{31} kă^{55} khum^{51}，n^{33} kjin^{33} ko^{31} n^{33} kjin^{33}.

南瓜 （话助）南瓜 黄瓜 （话助）黄瓜

南瓜是南瓜，黄瓜是黄瓜。

景颇语的判断句常在主语后加话题助词。借以强调主语话题。例如：

ʃi^{33} ko^{31} să^{33} ʒa^{33} ʒai^{55} ŋa^{31} ai^{33}. 他是老师。

他（话助）老师 是 （助动）（句尾）

n^{33} tai^{33} n^{55} ta̠^{51} ko^{31} n^{31} nan^{33} kă^{31} lo^{33} ai^{33} ʒe^{51}.

这 房子 （话助）新 做 的 是

这房子是新盖的。

话题助词ko^{31}还可以使用在省略谓语的疑问句里，带有疑问语气。例如：

ʃă^{31} ni^{55} ʃat^{31} the^{ʔ31} ʃă^{31} na^{ʔat31} ʃat^{31} ko^{31}？ 午饭和晚饭呢？

午 饭 和 晚 饭 （话助）

tʃi^{ʔ31} kʒoŋ^{31} phe^{ʔ55} ko^{31}？ 对蚊子呢？

蚊子 （宾助）（话助）

tai^{33} ko^{31}？ 哪呢？

哪 （话助）

此外，条件复句的前一分句（表条件的）也可以做话题，并在分句末尾加上话题助词ko^{31}。条件可以是假设的，也可以是已成事实的。条件分句后要加关联词语tʃaŋ^{33} “的话”、jaŋ^{31} “的话”。这种用法，是说话人在认知上把提出条件的分句当成复句的话题，认为条件分句是一句话的话题所在。例如：

naŋ^{33} lǎ^{55} khum^{51} tha^{ʔ31} n^{33} ka̱m^{33} tuŋ^{33} jaŋ^{31} ko^{31}， ʃi^{33} phe^{ʔ55} ʃǎ^{31} tun^{55}

你 凳子 上 不 愿 坐 的话（话助） 他（宾助） 使坐

ka̱u^{55} u^{ʔ31}！ 你不愿坐凳子的话，让他坐吧！

（助动）（句尾）

ʃi^{33} lu^{31} sǎ^{55} jaŋ^{31} ko^{31} ŋai^{33} phe^{ʔ55} pai^{55} n^{31} thaŋ^{55} ja^{33} ni^{ʔ31} ka^{ʔ31}！

他 有 的话 （话助）我 （宾助）再 还 给（句尾）

他有的话再还给我！

话题常用在对比复句上。两个分句的话题后都要加助词ko^{31}。例如：

ŋai^{33} ko^{31} ma^{31} kam^{33} ʒe^{51}，ʃi^{33} ko^{31} ma^{31} no^{33} ʒe^{51}.

我 （话助）老大 是 他（话助）老二 是

我是老大，他是老二。

n^{33} tai^{33} ko^{31} ŋie^{ʔ55} a^{ʔ31} ʒe^{51}，wo^{55} ʒa^{31} ko^{31} ʃi^{ʔ55} a^{ʔ31} ʒe^{51}.

这 （话助） 我的 的 是 那 （话助）他的的 是

这是我的，那是他的。

lǎ^{55} ŋai^{51} ŋai^{31} ko^{31} kǎ^{31} tʃa^{33} ai^{33}， lǎ^{55} ŋai^{51} ŋai^{31} ko^{31} n^{55}

一 （叠）（话助）好 （句尾）一 （叠）（话助）不

kǎ^{31} tʃa^{33} ai^{33}. 有些好，有些不好。

好 （句尾）

话题的作用主要是突出、强调主题。景颇语重叠式的作用之一是表示强调，因而表强调的重叠式若在句首当主语用时常加话题标记ko^{31}。例如：

tai^{31} niŋ^{33} niŋ^{33} ko^{31} mam^{33} kʒai^{31} lu^{31} na^{33} sai^{33}.

今年 （叠）（话助）谷子 很 有 要（句尾）

今年谷子能丰收了。

joŋ^{31} joŋ^{31} ko^{31} n^{55} taŋ^{51} mă^{31} ʒi^{33} n^{31} ŋai^{33}.

全部（叠）（话助）不 胜任 买 （句尾）

全部（我）买不了。

phai^{33} phai^{33} ko^{31} ʃi^{33} lu^{31} phai^{33} ai^{33}.

抬 （叠）（话助）他 能 抬 （句尾）

论抬，他能抬。

ʃi^{33} phe^{ʔ55} ja^{33} ja^{33} ko^{31} n^{33} ja^{33} na^{33} ni^{ʔ55} ai^{33}.

他（宾助）给（叠）（话助）不 给 要（句尾）

关于给他，（我）不给了。

一个句子一般只有一个话题，只用一个话题助词。但也有少量层次较多的句子则有两个话题，使用两个话题助词。居前的，可称“主话题”；居后的，可称“次话题”。例如：

naŋ^{33} ko^{31} ti̠^{ʔ55} naŋ^{33} a^{ʔ31} puŋ^{31} li^{31} ko^{31} n^{55} kă^{31} lo^{33} ai^{33}.

你 （话助）自己 的 活儿 （话助）不 做 （句尾）

你啊，自己的活儿不做。

mă^{31} kui^{33} ko^{31} ʃu^{ʔ31} kʒe̠t^{31} ʃă^{31} ka^{55} ai^{33} ko̠^{ʔ55} ko^{31} kă^{31} niŋ^{31} ŋa^{33}

大象 （话助）青蛙 叫 的 处 （话助）怎么 （泛）

ti̠m^{51} kha^{ʔ31} ŋa^{31} aŋ^{31} ai^{33} ŋa^{33} mjit^{31} ai^{33}.

也 水 在 该 的 想 想 （句尾）

大象想，青蛙在的地方无论如何也会有水的。

ʒai^{55} ti̠m^{51} naŋ^{33} ko^{31} ŋai^{33} phe^{ʔ55} tso̠^{ʔ55} ʒa^{ʔ31} mă^{31} sin^{31} mă^{31} tʃi̠^{ʔ55} mjit^{31}

但是 你 （话助）我 （宾助）爱 心 痛 思想

n^{55} mă^{31} tun^{55} n^{31} tai^{33} tha^{ʔ31} n^{55} ka^{55}，tʃe^{31} na^{ʔ55} tʃe^{31} ko^{31} mjit^{31} mă^{31} ka^{55}

不 表示 （句尾）不 仅 越 久 越（话助）心 边

kă^{31} ʒan^{55} na^{33} a^{31} mu^{55} khʒai^{33} kă^{31} lo^{33} n^{31} tai^{33}.

分开 要 事 尽 做 （句尾）

但是你不仅不疼爱我，而且时间一久就做出分离感情的事。

二　景颇语的话题与主语不同

由于话题是一句话的主题，陈述的对象，与主语有些相同的特点，话题助词很容易被认为是主语助词。① 但在实际上，话题和主语无论是在语义上还是在语法上都各有自己的特点，应视为不同的语法范畴，二者的区别主要有：

1. 话题和主语各有自己的语法标记。话题的语法标记是后加ko^{31}，指示前面的部分是句子的主题；而主语的语法标记是居于句末的句尾助词，景颇语的句尾助词是一类独立的虚词，它用在谓语之后能表示主语、宾语的人称、数，从而指明句中哪个是主语，哪个是宾语。如果要强调话题，还能在句首的句子成分之后再加话题助词ko^{31}。在强调话题的句子里，话题助词与表示主语的句尾助词共存于一个句子中。下面是三个人称单数叙述式句尾词指明主语并兼有话题助词的一组句子：

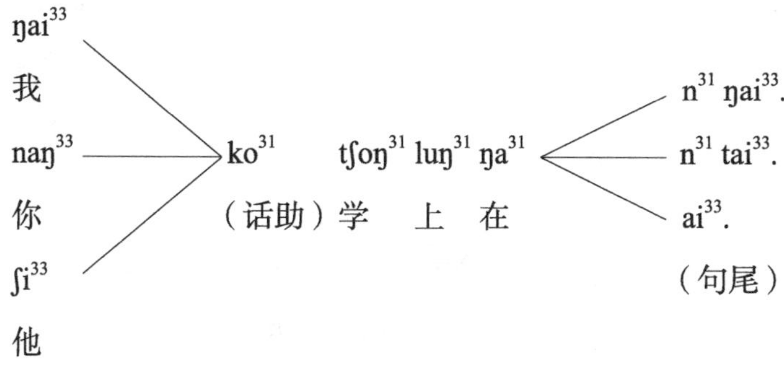

① 我和徐悉艰的《景颇语语法》一书中曾把ko^{31}看成是主语助词，现改为话题助词。

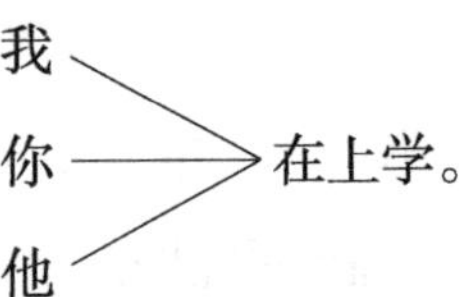

句尾词在一部分句子中还能指示宾语或主语、宾语的领属者的人称、数。以第一人称主语，第二、第三人称宾语的句子为例：

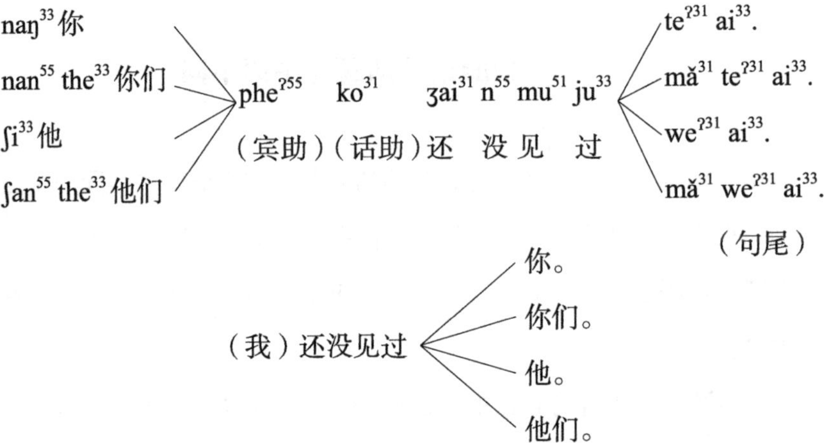

又以带领属者的名词主语为例，句尾词指示的是领属者的人称、数。

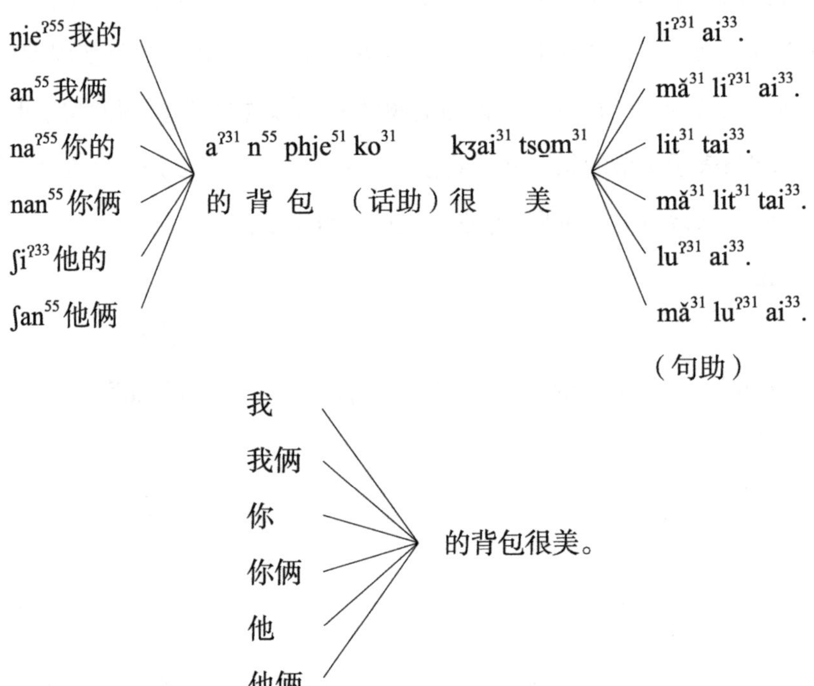

状语有方位词或结构助词作为标志。例如：

ʃi^{33} n^{55} ta̱^{51} ko̱^{ʔ55} ŋa^{31} ai^{33}. 他在家。

他 家 （方助）在（句尾）

an^{55} the^{33} tʃoŋ^{31} te^{ʔ31} sa^{33} ka^{ʔ31}！ 我们去学校吧！

我们 学校（方助）去（句尾）

niŋ^{31} wa^{33} the^{ʔ31} phun^{55} tha^{ʔ31} u^{ʔ31}！ （你）用斧头砍柴吧！

斧头 （助）柴 砍 （句尾）

定语在有的条件下也以结构助词作为标志。其中，表示领属、时间、地点的定语一般要加结构助词。例如：

an^{55} the^{33} a^{ʔ31} tʃoŋ^{31} 我们的学校

我们 的 学校

sǎ^{31} ʒa^{33} a^{ʔ31} lai^{31} ka̱^{33} 老师的书

老师 的 书

tai^{31} na^{ʔ55} na^{55} tsup^{31} phoŋ^{31} 今晚的会议

今晚 的 会议

可见，景颇语的句子成分都有自己的语法标志。主语的标志有别于话题的标志。

2. 句子成分能够当话题的有主语、宾语、状语，所以话题与主语并不相等。话题的范围大，除了主语当话题外，宾语、状语也能当话题。而主语只有当它需要突出成为话题时，才具有话题身份，这时它既是主语又是话题。

3. 在句子中主语能省略，而话题不能省略。这是因为话题是句子中强调的对象，在句子中必须有个位置，不能缺少；而主语因有句尾助词指明，可以缺位。景颇语句子当人称代词作主语、宾语时，均可省略，而且习惯于省略。例如：

n^{33} ʒau^{33} ti̱m^{51} kǎ^{31} la̱ŋ^{31} mi^{33} sa^{33} so^{ʔ31} mǎ^{31} ʒin^{31} tai^{33} ko^{31}， sa^{33} na^{33}

没空 即使次 一 来 约 （句尾） （话助）去（助动）

n^{31} ŋai^{33}.　（你们）已来约一次，（我）即使没空也要去。
（句尾）

tu^{31} ʒiŋ^{31} ŋai^{33}，tsup^{31} phoŋ^{31} phoŋ^{31} sǎ^{55} ka^{ʔ55}！

到（句尾）　会　　开　（句尾）

（我）到了，（我们）开会吧！

pha^{33} tsu̠n^{33} ʒa^{ʔ31} jaŋ^{31} muŋ^{31} ja^{ʔ55} tsu̠n^{33} ni^{ʔ55}！

什么 说　要　的话也　现在说　（句尾）

（你）要对（我）说什么的话现在就说吧！

ŋai^{33} kǎ^{31} lo^{33} we^{ʔ31} ka^{ʔ31}！　　我替（他）做！

我　做　（句尾）

指示主语、宾语的句尾助词位于句末，即使主语、宾语省略了，它还能依附谓语之后而存在。而话题助词则是紧跟在话题之后，若省略了话题，话题助词就缺少了依附物。

4.从句子的位置看，话题结构只有一种格式，即话题在前、述题在后。而句子成分的位置是多样的：主语一般在句首，在宾语之前，但也可在宾语之后；宾语一般在主语之后，但也可提到主语之前。前者是“不可移动的”，而后者则是“可移动的”。语序这一广义的语法标记，在话题结构上的表现是有限的，不灵活的，而句子成分则有一定的灵活性。例如：

主语在句首：

tai^{31} niŋ^{33} na^{55} khai^{55} n^{55} mai^{51} ko^{31}　kʒai^{31} kǎ^{31} tʃa^{33} ai^{33}.

今年　的 庄稼　（话助）很　好　（句尾）

今年的庄稼很好。

宾语在句首：

a^{31} ma^{31} ni^{33} phe^{ʔ55}　ko^{31}　lo^{ʔ55} lo^{ʔ55} kǎ^{31} ʒum^{33} ʒa^{ʔ31} ka^{ʔ31} ai^{33}.

孩子　们（宾助）（话助）多　多　帮助　要（句尾）

（我们）要多多地帮助孩子们。

状语在句首：

tai^{31} ni^{55} ko^{31} ŋai^{33} n^{33} sa^{33} n^{31} ŋai^{33}. 今天我不去。

今天 我 不 去（句尾）

5. 景颇语话题的范围应当怎样划定？景颇语句子居于句首的主题，从有无标志上可分为两类：一类是带ko^{31}标志的。这类句子的话题带有明显的强调意义，视为话题不成问题。另一类是不带ko^{31}标志的。这类句子的主题，话题意义较弱，若要视为话题，可称之为“无标记话题”。我考虑到这类不带标志的主题，其特点与主语大致相同，可以不认为是话题。

基于这一认识，景颇语话题和主语在句中出现的情况可归纳为下面四种：

	话题	主语
1.	+	+
2.	+	–
3.	–	+
4.	–	–

例句：

1. ŋai^{33} ko^{31} mu^{31} wa^{31} muŋ^{55} na^{55} mǎ^{31} ʃa^{31} ʒe^{51}. 我是中国人。

我 （话助）中国 的 人 是

2. ʃi^{33} phe^{ʔ55} ko^{31} n^{33} ka̱m^{33} n^{31} ŋai^{33}. （我）不相信他。

他（宾助）（话助）不 相信（句尾）

3. ŋai^{33} ʃat^{31} ʃa^{55} ŋa^{31} n^{31} ŋai^{33}. 我在吃饭。

我 饭 吃 在（句尾）

4. kat^{55} sa^{33} wa^{31} sai^{33}. 他上街去了。

街 上（助动）（句尾）

三 小结

综上所述，景颇语话题的共时特点主要有以下几个：

1.景颇语是一种具有话题结构的语言。话题结构（由话题与述题组成）与句子成分结构（由主语、宾语等句子成分组成）虽有部分交叉，但却是不同的语法结构，所表示的语法关系属于不同的语法范畴。

2.二者在语法意义、语法形式上都有不同的特点。在语法意义上，话题结构注重话题，突出话题，以话题作为句子的中心。严格地说，话题结构是一种“语用——语法范畴”，是适应语用的需要而产生的句法模式。而句子成分结构则注重句子成分的搭配，句子的构造，要求句子成分按句法规则构成句子。

句子成分结构是以谓语为中心的，其他成分可以省略，但谓语不能省略。在语法形式上，二者各有自己的特征。话题的标记是话题助词ko^{31}，紧跟在话题的后面；主语、宾语的标记是位于谓语之后的句尾助词；宾语还有一个位于宾语之后的结构助词$phe^{ʔ55}$作为标记；状语的标记有方位词（一定程序虚化）$k\underline{o}^{ʔ55}$、$te^{ʔ31}$、e^{31}等。话题的语序为“不可移动性”的，只能是话题在前，述题在后；而句子成分结构的语序则具有“可移动性”的特点，它能借助结构助词或方位词的帮助改变语序，如宾语可以提到主语之前，状语可以提到主语前，定语可以提到中心语前等。

3.话题结构和句子成分结构在景颇语里是两个独立的系统，各有各的作用，不存在哪个优先，哪个是主体。景颇人在组词造句时，同时使用这两个系统，达到既能突出话题又能组词造句的目的。可以说，景颇语是一种话题结构与句子成分结构并重的语言。这两个不同的系统在语用中融为一体使用。当主语处于话题位置又需要强调时，主语与话题出现叠合。

4.景颇语句子成分的划分，属于句子成分结构的语法分析，不包括话题结构，因而应避免话题结构的干扰。能做话题的，不一定都是主语，宾语、状语也能作话题。受动者当话题使用时，是宾语而不是主语；状语当话题使用时，也不是主语。区分话题结构与句子成分结构，对句子成分的划分会带来一些方便。

5.景颇语的话题与汉语相比，二者既有共性，又有差异。共性是：二者都有话题结构，话题结构均由话题加述题组成。差异主要是：景颇语的话题结构也好，句子成分也好，都有其显性的语法标记；而汉语则相对缺乏。因而，对话题的性质、特点的定位，以及对话题分析应采取什么方法，景颇语与汉语应当有所不同。比如：汉语的受动者处于话题位置时，一般认为看成主语为好，因为汉语缺少形态变化，确定句子成分时语序也是一个重要标准。

而景颇语的受动者即便处于话题位置，但句尾助词的形态变化则指明受动者是宾语。句尾助词与主语、宾语在人称、数上的“一致关系”，成为确认主语、宾语的主要依据。汉语是一种分析特点很强的语言，语法上的许多特点是隐性的；而景颇语虽也以分析特点为主，但有不少屈折特点，有许多语法特点是显性的。语言类型的差异，使得语法关系、语法形式、语法意义出现不同的特点。景颇语与汉语在话题上呈现出的各种不同特征，是由二者语言类型不同的特点决定的。所以我认为，研究语言，必须把握语言类型的特点，以语言类型特点梳理、解释各种语法现象。

参考文献

[1] 徐烈炯、刘丹青:《话题的结构与功能》，上海教育出版社,1980年。

[2] 袁毓林:《话题化及相关过程》，载《中国语文》1996年第4期。

[3] 戴庆厦、徐悉艰:《景颇语语法》，中央民族学院出版，1992年。

（原载《语言研究》2001年第1期）

景颇语“存变句式”的性质及其在句式中的地位

——兼反观汉语的“有V”句

[提要]“存变句式”是景颇语的一个重要的、使用频率很高的句式，而且有系统的语法标记和结构特点。本文分析景颇语存变句式的性质及其在句式中的地位。全文共分四部分:(一)存变句式的语法意义。认为存在式是表示“存在”的意义，传达的信息是告诉别人存在一件什么事；变化式是表示“变化”的意义，传达发生了一件什么事，做了一件什么事。(二)存变句式的语法标记和结构特点。归纳为三种形态变换形式：变换声母、变换声调、加不加弱化音节前缀。(三)存在式和变化式句法功能差异，及与体词貌词的结合关系。(四)从存变句式的性质、地位反观汉语的“有V”句。

[关键词] 景颇语　存变句式　性质　地位

景颇语有一种表示存在式和变化式对立的句式，简称“存变句式”。这类句式使用频率高，表达的意义丰富多样，而且还有一整套严整的语法标志和结构特点，是一个凸显的语法范畴。景颇语的句式与亲属语言相比，既有共性又有个性，因此能够通过景颇语与亲属语言的比较加深对汉藏语句式的认识。

由于存变句式是景颇话的一个重要的、使用频率很高的句式，而且与其他句式（或句类）有着密切的制约关系，所以弄清存变句式的语法意义与语法形式，对于景颇语句式或句类的研究是很有必要的。本文试图在过去认识的基础上，进一步探讨“存变句式”的语法意义和语法形式，以及它与其他句式的关系，并反观汉语的特点。

1. 存变句式的语法意义

20世纪50年代由中国科学院语言研究所出版的《景颇语语法纲要》，把存在式和变化式的对立视为未完成体和完成体的区别。① 但后来我们发现其本质的区别不是未完成和完成，而是存在和变化的区别。于是，在1992年我与徐悉艰合著的《景颇语语法》一书中，提出存在式和变化式的框架。② 事过20年，现在看来当年提出的存在式和变化式的见解还是对的，只不过是当时的认识比较肤浅，今日看来，有深入、系统地进行分析的必要。

什么是“存变句式”？从认知的角度说，人类表达思想，总要告诉别人存在一件什么事，或一件事发生了什么变化，这种需要就决定了在语言里必然会出现表示存在和变化的“存变句式”。但这种句式在不同语言里，所包含的语义内容以及语法形式会存在不同程度的差异。在景颇语里，“存变句式”是一种系统的、有形态标记和结构特点的，并是一种使用频率很高的句式。

景颇语的句型可以从不同的角度、不同的层次进行分类。若从语气大类上分，有叙述句、疑问句、测度句、惊讶式、命令句、商量句等六种句型。存在式和变化式的对立，在前四种句型中都有，而在后两种句型中没有。存在式是表示存在的意义，传达的信息是告诉别人存在什么事，谓语

① 该书由中国科学院少数民族语言研究所编，1959年由科学出版社出版。

② 该书1992年中央民族学院出版社出版。

说明主语有什么动作行为，有什么性质状态；变化式是表示变化的意义，谓语说明动作行为或性质状态的变化，或发生了什么事，做了什么事。比较下列几组对立的例句：

（1）a. ma^{31} kʒai^{31} tʃe̠^{33} ai^{33}.　　孩子很懂事。

孩子 很　懂（句尾）①

b. ma^{31} kʒai^{31} tʃe̠^{33} sai^{33}.　　孩子很懂事了。

孩子 很　懂（句尾）

（2）a. naŋ^{33} tʃo̠m^{55} ko^{31} ʃă^{31} ku̠t^{31} n^{31} tai^{33}.　　你倒是努力的。

你　倒是　努力　（句尾）

b. naŋ^{33} tʃo̠m^{55} ko^{31} ʃă^{31} ku̠t^{31} sin^{33} tai^{33}.　　你倒是努力了。

你　倒是　努力　（句尾）

（3）a. naŋ^{33} pha^{33} po^{ʔ31} wa^{33} mjit^{31} ŋa^{31} n^{31} ni^{51} ?　　你在想什么？

你　什麽　（语）想　在（句尾）

b. naŋ^{33} pha^{33} po^{ʔ31} wa^{33} mjit^{31} ŋa^{31} să^{55} ni^{51} ?　　你想了什么？

你　什麽　（语）想　在（句尾）

例（1a）表达事件的存在，告诉听者“孩子很懂事”这件事；而例（1b）是表达事件的变化，告诉听者“孩子很懂事了”，也就是“从不懂事到懂事了”。在语法标志上，例（1a）在句尾（谓语）之后加句尾词ai^{33}表示，而（1b）是在句尾加句尾词sai^{33}表示。ai^{33}和sai^{33}之间有形态变化。例（2a）也是表达事件的存在，告诉听者“你倒是努力的”这件事；而例（2b）是表达事件的变化，告诉听者“你倒是努力了”这个变化，也就是“从不努力到努力了”。在语法标志上，例（2b）在句尾（谓语）之后加句尾词n^{31} tai^{33}表示，而（2b）是在句尾加句尾词sin^{33} tai^{33}表示。n^{31} tai^{33}和sin^{33} tai^{33}之间也是有形态变化。例（3a）和（3b）也是这样。

为什么说这种区别不是完成体和未完成体的对立呢？这是因为，存在

① 本文缩略语：（句尾）——句尾词，（语）——语气词，（貌）——貌词，（宾）——宾语助词，（后）——后缀，（话）——话题助词。

式和变化式各自都还分完成体和未完成体，所以用完成体和未完成体不能划清存在式和变化式的界限，也就是说，不能体现其本质的区别。比如：

（4）a. ʃi³³ ʃat³¹ ʃa⁵⁵ ŋa³¹ ai³³. 他正在吃饭。

他 饭 吃 正在（句尾）

b. ʃi³³ ʃat³¹ nau³¹ ʃa⁵⁵ khʒu⁵⁵ ai³³. 他饭吃太饱。

他 饭 太 吃 饱 （句尾）

（5）a. ʃi³³ lai³¹ ka̱³³ thi⁵⁵ sai³³. 他读书了。

他 书 读 （句尾）

b. ʃi³³ lai³¹ ka̱³³ thi⁵⁵ wa³¹ sai³³. 他开始读书了。

他 书 读（貌）（句尾）

例（4a）和（4b）都是存在式。但（4a）是未完成体，说的是“饭正在吃”，是进行体存在式；而（4b）是完成体，说的是“饭已经吃太饱”，其语义就含有“完成”义，是完成体存在式。例（5a）和（5b）都是变化式，（4a）“读书了”，是完成体变化式，说的是“以前没读，现在读了”；而（5b）是未完成体变化式，说的是“读书正处于开始的阶段”。

2. 存变句式的语法手段

景颇语存在式和变化式的对立，是有语法标志的，主要是通过句尾词（出现在句尾的助词）的形态变化体现的。

景颇语句尾词中表示“存变句式”的有294个，大多是存在式和变化式两两配对的，通过形态变化表示。但也有少数是只有存在式没有变化式，或只有变化式没有存在式。

存在式和变化式对立的形态变化主要使用以下四种语法手段：

2.1 变换声母：有两种变换形式

2.1.1 零整母与其他声母的变换

零声母表示存在式，例如：ai³³ 和 sai³³ 都用在叙述句里，表示主语是第三人称单数，前者是存在式，后者是变化式。二者是零声母和s声母的变换。例句：

（6）a. nam^{31} si^{31} khʒat^{31} wa^{31} ŋa̱^{31} ai^{33}.　　　　果子掉下来。

果子　　掉　　（貌）在（句尾）

nam^{31} si^{31} khʒat^{31} wa^{31} sai^{33}.　　　　果子掉下来了。

果子　　掉　　（貌）（句尾）

其他又如：

u^{ʔ31} ni^{51}和nu^{ʔ55} ni^{51}：用在疑问句里，表示主语是第三人称单数，宾语第三人称或非人称。前者是存在式，后者是变化式。通过零声母和n声母的变换表示。a^{ʔ31} toŋ^{33}和să^{ʔ55} toŋ^{33}：用在测度句里，表示主话是第一人称单数。前者是存在式，后者是变化式。通过零声母和s声母的变换表示。

2.1.2 不同声母的变换

we^{ʔ31} ai^{33}和se^{ʔ55} ai^{33}：用在叙述句里，表示主语是第一人称，宾语是第三人称单数或非人称。前者是存在式，后者是变化式。二者通过声母w和s的变换表示。例如：

（7）ʃi^{33} sa^{33} san^{55} n^{31} na^{55} lă^{55} khoŋ^{51} la̱ŋ^{31} tsu̱n^{33} tan^{55} wĕ^{ʔ31} ai^{33}.

他 来　问　因爲　两　　　次　告诉　　（句尾）

因为他来问，所以我告诉他两次。

（8）să^{31} poi^{55} tha^{ʔ31} mă^{31} ʒa^{ʔ55} to̱n^{31} ta^{55} se^{ʔ55} ai^{33}.　　我搁在桌子上了。

桌子　（方）搁　　　下（貌）（句尾）

又如：mu^{ʔ31} ai^{33}和mă^{55} nu^{ʔ55} ai^{33}都用在叙述句里，表示主语是第三人称复数，宾语是第三人称或非人称。但前者是存在式，后者是变化式，二者通过声母m和n的变换表示。

2.2 变换声调

用不同的声调表示二者的对立。如：nu^{ʔ31} ai^{33}和nu^{ʔ55} ai^{33}：用在叙述句里，表示主语是第三人称单数，宾语是第三人称。前者是存在式；后者是变化式。二者通过31调和55调的变换表示。例句：

（9）ŋai^{33} nau^{33} ʃi^{33} phe^{ʔ55} kʒai^{31} kă^{31} ʒum^{33} nu^{ʔ31} ai^{33}.

我弟弟　他（宾）很　帮助　（句尾）

我弟弟对他帮助很大。

（10）ʃi^{33} ko^{31} lă^{55} khoŋ^{51} la̠ŋ^{31} sa^{33} kă^{31} lo^{33} nu^{ʔ55} ai^{33}.

他（话）两　次 去 做　（句尾）

他去做了两次。

其他又如：li^{ʔ31} ai和li^{ʔ55} ai^{33}都用在第一人称做物主主语或物主宾语的叙述句里，但前者是存在句，而后者是变化句。二者通过31调和55调的变换表示。

2.3 加不加弱化音节前缀

不加弱化音节前缀的是存在式，加弱化音节前缀的是变化式。如n^{31} ŋai^{33}和să^{33} ŋai^{33}：用在叙述句里，表示主话是第一人称单数。前者是叙述式，后者是变化式。例句：

（11）a. ŋai^{33} mă^{31} sum^{33} la̠ŋ^{31} sa^{33} ju^{33} n^{31} ŋai^{33}.　　我去过三次。

我　三　次　去　过（句尾）

b. ŋai^{33} mă^{31} sum^{33} la̠ŋ^{31} sa^{33} ju^{33} să^{33} ŋai^{33}.　　我去过三次了。

我　三　次　去　过（句尾）

其他又如：ma^{ʔ31} ai^{33}和mă^{33} sai^{33}都用在叙述句里，表示主语是第三人称复数，但前者是存在式，而后者是变化式。u^{ʔ31} ai^{33}和să^{55} lu^{ʔ55} ai^{33}都用在叙述句里，表示主语是第三人称单数做物主主语或物主宾语，但前者是存在式，而后者是变化式。

3. 存在式和变化式句法功能差异

景颇语的“存变句式”通过句尾词的形态变化区分存在式和变化式。但还受动词的语义特点，或与不同的体、貌词结合，表达各种不同的体貌意义。

第一，存在式和变化式各有自己使用的动词或体貌助词。如：谓语是ŋa³¹“在”、to³³“在”，或谓语补语是语法化了的ŋa³¹“在，正在”、to̱³³“在”的句子，一般是存在句。这种句子表达的“体”，可以是完成体，也可以是未完成体。谓语是ŋa³¹“在”、to̱³³“在”的如：

（12）ʃi³³ n⁵⁵ ta̱⁵¹ ŋa³¹ ai³³. 他在家。

他 家 在（句尾）

（13）nu̱⁵¹ n⁵⁵ ŋa³¹ n³¹ ni⁵¹？ 妈妈在吗?

妈妈 不 在 （句尾）

（14）naʔ⁵⁵ n³¹ thu³³ n³³ tai³³ ko̱ʔ⁵⁵ to̱³³ ai³³. 你的刀在这里。

你的刀 这里 在（句尾）

谓语补语是动词ŋa³¹“在、正在”、to̱³³“在”的如：

（15）mă³¹ ʒaŋ³³ thu³¹ wa³¹ ŋa³¹ ai³³. 正在下雨。

雨 下（貌）在（句尾）

（16）tʃoŋ³¹ ma³¹ ni³³ joŋ³¹ tʃă³¹ thaʔ³¹ ŋa³¹ maʔ³¹ ai³³.

学生 们 都 聊天 在 （句尾）

学生们都在聊天。

（17）naŋ³³ pha³³ poʔ³¹ wa³³ mjit³¹ khom³³ ŋa³¹ n³¹ ni⁵¹？

你 什么 （语）想 （貌）（貌）（句尾）

你反复地在想什么?

（18）khau³³ na³¹ kă³¹ lau³¹ paŋ³³ wa³¹ ŋa³¹ maʔ³¹ ai³³.

水田 犁 （貌）（貌）（貌）（句尾）

他们开始犁水田了。

（19）naŋ³³ jaʔ⁵⁵ pha³³ kă³¹ lo³³ ŋa³¹ n³¹ ni⁵¹？ 你现在在做什么?

你 现在 什么 做 （貌）（句尾）

如果形容词谓语后加ŋa³¹“在、正在”，表示状态的存在。例如：

（20）nau³³ aʔ³¹ pa̱³³ loŋ³³ tso̱m³¹ tik³¹ ŋa³¹ ai³³. 弟弟的衣服漂亮极了。

弟弟 的 衣 服 漂亮 极（貌）（句尾）

（21）ʃi^{33} kaʒi^{31} ʃă^{31} kut̠^{31} ŋa^{31} ai^{33}. 他很努力。

他 很 努力 （貌）（句尾）

（22）tai^{31} niŋ^{33} na^{55} mam^{33} ko^{31} kă^{31} tʃa^{33} tik^{31} ŋa^{31} ai^{33}.

今年 的 谷子（话）好 （貌）在（句尾）

今年的谷子好极了。

（23）ʃi^{33} nan^{55} the^{33} phe^{ʔ55} la^{31} to̠^{33} ŋa^{31} ai^{33}. 他正在等你们。

他 你们 （宾）等（貌）（貌）（句尾）

（24）naŋ^{33} pha^{33} ʒai^{31} mau^{33} to̠^{33} ŋa^{31} n^{31} tai^{33}？ 你为什么在发呆？

你 为什么 发呆（貌）（貌）（句尾）

（25）na^{ʔ55} n^{31} thu^{33} n^{33} tai^{33} ko̠^{ʔ55} to̠^{33} ŋa^{31} ai^{33}. 你的刀在这里。

你的刀 这里 在（貌）（句尾）

第二，如果句中使用表示动作行为的终结或性质状态的变化是由事物自身完成的貌词mat^{31}，或表示动作行为的终结是由外力促成的貌词kau^{55}，句式多是变化式。例如：

（26）ʃan^{55} the^{33} joŋ^{31} n^{55} ta̠^{51} te^{ʔ31} wa^{31} mat^{31} mă^{33} sai^{33}.

他们 大家 家 里 回（貌）（句尾）

他们大家都回家了。

（27）ŋai^{33} khai^{55} ai^{33} kă̠^{55} wa^{55} si^{33} mat^{31} sai^{33}. 我种的竹子死了。

我 种 的 竹子 死（貌）（句尾）

（28）ʃi^{33} phe^{ʔ55} mo^{33} to^{33} woi^{33} ʃă^{31} tʃon^{31} mat^{31} wa^{31} mă^{33} sai^{33}.

他（宾）汽车 带领 使乘 （貌）（貌）（句尾）

他们用汽车把他带走了。

（29）ŋje^{ʔ55} a^{ʔ31} po̠ŋ^{33} tin^{33} ʃă^{31} mat^{31} ka̠u^{55} să^{33} li^{ʔ55} ai^{33}.

我的 的 钢笔 丢失 （貌） （句尾）

我把钢笔丢失了。

（30）ŋa^{33} e^{31} mam^{33} ʃa^{55} ka̠u^{55} sai^{33}. 牛把谷子吃掉了。

牛（宾）谷子 吃（貌）（句尾）

（31）a^{31} mu^{55} n^{33} tai^{33} ʃi^{33} phe^{ʔ55} kʒai^{31} pa^{55} ka̱u^{55} nu^{ʔ55} ai^{33}.

事 这 他（宾）很 累（貌）（句尾）

这件事太劳累他了。

第三，如果貌词是wa^{31}表示动作逐渐进行，则多出现在变化句中。例如：

（32）ʃi^{33} tsu̱n^{33} ai^{33} ka^{31} tik^{31} wa^{31} sai^{33}. 他说的话实现了。

他 说 的 话 到头（貌）（句尾）

（33）nam^{31} si^{31} khʒat^{31} wa^{31} sai^{33}. 果子掉下来了。

果子 掉 （貌）（句尾）

（34）ʃi^{33} sa^{33} wa^{31} sai^{33}. 他去了。

他 去（貌）（句尾）

（35）ʃi^{33} ʃă^{31} ku̱t^{31} wa^{31} sai^{33}. 他努力了。

他 努力 （貌）（句尾）

第四，如果貌词是表示动作行为结果的to̱n^{31}，或表示动作行为的结果已达到极端的thum^{31}，也多用变化式。例如：

（36）ma^{31} phe^{ʔ55} ʒi^{33} tsun^{33} to̱n^{31} să^{55} ni^{51}？ 你告诉孩子了吗？

孩子（宾）可 说 （貌）（句尾）

（37）ʃi^{33} phe^{ʔ55} tsun^{33} to̱n^{31} să^{55} ni^{51}？ 你告诉他了吗？

他（宾）说 （貌）（句尾）

（38）ʃă^{33} ta^{33} pa̱n^{33} kʒai^{33} khai^{55} to̱n^{31} se^{ʔ55} ai^{33}. 我种了很多向日葵。

向日葵 很 种 （貌）（句尾）

（39）ʃan^{55} the^{33} a^{ʔ31} mu^{55} ʃi^{33} khʒai^{33} ʃa^{31} kă^{31} lo^{33} to̱n^{31} nu^{ʔ55} ai^{33}.

他们 的 活儿 他 独自 只 做（貌）（句尾）

他们的活儿，他独自做完了。

（40）lu^{ʔ31} ʃa^{55} thum^{31} sai^{33}. 粮食完了。

粮食 完 （句尾）

（41）ti$^{?31}$ tha$^{?31}$ na^{55} ʃat^{31} ʃa^{55} thum^{31} sai^{33}. 锅里的饭吃光了。

锅 里 的 饭 吃（貌）（句尾）

（42）ŋje$^{?55}$ a$^{?31}$ sa^{33} pja^{33} laŋ^{33} thum^{31} sai^{33}. 我的肥皂用完了。

我的 的 肥皂 用 （貌）（句尾）

（43）ʃi^{33} tsu̱n^{33} thum^{31} sai^{33}. 他说到头了。

他 说 （貌）（句尾）

第五，但就多数情况而言，两种句式都可以加不同的“貌”，表示不同的语法意义。如：谓语后加表示未来时“愿望”的na^{33}“将要”、sǎ^{33} na^{33}“就要”（由na^{33}加前缀sǎ^{33}“立即”组成），可以用存在式，表示将要进行的存在，也可用变化式，表示将要出现的变化。例如：

存在式：（44）ʃan^{55} the^{33} phot^{55} te$^{?31}$ sa^{33} mu^{31} na^{33} ma$^{?31}$ ai^{33}.

他们 明早 去 见 （貌）（句尾）

他们明天早上会见到。

变化式：（45）ja$^{?55}$ the^{33} ko^{31} an^{55} the^{33} ka^{55} e^{33} mam^{33} tan^{31} paŋ^{33} wa^{31}

最近 （话）我们 地方处 稻子 割 （貌）（貌）

na^{33} mǎ^{33} sai^{33}.

将要（句尾）

最近我们那里要割稻子了。

（46）ʃan^{55} the^{33} tʃe̱^{33} na^{33} mǎ^{33} sai^{33}. 他们很可能知道了。

他们 知道 （貌）（句尾）

又如：谓语后若有表示“经历体”的ju^{33}“过”，可以用存在式，表示经历或未经历的存在，也可用变化式，表示经历过的变化。

存在式：（47）ŋai^{33} kǎ^{31} loi^{55} muŋ^{31} n^{33} phum^{33} ju^{33} n^{31} ŋai^{33}.

我 什么时候 也 没 胖 （貌）（句尾）

我什么时候也没胖过。

（48）an^{55} the^{33} ka^{55} e^{31} ko^{31} n^{55} kǎ^{31} ʃuŋ^{33} ju^{33} ai^{33}.

我们 地方 处（话）没 冷 （貌）（句尾）

我们那个地方，没有冷过。

变化式：（49）pe^{31} kjin^{33} lǎ^{55} khoŋ^{51} la̠ŋ^{31} tu^{31} ju^{33} ni$^{?55}$ ai^{33}.

北京　二　次　到（貌）（句尾）

我到过北京两次了。

（50）n^{33} tai^{33} tat^{33} ʃin^{31} ʒi^{33}　ju^{33} ju^{33} sǎ^{55} ni^{51}？

这　电影　（语）看（貌）（句尾）

这个电影你看过了吗?

4. 存变句式的性质、地位并反观汉语

景颇语句型的分类是有层次的。在大类上，先是根据不同的语气分为叙述句、疑问句、测度句、惊讶句、命令句、商量句等六种句型；然后再从存在和变化的意义分为存在句和变化句两种句型；至于体、貌、态等意义，这是存变句式下的句子类型。景颇语存变句式在句型分类上属于中间层次，即第二层次。这与汉话的句型分类不同。

汉语句型的分类，由于汉语具有强分析性的特点，所以学者们习惯从不同角度进行不同的分类。如从语气角度分出叙述句、疑问句、祈使句、命令句等“句类”，从结构角度分出把字句、被字句、存现句、单句、复句等“句式”，于是区分了“句类”和“句式”的不同概念。但景颇语的特点不同。景颇语虽然也属于以分析性为主的语言，但黏着性和曲折性的特点较丰富，句型的构成大多有形态标志和其他各种结构特点，而且语法意义和结构特征往往融合在一起，难以分割。比如，叙述句、疑问句、测度句、惊讶句、命令句、商量句等六种句型，在句尾词的词根上各有自己的形态标志，而且有人称、数、式的形态变化。以第二人称单数为例，叙述句是n^{31} tai^{33}疑问句是n^{31} ni^{51}、测度句是n^{31} toŋ^{33}、惊讶句是n^{31} kha^{33}、命令句是u$^{?31}$、商量句是nit^{55} ka$^{?31}$，其他的人称、数还有别的变化。更重要的是，景颇语的语气标志、存变标志、体标记都融合在一个不能分割的句尾

词上。由此看来，景颇语的句型不能像汉语一样分别从语气或结构的角度进行切分，而应当是把语法意义和语法标志结合在一起，切分出不同的层次。

与汉语比较，景颇语的存在式相当于汉语“……的”或“是……的”的句型，变化式相当于汉语的句型“……了”。汉语南方方言（如闽南话等）的“有+V”式，相当于景颇语的存在句；“V+了”式，相当于景颇语的变化句。汉语不像景颇语那样有形态标记，而是使用不同的句块来表示不同的句型。以我的母语与景颇话对照为例：

闽语仙游话		景颇语	
i^{54} wu^{31} tso^{51}.	伊有做。	ʃi^{33} kǎ^{31} lo^{33} ai^{33}.	他做的。
伊 有 做		他 做 （句尾）	
i^{54} tso^{31} leu^{33}.	伊做了。	ʃi^{33} kǎ^{31} lo^{33} sai^{33}.	他做了。
伊 做 了		他 做 （句尾）	
kua^{33} wu^{31} ɬia^{35}.	我有吃。	ŋai^{33} ʃa^{55} ŋa^{31} n^{31} ŋai^{33}.	我在吃。
我 有 吃		我 吃（貌）(句尾）	
i^{55} ɬia^{35} leu^{33}.	我做了。	ʃi^{33} ʃa^{55} sǎ^{33} ŋai^{33}.	他做了。
伊 做 了		他 吃（句尾）	

研究汉语的“有+V”式，可以参考景颇语的“存变句式”，能够通过亲属语言的对比，加深对语言现象的认识，说明对语言现象的判断。汉语与非汉语的研究要结合，要相互反观，这是发展汉藏语研究的一条有用的路子。把汉语的“有+V”式与景颇语的“存变句式”结合在一起思考，是汉语与非汉语结合研究的一个例子。

这里存在一个值得思考的问题：汉藏语系的不同语言由于分析性强弱不同、形态变化多少不同，会使得在句型的分类上出现不同的标准和结果。非汉语的句型研究，过去过多地模仿汉语的句型分类，出现“削足适履”的现象。所以，如何根据自己语言的特点进行句型分类，是今后要努力去解决的。

参考文献

戴庆厦:《景颇语参考语法》，北京：中国社会科学出版社，2012。

范晓:《汉语句子的多角度研究》，北京：商务印书馆，2009。

范晓主编《汉语的句子类型》，太原：书海出版社，1998。

邵敬敏等:《汉语语法专题研究》，桂林：广西师范大学出版社，2003。

吴福祥、张谊生主编《语法化与语法研究》，北京：商务印书馆，2011。

邢福义:《溪语语法三百问》，北京：商务印书馆，2002。

徐悉艰等:《景汉词典》，昆明：云南民族出版社，1983。

（原载《汉语句式问题探索》，中国社会出版社，2016.6）

景颇语的韵律与语法结构演变

[**提要**] 景颇语是一种有丰富韵律特征的语言。本文从韵律共时特征的分析中，进一步探索景颇语的韵律与景颇语历史演变的关系。论文分两部分：一是简要介绍景颇语韵律的类型及特点；二是分析景颇语韵律影响语法结构的几个主要表现。

景颇语的韵律在语音形式上有六种：元音舌位高低和谐；音节前弱后强；双声、叠韵、谐韵；双音节化；重叠；延音。在语法结构上，韵律波及的范围有“词内韵律”和“句法韵律”两种类型。二者之中以“词内韵律”为常见。“句法韵律”多由“词内韵律”扩散而成。

景颇语的韵律对语法结构演变的制约，目前能看到的主要有以下几种：一、改变词的结构性质。如：使双音节复合词按“前弱后强”的韵律构成“一个半音节”的“准复合词”。二、通过双音节化使短语变为复合词。三、通过韵律变化构成新的语法范畴。如：通过重叠、双声、叠韵、谐韵的韵律变化构成名词的类别范畴。四、词序、语序、句序按韵律特征安排前后顺序，而摆脱语义的制约。如：并列复合词、并列对比句的顺序出现韵律顺序。五、韵律特征制约词类的演变特点。如：个体量词的演变、双音节复合个体量词的产生。六、韵律催生语法形式的转型，如：韵律催生动词的后缀转为独立的虚词——句尾词。

[**关键词**] 景颇语　韵律　语法结构　演变

景颇语属汉藏语系藏缅语族景颇语支。说这种语言的景颇族主要分布在缅甸、中国、印度三国。缅甸分布的人口最多，主要在缅甸北部克钦邦、掸邦，约有150多万人；在中国，主要分布在云南省德宏傣族景颇族自治州，人口有12.56万人（2000年）。

景颇语在语言类型上属分析性的语言，但也有一些黏着、曲折的点。本文从韵律共时特征的分析中，进一步探索景颇语的韵律与景颇族历史演变的关系，意在对韵律的研究提供一些新信息。

一、景颇语的韵律有六种语音类型

韵律是通过语音形式来表现的。景颇语的韵律主要有六种韵律形式。

1.1 元音舌位高低和谐的韵律

主要用在并列复合词的构词中。韵律的规则要求并列复合词前后两个语素的元音必须和谐，这里所谓的和谐是指前一语素的元音舌位比后一语素高。三音节词为一、三音节和谐，四音节词为二、四音节谐。前后语序不能变换。例如：

tiŋ³¹ man³³ 老实　　tʃi³³ khai³¹ 祖父
直 老实　　曾祖父祖母

phun⁵⁵ kǎ⁵⁵ wa⁵⁵ 竹木类　　phuŋ³¹ ʃiŋ³¹ ka̱ŋ³¹ 威信
树 竹子　　威信 威风

lǎ³¹ ku̱ŋ³³ ka³³ ma̱i³³ 炊具　　thiŋ³¹ phut³¹ thiŋ³¹ ʒa³¹ 故居
锅铲 瓢　　遗迹 房基

但短语的次序就不受此规则的制约，而且前后的次序可以变换。如：

kǎ³¹ pa³¹ ai³³ theʔ³¹ kǎ³¹ tʃi³¹ ai³³. 大的和小的
大 的 和 小 的

kǎ³¹ tʃi³¹ ai³³ theʔ³¹ kǎ³¹ pa³¹ ai³³. 小的和大的
小 的 和 大 的

1.2 音节前弱后强和谐的韵律

景颇语的双音节词，除了两个音节都是单纯词的复合词外，还有大量的是由一个半音节组成的。这类“一个半音节”词，在读音上是前一音节弱而短，重音在后一音节上。“前弱后强”的双音节词在景颇语词汇里所占比例很大，是一种特殊的韵律模式。但景颇语没有“前强后弱”韵律模式。

弱化音节的来源有多种：有的是由古代的复辅音声母的前一音节分立而成的，弱化音节没有实在的意义，整个双音节词是个单纯词。（元音上加ˇ的是弱化音节。下同。）例如：

mă^{31} sum^{33}　　三　　mă^{31} ŋa^{33}　　五

lă^{31} ko^{33}　　脚　　lă^{31} ku^{55}　　偷

有的弱化音节是由实语素虚化或半虚化而成。母语人已感觉不到这种弱化音节有意义，在语感上是把整个词当单纯词来使用的。例如：

wă^{33} khje^{33}　　黄牛　　să^{31} lum^{33}　　心脏

牛　红　　心　圆

（wă^{33} 由 ŋa^{33} “牛”弱化而成，să^{31} 由 mă^{33} sin^{31} “心”弱化而成。）

有的弱化音节是由单音节动词或形容词加表示使动态的弱化前缀构成。母语人对这种弱化音节还能感觉到是表示使动义的音节。例如：

ʃă^{31} ʒot^{31}　　使起　　ʃă^{31} pa^{55}　　使累

使 起　　使 累

tʃă̮^{31} pho^{ʔ31}　　使开　　tʃă̮^{31} then^{31}　　使坏

使　开　　使　坏

“一个半音节”的双音节词，实际读音是后一音节比一般的音节长，补足前一个半音节的不足。即一个半音节的总长度，与一般的双音节词相当。

1.3 双声、叠韵、谐韵的和谐韵律

用于四音格词的构造中。要求二、四音节之间在双声、叠韵、谐韵三项中要有一项或两项和谐。这种韵律构造的双音节词，在景颇语中是大量

的。例如：

叠韵：	kǎ^{31} thoŋ^{31} niŋ^{31} tʃoŋ^{33}	村村寨寨
	寨子 （韵律配音）	
双声加谐韵：	lǎ^{33} phʒo^{33} lǎ^{55} phʒa^{55}	落叶
	落叶 （韵律配音）	
双声加叠韵：	pu̱ŋ^{55} phʒo^{31} pu̱ŋ^{33} lo^{33}	白发老人
	白发 （韵律配音）	

韵律配音音节有在词根后的，也有在前的。在后的称“向前和谐”，在前的称“向后和谐”。例如：

phun^{55} khjep^{55} phun^{55} khap^{55}	碎木片	tsu̱p^{55} ni^{33} tsu̱p^{55} naŋ^{31}	破布
碎木片 （配音）		破布 （配音）	
ʃǎ^{31} pʒi^{31} ʃǎ^{31} pʒai^{33}	报酬	ka̱^{ʔ55} ti̱n^{31} ka^{ʔ55} pu^{33}	小竹篮
（配音）工资		（配音）小竹篮	
a^{31} kho^{33} a^{31} khaŋ^{55}	权利	tiŋ^{31} lo^{31} tiŋ^{31} la^{33}	老头
（配音）权利		（配音）老头	

1.4 双音节化的韵律

如：单音节名词大多能加 a^{31} 构成同义的双音节词。例如：

na^{33} / a^{31} na^{33}	耳朵	sai^{31} / a^{31} sai^{31}	血
wan^{33} / a^{31} wan^{33}	碗	mam^{33} / a^{31} mam^{31}	谷子

为了适应双音节化韵律的需要，三音节结构复合词或短语，有的可以省去一个音节，构成双音节词。例如：

mǎ^{31} kui^{33} + lam^{55} = kui^{31} lam^{55}	野象
大象 逛 大象 逛	
mǎ^{31} jam^{33} + thot^{31} = jam^{33} thot^{31}	换过主人的奴隶
奴隶 移 奴隶 移	
lǎ^{31} pu^{31} + tʃa̱ŋ^{33} = pu^{31} tʃa̱ŋ^{33}	黑裤子
裤子 黑 裤子 黑	

pă̠^{33} loŋ^{31} + tʃe^{55} = loŋ^{31} tʃe^{55}　　破衣服

衣服　破　衣服 破

1.5 重叠的韵律

单音节词重叠成双音节词，双音节词词重叠成四音节词，也有成三音节词的。音节的重叠也是一种韵律。重叠是景颇语的一个重要语法手段，在13种词类中有11种能重叠。重叠的方式有完全重叠、部分重叠、嵌缀重叠三种。例如：

thi^{55}	读	thi^{55} thi^{55}	经常堵
kha^{55}	苦	kha^{55} kha^{55}	很苦
kă^{31} ʒa^{31}	哪儿	kă^{31} ʒa^{31} ʒa^{31}	哪些地方
kă^{31} tai^{33}	谁	kă^{31} tai^{33} tai^{33}	哪些人
ʃa^{55}	吃	ʃa^{55} mă^{31} ʃa^{55}	所有吃的

以上的五种形式，双声、叠韵、重叠等三种形式许多亲属语言都有，只是出现频率多少不同而已。但景颇语使用元音舌位高低搭配律构成并列复合词和四音格词，这是亲属语言少有或没有的。这种韵律，是一种相异的元音和谐，即用相异搭配来表现和谐的韵律。这可算是景颇语韵律的一个特点。

1.6 延音

为了适应双音节韵律的需要，三音节结构因为是奇数不符合双音节韵律，所以其中的一个音节要延长音节读音，补足双音节的长度。n^{31} puŋ^{33}（风）"刮风"为三音节支配结构短语，后一音节puŋ^{33}（刮）的读音比一般音节长。三音节结构有短语、复合词，也有少量单纯词。三音节的短语、复合词，延长的音节放在其中能成词或能成词素的音节上。这种延长的音节有的在第一音节的位置上，也有在第三音节位置上的。延音实际上也是为了双音节律，可以看成是双音节律的变体。例如：（音节后加"："的表示延长）

mǎ^{31} kui^{33} po^{33}：	象头	ŋa^{33}：lǎ^{31} pu̱^{33}	鳝鱼
大象　头		鱼　蛇	
n^{31} puŋ^{33} li^{33}：	飞机	ka^{55}：lǎ^{55} si^{51}	花生
风　船		土　豆子	
mi^{31} wa^{31} ka^{31}：	汉语	tʃa^{31}：tʃǎ^{31} moi^{33}	金粉
汉　语		金　粉	

二、景颇语的韵律在语法上有“词韵律”和“句法韵律”两种

景颇语韵律若从语法单位的大小来分，可分为“词韵律”和“句法韵律”两类。“词韵律”又称词内型韵律，“句法韵律”又称词外型韵律。二者之中以词韵律为常见。可以说，景颇语是以词韵律为主的韵律语言。

2.1 词法韵律

是指韵律的变化出现在词的内部。主要有以下几种：

2.1.1　通过重叠、双声、叠韵、谐韵的韵律变化构成类称名词。

景颇语名词有个称名词和类称名词的对立。个称名词是指一个个具体的事物，而类称名词是总称一类事物。类称名词是在个称名词的基础上通过韵律搭配构成的。韵律搭配主要是第三、第四音节与第一、第二音节构成重叠或双声叠韵的关系。例如；

nam^{31} si^{31}	水果	nam^{31} si^{31} nam^{31} so^{33}	水果类
ʃat^{31} mai^{55}	菜	ʃat^{31} mai^{55} ʃat^{31} mo^{33}	各种菜
tsi̱n^{33} jam^{33}	灾难	tsi̱n^{33} jam^{33} tsi̱n^{33} tam^{33}	各种灾难

2.1.2　选用元音舌位和谐的语素构成并列复合名词。

双音节词中，前后音节的元音和谐，后一音节的元音必须低于前一音节的元音。四音节词中，二、四音节的元音和谐。第四音节的元音必须低于第二元音，例如：

kun^{33} phai^{33}	担负	tʃi̱ŋ^{33} pau^{31}	锣鼓
背　抬		鼓　锣	
tʃum^{31} mǎ^{55} tʃap^{55}	调味品	sai^{31} ʃan^{31}	亲骨肉
盐　　辣椒		血　肉	
lǎ^{31} ko^{33} lǎ^{31} ta̱^{ʔ55}	手脚	pau^{31} ji^{31} pau^{31} la^{31}	锣
脚　　手		母锣　公锣	

按双音节化的规律，单音节名词加前缀a、n构成同义的双音节名词。例如：

khum^{31}	a^{31} khum^{31}	身体
mji̱^{ʔ31}	a^{31} mji̱^{ʔ31}	眼睛
woi^{33}	a^{31} woi^{33}	猴子
ʃu̱^{ʔ31}	a^{31} ʃu̱^{ʔ31}	青蛙
nai^{31}	a^{31} nai^{31}	芋头
po̱t^{31}	a^{31} po̱t^{31}	根

文学语言用词双音节化倾向更为突出。许多单音节词能加后附音节或前附音节构成同义的双音节词。例如：

na^{33}	na^{33} khun^{33}	耳朵
wan^{31}	wan^{31} li^{33}	火
ŋon^{33}	ŋon^{33} sum^{31}	舒服
phʒo^{31}	phʒo^{31} tu̱^{31}	白
ka̱i^{55}	lǎ^{31} ka̱i^{55}	戴（花）
tum^{31}	mǎ^{31} tum^{31}	吹
ti^{ʔ31}	n^{31} ti^{ʔ31}	锅

2.1.3　按“前弱后强”的模式搭配韵律，或组成双音节的单纯词，或组成前一音节半实半虚的复合词。例如：

wǎ^{55} kji̱^{55}	瘦牛	sǎ^{31} kʒi^{31}	胆
牛　瘦		心　胆	

wǎ^{55} thoŋ^{51}	斧背	n^{33} khje^{33}	红谷
（斧）背		（谷）红	
lǎ^{31} ta̱^{55}	手	mǎ^{31} li^{33}	四
mǎ^{31} khʒai^{33}	桥	kǎ^{31} pa^{31}	大

2.2 句法韵律

是指韵律的变化出现在词的外部。包括短语的构成、复句的呼应等。主要有以下几种：

2.2.1　短语的组合有的受双音节化韵律的制约，缩减音节。例如：kǎ^{31} kat^{31} “跑”与tʃa̱ŋ^{33} “快”组成补充短语时，适应双音节化的韵律省去kǎ^{31}，说成kat^{31} tʃa̱ŋ^{33} “快跑”。

2.2.2　宾谓短语中有一类音同韵律构成宾语与谓语同形的短语。若宾语是双音节词，谓语取后一音节。这种结构的谓语要延长读音，以便与前面的双音节宾语构成双音节节律。例如：

ka^{31} ka^{31}	说话	khai^{55} khai^{55}	种庄稼
话 说		庄稼 种	
tu^{33} koŋ^{31} koŋ^{31}	摆官架子	au^{33} khja^{33} khja^{33}	焖糯米饭
官架子　摆		糯米饭　焖	

2.2.3　有的并列对比句，前后句的顺序按第一个名词的舌位韵律和谐排列，即前一句名词的舌位要比后一句的名词舌位高。特别是在诗歌中的表现更为突出。这是并列复合词的韵律扩散到句法结构的结果。例如：

nu̱^{51} ko^{31} tʃiŋ^{31} pho^{ʔ31} ʒe^{51}，wa̱^{51} ko^{31} mu^{31} wa^{31} ʒe^{51}.

母（话）景颇族　是　父（话）　汉族 是

母亲是景颇族，父亲是汉族。

ʃoŋ^{33} e^{31} kha^{55}，phaŋ^{33} e^{31} ʃa^{55}.　先有苦，后才有吃。（即先苦后甜）

先（方）苦　后（方）吃

lǎ^{33} mun^{31} tʃiŋ^{31} khaŋ^{31} e^{31} lat^{31}，　lǎ^{33} tsa̱^{33} a^{31} laŋ^{33} e^{31} mǎ^{31} jat^{31}.

一万　山岭　（方）繁殖 一 百　山岗 （方）　繁衍

在一万个山岭上繁殖，在一百个山岗上繁衍。

2.2.4　诗歌、谚语、成语等文学语言的前后句普遍存在双声、叠韵、谐韵等韵律。现从传统故事《孤儿渔夫的故事》中摘出几句：

tam^{31} ŋa^{31} wa^{33} a^{31} la^{33} naŋ^{33} e^{31},　　渔夫男子啊，

渔夫　者　男子　你　啊

ka̱ŋ^{31} kum^{31} tuŋ^{33} mă^{31} ʃa^{31} naŋ^{33} ŋe^{31}！　　世上的人啊！

世上　　人　　你　啊

khau^{31} li^{31} n^{31} sa^{ʔ31} khʒai^{33} tan^{31},　　亲人的气被割断，

亲人　气　尽　割

tsă̱^{55} sam^{51} a^{ʔ31} lai^{31} khʒai^{33} lai^{31},　　坏人的伎俩施尽，

坏人　的　伎俩　尽　施

sin^{31} tam^{55} a^{31} sai^{55} khʒai^{33} sai^{55}.　　恶人的心意施尽。

恶人　习性　尽　施

phu^{51} mă^{51} ʒit^{31} ko^{31} n^{55} tan^{31} lu^{31} n^{31} ŋai^{33},　　对哥哥的惦念不能割断，

哥　惦念　（话）不 割　能（尾）

juŋ^{33} mă^{31} kji̱t^{31} ko^{31} n^{55} ʒan^{31} lu^{31} n^{31} ŋai^{33}.　　对兄弟的旧情不能分离。

兄弟结交　（话）不 分　能（尾）

又如：谚语、成语的押韵：

ti^{ʔ31} kʒu^{ʔ31} tʃun^{55} mă^{31} sum^{33} pʒum^{33}，ka^{31} tsu̱n^{33} mă^{31} ʒai^{33} mă^{31} sum^{33} khʒum^{55}.

锅架　立　三　靠　话 说　个　三　会合

立锅架靠三只脚，出主意靠众人。

phun^{55} mă^{31} ko̱^{ʔ31} na^{31} thai^{33} ʃă^{31} tʃo̱^{ʔ55}，mă^{31} ʃa^{31} mă^{31} ko^{ʔ31} sum^{55} pu̱^{ʔ55} mă^{31} no^{ʔ55}.

树　弯　犁　逗　人　弯　藤箱　掏

树弯了能做犁，心弯了会当贼。

三、景颇语的韵律对语法结构演变的制约性

景颇语的韵律对语法结构演变存在一定的制约性，从共时结构的分析和比较中能看到一些。主要有以下几种：

3.1 韵律能够改变词的结构性质

景颇语的“前弱后强”双音节词，准确地说是“一个半音节”词，其来源是古代藏缅语带复辅音声母的单音节词。由于存在双音节化的韵律，使得带复辅音声母的单音节词一分为二变为双音节词，这种双音节词不同于其他“双重”的双音节词。再由于有“前弱后强”韵律的作用，又使得这类双音节词变为“一个半音节”词。“一个半音节”词的前一音节，原是复辅音中的前一辅音，独立成音节后与后一音节逐渐分离，演变成类似于前缀的“准前缀”，而后一音节变成了能独立使用的词根。总之，韵律使得词的结构性质发生了变化，由单纯词变成了带“准前缀”的派生词。例如：

lǎ^{31}（准前缀）：	lǎ^{31} ta̠^{ʔ55}	手	lǎ^{31} ko^{33}	脚	lǎ^{31} pu^{31}	裤子
mǎ^{31}（准前缀）：	mǎ^{31} ko̠^{ʔ31}	弯	mǎ^{31} ʃa^{31}	人	mǎ^{31} sum^{33}	三

后一音节由于具有了词根的特点，所以能与别的词根组成复合词。例如：

ta̠^{ʔ55}手：	ta^{ʔ55} tʃo̠p^{55}	戒指	ta̠^{ʔ55} pom^{31}	手榴弹	loŋ^{31} ta̠^{ʔ55}	袖子
	手 套		手 弹		衣 手	
ko^{33}脚：	ko^{33} khyen^{31}	裹脚布	ko^{33} jot^{31}	跛脚	ko^{33} sen^{31}	小脚
	脚 裹		脚 跛		脚 尖	

双音节复合词受“前弱后强”韵律的制约，前一音节转为弱化音节，构成介于复合词和单纯词之间的“准复合词”。这是景颇语复合词中特殊的一类。例如：

复合词	准复合词	
ka^{55} mut^{55}	kă^{55} mut^{55}	灰色土
土 灰	（半缀）灰	
ŋa^{33} khji^{55}	wǔ^{55} khji^{55}	牛粪
牛 粪	（半缀）粪	
ŋa^{55} khje^{33}	wă^{31} khje^{33}	黄鱼
鱼 红	（半缀）红	
mam^{33} n^{31} nan^{33}→n^{33} nan^{33}		新谷
谷子 新	（半缀）新	

3.2 韵律能够使短语变为复合词

景颇语中不少由三个音节构成的短语，由于双音节化韵律的作用，融为结构更紧密的复合词。（有的语音也发生变化）这是一种词汇化现象。例如：

短语		复合词	
ʃă^{31} ʒo^{33} tʃa̠ŋ^{33}	黑豹	ʒon^{31} tʃa̠ŋ^{33}	黑豹
豹 黑		豹 黑	
ka̠^{ʔ55} kă^{31} tʃi^{31}	小篮	ka̠^{ʔ55} tʃi^{33}	小篮
篮 小		篮 小	
pă̠^{33} loŋ^{33} lă^{31} ta̠^{ʔ55}	衣服袖子	loŋ^{31} ta̠^{ʔ55}	衣袖
衣服 手		衣 手	

第一例复合词的ʒon^{31} tʃa̠ŋ^{33}“黑豹”的ʒon^{31}，取自ʃă^{31} ʒo^{33}“豹子”的后一音节，增加了ŋ韵尾，声调也发生了变化。第二例复合词ka̠^{ʔ55} tʃi^{33}的tʃi^{33}“小”，取自kă^{31} tʃi^{33}“小”的后一音节，声调发生了变化。第三例复合词loŋ^{31} ta̠^{ʔ55}的loŋ^{31}“衣”，取自pă̠^{33} loŋ^{33}“衣服”的后一音节，声调也发生了变化。

3.3 通过韵律变化构成新的语法范畴

景颇语有许多语法范畴是通过韵律形成的。如：通过重叠、双声、叠

韵、谐韵的韵律变化构成名词的类别范畴。(例见上)

3.4 词序、语序、句序按韵律特征安排前后顺序，而摆脱语义的制约

如：并列关系的复合词、短语、对比句，并列成分的次序孰先孰后存在语义控制和韵律控制两个因素。其先后的顺序出现韵律顺序。有的语言是语义控制大于韵律控制，如哈尼语、阿昌语等；而景颇语是韵律控制大于语义控制。凡舌位低的都居后，不管语义是大是小或重要不重要。例如：

nu̠^{51} wa^{51}	父母	tʃi^{31} woi^{33}	祖父母
母 父		祖父祖母	
lă^{31} ko^{33} lă^{31} ta̠^{ʔ55}	手脚	kă^{31} tʃi^{31} kă^{31} pa^{31}	大小
脚 手		小 大	

上例的“父母”,“母”在“父”之前，是阴性词在阳性词之前；而“祖父母”是“祖父”在“祖母”之前，是阳性词在阴性词之前。“大小”，是“小”在前,“大”在后，不依大小排序。都按韵律规则排序。

但是在极少量词上，谐律规则与语义规则存在竞争。两个被组合的词的词序既有依据语义原则按语义的重要性排列先后的词序，也可以依据语音原则按词的元音和谐安排顺序。如果语音规则和语义规则“竞争”不相上下，就出现了“又读”，例如：

语音规则	语义规则	
nam^{31} lo^{33} nam^{31} lap^{31}	nam^{31} lap^{31} nam^{31} lo^{33}	各种树叶
(配) 树叶	树叶 (配)	
kum^{31} phʒo^{31} tʃa^{31}	tʃa^{31} kum^{31} phʒo^{31}	财富
银子 金子	金子 银子	

前一例两种说法都用，竞争不分胜负；后一例的前一说法已不太用，即语音规则被语义规则所代替。

可以认为，在并列关系的结构中，景颇语的韵律原则大于语义原则，是一个“韵律为主”的语言。

某种韵律能否实现，受使用频率的制约。例如：sum^{31} ʃi^{33}“三十”由mǎ^{31} sum^{33}“三”加ʃi^{33}“十”构成，因双音节化的需要减去前缀mǎ^{31}。但为什么mǎ^{31} li^{31} ʃi^{33}“四十”、mǎ^{31} ŋa^{33} ʃi^{33}“五十”、mǎ^{31} tsa̱t^{55} ʃi^{33}“八十”等，又不构成双音节词而去掉前缀mǎ^{31}？这与“三十”与后面的数相比较常用有关。

3.5 韵律特征在一定程度上影响词类的形成和演变的特点

景颇语的名量词中，集体量词、度量衡量词是表量时不可缺少的，也就是说在表量时是强制性的。没有集体量词、度量衡量词的介入，就不可能表达集体量词、度量衡量词的意义。但个体量词则不同，不但贫乏，而且可用可不用。以不用的为多，不用也能表达个体量词的意义，是非强制性的。例如：

nam^{31} si^{31} lǎ^{55} ŋai^{51} = nam^{31} si^{31} khum^{31} lǎ^{55} ŋai^{51}　　一个果子

果子　一　　果子　个　一

u^{31} ti^{31} sǎ^{31} nit^{31} = u^{31} ti^{31} khum^{31} sǎ^{31} nit^{31}　　七个鸡蛋。

鸡蛋　七　　鸡蛋　个　七

为什么景颇语的个体量词不发达呢？我认为与双音节韵律有关。景颇语的基数词除“六、十”外，其余八个都是双音节的，双音节数词表义比单音节清晰，可以不用量词。正由于数词的双音节性，所以景颇语里有不少双音节量词，与双音节数词构成双数韵律。例如：

si^{31} khap^{55}　　担（棉花）　　num^{33} po^{33}　　个（妻子）

棉花担子　　　　女人 头

si^{31} mja̱n^{33}　　根（线）　　thiŋ^{31} ko^{33}　　户

棉花 伸直　　　　房　脊檩

双音节韵律抑制了个体量词的发展。

3.6 韵律催生语法形式的转型

景颇语的语法形式是由黏着式、屈折式向分析式演变的。在这个演变过程中，韵律起到了催生的作用，促进语法形式的转型。

如：原始藏缅语动词人称、数、体、方向的语法形式，是以动词的后缀和前缀形式出现的，前缀和后缀附着在动词的前或后，与动词不构成韵律的制约性。但在景颇语里，由于韵律的作用，使得后缀与动词分离，变为独立的虚词（句尾词）。句尾词和动词各有自己的韵律构造。句尾词大多是双音节的或四音节的，相互间存在韵律关系，有的双音节词还具有“前弱后强”的韵律关系。就虚词的性质来说，它是分析性的，但其内部还有人称、数的形态变化，又是屈折性的，所以句尾词是带有屈折特点的分析性虚词。动词由于与后缀分离，成为容易进入韵律变化的双音节词或单音节词。例如：

ŋai³³ ʃat³¹ ʃa⁵⁵ sǎ³³ ŋai³³.　　我吃饭了。

我　饭　吃（句尾词）

（sǎ³³ ŋai³³，第一人称、单数、变化体，叙述式）

ŋai³³ n³³ sa³³ n³¹ ŋai³³.　　我不去。

我　不　去（句尾词）

（n³¹ ŋai³³，第一人称、单数、存在体，叙述式）

nan⁵⁵ the³³ n³³ sa³³ mǎ⁵⁵ ni⁵¹？　　你们不去吗？

你们　不　去（句尾词）

（mǎ⁵⁵ ni⁵¹，第二人称、复数、疑问式）

ŋjeʔ⁵⁵ ʃiŋ³¹ ma³³ e³¹ muŋ³¹ kha³³ ŋa³¹ a³¹ toŋ³³？　我的脊背上还有疤吗？

我的 脊背（方助）也　疤　有（句尾词）

（a³¹ toŋ³³，第一人称、单数、疑问式）

作为虚词的句尾词，也同样具有韵律的特征，如有的三音节句尾词能够变读为双音节。例如：

sǎ⁵⁵ liʔ⁵⁵ ni⁵¹ ～ liʔ⁵⁵ ni⁵¹　　体现主语是第一人称单数，疑问句

mǎ³¹ nuʔ³¹ ni⁵¹ ～ nuʔ³¹ ni⁵¹　　体现主语是第三人称复数，宾语是第三人称，疑问句

又如，分析式的使动态有逐渐增多的趋势。分析式使动态的语法形

式，是由动词加虚词ʃă^{31} ŋun^{55}“使”构成。但由于动词以双音节为主，所以ʃă^{31} ŋun^{55}“使”也是双音节的，便于与动词构成节律。例如：

kă^{31} lo^{33} ʃă^{31} ŋun^{55}　　使做　　　ʃă^{31} tʃu̱t^{55} ʃă^{31} ʃă^{31}　　使追赶
做　　使　　　　　　　　追赶　　使

四、对景颇语韵律性质的再认识

4.1 景颇语的韵律是一种形态

景颇语的韵律通过语音手段为词和短语的构造提供规则，这是一种形态。它在景颇语结构中具有很强的影响力，对某些语法结构的存在、变化能起到一定的制约作用。语义也控制或约束语法结构，但在某些方面，韵律控制或约束语法结构大于语义。如上面所说的并列复合词中词素孰先孰后，主要服从于韵律原则而不顾语义如何。

4.2 景颇语韵律演变存在逐渐扩散的流向

景颇语的韵律在演变中影响力不断在扩大。如：经过对各种“前弱后强”韵律现象的对比分析，我们能够排列出这样一条演变链：“前弱后强”的韵律最初只出现在单纯词中，而且多是古复辅音演变的结果。例如：mă^{31} sum^{33}“三”、lă^{31} ku^{55}“偷”。而后，这种韵律又逐渐扩散到复合词上，即复合词的前一词素按“前弱后强”的韵律发生语音弱化、语义虚化，构成不同于双音节的“一个半音节”。例如：wă^{33} na^{33}“斧眼”、n^{31} khʒut^{31}“磨刀石”。又如，出现在并列复合词、四音格词上的元音和谐律，再后，又扩散到复句结构上，复句上下句首词的用词也受韵律制约。（例见上）

4.3 景颇语的韵律特点受景颇语分析程度的制约

一种语言的韵律特点如何（包括丰富与否、演变的特点如何），与这种语言的类型特点密切相关。

通过藏缅语族语言的类型学比较，能够看到藏缅语的类型特征是从屈折型（或以屈折为主，或屈折特点丰富）向分析型（或以分析为主，或分析特点丰富）演变。景颇语的类型特征经历了形态变化由多到少的变化。拿动词的演变来说，原来附着在动词上表示人称、数、体范畴的词缀（前缀或后缀）与动词词根分离，独立出来成为句尾词的虚词。动词的使动范畴也出现屈折形式逐渐减少分析形式逐渐增多的趋势。分析性的特征，决定了景颇语有较丰富的韵律现象。

参考文献

戴庆厦　1992《景颇语参考语法》，北京：中国社会科学出版社。

冯胜利　2009《汉语的韵律、词法与句法》，北京：北京大学出版社。

冯胜利　2011　韵律句法学研究的历程与进展，《世界汉语教学研究》第1期。

（原载《汉语韵律语法研究和探索》，中西书店，2015.1）

景颇语的“一个半音节”在汉藏语语音研究中的地位[①]

［**提要**］本文从景颇语“一个半音节”特点的分析以及与亲属语言的比较中，论证这一化石般的“一个半音节”在认识汉藏语语音历史特点中的地位。“一个半音节”的存在，至少能够沟通藏缅语语音从复辅音声母到一个半音节再到单辅音声母的演变轨迹，还可以为原始汉藏语语音是否存在复辅音声母，以及后来出现什么演变轨迹提供参照线索和思路参考。全文分为六个部分：题解：“一个半音节”术语的概念；景颇语“一个半音节”的共时特点；景颇语“一个半音节”的两种来源；从“一个半音节”构拟藏缅语声母从复辅音到单辅音的演变链；从共时窥见历时的几点体会。

［**关键词**］景颇语　一个半音节　汉藏语　地位　演变链

题　解

研究语言的历史演变有多种方法，多种途径，如古今语言比较、方言比较、语言遗迹证明等。对于缺少历史文献的语言，由于不能从古代文献和今日口语的对比研究中获得成果，因而在研究方法上只能另辟蹊径，寻

① 本文在2018年10月20–21日在首都师范大学召开的首届历史语言学研讨会上宣读过。

找可以使用的方法。本文在拙作《景颇语弱化音节的历史来源》① 的基础上，进一步分析景颇语一个半音节在研究藏缅语乃至汉藏语中的地位，包括它的价值和意义。

我国藏缅语的部分语言，如景颇语、独龙语、载瓦语、波拉语、阿昌语、缅甸语等存在数量不等的一个半音节，但相比之下则以景颇语最为丰富。“一个半音节”词大多出现在基本词汇里，与亲属语言有同源关系、对应规律可循。“一个半音节”是藏缅语语音历史演变中遗留下来的一块珍贵的“活化石”，对于沟通藏缅语乃至汉藏语的语音历史演变的链接具有一定的作用。

在汉藏话语音历史演变中，存在一些长期困扰人们的有趣问题，比如，研究汉藏语的语音演变史，单辅音声母和复辅音声母的变换，单音节词和复音节词的变换等。目前存疑的问题之一是，古代汉语（上古汉语及上古以前的汉语，下同）究竟有没有复辅音声母，有的话有哪些特点、哪些类别？原始汉藏语的声母系统有哪些复辅音声母，后来各语族、各语支是怎么演变的？从音节上看汉藏语的单音节和双音节是如何转换的？其先后顺序应如何排列，与分析性语言属性存在什么关系？在汉藏语语音的历史演变中，复辅音向单辅音的演变除了经过“一个半音节”的中介阶段外，有无从复辅音声母的单音节直接转化为单辅音声母的两个音节？在原始汉藏语或古代汉语里，还有在甲骨文里，有没有“一个半音节”的迹象，有无从复辅音声母的单音节词向“一个半音节”词转化的痕迹。还有，“一个半音节”在汉藏语韵律的构式中有哪些表现和作用？

当然，目前的研究成果还不可能用“一个半音节”的存在，来构拟某个原始音类或直接证明某种音变规律的存在，但可以通过这块“活化石”的介入，提出某种历史音变可能性的假设或可能性的线索。“假设”是语言历史研究所必需的。

本文希望通过景颇语“一个半音节”共时特点的分析，对汉藏语语音

① 该文原载《庆祝梅祖麟先生八十华诞学术论文集》，首都师范大学，2015。

演变的研究能够提供一些可能的线索，还希望有助于汉藏语韵律学的研究。

一、“一个半音节”术语的概念

“一个半音节”是个新术语。为了便于读者明白后文的论述，有必要对“一个半音节”术语的概念先做些简要的介绍。

在读音上，“一个半音节”有长短、强弱两个特征。长短，是指双音节词的“前短后长”，大致是，前一音节是半拍，后一音节是一拍，加起来是一拍半，即“半加1”，与常见的“1加1”的双音节词不同，所以称“一个半音节”。这种“前短后强”模式是就语言音节长度的比例来说的，即前一音节短，后一音节长。但长短还伴随着强弱，前一音节是弱音节，后一音节是强音节，即“前弱后强”。这种比例的差异，是制约藏缅语语音系统的演变、发展的一个重要因素，具有特殊性，因而引起语言学家的关注。

我最初是从“强弱”上来认识这一特征的。曾经用过“弱化音节”来称呼景颇语“一个半音节”词中读为轻而短的前一音节，在元音上加“v”符号表示弱化。如：mǎ^{31} ʃa^{31}人，lǎ^{55} khoŋ^{51}二，mǎ^{31} sop^{31}摸，mǎ^{55} sai^{33}句尾词（表示第三人称单数叙述语气）等。这种音节模式，与前后音节读音强弱一样的双音节词，如pa̱n^{33} khje^{33}红花，wan^{31} khut^{31}火烟、an^{55} the^{33}我们、puŋ^{31} khʒut^{31}洗（头）等，具有不同的特点。前后两个音节强弱相同，或不相同，是景颇语词结构两种不同的模式，各有自己的演变规律。

近几年，有的语言学家从长短上来给这种模式定性，称“一个半音节”。这一术语及概念的出现，与汉藏语历史语言学的发展，特别是构拟上古汉语的语音结构有一定的关系。因为它对认识原始汉藏语有无复辅音，复辅音的特点以及它后来的历史演变都有一定的解释力，因而受到语言学界的重视。因为这篇论文是讲历史演变的，所以我用“一个半音节”

这一术语。

但“强弱”和“长短”两个特征，究竟哪个是主要特征，哪个是次要特征，或是伴随特征，目前还没藏缅语有认识清楚。

“一个半音节”对藏缅语复辅音的历史演变的研究，特别是从共时窥见历史的研究，都具有一定的价值；而且对藏缅语历史语音的分化、整合、类化以及韵律特征的研究也有一定的价值。

二、景颇语“一个半音节”的共时特点

从共时上看，景颇语的“一个半音节”有以下几个特点：

1.从出现频率上看，是一个能产的语言模式。

除了貌词外，“一个半音节”遍布各个词类的双音节词中。如：lă^{31} ko^{33}脚，lă^{31} pu^{31}裤子，kă^{31} te^{ʔ31}哪儿，ʃă^{31} ʒin^{55}学习，tă^{31} pak^{55}摆满，kă^{31} pa^{31}大，kă^{31} tʃi^{31}小，mă^{31} sum^{33}三，mă^{31} ŋa^{33}五，lă^{31} lam^{55}一庹，kă^{31} tu̱^{31} kă^{31} ta̱t^{31}随心所欲地，mă^{31} tsa̱t^{551} ʃă^{31} pat^{31}肮脏状，mă^{31} la^{33} la^{ʔ55}特别地，mă^{31} tʃo^{31}因为，mă^{31} sai^{33}第三人称复数叙述式句尾词，ma^{55} ni^{51}第二人称复数疑问式句尾词。

从出现频率上看，据《景汉词典》15245条目统计，“半音节”在词典中出现的总数是5370次，占音节总次数34336次的15.64%。① 再看“半音节”在话语中的比例。据《景颇语语法》附录的11篇话语材料统计，共有8532个音节，“半音节”有788个，占9.24%。②

从以上统计数字看到，“半音节”在景颇语里是个出现频率较高、比较活跃的语音要素，这必然会对景颇语语音结构的存在和发展起到重要的影响作用。

2.“半音节”的“长短”特征主要出现在元音上，但不是所有的元音都能出现。景颇语有i、e、a、o、u五个元音，能出现“半音节”的只有i、

① 徐悉艰等著《景汉词典》，云南民族出版社，1983年12月。

② 戴庆厦、徐悉艰《景颇语参考语法》，中央民族学院出版社，1992年5。

a两个元音，其他元音不出现。但i、a元音弱化时随着前面声母的不同有多个不同的变体。变体出现的条件受声母特点的制约：与舌尖音声母ts、s和舌叶音声母tʃ、ʃ结合的读为［ɨ］；与声母w结合的读为［u］，与其余声母结合的都读为［ə］。例如：

tsǎ̱^{33}［tsɨ̱̆^{55}］mai^{33}　稍好　　sǎ^{31}［sɨ̆^{31}］taŋ^{33}　名声

wǎ^{55}［wǔ^{55}］kji̱^{55}　瘦牛　　phǎ^{33}［phə̆^{33}］ka^{33}　生意

thǎ^{55}［thə̆^{55}］lo^{51}　那么长　　nǎ^{31}［nə̆^{31}］tuŋ^{31}　田坝

3.从音节的声韵调的结构上看，“半音节”只出现在部分声母、韵母、声调上。

在声母上，景颇语的声母有31个，能当“半音节”的声母只有17个。腭化声母、舌叶化声母都不能构成“半音节”，擦音j、x和新增的借词声母f、tsh不能构成“半音节”。下列声母右上角带星号的是不能构成“半音节”的：p、ph、m、w、f*、pj* phj* mj*、pʒ* phʒ*、t、th、n、l、ts、tsh*、s、tʃ、tʃh*、ʃ、ʒ、j*、k、kh、ŋ、x*、kj*、khj* ŋj*、kʒ* khʒ*。

不同的声母，“半音节”存在差异，有的多，有的少，这反映不同声母半音节化能力存在差异，还与半音节化过程的先后有关，下面列出的是《景汉词典》5370个音节出现弱化音节的数字（按出现多少排列）：m 1310、k 1023、ʃ 1001、l 735、tʃ 414、s 271、w 209、p 115、kh 112、t 89、ph 50、s 27、th 7、ʒ 3、ŋ 3、n 1。

不送气声母比送气声母出现频率高，如k有1023次，kh只有112次。t有89次，th有7次，p有115次，ph有50次。不能成弱化的声母有：腭化声母pj、phj、mj、kj、khj、ŋj，舌叶化声母pʒ、phʒ、kʒ、khʒ，还有随借词而新增的新音位f、tsh、、tʃh、x。

出现比例的差异，大约与其原始共同语来源时的特点有关。这是个有意义的题目，但又是个复杂而又不易理清的问题。

在韵母上，景颇语韵母有88个，分单元音韵母、复合元音韵母、带辅音尾韵母等三类。“半音节”的韵母只出现在单元音韵母上，不出现在复合元音韵母上。单元音韵母有i、e、a、o、u五个，只有i、a两个元音能构成“半音节”。景颇语的塞音韵尾有-p、-t、-k、-ʔ等四个，带塞音韵尾的音节不能构成半音节。

在声调上，景颇语有高平、中平、低降、高降四个调，高降调主要出现在变调上。“半音节”不出现在高降调上。

4.有的词，前一音节在共时上存在弱化与非弱化两读，这反映出“半音节”化过程是逐步进行的，而不是一次到位的。例如：

双音节　　一个半音节

kin^{31} $khʒaŋ^{33}$ ～ $kă^{31}$ $khʒaŋ^{33}$	徘徊
sin^{31} $te^{ʔ55}$ ～ $să^{31}$ $te^{ʔ55}$	句尾词（命令式，主语是第一人称）
sin^{31} $te^{ʔ55}$ ai^{33} ～ $să^{31}$ $te^{ʔ55}$ ai^{33}	句尾词（叙述式，主语是第一人称）
sin^{31} te^{55} ～ $să^{31}$ te^{55}	肾脏
sin^{31} $phuŋ^{33}$ ～ $să^{31}$ $phuŋ^{33}$	大棉
sin^{31} $tʃap^{31}$ ～ $să^{31}$ $tʃap^{31}$	豪猪膻味

5.从意义上看，“半音节”大多是没有意义的，也有少数表示语法意义，是前缀。表示语法意义的主要有以下一些：

表使动的：$ʃă^{31}$ pa^{55}使累，$să^{31}$ $tsa̱n^{33}$使远，$tʃă^{31}$ san^{31}使干净

（前）累　　（前）远　　（前）干净

表名物化的：$tʃă^{33}$ si^{33}死的，$tʃă^{33}$ $khje^{33}$红的，$tʃă^{33}$ mu^{33}好吃的

（前）死　　（前）红　　（前）好吃

表人称的：$mă^{55}$　ni^{51}　疑问语气句尾词，表第二人称复数

人称　语气

$să^{55}$　ni^{51}　疑问语气句尾词，表第二人称单数

人称　语气

“半音节”有的还表示词汇意义，但这些并没有抽象为真正的前缀，每个音节能派生的词寥寥无几。如：

$mă^{55}$表示“昨”义：$mă^{55}$ $na^{ʔ55}$昨晚，$mă^{55}$ ni^{55}昨天，$mă^{55}$ $niŋ^{33}$去年

晚　　　　天　　　　年

通过共时分析，我们对景颇语弱化音节的共时特点有了以下几点认识：

1. “前短后长”（或“前弱后强”）是景颇语的一个重要的双音节语音模式，它不同于汉语的“前重后轻”的轻声结构。由于语音结构不同，演变的模式也不同。

2. “半音节”只出现在部分音素、音节上，有固定的语音模式。

3. “半音节”的功能除少量表示不同的语法意义和词汇意义外，大多分离不出意义，是双音节单纯词的一个音节。过去有的学者笼统称之为“前缀”是不合适的。共时特征显示了它有不同的历史来源。

三、景颇语“一个半音节”的两种种来源

通过语素分析和亲属语言比较，能够发现景颇话的“一个半音节”主要有两种不同的来源。两条不同的途径汇成一个相同的语音模式。这就是说，“一个半音节”是一种模式两种来源。分述如下：

1. 大多来源于古代藏缅语复辅音声母音节

藏缅语族语言中，有许多语言（特别是分布在北部地区的语言）有丰富程度不同的复辅音声母。已有的藏缅语历史比较成果已经证明，复辅音声母应该是藏缅语乃至汉藏语早期的语音形式。通过景颇语与亲属语言的比较可以看到，景颇语的“一个半音节”，凡与藏缅语保留复辅音声母的亲属语言存在同源关系的，大都是与带复辅音声母的音节对应，而非“一个半音节”的词，则与单辅音声母的音节对应。但南部地区复辅音声母大都消失的语言，在对应中它们则与景颇语“一个半音节”的后一音节对应。这条规则，清晰地显示了“一个半音节”与复辅音声母音节在演变上的关系。试看下列同源词的对应：

词义	景颇语	藏文	羌语	哈尼语	载瓦语
三	mǎ^{33} sum^{33}	gsum	khsə	sɔ^{55}	sum^{21}
四	mǎ^{31} li^{33}	bʑi	gʐə	ø̱^{31}	mji^{21}
五	mǎ^{31} ŋa^{33}	lŋa	ʁuo	ŋa̱^{31}	ŋo^{21}
九	tʃǎ^{31} khu^{31}	dgu	ʐguə	ku̱^{31}	kau^{21}
撑	mǎ^{31} ti^{ʔ31}	ɦdegs	ɕtɕə	tu̱^{33}	thu^{ʔ55}
连接	mǎ^{31} tu̱t^{55}	bstud	zdə	tsa̱^{31}	tsho^{ʔ55}
舔	mǎ^{31} ta̱^{ʔ31}	ldag	ŋ̥ɛtɛ	mje^{ʔ31}	jo^{ʔ21}
闻	mǎ^{31} nam^{55}	snom	ɕɛtɛ	nɔ^{55}	nam^{51}
胆	ʃǎ^{31} kʒi^{33}	mkhris	xtsə	khɯ^{55}	siŋ^{21} kji̱^{51}
星星	ʃǎ^{33} kǎň^{33}	star ma	ʁdʐə	a^{31} gɯ^{55}	kji̱^{51}
脚	ʃǎ^{31} ko^{33}	rkaŋ	ʥu qu	a^{31} khɯ^{55}	khji^{51}
弯	mǎ^{31} ko̱^{ʔ31}	ŋgu^{ʔ55}（巴塘）	qɯ ʁəɹ	ɣu̱^{31}	koi^{55}
偷	lǎ^{31} ku^{55}	rku	ʂquəx	xø^{31}	thau^{21}

景颇语同一个“半音节”在亲属语言里存在与多个前一辅音对应。如：与mǎ对应的有g、x、kh、b、l、n等，与lǎ对应的有r、ʂ、z、ɕ、ɦ等。为什么会出现这种复杂的对应关系呢？一种可能的推测是，原始藏缅语的复辅音转为景颇语的弱化音节时经历了类化（及归并）的过程，即由多个不同的声母类推为一个“半音节”。

从音理上说，两个相连的辅音与后面的元音结合在一起由于存在强弱的差异，后一个声母因为与元音靠近，所以音质强一些，而前一个声母因为离元音远，所以音质弱一些。当两个声母分离为两个音节时，前一声母就会因音质弱而弱化为半个音节。

这种“前弱后强”型的语音模式在音系中形成后，还会扩散到其他的双音节词中去，使语言大量出现“一个半音节”的双音节词。

我们还看到，景颇语的单音节词（即非一个半音节）在有复辅音声母的语言里，多与单辅音声母对应，在无复辅音声母的语言里，也多单辅音声母对应。例如：

词义	景颇语	藏文	羌语	哈尼语	载瓦语
火	mi^{31}	me	mə	mi^{31}	mji^{21}
盐	tʃum^{31}	tshwa	tshə	tsha̱^{31} də̱^{31}	i^{55} tʃum^{21}
目	mji^{ʔ31}	mig	mij	mja̱^{33}	mjo^{ʔ21}
手	ta̱^{ʔ55}	lag pa	jə pa	la̱^{31}	lo^{ʔ21}
猪	wa^{ʔ31}	phag	piɛ	a^{31} ɣa̱^{31}	va^{ʔ21}
狗	kui^{31}	khji	khuə	a^{31} khɯ^{31}	khui^{21}
鱼	ŋa^{55}	ŋ̥a	ʁzə	ŋa^{31} de^{55}	ŋo^{21} tso^{21}
肉	ʃan^{31}	ɕa	piɛs	sa^{31}	ʃo^{51}
我	ŋai^{33}	ŋa	qa	ŋa^{55}	ŋo^{51}
黑	na^{ʔ31}	nag po	n̥ix	na̱^{33}	no^{ʔ21}
苦	kha^{55}	kha mo	qhax	xa^{31}	kho^{21}
死	si^{33}	ɕi	dɛʂ̥ɛ	ʃi^{55}	ʃi^{51}
吃	ʃa^{55}	za	dzə	dza	tso^{21}

2. 部分来源于景颇语自身结构“前短后长”模式的类推

景颇话的“一个半音节”，有部分是由“并长双音节词”按“前短后长”型类推而来的。这从词义对比分析中就能看到。例如：

să^{31} tʃap^{31}豪猪膻味（să^{31}来自tum^{31} si^{33}“豪猪”si^{33}的短化。tʃap^{31}为“辣”义。）

kă^{31} khje^{33}红土（kă^{31}来自ka^{55}“土”的弱化。khje^{33}为“红”义。）

wă^{33} ti̱k^{55}咬紧的牙（wă^{33}来自wa^{33}“牙”的短化。ti̱k^{55}为“咬紧”义。）

类推力量不仅制约固有词的语音变化，而且还波及近代的外来借词。景颇语的外来借词主要来自汉语、傣语、缅语等，其中汉语、傣语没有“一个半音节”，景颇语借入这些语言的双音节词时，有的按景颇语语音规则改造为一个半音节”。例如：

汉语借词：lă^{31} tse^{31}　李子　să^{31} tse^{31}　席子　tʃă^{31} khui^{33}　石灰

傣语借词：pǎ^{31} tʃi̱t^{31} 泥鳅　　phǎ^{55} kji^{55}　香菜　phǎ^{33} ʒǒ^{33}　蒜

ŋǎ^{31} ʒai^{55} 地域　　mǎ^{55} khʒi^{55} sum^{31}　西红柿

mǎ^{55} kho^{55} phun^{55}　刺枣树

缅语有“一个半音节”，所以借用缅语的“一个半音节”词，也用“一个半音节”表达。例如：

kǎ^{31} ti^{31} 亿　　phǎ^{55} ʒa^{55} 菩萨　　sǎ^{55} lik^{55} 香烟　　tʃě^{55} nan^{55} 电报

sǎ^{55} nat^{55} 枪　　sǎ^{55} thi^{55} 富人　　sǎ^{31} pe̱^{55} 弟子　　sǎ^{31} ʒa^{33} 老师

总之，从语音演变的角度看，景颇语的“一个半音节”在藏缅语复辅音向单辅音演化的过程中处于“中介”地位。因而，弄清弱化音节的性质、特点，有助于认识藏缅语的语音演变。

四、用“一个半音节”构拟藏缅语声母从复辅音到再到单辅音的演变链

藏缅语语音历史研究已取得这样一个共识：原始藏缅语有丰富的复辅音声母，后来出现了简化的趋势，但不同语言发展不平衡。这个认识是我们观察、判断景颇语“一个半音节”性质、来源的重要依据。

现代藏缅语的声母系统存在三种类型：一是有丰富的复辅音声母，如嘉戎语、道孚语、羌语、普米语等；二是只有单辅音声母或以单辅音声母为主；如哈尼语、傈僳语、缅语、载瓦语、阿昌语等；三是以只有单辅音声母或以单辅音声母为主，但有丰富的弱化音节，如景颇语、独龙语等。这三种类型的分布带有地区特点：第一种类型在藏缅语的北部地区，第二种类型在南部地区，第三种类型在中部地区。这三种类型在演变上存在内在的衔接关系，构成了一条“从复辅音声母的单音节词→单辅音声母的一个半音节词→单辅音声母的单音节词”的声母系统演变链。

这条演变链包括以下两步：第一步，单音节（复辅音声母音节由于复辅音结合松化，分离），变为双音节（弱化音节加单辅音声母音节）；第二

步，双音节（弱化音节加单辅音声母音节）由于弱化音节丢失，再变为单音节（单音节声母）。这应该是藏缅语音节单双演变的一条规律。我不敢说藏缅语复辅音声母的简化都要经过带“一个半音节”的双音节化阶段，但至少可以认为部分语言是要经过“半音节”这个阶段。有没有从复辅音声母音节直接向单辅音声母音节过渡？目前还没有证据用来证明。但也有可能是，它曾经经历过“半音节”阶段，但没有历史文献可考，或目前的研究不够还没有找到痕迹。

我想再扩大到汉语说几句。上古汉语已进入分析型语言，比如缺少形态，单音节词根发达。一些研究上古汉语的学者认为，上古汉语是有复辅音声母的，但后来复辅音声母消失了。但上古汉语以及后来的汉语未见有一个半音节。有两种可能：一是在漫长的上古汉语时期曾经有，但无文献可证，无从认识；二是复辅音声母的消失不经过弱化音节，直接变成单辅音声母。

但我们看到，汉语在基本词中的一批单音节词。有许多是与景颇语的“一个半音节”词有同源关系，如：mǎ^{33} sum^{33}三、mǎ^{31} li^{33}四、mǎ^{31} ŋa^{33}五、mǎ^{31} tu̠t^{55}接、mǎ^{31} nam^{55}闻、lǎ^{31} ko^{33}脚、kǎ^{31} tsu̠t^{55}擦、tʃǎ^{31} khu^{31}九等。这些同源词，应该对汉语历史的演变能够提供一些线索。对古代汉语的特点，我已无力展开，要由做古代汉语的专家来解决。

五、从共时窥见历时的几点体会

以景颇语“一个半音节”为个案，通过共时特点分析和亲属语言比较，窥见其历时演变，这一研究过程，我得到以下几点认识。

1.从语言共时的特点及亲属语言比较探索语言的历史演变，应该是语言研究的一个可行的、有用的方法。特别是对于我国缺乏历史文献的少数民族语言来说，其作用会更大些。本文从景颇语共时的“一个半音节”呈现的各种现象，窥见了从藏缅语复辅音声母到一个半音节再到单辅音声母一个音节的历史演变。这一研究，证明从共时研究历时是可行的。

2.做好这一项研究，必须掌握与这一课题有关的语言资料，特别是对其中“关键语言”（景颇语）要有比较系统、全面的认识，包括认清“一个半音节”的系统构造和不同成分之间相互制约、互相影响的关系，以及确认相关现象在亲属语言之间的前后关系。

3.对应规律的确认是最重要的，这要从比较中根据比较要素的特点作出判断。但如果有计算语言学的量的统计和实验语音学的语音实验就更好。

4.少数民族语言对汉语史的研究有一定的作用，但目前对这一资源挖掘得很不够，今后应加强。

参考文献：

肖家成 《景颇语的弱化音节》,《民族语文》1979（4）。

戴庆厦 《景颇语双音节词的音节聚合》,《语言研究》1993（1）。

戴庆厦 《藏缅语族某些语言弱化音节探源》,《民族语文》1984（1）。

戴庆厦 杨春燕 《景颇语两个语音特点的统计分析》,《民族语文》1994（5）。

戴庆厦、王玲:《景颇语弱化音节语音性质的实验研究》。载《中央民族大学学报》2014年第5期。

（原载《韵律语法研究》2020（1）。）

景颇语传讯范畴的类别及性质

[**提要**] 景颇语的传讯范畴分转述义、确定义、非确定义三类。其标记是在句子末尾加传讯词表示。传讯词的特点是：单音节性；没有形态变化；游离在句子之外，不是句子结构的组合成分；属于分析性特征。景颇语表示传讯范畴的词，与亲属语言找不到同源关系，应是后来自己创新的，或是后起的。

[**关键词**] 景颇语　传讯　范畴

语言中存在传讯范畴（evidentiality）是人类的共性、但不同的语言由于语言结构、语言类型以及认知方式存在不同的特点，传讯范畴的类别、表达方式会不同。传讯范畴的研究，除了揭示不同语言的共性外，更重要的是揭示每个具体语言的个性。

景颇语的传讯范畴主要有表示转述义、确定义、非确定义三类。其标记是在句子末尾加虚化的传讯词表示（本文用简略词的“传”标注）。我在《景颇语两类句尾词的功能互补》文中，从句尾词的视角把这一类传讯标记归为“句尾词2”，与“句尾词1”构成互补。① 但全面考察“句尾词2”的特点，发现它除了具有句尾词表示语气的功能外，还具有表示传讯范畴的意义。所以本文从传讯的角度对景颇语的三类传讯词的语义、语法形式及语用特点进行描写、分析。

① 参看《云南师范大学学报》，2016年第2期。

一、表示转述义的传讯

景颇语在语用中区分信息来源是自述的还是转述的。自述句是通过说话者的感官（视角、心智等）获得的信息；转述句的信息是由别人提供的，由说话者转述。景颇语表示转述义传讯使用频率很高，而且有自己的语法意义和语法形式。主要特点有：

在语义上，ta^{ʔ31}含有转述的意义或语气，但没有一般动词所具有的表示动作行为的实在意义。他相当于汉语动词的“听说、据说、传说”义。如果信息是清晰地听到的，是“听说”义，是泛泛听到的，是“据说”义，是从历史、故事中获知的，是“传说”义。例如：

moi^{31} ʃoŋ^{33} te^{ʔ31} la^{33} lă^{55} ŋai^{51} ko^{31} tʃum^{31} phă^{33} ka^{33} ʃa^{31} kă^{31} lo^{33} ʃa^{55} n^{31} na^{55}

从前　男子　一　（话）盐　生意　只　做　吃之后

kan̠^{33} pau^{33} ai^{33} ta^{ʔ31}.

谋生　（尾）传说

传说从前有一个男子只靠着做盐巴生意谋生。

tai^{33} ʃu^{ʔ31} muŋ^{31} kă^{31} thet^{55} n^{31} na^{55} kă^{31} than^{33} kum^{31} lot^{55} wa^{31} ai^{33} phe^{ʔ55}

那　青蛙也　热　之后　弹跳　跳　跃　起　（尾）（宾）

u^{31} ʒa^{33} lă^{55} ŋai^{51} mi^{33} e^{31} mu^{31} tat^{31} ai^{33} mă^{31} tʃo^{31} sa^{33} thim^{31} a^{31} tʃe̠^{ʔ55} ʃa^{55}

公鸡　一　一　（施）看见（貌）（尾）（助）去　扑　啄　吃

ka̠u^{55} nu^{ʔ31} ai^{33} ta^{ʔ31}.

掉　（尾）　传说

传说青蛙也因为烫而跳跃起来，被一只公鸡看见以后赶紧扑过去就把青蛙啄吃了。

phaŋ^{33} tʃă^{31} thum^{55} kă^{31} niŋ^{31} n^{33} tʃe̠^{33} ti^{33} n^{31} na^{55} tai^{33} u^{31} ʒa^{33} sa^{33} ʒim^{31}

最后　怎么　不 知　做　（助）那　公 鸡　去　捉

wa^{ʔ55} ka̱u^{55} tat^{31} u^{ʔ31} ai^{33} ta^{ʔ31}.

赔　掉　（貌）（尾）据说

据说最后没有办法只好把那只公鸡捉来赔给他了。

ʃu^{ʔ31} kʒe̱t^{31} phe^{ʔ55} sum^{33} ʒi^{33} the^{ʔ31} kjit^{31} lă^{55} n^{31} na^{55} tun^{55} wa^{31} u^{ʔ31} ai^{33} ta^{ʔ31}.

青蛙　（宾）绳子 用　拴　来 之后　牵　回（尾）传说

传说把那只青蛙用绳子拴起来牵回去。

语法形式是在句子的末尾加ta^{ʔ31}表示。ta^{ʔ31}在句中只和全句发生关系，与句子各个成分不构成并列、修饰、支配、补充等句法关系。景颇语非传讯的句子，绝大多数都以句尾助词收尾。但要表示转述义使用ta^{ʔ31}时，ta^{ʔ31}则在句尾助词之后，即在句子之外。ta^{ʔ31}之前的句尾助词，必须拉长读音，以示后面还有一个必要的成分。例如：

ma^{31} no^{33} pum^{31} te^{ʔ31} luŋ^{31} wa^{31} sai^{33} ta^{ʔ31}.　　听说麻诺上山了。

麻诺　山　（方）上　（貌）（尾）听说

mă^{31} nam^{31} ni^{33} tu^{31} mă^{33} sai^{33} ta^{ʔ31}.　　听说客人（们）到了。

客人　们 到（尾）　听说

tai^{33} ʃă^{31} na^{ʔ55} ko̱^{55} n^{31} na^{55} ʃan^{55} nau^{33} ko^{31} n^{31} pa^{55} phe^{ʔ55} muŋ^{31} tʃom^{55}

那　晚上　从起　兄弟俩　（话）被子　（宾）也　一起

phun^{55} ŋa^{33} tʃu̱^{55} ʃup^{31} lu^{ʔ31} ʒai^{31} n^{31} na^{55} mjit^{31} khʒum^{55} wa^{31} mă^{33} sai^{33} ta^{ʔ31}.

盖　牛奶　挤　喝（泛）（结）心齐　（貌）（尾）　听说

据说从那晚起兄弟俩一起盖被子、挤牛奶喝，心也齐了。

除了以上的用法外，景颇语的ta^{ʔ31}还有以下几种用法。

1.有少量句子不以句尾助词收尾而以ʒe^{51}“是”、na^{33}“就要”收尾，这类句子若要加ta^{ʔ31}，就放在这两个词之后。ʒe^{51}“是”、na^{33}“就要”同样要拉长读音，以示后面还有个转述成分。例如：

ʃiŋ^{31} ʒai^{31} tai^{33} ʃă^{31} ni^{55} ko̱^{ʔ55} n^{31} na^{55} tai^{31} ni^{55} tu^{31} khʒa^{31} mă^{31} ʃa^{31} si^{33} ai^{33}

因此　那天　起　今天 到（貌）人　死 的

ʃă^{31} loi^{55} jam^{33} ŋa^{33} sat^{31} ai^{33} thuŋ^{55} ŋa^{31} mat^{31} wa^{31} ai^{33} ʒe^{51} ta^{ʔ31}.
时 候 牲畜 杀的 习惯 有（貌）（貌） 是 据说

据说从那一天开始直到今天，就有了人死的时候杀牲畜给死者送葬的风俗。

ʃi^{33} naŋ^{33} phe^{ʔ55} mă^{31} su^{ʔ31} ai^{33} ʃe^{ʔ31} ʒe^{51} ta^{ʔ31}. 听说是他骗你的。
他 你 （宾）骗 （尾）才 是 听说

phot^{55} ni^{55} tu^{31} tʃaŋ^{33} ʃe^{ʔ31} tʃe̱^{33} na^{33} ʒe^{51} ta^{ʔ31}. 听说是到明天才知道。
明天 到 的话 才 知道要 是听说

phot^{55} ni^{55} mam^{33} tam^{31} să^{33} na^{33} ʒe^{51} ta^{ʔ31}. 说是明天要割谷子了。
明天 谷子 割 就要 是听说

wa^{51} ta^{ʔ31} ŋa^{33} jaŋ^{31} tʃan^{33} nau^{31} tu^{31} mat^{31} sai^{33} n^{33} sa^{33} să^{33} na^{33} ta^{ʔ31}.
爸 说 （泛）的话 太阳太 到（貌）（尾）不 去 就要 说
父亲说天太晚了，（说）不去了。

nu̱^{51} tai^{31} na^{ʔ55} te^{ʔ31} tu^{31} wa^{31} na^{33} ʒe^{51} ta^{ʔ31}. 据妈说今天下午回到家。
妈 今晚 到（貌）要 是据说

2.转述句ta^{ʔ31}的后面还能再加表示传讯义的i^{51}（表示不确定的疑问语义）、lu^{33}（表示不确定的转述语义），以增强传讯的语义。这是传讯标记的重合，二者在一起是并列的关系。例如：

ma^{31} lu^{ʔ55} mă^{55} ni^{55} wa^{31} na^{33} ta^{ʔ31} i^{51}？
麻鲁 明天 回 要听说（语）
听说麻鲁明天回来，是吗？

tui^{51} khum^{31} n^{33} pjo̱^{33} ai^{33} ŋa^{33}，mai^{33} wa^{31} sai^{33} ta^{ʔ31} i^{51}？
奶奶 身体 不 舒服（尾）（泛）好 （貌）（尾）听说（语）
听说奶奶病了，好一点了，是吗？

mă^{31} nam^{31} ni^{33} phot^{55} ni^{55} tu^{31} na^{33} ma^{ʔ31} ai^{33} ta^{ʔ31} l^{51}？
客人 们明天 到 要（尾） 听说（语）
听说客人们明天到，是吗？

ja$^{?55}$ the^{33} khun^{33} miŋ^{31} kʒai^{31} kǎ^{31} ʃuŋ^{33} wa^{31} sai^{33} ta$^{?31}$ lu^{33}.

最近　昆明　很　冷　（貌）（尾）听说（语）

听说最近昆明确实很冷了。

3.ta$^{?31}$除了放在句末外，还能放在句中子句或话题的后面。但在它的后面要加表示“说”义的泛指动词“ŋa^{33}或ŋu^{55}”（表示“说、想”义），以增强句子“说”的信息。例如：

phot^{55} ni^{55} ŋai^{33} sa^{33} wa^{31} na^{33} ʒe^{51} ta$^{?31}$ ŋu^{55} tsu̠n^{33} tan^{55} u$^{?31}$！

明天　我　来（貌）要　是　听说　（泛）告诉（尾）

你告诉他说我明天来。

mǎ^{31} ʃa^{31} ni^{33} ta$^{?31}$ ŋa^{33} tsu̠m^{33} ai^{33} ka^{31} phe$^{?55}$ te̠ŋ^{31} ʒe^{33} ʃǎ^{31} tu$^{?31}$ ta^{55}

别人　听说（泛）说　的 话（宾）真（泛）当　成

nu$^{?31}$ ai^{33}.

（尾）

他把别人听说的话当成是真的。

phot^{55} ni^{55} ŋai^{33} sa^{33} wa^{31} na^{33} ʒe^{51} ta$^{?31}$ ŋu^{55} tsu̠n^{33} tan^{55} u$^{?31}$！

明天　我　来（貌）要是　听说（泛）　告诉(尾）

你告诉他我明天来。

ma^{31} kam^{33} phe$^{?55}$ kǎ^{31} wa^{31} khum^{31} mǎ^{31} tʃi̠^{55} ŋa^{31} ai^{33} ta$^{?31}$ ŋu^{55} n^{31} na^{55}

麻干　（宾）父亲　身体　病　在（尾）听说(泛）之后

tsu̠n^{33} tan^{55} u$^{?31}$！

告诉　（尾）

告诉麻干，他父亲正在生病。

ka^{31} thoŋ^{31} mǎ^{31} ʃa^{31} ni^{33} phe$^{?55}$ tai^{31} na$^{?55}$ tsup^{31} phoŋ^{31} phoŋ^{31} na^{33} ʒe^{51} ta$^{?31}$

村　人　们（宾）今晚　会　开　要　是听说

ŋu^{55} wa^{31} ʃǎ^{31} na^{31} su$^{?31}$！

（泛）（貌）通知　（尾）

你回去通知村里人今晚开会。

ŋai^{33} khʒak^{55} n^{55} mu^{31} ai^{33}，ta^{ʔ31} ŋa^{33} ai^{33} ʃa^{31} na^{33} n^{31} ŋai^{33}.

我 真 没看见（尾）听说 说 的 只 要 （尾）

我并没有亲眼看见，只是听别人（如此这般的）说。

4.有的句子有两个ta^{ʔ31}，一个在句中，一个在句末，各有其强调点。例如：

nu̱^{51} ta^{ʔ31} ŋa^{33} jaŋ^{31} lu^{31} ai^{33} the^{ʔ31} no^{55} tʃo^{31} tat^{31} na^{33} ta^{ʔ31}.

妈 听说（泛）的话 有的 拿 还 给 （貌）听说

听妈妈说有多少先给多少。

ma^{31} tu^{55}，nu̱^{51} ta^{ʔ31} ŋa^{33} jaŋ^{31} n^{55} ta̱^{51} te^{ʔ31} lau^{33} wa^{31} na^{33} ta^{ʔ31}.

麻都 妈听说（泛）的话 家 （方）赶紧 回要听说

麻都，听妈妈说叫你赶紧回家。

5.ta^{ʔ31}是一个难以归在哪类词的特殊的词。它从何而来，现还不得知。看不到它与动词、形容词以及其他虚词在来源上的关系。除了表示传讯外，不表示其他的意义。不像实词一样能够重叠，也不像虚词一样，有形态变化。在周围亲属语言里，这些传讯标记找不到同源关系。根据这些推测，景颇语这一类传讯标记很可能是后来自己创新的。①

二、表示确定义的传讯

景颇语表示确定义的传讯，在语义上强调信息的可靠性，可译为“确实”。其位置也是在句尾词之后。有ʒai^{55}和ʒe^{ʔ55}两个。这两个传讯词是由判断动词ʒai^{55}、ʒe^{ʔ55}“是”虚化而成，其语义、语法特点已与判断动词不同。例如：

ʃi^{33} ko^{31} tʃiŋ^{31} pho^{ʔ31} mǎ^{31} ʃa^{31} ʒe^{ʔ55} ai^{33} ʒai^{55}.

他（话）景颇 人 是 （尾）（传）

他确实是景颇族。

---

① 感谢云南民族大学的岳麻拉教授（景颇族）为我提供转述句的语料。

tai^{33} wa^{33} ko^{31} kʒai^{31} mǎ^{31} tse̱^{31} ai^{33} ʒai^{55}.

那 人（话）很 凶恶（尾）(传)

那人是很凶恶。

phu^{51} kǎ^{31} ja^{ʔ31} ai^{33} the^{ʔ31} mji^{ʔ31} man^{33} sum^{55} mat^{31} ai^{33} ʒai^{55}.

哥哥 害羞 （尾$_1$）和 脸 失 掉 （尾)(传)

哥哥确实感到害羞和丢脸。

tʃo^{31} ai^{33} mi^{33} ʒe^{ʔ55}，n^{55} tʃo^{31} ai^{33} mi^{33} ʒe^{ʔ55}，ŋai^{33} muŋ^{31} n^{55} tʃe̱^{33} n^{31}

对（尾)(语)(传）不对 （尾)(语)(传）我 也 不 知

ŋai^{33}.

(尾)

是对呢，还是不对呢，我也不知。

三、表示非确定义的传讯

景颇语表示非确定义的传讯，在语义上强调信息是“不确定”的。传讯词的位置也是在句尾词之后。其来源不明，与其他词类找不出有什么关系。

i^{33}和i^{51}：用在疑问叙述句之后，表示非确定的疑问信息。i^{33}用在对自己；i^{51}用在发问对别人。例如：

sa^{33} ai^{33} i^{33}，n^{55} sa^{33} ai^{33} i^{33}？ 去呢，还是不去呢?

去（尾)(传)不去 （尾)(传)

kǎ^{31} lo^{33} na^{33} i^{33}， n^{33} kǎ^{31} lo^{33} na^{33} i^{33}？ 做呢，不做呢?

做 要（传）不 做 要（传）

nan^{55} the^{33} a^{ʔ31} lǎ^{31} pu^{31} joŋ^{31} ti̱^{ʔ55} naŋ^{33} ta^{ʔ31} ai^{33} i^{51}?

你们 的 简裙 都 自己 织（尾)(传)

你们的挎包都是你们自己织的吗?

wa^{ʔ31} ʃat^{31} tʃo^{ʔ31} sai^{33} i^{51}　　猪食喂了吗?

猪食　喂　(尾)(传)

n^{55} then^{55}：用在叙述句后面表示信息的来源是估计的、不确定的。可译为“可能、大概、恐怕”义。例如：

nu̠^{51} sa^{33} wa^{31} sai^{33} n^{55} then^{55}.　　妈妈可能去了。

妈妈　去（尾）（传）

ʃi^{33} n^{33} sa^{33} sai^{33} n^{55} then^{55}.　　他可能不去了。

他 不 去（尾）（传）

ma^{ʔ55} khʒa^{31} ʃut^{55} ai^{33} khʒai^{33} ʒai^{55} sai^{33} n^{55} then^{55}.

完全　错（尾）全　是（尾）（传）

可能完全错了。

用n^{55} then^{55}的句子，还能在句中再加副词mǎ^{31} khoi^{33}“可能”与之呼应，形成前后“一实一虚”的构式。例如：

ma^{31} mǎ^{31} khoi^{33} mǎ^{31} tʃi̠^{ʔ55} sai^{33} n^{55} then^{55}.　　他恐怕病了。

孩子 可能　病　（尾）（传）

a^{31} mu^{55} n^{33} tai^{33} phot^{55} ni^{55} mǎ^{31} khoi^{33} ŋut^{55} sai^{33} n^{55} then^{55}.

工作　这　明天　可能　完（尾$_1$）(传）

这工作明天可能完了吧。

mǎ^{31} ʒaŋ^{33} mǎ^{31} khoi^{33} n^{55} thu^{51} sai^{33} n^{55} then^{55}.　雨可能不下了。

雨　可能　不下（尾）（传）

ku̠n^{55}：用在叙述句后面表示信息的来源是“不肯定的”。可译为“大约、可能、也许”。例如：

ʃi^{33} n^{55} ʒa^{ʔ31} sai^{33} ku̠n^{55}?　　哥哥大约不要了?

哥哥　不要(尾)(传)

ma^{31} ko̠^{55} mjit^{31} n^{33} pjo̠^{33} sai^{33} ku̠n^{55}?　　麻果可能不高兴了吧?

麻果　心　不高兴(尾)(传)

kǎ^{31} pa^{31} ai^{33} ku̲n^{55}, kǎ^{31} tʃi^{31} ai^{33} ku̲n^{55}？

大 （尾）(传） 小 （尾$_1$)(传）

也许是大的，也许是小的？

mi^{33}：用在叙述句后面表示信息含有“遗憾”“退一步”的情绪。在主语的后面还加pji̲^{33}“连”与之呼应，构成pji̲^{33}……mi^{33}格式。例如：

naŋ^{33} pji̲^{33} n^{33} tʃe̲^{33} ai^{33} mi^{33}. 连你也不懂。

你 连 不懂 （尾）(传）

naŋ^{33} pji̲^{33} n^{33} sa^{33} ai^{33} mi^{33}. 连你也不去。

你 连 不去 （尾）(传）

mi^{33}也可放在话题后。这是特殊用法。例如：

pha^{33} mi^{33} kǎ^{31} lo^{33} ti̲^{55} muŋ^{31} mai^{33} ai^{33}. 做什么都行。

什么 做 也 行 （尾）

le^{31}：用在命令句的后面，表示“不满”的情感。例如：

lau^{31} kǎ^{31} lo^{33} u^{ʔ31} le^{31}！ 你快做吧！

快 做 （尾）(传）

ʃiŋ^{31} khum^{31} ti^{33} u^{ʔ31} le^{31}！ 不要那么搞嘛！

那么不要 搞（尾）(传）

lo^{31}：用在省略动词谓语的疑问句末尾，表示信息是“不确定的”。这类句子的主语或宾语多是疑问代词，这也是特殊用法。例如：

n^{33} tai^{33} kǎ^{31} niŋ^{31} lo^{31}？ 这个怎么样？

这 怎样 （传）

pha^{33} po^{ʔ31} lo^{31}？ 什么？

什么 （传）

ka^{31} te^{ʔ31} lo^{31}？ 哪儿？

哪儿 （传）

kǎ^{31} naŋ^{31} lo^{31}？ 怎么了？

怎么 （传）

四、结语

景颇语是一种有传讯范畴的语言，传讯范畴在景颇语的语用中出现频率很高。它在语法、语义、语用上有自己独立的、不同于其他范畴的特点。

语法的标志是：在句尾词之后加传讯词表示。传讯词的特点是：单音节性；无形态变化；游离在句子之外，不是句子结构的组合成分；属于分析性特点。在语义上，主要是表达信息来源的方式、说话者的情感、态度。

景颇语是一种带有形态特征的分析语。景颇语传讯范畴的起因和特点，与语言类型的特点存在一定的关系。分析语的特点主要是词根性，即词的每一音节都有意义，用最少的音节表示最多的意义。景颇语传讯标记除 n^{55} $then^{55}$ 外，都是单音节的，体现了传讯范畴的分析性特点。

景颇语表示传讯范畴的词，除 $ʒai^{55}$ 和 $ʒe^{ʔ55}$ 两个来自判断动词外，其他的传讯词都找不到是从哪里来的，而且与亲属语言也找不到渊源关系。可以认为，它是后来自己创新的，或认为它是后起的。

表现传讯范畴的传讯词应属什么词类？它与句子中的成分存在什么关系？如果是句子外的成分，又是什么成分？是否像声调一样是音节外超音段成分，可称之为"超句段成分"？这些有待进一步探讨。

参考文献

[1] 阿不都热西提亚库甫，力提甫托乎提、张定京，阿尔泰语系语言传据范畴研究.北京：中央民族大学出版社，2013（2）.

[2] 戴庆厦，再论景颇语的句尾词.民族语文，1996（4）：61–70.

[3] 戴庆厦。景颇语谓语人称标记的多选择性.中国语文，2008（5）：427–480.

（原载《黔南民族师范学院学报》2018年第10期）

论景颇语的分析型属性

[**提要**] 本文使用类型学的视角，论述景颇语是一种具有粘着、屈折成分但分析性占优势的分析型语言。通过数量统计，确认单音节词根是景颇语表达意义的主要单位，证明单音节性是分析型多种特征中最重要的一项。还从语序的基本固定、形态特征出现的弱化或消失、韵律的丰富性等几个方面，进一步分析景颇语的分析型特点，并从中窥见粘着型向分析型演化的趋势。此项研究还认为，分析、比较语言类型的是语言研究的一个可用的、并能见效的方法；进一步分清分析型语言中的不同类别，比较不同类别的异同，进而挖掘各类分析特点对语言结构的影响和制约，应是我国语言研究特别是类型学研究的一项重要内容。

[**关键词**] 景颇语　分析性　属性

零、题解

研究语言，必须研究它的类型学特点，弄清具体语言的类型学特征。这样，才有助于正确把握具体语言的特点，发现、解释该语言生成的各种语言现象，还有利于认识与其他语言的关系。这一研究，不仅对语言研究而且对语言教学都有好处。

我与闻静合写的《论“分析性语言”研究眼光》一文中，曾梳理了汉藏语系语言的几个分析性特征。认为汉藏语分析性的特点主要表现在以下几个方面：缺少形态；单音节词根所占比例大；语序比较固定；虚词丰富，种类多；韵律丰富。[①] 在《再论汉语的特点是什么》一文中，我认为汉语是个强分析性语言，并认为除了以上特征外，还有义项的扩大能力强；词类的兼用能力强；歧义现象多等特点。[②] 近期我又认为，有了以上的认识还不够，还要进一步解决以下两个问题。

一是这些特征中到底哪个特征相对更重要，哪个特征能对别的特征能起到制约的作用。经过分析、对比，我认为在这些特征中，单音节词根性强应当是最重要的。因为词根性强的语言，为了扩大表达的功能，必然会伴随语序固定、虚词繁多、义项丰富、词类易于兼类等特征。形态的多少也与单音节词根性强弱紧密联系在一起，词根性强自然缺少形态。

二是要区分分析型语言内部的不同类别。为什么？因为分析型语言是语言类型的一类，它内部还存在各种类别。其中有分析性强而粘着、屈折特点弱的，如汉语、彝话、哈尼语、壮语、苗语等；有分析性弱而粘着、屈折特点强的，如景颇语、独龙语、克伦语等。由于分析性强弱程度不同，制约语言内部结构的特点、能力也不同。所以，研究分析型语言，不能只停留在大类的研究上，而要深入发掘各小类不同的特点，并揭示不同小类的关系。只有这样，才能比较准确地认识分析型语言的特点。

景颇语属汉藏语系藏缅族景颇语支，是一种兼有粘着、屈折特点又以分析特点为主的分析型语言。过去的研究，未见有使用类型学理论对分析性特点进行过系统的分析、定位。我在研究中逐渐认识到，使用分析性视角研究景颇语，能够更清楚地认识景颇语的特点，而且能发现景颇语的一些新的特点。

本文主要从类型学的角度分析景颇语的分析性特点和非分析性特点，

① 该文载《云南师范大学学报》，2017–5。中国人民大学复印件2018–1转载。《中国社会科学文摘》2018–2转载。

② 该文载《民族语文》2017–2。中国人民大学复印件2017–9转载。

旨在为景颇语的分析型特点定位，并进一步揭示景颇语是如何从非分析型向分析型演变的。准确地认清一种语言的类型学属性不是一件容易的事，要进行细致的分析和比较。我认为，景颇语分析性的特点主要有以下几点。

一、单音节词是景颇语表义的主要单位

单音节词根在词汇中的比例如何，是决定语言类型的重要条件。美国语言学家Morris Swadesh（莫里斯・斯瓦迪士）在分析世界语言的基础上，用统计学方法求出了200个基本词（实际上是207个），认为这是人类最原始、最基本的词。我借用用它来测试景颇语的词汇，得出如下数据。

单音节词		一个半音节词		双音节词	
117个	占56.5%	67个	占32.4%	23个	占11.1

根据以上统计的数字以及对景颇语208个基本词状态的分析，可以求出以下几点认识：

1. 单音节词（即“根词”）最多，在207个基本词中占一半以上，处于优势地位。

2. 一个半音节词次之，占31.9%。这类词在语音属性上介于单音节词和双音节词之间。在结构上，除了ʃă^{31}（前缀）ni^{55}（日）“昼”和ʃă^{33}（前缀）naʔ^{55}（黑）“夜”两个词是“前缀+词根”外，都是单纯词。

3. 双音节词数量较少，只占11.6%，其中可分为三小类：单纯词有13个；复合词有4个，如sin^{31}（心）tʃa̠^{31}（硬）“肝”；含词缀或虚语素的有6个，如an^{55}（我俩）the^{33}（表多数后缀）“我们”tai^{33}（那）ko̠ʔ^{55}（表处所）“那里”。

以上三点说明，景颇语208个最基本的词中，大多是单音节和一个半音节的单纯词，其次是双音节的复合词，不见有多音节的单纯词。这表明景颇语的词汇主要以单音节、一个半音节为主，也就是说，现代景颇语已

具有分析型语言的基本特征。

如果进一步扩大词汇量，可以看到景颇语词汇构成特点有些不同。我们曾经统计《景汉词典》① 全部词条共15245个，求出音节多少的比例如下：

	单音节	一个半音节	双音节	三音节	四音节	四音节以上
词条数	2693	3073	5244	2103	2001	131
比例	17.7%	20.15%	34.9%	3.8%	13.1%	0.09%

上面数字显示，在大量的词汇范围内，景颇语则以双音节词为最多，其次是一个半音节词和单音节词，三项加在一起占72.75%。此外，还有三音节、四音节及四音节以上的词。单音节、一个半音节和双音节占词汇优势的这一状态，也是分析性特点的表现。

景颇语的一个半音节词主要有两个来源。一是来自古代复辅音声母的单音节词。单音节的复辅音声母后来分离为两个单辅音，使单音节变为一个半音节。如：景颇语的一个半音节ʃă^{31} ʒam^{33}“水獭”，在一些亲属语言里是复辅音音节（藏语sram、道孚语ʂsəm、却域语ʂsɛ^{55}）。二是双音节复合词中的前一实词弱化。如：wă^{33} khje^{33}“黄牛”的后一音节是“红”，前一音节的wă^{33}，由ŋa^{33}“牛”弱化后变为半个音节的wă。在母语人的意念里已识别不出是“牛”的意义。

一个半音节词大多是单纯词。若参与复合词构词，只使用其中的后一音节，这样一来，后一音节在构词中逐渐具有单独的词根意义。如：lă^{31} ko^{33}“腿”是一个半音节单纯词，参与复合词构词时，只用后一音节ko^{33}。如：ko^{33}（腿）khjen^{31}（绑）“绑腿”、ko^{33}（腿）thon^{31}（瘸）“瘸腿”。ko^{33}在复合词中已具有模糊的“腿”义，但还不能单独使用。可见，一个半音节的单纯词，在构词的运转中能使后一音节变为根词，这样就产生出词汇义模糊度不等的新词。

① 《景汉词典》，徐悉艰等编，云南民族出版社出版，1983-12。

但有部分一个半音节词，首部的半音节表示语法意义，后面的音节表示词汇意义。其中主要有两类：一类是由“使动前级+词根”构成的使动词，如ʃă^{31}（使）pa^{55}（累）“使累”、tʃă^{31}（使）tsi̠m^{31}（静）“使静”。另一类是“a^{33}前缀+词根”构成的词，a^{33}前缀的作用有表名物化的，有表数量多的，如a^{33}（前缀）khje^{33}（红）“红的”、a^{33}（前缀）sa^{33}（去）“老去”。还有起配音作用的，与单音节词根构成双音节词。如：a^{31}（前缀）phun^{55}（树）“树”、*a^{31}（前缀）na^{33}（耳朵）“耳朵”。这些加前缀的合成词，属于黏着性特点。汉藏语系的语言都有数量不等的黏着性合成词，但相比之下景颇语的数量算是多的，反映出景颇语有较强的黏着性特点。

景颇语的双音节词，主要是复合词，单纯词很少。如：tʃoŋ^{31}（学校）ma^{31}（孩子）“学生”、sai^{31}（血）lam^{33}（路）“血管”。这类复合词的构词方式在景颇语里是能产的，是丰富双音节词的重要手段，也是分析性特点的表现。①

总体看来，景颇语表义是以单音节、一个半音节为主的，属于分析性的特点。它是众多分析性特征中最重要的一项。

景颇语单音节词根为主的分析性特点，能对其他特点的存在和演变起着制约的作用，如能制约四音格词的丰富发展。出于语义表达的需要，景颇语出现了大量的四音格词。在《景汉词典》的15245条词中，四音格词就有1127条，占收词总数的7.4%。四音格词的特点是：主要由单音节词、一个半音节词组成；讲究韵律；在语言表达上具有特殊的功能。景颇语的四音格词主要有ABAC、AABB、ABAB、ABCB、ABCC、ABCD等六种组合形式，韵律有双声、叠韵、谐韵、重叠等格式。在我国语言里能够看到这样一条规律：凡是分析性的语言，都有丰富程度不同的四音格词，分析性越强四音格词越丰富。与亲属语言不同的是，景颇语的一个半音节词

① 参看戴庆厦《景颇语词的双音节化对语法的影响》，载《民族语文》1997年第6期。《中国人民大学书报资料中心》1998年第1期转载。《景颇语双音节词的音节聚合》载《语言研究》1993年第1期。

也以双音节词的身份参与了四音格词的构词。①

二、语序基本固定，是景颇语表义的主要手段

景颇语每种语法单位都有一种固定的语序结构，而且不能随意变动，语序成为句子表义的主要手段。如：主谓结构是“主语+谓语”，支配结构是“宾语+谓语词”，谓补结构是“谓词+补语”，名量词修饰名词是“名词+数量词”，动量词修饰动词时是“数量词+动词”，状中结构是“状语+中心语”，名修名结构是“名词修饰语+名词中心语”，话题结构是“话题+述题”等。例如：

ŋai³³ ʃat³¹ ʃa⁵⁵ ŋa³¹ n³¹ ŋai³³. 我在吃饭。
我 饭 吃 在（句尾）

ʃi³³ lai³¹ ka̱³³ thi⁵⁵ ŋa³¹ ai³³. 他在读书。
他 书 读 在（句尾）

kǎ³¹ lo³³ ŋut⁵⁵ sai. 做完了。 phun⁵⁵ lǎ³¹ lam⁵⁵ mi³³ 一庹柴
做 完（句尾） 柴 庹 一

mǎ³¹ sum³³ la̱ŋ³¹ sa³³ 去三次 kʒai³¹ kǎ³¹ tʃa³³ ai³³. 很好的。
三 次 去 很 好 句尾

tʃiŋ³¹ phoʔ³¹ tʃoŋ³¹ 景颇学校
景颇 学校

ŋai³³ ko³¹ tʃiŋ³¹ phoʔ³¹ ʒe⁵¹. 我是景颇人。
我 （话题） 景颇 是

景颇语是一个富有话题特点的语言，每句话都由话题和述题两部分组成。话题的标记是ko³¹，使用频率高。话题和述题的词序也是不能改变的，是景颇语词序固定的重要方面。

① 参看戴庆厦、孙艳《景颇语四音格词产生的机制及其类型学特征》，载《中国语文》2005年第5期。

景颇语只有以下两种语序能够改变。改变的目的是表达某种语义的需要，而且要有条件。一种是形修名语序。这种语序主要使用“名词中心语+形容词修饰语”语序，修饰语居后，但可以把修饰语提到名词之前，说成“形容词修饰语+名词中心语”语序。修饰语居前在语义上是为了突出修饰语，其主要条件是长修饰语。例如：

tʃoŋ31 kǎ31 pa31　大的学校　tsom31 thap31 ai33 tʃoŋ31　美丽的学校

学校 大　　美丽　的 学校

pǎ33 loŋ33 kǎ31 tʃi31　大的衣服　kʒai31 tso̱m31 thap31 ai33 tʃoŋ31　美丽的学校

衣服 大　　很 美丽 的 学校

另一是主宾语的位置。一般是主语在宾语之前，主语是话题。但为了强调宾语，可以借助话题助词和宾语助词，把宾语调到主语之前做话题，宾语成了话题。例如“我告诉他了”可以有以下两种语序：

ŋai33 ʃi33 pheʔ55 tsu̱n33 tan55 sǎ33 ŋai33.

我 他（宾助）告诉 （句尾）

ʃi33 pheʔ55 ko31 ŋai33 tsu̱n33 tan55 sǎ33 ŋai33.

他（宾助）（话题）我 告诉 （句尾）

这两种语序能够改变，与景颇语有丰富的结构助词有关。即：形修名语序的变动有结构助词ai33“的”的帮助；主宾语位置的移动靠宾语助词pheʔ55的帮助。

三、表示语法意义的形态出现弱化或消失

从语言结构、语法形式的分析中，能够看到景颇语表示语法意义的形态出现衰退、丢失。主要有以下两类：

（一）表示语法意义的句尾词出现大面积的弱化和泛化[①]

景颇语有大量的句尾词，这是不同于其他亲属语言的一个重要特点。句尾词以虚词身份放在句子末尾，表示谓语的多种语法意义。其特点可归纳为以下几个：

1. 数量多，至今我收集到的共有330个左右，但使用频率不一。

2. 主要功能是表示谓语的人称、数、体、式、方向等语法意义。

3. 它位于句子的末尾，有独立的声调。在句中是独立的虚词，不是词的后缀，不与动词或谓语粘在一起。

4. 虽然是虚词，但在构造上有形态变化。如：ai^{33}表示主语是第三人称单数，存在式；sai^{33}表示主语是第三人称单数，变化式。n^{31} ŋai^{33}表示主语是第一人称单数叙述式；n^{31} tai^{33}表示主语是第二人称单数叙述式。

5. 句尾词大多数是双音节形式。虽然也有少数是三音节的，但其中有一些能变读为双音节。如：mǎ^{31} nuʔ^{31} ni^{51}→muʔ^{31} ni^{51}表示主语为第三人称的疑问式句尾词；mǎ^{31} niʔ^{31} kaʔ^{31}→mjiʔ^{31} kaʔ^{31}表示主语为第三人称的命令式句尾词。

6. 其来源是由动词的后缀与动词分离而成的。在藏缅语其他亲属语言里，这类表示谓语人称、数等语法意义的成分多由后缀承担。

总的看来，景颇语这类句尾词，在类型属性上既有黏着性、屈折性特点，又有分析性特点。从它能够表示如此丰富的语法意义来看，又有形态变化应是黏着性、屈折性类型；从它是独立的虚词来看，又是分析性特点。可以认为，句尾词是黏着、曲折、分析三种特点汇聚而成的词。但句尾词由后缀转变为虚词，是景颇语黏着性向分析性演变的反映。

值得注意的是，景颇语的句尾词已出现大面积衰退、消失的趋势。这可以从几方面来观察：从使用量上看，数量大量减少，出现合并的趋势。如：表示第三人称叙述式的ai^{33}（存在式）、代替了第一、二人称n^{31} ŋai^{33}、

① 参看戴庆厦《再论景颇语的句尾词》，在《民族语文》1996年第4期。《景颇语句尾词形成的结构机制》《中央民族大学学报》2003年第2期。《景颇语谓语人称标记的多选择性》，载《中国语文》2008年第5期。

n^{31} tai^{33}。例如：

ʃi^{33} tʃe̠^{33} ai^{33}.　　　　他会。

他 会 （句尾）

aŋi^{33} tʃe̠^{33} n^{31} ŋai^{33}.→ŋai^{33} tʃe̠^{33} ai^{33}.　　　　我会。

我 会 （句尾） 我 会 （句尾）

naŋ^{33} tʃe̠^{33} n^{31} tai^{33}.→naŋ^{33} tʃe̠^{33} ai^{33}.　　　　你会。

你 会 （句尾） 你 会 （句尾）

从人群使用上看，年轻人使用句尾词的能力弱于中老年人；从母语能力上观察，景颇语文能力强的，句尾词掌握得多些；在地区上，聚居的比杂居的强；在国别上，缅甸景颇族句尾词的衰退比中国景颇语严重。

句尾词集中了景颇语大量的宫有形态特征的语法特点，其衰退、消失是景颇语黏着性、屈折性向分析性演变的重要表现。

（二）使动范畴的语法形式向分析式转化

景颇语有丰富的使动范畴。其语法形式主要有屈折式和分析式两种。屈折式是古老的，只出现在单音节词上，使用范围有限：而分析式是后来产生的，能产性强，单音节词和双音节词都能使用，也比较灵活。

1.屈折式：有前缀式和变音式两种。

（1）前缀+自动词。前缀有ʃă、tʃă、să、ă。自动词都是单音节的。例如：

ka^{31}	跳（舞）	ʃă^{31} ka^{31}	使跳（舞）
kha$^{?31}$	分离	tʃă^{31} kha$^{?31}$	使分离
pjep^{31}	裂	ă^{31} pʒep^{31}	打裂

（2）变音式：通过声韵调的变化表示。也只出现在单音节词上。目前能见到的也只有10多个，显然是处于衰退的状态。例如：

pja$^{?55}$	垮	phja$^{?55}$	使垮
ʒoŋ^{33}	在	ʒoŋ^{55}	关（使在）
tuŋ^{33}	坐（锅）	tun^{55}	使坐（锅）

2.分析式：在自动词后加ʃă^{31} ŋun^{55}“使”表示。ʃă^{31} ŋun^{55}“使”来自动词“使、使唤”，还能单独当动词用。ʃă^{31} ŋun^{55}“使”用来表示使动意义时，有一定程度的虚化。这种分析性，自动词可以是单音节的，也可以是双音节词。例如：

ka̠^{33}	写	ka̠^{33} ʃă^{31} ŋun^{55}	使写
ka^{31} lo^{33}	做	ka^{31} lo^{33} ʃă^{31} ŋun^{55}	使做
ʃă^{31} tʃu̠t^{55}	赶	ʃă^{31} tʃu̠t^{55} ʃă^{31} ŋun^{55}	使赶

景颇语使动范畴存在变音式使用功能弱化、分析式大量增多的趋势，是景颇语分析性增强的又一表现。

四、景颇语注重词法韵律

韵律是人类语言的普遍现象，但分析性语言的韵律特点不同于非分析性语言。景颇语的韵律包含词法韵律和句法韵律两种，但注重词法韵律，在词内采取多种不同的韵律手段提高语言的表达能力。注重词法韵律，是分析性语言的一个特点，其强弱是衡量分析性强弱的一个标尺，景颇语词法韵律主要有以下五种：

（一）元音舌位高低搭配[①]

用在并列复合词构词中。要求前一语素的元音舌位要比后一语素高。三音节词为一、三音节和谐，四音节词为二、四音节和谐。例如：

nu̠^{51} wa̠^{51}	老实	tʃi^{33} khai^{31}	祖父
直 老实		曾祖父 祖母	
phun^{55} kă^{55} wa^{55}	竹木类	lă^{31} ko^{33} lă^{31} ta̠^{ʔ55}	手脚
树 竹子		脚 手	

（二）音节前弱后强搭配

即“一个半音节”。例如：

① 参看戴庆厦《景颇语并列结构复合词的元音和谐》，载《民族语文》1986年第5期。

mǎ^{31} li^{33}　　三　　sǎ^{31} lum^{33}　　心脏

（三）双声、叠韵、谐韵

四音格词的构造都要求二、四音节之间存在双声、叠韵、谐韵等韵律。这三项中要有一项或两项和谐。韵律配音多在三四音节，称“向前和谐”，也有在一二音节，称“向后和谐”。例如：

tsu̱p^{55} ni^{33} tsu̱p^{55} naŋ^{31}　　破布（一三音节相同，二四音节双声）

破布　（韵律配音）

pu̱ŋ^{55} phʒo^{31}pu̱ŋ^{55} lo^{33}　　白发老人（一三音节相同，二四音节叠韵）

白发　（韵律配音）

lǎ^{33} phʒo^{33} lǎ^{55} phʒa^{55}　　落叶（一三音节相同，二四音节双声加谐韵）

落叶　（韵律配音）

ka̱ʔ^{55} ti̱n^{31} kaʔ^{55} pu^{33}　　小竹篮（韵律配音在前，一三音节相同）

（韵律配音）小竹篮

（四）双音节化

双音节化也是韵律的一种。近代，景颇语的双音节词有了很大的发展，成为词汇中数量最多的一类。这一韵律规则，就把一些单音节词（包括外来借词）、三音节词也改造为双音节词。例如：

sai^{31} ～ a^{31} sai^{31}　血　　wan^{33} ～ a^{31} wan^{33}　碗　（汉语借词）

lǎ^{31} pu^{31}+tʃa̱ŋ^{33} = pu^{31} tʃa̱ŋ^{33}　　黑裤子

裤子　黑　裤子 黑

nam^{31} pa̱n^{33}+khje^{33} = pa̱n+khje^{33}　　红花

花　红　花　红

唱词祭祀等文学语言里双音节化倾向更为突出。许多单音节词能加后附音节或前附音节构成同义的双音节词。例如：

wan^{31}　　wan^{31} li^{33}　　火

phʒo^{31}　　phʒo^{31} tu̱^{31}　　白

（五）重叠

单音节词重叠成双音节词，音节重叠也是一种韵律。景颇语在13种词类中有11种有双音节词能重叠的现象。例如：

khʒap^{31}	哭	khʒap^{31} khʒap^{31}	经常哭
khʒi^{33}	酸	khʒi^{33} khʒi^{33}	很酸
kʒu̠^{ʔ55}	六	kʒu̠^{ʔ55} kʒu̠^{ʔ55}	各六

五、结语

（一）从以上的分析中，我们大体可以认定景颇语是一种具有粘着、屈折特征的分析型语言，也就是一种偏粘着、屈折型的分析语。若与粘着特征浓厚的藏缅语族嘉戎语、道孚语、普米语、羌语等语言相比，粘着、屈折特征弱些；若与分析特征浓厚的彝语、哈尼语、拉祜语、阿昌语、缅语、载瓦语等语言相比，粘着屈折特征又强些。它处于这两种类型之间。

说到这里，我想起美国学者Paul.K.Benedict（白保罗）1972年在其出版的《汉藏语概要》中说过的一段有价值的话："景颇话处在藏缅语的十字路口，它在语言中的地位也同它在地理上的位置相当。"他把景颇语视为"中心语言（linguistic center）"。① 白氏虽然是从历史语言学的角度来看景颇语语言结构的历史演变，但"中心地位"的概念同样也能用来解释语言类型的演化。藏缅语族语言研究的成果已经认为，藏缅语的历史演变是由非分析性（黏着性、屈折性）向分析性演变，而处于中心地位的景颇语，其语言类型带有中心的特点也是符合语言演变的客观规律的。

（二）此项研究证明，认识语言的分析性属性有助于深入研究语言的特点，也就是说，语言类型的分析和比较是语言研究的一个可用的、能见效的新角度、新方法。我认为，认定景颇语是"含有黏着性的分析性语言"

① BENEDICT，Paul K 1972，Sino–Tibetan：a Conspectus.Contributing Editor，James A MATISOFF.Princeton–Cambridge Studies in Chinese Linguistics#2. New York：Cambridge University Press.（STC）

的属性定位，以及存在粘着、屈折性向分析性演变的趋势，有助于景颇语的深入研究。比如，景颇语有丰富的结构助词，具体的有定语结构、状语结构、施动结构、宾语结构、话语结构等、并列结构等六类，在藏缅语中属于多的。过去我虽对景颇语的结构助词做过系统的描写研究，但对其性质、生成条件以及其历史地位，始终认识不清。现在觉得，若能从粘着屈折型向分析型转变的角度进行观察，或能解释景颇语的结构助词为什么会比汉语丰富而不及普米语丰富的缘由。再者，与汉语有亲缘关系的景颇语，为什么没有汉语里大量存在的被动句、把字句、离合词结构，这与分析性的类型是否有关。

（三）分清分析性语言中的不同类别，比较不同类别的异同，进而挖掘各类分析特点对语言结构的影响和制约，应是我国语言研究特别是类型学研究的一项重要内容。我希望有更多的学者来做这一研究。如果每人都能亮出自己熟悉语言的研究成果，必定能通过比较求出更可靠的成果。

参考文献

《戴庆厦文集》（第1–5集），中央民族大学出版社，2912.

《戴庆厦文集》（第6集），中国社会科学出版社，2915.

戴庆厦著《景颇语参考语法》，中国社会科学出版社，2912.

（原载北京大学《语言学论丛》62期）

论景颇族的支系语言[①]

——兼论语言和社会的关系

[提要] 景颇族内分五大支系，不同支系都有自己的语言。不同的支系有什么特点，相互间存在什么关系，是本文所研究的问题。文章先介绍景颇族不同支系使用语言的情况，以及这些语言的系属分类。然后具体分析支系语言的使用存在稳固性、兼用性两个主要特点，其中的兼用性特点反映景颇族在形成统一民族后的进一步融合。最后分析了景颇族支系语言的发展问题，认为这种发展主要表现在语言兼用和语言转 用的现象日益增多、语言影响的范围日益扩大两个方面；并认为景颇族支系语言的统一不可能通过语言影响来实现，而语言转用则是统一景颇族语言的必经途径。

[关键词] 景颇族　支系语言

本文以中国的景颇族（国外称Jinghpo或Kachin）语言为对象，研究一下景颇族支系语言的使用特点，目的是为了探讨一个使用多种语言的民族，社会的因素是怎样影响不同语言的使用和发展。

① 本文是作者参加1986年1月在美国圣的·巴巴拉（Santa Barbara）举行的“研究中国少数民族语言、文化的国际会议”提供的学术论文。

一、景颇族的支系及支系语言

中国的景颇族主要分布在云南省德宏傣族景颇族自治州的潞西、瑞丽、陇川、盈江等县，人口约12万人。景颇族内部分五大支系：景颇、载瓦、勒期、浪峨、波拉。各支系对自己的称法和对别的支系的称法列表如下：

支系＼称法	景颇	载瓦	勒期	浪峨	波拉
景颇	tʃiŋ³¹phoˀ³¹	a³¹tsi⁵⁵	lǎ³¹ʃi⁵⁵	mǎ³¹ʐu³¹	po³¹lo³¹
载瓦	sǐ⁵⁵tu̠ŋ⁵⁵	tsai²¹va⁵¹	lǎ²¹tʃhi⁵⁵	lǎ²¹la̠ŋ⁵¹	pǎ²¹lo²¹
勒期	phuk⁵⁵vu⁵¹	tsai³¹vu⁵¹	lǎ³¹tʃhi⁵¹	la̠ŋ³¹vu⁵¹	pǎ³¹lɔ⁵¹
浪峨	phauk⁵⁵vɔ³¹	tsa³⁵vɔ³¹	lǎ³¹tʃhik⁵⁵	lɔ̃³¹vɔ³¹	pǎ³¹lɔ³¹
波拉	phauk³¹va³¹	ti³¹va³¹	lǎ³¹tʃhi³⁵	lõ³¹va³¹	pǝ̆³¹la⁵⁵

景颇族有着强烈而明确的支系意识。不仅每个成员对自己所属支系十分明确，而且对所熟悉的人属何支系也非常清楚。对外，他们使用“景颇”这一统一的名称；对内，则喜欢用支系的名称，称自己为××人，认为自己不同于别的支系。支系的差别成为景颇族民族特征中的一个重要方面。

不同支系的分布，总的是交错杂居的局面。载瓦和景颇两个支系，人口较多，有几块较大的聚居区。如潞西县（今潞西市）的西山区，盈江县的盏西区，陇川县的邦瓦区，是载瓦支系的聚居区；盈江县的铜壁关区，瑞丽县（今瑞丽市）的等戛区，是景颇支系的聚居区。勒期、浪峨、波拉三个支系，人口较少，其聚居区大多以村寨为单位。但大多数地区都是不同支系杂居一起的。许多村寨都居住着两个或两个以上的支系，只有少数村寨是单一支系的。在多支系杂居的村寨，多数是以一个支系为主，并夹有一些别的支系。如潞西县（今潞西市）三台山区引欠乡就是一典型的、多支系杂居的地区。这个乡的各个村寨都有几个不同的支系，但在不同的支系中，大都有一个支系人口较多。如邦瓦寨以载瓦支系为主，引欠寨以浪峨支系为主，广林寨以勒期支系为主，孔家寨以波拉支系为主。也有少数村寨是由人数大致相当的不同支系组成的。不同支系合成的村寨，许多家庭是由不同的支系结合而成的。

不同的支系不仅在分布上存在密不可分的关系，而且在民族的其他特征上，如经济制度、生产方式、婚丧喜庆、服饰衣着、宗教信仰、风俗习惯、心理素质等各方面，都保持基本相同的特征。尽管这些不同的支系，在历史上可能是不同的共同体，但经过长期的历史发展，他们已发展成为一个统一的民族。各支系之间已经紧密地联系在一起，融为一个大的共同体。不同支系的差别，主要表现在语言上。各个支系都有自己的、不同于别的支系的语言，而且支系的界限同使用语言的界限完全一致。这就是说，使用不同的语言，是景颇族不同支系之间最明显和最主要的特征。

关于这五种语言的系属分类，我的意见是它们同属汉藏语系藏缅语族，又分属两个不同的语支——景颇语属景颇语支；载瓦语、勒期语、浪峨语、波拉语属缅语支。景颇语同另四种语言差别较大，具有许多不同于缅语支语言的特点。如：景颇语在双唇和舌根音上除了有腭化音声母外，还有卷舌化声母；单纯词中双音节词较多，其前一音节多为弱化音节；量词少，名词计个体单位时一般不用量词；使动范畴的主要语法形式是在自动词前加词头表示使动；谓语助词很丰富，通过曲折变化综合体现谓语的“式”“人称”“数”“方向”等语法意义；形态变化比较丰富，有语音交替、重叠式、附加式等。更重要的是，在词汇中景颇语同另四种语言有许多异源词（来源不同的词）。同源词的语音对应规律也很不严整，同一语音对应条例所包括的例词很少。下面列举的是景颇语同另四种语言异源的词：

汉义	景颇语	载瓦语	勒期语	浪速语	波拉语
人	mă^{31}ʃa^{31}	pju^{51}	pju^{31}	pju^{31}	pju^{55}
鼻子	lă^{55}ti^{51}	no̠^{51}	nu̠^{33}	nɔ̠^{31}	na^{55}
舌	ʃiŋ^{31}let^{31}	ʃo^{51}	ju̠^{33}	ʃɔ^{31}	ʃa^{55}
蜂	lă^{31}kat^{31}	pjŏ^{21}jaŋ^{21}	pju^{33}	pjɔ̆^{55}jɔ̃^{31}	pja^{31}

鹰	kă^{33}la^{33}	tsun^{51}	tsɔn^{51}	tsum^{31}	tsɔn^{55}
熊	tsa̱p^{55}	vam^{51}	wɔm^{31}	vɛ̃^{31}	vɛ̃^{55}
猴	wo̱i^{33}	mju^{ʔ21}	mjuk^{31}	mjauk^{31}	mjau^{ʔ31}
树	phun^{55}	sik^{55}	sək^{55}	sa̱k^{55}	sak^{55}
房子	n^{55}ta̱^{51}	ju̱m^{51}	jɔ̱m^{33}	ja̱m^{31}	ja̱m^{55}
针	să^{55}mjit^{55}	ap^{55}	ŋa̱p^{55}	ŋɛ^{ʔ55}	ŋɛ̱^{ʔ55}
一	lă^{55}ŋai^{51}	ʒa^{21}	ta^{31}	ta^{31}	ta^{31}
老	tiŋ^{31}la^{33}	maŋ^{21}	maːŋ^{33}	mɔ̃^{35}	mɔ̃^{31}
深	suŋ^{31}	nik^{21}	nəːk^{31}	nɔ^{ʔ31}	na^{ʔ31}
新	n^{31}nan^{33}	a^{21}sik^{55}	a^{31}sək^{55}	sa̱k^{55}	sak^{55}
多	lo^{ʔ55}	mjo^{21}	mjɔ^{33}	mjɔ^{35}	mja^{31}
高	tso̱^{31}	mja̱ŋ^{51}	mja̱ŋ^{33}	mjɔ̱̃^{31}	mjɔ̱̃^{55}
上（去）	luŋ^{31}	to^{ʔ21}	tɔː^{ʔ31}	tɔ^{ʔ31}	ta^{ʔ31}
哭	khʒap^{31}	ŋau^{51}	ŋau^{31}	ŋuk^{31}	ŋau^{55}
穿（衣）	phun^{55}	vut^{21}	vut^{31}	vɛ^{ʔ55}	vɛ^{ʔ55}
卖	tut^{31}	uŋ^{21}	vɔŋ^{31}	auŋ^{35}	auŋ^{35}

载瓦语等四种语言同缅语、阿昌语比较接近，同属缅语支。它们共同具有不同于景颇语的一些特点，同源词也较多。但这四种语言之间相互通话有困难，其差别主要表现在语音对应和词汇上，语法差异较小。至于它们之间是语言差别还是方言差别的问题，尚未定论，有待进一步研究确定。这四种语言，载瓦语同勒期语较接近，浪峨语同波拉语较接近。从整个语支的情况看，载瓦语、勒期语同阿昌语较接近，浪峨语、波拉语同缅语较接近。现将景颇族支系语言的系属分类列表示意如下：

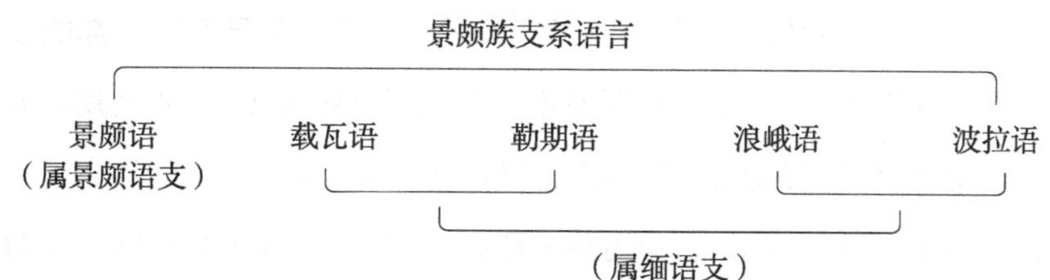

二、景颇族支系语言的使用特点

景颇族支系语言的使用具有两个重要特点：一是稳固性；另一是兼用性。所谓稳固性，是指不同支系的人在日常生活中都各自稳定地、持久地使用本支系的语言，并认为本支系的语言就是自己的民族语言。各支系的语言，经过全支系人们的长期使用，得到充分发展，不仅形成自己独特的语言特点，而且各自还积累了丰富的诗歌、故事、谚语、格言等语言文学材料。所谓兼用性，是指除了使用本支系语言外，还能兼用别的支系语言。在整个景颇族地区，除去一些大片的、单一支系的聚居区只使用本支系的语言外，在广大的多支系的杂居区和小片的单一支系的聚居区，许多人除了使用本支系语言外，还能兼用另外一个支系或两、三个支系的语言。其兼用程度一般都较好，均能达到能说、能听、能流畅地进行思想交流的水平。总的看来、杂居地区的支系，其兼用程度比聚居区高，一般都能熟练地、准确地兼用另一支系的语言，并且在使用时与母语不发生混淆。

不同支系的人们在一起，什么情况下使用本支系的语言，什么情况下使用别的支系的语言，都不是随意的，而是由某种特定的条件决定的。这种条件与交际场合、辈分、年龄、性别、职业等因素有关。下面，我们分析几个主要的交际场合，看一看景颇族支系语言的使用特点。

家庭：景颇族的许多家庭，是由不同支系的人结合而成的。这样的家庭，各个成员使用什么语言存在比较严格的界限。子女的支系归属，一般随父（男性户主），即父亲属何支系，子女也属何支系。同样，子女操何母语也随父。这种由不同支系的父母结成的家庭，存在两种不同的母语类型，父亲和子女操一种母语，母亲操另一母语。父母双方虽都能较好地掌握对方的语言，但相互交际时都是各说各的支系语言，不使用对方的语言。这种用对方支系语言“听”、用自己支系语言“说”的语言交际现象，虽不是“语言兼用”，但可称“语言半兼用”。其子女虽以父亲的语言为自己的母语，但在家庭内交际时则是同父亲说父亲的语言，同母亲说母亲的语言，子女之间交谈则用父亲说的语言。其母亲虽然自己长期坚持使用本支系的语言，但对子女则要求他（她）们之间或他（她）们与父亲之间必须使用父亲使用的语言。如果这个家庭还有一个使用另一支系语言的祖母，她也使用自己支系的语言，其下辈同她交谈时也应使用她的支系语言。这样，这个家庭就同时使用三种不同的母语。总的看来，景颇族使用语言是以父系语言为主的。这个特点，是由景颇族父系家庭的性质决定的。景颇族在历史上虽经过母系社会阶段，但到现代已发展成为以父系为主的一夫一妻家庭。父亲是一家之长，在家庭内享有最高的地位，不但子女的姓从父，而且世系也按父系计算。父系家庭的性质不但决定父系在家庭经济中的主导地位，而且还决定父系语言在家庭中享有承用的权利。子女虽以父亲的语言为母语但同母亲交谈又得使用母亲的母语，这是母权制残余的反映，说明女性在家庭中还具有一定的地位。家庭是社会的细胞，民族的自然单位，它必然会强烈地反映人们对语言的认识或语言在人们心理中的地位。

这里，我们以潞西县（今潞西市）三台山区引欠乡孔家寨为例，看一看景颇族家庭的语言使用情况。这个寨共有二十户人家，是个以波拉支系为主的多支系村寨。其中波拉支系十一户，浪峨支系九户，载瓦支系一户。由于景颇族同姓不能通婚，而波拉支系又都称“孔”（$ts\tilde{\varepsilon}^{31}khau\eta^{35}$），所以这一支系都与别的支系组成家庭。全寨除了一户是浪峨人娶浪峨人外，部是由不同的支系组成的。详见下表：

家庭的结合特点，决定了语言兼用的必然性。这个村寨除了还未具有语言能力的儿童外，几乎每个人除了使自己的母语外，还都能熟练地兼用别的一两种支系的语言。在家庭内严格遵守“子女的母语随父”的原则，不能随意改动。如果改动，就会遇到长辈或社会舆论的压力。如该寨有一户称$ta\eta^{55}kh\tilde{o}^{31}$的，全家十一人，除父母外，子女九人。这家的父亲是波拉，母亲是浪峨，理应以波拉语为母语。但由于子女与母亲的关系较密切，曾多年习惯于在家庭内使用浪峨语。其父对此非常不满，要子女们改用波拉语。不久，子女们都改用波拉语（但对母亲还说浪峨语）。

户　名	户主支系	户主妻子支系
lɛ^{ʔ31}ʃan^{35}	波　拉	载　瓦
taŋ^{55}lɔn^{35}	波　拉	载　瓦
tʃɛ̃^{31}khɔ̃^{31}	波　拉	载　瓦
lɔn^{55}khɔ̃^{31}	波　拉	载　瓦
tʃɛ̃^{31}lɔn^{35}	波　拉	载　瓦
taŋ^{55}ɣɛ̃^{55}	波　拉	浪　峨
taŋ^{55}khɔ̃^{31}	波　拉	浪　峨
tʃɛ̃^{31}kham^{35}	波　拉	浪　峨
tʃɛ̃^{31}tsɛ^{55}	波　拉	浪　峨
lə̆^{31}xɔ̃^{55}	波　拉	浪　峨
khɔ̃^{55}tʃɛ̃^{31}	波　拉	浪　峨
xɔ̃^{55}khɔ̃^{31}	浪　峨	波　拉
lau^{35}nɔ^{ʔ55}	浪　峨	波　拉
lum^{55}khɔ̃^{31}	浪　峨	载　瓦
khɔ̃^{31}tsɛ^{31}	浪　峨	载　瓦
kjuŋ^{55}tau^{35}	浪　峨	载　瓦
tau^{35}khɔ̃^{31}	浪　峨	载　瓦
lau^{31}tsa̱^{55}	浪　峨	载　瓦
khɔ̃^{31}tau^{35}	浪　峨	浪　峨
thaŋ^{31}nan^{35}	载　瓦	浪　峨

社交：在家庭以外的社交场合，支系语言的使用具有一些不同的特点。在这里，年龄和环境起了重要的作用。不同支系的青壮年在一起交谈，可以相互使用对方的语言。用什么语言一般根据当地主要使用什么语言而定，有时还看双方熟悉什么语言。青壮年同老年人交谈，青壮年往往喜欢使用自己支系的语言，以示对老年人的尊重。不同支系的青年男女在恋爱阶段，如果双方都熟悉对方的语言，他们相互交谈时往往是男方主动使用女方的语言，以示爱慕之情。但成立家庭后。男方则又改用自己支系的语言。不同支系的老人在一起交谈，大多是各说各的，不愿改用对方的语言。但不同支系的小孩在一起交谈则比较随便，可依环境和交际的需要使用对方的语言。

学校：景颇族的许多学校，都由不同支系的学生组成。学生之间使用什么语言也不甚严格。一般是，这个学校中哪个支系的学生多，就多使用哪种语言。但同一支系的学生，即使在这个学校中人数较少，相互交谈也还是愿意使用本支系语言。

婚丧礼仪：婚礼使用的语言多随男方。这个习惯同样与景颇族父系家庭的性质有关。景颇族的“结婚”一词称 num^{33} la^{55}（景颇语），意思是“拿女人”。女子出嫁后属男方所有，社会地位低于男子。婚礼中使用男方的语言，反映出男方在婚姻中的主导地位。当然，如果男方的语言在这个地区懂的人少，也能使用女方的语言。在办丧事的活动中，宗教用语则由巫师根据祭什么鬼神而定。在信仰基督教的地区，由于圣经是用景颇文翻译的，所以祈祷用语都使用景颇语。

支系语言的存在，是民族统一发展中反映在语言使用上的一种特殊现象。民族的形成，有一个逐步发展的过程。不同的民族，由于社会历史发展的种种原因，民族形成的途径也不会完全一致。不同的共同体（即不同的支系）在融为一个民族的过程中，往往是别的特征（如风俗习惯、心理素质等）融合了，而语言则未融合，语言成为不同共同体最后保留下来的主要特征，也就是成为不同支系进入完全融合的最后一道“防线”。当不同的支系在许多特征上已趋于统一，应该说他们已融为一个统一的民族，而不同的支系可能各自还会保留自己的语言，这并不妨碍统一民族的形成，因为统一的民族可以使用几种不同的语言。景颇族的形成和发展就是这样。景颇族是由几个不同的支系溶合而成的，发展到现在已经融为一个统一的民族。尽管不同的支系在许多重要的特征上都已统一，但支系的差别仍然存在，而这种差别主要是建立在使用不同语言的基础上。在现阶段，景颇族在民族特征上具有两种意识：一是同一民族的意识，即不管哪个支系都认为他们同属一个民族。在这种意识的支配下，不同支系长期协调地共同生活在一个村寨，有着相同的生活方式，能够共同组成新的家庭。特别是在与别的民族在一起时，这种统一的意识就更为强烈。另一是支系差别的意识，即他们都认为在景颇族内部存在不同的支系，而且每个人对自己属何支系都十分明确。同时存在这两种意识，反映景颇族既已发展成为一个统一的民族而又存在内部差别的客观事实。

不同支系的人们对自己的支系语言有如此亲切的感情，而且还尽可能地使其在社会和家庭中具有独立的地位，这是一种什么力量在起作用呢？我们就这个问题访问了一些景颇人。许多人回答说："是什么支系就应该说什么支系的话，这是支系的尊严。""不说自己支系的话会被人笑话。"由此可见，支系的差别在景颇人的头脑中还相当稳固，成为一种"无形的"民族特征。景颇族的不同支系，在历史上曾有过不同的迁徙路线，并有反映本支系历史来源的种种神话和传说，这些都是构成支系特征的要素。但是，支系的差别主要是在语言差别上。对不同支系来说，别的差别（如服饰、生活习惯、婚姻、宗教等）都容易趋于一致，而语言则不易统一。语言的稳固性在支系语言的使用上同样表现得如此强烈。

支系语言的兼用特点，反映景颇族在形成统一民族后的进一步融合。一般说来，一个统一的民族要保证民族内部的交流，必须要有大家都懂得的语言。无疑，支系语言的存在，是不利于民族内部交流的。支系语言的兼用，就是为了解决这个矛盾而出现的，是在还不能使用统一语言的条件下出现的一种过渡现象。可以说，语言兼用是景颇族在形成统一民族后进步缩小差别的主要内容。

三、景颇族支系语言的发展

景颇族的支系语言虽然各有自己的特点，也各有自己的发展规律，但由于使用不同支系语言的人毕竟是同一个民族，因此各支系的语言无论在使用特点上还是在结构特点上，在发展中都不能不互相影响，互相制约。景颇族支系语言在使用上的发展主要表现在以下两个方面：语言兼用和语言转用的现象日益增多，语言影响的范围日益扩大。

随着景颇族地区各地人们相互交流的不断加强以及整个民族文化科

学水平的不断提高，能够兼用另外支系语言的人越来越多。特别是近几十年来，语言兼用现象有了较大的发展。随着语言兼用的发展，在某些条件下坚持使用本支系语言的习惯受到一定的冲击，出现松化的现象。这在干部、知识分子、青年学生中出现的例子比较多。有些干部、知识分子家庭，孩子以母亲语言为母语而不受父亲的指责。如陇川县有户姓郭（$ko^{?31}$ lu^{31}）的干部，自己是载瓦支系，妻子是景颇支系，但孩子都跟母亲说景颇语，自己也跟着说。但到祖父家则不行，老人要求他们说载瓦语。有些青年学生，使用什么支系语言已不很讲究，看什么方便就用什么语言。大致看来，年龄越大的人对使用本支系语言越讲究，保存本支系语言的信念越强。

语言兼用发展到一定程度，就会出现语言转用。景颇族有些地区，已不断出现语言转用现象。其转用条件往往同人口迁移、家庭成员变化等因素有关。潞西县（今潞西市）轩岗区芒棒乡南赛寨有四十多户景颇支系，三十多年前住在西山区时还操用景颇语，搬至南赛寨后因周围载瓦支系多，只过一代就转用了载瓦语。现在只有老一代的人还会说景颇语，青年人几乎只会载瓦语。陇川邦外吕良寨是个以景颇支系为主的村寨，居住在这里的勒期、载瓦支系有一些已转用景颇语。这个寨共有二十三户，其中景颇十一户，勒期七户，载瓦五户。有五户勒期支系和两户载瓦支系已转用景颇语。转用的条件主要是：全寨说景颇语的人较多，家庭中的母亲是景颇支系。此外，有的人在缅甸上过景颇语学校也是促使语言转用的一个原因。这个村寨的家庭组成及语言使用情况见下表：

户　名	户主支系	户主妻子支系	子女以何语言为母语
$kum^{31}tʃa^{31}no^{33}$	景　颇	景　颇	景颇语
$ma^{31}ʃoŋ^{33}$	景　颇	景　颇	景颇语
$thaŋ^{33}te̠^{55}no^{33}$	景　颇	景　颇	景颇语
$la^{?31}khji^{55}$	景　颇	景　颇	景颇语
$la^{?31}mai^{33}khon^{33}$	景　颇	景　颇	景颇语
$la^{?31}mai^{33}tʃa̠ŋ^{33}$	景　颇	景　颇	景颇语

户　名	户主支系	户主妻子支系	子女以何语言为母语
ma³¹jam³³	景颇	景颇	景颇语
n³¹khum³³sau³¹seŋ³³	景颇	勒期	景颇语
tsau³¹tọŋ³³	景颇	勒期	景颇语
ma³¹tạŋ³³	景颇	勒期	景颇语
thaŋ³¹tẹ⁵⁵la²³¹	景颇	载瓦	景颇语
tiŋ³¹kho⁵⁵	勒期	景颇	转景颇语
thaŋ³¹jiŋ³³	勒期	景颇	转景颇语
tiŋ³¹pom³¹	勒期	景颇	转景颇语
tʃhaŋ³³jiŋ³³	勒期	景颇	转景颇语
khu⁵⁵jiŋ³³	勒期	景颇	转景颇语
tsuŋ⁵⁵tiŋ³¹	勒期	景颇	勒期语
tʃhaŋ³¹sau⁵⁵	勒期	勒期	勒期语
tsau³¹mun³³	载瓦	载瓦	转景颇语
la²²¹no²²¹	载瓦	景颇	载瓦语
tsau³¹joŋ³³	载瓦	景颇	转景颇语
la²²¹ŋia²²¹	载瓦	勒期	载瓦语
noŋ³³lat²¹	载瓦	汉	载瓦语

语言转用是景颇族支系语言发展的必然趋势。因为在一般情况下，一个民族形成后总是要朝着不断缩小差别、扩大共同性的方向发展。在支系语言存在的条件下，语言转用是克服语言障碍的一条最有效、最彻底的途径。当然，要实现这个转变，必须经历较长的时间，这中间还会不同程度地遇到各种阻力。因为，传统的支系意识总希望保留自己的支系语言，这就自然会出现一些抵制语言转用的因素。但是，语言转用的力量是阻挡不住的，它所形成的趋势总是要向前发展的。各地语言转用的人数逐渐增多就是一个很好的证明。

在景颇族五种支系语言中，景颇语和载瓦语是语言兼用和语言转用的主要对象。为什么呢？这大约同使用这两种语言的支系的人口、分布和社会发展条件有关。景颇支系在我国虽人数较少，但在缅甸人数较多，而且因为有代表景颇语的文字，文化教育都较其他支系发达，另外几个支系的学生进入使用景颇文的学校，一般都能很快地掌握景颇语文。载瓦支系在我国人数最多，而且分布比较集中，对别的支系有一定的影响。别的支系为了适应环境的需要，有许多人已学会载瓦语。五种支系语言形成两个中心，是目前景颇族支系语言发展的主要趋势。

不同支系的语言在接触中相互影响，是支系语言发展的内容之一。相互影响主要表现在词汇借用上。在这五种语言中，景颇语的影响力量最大，各支系都从景颇语借入一定数量的词汇。例如：

汉义	景颇	载瓦	浪峨	波拉
手绢	pha^{31}tʃet^{31}	phĕ^{21}tʃet^{21}	phə̆^{31}tʃɛt^{31}	pĕ^{31}tʃɛt^{31}
巫师	tum^{31}sa^{33}	tum^{21}sa^{55}	tum^{31}sa^{35}	tum^{31}sa^{35}
皇帝	kho^{33}kham^{33}	xo^{55}kham^{21}	khɔ^{35}kham^{55}	khɔ^{35}kham^{55}
努力	ʃă^{31}kṵt^{31}	ʃă^{21}kṵt^{21}	ʃə̆^{31}kṵt^{31}	ʃə̆^{31}kṵt^{31}
勤快	kjḛt^{31}	kjḛt^{21}	kjɛ̰t^{31}	kjɛ̰t^{31}
高兴	kă^{31}pu^{33}	kĕ^{21}pu^{55}	kə̆^{31}pu^{55}	kə̆^{31}pu^{35}
幸福	ŋon^{33}	ŋon^{55}	ŋɔn^{55}	ŋon^{35}
忙	kjḭn^{55}	kjin^{21}	kjin^{55}	kjin^{31}
干净	san^{31}seŋ^{55}	san^{21}seŋ^{51}	san^{31}	san^{31}sɛŋ^{55}
悲哀	jon^{33}	jon^{55}	jɔn^{35}	jɔn^{35}
搬（家）	thot^{31}	thot^{21}	thɔt^{31}	thɔt^{31}
故意	tiŋ^{31}saŋ^{33}	tiŋ^{21}saŋ^{55}	təŋ^{31}ʃɔ̃^{35}	təŋ^{31}saŋ^{35}
懒	lă^{31}kon^{31}	lə̆^{21}kon^{21}	lə̆^{31}kɔn^{31}	（nø^{35}）

景颇语也向载瓦语借用一些借词，但数量很少。例如

汉义	载瓦	景颇
锄头	ʃam^{51}khop^{55}	ʃaŋ^{55}khop^{55}
小竹筒	kjḛ^{55}tok^{55}	kjḛ^{55}tok^{55}
锤子	pat^{21}tu^{51}	pat^{31}pau^{33}
嚼品（婚礼用）	ŋja^{55}kai^{55}	ŋja̱^{33}kai̱^{33}

在缅语支中，景颇族这四种支系语言的语音比较接近，而与同属缅语支的缅语、阿昌语有许多不同。仿如：在声母方面，塞音、塞擦音有清无浊，而缅语分清浊；鼻音、边音有浊无清，而缅语和阿昌语分清浊。韵母

方面，辅音韵尾均保留 -m、-n、-ŋ、-p、-t、-k、-ʔ 七个，而缅语（仰光话）塞音韵尾只保留一个 -ʔ，鼻音韵尾都已转化为元音的鼻化；元音分松紧，缅语、阿昌语不分等。这些语言在语音系统上保留较大的一致性，大约同分布条件以及语言兼用、语言影响有一定的关系。

从发展趋势上看，景颇族支系语言的统一不可能通过语言影响来实现。因为从目前的情况看，语言影响的速度是很缓慢的。而且，不同语言间存在的不同发展特点还将会使各语言不断出现新的差异。而语言的转用，将是统一景颇族语言的必经途径。

〔附记〕本文所用资料，承景颇族朵什拥汤（$to^{ʔ21}$ $ʃi^{21}$ $joŋ^{55}$ $thaŋ^{55}$）、孔早若（$tʃă^{31}$ $khuŋ^{33}$ $tsau^{31}$ $ʒo^{31}$）、孔志恩（$tʃɛ̃^{31}$ $khɔ̃^{31}$）、扎朵（$tʃa^{31}$ $to̱p^{31}$）等同志热情提供，我的研究生刘菊黄、傅爱兰曾同我一起到实地调查，协助我做了一些工作，在此一并表示感谢。

（原载《民族研究》1987（3）。）

我做景颇语研究的一些心得

［**提要**］本文根据作者60多年景颇语研究的经验，谈了六点做景颇语研究的心得。即：锁定景颇语为主攻方向，坚持不断往前推进；主要精力放在景颇语语言事实的收集、整理和分析上；要有微观深入、宏观把握的意志和功夫；要重视语言现象的系统性；要深入研究景颇语必须扩大与亲属语言的比较；景颇语的研究还存在大块空白等待填补。

［**关键词**］景颇语　研究　心得

引　言

为什么要讲这个题目？原因有二：一是我1952年进大学就以语言学为专业，至今已有65年的历史。虽然时间不算短，但觉得对语言的认识很不容易。我们每个人，天天都在使用语言，对语言表皮的认识不难，都能说上几句，但要深入认识语言的特点，能够说到点子上，就不是很容易了。看来，对语言的深入认识，要一点一滴地积累、下功夫思索，才能有真知灼见。二是我主攻的语言是景颇语，谈谈自己长期相伴的语言心里踏实些。65年来，景颇语成为我的专业，我持续地学习它，研究它，不知不觉就与景颇族景颇语有了深厚的、不离不舍的感情。景颇语的教学研究，成为我终身主要的职业。如今，有必要把自己半个多世纪以来研究景颇语的一些体会梳理一下，一方面能够促进自己以后的语言研究，另一方面对年轻的同行者也许能够提供一些参考或借鉴。每个人如果能够把自己研究语言的体会梳理出来，对语言学科的建设必有好处。

但要说明一点：世界的语言种类多，特点多样，比如，有形态变化多的，也有分析性强的，有句型复杂的，也有句型简单的，所以，揭示具体语言规律的理论、方法必然会有不同。而且，每个人做语言研究，虽然可以参考别人的方法，但主要还是要根据自己的条件去实战，去摸索，去总结。各人都会有自己的"拿手戏"，有自己欣赏的方法。各人条件不同，必然研究方法会有差异。有的做得微观些，有的做得宏观些；有的做近的；有的做远的；有的做语言事实，有的做语言理论：有的做小的，有的做大的。都可以选择。再说，我是汉族，做少数民族语言研究属于非母语的研究，跟少数民族母语人做自己的母语的研究有些不同。总之，做语言研究，各人会有自己的体会，自己的方法。人各有路，人各有志，不能强求一样。不能认为自己的方法就是绝对正确的。

下面，我主要根据自己多年的实践谈几点体会，供有兴趣的朋友参考，不一定对。

一　锁定景颇语为主攻方向，坚持不断往前推进

在语言学研究中，我虽然陆陆续续地也做过哈尼语、阿昌语、浪速语、仙岛语等几十种语言和方言的研究，还做过一些社会语言学方面的研究，如语文政策、双语、语言国情、跨境语言等方面的研究，但最能持续、坚持不放的还是景颇语。半个世纪以来，我坚持把景颇语研究作为重点，锁定景颇语这个语言作为自己的主攻方向，把主要注意力、兴奋点集中在景颇语上。这是由我的条件决定的。因为我在大学阶段学的是景颇语，毕业后的本职工作主要是景颇语的教学与研究；当然也与我对景颇语的兴趣有关。

回想起来，半个多世纪的时间里，我在景颇语研究领域编了两部词典、两部语法书、一部词汇学专著、一部教材，发表了50多篇景颇语专题论文，还发表了近百篇与景颇语相关的语言研究论文。这些进展，使我对景颇语有了一定的语感，多少知道了它的“奥妙”，尝到了它的甜头。我体会到，对研究的语言有了语感后，会带来许多好处。如：能够用景颇语的语料和知识来认识、判断一些语言现象、语言学理论问题；不时地会冒出一些新课题，觉得有做不完的题目；觉得自己与语言近了，对语言的认识实在一些；等等。

熟悉不熟悉所研究的语言，对语言研究大不一样。如果对研究的语言有了语感后，使用起语料容易得心应手，考虑问题思路会广些，说起话来底气会足些，判断问题的能力会强些。我坚持长期做景颇语研究，逐步提高了对景颇语的熟悉度，认识一步一步地深化，做完一个题目又想做另一个题目。

我有这个想法和意志，是向师辈及同行朋友学习的。比如师辈王辅世先生，20世纪80年代我曾因做《中国大百科全书·语言文字卷》的审定，在延边与他住在一起，还跟他一起出国访问过，发现他对石门坎苗语了如指掌，能说出每个词的声韵调，能记得石门坎苗语细微的特点。无怪乎我在美国见到张琨先生时，张先生对我最先称赞的是辅世先生，认为辅世先生的研究很有见地，虽然那时他俩还没见过面。又如，师辈傅懋勣先生20世纪50年代就转做西双版纳傣语研究，我记得那时他很快就学会说西双版纳傣语，能在一次傣文改革的会议上用西双版纳傣语向在场的傣族代表作报告。他与刀世勋等人合写的《云南省西双版纳允景洪语的音位系统》曾获得中国科学院的优秀成果奖，成了汉藏语音系描写的经典之作。[①] 又如，师兄胡坦教授对藏语狠下功夫，对藏语文非常熟悉，很受藏族称赞。他写了许多高水平的藏语研究论文，如《藏语（拉萨话）声调研究》(载《民族语文》1980年第1期），曾在第15届国际汉藏语暨语言学会议（在法国巴

① 载《语言研究》1952，科学出版社。

黎召开）上宣读过，受到国外学者的称赞。国外的学者也有许多，如著名的美国教授马提索夫（Jam.A.Matisoff），他为了研究拉祜语，在泰国住了很长时间，能说一口流利的拉祜语，能用拉祜语作报告，这个基本功为他后来开展大规模的汉藏语历史比较研究提供了良好的基础。他对汉藏语特点的许多创新性的思想，都有他对拉祜语认识的影子。虽然如此，马提索夫教授的主要贡献还在拉祜语上，著有《拉祜语语法》《拉祜语词典》等有影响的著作。

汉族做少数民族语言，最好要有一种语言作为"根据地"，会唱一场"折子戏"。基于这一理念，我在过去的研究生培养工作中，要求学生每人都要蹲一种语言，对这种语言下点功夫，而不要"满天飘"。中国的语言丰富多彩，吸引人的语言现象多得很，所以不能朝三暮四，像猴子掰苞谷，掰一个扔一个，再掰一个，再扔一个。当然，不是说不能去做别的语言，我也做了一些别的语言和汉语方言的研究，现在回想起来对自己扩大语言视野、思考深层次的语言问题有了很大好处。这里我只是强调必须主攻一种语言，在一种语言上多下死功夫。

境外做我国少数民族语言研究的，许多学者做得很好，长期蹲一种语言。如台湾"中央研究院"的孙天心教授，潜心于嘉戎语，"十年磨一剑"，在嘉戎语的研究上做出了世界一流的成绩。这是我们要虚心学习的。

但我也看到国内外有些年轻人看到民族语的一些奇特现象很激动，就动手做，但不好好学语言，没做多久就不做了，浅尝辄止，坚持不了。他们写的一些急就文章，凡我能看懂的觉得经不起推敲。

说"坚持不断往前推进"，是指不能一遇困难或挫折，就丧气止步。做语言研究，特别是做一种新语言的研究，不会很顺利，开头总会遇到原先没有预料到的"拦路虎"，比如，开头的记音就会把你拦住，使你失去信心。要认识到，语言研究总是由浅入深，一步步深化的，不可能一开始就写出一篇有深度的好论文。我现在回头看看20几岁发的一些论文，包括研究我的母语——闽语仙游话的论文，觉得都比较浅，缺乏深度。尽管那时也是尽了力写的。但没有那时的努力和积累，不可能有后来的进步。眼高手低，对学术进步是有害的。我的认识是，论文是越写越敢写，不写就不敢写，必须是一步一步地向前推进，不切实际的求全求美，是违反认识规律和科研规律的。

二　主要精力放在景颇语语言事实的收集、整理和分析上

摆好语言事实与语言理论的关系是一个老话题，但则是不能不反复思考、强调的、不断深化认识的问题。我的景颇语研究，两者的摆法大致是七比三，即精力的七分用在语言材料的收集、整理、分析上，三分用在理论、方法的学习、思考上。这只是个大致的、总的比例，每阶段的具体操作会有不同。

语料是无穷的，是智慧的基础；语料掌握得多少，决定成就的大小。有了新语料，就会有新思想，新发现。否则，就只能在概念上打转转，玩点时髦的新名词，这对语言学的进展不会有什么贡献。我有时在想，传统语言学留下的《说文解字》《方言》《广韵》等巨著，其具有永久价值的是不可替代的语料，当然还有其科学的治学方法。我也主张重视理论，但认为必须要掌握好理论与实际的关系，分配好两者的比例。回想起来，我在大学学习时和毕业后一段时间，老想做个语言学理论家，还曾想去考语言学理论研究生。但后来参加了全国语言调查，接触了活生生的语言，才认识语言的艰苦，改变了认识，决心老老实实做实际的语言调查研究，一步步向前走。

我对景颇语的一些新认识，都是在深入挖掘景颇语语言事实的过程中获得的。比如，我做松紧元音研究就经历了一个从不知到浅知再到深化的漫长过程。1956年我大学毕业时，有幸参加中国科学院组织的少数民族语言调查第三工作队到云南调查云南少数民族语言，被分配在哈尼语组做哈尼语方言调查和哈尼文创制的工作。在开始调查哈尼语方言的一段时间

里，哈尼语不同方言松紧元音的变异一下子就吸引了我，让我入迷。我根据调查的材料，写了篇《谈谈松紧元音》给了第三工作队队长罗季光教授（中国科学院语言研究所研究员）看，他看了鼓励我说，题目很好，但语料不足让我多补充语料。于是，我使劲地补充了一些语料后又交给他看，他看了后还是说语料不够。就这样经过几次折腾，我才完成初稿。罗先生让我寄给马学良先生，让他推荐发表。我按他的意见办了。不久，我就收到马先生的来信，看到他在我的稿子上批了“可以刊用”四个字。马先生鼓励我做修改后投稿。我往北京投稿后，很长时间都没消息。大约过了一年多，我去西双版纳勐海做语言调查时，偶然在勐海新华书店里看到一本《少数民族语文论集》（第2集），里头刊登了我这篇论文。我高兴得几乎跳了起来，因为那是我写的第一篇少数民族语言研究论文，那时我大学毕业才两年。罗季光、马学良两位老师对我的指导和栽培，我一直记在心里。

后来，我沿着这条重语言事实的路子，广泛收集松紧元音语料，并开展跨语言的对比。结果发现：藏缅语族语言松紧元音来源有两条，一是景颇语为代表的松紧元音的对立来自声母清浊的对立，浊声母音节变为紧元音音节，清声母音节变为松元音音节；另一是哈尼语为代表的来自韵母舒促的对立，促声音节变为紧元音音节，舒声音节变为松元音音节。同一种现象有着两种不同的历史来源。有了这些丰富的语料，后来我写了多篇松紧元音研究论文。

再举一个景颇语句尾词研究的例子。景颇语的句尾词是景颇语的一个非常重要的语法特点，共有330多个，表示句子的人称、数、体、方向等语法范畴。随着语料的不断增多，我先后发表过四篇论文论述景颇语句尾词的性质和特点。开始时，只根据收集到的语料做些分类性的描述，但后来随着语料的增加，认识到人称标记存在多选择性的特点，又写了篇《景颇语谓语人称标记的多选择性》的论文。在这篇论文里，我根据新的语料指出景颇语句尾词的人称标记功能具有多选择性。多选择性是指人称标记除了与句内的语法成分（除主语外，还有宾语、定语等）一致外，还与句子成分形式以外的语义成分（包括省略的，说话者附加的）存在一致关系。例如：

1. ʃat^{31} ʃa^{55} sǎ^{33}ŋai^{33}.

饭 吃（句尾）

我吃饭了。

（人称与省略的主语一致，主语是第一人称。）

2. khjiŋ^{33} kǎ^{31} te^{31} thu^{31} sǎ^{33} ta̠^{51}？

时间 多 少 指 （句尾）

几点了？

例2句子人称与主语不一致，主语是第三人称，但用第二人称单数。不一致的原因是，说话人的心目中的答话对象是第二人称单数。

3. nan^{55} the^{33} ka^{55} e^{31} khjen^{33} n^{55} khʒat^{31} n^{31} ni^{51}？

你们 地方（方位）霜 不 下 （句尾）

你们地方下霜吗？

例3句子人称与主语不一致，主语是第三人称，用第二人称单数。不一致的原因是，说话人的心目中的答话对象是第二人称单数。

4. kum^{31} kai^{33} tiŋ^{31} la^{33} noʔ^{55} khʒuŋ^{33} lit^{31} ni^{51}？

老人们 还 活 （句尾）

老人还在吗？

例4句子人称与主语不一致，主语是第三人称，用领属第二人称。不一致的原因是，说话人的心目中的主语是“你的老人们”即第二人称多数。

再看下面的复句：

khum^{31} kǎ^{31} ʒu^{31} mǎ^{55} saʔ^{55}！ a^{55} tso̠m^{51} ʃǎ^{31} tuŋ^{33} kaʔ^{31}！

不要 闹 （句尾） 好好地 坐 （句尾）

（你们）不要闹了！好好地坐吧！

上面这个句子由两个分句组成，主语是一个，但前一分句的句尾词用第二人称多数mǎ^{55}saʔ^{55}，与主语“你们”一致，而后一分句则改用第一人称多数ka^{ʔ31}，与主语不一致。为什么后面一句不一致？因为后一分句说话者把自己也算在内，含有客气的意味，这是语用的作用。

再看下面的例子：主语是第三人称多数，一般用第三人称多数ma^{ʔ31} ai^{33}与主语一致，若要强调说话者或听话者也在内，句尾词也可用第二人称多数kǎ^{ʔ31} ai^{33}的形式。

例如：

tʃoŋ^{31} ma^{31} ni^{33} sum^{31} si^{33} ʒai^{55} ma^{ʔ31} ai^{33}（ka^{ʔ31} ai^{33}）.

同学　　们　三　十　是　（句尾）（句尾）

学生们有三十人。

关于藏缅语动词“人称一致性”现象，这是藏缅语语言学家感兴趣的一个语法问题。一些学者的研究成果只看到“一致性”的一面，勤于挖掘一致性的各种现象，而忽视“非一致性”的一面。我在研究景颇语动词“人称一致性”时，开始也一样只停留在一致性上，后来随着语料的扩大，发现了非一致性的另一面，感到异常高兴。

当然，我们还必须重视现代语言学理论学习，从理论中汲取营养，提高认识，发现新的规律。我也有学习语言学理论后尝到的甜头。举一个例子来说。景颇语的ko^{31}是个使用频率很高的助词，由于它大多出现在主语之后，所以我很长时间都把它看成主语助词，后来学习了话题理论后，才意识到应该是话题助词，因为它还可以放在非主语成分之后，比如宾语、状语。为此，2000年我写了《景颇语的话题》一文，发表在《语言研究》2001年第1期上，修改了过去的看法。我还根据新的认识和新的语料，对景颇语话题的特点形成了自己的一些认识。在这篇论文中谈道：“景颇语是一种具有话题结构的语言。话题结构（由话题与述题组成）与句子成分结构（由主语、宾语等句子成分组成）虽有部分交叉，但却是不同的语法结构，所表示的语法关系属于不同的语法范畴。”即认为话题结构与句子成分结构是两个不同的“软件”，说话人根据需要分别调出使用，不是一套“软件”谁优先、谁不优先。

况且，语言理论的运用应包括两方面的内容，一是学习、借鉴既有的语言学理论，二是靠自己根据语言事实揭示语言的新规律，提出新的理论问题。我认为，理论有大有小，有起宏观作用的也有起微观作用的，有指导大的，也有指导小的，大理论的出现要靠小理论的支撑。每个语言学家如果能够在自己的研究领域里多发现一些过去没有被揭示的新规律，都应该是好样的，对语言学理论的建设都是有价值的，都值得称赞。

三　要有微观深入、宏观把握的意志和功夫

要主攻一门自己不熟悉的语言，必须要有微观深入的意志和功夫。就是说，对语言特点的获取要尽量往细里走，获取每个小规则。当然，要达到“细”的要求很不容易，有的能达到，有的未必能达到。但在战略上必须要有争取做得细些的意志。细，才有可能出真知，才能揭示本质特征；而粗，只能看到表面现象，还容易搞错。我有过这方面的教训。

20世纪80年代以前，我看到景颇语阴性词、阳性词结合而成的并列复合词，词素排列是阴性词在前、阳性词在后，如“父母”是kă^{31} nu^{31}（母）kă^{31} wa^{31}（父），“男女”是num^{33}（女）la^{33}（男），“舅父母”；是kă^{31} nu^{33}（舅母）kă^{31} tsa^{33}（舅父），很兴奋，以为这是景颇族母系社会特点在语言里的残留，还用它做例子多次讲课，特别是用来讲语言反映社会的特点。后来，偶然发现了“祖父母”，kă^{31} tʃi^{33}（祖父）kă^{31} woi^{33}（祖母）是阳性词在前阴性词在后的例子，促使我重新考虑问题。于是，我就下功夫把能收集到的并列复合词都收集在一起，做了穷尽的分析，终于发现景颇语并列复合词的词素孰先孰后并不由语义决定，而是由元音舌位的高低决定的。一般是舌位高的词素在前，舌位低的词素在后，也有极少数用语义决定词序的，是语音规则与语义规则竞争中语义规则获胜的结果。在这个认识的基础上，我写了《景颇语并列复合词的元音和谐》一文，发表在《民族语文》1986年第5期上。由此，我对社会语言学研究生的培养有了新的看法，认为社

会语言学研究生如果没有较强的语言本体分析、研究的能力，就不容易说清楚语言与社会的关系，而且还容易搞错。之后，我培养社会语言学研究生，都要让他们先有记录、分析语言结构的基本技能，要有正确记音、记句子的能力。

再举一个词源比较的例子。做汉藏语词源比较必须谨慎，要细磨，否则对不熟悉的语言容易张冠李戴。过去我们在有的研究成果中看到，有的学者拿景颇语的lǎ^{31}ta̠ʔ^{55}“手”的lǎ^{31}与亲属语言哈尼语的la̠^{31}“手”、载瓦语的lo̠^{21}“手”对应，从形似上就判断两者有同源关系。其实，景颇语的lǎ^{31}ta̠ʔ^{55}“手”的ta̠ʔ^{55}才是词根，与藏缅语有些亲属语言的l-才有对应关系。类似t-和l-对应的同源词还能找到别的，如景颇语的ʃǎ^{33}ta̠^{33}“星星”的后一音节ta̠^{33}与哈尼语的ba^{33}la^{33}“星星”的后一音节la^{33}对应等。在藏缅语的词源比较中，还能见到一些“拉郎配”的现象。

我在做景颇语的研究时，还意识到除了微观分析外，还应该有宏观把握。宏观把握包括，景颇语在藏缅语乃至汉藏语中的地位如何，与亲属语言的关系是什么，某些特征的语言学价值怎样判断等。美国著名语言学家白保罗（PaulK.Benidict）先生在《汉藏语概论》(*Sino-Tibetan: A Conspectus*）中曾经从宏观上认为景颇语是藏缅语的“中心语言”(linguistic center)，认为“景颇语处在藏缅语的十字路口，它在语言中的地位也同它在地理上的位置（北缅）相当。景颇语无论在词汇上和形态上既同藏语、巴兴语以及北部其他诸语言有联系，也同缅语、博多语、芦舍依语以及其他南部语言相联系。从景颇语这个变化多端的语言中心出发，语言变迁的情况是，往东是从怒语到缅-彝语，往西是从孔亚克语或纳克德那加语到博多-加罗语。”这一认识有其敏锐性，对我有帮助。① 我在研究景颇语一些语言专题时常想到景颇语在藏缅语中的地位。比如，我在研究景颇语的弱化音节（一个半音节）时，很快就理清了弱化音节在藏缅语语音发展中

① 引自*Sino-Tibetan: A Conspectus*,（Pau.K.Benidict）《汉藏语概论》，Cambridge University Press.

的中间地位。这就是：古代藏缅语的复辅音声母音节（发生复辅音声母的松化）——变为弱化音节+主要音节，或一个半音节（弱化音节脱落后——再变为单辅音声母音节。以“三”为例，藏文是gsum，保留了藏缅语古代复辅音声母的形式——景颇语是mǎ^{31} sum^{33}，复辅音声母松化，音节由一个变为一个半——哈尼语是sɔ^{55}，前一音节脱落，变为一个音节。三者构成一条演变链，一目了然。

景颇语的弱化音节，在景颇语里使用频率很高，对藏缅语的历史研究乃至汉语史的研究都有一定的价值。我经过分析、排比发现：景颇语弱化音节的来源是多层次的，有的来自前置辅音，有的来自实语素的虚化，有的来自音节的类化。如：kǎ^{31}jat^{55}“打”中的kǎ^{31}，是古代前置辅音的遗存；sǎ^{31}lun^{33}“心脏”，中的sǎ^{31}则不同，是由实词sin^{31}“心”，虚化而来；wǎ^{55}loŋ^{51}“牛圈”，中的wǎ^{55}，也是由实词ŋa^{33}“牛”，虚化加类化而来，不能把它们都看成来自前置辅音的。所以，笼统地说弱化音节是前置辅音、前缀是不科学的。但是，我们看到过去有的论文不做细致分析，简单地都看成前缀。

四　要重视语言现象的系统性

语言是个系统，要准确认识这个系统中的某些子特征，必须要有系统知识的参照，从参照或比较中加深认识。我做景颇语研究，是一个一个题目往前做的，很长时间没有计划性，看到一个奇特的现象或发现空白点时就做，现在回头一看，就觉得每个现象的产生和演变，都不是孤立的，都受整个语言系统的制约，认识到研究每个具体问题，都必须联想景颇语整个系统的特点。

如：我在研究景颇语的量词时，发现景颇语存在许多双音节合成量词，如si^{31} khap^{55}“担（棉花）”、num^{33} po^{33}“个（妻子）”、ʃan^{31} po^{33}“头（猎物）”等，这是其他彝缅语所没有或少有的。为什么会产生这些合成量词呢，其生存的土壤是什么呢？从景颇语的系统特点上看，能够看到这大约与景颇语双音节韵律有关。景颇语的量词贫乏，个体名词计量时大多不需要量词，由于名词以双音节为主，数词大多也是双音节的，两者结合时构成四音节词，符合双音节韵律。若要加量词，量词是双音节的话更能符合双音节韵律的要求，这就为产生双音节合成量词，提供了要求和土壤。①

随着景颇语专题研究的增多，我逐渐明确语音、语法、语义三者是密不可分的关系，在生成、演变的过程中总是互相制约、互为条件的。所以，在研究某个专题时，必须从三者的关系中发现起因线索、因果关系、蕴含关系，而不能是做语音时不看语法、语义，做语法时不看语音、语义。每个人做研究时，都会偏重一个领域，但在具体做专题时则必须顾及几个领域的关系。

比如，我做景颇语的使动范畴的研究时，除了分析使动范畴的语法意义和语义特点外，还从语音的特点、语音的演变揭示景颇语使动范畴形态的衰变，以及从屈折式到分析式的转型变化，把语法、语义、语音三者紧密结合一起研究景颇语的使动范畴。这样研究后发现，景颇语使动范畴的音变屈折式为什么会逐渐衰退，只保留少量的遗存，这与声母的简化、韵律的加强、双音节化等语音系统的特点及其变化有关。原始藏缅语使动范畴的语音形式主要是声母的清浊变化，但后来出现了清浊对立消失，语音形式发生了变化，屈折式衰退了，分析式上升了，原来靠语音清浊对立区分自动使动的单音节词，要不用别的语音形式（如加前缀表示使动）代替，要不转为分析式，加别的实词表示使动。景颇语也走这条变化路径。所以，做景颇语使动范畴的研究，若不涉及语音，是解不开其演变的谜底的。

又如，我从大量的语料中发现景颇语的名词存在类称范畴和个称范畴的对立。如：nam^{31} si^{31} “水果”（个称）——nam^{31} si^{31} nam^{31} so^{33} “各种水

① 参看戴庆厦：《景颇语使动范畴的结构系统和历史演变》，载《藏缅语族语言研究》（2），云南民族出版社，1998年。

果”；kǎ[31] thoŋ[31] “寨子”（个称）——kǎ[31] thoŋ[31] niŋ[31] tʃoŋ[33] “村村寨寨”。但要认识其特征必须从语音、语法、语义、语用几方面并行分析，如类称名词的语音结构有哪些语音形式，它与个称名词相比在句法上有哪些不同的特点，在语义上、语用上又有什么不同特点。只有对它进行系统分析，才能揭示其特点。

五　要深入研究景颇语必须扩大与亲属语言的比较

随着景颇语研究的深入，我意识到要分点时间做些与亲属语言比较的研究。我先后做过的题目有：《藏缅语族松紧元音研究》《藏缅语族辅音韵尾的发展》《藏缅语族声调研究》《藏缅语族某些语言弱化音节探源》《藏缅语族个体量词研究》《论藏缅语的反响型名量词》《藏缅语族语言使动范畴的历史演变》《藏缅语的形修名语序》《藏缅语的是非疑问句》等。通过比较研究，我加深了对景颇语的认识，同时也加深了对藏缅语语言学乃至整个语言学的认识。

比如，我通过与亲属语言量词的比较研究，加深了对景颇语的量词特点的认识。景颇语是个量词不发达的语言，特别是个体量词很少。但只看景颇语的特点还不能把握它在藏缅语中的地位，而必须通过与亲属语言的比较。为此，我通过20多种语言的比较，归纳了藏缅语个体量词的不同类型，确定景颇语个体量词属于哪一类型。而且还认识到，景颇语名量词的起源与名词、动词、形容词等实词相比，相对较晚，其演变经历了个由少到多、不丰富到丰富的过程。在名量词的不同类别中，非标准的度量衡量词应该是最早出现的，因为它是语义表达所不可缺少的。而个体量词不是表义所必需的。如：“一庹柴”，如果缺了“庹”，就不能表达所要表达的意义；而“一个人”省去“个”，变成“一人”，还保持要表达的意义，语法上也能接受。

为了深入认识景颇语的特点并反观汉语的特点，我在2016年下半年写了一篇《再论汉语的特点是什么——从景颇语反观汉语》的论文，通过景颇语和汉语的比较，反观汉语的特点。认为：抓住分析性强弱特征是认识汉藏语系语言特征的一把钥匙。并进而认为汉语的主要特点或起主导作用的特点是超分析性；而景颇语的分析性不及汉语。并分析了景颇语的分析性不及汉语的特点主要有：景颇语词的单音节数量大大少于汉语；在义项扩大能力、词的活用能力、韵律手段的运用上，景颇语都不及汉语。而且，汉语由于分析性超强，歧义现象比景颇语多。汉语由于缺少形态，要表达丰富的内容就必须在分析性系统上找出路，寻求适合自己语言特点的表达手段。我在文中试图说明区分语言的分析性和非分析性的重要性和必要性。还认为分析性和非分析性是语言的核心特点，能影响、控制语言结构的方方面面，如同人的血型一样，能够制约人的别的特点。可以认为，抓住分析性强弱的特征，是认识具体语言特征的一把钥匙，或是一个抓手。认识景颇语的特点也好，汉语的特点也好，必须抓住分析性这一根本性的特点。这篇论文将在《民族语文》2017年第3期上刊登。

六　景颇语的研究还存在大块空白等待填补

尽管做了这么长时间的景颇语研究，但我觉得对景颇语的特点和规律的认识还很不够，还有大块空白等待自己去挖掘，去填补，不断开辟新的天地。这不是客气话，是客观实际，也是心里话。

要研究的问题很多。比如，国内外学术界对景颇语的系属总是认识不清，感到茫然，找不到与它接近的语言，其“独生子”地位应如何看待。所以，长期以来我一直在思考景颇语的系属地位应该怎样确定，与它相近的语言有哪些。马提索夫教授2015年在国际汉藏语暨语言学会议上提交了一篇《景颇语谱系地位再探：评论景颇语与鲁语支的亲缘关系》学术论文（载《汉藏语学报》总第9期，商务印书馆，2016年），认为景颇语与鲁语支接近。这一认识有新意，但有待学术界进一步认可。

又如，景颇语在汉藏语中具有特殊的地位究竟怎样确定，它对汉藏语历史语言学研究的价值应如何估计。Benidict（白保罗）曾认为景颇语在汉藏语中处于“承上启下”的中间地位。我同意这一观点，2000年曾写了一篇《论景颇语在藏缅语族中的地位》（载《云南民族大学学报》2000年第1期）中说，“白保罗提出的藏缅语分类表，是他根据当时掌握的材料以及他的语言观设计的。其中不乏新意，但也存在值得商榷之处。……我对他提出的‘中心语言’思想以及景颇语在藏缅语中具有中心地位的观点是同意的。”但写这篇文章时由于时间比较紧，深度还不够。我意识到，这一谜点是需要细细地、一步步地积累材料和观点才能接近真相。今后，我还将会抽些精力继续做这一课题的研究。

在汉藏语学界，景颇语与汉语存在亲缘关系虽然被认可，但并未得到科学的论证，是个空白点。景颇语与汉语存在亲缘关系的证据有哪些，用什么事实来确定：两者究竟是怎样一种亲缘关系；同源词的分布状况如何，老借词和同源词如何区分，有哪些语音对应规则可以确立；确定其亲缘关系有哪些难点；等等，仍然是朦胧的，缺乏说服力的。由于汉语和藏缅语的同源关系从未被怀疑过，所以长期并未引起人们强烈的研究兴趣。俞敏先生集数十年的精力汇成的《汉藏同源字谱稿》（发表于《民族语文》1989年第1期）是汉语和藏缅语词源比较的开创之作，经典之作，开了一个好头。我过去多次有过做汉语和景颇语词源比较的念头，也收集了一些语料，但每次都因为其他事的干扰而未能坚持下去。今后，我会计划与有兴趣的研究生共同完成这一课题。

景颇语语法的深入研究，仍然是我今后最感兴趣的课题。但是，怎样挖掘更多的、不易被人注意到的、反映语言特点的语料，怎样运用已有的或新的语言学理论来研究景颇语，都是我今后景颇语研究中必须把握的。

六十年语言研究的实践使我懂得这样一个理念：人类天天都不能离开语言，但对自己的语言认识很肤浅；人类虽然很早起就开始探索语言的秘密，但至今仍对语言的特点认识不清。况且，人类社会不断在进步，语言也会随着不断变化，新的语言现象、新的规律还会不断出现。所以，要科学地、深入地、与时俱进地认识一种语言的特点非常不容易。我的景颇语研究，必须要有这样一个宏观把握。

想起景颇语还有无限的宝藏等待我们去挖掘，几代都做不完，我对自己做景颇语研究的任何新进步，都会感到由衷的满足。

写到这里，我不禁又想起汉藏语大师李方桂说的一段精辟的话，把它作为全文的结尾。"我们看看汉藏系中的苗语、瑶语、傈僳语、么些语有过什么人去研究：甚而至于闽南、藏语、缅甸语也不过几个专家。所以我的希望是将来中国的语言学者，亦必须有人专研究这较少支系，把各小支系的系统弄清楚；而暂不去做大规模空泛的比较。但是我也不希望，比方说，专研究汉语的可以一点不知道别的藏汉系语言。印欧的语言学者曾专门一系，但也没有别系的。就拿汉语说，其中有多少问题是需要别的语言帮助的。……所以依我的意见，将来的研究途径不外是'博而能精'，博于自己各种藏汉语的知识，而精于自己所专门的系统研究。"①

参考文献

李方桂:《藏汉系语言研究法》，载《国立北京大学国学季刊》第七卷第二期，1951年5月。

戴庆厦:《戴庆厦文集》(1–5)，中央民族大学出版社，2012年。

戴庆厦:《戴庆厦文集》(6)，中国社会科学出版社，2015年。

戴庆厦:《藏缅语族松紧元音研究》，载《藏缅语族语言研究》(1)，云南民族出版社，1990年。

戴庆厦:《藏缅语个体量词研究》，载《彝缅语研究》，四川民族出版社，1997年。

戴庆厦：傅爱兰:《藏缅语的是非疑问句》，载《中国语文》2000年第

① 参看李方桂:《藏汉系语言研究法》，原载《国立北京大学国学季刊》1951年第七卷第二期。

5期。

戴庆厦:《藏缅语族语言使动范畴的历史演变》，载《中国语言学学报》2001年29卷第1期。

戴庆厦、朱艳华:《藏缅语选择疑问范畴句法结构的演变链》，载《汉语学报》2010年第2期。

（原载《中国民族语言学报》2016-1）

藏缅语族松紧元音研究

[**提要**] 元音分松紧，是藏缅语族一部分语言在语音方面的一个重要特征。本文比较全面地描写了松紧元音的共时特征，指出元音的松紧同声母、声调、韵尾、元音的舌位等的密切关系。通过方言间、亲属语言间的比较，进一步探索松紧元音的来源和历史演变；指出藏缅语松紧元音在来源上存在多源性的特点，有的来自声母的清浊，有的来自韵母的舒促。并指出藏缅语族一部分语言和方言，紧元音出现松化的趋势，分析了紧元音松化的具体途径和特点。

[**关键词**] 藏缅语族　松紧元音

一　松紧元音及其研究

1.1所谓松紧元音，就是元音分松元音和紧元音两类对立的音位。这是属于元音范畴的一种语音现象。紧元音的发音特点是喉头肌肉紧缩，音色较为响亮，喉头不紧缩的就是松元音。标音方法目前比较通用的是在元音下面加“–”表示紧元音。如拉祜语：na^{53}“停止”，na̱^{53}“黑”，ɣa^{53}“荞”，ɣa̱^{53}“鸡”[①]。复合元音和带辅音韵尾的元音若分松紧，紧元音的符号加在主要元音的下面。如景颇语：tai^{33}“那”，ta̱i^{33}“成”，

① 指云南省澜沧糯福拉祜话，下同。

kaŋ^{33} “拉”，ka̱ŋ^{33} “紧”①。

1.2元音分松紧，是藏缅语族一部分语言在语音方面的一个重要特征。就我们目前所知，藏缅语族中的彝语、哈尼语、拉祜语、傈僳语、苦聪语、景颇语、载瓦语、白语等语言，元音都分松紧。如哈尼语有二十个元音，分松紧两类，十个紧元音，十个松元音，即i e a ɔ o u ɤ ɯ y ɿ 和i̱ e̱ a̱ ɔ̱ o̱ u̱ ɤ̱ ɯ̱ y̱ ɿ̱②。彝语有十四个元音，七个松元音，七个紧元音，即i e ɛ a o ɤ ɯ和i̱ e̱ ɛ̱ a̱ o̱ ɤ̱ ɯ̱③。松紧在藏缅语族语言里主要担负着区别词汇意义的功能，有相当一部分词就靠松紧来区别意义。例如哈尼语：

de^{31}	推	de̱^{31}	活
dɔ^{33}	穿	dɔ̱^{33}	很
mo^{31}	马	mo̱^{31}	想要
zu^{31}	走	zu̱^{31}	揉
dzɿ^{31}	骑	dzɿ̱^{31}	织
bi^{31}	溢	bi̱^{31}	给

又如载瓦语④：

ne^{51}	红	ne̱^{51}	炒
ŋo^{21}	五	ŋo̱^{21}	借
tui^{21}	活动	tu̱i^{21}	绳
pan^{51}	完	pa̱n^{51}	涩
lai^{51}	风	la̱i^{51}	船

载瓦语的松紧除了具有区别词汇意义的功能外，还具有区别自动词、使动词语法意义的作用，这在藏缅语里是个比较特殊的现象。

例如：

lɤŋ^{51}	旋转	lɤ̱ŋ^{51}	使旋转

① 指云南省德宏州盈江铜壁关区景颇话，下同。

② 指云南省红河州绿春大寨哈尼话，下同。

③ 指云南省弥勒阿细彝话，下同。阿细彝话的材料由武自立同志提供，深表感谢。

④ 载瓦语是景颇族中载瓦支人说的一种语言，同景颇支人说的景颇语相差较大。

tso^{21}	吃	tso̱^{21}	使吃
ku^{21}	渡	ku̱^{21}	使渡
taŋ^{21}	飞	ta̱ŋ^{21}	使飞
mju^{21}	浮	mju̱^{21}	使浮
lui^{21}	摇摆	lu̱i^{21}	使摇摆
kjo^{21}	听	kjo̱^{21}	使听
kju^{ʔ21}	害怕	kju̱^{ʔ21}	使害怕
tsuŋ^{51}	坐	tsu̱ŋ^{51}	使坐

这种现象在景颇语里也能找到一些。如ʒoŋ^{33}“在”、ʒo̱ŋ^{55}“使在”。但总的看来，藏缅语族语言中以松紧元音区别语法意义的不多，主要是区别词汇意义。

1.3最先指出松紧元音特征的，是我国语言学家马学良教授。他在一九四八年《倮文作祭献药供牲经译注》一文中开始揭示这一语音特征，指出在彝语禄劝话里韵母分紧喉和非紧喉两“紧喉韵母是发音时喉头有点儿紧缩（laryngeal constriction），我在这类的韵母下标一号，以示紧喉。如lu^{55}‘虎’，lu̱^{55}‘足够’”。在当时的条件下，他能从彝语里首先指出松紧元音的客观存在，并正确地把松紧看成元音的属性，给松紧元音研究提供了一个难得的开端，应该说这是难能可贵的一步。

1.4如果我们纵观中华人民共和国成立前语音研究的情况，就会看到过去国内语言学者在研究藏缅语族语言时，都忽略了对松紧元音的研究，没有发表过一篇有关松紧元音研究的论著，在已出版的语音学专著里也不见谈到元音分松紧的特征。在记录描写我国存在松紧特征的语音时，他们有的看不到这种客观存在，有的则把它误认为是别的语音特征。一九四九年由国际语音学会通过的*The Principles of the International Phonetic Association*（国际语音学会标音原则），虽然包含了许多复杂的罕见的语音现象，但并没有包括松紧这一重要的语音特征，这不能不算是一个重要的忽略。

1.5中华人民共和国成立后，随着我国少数民族语言调查研究工作的广泛开展，我国民族语文工作者从许多语言里进一步发现了松紧元音的客观存在，不断深入地揭示了松紧元音的特征，积累了大量丰富的材料，同时深刻认识到研究松紧元音的重要性。二十多年来，我国语音研究园地除了在描写语言现状的文章中反映了松紧元音的研究成果外，还发表了一些专题研究松紧元音的论文，为今后进一步深入研究松紧元音问题打下了一定的基础[①]。

1.6松紧元音的研究在语音研究领域里还是一个新的课题。由于松紧元音在藏缅语族一部分语言的语音结构中占据重要的地位，它同其他语音要素如声母、声调等关系密切，所以深入研究松紧元音的特征及其内部发展规律，是研究藏缅语族语言语音发展内部规律不可缺少的一环。搞好这项研究工作，有助于我们认识藏缅语族语言的语音现况及其亲属关系，有利于进行藏缅语族的历史语言比较，同时对于做好文字创制、改革工作也是不可缺少的。

二、松紧元音的特征

2.1任何一种语音现象，都通过一定的形式表现其错综复杂的特征。松紧元音的发音特征主要是喉头紧缩不紧缩，这是构成松紧对立的主要标志。但由于松紧元音总是同声母、声调等语音要素结合在一起而存在的，所以松紧的差别往往也造成在声母、声调、舌位等方面的一些差别。正确认识松紧元音的特征，分清哪个是主要特征，那个是伴随特征，能够帮助我们正确认识松紧的属性，同时还能使我们从中窥见语音发展的一些线索，对于研究松紧元音的发展变化，以及它同其他语音要素的关系，都会有很大的帮助。

2.2表现在声调方面，有些语言在同一类调上因松紧不同实际调值也

① 参看马学良、罗季光:《我国汉藏语系语言元音的长短》，中国语文，1962.5。胡坦、戴庆厦:《哈尼语元音的松紧》，中国语文，1964.1。戴庆厦《我国藏缅语族松紧元音来源初探》，民族语文，1979.1。

不同，一般是紧元音的调值比松元音略高。如傈僳语的中平调，紧元音的调值是44，松元音的调值是33，低降调的紧元音调值是42，松元音的调值是31。例词：ma̱^{33}“阴性”，ma^{33}“饱满”，ma̱^{31}“骗”，ma^{31}“不”①。又如拉祜语，低降调的紧元音调值是42，松元音调值是31，高降调的紧元音调值是54，松元音调值是53。例词：ma̱^{31}“战争”，ma^{31}“教”，ma̱^{53}“恋爱”，ma^{53}“多”。景颇语的高调，出现在松元音上的调值是35，出现在紧元音上的是55，紧元音带塞音韵尾时，调值是54。例词：po^{55}“拔”，po̱^{55}“便宜”，ka̱p^{55}“贴”。同声调的配合关系，一般是紧元音出现的声调比松元音少。如傈僳语有高平、中平、低降、高升四个调，松元音在四个调上都出现，紧元音只出现在中平、低降两个调上，不出现在高平、高升两个调上。哈尼语有高平、中平、低降三个调，松元音都出现，紧元音只出现在中平、低降两个调上。新平彝语有高平、中平、次中降、低降四个调，松紧元音对立只出现在中平调上，其余三个调不对立，高平、低降两个调都是松元音，次中降都是紧元音。拉祜语有中平、低降、高降、高升四个调，松元音在四个调上都出现，紧元音只出现在低降、高降两个调上。松紧同声调的密切关系，在藏缅语族语言里带有普遍性。松紧深刻影响声调的发展变化，反过来声调也影响松紧的发展变化。我们研究松紧元音，必须紧紧抓住它同声调的关系，从声调的各种变化中去考察松紧元音的特性②。

2.3在舌位方面，有些语言在同一个元音上紧元音舌位比松元音舌位低些，开口度大些。如碧约哈尼话的o，发松元音时实际音值是［o］，发紧元音是［ɔ̱］。例词kho^{31}“苦”，kho̱^{31}“掏（耳）”，mo^{31}“多”，mo̱^{31}“舔”③。但也有相反的现象，即紧元音的舌位比松元音的舌位略高。如景颇语的po^{33}“头”，po̱^{33}“诞生”，tu^{33}“官”，tu̱^{33}“生长”。不过这种

① 指云南省碧江三区里吾底傈僳话，下同。

② 松紧元音同声调的关系密切。探讨这个问题，是藏缅语族语言研究中的一个有意义的问题。

③ 指云南省墨江菜园乡碧约话，下同。

现象比较罕见。

2.4在声母方面，有的语言由于松紧的不同影响声母的发音。一般看来，同紧元音结合的声母比同松元音结合的声母在音色上硬些。如哈尼语的zu̠^{31}“揉”、dzɿ̠^{31}“织”的z、dz就比zu^{31}“走”、dzɿ^{31}“骑”的z、dz发音上硬些。有的语言如景颇语，同松元音结合的塞音、塞擦音声母略带浊化成分，而和紧元音结合的就没有这种现象。例如：pai^{55}“再”，pa̠i^{55}“左”，tʃa^{33}“饱满”，tʃa̠^{33}“敷（药）”①。在同声母的配合关系中，比较常见的是与送气不送气的关系密切。有的语言不送气音只同紧元音结合，不同松元音结合，而送气音则相反，只同松元音结合，不同紧元音结合。如哈尼语的不送气清塞音、清塞擦音p　t　k　tɕ只同紧元音结合，而送气的清塞音、清塞擦音ph th kh tɕh只同松元音结合，松紧对立实际上只出现在浊声母和清擦音之后。哈尼语美洛话里，同紧元音结合的不送气的清塞音p、pj、t、k和清塞擦音ts、tɕ，能自由变读为送气音。如：pa̠^{31}“片”可读为pha̠^{31}，ta̠^{31}“凿”可读为tha̠^{31}。景颇语的紧元音不与送气辅音ph、th、kh、phʒ、khʒ、phj、khj及s、ʃ结合。载瓦语的紧元音也不与送气辅音ph、phj、th、kh、khj、tsh、tɕh及f、s、ɕ、x结合。

2.5此外，在有些语言里，紧元音读起来比松元音短促，有的还后带喉塞音。如彝语的低降调，紧元音后带喉塞音ʔ，比松元音短促。如ni̠^{31}“饿”，ni^{31}“二”，dzo̠^{31}“花椒”，dzo^{31}“吃”。又如哈尼语的低降调，紧元音也后带喉塞音ʔ，也比松元音短促。如le^{31}“追”，le̠^{31}“泡”，sa^{31}“肉”，sa̠^{31}“蒸气”。从音节的角度看，紧元音音节比松元音音节短些。

2.6由于松紧的出现还伴随别的语音现象，这就容易引起对松紧特征认识上的分歧。有的语言学家看不到松紧元音的对立，把这种语音差别看成是别的语音现象。在国外，有的把松紧元音看成是声母清浊的不同（如对景颇语就是这样看的），有的把松紧元音看成是带不带喉塞韵尾的区别（如把拉祜语的紧元音看成是带喉塞韵尾的韵母）。在国内，有的把松紧元

① 这可能同景颇语的松紧来源于声母的清浊有关，见第二节。

音看成是声调长短的区别：紧元音音节是短调，松元音音节是长调[①]。

2.7固然，藏缅语族语言的松紧元音同声调存在密切的关系，主要表现在紧元音的读音比松元音短而略高，紧元音出现的声调比松元音少。在记录语言时，为了研究上的方便，可以用不同的声调表示松紧元音的差别。但在认识上必须明确，构成这种音位对立的主要特征是元音的松紧，而不是声调的长短。松紧是决定事物性质的主要特征，而长短则是伴随主要特征的一种次要现象。在松紧对立的语言里，尽管不同语言的紧元音紧缩程度有所不同，有的强些，有的弱些，伴随现象有的明显些，有的不明显，但都要紧缩喉头，否则就构不成松紧音位的对立。在操用有松紧对立的语言的人听来，在发紧元音时如果不紧缩喉头，即便把声调念得多短，也感觉不出是紧元音；而如果紧缩了喉头，即使声调念得长些，也能辨出这是紧元音。伴随现象的出现，常常是不稳定的，而且在不同的条件下和在不同的语言里，出现的情况也不一样，所以要依据它来决定语音的属性是有困难的。比如紧元音发音短促并后带喉塞音的现象，在哈尼语里主要出现在低降调上，在中平调上不太明显。在景颇语里，紧元音发音短促的现象主要出现在不带韵尾的元音上，带韵尾的元音就不明显。在阿细彝语里，紧元音后带喉塞音主要出现在低降调上，在中平调上没有这种现象。总之，我们认为松紧元音在藏缅语族一部分语言里是客观存在，不能把它看成是别的语音要素。我们在确定这一语音要素时，不仅要看一个语言内部松紧元音同其他语音特征的关系，分清主次，抓住主要矛盾，而且还要参看同语族语言之间松紧元音的对应关系孤立地看问题是不行的。

① 如在《阿细民歌及其语言》一书中，作者把阿细彝语的元音松紧看成是声调长短的区别。因而用不同的声调来区别这种差别。在描写中平短调时说："这个声调很短促，也相当高，后面附带着一个喉塞声（ʔ），喉头的肌肉特别紧缩，可以看作这个声调的附属品，所以不另标明"。这样，该书把阿细彝语的高平55、33、31三个调处理为高平调55、中平调44（或33）、低平调22、中短调44、低降调21（又读低短调21）五个调，而在元音上不分松紧。参看《语言学专刊》第五种，一九五三年六月。

三、松紧元音的来源

3.1 值得我们进一步探讨的是：藏缅语族诸语言的松紧元音究竟是怎样产生的？它是由别的什么语音特征演变来的？通过语言比较和综合观察松紧元音表现出的各种特征，我们看到藏缅语族诸语言的松紧元音，虽然现在在发音上表现为共同的特点，但在语音类别上则出现几种不同的现象，其中有的对应相同，即这个语言的松紧元音同那个语言的松紧元音相对应，有的对应不同，即这个语言的松紧元音在另一个语言里并不同松紧元音对应，而同别的语音类别（如声母的清浊，韵母的舒促等）对应。这种对应现象显示了藏缅语族松紧元音在来源上的多样性特点。就目前所掌握的材料来看，藏缅语族语言的松紧元音在来源上至少存在以下两种类型。

3.2 彝语、哈尼语、傈僳语、拉祜语、苦聪语是一类，它们之间的对应大致是松元音对松元音，紧元音对紧元音①。

松元音对松元音的，例如：

彝	傈僳	哈尼	拉祜	苦聪	汉
a^{31}	ma^{31}	ma^{31}	ma^{53}	ma^{31}	不
mu^{31}	mo^{31}	mo^{31}	$mɔ^{53}$	mu^{31}	老
dzo^{31}	dza^{31}	dza^{31}	tsa^{53}	tsa^{31}	吃
no^{33}	na^{33}	na^{55}	na^{31}	na^{31}	病
$tsho^{33}$	$tshɯ^{33}$	$tshu^{55}$	$tshu^{33}$	$tshv^{33}$	肥
tu^{33}	do^{33}	do^{55}	$dɔ^{31}$	do^{31}	喝
ni^{33}	$n̥i^{33}$	$nɔ^{33}$	ni^{33}	ni^{33}	日
$kɤ^{33}$	ku^{33}	$ɣy^{31}$	$qɔ^{53}$	ku^{31}	九

紧元音对紧的，例如：

① 苦聪语指云南省墨江苦聪话，下同。

彝	傈僳	哈尼	拉祜	苦聪	汉
tʂhu̱^{31}	tʃho̱^{31}	ku̱^{31}	khɔ̱^{31}	kho̱^{31}	六
ne̱^{31}	nE̱^{31}	na̱^{31}	na̱^{31}	na̱^{31}	早
khu̱^{31}	kho̱^{31}	xu̱^{31}	qhɔ̱^{31}	kho̱^{31}	年
tɕhi̱^{31}	a^{55}tʃhi̱^{31}	a^{31}tsi̱^{31}	a^{55}tshe̱^{31}	tshɿ̱^{31}	山羊
vi̱^{33}	ve̱^{33}	ʑe̱^{33}	ve̱^{53}	vi̱^{33}	开（花）
dzɛ̱^{33}	dzE̱^{33}	dza̱^{33}	dza̱^{53}	dza̱^{33}	滴（动）
nu̱^{33}	no̱^{33}	a^{55}nɯ̱^{33}	nɔ̱^{53}	no̱^{53}	豆
a^{33}nu̱^{55}	mi̱^{31}	a^{55}mju̱^{31}	mɔ̱^{31}	mjo̱^{31}	猴子
a^{33}gu̱^{55}	go̱^{31}	ɣu̱^{31}	qɔ̱^{31}	ko̱^{31}	弯

也有少数紧元音同松元音对应的例子，但这类对应很有规律，并有条件可寻。综合各点的情况可以明显看出松元音是由紧元音松化而来的。如哈尼语的紧元音在傈僳语里大部分都同紧元音对应，少数紧元音同松元音对应的，在声调对应上也反映出不同的特点。如哈尼语在低降调上的紧元音，在傈僳语里同紧元音对应时是低降调，而同松元音对应时是高平调。例如：

哈尼	傈僳	汉
mu̱^{31}	mo̱^{31}	薅
a^{31}ɣa̱^{31}	a^{55}vE̱^{31}	猪
ku̱^{31}	tʃho̱^{31}	六
xu̱^{31}	kho̱^{31}	年
ko̱^{31}	kho̱^{31}	咬
tɕa̱^{31}	tʃa^{55}	煮
lu̱^{13}	lo^{55}	牧
tsa̱^{31}	tsa^{55}	接
tɕi̱^{31}	ku^{55}	会（做）
lo̱^{31}	le^{55}	晒

从比较中可以看到，这几种语言的松紧元音特征相似，对应规律严整，无疑它们具有共同的来源。

3.3但是，如果把彝语、哈尼语、傈僳语、苦聪语的松紧元音与同语族的景颇语、载瓦语进行比较，则看到前面几种语言的松紧一般不和景颇语、载瓦语的松紧相对应，而和景颇语、载瓦语的舒声韵和促声韵相对应（彝、哈尼等语言没有促声韵），大致是松元音韵和舒声韵对应，紧元音韵和促声韵对应。下面以哈尼语为例同景颇语、载瓦语进行比较：

松元音韵	舒声韵		
哈尼	景颇	载瓦	汉
ŋa^{55}	ŋai^{55}	ŋo^{51}	我
sa^{31}	ʃan^{31}	ʃo^{21}	肉
xa^{31}	kha^{55}	kho^{21}	苦
dza^{31}	ʃa^{55}	tso^{21}	吃
du^{31}	thu^{31}	tu^{21}	挖
phju^{55}	phʒo^{31}	phju^{51}	白
a^{31}n̥u^{31}	ŋa^{33}	no^{21}	牛
a^{31}khɯ^{55}	lǎ^{31}ko^{33}	hkji^{51}	脚
a^{55}si^{31}	nam^{31}si^{31}	a^{21}ʃi^{21}	果子

紧元音韵	促声韵		
哈尼	景颇	载瓦	汉
mja̱^{33}	mji^{ʔ31}	mjo^{ʔ31}	眼睛
sa̱^{31}	n^{31}sa^{ʔ31}	so^{ʔ55}	气
a^{31}ɣa̱^{31}	va^{ʔ31}	va^{ʔ21}	猪
u^{31}nɔ̱^{31}	nu^{ʔ55}	u^{21}nu^{ʔ55}	脑
su̱^{31}	sip^{31}	sip^{21}	消（肿）
zu̱^{31}	jup^{55}	iu̱p^{55}	睡
ɣo̱^{33}	khʒop^{55}	hkjop^{21}	脆

se̱^{31}	sat^{31}	sat^{55}	杀
ne̱^{31}xa^{31}	nat^{55}	nat^{21}	鬼
ɕe̱^{31}	mă^{31}tsa̱t^{55}	ʃit^{55}	八

3.4若再拿彝语、哈尼语等语言同藏语做比较，可以看到也是松紧同舒促韵母相对应，大致也是紧元音韵同促声韵对应，松元音韵同舒声韵对应（藏语的元音分长短，不分松紧，有以-b、-d、-g收尾的促声韵）①。例如：

松元音韵		舒声韵	
哈尼	傈僳	藏	汉
ŋa^{55}	ŋua^{33}	ŋa	我
ma^{31}	ma^{31}	ma	不
dza^{31}	dza^{31}	za	吃
sa^{31}	xua^{31}	ɕa	肉
ȵi^{31}	nɯ^{31}	ȵe	近
ɣy^{31}	ku^{33}	dgu	九
xy^{31}	khu^{31}	rku	偷
ŋy^{53}	ŋu^{33}	ŋu	哭
nɔ^{33}	ȵi^{33}	ȵi	日
phɔ^{33}	phe^{35}	phje	开
sɔ^{55}	sa^{33}	gsum	三
di^{31}	dɯ^{31}	rduŋ	打
sɿ^{55}	ʃi^{33}	ser	黄

紧元音韵		促声韵	
哈尼	傈僳	藏	汉
na̱^{33}	nE̱^{33}	nag	黑
dza̱^{33}	dzE̱^{33}	ɦdzag	滴

① 藏语用的是文字材料，这里用拉丁符号转写。

a^{31}la̱^{31}	lᴇ̱^{31}phᴇ^{35}	lag	手
ku̱^{31}	tʃho̱^{31}	drug	六
se̱^{31}	se̱^{31}	bsad	杀
tsu̱^{33}	tʃhi̱^{31}	ɦdʑib	吸、吮
a^{31}ɣa̱^{31}	a^{55}vᴇ̱^{31}	phag	猪
za̱^{31}	zᴇ̱^{31}	zags	下去
ɕe̱^{31}	he̱^{31}	brgjad	八
a^{31}ɣo̱^{31}	wo̱^{31}	khab	针
ɣu̱^{31}	go̱^{31}	ɦgug	弯
du̱^{31}	do̱^{31}	dug	毒

3.5再看同缅语的对应情况。彝、哈尼等语言松紧元音在缅语里，也和舒促韵母对应，即紧元音同带-ʔ尾的促声韵对应，松元音同不带-ʔ尾的舒声韵相对应。例如：

松元音韵		舒声韵	
哈尼	傈僳	缅	汉义
phɯ^{55}	phɯ^{33}	phji^{11}	解开
la^{55}	la^{33}	la^{11}	来
thu^{55}	thu^{33}	thu^{11}	厚
ŋy^{55}	ŋu^{33}	ŋo^{11}	哭
ŋa^{55}	ŋua^{33}	ŋa^{11}	我
no^{55}	nu^{33}	nĩ^{11}	你
tɕhi^{55}za^{31}	tʃhi^{33}	tʃhi^{11}	麂子
sɔ^{55}	sa^{33}	tθũ^{33}	三
phju^{55}	phu^{33}	phju^{11}	白
mu^{33}	mɯ^{33}	mu^{33}	晕
nɔ^{31}	ne^{55}	nɛ^{53}	少
mja^{31}	miᴇ^{31}	mja^{53}	多

gɯ^{31}	dʒi^{31}	tʃi^{53}	铜
ba^{31}	ba^{31}	pa^{53}	薄
sa^{31}	xua^{31}	a^{11}tθa^{53}	肉

紧元音韵		促声韵	
哈尼	傈僳	缅	汉义
ko̱^{31}	kho̱^{31}	kai^{ʔ55}	咬
se̱^{31}	se̱^{31}	tθa^{ʔ55}	杀
a^{31}la̱^{31}	lᴇ̱^{31}phᴇ^{35}	lɛ^{ʔ55}	手
a^{31}ɣa̱^{31}	a^{55}vᴇ̱^{31}	wɛ^{ʔ55}	猪
ɕe^{31}	he̱^{31}	ʃi^{ʔ55}	八
a^{31}ɣo̱^{31}	wo̱^{31}	a^{ʔ55}	针
a^{55}mju̱^{31}	mi̱^{31}	mjau^{ʔ55}	猴子
da̱^{33}	dᴇ̱^{33}	tɛ^{ʔ55}	上（去）
ɕo̱^{31}	he̱^{31}	ja^{ʔ55}	站
a^{31}tsi̱^{31}	a^{55}tʃhi̱^{31}	se^{ʔ55}	山羊
sɿ̱^{31}	ʃi̱^{31}	a^{31}tθi^{ʔ55}	新
dza̱^{33}	dzᴇ̱^{33}	tʃa^{ʔ55}	滴

3.6哈尼、彝等语言的紧元音同景颇、载瓦、缅等语言的促声韵，不仅存在着明显的对应关系，而且这两类不同性质的语音在声调上还反映出共同的特点。哈尼、彝等语言的紧元音主要出现在两个调上，景颇、载瓦的促声韵也出现在两个调上，缅语的促声韵只出现在一个调上。它们之间有严整的对应关系。如哈尼语的两个紧元音音节声调中平、低降调在载瓦语里同高平、低降两个调对应，出现在高平调上的多是清声母，出现在低降调上的多是浊声母。例如：

哈尼	载瓦	汉义
低降、中平	高平（清声母）	
se̱^{31}	sat^{55}	杀

sa̱^{31}	so^{ʔ55}	气
tsa̱^{31}	tsho^{ʔ55}	接
sɿ̱^{31}	a^{31}sik^{55}	新
tsɿ̱^{31}	tshik^{55}	掐
ta̱^{33}	tho^{ʔ55}	锐利
pɯ̱^{33}	phut^{55}	烧
pu̱^{33}	phu^{ʔ55}	翻（地）
ku̱^{33}	khup^{55}	厩
低降、中平	低降（浊声母）	
me̱^{31}	mut^{21}	饿
na̱^{31}	no^{ʔ21}	早
a^{31}ɣa̱^{31}	va^{ʔ21}	猪
a^{31}la̱^{31}	lo^{ʔ21}	手
na̱^{33}	no^{ʔ21}	黑
mja̱^{33}	mjo^{ʔ21}	眼
dze̱^{33}	tʃe^{ʔ21}	烂
da̱^{33}	to^{ʔ21}	上

3.7以上有规律的对应现象启示我们，彝、哈尼等语言的松紧元音可能是由舒促韵母演化来的。我们设想，彝、哈尼等语言的韵母，过去也分过舒促，后来促声韵的韵尾逐渐消失了，这样，带韵尾的促声韵就转化为没有韵尾的紧元音了。

这一设想，从语音演变的音理上也容易说得通。从音理上看，促声韵转化为紧元音的可能性比较大。促声韵的发音，由于气流通过塞音韵尾要遇到堵塞，所以发音器官如喉头、咽喉等往往要保持一定的紧张状态。而当促声韵尾消失后，喉头紧缩有可能保留下来，由促声韵的伴随特征转化为韵母的主要特征。促声韵伴随紧喉的现象在保留促声韵的现代汉语方言里就能见到。如闽语仙游话的促声韵现在只保留一个-ʔ尾，发音时都比舒声韵紧。例词：tɔ^{ʔ54}“毒”、kɔ^{ʔ32}“国”、te^{ʔ32}“滴”、ɬɛ^{ʔ32}“色”、tsɔ^{ʔ54}“烛”、la^{ʔ54}“六”、te^{ʔ54}“笛”、tsɛ^{ʔ54}“热”、khɛ^{ʔ32}“刻”等。

3.8 哈尼、彝等语言有一些同汉语相近的词（是同源词还是早期借词有待进一步确定，但看来是同源词的可能性大），也存在紧元音同促声韵相对应的例子，这也从一个侧面证明松紧元音同舒促韵母的关系。例如：

哈尼	彝	傈僳	拉祜	汉	中古音韵母注音	
mja̱^{33}	ne̱^{33}sa^{31}	miᴇ̱^{33}sɿ^{31}	mᴇ̱^{53}si^{31}	目	屋韵	–k
ku̱^{31}	tʂhu̱^{31}	tʃho̱^{31}	khɔ̱^{31}	六	屋韵	–k
tsa̱^{31}	tsɛ̱^{55}	tsa^{55}	tsa̱^{35}	接	叶韵	–p
tsɿ̱^{31}	tsi̱^{55}	tsɿ̱^{55}	tsɿ^{53}	节	屑韵	–t
ɕe̱^{31}	xi̱^{31}	he̱^{31}	xi^{35}	八	黠韵	–t

3.9 景颇语的松紧同载瓦语的松紧属于同一类。它们之间的对应关系虽然比较复杂，有不少例外现象，但基本的对应规律仍然是松对松，紧对紧。松对松的如：

景颇	载瓦	汉
mji^{ʔ31}	mjo^{ʔ21}	眼睛
tʃə^{55}	tʃɛ^{ʔ21}	烂
khji^{31}	khjui^{21}	濞
khʒu^{55}	kji^{21}	饱
mǎ^{31}ko^{ʔ31}	koi^{55}	弯
sat^{31}	sat^{55}	杀
wa^{ʔ31}	va^{ʔ21}	猪
nu^{ʔ55}	u^{21}nu^{ʔ55}	脑髓
n^{31}sa^{ʔ31}	so^{ʔ55}	气
ni^{55}	ŋji^{55}	日
phʒiŋ^{55}	pjiŋ^{55}	满
li^{33}	lai^{21}	重

phʒan^{31}	phji^{21}	解开
lă^{31}ko^{33}	khji^{21}	脚
mu^{31}	mjaŋ^{21}	看见

紧对紧的如：

景颇	载瓦	汉
tʃu̱p^{31}	tʃu̱p^{55}	吮
ŋja̱^{31}	ŋjo̱m^{55}	软
ta̱i^{33}	te̱^{31}	独
a^{31}tʃi̱n^{31}	tʃi̱ŋ^{51}	塞
kă^{31}po^{31}	pu̱^{ʔ55}	爆炸
tsa̱t^{55}	tʃa̱p^{55}	插（花）
tʃa̱t^{55}	tʃa̱p^{55}	紧

也有一些松元音对紧元音的，这类对应有的同语音配合规律有关。如这两种语言的送气音声母和清塞音声母只同松元音结合，不同紧元音结合，所以在对应中一方同不送气声母、清擦音声母结合的紧元音若在对方是同送气音声母或清擦音声母对应时，韵母就出现松元音。例如：

景颇	载瓦	汉
khʒi^{33}	tʃi̱n^{51}	酸
kha^{ʔ31}	ka̱ŋ^{21}	离
khʒo^{ʔ55}	kju̱^{ʔ55}	乾
kʒu̱^{ʔ55}	khju^{ʔ55}	六
tsa̱p^{55}	jap^{21}	站
ta̱i^{33}	tho^{ʔ55}	锋利
ʃă^{31}tʃu̱t^{55}	khat^{55}	追赶

3.10 上面说过，哈尼、彝等语言的紧元音在景颇、载瓦语里不同紧元音对应，同促声韵对应，而景颇、载瓦语的松紧元音在哈尼、彝等语言里又同什么对应呢？从比较中我们看到：景颇、载瓦语的松紧元音在哈尼、

彝等语言里是同声母的清浊对应，大致是松元音对浊声母，紧元音对清声母（景颇、载瓦语的声母在塞音、塞擦音上只有清音没有浊音，在擦音上有的分清浊）。下面是载瓦同哈尼、彝等对比的例子：

松元音	浊声母			
载瓦	哈尼	彝	傈僳	汉义
kji^{21}	gɯ^{31}	dʑi^{31}	dʒi^{31}	铜
kau^{21}	ɣy^{31}	kɤ^{33}	ku^{33}	九
a^{21}tʃum^{21}	dzɔ^{31}	i^{33}dzɛ^{31}	dzʅ^{31}	生（肉）
pjo^{21}	bja^{31}	ɖo^{31}	dʒᴇ^{31}	蜂
tso^{21}	dza^{31}	dʐo^{31}	dza^{31}	吃
tsam^{51}	lɔ^{55}dzɔ^{55}	tsi^{33}	kho^{31}dze^{33}	桥
pjiŋ^{55}	bjɔ^{33}	ɖɛ^{33}	bi^{33}	满
tuŋ^{21}	a^{31}dɔ^{55}	to^{33}le̱^{31}	du^{33}lᴇ̱^{33}	翅膀
koi^{55}	ɣu̱^{31}	a^{33}gu̱^{55}	go̱^{31}	弯
to^{ʔ21}	da̱^{33}	de̱^{33}	dᴇ̱^{33}	上（树）

紧元音	清声母			
载瓦	哈尼	彝	傈僳	汉
tʃu̱p^{55}	tsu̱^{33}	tʂi̱^{55}	tʃhi̱^{31}	吮
tʃo̱^{ʔ55}	tɕa̱^{31}	tɕe̱^{55}	tʃa^{55}	煮
tʃa̱p^{55}	tsu̱^{33}	ɭe̱^{55}	tʃhɯ^{35}	插（花）
kju̱^{ʔ55}	ku̱^{33}	a^{33}fu^{33}	tʃhɯ^{35}	干燥
tʃi̱n^{51}	tɕhe^{55}	tɕi^{33}	tʃɯ^{33}	酸
pju̱^{21}	xu^{33}phi^{31}	po^{33}	pu^{33}	豪猪
po̱^{21}	xa^{31}pha^{31}	a^{33}po^{55}	o^{55}pa^{33}	蛙
tʃi̱ŋ^{51}	tshy^{31}	tsi^{55}	tshʅ^{31}	塞

这里有个例外。载瓦语里同送气音、清擦音结合的松元音（不同紧元音结合），在哈尼、彝等语言里同清声母对应，不同浊声母对应。例如：

载瓦	哈尼	彝	傈僳	汉
tshik⁵⁵	tsɿ̠³¹	tshi̠³¹	tsɯ⁵⁵	掐
khjuʔ⁵⁵	ku̠³¹	tʂhu̠³¹	tʃho̠³¹	六
phuʔ⁵⁵	pu̠³³	pu̠³³	pho³⁵	翻（地）
thuʔ⁵⁵	tu̠³³	tu̠³³zi³¹	to³⁵	顶（住）
phoŋ⁵⁵	phɔ³³	phu³³	phe³⁵	开（锁）
phju⁵¹	phju⁵⁵	a³³tho³³	phu³³	白
tʃhui²¹	tɕhu⁵⁵	tʂhi³³	tʃhi³³	甜
sui²¹	sɿ̠³¹	si³¹	sɿ³¹	血
ʃo²¹	sa³¹	pa³³xo³¹	xua³¹	肉
se⁵⁵	sɿ³¹	sa̠⁵⁵	sɯ⁵⁵	知道
sat⁵⁵	se̠³¹	xo³¹	se̠³¹	杀
sum²¹	sɔ⁵⁵	si³³	sa³³	三
ʃit⁵⁵	ɕe̠³¹	xi̠³¹	he̠³¹	八

3.11 再把载瓦语同藏语进行比较，同样可以看出松元音对浊声母、紧元音对清声母这一条基本的对应规律。松元音对浊声母的如：

载瓦	藏	汉
koi⁵⁵	ɦgug	弯
kau²¹	dgu	九
tso²¹	za	吃
a²¹tʃum²¹	rdzen	生（肉）
vo⁵⁵kjo²¹	go	听见
pau²¹	ɦbu	虫
tsam⁵¹	zam-pa	桥
pji²¹	sbyin	给

紧元音对清声母的如：

载瓦	藏	汉

tʃo̱^{ʔ55}	btsos	煮
tʃa̱p^{55}	btsugs	插（花）
kju^{ʔ55}	skam–po	干燥
tʃi̱n^{51}	skyur–mo	酸

3.12值得我们注意的是，载瓦语出现在鼻音边音上的松紧元音，在同缅语、喜德彝语等鼻音边音分清化不清化的语言对应时，松元音同不清化音对应，紧元音同清化音对应①。例如：

紧元音	清化音		
载瓦	缅	喜德彝语	汉
ŋo̱^{21}	ŋ̊a^{53}	hɯ^{33}	借（物）
mji̱ŋ^{55}	m̥e^{ʔ55}	m̥i^{33}tshu̱^{33}	取（名）
no̱^{51}	n̥ă^{11}khõ^{53}	n̥a^{31}bi^{55}	鼻子
mo̱^{ʔ55}	tθĩ^{11}	m̥o^{55}	教
la̱i^{51}	l̥e^{11}	l̥ɿ^{33}mo^{34}	船
lo̱^{21}	põ^{53}pi^{11}	l̥a^{55}	裤子
la̱m^{21}mo^{55}	la^{ʔ55}	l̥o^{31}bo^{31}	月亮
la̱p^{55}	l̥ã^{53}	l̥i^{55}	晒

松元音	不清化音		
载瓦	缅	喜德彝语	汉
no^{21}	na^{53}	nɯ^{33}	停
mjaŋ^{21}	mjĩ^{53}	mu^{33}	马
ŋo^{21}	ŋa^{53}	ŋɯ^{33}	五
mjo^{21}	mja^{53}	a^{34}ȵi^{33}	多
ŋau^{51}	ŋo^{11}	ʑi^{33}ŋo^{34}	哭
naŋ^{51}	nĩ^{11}	nɯ^{33}	你
ŋo^{51}	ŋa^{11}	ŋa^{33}	我

① 喜德彝语指四川省凉山红玛话。l̥也可标为ɬ。

lai^{21}	le^{53}	a^{33}h^{33}	重
lo^{ʔ21}	lɛ^{ʔ55}	lo^{55}	手

3.13载瓦语的松紧同彝、哈尼等语言的清浊声母的密切关系，我们还能从这些语言使动范畴的语音形式的对应关系中得到进一步证明。载瓦语的使动词，语音交替的形式主要是松紧交替，松元音是自动词，紧元音是使动词，除此外还有送气不送气交替，半元音清擦音交替等形式。彝语的使动词，语音交替形式主要是声母清浊交替，浊音表示自动，清音表示使动。这两种语言不同的语音交替形式，在同源词上存在着明显的对应关系，即载瓦语的自动词松元音对彝语的自动词浊声母，载瓦语的使动词紧元音对彝语的使动词清声母。例如：

载瓦	彝	汉
kju^{ʔ21}	dʐu̱^{33}	怕
ku̱^{ʔ21}	tʂu̱^{33}	使怕
pui^{51}	bi^{21}	搬（蜂窝）
pu̱i^{21}	pi^{55}	使搬
tso^{21}	dzo^{31}	吃
tso̱^{21}	tʂo^{55}	使吃
tsiŋ^{21}	dʐi^{31}	集拢
tsi̱ŋ^{21}	tʂi^{55}	使集拢
tap^{55}	do̱^{31}	燃
ta̱p^{55}	to̱^{55}	使燃
tsum^{55}	dzi^{33}	成双
tsu̱m^{55}	tsi^{33}	使成双
leŋ^{21}	lɛ^{33}	滚
le̱ŋ^{21}	l̥a̱^{31}	使滚

这种既是同源词，又表示相同语法意义的语音对应关系，很能说明语音对应规律的可靠性。

3.14我们推测载瓦语过去也同哈尼、彝、傈僳等语言一样，塞音、塞擦音声母也分清浊两类，后来浊声母消失了，清浊对立的特征转化为今日这样松紧元音对立的特征，清声母变为紧元音，浊声母变为松元音。而且在鼻音边音上，过去载瓦语也曾同现在的彝、缅等语言一样，分为清化不清化两类，后来清化的类消失了，这种对立转化为松紧对立，清化的变为紧元音，不清化的变为松元音。这就是今日载瓦语松紧元音的来源。

3.15从载瓦语自动词使动词声调分化的规律上，我们能够看到在这上面保留有过去清浊声母对立的一些痕迹。为什么这么说呢？在彝、哈尼、拉祜等语言同载瓦语的声调对应关系中，可以寻找出这样一条规律：哈尼等语言同一类调因声母清浊不同在载瓦语里分为两个调。如哈尼低降调、禄劝彝语高平调（出现在紧元音一类上的），在载瓦语里分为高平、低降两个调，同哈尼、禄劝彝语清声母对应的是高平调，同浊声母对应的是低降调。例如：

	哈尼	禄劝彝语	载瓦	汉
清声母：	低降	高平	高平	
	tsa̱^{31}	tsa̱^{55}	tsho^{ʔ55}	接
	tsɿ̱^{31}	tshi̱^{55}	tshik^{55}	掐
	ku̱^{31}	tɕho̱^{55}	khju^{ʔ55}	六
	tɕa̱^{31}	tʂa̱^{55}	tʃo̱^{ʔ55}	煮
	sa̱^{31}	sa̱^{55}	so^{ʔ55}	气
	ɕe̱^{31}	hi̱^{55}	ʃit^{55}	八
	se̱^{31}	si̱^{55}	sat^{55}	杀
浊声母：	低降	高平	高平	
	a^{31}ɣa̱^{31}	va̱^{55}	va^{ʔ21}	猪
	dzo̱^{31}la̱^{31}	dze̱^{55}	tʃap^{21}ʃi^{21}	花椒
	bi̱^{31}	dʑe^{55}	pji^{21}	给
	na̱^{31}	na̱^{55}	nik^{21}	深

na̱^{31}	na̱^{55}mɯ^{31}	no^{ʔ21}	早
a^{31}la̱^{31}	la̱^{55}pha^{33}	lo^{ʔ21}	手

再看载瓦语使动词的声调分化形式，正好同上述因清浊条件而分化声调的形式相符合。例如：

自动词		使动词	
低降		高平	
pup^{21}	腐烂	pu̱p^{55}	使腐烂
pjit^{21}	断	phjit^{55}	使断
pju^{ʔ21}	消失	phju^{ʔ55}	使消失
tap^{21}	黏住	ta̱p^{55}	使黏住
le^{ʔ21}	躺	le̱^{ʔ55}	使躺
kju^{ʔ21}	害怕	kju̱^{ʔ55}	使害怕

3.16载瓦语的语音现况同这一语音发展趋势是相符合的。如载瓦语在送气音、清擦音上松紧不对立，只有松元音，没有紧元音，这同松紧来源于清浊有关。松紧由清浊演化而来，当然在不送气的声母上才有可能构成松紧对立，而在送气音、清擦音上就不构成松紧对立。再如，载瓦语自动词使动词的语音交替，除了以松紧交替为主要形式外，还有半元音与清擦音交替、送气不送气交替等形式。这多种形式的存在，也同松紧来源于清浊有关。半元音与清擦音的交替，实际上也是一种清浊对立，是由于浊声母转化为半元音而形成的对立形式。送气不送气交替是松紧交替的进一步演化，是由于和紧元音结合的不送气声母转化为送气音声母而形成的对立形式。紧元音影响不送气声母转化为送气声母的例子，在其他语言里也能见到。如绿春哈尼语中同紧元音结合的不送气音在七第哈尼话里可以自由变读为送气音，而在碧约的话里，则已读为送气音①。例如：

绿春话	碧约话	七第话	汉
ku̱^{31}	khu̱^{31}	ku̱^{31} ～ khu̱^{31}	六

① 七第话指云南省墨江七第话。

tɕa̱^{31}　　tsha̱^{31}　　tɕa̱^{31} ～ tsha̱^{31}　　煮

3.17声母由清浊对立向不对立的方向发展，是藏缅语族语音发展的一条规律。现代藏语的塞音、塞擦音只有清音没有浊音了，但在古藏语里则有一整套与清音对立的浊音。清浊声母对立影响声调的分化。哈尼语大部分方言声母分清浊两类，但在有的方言里已出现了浊声母消失的现象，如碧约话、卡多话、豪尼话等，浊声母的消失不影响声调的变化而引起原来的清声母转化为送气音。傈僳语、拉祜语的声母还保存了完整的清浊音对立，只在一部分具体词里，浊声母转化为清声母，这一转化影响了声调的变化。载瓦语已经走完了这条由声母清浊对立向不对立方向发展的道路，所不同的是，它是用松紧对立来代替清浊对立，这是载瓦语语音发展的一个特点。

3.18白语虽有松紧元音，但同上述语言的松紧元音比较，找不到明显的对应规律，似无共同来源。其特征有些也不同，如白语松紧元音音节出现的声调数量相同，松元音出现在四个调上，紧元音也出现在四个调上。白语的紧元音低降调带浊吐气成分。如pã̱^{31}“蹄”读作［pɦã̱^{31}］、ko̱^{31}“爱”读作［kɦo̱^{31}］、tsɯ̱^{31}“豺狗”读作［tsɦɯ̱^{31}］①。白语的系属问题，过去许多人曾认为它属藏缅语族彝语支，这个认识可能还存在问题，有待进一步研究。从松紧元音的特征上看，它同彝语支诸语言差别较大。

四　松紧元音的发展

4.1任何事物都有它产生、发展和消失的过程，语音的情况也是这样。通过语言和方言比较，我们看到藏缅语族一些语言（或方言）的松紧元音在它的发展过程中出现了紧元音松化的现象，即松紧元音由严整对立演化为不完全对立，再到完全不对立。这种松化的趋势在不同语言里表现出发展上的不平衡，如有的是全部或大部紧元音音位消失了，有的是消失了一

① 参看徐琳、赵衍荪《白语概况》1964.4。

部分紧元音音位，有的是在一些具体词上紧元音特征消失了，或出现可松可紧的现象。

4.2先说哈尼语的情况。在哈尼语方言里，松紧对立的情况可分为两种类型：一种是松紧严整对立，松元音音位和紧元音音位数量相等，如绿春话、甲寅话，甲寅话有ɿ i e a ɔ u v ɤ ɯ y十个元音，各分松紧；一种是部分元音分松紧，松元音比紧元音多，如豪尼话有i e ɛ a ɔ o u v ɤ ɯ ɿ十一个元音，其中只有i ɿ v三个元音分松紧，其它都是松元音。后者是紧元音松化的结果①。从比较中可以看到，紧元音松化后，一般转化为舌位高低的差别，多是紧元音的舌位变低，但在声母、声调上一般不发生什么变化。看下面绿春话同豪尼话的对应：

	绿春话	豪尼话	汉
a ～ ɔ：	na^{55}	$nɔ^{55}$	病
	la^{55}	$lɔ^{55}$	来
	xa^{31}	$xɔ^{31}$	苦
	sa^{55}	$ʃɔ^{55}$	讨
a̠ ～ a：	$tɕa̠^{31}$	$tʃha^{31}$	煮
	$sa̠^{31}$	sa^{31}	蒸
	$ka̠^{33}$	kha^{33}	耙
	$ɣa̠^{31}$	ja^{31}	织
o ～ v：	lo^{31}	lv^{31}	船
	no^{55}	nv^{55}	你
	dzo^{55}	tsv^{55}	学
	do^{31}	$tv^{31}pɔ^{31}$	话
o̠ ～ o：	$a^{31}ɣo̠^{31}$	$ɣo^{31}$	针
	$ko̠^{31}$	kho^{31}	咬
	$so̠^{33}$	so^{33}	摸

① 豪尼话指云南省墨江水癸豪尼话。

do̱^{31}	to^{31}	戴（手镯）

一般看来，在低元音位置上的紧元音容易消失，高元音位置上的紧元音比较稳固些。如上面所说的豪尼话，松紧对立的只保存在i ɿ v三个高元音上。表现在声调上，低降调的紧元音稳固些，中平调上的紧元音容表松化。如碧约话的a̱在低降调上仍读紧的，而在中平调上，有的已松化了。例如：

	碧约话	绿春话	汉
低降调：	na̱^{31}	na̱^{31}	深
	ja̱^{31}	ɣa̱^{31}	织
	sa̱^{31}	sa̱^{31}	蒸
	va̱^{31}	a^{31}ɣa̱^{31}	猪
中平调：	kha^{33}	ka̱^{33}	梳
	sa^{33}	sa̱^{33}	称（东西）
	tsa^{33}	dza̱^{33}	滴（水）
	tha^{33}	ta̱^{33}	（刀）快

已经松化的紧元音，在声调上还保留原先紧元音的特点。哈尼语的紧元音只出现在中平、低降两个调上，不出现在高平调上，松元音则在三个调上都出现，而紧元音松化后，仍然同别的紧元音一样只出现在两个调上。如豪尼话的a、o是紧元音变来的，现在也只出现在中平、低降两个调上，不出现在高平调上。

4.3 彝语方言在松紧方面大致存在三种情况：一种是松紧元音音位严整对立，有几个紧元音就有几个松元音；一种是紧元音部分已松化，有表现在音位上的，有表现在具体词上的；还有一种是只有松元音没有紧元音。我们若拿松紧对立严整的禄劝话同喜德话进行比较，能够看到喜德话有些紧元音已松化了，但紧音松化并没有使声调发生变化。试看下列例子：

禄劝话	喜德话	汉
高平	高平	

紧对紧：	lɯ̱^{55}	ɭ̱^{55}	脱（衣）
	kho̱^{55}	khṵ^{55}	年
	tʂhi̱^{55}	tʂhʅ̱^{55}	山羊
	tɕho̱^{55}	fṵ^{55}	六
	dʑɯ̱^{55}	gṵ^{55}	缝
	ɕi̱^{55}	a^{34}ʂʅ̱^{55}	新
紧对松：	he̱^{55}	hi^{55}	站
	sa̱^{55}	so^{55}	气
	va̱^{55}	vo^{55}	猪
	ŋ̊i̱^{55}	mi^{55}	饿
	de^{55}	di^{55}	穿（鞋）
	ɣɤ̱^{55}	ʑi^{55}	针
	hi̱^{55}	hi^{55}	八

4.4在傈僳语、拉祜语里，紧元音松化只出现在一部分词上，不表现在音位的消失上。紧元音松化的条件同声母的关系密切，松化的词主要出现在同不送气清音、送气清音结合的元音上，少数出现在同鼻音边音结合的元音上。同浊塞音、浊塞擦音结合的紧元音还没有出现松化的现象。紧元音松化后，声调也发生了变化。试看下面同哈尼语对应的例子：

	哈尼语	傈僳语	拉祜语	汉
紧对紧：	低降	低降	低降	
	a^{31}ɣa̱^{31}	a^{31}vE̱^{31}	va̱^{31}	猪
	mṵ^{31}	mo̱^{31}	mṵ^{31}	薅
	pe̱^{31}	phe̱^{31}	phe̱^{31}	吐
	se̱^{31}	se̱^{31}	（ti^{53}）	杀
紧对松：	低降	高平	高升	
	tɕa̱^{31}	tʃa^{55}	tsa^{35}	煮
	tsa̱^{31}	tsa^{55}	tsa^{35}	接

tɕi̠³¹	ku⁵⁵	pɯ³⁵	会（做）
na̠³¹	nᴇ⁵⁵	na⁵⁵	深

4.5纳西语同哈尼、彝、傈僳等语言相近，基本语音特点相同，如声母分清浊，韵母以单元音韵母为主，没有带鼻音尾的韵母，没有促声韵，所不同的主要是纳西语的元音不分松紧。但从有的迹象看来，纳西语过去可能经历过松紧对立的过程。

若把纳西语同哈尼、彝、傈僳等语言进行比较，我们能从中看到这样一个现象：纳西语同这些语言在声调上的对应因松紧条件不同而不同。如哈尼语出现在中平、低降两个调上的松元音，在纳西语里主要同中平调对应，而在同一调上的紧元音在纳西语里则同低降、高平两个调对应，出现在低降调上的是浊声母，出现在高平调上的是清声母。例如：

哈尼（松元音）	纳西	汉
中平、低降	中平	
phɔ³³	pho³³	开（锁）
bja³³	mbo³³	亮
ma³³	me³³	母
nɔ³³	n̥i³³	（一）日
ɣy³¹	ŋgu³³	九
nɔ³¹	nɯ³³	少
bjo³¹	mbe³³	淡
dza³¹	ndzɿ³³	吃
xy³¹	khu³³	偷
哈尼（紧元音）	纳西	汉
中平、低降	低降（浊）、高平（清）	
na̠³³	na³¹	黑
a⁵⁵nɯ̠³³	nu³¹	豆
a⁵⁵je̠³³	ba³¹	花

a^{31}ɣo̱^{31}	kɔ^{31}	针
za̱^{31}	za^{31}	下（山）
dzo̱^{31}la̱^{31}	dzy^{31}	花椒
mu̱^{31}	ʐoa^{31}	薅
me̱^{31}	ʐo^{31}	饿
tsu̱^{33}	tʂho^{55}	插
xu̱^{33}tsa̱^{31}	fu^{55}	老鼠
so̱^{33}	sɿ^{55}	擦
tsu̱^{33}	tshɿ^{55}	盖（房子）
xe^{31}tse̱^{33}	tʂhoa^{55}	鹿
pe̱^{31}	phy^{55}	吐（口水）
a^{31}tsi̱^{31}	tshɿ^{55}	山羊
ku̱^{31}	tʂhoa^{55}	六
xu̱^{31}	khu^{55}	年
ɕo̱^{31}	xy^{55}	站
se̱^{31}	sy^{55}	杀

纳西语在声调对应上出现的这种分化，可能同过去存在过松紧对立有关。松紧对立消失后，在声调上留下痕迹。

再从借词上看，古汉语的一些不送气入声词，借到纳西语里读为送气音，如：kho^{33}“角”、tʂhu^{33}“读”、khv^{33}“割”。为什么不读不送气而读送气呢？这可能是同过去元音分过松紧有关。在元音分松紧的语言里，汉语入声调的老借词往往都读为紧元音，如哈尼语的du̱^{31}“毒”、tu̱^{33}“啄”等。而紧元音又常常影响不送气声母变为送气声母（例子上面已举过）。在同哈尼语的对应中可以看到，哈尼语同繁元音结合的不送气音，有许多在纳西语里读为送气音。例如：

哈尼	纳西	汉
pe̱^{31}	phy^{55}	吐

ta̱^{33}　　tha^{55}　　（刀）快
tsu̱^{33}　　tshɿ^{55}　　盖（房子）
tse̱^{33}　　tɕhər^{33}　　断
tsu̱^{33}　　tʂho^{55}　　插

4.6综上所述，藏缅语族的松紧元音在一些语言（或方言）里已出现了松化的趋势，但其发展情况不平衡。在哈尼语的一些方言里，紧元音音位消失了一部分，还保留一部分，松紧只在部分音位上保持对立；在傈僳、拉祜等语言里，虽然在音位上还完整地保留松紧对立，但在具体词上，有些紧元音词已转化为松元音了。紧元音松化的途径也不一样，目前能看到的主要有两种：一种是松紧对立消失后变为舌位的差别，即转化为舌位高低不同的元音，另一种是松紧对立消失后引起声调的分化。

*　　　　*　　　　*　　　　*

全文小结：元音分松紧是藏缅语族一部分语言的重要语音现象之一。松紧属于元音范畴，但它同声母、声调、韵尾等关系密切，它的存在和发展受这些语音成分的影响和制约，而它又深刻影响和制约这些语音成分的存在和发展。从来源上看，藏缅语族诸语言的松紧元音存在多源性的特点，有的来自声母的清浊，有的来自韵母的舒促，由不同的渠道汇成今日相同的松紧特征。在藏缅语族一部分语言和方言里，紧元音出现松化的趋势，松紧从严整对立走向不完全对立和不对立，这是松紧元音发展的自然趋势，也是藏缅语族语言松紧元音发展变化的一条重要规律。研究松紧元音的特征及其发展规律，是研究藏缅语族语言不可缺少的一项重要内容。

（原载《藏缅语族语言研究》第一辑，1990-3）

藏缅语族语言声调研究

[**提要**] 本文主要从藏缅语不同语言（包括方言）声调发展的不平衡性，以及声调与声母、韵母的相互制约的关系上，探讨藏缅语声调的起源与发展问题。文章认为：原始藏缅语是无声调的，至少是在分化为不同的语支后才产生的；促使声调产生的因素主要是声母、韵母的简化和多音节词向单音节词发展；影响声调分化的条件带有普遍性的是韵母的舒促和声母的清浊，是最早影响声调分化的条件。

[**关键词**] 藏缅语族　声调

藏缅语族语言（以下简称藏缅语）的声调在汉藏语系语言中独具特色，无论在现状上还是在来源、发展上都具有许多其他亲属语言所没有的特点。近几十年来，藏缅语的声调研究从无到有，逐步深入，特别是单一语言的研究取得了较大的进展。这些成绩，为全面认识藏缅语声调的特点奠定了必要的基础。到目前有必要、也有条件在现有研究的基础上进行综合研究，探讨整个语族声调的起源及发展问题。这种研究，既有助于推进藏缅语声调的全面研究，而且对藏缅语语音学研究具有重要价值。

全面研究藏缅语声调起源与发展，难度很大。这是因为藏缅语大多缺少能够反映古代语音特点的历史文献（除藏、缅等几个语言外），不可能主要依靠文献进行古今语音比较来认识声调的产生与发展。因而，要解决这一课题，除了尽可能地使用文献语言材料外，还要另辟蹊径，寻找新的方法。语言发展具有不平衡性的特点，而且构成语言的各种要素又是相互制约的，所以，从语言的不平衡性以及不同要素的相互制约上，能够看到语言发展的某些线索。本文主要从藏缅语不同语言（包括方言）声调发展的不平衡性，以及声调与声母、韵母的相互制约的关系上，探讨声调的起源与发展问题。

一、原始藏缅语无声调

与同语系其他语言（指汉语、壮侗语、苗瑶语）相比，藏缅语的声调属于不发达的一类。从亲属语言比较中可以得知，藏缅语声调的起源比较晚，至少是在藏缅语分化为不同的语支后才产生声调，也就是说，原始藏缅语阶段还未出现声调。这个认识可从以下两个方面来论证：

第一，从现状上观察，藏缅语声调存在两个不同于其他语族语言的特点。其一，声调数目少，大多是3～4个，超过4个的很少。从现已掌握的材料看，声调数目最多的是嘎卓语（系云南蒙古族使用的一种彝语支的语言），共有高平、次高平、中平、高升、中升、降升、高降、低降等8个调，是至今看到的藏缅语中声调最多的一种语言。有少量语言只有2个调，如普米语（箐花话）只有2个调，嘉戎语（梭磨话）主要有高平、全降2个调，此外还有中平、中升2个调只出现在联音变调或语法形态变化上。还有几个属于无声调的语言（方言）。如珞巴语（崩尼—博嘎尔话）、藏语安多方言、羌语北部方言等。我们再看同语系其他语族的语言，声调数目大都比藏缅语多，如壮侗语的声调大多为6～7个，黎语有6个调，水语有10个调，最多的是侗语，有15个调。苗瑶语的声调为4～12个，如苗语水尾话只有4个调，而苗语宗地话却有12个调。汉语各方言的声调为3～10个，如银川话有3个调，广西博地话则有10个调。

其二，不同语言间声调特点相差很大，反映了声调发展上的不平衡性。藏缅语不同语言的声调根据其发展特点，大致可以分为以下几种类型：一是发达型。每个音节都有固定的声调，一是不能自由变读。声调区别意义的功能大，有大量的词靠不同声调对立区别意义，如彝语、哈尼语、载瓦语、阿昌语等。二是不发达型。声调在音节上虽已固定，但区别意义的功能不很大，只有少部分词靠不同的声调区别意义。在几个声调中，有的声调只出现在一定的条件上，与别的调构成条件互补。有些音节的声调可以自由变读，如独龙语、扎坝语等。三是萌芽型。声调在大多数音节上已经固定，但区别意义的功能很小，只有少量词靠不同的声调区别意义。不同的调各有自己的出现条件（只有少量词例外）。嘉戎语属于这一类型。四是无调型。只有习惯音高，但它不区别意义。音节单念时习惯音高可高可低，但在一连串音节中比较固定，如安多藏语、珞巴语等。这四种类型，反映了藏缅语声调发展的四个不同阶段。藏缅语声调不同类型的差别，其间跨度很大，从无声调到有声调，从声调刚萌芽、不发达到比较发达；这种差别，属于声调不同质的差别。而同语系的其他语言，虽然同样存在声调发展不平衡的特点，但其差别程度小，是属于同一质的程度差别。

在藏缅语内，不仅不同的语言声调发展不平衡，而且在有的语言内部，不同的方言声调也发展不平衡。如：藏语的卫藏方言有声调，安多方言无声调；羌语的南部方言有声调，北部方言没有声调。有的语支如羌语支，有的语言如木雅语、普米语有声调，有的语言如道孚语则无声调。这种不平衡性也是声调起源晚的一种表现。

第二，从藏缅语内部诸语言的比较中发现，藏缅语不同语言间找不出调类关系，看不到声调上严格的对应关系。不仅不同语支间的语言如此，甚至有的属于同一语支的语言在声调上也难理清严格的对应关系。

比如，拿亲属关系比较接近的独龙语和景颇语进行比较，其结果是两者的声调找不到明显的对应关系。如以独龙语的55调为例，在景颇语里它能同各个调对应，而且找不到不同对应的条件。[①] 例如：

---

① 这一观点是刘菊黄在《独龙语声调研究》一文中提出的。此文载《中央民族学院学报》，1989（5）。独龙语以云南省贡山木力王话为例，使用的材料是作者同刘菊黄一起调查的。景颇语以云南省盈江县铜壁关话为例。

独龙语	景颇语	
舒声调（55调）	舒声调（55调、33调、31调）	
ni^{55}	ni^{55}	天
$ŋɯ^{55}$	$ŋa^{55}$	鱼
$mɯ^{31}kai^{55}$	$n^{31}kha^{55}$	下巴
$mɯn^{55}$	mun^{33}	毛
$mlaŋ^{55}$	$ma̠ŋ^{33}$	梦
$niŋ^{55}$	$niŋ^{33}$	年
$luŋ^{55}$	$n^{31}luŋ^{31}$	石头
ka^{55}	ka^{31}	话
$pɯ^{31}nam^{55}$	$mǎ^{31}nam^{31}$	客人
促声调（55调）	促声调（31调、55调）	
sat^{55}	sat^{31}	杀
$sɔp^{55}$	$mǎ^{31}sop^{31}$	摸
$dʑi^{ʔ55}$	$mǎ^{31}tʃi̠^{ʔ55}$	痛
$ɹɛp^{55}$	$tsa̠p^{55}$	站

又如独龙语的53调，在景颇语里与55、33、31三个调都对应，也找不到不同的对应条件。例如：

独龙语（53调）	景颇语（55调、33调、31调）	
$a^{31}dɯn^{53}$	tun^{555}	拴（牛）
$pɯ^{31}nam^{53}$	$mǎ^{31}nam^{55}$	嗅
$ɕi^{53}$	si^{33}	死
$a^{55}na^{53}$	na^{33}	耳朵
ba^{53}	pha^{31}	薄

再拿属于不同语支的哈尼语同景颇语进行比较，同样可以看到其对应关系比较乱，找不出对应条件。例如：

哈尼语	景颇语	
55调	55调、33调、31调	
bu^{55}	wo^{55}	浮
khu^{55}	$ʃă^{31}ka^{55}$	叫
$ŋa^{55}$	$ŋai^{33}$	我
no^{55}	$naŋ^{33}$	你
$a^{31}khɯ^{55}$	$lă^{31}ko^{33}$	脚
na^{55}	$a^{31}na^{31}$	病
mo^{55}	mu^{31}	见
$phju^{55}$	$phʒo^{31}$	白
31调	55调、33调、31调	
$-khɯ^{31}$	$khji^{55}$	粪
xa^{31}	kha^{55}	苦
xy^{31}	$lă^{31}ku^{55}$	偷
$a^{31}ŋ̥u^{31}$	$ŋa^{33}$	牛
$xa^{31}la^{31}$	$ʃă^{31}ʒo^{33}$	虎
$na^{31}bo^{55}$	na^{33}	耳朵
$ŋ̥i^{31}$	ni^{31}	近
$ɣy^{31}$	$tʃăi^{31}khu^{31}$	九
$a^{31}khɯ^{31}$	kui^{31}	狗

以上用来比较的几种语言，在藏缅语内还是比较接近的，但在声调上已无对应规律可循（在声母、韵母上则有明显的对应规律，至于差别较大的语言之间，如哈尼语与独龙语，载瓦语与木雅语，其声调对应就更乱了。以上情况，可以说明这些语言的声调是后来才产生的，即原始藏缅语还未出现声调。

现存的无声调或声调处于萌芽状态的语言，多少透露出声调最初分化时不同语言各有不同特点的信息。这也能从一个侧面证藏缅语尚未出现声调。如道孚话现还未出现声调，但已产生习惯音高，习惯音高是产生声调的基础。道孚话的习惯音高依声母的清浊而分，出现在单辅音浊声母上的大多读低升调，出现在单辅音清声母和复辅音声母上的读低降调。这说明道孚话要出现声调分化，其主要条件是声母的清浊、单辅音或复辅音。嘉戎话则不同，其最初的声调分化，所依赖的习惯音高不是声母的清浊、单辅音或复辅音，而是韵母的舒促。声调分化的条件不同，当然也就无共同的调类可循。

但藏缅语有的语支，如彝缅语支，不同语言的声调则有规律可循。①如属于该语支的彝语组，包括彝、傈僳、哈尼、拉祜、纳西等语言，声调的对应可求出“两松两紧”，即两个松元音调、两个紧元音调。其中尤以紧元音调的对应为严整。声调的分化以声母的清浊为条件。试看下列紧元音音节声调的对应。

紧元音音节声调对应表

哈尼语	傈僳语	拉祜语	彝语	纳西语
33 调	33 调（浊） 35 调、55 调（清）	53 调	33 调	31 调（浊） 55 调（清）
31 调	31 调（浊） 55 调（清）	31 调（浊） 35 调（清）	55 调	31 调（浊） 55 调（清）

例词：

哈尼语	傈僳语	拉祜语	彝语	纳西语	
33 调（浊）	33 调	53 调	33 调	31 调	
na̱^{33}	nɛ^{33}	na̱^{53}	a^{34} nɔ^{33}	na^{31}	黑
ze̱^{33}	ve̱^{33}	ve̱^{53}	ve^{33}	ba^{31}	开（花）

① 国内过去许多人把彝缅语支分为缅语支和彝语支两个语支。如果把这两个语支合为彝缅语支，在语支下可再分缅语组、怒语组和彝语组。彝语以四川省喜德县红玛话为例，傈僳语以云南省碧江县三区里吾底话为例，哈尼语以云南省绿春县大寨话为例，拉祜语以云南省澜沧江县糯福话为例，纳西话以云南省丽江话为例，载瓦语以云南省潞西县（今潞西市）西山话为例。

a^{55}nɯ̱^{33}	no̱^{33}	nɔ̱^{53}	nu̱^{33}	nu^{31}	豆
33调	35调	53调	33调	55调	
tsu̱^{33}	tɕhɯ^{35}	tsho̱^{53}	tshu̱^{33}	tʂho^{55}	插（花）
to̱^{33}	the^{35}	thi^{53}	the^{33}	thər^{55}thər^{33}	包（物）
xu^{33}tsa̱^{31}	hɛ^{35}	fa^{53}	a^{34}he^{33}	fu^{55}	鼠
31调（浊）	31调	31调	55调	31调	
mu̱^{31}	mo̱^{31}	mu̱^{31}	mu̱^{55}	ʐoa^{31}	薅
a^{31}ɣa̱^{31}	a^{55}vɛ̱^{31}	va̱^{31}	vo^{55}	bo^{31}	猪
a^{31}la̱^{31}	lɛ^{31}phɛ^{35}	lo̱^{31}	lo^{55}	la^{31}	手
31调（清）	55调	35调	55调	55调	
tsa̱^{31}	tsa^{55}	tsa^{35}	tso^{55}	tʂo^{55}tʂo^{33}	接
ɕe̱^{31}	he̱^{55}	xi^{35}	hi^{55}	xɔ^{55}	八
tɕa̱^{31}	tɕa^{55}	tsa^{35}	tɕo^{55}	tɕə^{55}	煮

彝缅语支内的彝语组和缅语组之间，声调也有对应关系。以彝语组的哈尼语和缅语组的载瓦语相互比较为例：哈尼语松元音音节的声调在载瓦语里都与舒声调相对应，大体是55调对51调，31调对21调。即高调对高调，低调对低调，虽有一些例外，但还未出现重大的分化。例如：

哈尼语	载瓦语	
55调	51调	
mo^{55}	mjaŋ^{51}	看见
no^{55}	maŋ^{51}	你
tshu^{55}	tshu^{51}	肥
phju^{55}	phju^{51}	白
a^{31} khɯ^{55}	khji^{51}	脚
lɔ^{55} dzɔ^{55}	tsam^{51}	桥
xa^{31} dze^{55}	tsun^{51}	鹰
ɯ^{55} sɔ^{55}	xam^{51}	水獭

sɔ^{55}	ʃam^{51} to̱^{ʔ55}	铁
31调	21调	
si^{31}	ʃi^{21}	还（副词）
xy^{31}	khau^{21}	偷
se^{31}	san^{21}	撒（秧）
thɔ^{31}	thuŋ^{21}	春
tshi^{31}	tʃhi^{21}	洗
a^{31} ŋ̥u^{31}	no^{21}	牛
mi^{31} ʥa^{31}	mji^{21}	火
mja^{31}	mjo^{21}	多
ʥi^{31}	tʃi^{21}	大麻
du^{31}	tu^{21}	挖
ɣy^{31}	kau^{21}	九

哈尼语的紧元音音节的声调在载瓦语里都与促声调对应。33、31两个调在载瓦语里按声母的清浊（指过去的清浊，现一部分转为元音的松紧）分为两类，清声元音节是高调（55调），浊声元音节是低调（21调）。例如：

哈尼语	载瓦语	
33调、31调（清）	55调	
ta̱^{33}	tho^{ʔ55}	（刀）快
pu̱^{33}	phu^{ʔ55}	翻（地）
tsu̱^{33}	tʃa̱p^{55}	插
ku̱^{33}	khup^{55}	厩
pɯ̱^{33}	phut^{55}	烧（土豆）
ku̱^{31}	khju^{ʔ55}	六
tsa̱^{31}	tsho^{ʔ55}	接
tɕa̱^{31}	tʃo̱^{ʔ55}	煮

sa̱^{31}	so^{ʔ55}	气体
sɿ̱^{31}	a^{31} sik^{55}	新
33调、31调（浊）	21调	
na̱^{33}	no^{ʔ21}	黑
mja̱^{33}	mjo^{ʔ21}	眼
a^{55} nɯ̱^{33}	nu^{ʔ21}	豆
ʥe̱^{33}	tʃe^{ʔ21}	烂
da̱^{33}	to^{ʔ21}	上（去）
a^{31} la̱^{31}	lo^{ʔ21}	手
mu̱^{31}	mjo^{ʔ21}	薅
me̱^{31}	mut^{21}	饿
na̱^{31}	nik^{21}	深
a^{31} ɣa̱^{31}	va^{ʔ21}	猪

以上对应说明，哈尼语和载瓦语在声调上有共同来源。但二者的促声调分化条件不同：载瓦语依声母的清浊而分化，分化时间是在清浊转化为元音松紧之前；哈尼语分为两个调的条件不是清浊，是何条件现还不清楚。

二、促使声调产生的因素

促使藏缅语声调产生的因素是什么？也就是说，藏缅语的声调是在一个什么环境下产生的？从上述藏缅语四种不同类型的语言比较中，我们看到这样一个引人注目的现象：凡声调不发达或没声调的语言，声母、韵母都比较丰富，而且多音节词（两个音节或两个以上音节）在词汇中的比重大；而声调发达的语言，声母、韵母则相对简单，多音节词的比重也小。声调发达与否与声母、韵母的丰富与否、多音节词的多少正好成反比。此外，还与音节声调自由变读的多少有关系。凡声调不发达或没有声调的语言，音节声调不甚稳定，自由变读的现象较常见。为醒目起见，这种配合关系用下表表示：

	声母	韵母	多音节词	自由变读
发达型	少	少	少	少
不发达型	较多	较多	较多	较多
萌芽型	多或最多	多或最多	多或最多	多
无调型	多或最多	多或最多	多或最多	多或最多

比如，属于发达型的哈尼语，共有3个甚为稳定的声调：高平、中平、低降（除此外，近现代还随汉语借词新增了一个中升调，但出现较少）。这3个调区别意义的功能较大，有大量的词靠声调的不同而区别意义。哈尼语的声母、韵母都比较简单。声母有31个，只有单辅音声母，无复辅音声母。即：p、ph、b、m、pj、phj、bj、mj、f、ts、tsh、dz、s、z、t、th、d、n、l、tɕ、tɕh、dʑ、ȵ、ɕ、ʑ、k、kh、g、ŋ、x、ɣ。韵母有20个，只有单元音韵母，无复元音韵母和带辅音尾韵母。汉语借词中出现少量复元音韵母。单元音韵母是：i、i̱、y、y̱、e、e̱、a、a̱、ɔ、ɔ̱、o、o̱、u、u̱、ɤ、ɤ̱、ɯ、ɯ̱、ɿ、ɿ̱。声调读音很稳定，自由变读现象少。在2082个常用词中，单音节词有948个，占45.5%；双音节词有825个，占39.6%；多音节词有309个，占14.8%。

嘎卓语是藏缅语中声调最发达的一种语言，如上所述，这个语言有8个调，大量的词靠声调区别意义。声调不仅具有区别词汇意义的作用，还能区别语法意义。如：to^{323}“喝”—to^{33}“使喝”，$tɕo^{53}$“害怕”—$tɕo^{35}$“使害怕”。还能区别某些相关的词义，如sa^{33}“富”—sa^{55}“穷”。自由变读现象少。值得注意的是，虽然嘎卓语是藏缅语中声调最多的一种语言，但它的声母、韵母在藏缅语中则是最简单的。声母只有24个：p、ph、m、f、v、t、th、n、l、ts、tsh、s、z、tɕ、tɕh、ȵ、ɕ、j、k、kh、ŋ、x、ɣ、w。韵母只有17个，有单元音韵母ɿ、I、ɛ、a、o、v、ɤ、ɯ 8个，复元音韵母iɛ、ia、io、oi、oɛ、oɤ、oa、ao、iao 9个。在1915个常用词中，单音节词859个，占44.9%；双音节词747个，占39%；多音节词309个，占16.1%。

属于不发达型的独龙语，声调虽已固定，但区别意义的功能不大。有的调只出现在一定的条件上。独龙语有高平、高降、低降3个调，其中低降调只出现在双音节的前一音节（均为弱化音节）以及变调上，不出现在单音节上。如：ɹɯ^{31} mɯt^{55} “云”，nam$^{53/31}$ luŋ^{55} “太阳”。另外两个调在有些词中不甚稳定，可以自由变读。如ɹi^{55}—ɹi^{53} “背”，kai^{55}—kai^{53} “吃”，aŋ^{31} duŋ^{55}—aŋ^{31} duŋ^{53} “坑”。双音节词的前一音节低降调可变读为高平调，如a^{31} na^{53}—a^{55} na^{53}耳朵”，aŋ^{31} sa^{ʔ55}—aŋ^{55} sa^{ʔ55} “气体”。独龙语的声母、韵母比较丰富。声母有39个，其中单辅音声母28个，复辅音声母11个。即：p、b、m、w、pj、bj、mj、ts、ʣ、s、z、t、d、n、l、ɹ、tɕ、ʥ、ŋ̊、ɕ、c、ɟ、ç、j、k、g、ŋ、x、pl、bl、ml、pɹ、bɹ、mɹ、kl、gl、kɹ、gɹ、xɹ。韵母122个，其中单元音韵母12个：i、i：、ɛ、ɛ：、a、a：、ɔ、ɔ：、u、u：、ɯ、ɯ：。复元音韵母10个：ai、ɔi、ui、ɯi、ua、a：i、ɔ：u：ɯ：。元音分长、次长、短三级。辅音韵尾有–m、–n、–ŋ、–p、–t、–k、–ʔ、–ɹ等8个，构成100个带辅音韵尾的韵母。独龙语词汇以双音节或多音节词为多，单音节词少，在2300个常用词中，单音节词782个，占34.1%；双音节词1242个，占54.2%；多音节词276个，占12.1%。

属于萌芽型的嘉戎语虽然每个音节都有固定的声调，但声调区别意义的功能很小，只有极少数词用声调区别意义。主要有两个调；高平调和全降调。这两个调各有自己出现的条件。高平调主要出现在带塞音韵尾–p、–t、–k的音节上，如thɛp^{55} “眨”，tɕhət^{55} “山羊”、pak^{35} “猪”。全降调主要出现在开音节和非塞音韵尾音节上（带鼻音韵尾–n、–ŋ的音节和带续音韵尾–r、–l、–s的音节）上。如pka^{51} “鸡”、ka^{33} sam^{51} “三”、smɔn^{51} “药”、khuŋ^{51} “老虎”、bɛr^{51} “东”、ras^{51} “布”、kɕɛl^{51} “玻璃”。除这两个调外，还有中平、中升两个调，只在一定的条件下出现，出现频率不高。其中，中平调主要出现在双音节词的前一音节上，有一些是前缀，有一些是高平、全降两个调的变调。如：kə^{33} rnaks^{51} “深”、ta^{33} mŋam^{55} “聋子”、ɕa$^{55/33}$ ŋ̊i^{51} “鲜肉” ɕam$^{51/33}$ ʂ̥tsɛ^{51} “铁锈”。中升调主要用来表示语法意义，属于形态形式。如ka^{33} tʂəp^{55} “缝”——tʂəm^{24} “我将要缝”。梭磨语的声母、韵母非常丰富，在藏缅语中属于最丰富的一类，其声母有246个，其中单辅音声母36个，有p、ph、b、m、w、ts、tsh、dz、s、z、t、th、d、n、r、l、ɬ、t、tʂh、dʐ、ʂ、tɕ、tɕh、dʑ、ɳ、ɕ、ʑ、cç、cçh、ɟj、x、j、k、kh、g、ŋ。二合辅音声母178个。如sm、sŋ、zl、ɕm、ɕw、r、ɕr、ɳ、lm、lŋ、ŋm、wɕ、jm、pt、pts、kts、gb、jp、jtɕ等。三合辅音声母32个。如spr、skr、ŋgr、mphɕ、ŋgl、wrɳ等。韵母有90个。其中单元音韵母7个：i、e、ɛ、a、ɔ、ə、ʅ。复合元音韵母12个：ua、uɛ、uɔ、ei、əi、au、əu、ɔi、ui、ɛi、ɔu、ai。带辅音尾韵母70个，有-p、-t、-k、-r、-l、-s、-m、-n、-ŋ、-ps、-ks、-ms、-ŋs等韵尾。从音节上看，嘉戎语大多是多音节词，单音节词很少。在1575个常用词中，单音节词只有106个，占6.7%；双音节词1151个，占73%；三音节词228个，占14.4%；四音节词77个，4.8%；五音节词13个，占0.8%。①

属于无声调型的语言有安多藏语、珞巴语（崩尼—博嘎尔）等。无调型与萌芽型之间在声、韵母的数量以及多音节性上都属于“多或最多”的一类，其差别有点模糊，不易分清。但这两种类型的语言在音节是否有固定音高上则有显著差别：萌芽型的音节，音高比较固定，不论是单音节词单念或多音节连念都是如此；而无调型的音高则比较灵活，可高可低的现象多，特点是音节单念时无固定音高（有的语言在连音中有固定音高）。如珞巴语没有以声调对立区别词义的现象，一个单词或一个音节，调子可高可低。但是大多数的音节（或词）都有它习惯的音高。所以在一连串的讲话中，可以听出其抑扬顿挫的音调。如dʑa“茶”这词习惯读低升调，ŋo:“我”、no:“你”、ko:“他”习惯读高平调；词头一般要比主要词素调子低些，如iki:“狗”、ake:“饭”……② 这一点与嘉戎语不同。嘉戎语的

---

① 嘉戎语的材料是严木初提供的，是四川省马尔康县（今马尔康市）梭磨乡王家寨的嘉戎语。安多藏语以夏河话为例，是宁玉供给的材料。

② 珞巴语的材料引自欧阳觉：《珞巴族语言简志》，北京，民族出版社，1985。

单音节词单念时都有固定音高，而且出现了一部分以声调区别意义的词。再看声母、韵母及音节的情况。珞巴语有22个声母：p、b、pj、bj、m、mj、w、t、d、n、l、r、tɕ、dʑ、ɳ、ɕ、j、tʂ、k、g、ŋ、h。韵母有53个。其中单元音韵母14个：a、aː、e、eː、i、iː、o、oː、u、uː、ɯ、ɯː、ə、əː。复合元音3个：ei、iu、əu。带韵尾的韵母36个，有-i、-u、-r、-m、-n、-ŋ、-p、-t、-k等9个韵尾。多音节词也占多数。

安多藏语也属无调型语言。音节单念时也无固定音高，可高可低。如：ŋo脸"、dʑal "八"既可读55调，也可读33调。但通常习惯是浊声元音节读低些，清声母音节读高些。双音节词则相对固定些。若前一音节是舒声，读"33+55"，若前一音节是促声韵，读"55+55"。如tɕhə^{33} to^{55} "嘴唇"、ma^{33} ne^{55} "下巴"、tɕəx^{55} hsəm^{35} "十三"。安多藏语也有丰富的声母和韵母。声母有58个，其中单辅音声母38个，复辅音声母20个。韵母31个，其中单元音韵母6个，带辅音尾韵母25个。

现状的差异往往反映历史发展的不同阶段。从藏缅语声调不同类型的比较中，我们推测原始藏缅语有着丰富的声母、韵母系统，区别意义主要靠不同的声母、韵母，声母、韵母丰富的特点，抑制了声调的出现。而后来，随着声母、韵母的简化，为了补偿语音区别意义的功能，才出现了声调。近期研究中关于藏缅语声母、韵母发展中存在简化趋势的成果，进一步证明了声调的产生和发展是与声母、韵母的简化同步进行的。

藏缅语有丰富的声母，但发展到后来，出现了从多到少，从繁到简的发展趋势。声母的简化，主要是复辅音的简化或全部消失，清浊对立大部或部分消失。在现代藏缅语诸语言里，有的语言还保留较多的复辅音声母（如嘉戎语、道孚语），有的保留少些（如独龙语），而有许多语言已没有复辅音了（如彝语、载瓦语）。复辅音有二合、三合两种类型，以二合的为多。复辅音内辅音之间的关系有主有次，有的是主要成分在前（pl、kl、kɹ等），有的是主要成分在后（sp、mb）。其演变方式受辅音结合特点的制约，有脱落、合并、分离等方式。如"银"一词，古藏语是dŋul，拉萨藏语是ŋy[55]，载瓦语是ŋun[51]："鸡"一词，古缅语是krak，仰光语是tɕɛ[?55]，哈尼语是a[31] xa[33]；"五"一词，古藏语是ŋa，景颇语是mă[31] ŋa[33]，独龙语是pɯ[31] ŋa[53]。①

古藏缅语清浊对立比较严整，清浊对立不仅出现在塞音、塞擦音、擦音上，还出现在鼻音、边音上（现代有些语言还保留这个特点）。但有许多语言，后来出现了清浊对立消失的趋势，清浊对立转为不对立；或被别的对立特征所代替。藏缅语清浊对立走向消失主要通过以下几种途径：一是清浊对立消失后，转为不同的声调，如藏语。古藏语的塞音、塞擦音、擦音都分清浊两类，对立十分严整，但到了现代藏语方言，有的方言基本上保留了对立的特征（如道孚话），有的方言部分消失了（如康方言），而有的方言清浊对立全部消失了（如拉萨话），清浊对立消失后转为高低调的区别，原浊声母读低调，原清声母读高调。二是清浊对立转为松紧元音的对立，清声母使元音变紧，浊声母使元音变松，如景颇语、载瓦语。三是清浊对立转为送气不送气对立，清声母转为送气，浊声母转为不送气，如哈尼语豪尼话。②

藏缅语的韵母也存在从多到少、从繁到简的发展趋势。古代藏缅语有着丰富的韵母系统，不仅有单元音韵母、复合元音韵母，还有大量的带辅音尾的韵母；韵尾除了塞音韵尾、鼻音韵尾外，还有续音韵尾。这个特点在古藏语、古缅语以及嘉戎语、独龙语等保留古代藏缅语特点较多的语言里有所反映。我们先看藏语、缅语的古今演变。古代藏语有-b、-d、-g塞音韵尾，-m、-n、-ŋ鼻音韵尾以及续音韵尾-s，-l；发展到今天，阿力克话大部保留下来了，拉萨话塞音韵尾留下-p、-ʔ，鼻音韵尾留下-m、-ŋ，续音尾已不存在，德格话更为简化，塞音韵尾只剩下一个-ʔ，鼻音韵尾

---

① 关于藏缅语复辅音演变的趋势及方式主要使用了孙宏开《藏缅语若干音变探源》的研究成果，该文载《中国语言学报》，第一期，1982年12月。还使用了瞿霭堂《藏语的复辅音》的研究成果，该文载《中国语文》，1965（6）。

② 藏语清浊、声调、韵尾的演变，主要使用了胡坦《藏语（拉萨话）声调研究》的研究成果及例子，该文载《民族语文》，1980（1）。

全部丢失并转化为元音的鼻化，续音尾也都消失。从古今藏语的对比中，已能有把握地证明韵母简化的演变规律。古代缅语的韵尾有塞音尾-p、-t、-k，鼻音尾-m、-n、-ŋ，续音尾-s、-ts等；发展到今日的仰光话，塞音尾只剩下一个-ʔ，鼻音尾全部消失，并转化为元音的鼻化，续音尾都已消失。彝语组语言是藏缅语中韵母最简单的：只有单元音韵母，没有复合元音韵母（个别语言有少量几个），也没有塞音尾、鼻音尾、续音尾韵母。古代藏缅语的塞音尾在彝语组语言里大都转为元音的紧喉，鼻音尾也都全部消失。韵母不同程度的简化，改变了这些语言韵母系统的特点。①

总之，声调不是原始藏缅语固有的，而是后来由于语音成分的变化而出现的"补偿物"。促使声调产生的因素主要是声母、韵母的简化和多音节词向单音节词发展，而不是别的因素（如语言影响等）。这是藏缅语语音内部调整表达功能的结果，是一种语音手段向另一语音手段的转换。至于藏缅语还有什么适于声调产生的土壤，还有待于今后研究。

三、影响声调分化的条件

影响藏缅语声调分化的条件，主要依据是各自语言内部的特点。藏缅语的不同语言，各有自己的一些特点，所以影响声调分化的条件会有一些不同。但由于它们是亲属语言，存在一些共同特点，因而相互间会有一些相同的影响声调分化的条件。总的看来，影响藏缅语声调分化的条件带有普遍性的是韵母的舒促和声母的清浊，两者是最早影响声调分化的条件，即两者是影响声调第一、二次大分化的条件（第一次分化的条件，有的语言是韵母的舒促，有的语言是声母的清浊。）。其次，是声母的送气不送气。此外，变调、语言影响、表示语法意义等也是藏缅语产生新声调的条件。

韵母的舒促：韵母舒促的不同，容易形成不同的声调。嘉戎语现有的

① 戴庆厦：《藏缅语辅音韵尾的发展》，见《语言文字学术论文集》，1989年7月10日。

两个基本调——高平和全降，就是由于韵母的舒促而分化的。高平调主要出现在带塞音韵尾的音节上，全降调主要出现在开音节和非塞音韵的音节上。

古今藏语声调的演变也依韵母的舒促而分化。如拉萨话来自清声母的音节，舒声韵的声调是54调、55调，促声韵是52调；而来自浊声母的音节，舒声韵母的声调是12调、113调，促声韵是132调。

例如：

		舒声韵	
清声母	古藏语	拉萨话（54调、55调）	
	kha	kha54	口
	tɕhu	tɕhu54	水
	sman	mɛ̃ː55	药
		促声韵	
清声母	古藏语	拉萨话（52调）	
	thabs	thəp52	方法
	bsad	sɛʔ52	杀
	gtup	tup52	切
		舒声韵	
浊声母	古藏语	拉萨话（12调、113调）	
	go	kho12	听见
	dʑa	tɕha12	茶
	dom	thom113	狗熊
	gdam	tɛ̃ː113	垫
		促声韵	
浊声母	古藏语	拉萨话（132调）	
	gzig	siʔ132	豹
	brgjad	ȶɛ132	八

nub	$nu^{ʔ132}$	西

声母的清浊：声调因声母的清浊而分化的多数情况是，清声母的音节调值变高，浊声母的音节调值变低。清浊影响声调分化存在两种情况：一是清浊对立消失后转为不同声调的对立（如古今藏语的演变）；二是清浊对立仍存在，但声调已因清浊对立而分化（如彝缅语支语言）。

古代藏语的塞音、塞擦音存在清浊对立，但到了现代一些方言（如拉萨话、德格话），这种对立已消失。清浊对立转为高低调对立。例如：

	古藏语	拉萨话	德格话	
清声母	kha	kha^{54}	kha^{53}	口
	rta	ta^{54}	ta^{53}	马
	ske	ke^{54}	ke^{53}	颈
浊声母	dom	$thom^{113}$	$tã^{13}$	狗熊
	ʥa	$tɕha^{12}$	$tɕa^{232}$	茶
	bʑi	$ɕi^{12}$	$ɣe^{232}$	四

纳西语的塞音、塞擦音、擦音现仍保留清浊对立，但声调因清浊而分成了两个调。这从它与哈尼语的对应关系中就能看到。哈尼语的低降调紧元音音节在纳西语里因声母清浊分为两个词，出现在低降调上的是浊声母，出现在高平调上的是清声母。例如：

哈尼语	纳西语	
低降调、浊	低降调、浊	
a^{31} $ɣa̱^{31}$	bo^{31}	猪
$dzo̱^{31}$ $la̱^{31}$	$ʥy^{31}$	花椒
$za̱^{31}$	za^{31}	下（山）
$mu̱^{31}$	$ʐua^{31}$	薅
a^{31} $la̱^{31}$	la^{31}	手
低降调、清	高平调、清	
$pe̱^{31}$	phy^{55}	吐（口水）

tsɿ̱ ^{31}	tʂər ^{55}	节
a ^{55} pa̱ ^{31}	phiə ^{55}	叶
a ^{31} tsɿ̱ ^{31}	tshɿ ^{55}	山羊
ɕo̱ ^{31}	xy ^{55}	站
sa̱ ^{31}	sa ^{55}	气体

傈僳语的35调和55调，是由清声母分化出的。这从哈尼语与傈僳语的对比中就能清楚地看到。哈尼语紧元音音节33调，在傈僳语里分为两个调，出现在浊声母上的是33调，而出现在清声母上的则是35调或55调。例如：

	哈尼语	傈僳语	
浊声母	33调	33调	
	ʣa̱ ^{33}	ʣɛ̱ ^{33}	滴
	da̱ ^{33}	dɛ̱ ^{33}	上（去）
	ga̱ ^{33}	ʥɛ̱ ^{33}	冷
	a ^{55} nɯ̱ ^{33}	no̱ ^{33}	豆
	ʑe̱ ^{33}	ve̱ ^{33}	（花）开
清声母	33调	35调、55调	
	tse̱ ^{33}	tshe ^{35} e ^{33}	断
	to̱ ^{33}	the ^{35}	包（物）
	pu̱ ^{33}	pho ^{35}	翻（地）
	tsu̱ ^{33}	tɕhɯ ^{35}	插
	la ^{31} pe̱ ^{33}	la ^{31} tɕa ^{55}	茶叶
	xe ^{31} tse̱ ^{33}	tshe ^{55}	鹿

波拉语和勒期语的高调（33或55调）也是由清声母音节分化出来的。来自浊声母（在塞音、塞擦音上已变为清声母，但韵母是松元音）的音节是低调，来自清声母（鼻音、边音的清化特点消失，转为韵母的紧喉）的音节是高调。试看下列对应：

载瓦语	波拉语	勒期语	
mji^{21}	mji^{31}	mi^{33}	火
no^{21}	$nɔ^{31}$	mo^{33}	牛
lai^{21}	la^{31}	$la{:}i^{33}$	重
vv^{21}	$vɛ^{31}$	$vɛ{:}^{33}$	远
pau^{21}	pau^{31}	pou^{33}	虫
kji^{21}	kji^{31}	$kjei^{33}$	铜
tso^{21}	ta^{31}	$tsɔ{:}^{33}$	吃
kjo^{21}	kja^{31}	$kjɔ{:}^{33}$	听
$ŋo̠^{21}$	$ŋa̠^{35}$	$ŋɔ̠{:}^{55}$	借
$lo̠^{21}$	$la̠^{35}$	$lo̠^{55}$	裤
$ʃo^{21}$	$ʃa^{35}$	$ʃo^{55}$	肉
kho^{21}	kha^{35}	$khɔ{:}^{55}$	苦
$tʃhi^{21}$	$tʃhɿ^{35}$	$tʃhei^{55}$	药
$thuŋ^{21}$	$thauŋ^{35}$	$thu{:}ŋ^{55}$	春
$khui^{21}$	$khui^{35}$	$khui^{55}$	狗
$khji^{21}$	$khji^{35}$	$khjei^{55}$	粪

载瓦语的促声调有两个（与其相近的缅语只有一个），其分化与过去的清浊有关。载瓦语的塞音、塞擦音、擦音过去都分清浊，但到了现在，浊的塞音、塞擦音都已消失，擦音还保留少量浊的。拿保留清浊对立严整的哈尼语与之比较就能看出：哈尼语的浊声母音节在载瓦语里是低降调；哈尼语的清声母音节在载瓦语里是高调。例如：

哈尼语	载瓦语	
浊、33调	21调	
$da̠^{33}$	$to^{ʔ21}$	上（去）
$dza̠^{33}$	$tʃe^{ʔ21}$	炼
$bɤ̠^{33}$	pik^{21}	弹（棉）

mja̱^{33}	mjo^{ʔ21}	眼
na̱^{33}	no^{ʔ21}	黑
清、33 调	55 调	
tsu̱^{33}	tsu̱p^{55}	吮
pɯ̱^{33}	phut^{55}	烧（芋头）
ku̱^{33}	khup^{55}	厩
ku̱^{33}	kju̱^{ʔ55}	干燥
pu̱^{33}	phu^{ʔ55}	翻

载瓦语的鼻音现已不分清浊，但声调分高低两类。拿分清浊的阿昌语与之比较，可以看到与浊鼻音对应的是低调（21），与清鼻音对应的是高调（55）。由此可证，载瓦语的鼻音过去也分清浊，后来清浊对立消失，转为声调上的对立。① 例如：

阿昌语	载瓦语	
mɔ^{ʔ55}	mo̱^{55}	教
ŋ̊e^{ʔ55}	ŋu̱t^{55}	是
浊、55 调	浊、21 调	
ŋ̊u^{ʔ55}	mju^{ʔ21}	猴子
ŋ̊ɔ^{ʔ55} tsi^{ʔ31}	mjo^{ʔ21} tʃi^{55}	眼

声母的送气与不送气：送气不送气也是声调分化的条件之一。如拉祜语的高降调与低降调的对立，与送气不送气有关。拿哈尼语与之比较，哈尼语的低降调送气音，在拉祜语里与送气音对应的是高降调，而与不送气音对应的则是低降调（有少数例外）。例如：

哈尼语	拉祜语	
送气、31 调	送气、53 调	
thɔ^{31}	thɛ^{53}	结（疙瘩）

① 阿昌语以云南陇川县户撒话为例，仙岛语以云南盈江县姐冒区蛮缅乡的仙岛语为例，波拉语以云南省三台山区引欠话为例，浪速语以云南省三台山话为例。

tshi^{31}	tshʅ^{53}	洗
na^{55} tshi^{31}	na̠^{53} tshʅ^{53}	药
ɣa^{31} phy^{31}	ɔ^{31} phu^{53}	价
送气、31调	不送气、31调	
tha^{31}	te^{31}	舂
ɣa̠^{31} pha^{31}	va̠^{31} pha^{31}	公猪
tshy^{31}	tsʅ^{31}	咳
za^{31} the^{31}	tsa^{31} ti^{31}	独子

变调：有些语言，由于变调产生了新调。在景颇、仙岛、波拉、浪速等语言里，全降调（51）是由于变调而产生的一个新调。这个调大多是由31调变来的，出现在双音节词上，有少量出现在单音节词上；多是借词，出现在固有词语里的；多是带有语气成分的语气助词、指示代词等。例如：

景颇语

phun^{55} ʒu$^{31/51}$	侧根	n$^{33/55}$ sa$^{31/51}$	旧俗
pu̠ŋ$^{33/55}$	白发	wă$^{33/55}$ ʒoŋ$^{31/51}$	獠牙
tho^{51}	那（指上方）	jo^{51}	吧

仙岛语

pau^{55} lɔ$^{31/51}$	月亮	pa$^{ʔ55/31}$ ʂɔ̠$^{31/51}$	羊肉
lɤŋ^{31} tsɤŋ$^{31/51}$	脖子	nɔ^{ʔ31} lum$^{31/51}$	心
va^{51}	袜（借词）	pa^{51}	耙（借词）

波拉语

sak^{55} phun$^{31/51}$	木盆	pai^{31} lam$^{31/51}$	腰
tʃɔn^{35} lam$^{31/51}$	肾	tʃhu$^{35/31}$ ta$^{31/51}$	孤儿
xu^{51}	那（指高地）	ma̠^{51}	那（指地处）

浪速语

xək^{55} khjɔ$^{31/51}$	前面	năŋ$^{35/31}$ tʃauŋ$^{31/51}$	黄牛
mji$^{35/51}$ a̠m$^{31/51}$	枪	ju^{35} tɛn^{51}	优点（借词）

独龙语的低降调（31）也是由变调而产生的新调。如：wa$^{ʔ55/31}$ ni^{55} “猪粪”、u$^{55/31}$ ŋa · ŋ^{55} “太阳穴”。

新调值如果光是因连音变调而引起的，其出现有一定的条件，还不能认为它是一个独立的调。但上述这些新调值已被单音节的固有语词和借词所充实，因而变调与少量借词、固有语词一起，使这个新调值成为一个独立的声调，这就进一步发展了原有声调的系统。

语言影响：语言影响是藏缅语产生新调的一个途径，属于外部因素。藏缅语有些语言由于受到别的语言的影响（主要是汉语），借入了一些词，而随着新借词的不断积累，到一定程度就产生个别本语言所没有的新调（新调未见超过一个的）。如现在哈尼语因汉语借词新增了一个中升调（24），使声调系统由3个变成了4个，使调型由只有平、降两种增加了新的升调型。例如：fa^{31} je^{24} “法院”、ɕi^{24} fɔ^{55} “信封” 等。

值得注意的是，藏缅语有些语言新调的产生往往是受语言影响与变调共同作用的。如浪速语的全降调（51），主要出现在借词和变调上。例如：ju^{35} tɛn^{51} “优点”、tʃən^{35} fu^{51} “政府”、pau^{35} thauŋ$^{31/51}$ “衣袋”、nǔŋ$^{35/31}$ tʃauŋ$^{31/51}$ “黄牛”。仙岛语新增高降调（51）也是受变调与借词共同作用而产生的。如：lɤŋ^{55} tsɤŋ$^{31/51}$ “脖子”、chot^{55} tsin$^{35/51}$ “晚上”、va^{51} “袜子”（汉语借词）、kai^{55} thum^{51} “臼”（景颇语借词）等。

纳西语的中升调（24），大多出现在汉语借词入声字上，但还用来表示某些语法意义。这就是说，语言影响与固有成分的形态变化在一起成为新调产生的条件。如：kuə^{24} “国”、mə^{24} “墨”、zo^{33} tɕhu^{33} “男人” ——zo^{33} tɕhu^{24} “男人们”，ʂu^{31} dø^{33} “打铁” ——ʂu^{31} dø^{24} “铁匠”。

表示语法意义：有的语言，新调产生是为了表示语法意义的需要，属于构形形态。如门巴语（错那）的4个调，低降调（31）只出现在一部分助词中，如te^{31}（结构助词）①。嘉戎语的中升调（24）主要用来表示语法意

① 陆绍尊:《错那门巴语简志》，北京，民族出版社，1986。木雅、扎坝、道孚等语言的材料引自《藏缅语十五种》，北京，燕山出版社，1991。这些语言材料是黄布凡、宁玉调查的。

义。如 ka^{33} ktsəm^{55}“闭（亲见）——ka^{33} ktsəm^{24}“闭（未亲见）”，tʂha$^{55/33}$ ka^{55} lɛt^{55}“倒茶（亲见）——tʂha$^{55/33}$ ka^{55} lɛt^{24}“他倒茶（未亲见）”。木雅语的全升调（15）也只出现在词的形态变化中。

附：藏缅语各语言声韵调数目①

语言	声调	声母	韵母
藏语（安多）	无	58（单38，复20）	31（单6，带尾25）
道孚语	无	299（单49，复216，三34）	58（单18，复5，带尾35）
羌语（北部）	无	90（单45，复45）	244（单26，复29，带尾189）
珞巴（博）	无	22（单）	50（单14，复3，带尾33）
嘉戎语（梭磨）	2	246（单36，复178，三32）	90（单8，复12，带尾70）
普米语	2	68（单46，复22）	57（单19，复38）
独龙语（木力王）	3	39（单28，复11）	122（单12，复10，带尾100）
却域语	3	194（单50，复144）	35（单10，复10，带尾15）
扎坝语	3	124（单53，复71）	39（单18，复21）
吕苏语	4	58（单38，复20）	38（单21，复13，带尾4）
纳木兹语	4	65（单43，复22）	38（单19，复15，带尾4）
史兴语	4	49（单43，复6）	38（单23，复15）
木雅语	5	49（单42，复7）	43（单27，复16）
景颇语	4	31（单）	88（单10，复8，带尾70）
门巴语（错那）	4	47（单37，复10）	75（单18，复4，带尾53）
藏语（拉萨）	4	28（单）	53（单22，复4，带尾27）
载瓦语	3	28（单）	86（单10，复8，带尾68）
浪速语	3	28（单）	91（单18，复8，带尾65）
勒期语	4	30（单）	155（单34，复15，带尾106）

① “单”指单辅音声母或单元音韵母，“复”指复辅音声母或复元音韵母，“三”指三合辅音声母，“带尾”指带辅音尾韵母。

波拉语	4	28（单）	63（单20，复8，带尾35）
阿昌语	4	37（单）	80（单8，复10，带尾62）
仙岛语	4	40（单）	65（单9，复5，带尾51）
怒语（诺苏）	4	55（单）	54（单23，复29，带尾2）
彝语	4	43（单）	10（单）
傈僳语	4	28（单）	28（单24，复4）
哈尼语	3	30（单）	20（单）
拉祜语	4	24（单）	16（单）
纳西语	4	39（单）	15（单）
基诺语	5	34（单29，复5）	19（单14，复5）
白语	5	23（单）	65（单30，复35）
土家语	3	21（单）	25（单6，复11，鼻化8）
克伦语	3	34（单）	32（单16，复4，带尾12）
嘎卓语	8	24（单）	17（单8，复9）

（原载《中央民族学院建校四十周年学术论文集》，中央民族学院出版社，1991年。）

藏缅语个体量词研究

［**提要**］藏缅语族个体量词发展很不平衡，反映了个体量词从少到多、从简单到复杂的发展过程。本文主要从语音角度考察个体量词的特点，认为它的产生、发展与数词音节的多少以及量词与数词音节的搭配状况有关。全文分三部分：一、藏缅语量词的总体观察。根据量词的特点，把藏缅语分为发达型和不发达型两种，揭示其不同特点，认为其差异主要表现在个体量词的多少上。个体量词的发展情况是制约量词整个系统特点的主要因素。还指出个体量词丰富与否，与量词在句中的位置如何有密切关系。二、分析个体量词发达与否与数词音节多少的关系。文章指出：个体量词发达的语言，单纯基数词是单音节或多数是单音节的，量词也是单音节，共同组成双音节使用；而个体量词不发达的语言则不同，基数词是双音节或大多是双音节的，不必与量词结合就能单独做句子成分。认为基数词如果只有一个音节，单独使用时，表义的清晰度小，于是量词应运而生，而基数词是双音节的，意思比较清楚，因而抑制了量词的发展。文章还从藏缅语复辅音的演变，论述基数词音节变化的不同途径。三、藏缅语个体量词的发展。从个体量词不同类别的语义特征论证个体量词由少到多、由抽象程度低到抽象程度高的发展过程，并分析两种类型个体量词发展的不同特点。

［**关键词**］藏缅语　个体量词

藏缅语族语言（以下简称藏缅语）普遍都有量词，但发展不平衡，本文主要从语音角度考察、研究个体量词的特点，认为个体量词的产生和发展与音节多少的搭配存在密切的关系。

一　藏缅语量词的总体观察

个体量词是名量词的一个分支，而名量词又是量词两大组成部分之一。因而研究个体量词，必须把它放到整个量词体系中去考虑，从与其他量词的比较中认识其特点。

量词在藏缅语里发展不平衡，表现在数量有多有少、功能大小不同、语法特点不一等诸方面。尽管如此，但量词作为一个独立的词类，在所有语言里都是存在的，至今尚未发现没有量词的语言。藏缅语的所有语言，量词都分名量词和动量词两大类，二者中名量词较多，语法特点丰富，而动量词较少，语法特点简单。

藏缅语诸语言若以量词发达与否的特点来区分，大致可分为两种类型。一是发达型，属于这一类型的有彝、哈尼、傈僳、拉祜、纳西、怒（诺苏）、缅、载瓦、阿昌、白、土家、羌、却域、吕苏等语言。其特点是量词的数量、种类多，语义区分细。名词、动词称数时，必须用量词，不能只用数词。也就是说，数词不能单独限制名词、动词，而必须与量词一起做名词、动词的限制语。如哈尼语：量词分名量词和动量词两大类。名量词数量很多，分为个体量词、集体量词、度量衡量词、不定量词等。名词和动词计数时都要用量词，所以表示名词数量的词组只有“名词+数词+量词”一种格式，表示动词数量的词组只有“数词+量词+动词”一种格式。例如：tsho^{55}（人）tɕhi^{31}（一）ɣa^{31}（个）“一个人”，tshe^{31}（锄头）tɕhi^{31}（一）khɔ^{55}（把）“一把锄头”，a^{55}bo^{55}（树）sɔ^{31}（三）tshɔ^{31}（丛）“三丛树”，n̠ɹi^{31}（两）la̠^{31}（下）di^{31}（打）“打两下”，tɕhi^{31}（一）tha^{31}（次）li^{33}（去）“去一次”。另一种是不发达型，属于这一类型的有藏、景颇、门巴（错那、仓洛）、僜（达让）等语言。其特点是量词数量、种类少，特别是个体量词少，量词的语义区分不细。名词计算数量时，有的用量词，有的不用，因而名词可以直接与数词结合。如景颇语，量词虽然也包括名量词和动量词两类，但数量很少，特别是个体量词，只有少数几个，与上一类型形成鲜明对比，这一类型的名词表示度量衡单位及集体单位时要用量词，但表示个体单位时，则大多不用量词。因而，名词计算数量时，有两种词组格式，一是“名词+数词”，另一是“名词+量词+数词”。例如：dum^{31} su^{33}（黄牛）mǎ^{31} sum^{33}（三）“三头黄牛”，phun^{55}（树）mǎ^{31} li^{33}（四）“四棵树”，nam^{31} si^{31}（果子）sum^{31} pum^{31}（堆）mi^{33}（一）“一堆果子”，tʃum^{31}（盐）ʒoŋ^{31}（两）lǎ^{55} khoŋ^{51}（二）“二两盐”。表个体单位的量词，常用的只有一个khum^{31}，使用广泛，表示“个、头、条”等意义。例如：nam^{31} si^{31}（果子）khum^{31}（个）mǎ^{31} sum^{33}（三）“三个果子”，lǎ^{55} si^{51}（黄豆）khum^{31}（个）mǎ^{31} li^{33}（四）“四粒黄豆”。个体量词可用可不用，上例也可说成nam^{31} si^{31}（果子）mǎ^{31} sum^{33}（三），lǎ^{55} si^{51}（黄豆）mǎ^{31} li^{33}（四）。动量词常用的只有一个la̱ŋ^{31}“次、下、回”，如la̱ŋ^{31}（次）mi^{33}（一）sa^{33}（去）“去一次”。珞巴语的特点大致与景颇语相似。有一点不同的是：当名词的数目是“一”时，量词可用也可不用；是“二”以上时一般不用。例如：ɯɛɯŋ（树）adoŋ（棵）aken（一）go（结构助词）“一棵树”，也可说成ɯɛɯŋ aken go；porok（鸡）apɯ（只）aken（一）go（结构助词）“一只鸡”，也可说成porok aken go。iki（狗）ahum（三）go（结构助词）“三只狗”，就不能加量词。① 由此看出，藏缅语量词分为发达型和不发达型两类，其差异主要表现在个体量词的多少上，而在非个体量词及动量词上，特点则比较一致。这就是说，个体量词的发展情况，成为制约量词全局特点的主要因素。这一点，正是研究个体量词的意义所在。

藏缅语个体量词丰富与否，与量词在句中的位置如何有密切关系。一般看来，个体量词丰富的语言，量词与数词、名词结合的语序是“名词+

① 珞巴语材料引自欧阳觉亚的《珞巴族语言简志》，第30–31页，民族出版社，1985年12月。

数词+名量词”，而个体量词不丰富的语言，其语序是“名词+名量词+数词”，或“名词+数词”。以“两个人”为例：

彝语：	tsho^{33} n̥i^{31} ma^{33} 人 两 个	哈尼语：	tsho^{55} ni^{31} ɣa^{31} 人 两 个
载瓦语：	pju^{51} i^{55} ju^{ʔ21} 人 两个	普米语：	mi^{55} ni^{13} tsə^{55} 人 两 个
羌语：	mə^{33} n̥i^{55} lə^{35} 人 两 个	道孚语：	vdzi wne ɣi 人 两 个
土家语：	no^{55} ne^{55} xu^{21} 人 两 个		

量词不丰富的语言，如：

景颇语：	mǎ^{31} ʃa^{31} mǎ^{31} ʒai^{33} lǎ^{55} khoŋ^{51} 人 个 两	两个人
	或mǎ^{31} ʃa^{31} lǎ^{55} khoŋ^{51} 人 两	两个人
门巴语：	ʑiŋ^{55} com^{55} thor^{55} 柴 捆 一	一捆柴
	so^{55} ŋo^{13} n̥ik^{13} tsiŋ^{55} 人 两	两个人
珞巴语：	ojok abar ako 刀 把 一	一把刀
	或ojok ako 刀 一	一把刀
僜语[①]：	ta^{31} peŋ^{55} wɯn^{55} gie^{53} 饭 碗 一	一饭

① 羌语是南部方言桃评话，门巴语是仓洛话，珞巴语是崩尼—博嘎尔珞巴语，僜语是达让僜语。下同。以上材料均取自《中国少数民族语言简志丛书》，北京，民族出版社。

ma^{31} tsau^{53} ka^{31} n^{55}　　两头牛

牛　　两

量词丰富与否，不仅与名量词在词组中是什么语序相联系，而且还与动量词的语序相联系。量词丰富的语言，动量词与数词、动词相结合的语序是“数词+动量词+动词”；量词不丰富的语言，则是“动量词+数词+动词”。前者以“打一下”为例：

彝语：tshɿ^{31} lɔ^{33} ndu^{31}　　哈尼语：tɕhi^{31} la̱^{31} di^{31}

一　下　打　　一　下　打

纳西语：dɯ^{31} zɿ^{31} la^{55}　　阿昌语：ta^{31} lau^{55} pat^{55}

一　下　打　　一　下　打

道孚语：ɐ lə gərɛ　　羌语：a^{31} tʂhə^{33} tʂhi^{55}

一下打　　一下　打

后者如：

珞巴语：la ko ape：　　休息一次

次一休息

门巴语：ŋam^{13} thor^{55} noŋ^{13} wa　　等一天

天　一　等

僜语：tia^{55} ka^{31} n^{55} ma^{31} ɹo^{55}　　说两遍

遍　两　说

但克伦语不同，动量词在动词之后。例如：

lɛ^{33} tɛ^{55} blɔ̱^{55}　　去一次　　dɔ̱^{55} tɛ^{55} bɔ̱^{55}　　打一顿

去　一　次　　打　一　顿

景颇语的情况有些不同：mi^{33} “一”与动量词结合时，在动量词之后，lǎ^{55} ŋai^{51} “一”及其他数词与动量词结合时，在动量词之前。例如：

la̱ŋ^{31} mi^{33} sa^{33}　　去一次　　lǎ^{55} ŋai^{51} la̱ŋ^{31} sa^{33}　　去一次

次　一　去　　一　次　去

mă^{31} sum^{33} la̱ŋ^{31} sa^{33}　　去三次　　　　kʒu̱^{ʔ55} la̱ŋ^{31} sa^{33}　　去六次

三　　　次　去　　　　　　　　六　　次　去

藏缅语的量词具有开放性的特点。所谓开放性，是说在来源上易于从其他语言或其他词类里借用一些词当量词。与名词以外的其他词类相比，量词吸收借词的能力相对较强。各语言都从邻近民族语言里吸收了一些词当量词，其中吸收较多的是度量衡量词，个体量词次之，动量词不易借用。例如：

哈尼语：

tshɿ^{31}　　尺　　tsa^{35}　　丈　　dzi^{55}　　斤

tɕhe^{55}　　钱　　se^{33}　　升　　du^{31}　　斗

（以上借自汉语）

xɔ^{31}　　（一）碗（借自名词xɔ^{31} ma^{31}“碗”）

lo^{31}　　（一）船（借自名词lo^{31}“船”）

ba̱^{31}　　（一）挑（借自动词ba̱^{31}“抬、挑”）

tu̱^{33}　　（一）把（借自动词tu̱^{33}“握”）

景颇语：

kji̱n^{33}　　斤　　tu^{31}　　斗　　siŋ^{31}　　升

thau^{33}　　套　　kjo^{ʔ31}　　角　　fin^{31}　　分

（以上借自汉语）

tʃoi^{33}坨（等于三市斤）　tʃo̱^{55}箩　luŋ^{55}　片

（以上借自傣语）

teŋ^{33}公里　taŋ^{31}箩　up^{31}匹

mju^{55}种　thup^{31}条（以上借自缅语）

n^{31} kup^{31}　（一）口（借自名词n^{31} kup^{31}“嘴”）

pă̱^{55} liŋ^{55}　（一）瓶（借自名词pă̱^{55} liŋ^{55}“瓶子”）

lă^{31} ku̱^{31}　（一）捧（借自动词lă^{31} ku̱^{31}“捧”）

tʃo̱k^{55}　（一）撮（借自动词tʃo̱k^{55}“撮”）

羌语：

dʑa³³ 丈 tɕe³³ 斤 tau³³ 刀 xo⁵⁵ 盒 thio⁵⁵ 桶

（以上借自汉语）

ʁu²⁴¹ （一）碗（借自名词ʁu²⁴¹“碗”）

xqa³³ （一）口（借自名词xqa³³“嘴”）

xtu³³ （一）抱（借自动词xtu³³“捆”）

二 个体量词发达与否和数词音节多少存在密切关系

从音节多少的角度上观察，个体量词发达与否与数词音节多少存在密切关系。这就是说，个体量词的发展受数词音节状况的制约。在上述两种类型中，个体量词发达的语言，基数词是单音节或多数是单音节的，量词也是单音节，数词和量词共同组成双音节使用。例如：

	一	二	三	四	五
彝语	tɕhʅ³¹	n̥i³¹	sɔ³³	li³³	ŋɯ³³
哈尼语	tɕhi³¹	n̥i³¹	sɔ⁵⁵	y̠³¹	ŋa̠³¹
阿昌语	ta³¹	sək⁵⁵	sum³¹	mi³¹	ŋɔ³¹
载瓦语	ʒa²¹	i⁵⁵	sum²¹	mji²¹	ŋo²¹
普米语	ti¹³	ni¹³	sãu¹³	ʒɛ⁵⁵	ɣuã⁵⁵
羌语	a³¹	n̥i⁵⁵	tshi⁵⁵	dʒʅ³³	ʁua³³
道孚语	ro	ɣnə	xsu	ɣɮə	nɢvɛ
纳木兹语	tɕʅ²¹	n̥i³⁵	so³⁵	zʅ²¹	ŋa²¹
土家语	na³⁵	ne⁵⁵	so⁵⁵	ze⁵⁵	ũ⁵⁵
	六	七	八	九	十
彝语	fu⁵⁵	ʂʅ³¹	hi⁵⁵	gu³³	tshi³³
哈尼语	ku̠³¹	ʂʅ̠³¹	ɕe̠³¹	ɣy³¹	tshe⁵⁵
阿昌语	xzo̥ʔ⁵⁵	n̥it⁵⁵	ɕet⁵⁵	kau³¹	tɕhe⁵⁵

载瓦语	khju^{ʔ55}	ŋjit^{55}	ʃit^{55}	kau^{21}	tshe^{51}
普米语	tʂhu^{13}	xiɛ̃^{13}	ʂuɛ^{13}	sgiɯ^{55}	qa^{55} stiɛ̃^{55}
羌语	xtʂu^{33}	ɕiŋ^{33}	tʂhe^{33}	xguə^{33}	xa^{31} dy^{33}
道孚语	xtɕho	zɳe	riɛ	ngə	zʁa
纳木兹语	khu^{21}	ʂʅ^{21}	hi^{21}	ŋgu^{21}	xo^{21}
土家语	wo^{21}	ne^{21}	je^{21}	kɨe^{55}	xɨ^{35}

	个（人）	棵（树）	只（鸡）	把（刀）	条（绳）	粒（米）
彝语	ma^{33}	bo^{33}	ma^{33}	tɕhi^{55}	tɕi^{33}	ma^{33}
哈尼语	ɣa^{31}	bo^{55}	mo^{55}	mo^{55}	tsa̱^{33}	nɯ̱^{33}
阿昌语	ʐu^{ʔ55}	tseŋ^{55}	tu^{31}	khʐap^{55}	khʐəŋ^{55}	lum^{31}
载瓦语	ju^{ʔ21}	kam^{51}	tu^{21}	phu^{21}	khat^{55}	tʃham^{21}
普米语	tsə^{55}	sbõ^{55}	ti^{13}	pa^{13}	stie^{13}	sgie^{55}
羌语	lə^{33}	ʁo^{241}	zia^{33}	pa^{33}	dʑi^{241}	xgy^{33}
道孚语①	ɣɛ	qha	lu	qha	qha	lu
纳木兹语	gu^{35}	po^{21}	ʐa^{55}	la^{35}	la^{35}	jio^{35}
土家语	xu^{21}	mu^{55}	nun^{55}	pha^{55}	tsi^{35}	pu^{35}

这一类型语言，数词和量词一般都不单独使用，必须连在一起使用。由于名词大都也是双音节的，因而名词受数量词限制时共同组成四个音节。这样，数量词也好，数量词与名词组成的词组也好，当它们做句子成分时，都以双数形式出现，或是两个音节，或是四个音节，形成双数节律。如哈尼语：

ŋa^{55} tɕhi^{31} mo^{55} ɔ^{55}.　　　　我要一个。

我　一　个　要

ŋa^{55} a^{55} si^{31} tɕhi^{31} mo^{55} ɔ^{55}.　　　　我要一个果子。

我　果子　一　个　要

① 道孚语以四川道孚县城关区尼弯村话为例。纳木兹语以四川省冕宁县里庄区兰窝乡话为例。

n̥i³¹ ɣa³¹ dʑo⁵⁵.　　　　　有两个（人）。

两 个 有

a³¹ n̥i⁵⁵ n̥i³¹ ɣa³¹ dʑo⁵⁵.　　　　　有两个弟弟。

弟弟　两 个 有

这一类型中，有的语言个体量词发展不很充分。如道孚语：个体量词一般只与“一”结合，如：tɕi（帽子）a（一）lu（个）“一个帽子”；表示“二”的数量时，用ɣne“两个”，tɕi（帽子）ɣne（两个）“两个帽子”；“三”以上的数词修饰名词时一般不带个体量词，如tɕi（帽子）xsu（三）“三个帽子”。个体量词在有的数上用，在有的数上不用，是个体量词从不发达向发达方向发展的表现。①

个体量词不发达的语言则不同，基数词都是双音节或大多是双音节的。例如：

	景颇	珞巴	僜（达让）	僜（格曼）
一	lǎ⁵⁵ ŋai⁵¹	aken	khɯn⁵⁵	kɯ³¹ mu⁵³
二	lǎ⁵⁵ khoŋ⁵¹	an̥i	ka³¹ n⁵⁵	kɯ³¹ jin⁵³
三	mǎ³¹ sum³³	aɦuɯ	ka³¹ sɯŋ³⁵	kɯ³¹ sǎm⁵³
四	mǎ³¹ li³³	api:	ka³¹ pɹai⁵⁵	kɯ³¹ bɹɯn⁵³
五	mǎ³¹ ŋa³³	nŋo	ma³¹ ŋ⁵⁵	kɯ³¹ len⁵⁵
六	kʒu̱ʔ⁵⁵	akɯ	ta³¹ xɹo⁵³	kɯ³¹ tam⁵³
七	sǎ³¹ nit³¹	kɯnɯ	weŋ⁵³	nɯn⁵³
八	mǎ³¹ tsa̱t⁵⁵	pi:ni	liɯm³⁵	gɹum⁵³
九	tʃǎ³¹ khu³¹	konoŋ	ka³¹ n̥ɯŋ⁵⁵	nan⁵⁵ mu⁵³
十	ʃi³³	ɯjɯn	xa⁵⁵ luŋ⁵⁵	kiap⁵⁵ mu⁵³

由于数词是双音节的，量词则普遍少。数词能不带量词单用，为双音节形式：名词与数词结合，为四音节形式，也以双数形式出现。这就与上一类型一样，数词单独做句子成分也好，数词与名词一起做句子成分也

① 道孚语材料，取自《藏缅语十五种》中的“道孚语”，北京燕山出版社，1991年。

好，都以双数形式出现，形成双数节律。如景颇语：

ŋai^{33} lǎ^{55} khoŋ^{51} ʒa^{ʔ31} n^{31} ŋai^{33}.　　我要两个。

我　两　　要（句尾）

ŋai^{33} nam^{31} si^{31} lǎ^{55} khoŋ^{51} ʒa^{ʔ31} n^{31} ŋai^{33}.　　我要两个果子。

我　果子　两　　要（句尾）

mǎ^{31} sum^{33} phe^{ʔ55} ʃǎ^{31} ka^{55} la^{55} u^{ʔ31} !　　（你）叫三个来！

三　　（助）叫　　来（句尾）

tʃoŋ^{31} ma^{31} mǎ^{31} sum^{33} phe^{ʔ55} ʃǎ^{31} ka^{55} la^{55} u^{ʔ31} !

学生　　三　　（助）叫　　来（句尾）

（你）叫三个学生来！

由于景颇语的数词是双音节的，为使数量词组也成为双数（四音节），景颇语量词中出现复合的和带前缀或后缀的双音节量词。这是量词丰富的语言类型所没有的。例如：

num^{31} po^{33}　个（妻子）　　ʃan^{31} po^{33}　个（猎物）

女人 头　　肉　头

thiŋ^{31} nep^{55}　块（地板）　　wa^{ʔ31} phaŋ^{33}　丛（竹丛）

房　垫　　竹子棵

la^{ʔ31} kʒa^{ʔ31}　把（草）　　si^{31} lan^{31}　堆（棉花）

手　抓物状　　棉花 成堆状

mǎ^{31} kun^{33}　背（草）　　ʃiŋ^{31} kʒam^{33}　块（楼板）

（词头）背　　（词头）搭

这些复合词与数词结合时大多是四个音节，如果再加名词则成六个音节，也都是双数。例如：

si^{31} ka^{ʔ31} lǎ^{55} khoŋ^{51}　　两坨（棉花）

坨　　两

pǎ^{31} si^{33} si^{31} ka^{ʔ31} lǎ^{55} khoŋ^{51}　　两坨棉花

棉 花 坨　　两

thiŋ^{31} nep^{55} mǎ^{31} sum^{33}　　三块（地板）

块　　三

khjen^{31} nep^{55} thiŋ^{33} nep^{55} mǎ^{31} sum^{33}　　三块地板

地　板　块　　三

复合量词中，有些词的前一词素是名词的一部分，包含有名词的意义，因而省略了名词也能知道名词是什么。例如：

（mǎ^{31} ʒaŋ^{33}）niŋ^{31} theʔ^{31} mǎ^{31} sum^{33}　　三滴雨

雨　　（雨＋滴）三

（num^{33}）num^{31} po^{33}　mi^{33}　　一个妻子

妻子　（妻子＋头）一

珞巴语的数词都是双音节，所以量词也少。量词也多为双音节，前一音节多是a。例如：abor“件（衣）”、adoŋ“棵（树）”、apɯ“只（鸡）”、abar“把（刀）”、apir“粒（米）”、adɯ“滴（水）”、atak“块（地）”、agok把“（菜）”、atəŋ“段”。来自单音节动词的量词，同样要加a，使之双音节化。例如：pu:“捆、包”——apu:“（一）捆（草）”。gə“背”——agə“（一）背（柴）”，dɯ“滴”——adɯ（一）滴（水）”。名词和数词结合时，大多是四音节。若再加量词，大多成六音节。例如：

ɕəben ani　　两头野牛

野牛　两

porok apɯ aɲi　　两只鸡

鸡　只　两

ɕəkɯ aɲi　　两匹马

马　两

ɯɕɯp adoŋ aɦum　　三棵树

树　棵　三

僜语（达让）的数词除“一、七、八”外，都是双音节。量词也不丰富，但比前两种多些。不过，僜语有表示类别、性状的量词，如tiɯŋ^{35}“匹、只、头”，bɹɯ^{53}“根、条、棵”，pla^{55}“张、片、块”等，但可用可不用。看来，僜语的名量词虽与景颇语、珞巴语都属同一类型，但比后者发展充分些，其制约因素可能与部分数词是单音节有关。例如“五棵树”、“两头牛”：

ma^{31} sɯŋ^{53} ma^{31} na^{35} 或 ma^{31} sɯŋ^{53} bɹɯ^{53} ma^{31} ŋa^{35}

树 五 树 棵 五

ma^{31} tsau^{53} ka^{31} n^{55} 或 ma^{31} tsau^{53} tiɯŋ^{35} ka^{31} n^{55}

牛 两 牛 头 两

从以上两种类型的比较中大体能够看到这样一条线索：个体量词丰富与否、用与不用，主要与基数词是单音节还是双音节有关。个体量词丰富的语言，基数词是单音节；个体量词不丰富的语言，基数词是双音节或多数是双音节。为什么有这种制约关系呢？因为，如果数词只有一个音节，做句子成分时区别意义的能量小、且无节律感，这就要求增添音节或增添新的语法成分，加大其区别意义的能量，于是量词应运而生。而基数词是双音节，做句子成分时区别意义的能量大，意思比较清楚，且有节律感，不需要再有量词与之搭配。这就抑制了个体量词的发展。所以我认为，个体量词是否大量出现，主要不是表量的需要，而是语音搭配的需要。

为了说明这个问题，我们不妨再分析一下量词的表义功能。个体量词的表义功能与度量衡量词、集体量词相比，存在很大差别。度量衡量词、集体量词的表义功能大，不使用它就难以表示名词的度量衡单位和集体单位；而个体量词则不同，表义功能不甚重要，在句中用或不用并不影响数量的表达。“三条黄瓜”在景颇语里可说n^{33} kjin^{33}（黄瓜）mǎ^{31} sum^{33}（三），也可说n^{33} kjin^{33}（黄瓜）khum^{31}（条）mǎ^{31} sum^{33}（三），意思完全一样。“一个人”在哈尼语里说成tsho^{55}（人）tɕhi^{31}（一）ɣa^{31}（个），用量词；在景颇语里说成mǎ^{31} ʃa^{31}（人）lǎ^{55} ŋai^{51}（一），不用量词，意思也都一样。由此看来，使用个体量词不是为了表示量词意义的需要，而是为了增强数词表义的清晰度。这就不像使用度量衡量词、集体量词是为了表示量的意义的需要而产生的，没有它，就不能体现所要指明的量。正是这个原因，某一语言的数词如果是单音节的，则量词容易发展，出现的量词也是单音节的；而如果数词是双音节的，则量词不易发展，即使出现一些，又多是双音节的。

以上是就主要情况而言的，并不排除某些例外现象。例外的如独龙语，基数词除“一、六、八”外，都是双音节的，但个体量词丰富。个体名词称量时，都要加量词。就主要特点而言，独龙语的量词属于发达型，所不同的是，数词多数是双音节的。但值得我们注意的是，独龙语的个体量词除单音节外，还有双音节的，这与基数词多数是双音节有关。独龙语基数词大多是双音节，个体量词也有双音节的特点，则符合不发达型语言的特点。就我看来，独龙语个体量词的特点在某些方面，介于两种类型之间，处于不发达类型向发达类型发展的过渡阶段，但其主要特点仍属发达型。又如门巴语（错那），量词的基本特点属不发达型。表现在量词不丰富以及数量词的语序等方面，但其基数词除“五、九”是双音节外，都是单音节。不过，门巴语的量词同不发达型的其他发达语言相比，则相对丰富些，如有the^{ʔ53}“只”、ju^{35}“把（刀）”、kaŋ^{55}“根”、koŋ^{55}“条”、pra^{35}“粒”、thik^{53}“滴”等量词。这也许与量词大多是单音节有关。严格说，门巴语量词的特点也介于两个类型之间，但略近于不发达型。藏语的基数词是单音节的，但个体量词不发达，是何原因我目前还解释不了，有待以后研究。

当然，合成数词的情况有所不同。合成数词有两个音节、三个音节，与量词的音节搭配已突破了上述的规律。但应该看到基数词是数词的核心，使用频率最高，有了基数词后才有复合数词。所以基数词的音节状况对数量词的音节搭配以及个体量词的形成和发展起了主导作用。

我们不妨再把眼光投向藏缅语语音的历史变化。古代藏缅语的基数词是单音节的，其声母大多是复辅音结构（古藏文及现存一些藏缅语北部语言还保存这个特点）。从藏缅语语音的历史比较中获知，历史上藏缅语的复辅音声母在许多语言里出现了单辅音化的发展倾向。其发展途径有二：一是复辅音分裂为两个单辅音音节，基数词由单音节变为双音节，如景颇语等；二是复辅音简化为单辅音，基数词单音节特点不变，如彝语等。这个论点，我在《藏缅语某些语言弱化音节探源》一文中已论证过。[①]古代藏缅语的基数词由于语音的变化而分化为单音节和双音节两种形式，是影响个体量词在产生和发展上出现不同特点的主要因素。

在现代藏缅语里，不仅数量词的音节要求成双，而且与数量词结合密切的名词也有双音节化的倾向。这是节律原则在名词、数量词上起作用的结果。我们看到，现代藏缅语大多数语言的名词都以双音节为主，而且通过亲属语言比较能明显看出，有许多双音节名词都是由过去的单音节演变来的[②]。名词和数量词同具有双数节律，二者相互制约、相互配合，增加了整个语言的双数节律的强度。

三　藏缅语个体量词的发展

下面，我们通过个体量词不同小类的比较，进一步探讨个体量词由少到多、由抽象程度低到抽象程度高的发展过程，并分析两种类型个体量词发展的不同特点。

藏缅语的个体量词大致可分为三小类。一是专用量词，或称反响型量词。这类量词来自某个名词（或其中的一个音节），又专用在那个名词上，专用量词数量无数，有相当数量的个体名词都能当专用量词。（双音节名词大多取后一音节，少数取前一音节。）二是类别量词，用于同一类的名词上，表示同一类别的量，包括同一属性、同一性质、同一状态等。三是泛指量词，使用范围较宽，能用在几种类别的名词上。这两类词，有一些也来自名词。由于个体量词大多来自名词，因而名词是发展个体量词取之不尽的源泉。

但个体量词中的这几小类量词无论在语义上，或在语法功能上，都存在一些不同的特点，因而其丰富、发展的特点也有所不同。从语义角度分

① 戴庆厦:《藏缅语某些语音弱化音节探源》，载《民族语文》1984年第2期。

② 戴庆厦、刘菊黄:《藏缅语族某些语言的音节搭配律》，载《民族语文》1988年第5期。

析，个体量词的语义有基本义和附加义两种。基本义表示个体量的意义，而附加义则表示量的属性、性质、状态等。专用量词只有基本义，无附加义；而类别量词、泛指量词除基本义外，还有附加义。类别量词和泛指量词的不同在于：前者只表示一种类别，而后者能表示几种类别。这几类量词语义的不同，反映了个体量词语义抽象化程度的不同。专用量词所负荷的语义比较简单，抽象程度低，因而在多数情况下它必须与名词、数词一起连用才能显示其意义，而类别量词与泛指量词，语义抽象化程度较高而且比较清晰，因而可以与数词一起离开名词做句子成分。它们之间在发展上还存在某些联系。如哈尼语有的类别量词是由专用量词扩大使用而成的：nɯ̱^{33} “粒、颗” 来自名词 a^{55} nɯ̱^{33} “豆子”，后增加 “圆而小” 的附加义，能用来指 “圆而小” 的个体名词的量，如 di^{31} ɣo^{31}（豌豆）tɕhi^{31}（一）nɯ̱^{33}（粒）“一粒豌豆”，phju^{55}（米）tɕhi^{31}（一）nɯ̱^{33}（粒）“一粒米”。又如景颇语的 lap^{31} “片、页” 来自名词 lap^{31} “叶子”，但已扩大用至一类片状的名词上，如 phun^{55} lap^{31}（树叶）lap^{31}（片）mi^{33}（一）“一片树叶”，mai^{31} sau^{31}（纸）lap^{31}（页）mi^{33}（一）“一页纸”。

由于这几类个体量词在语义、语法上都具有相同的基本特点，因而在使用时有时可以换用，即同一个名词可以使用属两种或三种类型的个体量词。如哈尼语：

名词		专用量词	类别量词	泛指量词
n̥u^{31} ma^{33}	母牛	ma^{33}	khɔ^{55}	mo^{55}
a^{31} dʑi^{55}	茅草	dʑi^{55}	khɔ^{55}	mo^{55}
la^{31} phi^{55}	辣子	phi^{55}	si^{31}	mo^{55}
lu^{31} bɔ^{55}	坟	bɔ^{55}	si^{31}	mo^{55}
za^{31} ʑo^{33}	孩子	ʑo^{33}	ɣa^{31}	—
a^{55} go^{33}	哥哥	go^{33}	ɣa^{31}	—
a^{31} mɯ^{33}	婶	mɯ^{33}	ɣa^{31}	—
be^{55} dʑi^{55}	飞机	dʑi^{55}	—	mo^{55}

xu^{33} tsa̠^{31} 老鼠 tsa̠^{31} — mo^{55}

ŋ̥u^{31} tshe^{31} 犁 tshe^{31} — mo^{55}

但严格说来，这几类不同的量词，在使用上略有分工，使用在不同的场合中。如果要体现量词的类别，就要用类别量词或泛指量词（指大类别）；如果只表达名词的量，则用专用量词即可。不同类别的个体量词是适应不同的需要而产生的。

一般地说，藏缅语量词发达的语言，个体量词都得到比较充分的发展，不仅类别量词、泛指量词丰富，使用频率高，而且专用量词的数量也多，三者组成一个完整的体系。而量词不发达的语言，专用量词很少，没有得到充分的发展，要么不用量词，要么使用类别量词和泛指量词。个体量词一出现，就使用在一组同类名词上。如景颇语的khum^{31}“个、头、只、条”，来自名词khum^{31}“身体”，当量词用时兼表名词是khum^{31}的整体，如u^{31} ti^{31}（鸡蛋）khum^{31}（个）kʒu̠^{ʔ55}（六）“六个鸡蛋”，sum^{31} wum^{33} si^{31}（桃子）khum^{31}（个）mi^{33}（一）“一个桃子”，wa^{ʔ31}（猪）khum^{31}（头）mi^{33}（一）“一头猪”，但不用在产生它的名词上，可见这两类不同的语言，个体量词发展的途径也有所不同，大约与语言特点本身以及产生个体量词的时间早晚等因素有关。

（本文系作者参加1991年8月1日至5日在四川省西昌市召开的“彝缅语学术会议”提交的论文。原载《彝缅语研究》，四川民族出版社出版，1997年6月。）

藏缅语族语言使动范畴的历史演变

［提要］本文运用语音形式和语义内容综合比较的方法，以及语言系统（结构系统和亲属语言系统）的分析方法，在对20多种藏缅语比较的基础上，对使动范畴的历史演变进行初步探索。证明使动范畴是藏缅语中的一个最古老、最普遍的语法范畴；其历史演变受语音韵律和语义功能两方面因素的制约。

［关键词］藏缅语族　使动范畴　历史演变

使动范畴是藏缅语族语言（以下简称藏缅语）的一个具有普遍性的共同特征。从已有的研究成果看，这个特征有可能追溯到原始藏缅语共同阶段，而且还有可能与古代汉语的使动范畴挂钩。弄清藏缅语使动范畴的现状及其历史演变，是藏缅语动词研究的重要组成部分，也是汉藏语历史比较语法研究所不可缺少的。藏缅语的使动范畴是如何演变的，不同语法形式的先后次序如何？其演变所依靠的条件是什么？不同语言的演变规律有何不同？这些都是藏缅语使动范畴研究必须解决的问题。本文运用语音形式和语义内容综合比较的方法，以及语言系统（结构系统和亲属语言系统）的分析方法，在对20多种藏缅语比较的基础上，对使动范畴的历史演变进行初步探索。①

① 此题曾于1998年10月19日在香港城市大学报告过。王士元教授听后热情予以勉励，与我讨论了其中一些问题，并嘱我尽快完稿。王先生认为，藏缅语使动范畴的研究成果对汉语研究很有价值，二者成果的借鉴对推动汉藏语研究非常必要。特在此向王先生表示感谢。

一、使动范畴是原始藏缅语的语法范畴之一

藏缅语的语法范畴有人称、数、时、趋向、自主非自主、使动等多种，使动范畴是其中的一种。现代藏缅语的使动范畴带有普遍性，并存在一定数量的同源词和系统的语音对应关系，有可能构拟其原始形式。

藏缅语的使动范畴语法形式可分为屈折式和分析式两种。屈折式又分为变音式和加前缀式两种。变音式有声母交替、韵母交替、声调交替等，其中以声母交替为最常见，韵母交替次之，声调交替最少。声母交替包括：加不加*s前置辅音交替、清浊交替、送气不送气交替、零声母清擦音交替等。韵母交替包括：松紧元音交替、不同元音交替、不同韵尾交替等。不同声调的交替有些还与声母交替或韵母交替同时出现，加前缀式是在自动词前加*sǎ音节构成使动词。*sǎ是前缀中表示使动的主要形式，在藏缅语诸语言中有共同来源，如景颇语的*s有sǎ^{31}、tʃǎ^{31}、ʃǎ^{31}三个变体，此外a^{31}、ʃiŋ^{31}前缀也表示使动，但出现频率很小。[①] 独龙语有sə^{31}、tə^{31}、də^{31}三个使动前缀，其中sə^{31}是主要的，另两个出现很少。在172对构成使动对立的动词中，sə^{31}有158对，tə^{31}只有8对，də^{31}只有6对。tə^{31}主要出现在擦音声母之前，sə^{31}则不出现在擦音声母之前，二者构成互补。də^{31}只出现在浊声母之前，与sə^{31}对立，但在有的方言里（如孔目话），tə^{31}和də^{31}都读为sə^{31}。例如：tə^{31} pla^{ʔ55}（马库话）——sə^{31} pla^{ʔ55}（孔目话）“使贴上”；də^{31} bɹeŋ^{55}（马库话）——sə^{31} bɹeŋ^{55}（孔目话）“使破”。可以认为tə^{31}、də^{31}是sə^{31}的变体。[②] 嘉戎语“在动词构词前缀（即词头）与词根之间加中缀sə来表示，这是嘉戎语使动态的主要表达形式。“嘉戎语有极少数的动词用词根辅音和构词前缀元音的曲折变化来表示使动和自动语态……但这类动词

① *s、*sǎ中的“*”，表示藏缅语共同形式，包括不同的变体。

② 独龙语的材料及观点取自杨将领硕士论文《独龙语使动范畴研究》，1998年5月。

在嘉戎语中所占比例极少，只有10多对……”① 藏语书面语在1300多个动词中，有175对意义相对。其中使动词带s的占78对，带b的62对，带g的10对，带d的8对，带m和r的3对，也是s占优势。②

不同语言屈折式的同源词，存在语音对立关系，语音对应规律主要有：带不带*s的交替与带不带*sə前缀的交替相对应或与清浊交替相对应；清浊交替与送气不送气交替、松紧交替相对应；清浊交替、送气不送气交替、松紧交替与不同声调交替相对应等。下面列举一些有对应关系的同源词：

沉/使沉：藏 nub / snub　　阿昌 ŋɔp^{55} / ŋ̊ɔp^{55}
　　波拉 nap^{31} / na̠p^{55}　　载瓦 mjup^{21} / mju̠p^{21}
　　缅 mjɔ^{ʔ55} / m̥jɔ^{ʔ55}

倒/使倒：藏 log / slog　　道孚 nə–ble / nə–s–ɬhe
　　却域 tʌ^{33} li^{33} / tʌ^{33} ɬe^{55}　　缅 lɛ^{53} / l̥ɛ^{53}
　　仙岛 lin^{31} / l̥in^{31}

断/使断：藏 tɕhad / gtɕad　　门巴（错那）tɕhat^{53} / tɕat^{53}
　　彝 ge^{33} /khe^{33}　　缅 tɕo^{55} / tɕho^{55}
　　阿昌 kʒau^{31} / khʒau^{31}　　载瓦 kju^{21} / khju^{21}
　　怒 gɹɯ^{55} / khɹɯ^{55}　　独龙 gli^{ʔ55} / sɯ^{31} gli^{ʔ55}

开/使开：藏 bje / phje　　道孚 də–brə / ɣə–phrə
　　怒 bɹi^{33} / phɹi^{33}　　载瓦 pji^{21} / phji^{21}
　　波拉 pəi^{55} / phəi^{55}　　仙岛 pi^{55} / phi^{55}

垮/使垮：普米 bie^{55} / phie^{55}　　怒 bia̠^{53} / phia̠^{53}
　　景颇 pja^{ʔ55} / phja^{ʔ55}　　载瓦 pjo^{ʔ21} / phjo^{ʔ55}
　　独龙 bɹɯt^{55} / sə^{31} bɹɯt^{55}　　彝 bia̠^{53} / phia̠^{55}

怕/使怕：藏 hdrog / dkrog　　彝 gu^{33} / ku^{33}

---

① 该结论取自林向荣教授《嘉戎语研究》，四川民族出版社，1993年。

② 此材料取自格桑居冕教授的《藏语动词的使动范畴》，载《民族语文》1982年第6期。

傈僳 dʒo̱^{33} / tʃo^{33}　　　缅 tɕau^{ʔ55} / tɕhau^{ʔ55}

阿昌 ʐo^{ʔ55} / xʐo^{ʔ55}　　　载瓦 kju^{ʔ21} / kju̱^{ʔ55}

睡/使睡：独龙 ip^{55} / sə^{31} ip^{55}　　　怒 iɔ^{53} / ɕɔ̱^{53}

载瓦 ju̱p^{55} / ʃu̱p^{55}　　　波拉 jap^{55} / ʃap^{55}

古今藏语语音演变，其对应与上述对应具有许多共同点。例如：

古今藏语	拉萨话	巴塘话	
ɦkhor	khor^{55}	kho^{55}	转动
skor	kor^{55}	ko^{55}	使转动
gug	khu^{132}	ŋgu^{ʔ53}	弯
ɦgug	ku^{52}	ku^{ʔ53}	使弯
log	lo^{132}	lo^{ʔ231}	回
slog	lo^{52}	lo^{ʔ53}	使回
mthun	thỹ^{55}	thỹ^{55}	符合
stun	tỹ^{55}	tỹ^{55}	使符合
ɦbral	kha^{55} tʂhɛ^{13}	ɕe^{231}	分离
ɦphral	kha^{55} tʂɛ^{55}	ɕhe^{53}	使分离
tɕhad	tɕɛ^{52}	tɕhɛ^{ʔ53}	断
gtɕod	tɕhɛ^{53}	tɕɛ^{ʔ53}	使断

以上实例可以说明，藏缅语诸语言的使动范畴是有同源关系的。

二　屈折式的历史演变

藏缅语使动范畴有诸多屈折式，它们之间在演变上是什么关系？通过比较研究，可以认为加前置辅音 *s 表示使动是最早的、主要的变音式，后来出现的各种变音式以及加前缀式都是由这个源头演化而来的。*s 的性质应当看成是复辅音的前置辅音，是声母的一部分，而不是单独的音节。这个 *s 与后来变为独立音节的 *sǎ 由于语音特点不同，因而影响使动范畴语音演变的途径也不同。这个认识很重要，关系到怎样正确认识与此有关的藏缅语语音变化的内部规律。

由*s构成的使动式，后来发生了演变，出现了两种不同的途径：一个途径是前置辅音与后面的辅音合并，从复辅音声母变为单辅音声母。若自动词是浊声母，使动词则变为清声母，从而构成清浊声母交替表示使动。这是一个重要的变化。现代藏缅语中凡保留清浊对立的语言，大多都用清浊交替表示自动使动，浊声母表自动，清声母表使动，只是出现频率多少不同而已。如彝语的dʑe^{33}“烧”—tɕe^{33}“使烧”，普米语的bʐɛ^{13}“断”—phʐɛ^{13}“使断”，扎巴语的a^{33} ji^{55}“融化”—a^{33} ɕi^{33}“使融化”，怒语的gɹɯ^{55}“断”—khɹɯ^{55}“使断”等。用清浊声母交替表示自动使动是藏缅语使动范畴的一个最重要的变音式，可以认为它在历史上曾处于主导地位。

后来，清浊声母交替在不同的语言里又进一步演化为多种不同的形式。主要有：（1）变为送气不送气交替，浊声母变为不送气声母表自动，清声母变为送气声母表使动。许多语言都有这种交替。如缅语的kuɛ^{53}“分离”—khuɛ^{53}“使分离”，阿昌语的kʐa^{35}“掉”—khʐa^{35}“使掉”，仙岛语的tʐoŋ^{31}“破”—thʐoŋ^{31}“使破”等。有清浊交替的语言，有的也有这种对立，如纳西语的tsɿ^{55}“堵塞”—tshɿ^{31}“使堵塞”。有的语言，有送气声母表自动、不送气声母表使动的对立，这可能另有来源。（2）变为松紧元音韵母交替的，松元音韵母表示自动，紧元音韵母表示使动。松紧元音韵母来源于清浊声母的语言，均有这种交替表示自动使动。如载瓦语的kju^{ʔ21}“怕”—kju̱^{ʔ55}“使怕”，浪速语的kji^{33}“饱”—kji̱^{33}“使饱”，波拉语的tɛ^{ʔ31}“染上”—tɛ̱^{ʔ55}“使染上”。（3）变为不同声调的交替。大多是低调来源于浊声母，高调来源于清声母。如门巴语的ter^{33}“掉”—ter^{55}“弄掉”，纳西语的dʐər^{31}“怕”—tʂər^{55}“使怕”。不同声调的交替，在有的语音里还伴随着松紧元音的交替，二者共同表示使动。如载瓦语的tap^{21}“粘”—ta̱p^{55}“使粘”，波拉语的nap^{31}“沉”—na̱p^{55}“使沉”。声调的不同，是由于清浊声母影响声调分化引起的。声母清浊消失后（塞音、塞擦音、鼻音、边音上）转为松紧元音对立或送气不送气的对立，同时引起声调的分化，浊声母使声调变低，清声母使声调变高。载瓦语使动词上的声调分化就具有这个特点。① 看下面与彝语对照的例词：

彝语	载瓦语	
dʐʅ̱^{33}	tʃe^{ʔ21}	破
tshʅ̱^{33}	tʃhe^{ʔ55}	使破
gu̱^{33}	kju̱^{ʔ21}	怕
ku̱^{33}	kju̱^{ʔ55}	使怕

由*s构成的使动式，构词能力较强。*s可以在任何辅音之前构成使动式。但当*s与后面的辅音合并为清音并出现清浊对立表示自动使动，以及后来进一步演变为送气不送气对立、松紧对立表示自动使动，能构成使动的范畴就大大缩小了。因为构成这种对立，自动词必须是浊音、不送气音或松元音，没有这个条件就难以形成对立。正因为如此，许多语言的变音式已成为残存形式，有的保存几十对，有的只留下10多对，只好向加前缀式或分析式发展，开辟新的发展空间。如嘉戎语、景颇语、普米语、傈僳语、拉祜语等语言，变音式的使动词只残存10多对。

s*能成为原始藏缅语表示使动的主要形式，其存在条件大约与原始藏缅语动词词根的单音节性有关。原始藏缅语的动词词根究竟是单音节性还是多音节性？从使动范畴的种种特点判断，原始藏缅语动词词根应当是以单音节性为主的。正因为是单音节性，才有可能在词根上变换语音表示自动使动。如果动词是多音节的，就无法实现这一变化。现有各种语言能够出现使动屈折形式的动词，大都也是单音节动词。所以我认为，动词的屈折式是适应动词单音节化韵律形式而产生的；动词单音节化则是产生动词使动范畴变音式的土壤。②

---

① 我在《载瓦语使动范畴的形态变化》一文中阐述了这一演变。该文载《民族语文》1981年第4期。有的语言存在少量反例，如拉祜语的nɔ^{55}“醒”——nɔ^{31}“使醒”，是别的因素在起作用。

② Randy Lapolla教授曾认为原始藏缅语是以单音节为主，我这里的认识与他的认识一致。

由*s构成的使动式后来发生演变的另一途径是，前置辅音与后面的辅音分离，加上元音后变为独立的音节，从而变为自动词加*sǎ前缀（独立音节）表示使动。*sǎ与自动词分离后，在语音上就不再影响自动词的声母了。这又是一次重大的变化。由于*sǎ音节可以加在任何自动词之前（只要语义条件许可），使动范畴的构词功能大大地扩大了。*sǎ成为独立的音节后，就不再出现由*s加后置辅音构成使动词，就是说割断了变音式的通道。在现存的语言里可以看到，凡有使动前缀的语言，变音式都很贫乏，如景颇语、独龙语等；而凡无使动前缀的语言，变音式则比较发达，如阿昌语等。

*sǎ演变为独立的音节构成双音节的使动词，是适应藏缅语有些语言后来出现双音节化的趋势而产生的。如景颇语曾出现过双音节化，双音节化的手段之一就是把复辅音声母的前一辅音作为弱化音节分离出来，成为一个独立的音节，使原来是复辅音声母的音节分化为两个音节。这样一来，景颇语中的双音节词大大增加。如：ʃǎ^{31} ʒam^{55}“水獭”、ʃǎ^{31} mu^{33}“动”、mǎ^{31} sum^{33}“三”、kǎ^{31} leŋ^{31}“躺”等。前缀*sǎ演变为弱化音节构成双音节使动词，正是景颇语双音节化趋势的一个组成部分。所以，以*sǎ表示使动的语言，*sǎ主要是加在多音节动词之前。如景颇语的*sǎ，都只出现在单音节动词之前，没有出现在多音节动词之前的。据杨将领研究，独龙语在172对构成使动的动词中，自动词绝大多数是单音节词，只有5个是带前ə^{31}的双音节词，而且这几个双音节词的ə^{31}在加使动前缀时必须脱落，也成双音节。

由此看来，原始藏缅语就已出现屈折使动式的语音模式，并按此模式创造了一批使动词。但是，从比较中可以看到，用这种模式创造出的使动词，数量是很有限的，各语言现有的使动词，大量是在后来产生的。所以，当我们比较藏缅语屈折式使动词后即能看到，不同语言间有同源的使动词较少，特别是南部语群与北部语群之间更少。即使是意义相同、模式相同的使动词，有一些也不是有共同来源的。例如：

躺/使躺：藏 nyal / snyal，独龙 dʑen^{53} / sə^{31} dʑen^{55}，普米 stiŋ^{55} / stiŋ^{55} ʃɛ^{55}，缅 lɛ^{53} / l̥ɛ^{53}

动/使动：藏 hgul / sgul，怒 ɳuãɹ^{31} / ɳ̥uãɹ^{31}，缅 lou^{ʔ55} / l̥ou^{ʔ55}，浪速 tɔi^{31} / tɔ̠i^{31}，景颇 ʃă^{31} mu^{33} / ʃă^{31} mot^{31}

有些意义相同的词，来源不同，语法形式也不同。例如：

飞/使飞：景颇 pje̠n^{33} / ʃă^{31} pje̠n^{33}，载瓦 taŋ^{21} / ta̠ŋ^{21}

挂着/挂上：景颇 noi^{33} / no̠i^{55}，怒 uẽ^{53} / huẽ^{53}，彝 ndi^{55} / ti^{55}，缅 tɕhei^{ʔ55} / tɕhei^{ʔ55} lai^{ʔ55}

有些词虽有同源关系，但有的语言用屈折式，有的语言用分析式。例如：

哭/使哭：阿昌 ŋau^{55} / ŋ̊au^{55}，载瓦 ŋau^{51} / ŋa̠u^{55} = lo̠^{ʔ55} ŋau^{55}，仙岛 ŋau^{55} / ŋ̊au^{55}，独龙 ŋɯ^{53} / sə^{31} ŋɯ^{55}，缅 ŋou^{33} / ŋou^{33} sei^{331}

喝/使喝：拉祜 dɔ^{31} / tɔ^{33}，独龙 dɔŋ^{53} / sə^{31} dɔŋ^{53}，普米 thiŋ^{24}/ thiŋ^{24} ʃɛ^{55}

有同源关系并使用相同或相近语音形式的，多是亲属关系较近的。这种对应关系告诉我们，藏缅语使动词的大发展，是在分化为南北语群以及不同语支之后，不同语言按着自己的需要和语言结构系统的特点进行类推构词，所以不同的语言在哪些词上可以构成使动，用什么方式构词，各有自己不同的特点。它们在使用什么方式构词，以及后来如何演变，都因语言特点的不同而有不同的特点。

三　分析式的产生及其功能

分析式是藏缅语使动范畴的另一形式。其出现频率比屈折式高，其语法意义有一些不同于屈折式。分析式是在自动词上加另一动词或助词，大多是加在自动词之后，少数加在自动词之前。加在自动词上的动词都有不同程度的虚化。

原始藏缅语有无分析式，现在尚难确定。不过，分析式的大面积发展，当在屈折式之后，也就是说是在屈折式开始衰退之后。为什么这么认为呢？理由之一是，从藏缅语亲属语言的比较中可以看到，各语言分析式表示使动义的动词或助词，大多无同源关系。只有某些相近的语言有同源关系。下面列出的是藏缅语部分语言表示使动意义的动词或助词，从中可以认识它们之间大多无同源关系。

藏　语	bied“做” / ɦdʑug “使” / gtoŋ“使”	道孚语	sphrə 或 və
		却域语	tʂhu^{33}
门巴语	（错那）tho^{53} / dʑu^{53}	史兴语	xi^{53}
羌　语	zʅ^{31}“使”	普米语	ʃe^{31}
景颇语	ʃă^{31} ŋun^{55}“使”	彝　语	bi^{44}“给”……ʂu^{33}
独龙语	dʑɯɹ^{55} / sə^{31} dʑɯɹ^{55}	傈僳语	tsʅ̱^{33}
缅　语	sei^{33}“使”	哈尼语	bi̱^{31}“给”
载瓦语	lo̱^{ʔ55}“搞、弄”	纳西语	tʂər^{31} / khɯ^{55} “使” / thu^{55}“使”
波拉语	nɔ̃^{55}		
阿昌语	xu^{55}	怒　语	tɕi^{35}
仙岛语	ʂaŋ^{31}		

藏缅语有些语言，分析式又分纯分析式和屈折·分析式两类。前者由“自动词+表示使动的动词或助词”组成，后者由“屈折式的使动词+表示使动的动词或助词”组成。如景颇语的ʒot^{31}“起来”——ʃă^{31} ʒot^{31}“使起来”——ʃă^{31} ʒot^{31} ʃă^{31} ŋun^{55}“使起来”，pja̱^{ʔ55}“垮”——phja^{ʔ55}“使垮”——phja^{ʔ55} ʃă^{31} ŋun^{55}“使垮”；载瓦语的ŋau^{55}“哭”——ŋa̱u^{55}“使哭”——lo̱^{ʔ55} ŋa̱u^{55}“使哭”。这种分析式包括屈折式的使动结构，也说明分析式是在屈折式之后产生的。

分析式的产生，是由于屈折式不能广泛适应使动意义表达需要的局限性引起的。分析式的结构比较灵活，适应性强。表示分析意义的动词或助词既可与单音节自动词结合，又可与多音节自动词结合；还可与任何声母的自动词结合。不像屈折式那样，其出现条件要受多种语音条件的限制。

不过，在一些语言里分析式的使用也讲究韵律：若动词以单音节为主的语言，构成使动时使用的动词或助词也是单音节的，如载瓦语用lo̱ʔ55，哈尼语用bi33等；若动词是以双音节为主的语言，构成使动时使用的动词或助词则用双音节的，如景颇语用ʃă31 ŋun55 "使"。① 这样，动词构成使动时或是双音节，或是四音节，组成双数节律。在藏缅语中，景颇语变音式相对较少，为什么加前置辅音的格式没能向变音式演变呢？其中一个重要原因大约是与双音节化韵律有关。双音节化韵律要求前置辅音从词根上分离出来，构成双音节使动词，而不与后面的辅音合并。景颇语用分析式ʃă31 ŋun55 "使"表示使动，是在景颇语双音节词有了较大发展之后，包括加使动前缀*să的屈折式双音节动词大量出现之后。只有在这样的条件下，表示使动的分析式才有可能使用双音节的ʃă31 ŋun55 "使"。

从语义表达功能上看，分析式所表达的意义比屈折式较为复杂、丰富。如景颇语的单宾语句子：屈折式的使动是直接"致使"，就是将动作行为直接加到客体上，语气比较强硬；而分析式的使动是间接使动，是主体让客体实现动作行为，语气比较和缓。二者的意义有一些差别。比较下列两句：

ʃi33 pheʔ55 ʃă31 pjo̱33 uʔ31！　　　　你使他高兴吧！
他（助）使高兴（句助）

ʃi33 pheʔ55 pjo̱33 ʃă31 ŋun55 uʔ31！　　你让他高兴吧！
他 助　高兴使（句助）

但在双宾语的句子里，二者的意义相差较大。屈折式的使动是由主体直接去完成"致使"动作行为的，使动是属于主体的；而分析式则是主体让客体（间接宾语）去完成动作行为的，使动既属于主体又属于客体，比较下列两句：

① 我们统计了3582个动词，其中双音节词2009个，单音节词1252个，三音节词191个，四音节词122个，五音节词8个。双音节词占总数的56.9%。

ma^{31} phe^{ʔ55} lǎ^{31} pu^{31} ʃǎ^{31} pu^{31} u^{ʔ31}！　　　　你给孩子穿上裤子！

孩子（助）裤子　使穿　（句助）

ma^{31} phe^{ʔ55} lǎ^{31} pu^{31} pu^{31} ʃǎ^{31} ŋun^{55} u^{ʔ31}！　　你让孩子穿上裤子！

孩子（助）裤子　穿　使　（句助）

由此可见，分析式是人们认知能力进一步深化的结果，是屈折式的进一步发展。可以说，它是适应人们表达思想的需要而产生的，但必须受语言结构规律的制约。

四　小结

综上所述，对藏缅语使动范畴的历史演变大致可归纳出以下几个认识：

（一）使动范畴是藏缅语中的一个最古老、最普遍的语法范畴，不同的亲属语言都有同源关系。同源关系可以从部分使动词的同源关系以及语音对应关系中得到证明。藏缅语有人称、数、时、趋向、使动等语法范畴，便能推到原始藏缅语阶段的，目前有把握的是使动范畴。弄清使动范畴的历史脉络，不但是藏缅语语法研究重要的一环，而且对古代汉语使动范畴的研究也能提供重要的价值。而且，理顺使动范畴的形式和意义在不同语言中的变异，能够帮助我们加深认识藏缅语的亲属关系。

（二）藏缅语使动范畴的历史演变受语音韵律和语义功能两方面因素的制约。在诸多形式中，屈折式是最早出现的形式，其中又以加前置辅音*s出现最早。*s的出现，与原始藏缅语动词词根的单音节性有关。后来*s出现两种演变趋势：一是前置辅音*s与后面的浊辅音融为单辅音声母，从而构成清浊声母交替表示自动使动；并进一步演化为送气不送气交替、松紧交替等多种对立；另一是前置辅音*s与后置辅音分离，加上元音构成独立音节，成为使动前缀。使动前缀的出现，与藏缅语双音节动词逐渐增多有关。变音式的使用由于受到语音条件的限制，其功能带有局限性，因而得不到广泛发展，不得不将其主要位置让给加前缀式或分析式。

（三）分析式大面积的发展是在屈折式之后。它在藏缅语所有语言里都有广泛的发展。分析式在语音形式上有较大的适应性，表示使动的动词或助词能加在各种语音形式的自动词之后（少数在前）。在语义上，分析式具有较强的表现力。因而，分析式具有较强的生命力，其出现频率大大高于屈折式。

（四）藏缅语使动范畴的历史演变特点说明，一种语言的语法范畴采用什么语法形式，是由其内部系统的特点决定的，而且不同形式之间存在互补。即这一形式强，另一形式就弱；这一形式得到广泛发展，另一形式就有可能受到压制。因而，从语言系统的关系中看语言演变规律则易接近客观实际。

（五）藏缅语使动范畴的特点与古代汉语的使动范畴有无共同来源？二者有些特点是相通的这是同源关系，还是因语言类型相近而产生的相近特点？若二者有同源关系，则存在着构拟原始汉藏语使动形式的任务。藏缅语保留汉藏语的一些古代特征，借鉴藏缅语的研究成果，并将藏缅语与汉语进行比较，无疑对研究古代汉语的使动范畴将会有令人振奋的好处。正如王士元先生所说："这是一条值得提倡的路子，代表着一个方向。"

参考文献

[1] 陈士林:《凉山彝语的使动范畴》，载《中国语文》1962年8、9月号。

[2] 徐悉艰:《景颇语的使动范畴》，载《民族语文》1984年第1期。

[3] 傅爱兰、杨将领:《也谈独龙语的使动词》,《中国民族语言论丛》，云南民族出版社，1997年。

[4] 木仕华:《论纳西语动词的使动范畴》,《中国民族语言论丛》，云南民族出版社，1997年。

（原载JOURNAL OF CHINESE LINGUISTICS Vol.29 No.1.2001）

彝缅语鼻冠声母的来源及发展

——兼论彝缅语语音演变的“整化”作用

[**提要**]本文分三部分：一、描述彝缅语鼻冠声母的发音特征、组合类型、语义功能。二、通过亲属语言、方言的比较、指出彝缅语的鼻冠音有着共同的来源，多与古藏语的复辅音声母对应，其中与带ɦ、m前置辅音的复辅音对应的比较多，此外还有带d、ɡ、b的复辅音。认为彝缅语鼻冠声母来自古藏缅语的复辅音声母。三、指出彝缅语鼻冠声母的形成经历了复辅音“整化”的过程，即前置辅音由多种辅音整化为鼻音，主要辅音由多种发音方法整化为一类。“整化”的结果使彝缅语的声母结构更为整齐、系统；并使一部分词声母的主要辅音的清浊向对立面转化，从而出现新的语音配合条例。

[**关键词**]彝缅语　鼻冠声母　来源发展

一

藏缅语族彝缅语支的彝语、纳西语有一套鼻冠声母。所谓鼻冠声母，就是在塞音、塞擦音前冠以鼻音，组成复辅音声母，与非鼻冠音的单辅音声母形成对立，如mb、nd、ndz、ȵdʑ、ŋg等。①

鼻冠声母在发音上有三个特点：（一）在两个辅音中，鼻音后的辅音是强势，音值强而长，鼻音是弱势，音值短而弱。（二）鼻音与后面的塞音或塞擦音都是同部位的，二者数量相等。（三）二者结合很紧，组成一个音节，共用一个声调。

鼻音后的塞音、塞擦音有三种情况：一是不送气的浊音，如喜德彝语、纳西语；二是不送气清音，如大方彝语；三是送气清音，如武定彝语。例如：

喜德彝语：mb、nd、ndz、ɳɖʐ、ȵdʑ、ŋg

纳 西 语：mb、nd、ndz、ɳɖʐ、ȵdʑ、ŋg

大方彝语：mp、nt、nts、ɳʈ、ɳʈʂ、ȵtɕ、ŋk

武定彝语：mph、nth、ntsh、ɳʈh、ɳʈʂh、ȵtɕh、ŋkh。

存在鼻冠音声母的语言，鼻冠音声母与非鼻冠音声母对立主要起区别词汇意义的作用，但有一些还能区别自动、使动的语法意义。② 如喜德彝语区别词汇意义的：

mbu^{33}	［黄牛］叫	bu^{33}	虫
nda^{33}	蕨菜	da^{33}	能干
ndza^{33}	黑土染料	dza^{33}	饭
ɳɖʐa^{33}	量（动词）	kha^{33} ɖʐa^{33}	麻雀
ȵdʑu^{33}	（小孩）爬行	dʑu^{33}	燕麦
ŋgu^{33}	爱	gu^{33}	九

区别语法意义的，是与清音构成对立，大多是不送气的。也有送气

① 本文所谓的彝缅语，包括彝语组、缅语组、怒语组等三个语组。所用的材料其代表点是：喜德彝语——四川省喜德县红玛话；大方彝语——贵州省大方县中箐乡天宝话；武定彝语——云南省武定县大西邑话；纳西语——云南省丽江县（今丽江市）一区长水话；傈僳语——云南省碧江县里吾底话；哈尼语——云南省绿春县大寨话；拉祜话——云南省澜沧县糯福话；怒语——云南省碧江县匹河话；载瓦语——云南省潞西县（今潞西市）西山话；阿昌语——云南省陇川县户撒话。

② 彝语使动词材料取自陈士林等《彝语简志》，民族出版社，1985年。

的。如：

自动词		使动词	
ndi⁵⁵	悬挂	ti⁵⁵	使悬挂
ndu⁵⁵	燃烧	tu⁵⁵	使燃烧
mbo³³	滚	po³¹	使滚
ndo³³	喝	to³¹	使喝
ndʑɿ⁵⁵	脱落	tɕhɿ⁵⁵	使脱落

二

彝缅语中，只有彝语、纳西语有鼻冠声母，其他语言都没有，而且彝语、纳西语中也不是所有的方言都有。这就提出了一个问题：彝语、纳西语的鼻冠声母究竟是怎么来的，是不是原来就有的，或是由别的什么音素转化来的，或是后来才产生的？

从语言比较和方言比较中可以看到，凡有鼻冠声母的语言或方言，大多是鼻冠声母与鼻冠声母对应，非鼻冠声母与非鼻冠声母对应，特别是彝语内部不同方言的对应比较整齐，而且这类对应的词大多是词汇中最基本的词。我们可以认为，它们之间有着共同的来源。例如：

喜德彝语	大方彝语	武定彝语	纳西语	汉义
ŋgɯ³³	ɳʈɕo²⁴	ŋkhu³³	ŋgɯ³¹	嚼
ndu³³	ɳʈu⁵³	nthv³³	ndv³³	挖
ndi³³	（mə⁵³ tɕhi⁵³）	nthɯ³³	ɳdʑi³³	酒菜
nda³³ ni³³	nto³¹	nʈho³¹	ndi³³	蕨菜
ndu³¹	ntu³¹	nthv³¹	（la⁵⁵）	打
ɳdʐʅ³³	ɳʈɕi³¹	ɳʈɕhi³¹	（ɣɯ³³）	皮
mbu̠³³	mpɔ⁵³	mpho̠³¹	（gɯ³³）	饱
ɳdʐʅ³³	ntsɿ³¹	ɳʈʂhʅ³¹	zʅ³³	酒

gu^{31}	gɯ^{55}	gɯ^{55}	gu^{33}	涉（水）
dzi^{55} ma^{33}	dzəi^{24} mo^{31}	dze̠^{55}	dzy^{31}	花椒
dzi^{33}	dzu^{31}	dzɤ^{31}	dze^{31}	（一）对
bu^{31} di^{31}	bu^{53}	bu^{33}	bu^{55} di^{31}	虫
dʐɯ^{33}	dzʅ^{53}	dʐe^{33}	tshʅ^{33} sæ^{31}	牲畜

但纳西语与彝语之间发展不平衡。纳西语的鼻冠声母比彝语多，纳西语有一些鼻冠声母与彝语的非鼻冠声母对应。例如：

纳西语	喜德彝语	大方彝语	开定彝语	
mbi^{31}	dʑi^{33}	ɖʅ^{31}	ɖe^{31}	飞
mdɔ^{33}	dɔ^{33}	da^{53}	da̠^{31}	上（去）
ɳdʐər^{31}	dʑʅ^{33}	dʑi^{31}	dʑi^{31}	化
mbæ^{33}	dʐi^{33}	ɖu^{55}	ɖo^{33}	蜂
ndzʅ^{33}	dzɯ^{33}	dzu^{53}	dzo^{33}	吃
mbe^{33}	i^{34} bo^{33}	bu^{53}	bo^{33}	薄
ndv^{33}	du̠^{33}	do^{31} la^{24}	du^{31}	翅膀

彝语也有少量的鼻冠音声母与纳西语的非鼻冠音声母对应。例如：

喜德彝语	大方彝语	武定彝语	纳西语	汉文
ȵdʑi^{33}	ntɛ^{31}	ɳʈhə^{31}	bər^{31}	脓
ndʑo^{55}	（vu^{53} ȵi^{31}）	（vɤ^{33} ȵe^{33}）	dzʅ^{31}	冰
ɳdʐʅ^{33}	ntsʅ^{31}	ɳʈʂhʅ^{31}	ʐʅ^{33}	酒
mbi^{55}	vɛ^{35}	bu^{33} vi̠^{55}	py^{55}	蚂蟥
ndo^{33}	ntɔ^{31}	nthɒ^{31}	thɯ^{31}	喝

把彝缅语的鼻冠音声母与有丰富的复辅音声母的古藏语进行比较，则可以看到彝缅语的鼻冠音声母多与古藏语的复辅音声母相对应，其中与带ɦ前置辅音的复辅音对应的比较多，其次是带d、g、b等前置辅音的复辅音

对应。后者主要出现在彝语上。[①] 例如：

纳西语	喜德彝语	古藏语	汉义
mbi^{31}	dʑi^{33}	ɦphur	飞
ndɔ^{33}	dɔ^{33}	ɦdzeg	爬（山）
ndv^{33}	ndu^{33}	ɦdru	挖
ndə^{33}	ndzɔ^{33}	ɦdzag	滴
tɕhi^{55}	ŋgo^{33}	ɦkhyags	冷
ŋgɯ^{33}	ŋgɯ^{33}	ɦtɕhah-ba	嚼
thɯ^{33}	ndo^{33}	ɦthuŋ	喝
mbər^{31}	dʑe^{33}	ɦbar	烧
ndzæ^{33}	dzʅ^{33}	ɦtɕhib	骑
ŋgv^{33}	gu^{33}	dgu	九
mby^{33}	dʑe^{33}	dbye	分
gə^{55}	-gu̱^{55}	dgug	弯
ɳdʐʅ^{33}	zʅ̱^{55}	gzig	豹

而非鼻冠音声母则与单辅音声母对应。例如：

纳西语	喜德彝语	古藏语	汉义
dze^{31}	dzi^{33}	tɕa	（一）对
kɔ^{31}	ʑi^{33}	khab	针

---

① 藏语方言也有类似的演变。康方言（德格）和安多方言的鼻冠音主要是古藏语的ɦ-、m-演变来的。康方言以四川德格县更庆乡话为例（此材料由格桑居冕教授提供）；安多方言以夏河县安多话为例（此材料由周季文教授提供）。例如：

古藏语	德格话	安多话	汉义
mgo	ŋgo^{24}	ŋgo	头
mdo	ndo^{231}	ndo	岔口
mgron	ŋdʐø̃^{55}	ndʐon	客人
mdʑal	ɳdʑe^{55}	ndʑa	拜见
ɦdug	ndu$^{?231}$	ndəx	坐
ɦbo	mbo^{231}	mbo	斗
ɦgro	ŋdʐu^{231}	ɳdʐo	走
ɦdʑu	ɳdʑu^{231}	ɳdʑə	握

du^{31}	–du^{55}	dug	毒
by^{33}	pho^{31}	phod–pa	放
tʂər^{55}	tsɿ̱^{55}	tshigs	节
kɯ^{31}	tɕi^{33}	khris–pa	胆
tʂhər^{33}	tshɿ^{55}	khrus	洗
khɯ^{33}	khɯ^{33}	kha	苦
khɯ^{33}	khɯ^{33}	khyi	狗
tʂhoa^{55}	fu̱^{55}	drug	六
pho^{33}	pho^{31}	phye–ba	开
tshər^{33}	tsha^{33}	tshal–ba	热
tshe^{33}	tshɯ^{33}	tshɯa	盐
tɕhər^{33}	li^{34} tɕhi^{33}	tɕhad	断
–phiə^{55}	tɕhi^{33}	dʑa	茶
tshoa^{55}	tshe^{33}	ɕa	鹿

其中也有与复辅首声母对应的，但与带s、r前置辅音对应的较多。例如：

纳西语	喜德彝语	古藏语	汉义
tɕi^{31}	tɕi^{31}	skyur–ma	酸
jə^{55}	bɿ^{31}	sprat	给
kɯ^{31}	–tɕɿ^{33}	skar–ma	星
khɯ^{31}	ɕi^{33}	skud–pa	线
pa^{33} tɕə^{33}	ɔ^{34} pa^{33}	sbal–ba	蛙
kho^{33}	i^{31} kho^{33}	sgo	门
khɯ^{33}	tɕɿ^{33} ɕɿ^{33}	rkaŋ–pa	脚
khv^{33}	khu^{33}	rku	偷
gv^{33}	gu^{31}	rgal–ba	涉（水）

也有少量与带ɦ、b、g等前置辅音声母相对应的，其条件还不清楚。

例如：

纳西语	喜德彝语	古藏语	汉义
tshɿ^{55}	tshu̠^{33}	ɦdzugs	盖（房）
tɕhi^{55}	tɕɿ̠^{55}	ɦdʑib	吮
pər^{55}	bu̠^{33}	ɦbri	写
bi^{33} bi^{31}	bu^{31} di^{33}	ɦbu	虫
tshe^{31}	tshi^{33}	btɕu	十

纳西语、彝语与嘉戎语之间的同源词较少，但在少量的同源词上也能看到这种对应关系。① 其对应大致也是鼻冠声母对复辅音声母，非鼻冠声母对单辅音声母。例如：

纳西语（鼻冠声母）	嘉戎语（复辅音声母）	汉义
ndə^{33}	tɕə^{33} ŋthɛk^{55}	（一）滴
ŋgv^{33}	kə^{33} ŋgu^{53}	九
ŋgə^{55}	ka^{33} rgɔ^{ʔ55}	弯
ɳdʐɿ^{33}	tə^{33} ɳdʐi̪^{53}	皮

纳西语（非鼻冠声母）	嘉戎语（单辅音声母）	汉义
kɔ^{31}	ta^{33}–kap^{55}	针
tʂər^{55}	tə^{33} tshək^{55}	节
tʂhoa^{55}	kə^{33} tʂɔk^{55}	六
tshe^{33}	tshɛ^{53}	盐

与道孚语之间也存在这种关系。② 例如：

纳西语（鼻冠音）	道孚语（复辅音声母）	汉义
ŋgy^{33}	ŋgɐ	九
ŋgə^{55}	rɣorɣ	弯
ŋgɯ^{33}	ŋkəka	嚼

① 嘉戎语以四川省马尔康县（今马尔康市）梭磨乡王家寨话为依据。

② 道孚语以四川省丹巴县格什扎话为例。

ndzʅ^{33}	ldzue	凿子
mbər^{31}	spɐ	脓

纳西语（非鼻冠音）	道孚语（单辅音）	汉义
khɯ^{33}	khə	狗
tshe^{33}	tshə	盐
kɔ^{31}	ɣɐp	针
tʂhər^{33}	bre	断

古藏缅语带前置辅音的音节在景颇语里分化为两个音节，前置辅音加上元音独立成音节（读为弱化音节）。因而，彝缅语的鼻冠音音节在景颇语里大多分为两个音节，鼻冠音与前一弱化音节对应（多为m声母）；非鼻冠音音节大多与单音节词对应。例如：

纳西语（鼻冠音）	景颇语（双音节）	汉义
ŋgv^{33}	tʃă^{31} khu^{31}	九
ŋgə^{55}	mă^{31} koʔ^{31}	弯
ndə^{33}	mă^{31} theʔ^{31}	滴
ŋgɯ^{33}	mă^{31} ja^{55}	嚼
ndzɔ^{31}	mă^{31} khʒai^{31}	桥

纳西语（非鼻冠音）	景颇语（单音节）	汉义
khɯ^{33}	kha^{55}	苦
khɯ^{33}	kui^{31}	狗
pho^{33}	phoʔ^{31}	开
tshe^{33}	tʃum^{31}	盐
tshe^{31}	ʃi^{33}	十
tʂhoa^{55}	kʒu̱ʔ^{55}	六

以上对应关系可以说明：彝缅语的鼻冠音是来自古藏缅语的前置辅音，其中主要是鼻音。除这个来源外，在汉语借词中能够看到有的鼻冠音是来自前一音节的鼻音韵尾。如彝语：

pa^{33} ndʑa^{33}	搬家	tʂo̹^{33} ndʐo̹^{33}	蛊蛊
ko^{33} ndzʅ^{33}	工资	tʂhɔ^{31} ndzʅ^{33}	椽子
pha^{55} ndzʅ^{31}	胖子	tha^{31} ndzʅ^{31}	坛子

三

从古藏语、嘉戎语等语言复辅音声母的结合点上看，前置辅音也好，主要辅音也好，都是多种多样的。而彝缅语的鼻冠辅音都是鼻音，其发音部位随主要辅音而异；主要辅音在发音方法上都属于一类，或是不送气浊音，或是清音，或是送气音。由此看到，彝缅语鼻冠声母的形成经历了复辅音“整化”的过程，即前置辅音由多种辅音整化为鼻音，主要辅音由多种发音方法整化为一类（或是不送气浊音，或为清音，或为送气音）。“整化”的结果使彝缅语的声母结构更为整齐、系统。一般认为，彝缅语声母具有整齐化、系统化的特点，而鼻冠音的出现则是构成这一特点的重要原因之一。

在彝缅语现存的语言里，多少还能见到鼻冠声母中主要辅音多种来源的痕迹。如“喝”一词：古藏语是ɦthuŋ，是送气音，反映古音特点；彝语为ndo^{33}，因整化作用使主要辅音变为浊音；纳西语为thɯ^{31}，道孚语为thi，保留古送气形式；哈尼语为do^{55}，反映整化为浊音后丢失鼻冠音的形式。“飞”一词，古藏语为ɦphur，纳西语为mbi^{31}，彝语为dʑi^{33}，拉祜语为po^{31}。“根”一词，古藏语为rtsa–ba，彝语为ɳdʑi^{31}，纳西语为khɯ^{33}，傈僳语为tɕe^{33}。“弹”一词，彝语为mbe̱^{33}，拉祜语为bɔ̱^{53}，傈僳语为pɯ^{33}。“冷”一词，古藏语为ɦkhyags，彝语为ŋgo^{33}，纳西语为tɕhi^{55}，道孚语为ʂkho。“嚼”一词，藏语为ɦtɕhah–ba，纳西语为ŋgɯ^{33}，彝语为ŋgɯ^{33}，道孚语为ŋkə–ka。

由于“整化”的作用，使彝缅语有的语言某些声母的清浊特点发生了变化，或由清变浊，或由浊变清。如上述的“喝”一词，古藏缅语的主要辅音是清音，这个特点在藏、纳西、道孚等语言里还保留着，但彝语则整化为ndo^{33}，哈尼语、傈僳语丢失鼻冠音后成do^{55}、do^{33}，都为浊声母。但其声调的属性都是高调，属清声母一类，与现在声母的性质存在矛盾。这就是说，由于鼻冠声母的整化作用，使清浊类别的声调特征或在某些词上向对立面转化，破坏了原来声调的规律，或出现新的条例，或出现例外。这个现象，是研究彝缅语语音发展规律时必须注意到的。

彝缅语由语音“整化”作用而形成的鼻冠音，后来在多数语言里又出现了脱落现象。如哈尼、傈僳、拉祜、怒、阿昌、载瓦、缅等语言已无鼻冠音。这些语言中，属于彝语组的哈尼、傈僳、怒等语言，由于声母还保留清浊对立，所以鼻冠声母大都变为不送气浊声母，而在载瓦、阿昌等属于缅语组的语言里，由于清浊对立已大都消失（浊声母转为清声母），所以鼻冠声母大都变为清声母。例如：

纳西	彝	哈尼	傈僳
mbi^{31}	dʑi^{33}	bjɔ^{55}	be^{33}
ndɔ^{33}	dɔ^{33}	da̠^{33}	dᴇ̠^{33}
tɕhi^{55}	ŋgo^{33}	ga̠^{33}	dʒᴇ̠^{31}
mbæ^{33} zi^{33}	dʑi^{33}	bja^{31}	dʒᴇ^{31}
ndzʅ^{33}	dzɯ^{33}	dza^{31}	dza^{31}
ndzɔ^{31}	dzi^{33}	lɔ^{55} dzɔ^{55}	kho^{31} dze^{33}
ŋgv^{33}	gu^{33}	ɣy^{31}	ku^{33}
ŋgə^{55}	–gu̠^{55}	ɣu̠^{31}	go̠^{31}
怒	载瓦	阿昌	汉义
bia^{33}	taŋ^{21}	tʂam^{55}	飞
（dʑi^{55}）	to^{ʔ21}	tɔ^{ʔ55}	上（去）
gɹa̠^{53}	kjɔ^{ʔ21}	kʐat^{55}	冷
bia^{55}	pjo^{21}	tʂʐa^{31}	蜂
dza^{55}	tso^{21}	tɕɔ^{31}	吃
gu^{55} dza^{33}	tsam^{51}	tɕam^{55}	桥

gɯ^{33}	kau^{21}	kau^{31}	九
gɹuə̰̃r^{55}	koi^{55}	kok^{55}	弯

彝语有的方言鼻冠音已消失，如南部方言、西部方言、中部方言等。有的方言，虽有鼻冠音，但只出现在慢读中，且发音弱而短，快读时一律省去。这种现象反映了鼻冠音已近消失。例如：

快读	慢读	汉义
bo^{33}	mbo^{33}	亮
dɤ^{31}	ndɤ^{31}	挖
go^{31}	ŋgo^{31}	荞
dzo^{31}	ndzo^{31}	吃

纳西语、彝语的鼻冠声母在拉祜语里一部分与浊声母对应，一部分与清声母对应，但从声调上可以看到这部分清声母是由浊声母变来的，因为在声调对应上属于浊的一类。试看纳西语和拉祜语的对应：纳西语的中平调（33）在拉祜语里因清浊声母分为两个调，浊声母出现在高降调（53）上，清声母出现在低降调（31）上，而与鼻冠音对立的清声母则出现在高降调上，属于浊的一类，可见原先是浊声母，而不是清声母。例如：

纳西语	拉祜语	汉义
中平调（浊声母）	高降调（浊声母、清声母）	
ndʑi^{33}	di^{51}	酒药
ko^{33} ŋgɯ^{33}	u^{35} gᴇ^{53}	枕头
ndu^{33}	du^{51}	挖（洞）
mbe^{33}	pᴇ̱^{53}	淡
ndzɿ^{33}	tsa^{53}	吃
mbe^{33}	pa^{53}	薄
ndzɿ^{33}	tsɿ^{53}	凿子
ŋgu^{33}	qɔ^{53}	九

中平调（清声母）	低降调（清声母）	
ty^{33}	te^{31}	春
$tʂər^{33}$	$tsɿ^{31}$	咳
$-tɕi^{33}$	$-ti^{31}$	独（子）
$sɿ^{33}$	si^{31}	懂
$ʂɿ^{33}$	sa^{31}	肉
$sɿ^{33}$	si^{31}	还（副词）

我认为，鼻冠声母的“整化”，为复辅音声母转化为单辅音声母（即丢失前一辅音）提供了一定的条件。鼻冠声母完成了“整化”，说明这一现象的变化已达到顶峰，随之就会向另一现象转化，出现新的变化规律。在彝缅语里，多数语言已完成了这一转变，因而在声母中只有单辅音而无复辅音。这种“整化”作用，在彝缅语里还出现在别的形式上。如塞音辅音韵尾的发展，古藏缅语有多种形式的韵尾，到了现代彝语组语言，经过多次不断“整化”，已转化为元音的紧喉，使韵母由原来多种韵尾的舒促对立转化为元音松紧的对立。后来，在有的语言里，松紧对立又开始出现紧元音松化，或者保留部分紧元音（如哈尼语豪尼语、喜德彝语），或者紧元音全部消失（如大方彝语）。又如古彝缅语有多种形式的鼻音韵尾，后来在一些语言里逐渐消失整化为元音的鼻化（如缅语仰光话），有些语言（如彝语组语言）进一步简化，连鼻化成分也消失了，韵母系统只剩下口元音韵母，而无鼻化韵母或带鼻音尾韵母。

总之，“整化”作用是彝缅语语音演变的重要手段之一，现代彝缅语的语音系统具有整齐划一的特点，是语音“整化”的结果。而在“整化”的系统中，鼻冠音声母的“整化”是其中的一个主要组成部分。

（此文原载《民族语文》1992年第1期）

彝语支语言的清浊声母

[**提要**] 本文通过彝语支语言比较，以及与同语族其他语言比较，描写彝语支清浊的一般特征，以及其演变规律。

[**关键词**] 彝语支　清浊声母　演变

声母分清浊，韵母分松紧，是彝语支语言在语音方面的两个最重要特征。声母的清浊对彝语支语音系统的发展变化起着重要的影响，它不仅影响韵母、声调的发展变化，而且对其他声母的发展变化也存在一定的制约作用。所以，研究彝语支语言的语音，必须重视声母清浊的研究。

本文试通过彝语支诸语言比较，以及它和同语族其他亲属语言的比较，探讨彝语支语言清浊声母的特征。本文主要分析以下几个问题：（一）彝语支清浊的一般特征。（二）彝语支的清浊和同语族其他语言的关系。（三）彝语支清浊的演变规律。

彝语支究竟包括哪些语言，目前看法还不完全一致。但下列五种语言——彝语、哈尼语、傈僳语、拉祜语、纳西语属于彝语支，意见比较一致，基本上可以肯定下来。本文运用彝语支这一概念，仅只涉及这五种语言。使用材料的代表点是：彝语——四川凉山喜德红玛话，哈尼语——云南绿春大寨话，傈僳语——云南碧江里吾底话，拉祜语——云南澜沧糯福话，纳西语——云南丽江一区长水话。

一　彝语支清浊的一般特征

1.清浊对立在彝语支语言的音位系统里，占十分重要的地位。这一语支各个语言的声母均有一半以上靠清浊特征来区别。比如哈尼语，共有二十九个声母（不算现代新增加的音位f），其中就有十八个声母是清浊配对的，即：p—b，pj—bj，t—d，ts—dz，tɕ—dʑ，k—g，s—z，ɕ—ʑ，x—ɣ。而另外十一个声母清浊不对立：ph、phj、th、tsh、tɕh、m、mj、n、ȵ、ŋ、l。又如拉祜语有二十四个声母，其中有十四个是清浊配对的，即：p—b，f—v，ts—dz，s—z，t—d，k—g，x—ɣ。清浊不对立的有十个：ph、th、tsh、kh、qh、q、m、n、ŋ、l。

2.清浊对立的作用，主要是区别词汇意义，其次是区别语法意义。各语言都有大量的词靠清浊的不同区别不同的词汇意义。下面看看哈尼语的一些例子。

da̱^{33}	上	ta̱^{33}	刀（快）
ba̱^{31}	抬	a^{55} pa̱^{31}	叶子
dze̱^{33}	烂	tse̱^{33}	断
ga̱^{33}	冷	ka̱^{33}	梳（头）
za^{31}	儿子	sa^{31}	肉
ʑi^{55}	去	ɕi^{55}	这

但在彝语、拉祜语、傈僳语里，清浊除了区别词汇意义外，还担负着区别自动使动的语法意义的作用。一般是：浊音表示自动，清音表示使动。这种对立的词在彝语里比较多，是一种比较重要的语法特征。在拉祜语、傈僳语里虽也能见到一些，但数量很少，大约是一种处于逐渐消失的残余现象。例如：

彝语

ga^{55}	穿	ka^{55}	使穿

dzɿ^{33}	骑	tsɿ^{33}	使骑
ndi^{55}	悬挂	ti^{55}	使挂
gɯ^{33}	听见	kɯ^{33}	使听见
ndo^{33}	喝	to^{31}	使喝
bi^{55}	出	pi^{55}	使出
傈僳语			
do^{33}	喝	to^{33}	使喝
dza^{31}	吃	tʃua^{55}	喂
dzɿ^{31}	聚集	tsi^{55}	使聚集
dʒi^{33}	溶化	tʃi^{33}	使溶化
拉祜语			
dɔ^{31}	喝	tɔ^{33}	使喝
dᴇ^{33}	穿	tɔ^{33}	使穿

3. 从整个音位系统上看，清浊对立王要出现在塞音、塞擦音、擦音上。这几类声母，清浊对立比较严整，有清音的就有浊音与之相配（除个别外）。送气的声母只有清音没有浊音。如傈僳语的二十八个声母中，有十八个塞音、塞擦音、擦音清浊配对：p—b，t—d，ts—dz，tʃ—dʒ，k—g，f—v，s—z，ʃ—ʒ，x—ɣ。另外还有五个送气音（ph、th、tsh、tʃh、kh）、三个鼻音（m、n、ŋ）、一个擦音（h）和一个边音（l）不形成清浊对立。鼻音和边音在多数语言里只有一类，即只有浊的没有清的。但在彝语里鼻音、边音却分为清化不清化两类，即n—n̥，m—m̥，l—l̥（l̥的实际音值相当于［ɬ］，是个带摩擦成分的边音。从其他语言的比较中我们看到，它往往与l配对，作为l的清化音出现；所以这里把它标做l̥）。例词：ma^{33}“竹子”、m̥a^{55}“教”、na^{33}“病”、n̥a^{33}“听”、lu^{33}“龙”、l̥u^{33}“炒”。在彝语的巍山话里，清鼻音、清边音读为前冠喉塞音的鼻音和边音。例如：ˀmi^{22}“熟”、ˀna^{55}“听”、ˀla^{31}“裤子”、ˀle^{55}“舌”。此外，彝语和纳西语除了有一般的浊音外；还有mb、nd、ŋg、ndz、ɳ̊dɳ̊、ɳdʐ等鼻冠浊音，如

彝语的mbu̱^{33}“饱”，ndzɔ^{33}“滴（动词）”、ndo^{33}“喝”、ŋgɯ^{33}“嚼”。这种鼻冠浊音在彝语的禄劝话里读为鼻冠浊送气音mbh、ngh、ndzh、ɳdʑh、ɳdʐh，如mbu̱^{31}“饱”、ndzha̱^{31}“滴（动词）”、ndhɔ^{31}“喝”、ŋgho^{33}“嚼”。

4.从语音的配合规律上看，清浊和元音的松紧、声调的关系很密切。有的语言如哈尼语，塞音、塞擦音上的清音只能和紧元音结合，而浊音既能和紧元音结合也能和松元音结合；而且，清音只出现在两个调上，而浊音能出现在三个调上。例如：

	松元音	紧元音
清	——	te̱^{33}蹬
浊	de^{33}平	de̱^{33}饱
清	——	tse̱^{33}断
浊	dze^{33}丢	dze̱^{33}烂

又如：

	清	浊
高平调	——	de^{55}啼
中平调	de̱^{33}饱	de^{33}平
低降调	de̱^{31}活（动词）	de^{31}推

在傈僳语里，浊的塞音、塞擦音、擦音主要出现在中平、低降两个调上，出现在高平和高升调上的很少。在拉祜语里，浊的塞音、塞擦音、擦音出现在高升调上的很少。

5.彝语支诸语言之间的清浊在塞音、塞擦音、擦音上，大致保持相同的对应，即清音与清音对应，浊音与浊音对应。例如：

哈尼	彝	傈僳	拉祜	纳西	汉义
dza̱^{33}	ndzɔ^{33}	dzᴇ̱^{33}	dza̱^{53}	ndə^{33}	滴（动词）
a^{31} ɣa̱^{31}	vo^{55}	a^{55} vᴇ̱^{31}	va̱^{31}	bo^{31}	猪
da̱^{31}	dɔ^{33}	dᴇ̱^{33}	ta̱^{53}	ndɔ^{33}	上（树）
zɔ^{31}	zi^{33}	ze^{31}	zᴇ^{53}	tse^{31}	用（钱）

di³¹	ndu³¹	dɯ³¹	dɔ̱⁵³	la⁵⁵	打
by³¹	mbu³³	bu³¹	bu̱⁵³	du³³	拱（土）
tse̱³¹	li³⁴ tɕhi³³	tshe³⁵ e³³	tshe̱⁵³	tɕhər³³	断
ɕo̱³¹	hi⁵⁵	he̱³¹	xu³⁵	xy⁵⁵	站
sɿ̱³¹	a³³ ʂʅ̱⁵⁵	ʃi̱³¹	sɿ³⁵	ʂʅ⁵⁵	新
tɕa̱³¹	tɕo⁵⁵	tʃa⁵⁵	tsa³⁵	tɕə⁵⁵	煮
sɔ⁵⁵	sɔ³³	sa³³	sᴇ̱⁵³	sɿ³¹	三
sɿ⁵⁵	a³³ ʂʅ³³	ʃi³³	si³³	ʂʅ³¹	黄

6.除了上述相同的对应外，在拉祜语里还有少数清音词同其他语言的浊音词相对应（这种对应有条件可寻。据分析，拉祜语这些清音词大约是由过去的浊音词转化来的，即浊音清化的结果。这个变化，在后面还要谈到。）例如：

拉祜	傈僳	彝	哈尼	纳西	汉义
tsa⁵³	dza³¹	dzɯ³³	dza³¹	ndzʅ³³	吃
pa⁵³	ba³¹	i³⁴ bo³³	ba³¹	mbe³³	薄
kɯ⁵³	dʑi³¹	dʑʅ³³	gɯ³¹	ər³³	铜
pᴇ̱⁵³	bᴇ³¹	a³¹ tɕhʅ³³	bjo³¹	mbe³³	淡
pᴇ⁵³	dʒᴇ³¹	dʑi³³	bja³¹	mbæ³³ zi³³	蜂
ka⁵³	pa³³ dʒa³¹	gɯ³³	ga³¹	khɔ³³ mi³³ mæ³³	听见
ta̱⁵³	dᴇ̱³³	dɔ³³	da̱³³	ndɔ³³	上（去）
ka̱⁵³	dʒᴇ̱³³	ŋgo³³	ga̱³³	tɕhi⁵⁵	冷

7.彝语的鼻音、边音分清化不清化两类。这两类对立的音在其他几种语言里有以下几种对应情况：

（一）浊边音l在其他几种语言里大多数同l对应。

（二）清边音l̥在拉祜语里大多数同清擦音x对应，在哈尼语里大多数和l对应，在纳西语、傈僳语里除了多数和l对应外，少数和x，h对应。

（三）清鼻音m̥、n̥和浊鼻音m、n在其他语言里都和浊鼻音对应。例如：

彝	哈尼	拉祜	傈僳	纳西	汉义
la^{33}	la^{55}	la^{31}	la^{33}	lu^{33}	来
lo^{55}	a^{31} la̱^{31}	la̱^{31}	lᴇ̱^{31} phᴇ^{35}	la^{31}	手
lɿ̱^{33}	lɯ̱^{33}	phᴇ̱^{53}	li̱^{33}	ndy^{31} ly^{33}	卷
la^{55} tɕhi^{33}	la^{31} pe̱^{33}	la^{31} pha̱^{31}	la^{31} tʃa^{55}	le^{55} phiə^{55}	茶业
lu^{33}	lɔ^{31}	lɔ^{53}	lu^{31}	lu^{31}	龙
l̥u̱^{55}	lu̱^{31}	xɔ^{35}	lo^{55}	lu^{55}	牧
l̥a^{55}	la^{31} tshy^{31}	xa^{31} thɔ^{33}	lɯ^{55} the^{33}	le^{33}	裤子
l̥i^{55}	lo̱^{31}	xu^{35}	le^{55}	ndʑə^{55}	晒
l̥o^{31} bo^{31}	ba^{33} la^{33}	xa^{33} pa^{33}	ha^{33} ba^{33}	xe^{33} me^{33}	月亮
l̥u^{33}	lu^{55}	xu^{33}	lu^{33}	xy^{33}	炒
mo^{31}	mo^{31}	mɔ^{53}	mo^{31}	mo^{55}	老
nɯ^{33}	na^{31}	na^{53}	na^{31}	xe^{33}	停
a^{34} nɔ^{33}	na̱^{33}	na̱^{53}	nᴇ̱^{33}	na^{31}	黑
nɯ^{33}	no^{55}	nɔ^{31}	nu^{33}	nu^{31}	你
m̥a^{55}	me^{31}	ma^{31}	ma^{55}	me^{55}	教
m̥o^{31}	mɯ^{55}	mə̱^{53}	mu^{33}	mu^{31}	吹（乐器）
a^{33} n̥i^{33}	n̥i^{55}	ni^{33}	sɿ^{31}	xy^{31}	红

8. 从彝语支诸语言的对应中能够看到，声母的清浊往往是声调的分化条件。例如哈尼语的中平（33）调松元音词在傈僳语、拉祜语里以声母的清浊为条件分为两个调，傈僳语出现在低降（31）调上的是浊声母，出现在高平（55）调上的是清声母，拉祜语出现在高降（53）调上的是浊声母，出现在低降（31）调上的是清声母。例如：

哈尼	傈僳	拉祜	汉义
31调	31调	53调	
bja^{31}	dʒᴇ^{31}	pᴇ^{53}	蜂
zɔ^{31}	ze^{31}	zᴇ^{53}	用（钱）

by^{31}	bu^{31}	bu̠^{53}	拱（土）
di^{31} tshi^{31}	de^{31} tʃhi^{33}	di^{53}	酒药
di^{31}	dɯ^{31}	dɔ̠^{53}	打
ɣa^{31}	gua^{31}	ɣa^{53}	荞
dza^{31}	dza^{31}	tsa^{53}	吃
31调	55调	31调	
tshy^{31}	tsɿ^{55}	tsɿ^{31}	咳
sɿ^{31}	sɯ^{55}	si^{31}	懂
se^{31}	ʃi^{55}	se^{31}	撒
si^{31}	sɿ^{55}	si^{31}	磨（刀）
za^{31} the^{31}	za^{31} ti^{55}	tsa^{31} ti^{31}	独子
sa^{31}	ʃua^{55}	xa^{31}	穷
thɔ^{31}	ti^{55}	te^{31}	舂（米）

9.综上所述，清浊在彝语支语言内部，基本特征是一致的，并且存在比较严整的对应关系。各语言在清浊特征上的一些差异，有着密切的内部联系，能找到其分化的条件。可以这样说，这一语支的清浊特征在发展上大致处于相同的阶段。

二　彝语支的清浊和同语族其他语言的关系

1.现在我们把比较范围扩大，通过彝语支语言和同语族其他语言的比较，进一步考察彝语支语言清浊的特性。

在藏缅语族语言内，清浊的发展不平衡。大致看来，可分为两种类型：一是清浊对立比较严整，如古代藏语、缅语、独龙语等语言在塞音、塞擦音、擦音上都有清浊对立；另一是在塞音、塞擦音、擦音上只有个别浊音，多数是清音，也就是清浊一般不对立，如景颇语、载瓦语、阿昌语等。在鼻音、边音上，多数语言只有浊音没有清音；少数一些语言如缅语、阿昌语等分清化不清化两类。彝语支语言的清浊和以上这些语言比较，都能找到对应关系。

2.古代藏语（藏文反映的七世纪藏语语音）在塞音、塞擦音、擦音上，清浊存在比较系统的对立，但到了现代藏语，有的方言（如安多方言）清浊还保持对立，而有的方言（如卫藏方言，下面以拉萨话为例），在塞音、塞擦音上只有清的没有浊的。在擦音上大多数也是清的；只有个别是浊的。彝语支语言和藏语比较，大多数是浊音对浊音，清音对清音，而和现代拉萨话比较，则浊音大多和清音对应。例如：

浊音					浊音	清音	
哈尼	拉祜	傈僳	彝	纳西	藏文	拉萨话	汉义
dza̱^{33}	dza̱^{53}	daᴇ̱^{33}	ndzɔ^{33}	ndə^{33}	ɦdzag	tsa^{ʔ12}	滴（动词）
dza^{31}	tsa^{53}	dza^{31}	dzɯ^{33}	ndʑɿ^{33}	za	sa^{12}	吃
lɔ^{55} dzɔ^{55}	tso^{31}	kho^{31} dze^{33}	dzi^{33}	ndzɔ^{31}	zam	sam^{12} pa^{54}	桥
du̱^{31}	tɔ̱^{31}	do̱^{31}	ha^{33} du̱^{55}	du^{31}	dug	thu^{ʔ12}	毒
ga^{31}	ka^{53}	pa^{33} dʒa^{31}	gɯ^{33} khɔ^{33}	mi^{33} mæ^{33}	go	ko^{12}	听见
bja^{31}	pᴇ^{53}	dʒᴇ^{31}	dʑi^{33}	mbæ^{33} zi^{33}	sbraŋ	paŋ^{12}	蜂
bu̱^{31}	bu̱^{31}	bo̱^{33}	bu̱^{33}	pər^{55}	bris	tʂhi^{ʔ12}	写
za̱^{31}	za̱^{31}	zᴇ̱^{31}	ʑɿ^{33}	za^{31}	zags	tsa^{ʔ12}	下（去）
ɣu̱^{31}	qɔ̱^{31}	go̱^{31}	la^{31} gu̱^{55}	ŋgə^{55}	ɦgug	khu^{12}	弯
ɣy^{31}	qɔ^{53}	ku^{33}	gu^{33}	ŋgu^{33}	dgu	ku^{12}	九
by^{31} za^{31}	pu̱^{31} mɯ^{31}	bɯ^{31} di^{33}	bu^{31} di^{31}	bi^{33} di^{31}	ɦbu	pu^{12}	虫

清音					清音		
哈尼	拉祜	傈僳	彝	纳西	藏文	拉萨话	汉义
sɔ^{55}	sᴇ̱^{53}	sa^{33}	sɔ^{33}	sɿ^{31}	gsum	sum^{55}	三
sɿ^{55}	si^{33}	ʃi^{33}	a^{33} ʂɿ^{33}	ʂɿ^{31}	ser	se^{55}	黄
sa^{31}	sa^{31}	xua^{31}	ʂɯ^{33}	ʂɿ^{33}	ɕa	ɕa^{54}	肉
se̱^{31}	ti^{53}	se̱^{31}	si^{55}	sy^{55}	bsad	sɛ^{ʔ54}	杀

sɿ̱^{31}	sɿ^{35}	ʃi̱^{31}	a^{33} ʂɿ̱^{55}	ʂɿ^{55}	gsar	sa^{55}	新
sɤ^{31}	tsi^{31}	sɿ^{31} tʃhi^{33}	dʐɿ^{33}	xɯ^{33}	so	so^{54}	牙
tsɿ̱^{31}	tsɿ̱^{53}	tsɿ̱^{55}	tsɿ̱^{55}	tʂər^{55}	tshigs	tshi^{ʔ54}	（竹）节
tse̱^{33}	tshe̱^{53}	tshe^{35} e^{33}	li^{34} tɕhi^{33}	tɕhər^{33}	tɕhad	tɕhɛ^{ʔ54}	断
tɕa̱^{31}	tsa^{35}	tʃa^{55}	tɕo^{55}	tɕə^{55}	btsos	tsø^{ʔ54}	煮
ku̱^{31}	kho̱^{31}	tʃho̱^{31}	fu̱^{55}	tʂhoa^{55}	drug	tʂhu^{ʔ12}	六

3.缅语的塞音、塞擦音也分清浊两类。但在同彝语支语言的对应中我们看到，彝语支语言的浊音在缅语里一般不与浊音对应，而与清音对应，清音则与送气音对应。例如：

浊音					清音	
哈尼	拉祜	傈僳	彝	纳西	缅	汉义
bja^{31}	pᴇ^{53}	dʒᴇ^{31}	dʑi^{33}	mbæ^{33} zi^{33}	pja^{53}	蜂
gɯ^{31}	kɯ^{53}	dʒi^{31}	dʑɿ^{33}	ər^{33}	tʃi^{53}	铜
ga^{31}	ka^{53}	pa^{33} dʒa^{31}	gɯ^{33}	khɔ^{33} mi^{33} mæ^{33}	kja^{53}	听见
du^{31}	du^{53}	tʃu^{55}	ndu^{33}	ndu^{33}	tu^{53}	挖
bjɔ^{55}	bᴇ^{31} ɣɯ^{31}	be^{33} tʃhi^{31}	ndʑi^{33}	mbər^{31}	pi^{11}	脓
dza̱^{33}	dza̱^{53}	dzᴇ̱^{33}	ndʑɔ^{33}	ndə^{33}	tʃa^{ʔ55}	滴（动词）
bjɔ^{55}	po^{31}	be^{33}	dʑi^{33}	mbi^{31}	pjã^{11}	飞

清音					清音	
哈尼	拉祜	傈僳	彝	纳西	缅	汉义
thu^{55}	tu^{33}	tu^{33}	tɯ^{31}	tɯ^{33}	tha^{ʔ55}	起
sɿ^{55}	si^{33}	ʃi^{33}	ʂɿ^{33}	xæ^{31}	ʃui^{11}	金
ku̱^{33}	qo^{53}	tʃhɯ^{35}	a^{55} fu^{31}	khu^{33}	tʃhau^{ʔ55}	干燥
ko̱^{31}	tshe̱^{31}	kho̱^{31}	ɕi^{55}	khæ^{33}	kai^{ʔ55}	咬
ku̱^{31}	kho̱^{31}	tʃho̱^{31}	fu̱^{55}	tʂhoa^{55}	tʃhau^{ʔ55}	六
tɕa̱^{31}	tsa^{35}	tʃa^{55}	tɕo^{55}	tɕə^{55}	tʃhɛ^{ʔ55}	煮
xu^{33} phi^{31}	fa̱^{53} pu^{33}	pu^{33}	pu^{33}	py^{31}	phju^{11}	豪猪

tsa̱^{31} tsa^{35} tsa^{55} tso^{55} tʂo^{55} tʂo^{33} sɛ^{ʔ55} 接

缅语在塞音、塞擦音、擦音上的浊声母词，在彝语支语言里大部分找不到同源词。这个现象是怎样产生的？我们推测，缅语里和彝语支浊声母对应的清声母词，过去大约也是浊声母，但后来大部分都转化为清声母了，只有少数仍保持为浊声母，所以形成今日这种对应关系。

在鼻音、边音上缅语分清化不清化两类。彝语的清化不清化两类音，同缅语存在相同的对应，大致是清化对清化，不清化对不清化。这说明二者有共同的来源。例如：

不清化	不清化	
彝语	缅语	汉义
nɯ^{33}	na^{53}	停
ȵi^{33}	ne^{ʔ53}	日
mo^{31}	mu^{53}	晕
mu^{33}	mjĩ^{53}	马
la^{33}	la^{11}	来
lo^{55}	lɛ^{ʔ55}	手
a^{34} gɿ^{33}	le^{53}	重
清化	清化	
彝语	缅语	汉义
n̥i^{31}	n̥ã^{53}	嗅
m̥o^{31}	m̥o^{ʔ55}	吹（乐器）
n̥a^{31} bi^{55}	n̥a^{11} khõ^{53}	鼻子
m̥i tshu̱^{33}	m̥e^{ʔ55}	命（名）
n̥i^{33}	n̥ã^{11}	穗
l̥i^{55}	l̥ã^{53}	晒
l̥ɿ^{33} mo^{34}	l̥e^{11}	船

4.载瓦语在塞音、塞擦音、擦音上除ʃ、ʒ外，只有清音没有浊音。彝

语支的清浊在载瓦语里，同元音的松紧相对应，一般是清音对紧元音，浊音对松元音。例如：

清音					紧元音	
哈尼	拉祜	傈僳	彝	纳西	载瓦	汉义
tɕa̱^{31}	tsa^{35}	tʃa^{55}	tɕo^{55}	tɕə^{55}	tʃo̱^{ʔ55}	煮
tsu̱^{33}	tshe̱^{33}	tʃhi̱^{31}	tɕʅ̱^{55}	tɕhi^{55}	tʃu̱p^{55}	吮
ku̱^{33}	qo^{53}	tʃhɯ^{35}	a^{55} fu^{31}	khu^{33}	kju̱^{ʔ55}	干燥
thu^{55}	tu^{33}	tu^{33}	tɯ^{31}	tɯ^{33}	to^{ʔ55}	起
tɕhe^{55}	tsi^{33}	tʃɯ^{33}	tɕi^{33}	tɕi^{31}	tʃi̱n^{51}	酸
phi^{31} hhɯ^{55}	ɔ^{31} kə^{33}	tʃi^{33}	tɕi^{33}	kɯ^{31}	sin^{21} kji̱^{51}	胆
xu^{33} phi^{31}	fa̱^{53} pu^{33}	pu^{33}	pu^{33}	py^{31}	pju̱^{51}	豪猪
kha^{31}	kha^{31}	xa^{35}	ka^{55}	ŋgɔ^{31}	ka̱ŋ^{21}	离
tshy^{31}	tshʅ^{53}	tshʅ^{31}	tshʅ^{31}	tsʅ^{55}	tʃi̱ŋ^{51}	塞
za^{31} the^{31}	tsa^{31} ti^{31}	za^{31} ti^{55}	zɯ^{33} ti^{33}	zɔ^{33} tɕi^{33}	te^{21}	独子

浊音					松元音	
哈尼	拉祜	傈僳	彝	纳西	载瓦	汉义
bjɔ^{33}	bi^{53}	bi^{33}	dʑi^{31}	ʂər^{55}	pjiŋ^{55}	满
da̱^{33}	ta̱^{53}	dᴇ̱^{33}	dɔ^{33}	ndɔ^{33}	to^{ʔ21}	上（去）
dze̱^{33}	dzʅ̱^{31}	tʃhi^{31} le^{33}	dʐʅ̱^{33}	tʂhər^{33}	tʃe^{21}	烂
bi̱^{31}	pe̱^{31}	go^{31}	bʅ^{31}	jə^{55}	pji^{21}	给
du^{31}	du^{53}	tʃhu^{55}	ndu^{33}	ndu^{33}	tu^{21}	挖（洞）
ɣy^{31}	qɔ^{53}	ku^{33}	gu^{33}	ŋgu^{33}	kau^{21}	九
gɯ^{31}	kɯ^{53}	dʒi^{31}	dʑʅ^{33}	ər^{33}	kji^{21}	铜
dza^{31}	tsa^{53}	dza^{31}	dzɯ^{33}	ndzʅ^{33}	tso^{21}	吃
dzɔ^{31}	ɔ^{31} tsʅ^{53}	dzʅ^{31}	ʂɯ^{33} n̥i^{33}	sʅ^{31}	a^{21} tʃum^{21}	生（肉）
bja^{31}	pᴇ^{53}	dʒᴇ^{31}	dʑi^{33}	mbæ^{33} zi^{33}	pjo^{21}	蜂
xa^{31} dze^{55}	a^{35} tse^{31}	dze^{33}	tɕo^{55}	oə^{31}	tsun^{51}	鹰

lɔ^{55} dzɔ^{55}　tso^{31}　kho^{31} dze^{33}　dzi^{33}　ndzɔ^{31}　tsam^{51}　桥

这里有两条例外。一条是彝语支的清擦音在载瓦语里不和紧元音对应，而和松元音对应。另一条是彝语支的清塞音、清塞擦音在载瓦语里如果和送气音对应的话，也都和松元音对应。这大约同语音配合特点有关。因为在载瓦语里，送气音和擦音只和松元音结合，不和紧元音结合。试看下列对应的词：

哈尼	拉祜	傈僳	彝	纳西	载瓦	汉义
sɿ̱^{31}	sɿ^{35}	ʃi^{31}	a^{33} ʂɿ̱^{55}	ʂɿ^{55}	a^{21} sik^{55}	新
se̱^{31}	ti^{53}	se̱^{31}	si^{55}	sy^{55}	sat^{55}	杀
ɕe̱^{31}	xi^{35}	he̱^{31}	hi^{55}	xɔ^{55}	ʃit^{55}	八
sa̱^{31}	ɔ^{31} sa^{35}	sE̱^{31}	so^{55}	sa^{55}	so^{ʔ55}	气体
pu̱^{33}	phu̱^{53}	pho^{35}	phu̱^{33}	kə^{55} phu^{33}	phu^{ʔ55}	翻
ku̱^{31}	khɔ̱^{31}	tʃho̱^{31}	fu̱^{55}	tʂhoa^{55}	khju^{ʔ55}	六
tsɿ̱^{31}	tsho̱^{53}	tsɯ^{55}	tshɿ^{55}	tshɿ^{55}	tshik^{55}	掐
tu^{33}	tɔ^{31}	to^{35}	tu^{33}	tu^{55}	thu^{ʔ55}	顶（住）

5.同景颇语的对应关系不像同载瓦语的对应那样严整，呈现出错综复杂的现象，存在不少例外，但其基本规律仍可看出是彝语支的浊音对景颇语的松元音，彝语支的清音对景颇语的紧元音。例如：

浊音					松元音	
哈尼	彝	傈僳	拉祜	纳西	景颇	汉义
dze̱^{33}	dʐɿ̱^{33}	tʃhi^{31} le^{33}	dʐɿ̱^{31}	tʂhɿ^{55}	tʃe^{ʔ55}	烂
ɣy^{31}	gu^{33}	ku^{33}	qɔ^{53}	ŋqu^{33}	tʃă^{31} khu^{31}	九
gɯ^{31}	dʑɿ^{33}	dʒi^{31}	kɯ^{53}	ər^{33}	mă^{31} kʒi^{33}	铜
dza^{31}	dzɯ^{33}	dza^{31}	tsa^{53}	ndzɿ^{33}	ʃa^{55}	吃
du^{31}	ndu^{33}	tʃhu^{55}	du^{53}	ndu^{33}	thu^{31}	挖
ku^{31}	fu̱^{55}	tʃho̱^{31}	khɔ^{31}	tʂhoa^{55}	kʒu̱^{ʔ55}	六

清音					紧元音	
哈尼	彝	傈僳	拉祜	纳西	景颇	汉义
tsu̱^{33}	tshu̱^{33}	tshɯ^{35}	tsho̱^{53}	tʂho^{55}	tsa̱t^{55}	插
pe̱^{31}	phʅ̱^{55}	phe̱^{31}	phe̱^{31}	phy^{55}	pʒa̱t^{55}	吐（口水）
tso̱^{33}	ŋgu̱^{55}	ka^{55}	tshu^{53}	ŋgu^{31}	tʃu̱^{55}	刺（动）
pa̱^{33}	pɔ^{33}	gɯ̱^{31}	pe̱^{31}	ŋgɯ^{33}	kă^{31} pʒaŋ^{33}	裂
to̱^{33}	to^{55}	ti^{35}	thi̱^{53}	pɔ^{31}	mă^{31} te̱p^{55}	（一）包
tsu̱^{33}	tɕʅ^{35}	tʃhi^{31}	tshe^{31}	tɕhi^{55}	tʃu̱p^{31}	吮

6.彝语支语言的清浊同载瓦语、景颇语的松紧元音对应，是由于载瓦语、景颇语的松紧元音来源于声母的清浊。也就是说，载瓦语、景颇语的声母过去也有严整的清浊对立，但到后来浊声母转化为松元音，清声母转化为紧元音，形成今日松紧元音的对立。这个论点，我在《我国藏缅语族松紧元音来源初探》一文中已论证过（见《民族语文》1979年第一期），这里就不再谈了。

7.阿昌语在塞音、塞擦音上只有清音没有浊音，在擦音上也以清音为主，只有个别浊音。但在鼻音、边音上也同彝语一样分清化不清化两类。彝语支语言的浊音在阿昌语里多与不送气清音、清擦音对应，清音同送气音、清擦音对应。阿昌语鼻音、边音的清化不清化在彝语里多数也分为清化不清化两类。例如：

浊音					清音	
彝	哈尼	傈僳	拉祜	纳西	阿昌	汉义
gu^{33}	ɣy^{31}	ku^{33}	qɔ^{53}	ŋgu^{33}	kau^{31}	九
dʑi^{33}	bja^{31}	dʒᴇ^{31}	pᴇ^{53}	mbæ^{33} zi^{33}	tʂua^{11}	蜂
dzɯ^{33}	dza^{31}	dza^{31}	tsa^{53}	ndzʅ^{33}	tɕɔ^{11}	吃
ndu^{33}	du^{31}	tʃhu^{55}	du^{53}	ndu^{33}	tu^{11}	挖
ŋgo^{33}	ga̱^{33}	dʒᴇ̱^{33}	ka̱^{53}	tɕhi^{55}	kʐa̱t^{55}	冷
dɔ^{33}	da̱^{33}	dᴇ̱^{33}	ta̱^{53}	ndɔ^{33}	tɔ^{ʔ55}	上（树）

清音					清音	
彝	哈尼	傈僳	拉祜	纳西	阿昌	汉义
tshu̠^{33}	tsu̠^{33}	tʃhɯ^{35}	tsho̠^{53}	tʂho^{55}	tʂhap^{35}	插
a^{55} fu^{31}	ku̠^{33}	tʃhɯ^{35}	qo^{53}	khu^{33}	khʐo^{ʔ55}	干燥
tshe^{33}	xe^{31} tse̠^{33}	tshe^{55}	khɯ^{35} zɿ^{31}	tʂhoa^{55}	tshet^{55} kʐe^{51}	鹿
a^{33} ʂɿ̠^{55}	sɿ̠^{31}	ʃi̠^{31}	sɿ^{35}	ʂɿ^{55}	ʂək^{55}	新
si^{55}	se̠^{31}	se̠^{31}	ti^{53}	sy^{55}	sat^{55}	杀
hi^{55}	ɕe̠^{31}	he̠^{31}	xi^{35}	xɔ^{55}	ɕet^{55}	八

不清化	不清化	
彝	阿昌	汉义
nɯ^{33}	nɔ^{11}	停
ŋɯ^{33}	ŋɔ^{11}	五
a^{33} n̥u̠^{35}	n̥u^{ʔ55}	猴
lo^{55}	lɔ^{ʔ55}	手
la^{55} mo^{31}	lɔ^{11}	虎
a^{34} lɿ^{33}	li^{11}	重
清化	清化	
彝	阿昌	汉义
a^{34} m̥u^{33}	m̥ʐŋ^{55}	高
m̥o^{55}	m̥ɔ^{ʔ35}	教
n̥a^{31} bi^{55}	n̥ɔŋ^{35}	鼻子
l̥u^{33}	l̥ə^{55}	炒
l̥i^{55}	l̥ap^{55}	晒
mu^{33} l̥ɿ^{33}	l̥i^{55}	风

8.从以上比较中我们看到，彝语支语言的清浊，在同语族其他语支语言里，存在着比较明显的对应关系。若对方语言也分清浊，大致存在相同的对应，即浊音对浊音，清音对清音（和缅语的对应情况比较特殊）；若

对方语言不分清浊，清浊则同别的语音特征对应，其中主要是同元音的松紧或声母的送气不送气对应，其不同的类别是明显存在的。总的看来，在藏缅语族语言中，保留清浊对立特点比较突出的，要算是彝语支语言。从彝语支语言的清浊同其他语言的对应关系中，我们看到这些亲属语言在语音上的密切关系。

三　彝语支清浊的发展趋势

1.彝语支诸语言清浊特征的发展虽然从大的方面看比较一致，但也存在不平衡的一面。有的语言和方言在清浊的特征上保留了自己的一些不同于其他语言和方言的特征。从语言和方言的比较中，我们看到彝语支有的语言和方言，局部地存在着清浊对立消失的趋势。这种趋势，塞音、塞擦音、擦音上的表现不同于鼻音、边音。

2.彝语、哈尼语、傈僳语、纳西语在塞音、塞擦音上有些浊声母词，在拉祜语里是清声母。为什么在其他语言是浊声母而在拉祜语则是清声母？拉祜语这些词是否是由浊音演变来的？通过比较，我们从声调的特点上看到这些词是由浊音变来的。

在拉祜语同其他语言的对应关系中，我们寻到这样一条规律：声调的对应因声母清浊的不同而分为两类，清声母是一类调，浊声母是一类调。但拉祜语这些同其他语言浊声母对应的清声母，在声调对应关系上则同其他浊声母一样，属于浊声母的一类调，而不属于清声母一类调。这个事实有力地启示我们：拉祜语这些同其他语言浊声母对应的清声母词，过去也是浊声母，只是后来变了，变成了清声母，但在声调上还保留有浊声母的特点。看下面哈尼语同拉祜语的对应：

哈尼	拉祜	汉义
（低降，浊声母）	（高降，浊声母）	
di^{31} $tshi^{31}$	di^{53}	酒药

zɔ^{31}	zᴇ^{53}	用（钱）
by^{31}	bu̱^{53}	拱（土）
ɣa^{31}	ɣa^{53}	荞
di^{31}	dɔ̱^{53}	打

哈尼	拉祜	汉义
（低降，浊声母）	（高降，清声母）	
bja^{31}	pᴇ^{53}	蜂
dza^{31}	tsa^{53}	吃
ga^{31}	ka^{53}	听见
dzɔ^{31}	ɔ^{31} tsɿ^{53}	生（肉）
ba^{31}	pa^{53}	薄

哈尼	拉祜	汉义
（低降，浊声母）	（高降，清声母）	
sɿ^{31}	si^{31}	懂
si^{31}	si^{31}	磨（刀）
sa^{31}	sa^{31}	肉
tshy^{31}	tsɿ^{31}	咳
thɔ^{31}	te^{31}	舂
za^{31} the^{31}	tsa^{31} ti^{31}	独子

由此看来，拉祜语塞音、塞擦音上浊音的消失，只出现在一些词上，还未引起浊音音位的消失。这说明拉祜语浊音的消失还正处于开始阶段，变化还很小。

3.在哈尼语方言之间，清浊的发展呈现出不平衡状态。根据清浊分布的不同特点，哈尼语的方言大致可分为三种类型。第一类以绿春话为代表，是哈尼语中清浊对立比较系统的一类（具体情况上面已说过）。第二类以七第话为代表，从音位系统上看，清浊对立的情况和第一类相同，也是存在比较系统的对立。它有二十个声母清浊对立，即：p—b，t—d，f—

v，ts—dz，s—z，tɕ—dʑ，ɕ—j，k—g，x—ɣ，l—l̥。不对立的有十个：即：ph、th、tsh、tɕh、kh、m、n、ɳ、ŋ、h。但在声母和韵母的配合上，清浊对立是有条件的，即清声母既能同紧元音韵母结合，也能同松元音韵母结合，而浊声母只能同紧元音韵母结合，不能同松元音韵母结合。反映在具体词的对应上，绿春话中一部分和松元音结合的浊声母在七第话里同清声母相对应。第三类以碧约话为代表，清浊对立只保存在f—v上，其他都不对立：p、pj、t，ts、k、ph、th、tsh、kh、m、mj、n、ŋ、s、x、l、j。第一类的浊声母（塞音、塞擦音、擦音上的）在这类话里大都和清声母相对应。现把这三类话的对应关系举例如下：

绿春话	七第话	碧约话	汉义
$dɯ̱^{33}$	$dɯ̱^{33}$	$tɯ^{33}$	泡（米）
$dza̱^{33}$	$dza̱^{33}$	tsa^{33}	（一）滴
$gu̱^{31}$	$gv̱^{31}$	$kv̱^{31}$	缝
$bɯ̱^{33}$	$bɯ̱^{33}$	$pɔ̱^{33}$	打（枪）
dza^{31}	tsa^{31}	tsa^{31}	吃
du^{31}	tv^{31}	tu^{31}	挖
di^{31}	ti^{31}	$tɯ^{31}$	打
dza^{55}	tsa^{55}	$tsɔ^{55}$	食物

七第话、碧约话里同绿春话浊声母对应的清声母，是否过去也是浊声母？碧约话过去是否经历过清浊对立的过程？也就是说，哈尼语的一部分方言是否存在浊音向清音发展的趋势？全面论证这个问题，目前还缺少足够的证据，有待今后进一步研究。但从语音系统的布局和对应关系的特点上看，我们估计后两种话大约是第一种话发展的继续。七第话的浊音为什么只是有条件地出现在紧元音上？这可能是浊音局部消失的象征。绿春话的不送气清音在碧约话里为什么同送气音对应？这可能是碧约话原有浊音转化为清音后引起原来不送气音变为送气音的连锁反应。

4.在鼻音、边音上，彝语支语言除彝语分清化不清化两类外，其他语言一般不分（哈尼语有的方言除外），只有浊的没有清的。这些语言现在不分清浊，过去究竟分不分？彝语支语言的鼻音、边音是由分清浊发展到不分清浊，还是由不分清浊发展到分清浊？在这个问题上，我们同样也能从声调的对应关系上，找到一些用来说明这些语言的鼻音、边音过去曾经分过清浊的证据。

先看彝语同拉祜语的比较情况。彝语在中平调（33）上的一部分词在拉祜语里因声母的清浊不同分为低降（31）、中平（33）两类，出现在低降调上的是浊声母，出现在中平调上的是清声母。而彝语出现在中平调上的n、n̥虽然在拉祜语里只同n对应，只有浊的没有清的，但在声调上仍分为两类，同彝语n对应的是低降调，同彝语n̥对应的是中平调。例如：

彝	拉祜	汉义
（中平，浊）	（低降，浊）	
ʑo^{33}	ʑɔ^{31}	绵羊
ndo^{33}	dɔ^{31}	喝
ndʐʅ^{33}	dzʅ^{31}	酒

彝	拉祜	汉义
（中平，n）	（低降，n）	
nɯ^{33}	nɔ^{31}	你
na^{33}	na^{31}	病

彝	拉祜	汉义
（中平，清）	（中平，清）	
tɕi^{33}	ɔ^{31} kə^{33}	胆
tɕi^{33}	tsi^{33}	酸
sɔ^{33}	sᴇ^{33}	三

彝	拉祜	汉义
（中平，n̥）	（中平，n）	
a^{33} n̥i^{33}	ni^{33}	红

n̥a^{33}	na^{33}	问

再看彝语同傈僳语的比较情况。彝语高平调（55）上的一部分词在傈僳语里分化为低降（31）、高平（55）两个调，出现在低降调上的是浊声母，出现在高平调上的是清声母。而彝语的l、l̥在傈僳语里都与l对应，但在声调上也分两类，同l对应的是低降调，同l̥对应的是高平调。例如：

彝	傈僳	汉义
（高平，浊）	（低降，浊）	
gu̠^{55}	dʒi^{31}	缝
vo^{55}	a^{55} vE̠^{31}	猪
ʑi^{55}	wo̠^{31}	针

彝	傈僳	汉义
（高平，l）	（低降，l̥）	
lo^{55}	l̥ɛ̠^{31} phɛ^{35}	手
la^{55} tɕhi^{33}	l̥a^{31} tʃa^{55}	茶叶

彝	傈僳	汉义
（高平，清）	（高平，清）	
tɕo^{55}	tʃa^{55}	煮
tso^{55}	tsa^{55}	接
kɯ^{55}	ku^{55}	会（做）

彝	傈僳	汉义
（高平，l̥）	（高平，l）	
l̥u̠^{55}	lo^{55}	牧
l̥i^{55}	le^{55}	晒

从声调保留下的特征中，我们看到拉祜、傈僳等语言的鼻音、边音过去也曾分清化不清化两类。

5.根据以上现象，我们认为彝语支语言存在清浊对立到不对立的发展趋势。我们设想，历史上彝语支语言的清浊对立，不仅存在于塞音、塞擦音、擦音上，还存在于鼻音、边音上。后来经过语音的历史演变，到今日多数语言中，清鼻音、清边音消失了，只保留下浊鼻音、浊边音。清鼻音消失后，一般都并入浊鼻音一类中去；清边音消失后，有的并入浊边音，有的转化为清擦音x、h。清鼻音、清边音消失后，在声调特点上还保留一定的痕迹。在塞音、塞擦音、擦音上，有的语言和方言出现了浊的一类消失的趋势，这同鼻音、边音消失清的一类保持浊的一类的发展趋势正好相反。这一类浊音消失后，一般都并入相应的清音中去，但在声调特点上往往也留有痕迹。彝语支语言清浊的这种从对立到不对立的发展趋势，同藏语的发展趋势是一致的，只不过是藏语有的方言（如拉萨话）已经历了较大的变化，而彝语支语言还处于发展变化的开始阶段。尽管不同语支的发展特点有所不同，但这一发展趋势却是整个语族所共有的。因而通过它的研究，有助于我们认识藏缅语族语言的亲属关系和语音发展规律。

（此文原载《中央民族学院学报》1981年第2期）

彝缅语的结构助词①

［提要］本文先分析了彝缅语结构助词的基本特点：指出彝缅语的结构助词在句子中除了主要起组织句法结构的作用外，还在句中起强调、停顿、间隔的作用；并根据结构助词的句法功能进行了分类；还分析了它的另外一些特点（如多义性等）。然后进一步考察结构助词的来源：从与其他亲属语言的比较中看到，彝缅语的结构助词是后起的，大多是在古藏缅语分化为不同的语支后才逐渐发展起来的；而且认为结构助词的出现是由于形态变化的简化、脱落引起的，是对形态简化脱落的一种补偿。

［关键词］彝缅语　结构助词

使用结构助词来组织各种句法结构是彝缅语的一个重要特点。目前对这一课题的研究还很不够。认识结构助词的现状及其来源，不仅有助于认识彝缅语的语法体系，而且能帮助了解藏缅语语法类型的演变。本文分两部分：一、描述彝缅语结构助词的基本特点，重点分析结构助词在句法中的地位。二、通过彝缅语内部和外部的语源比较，以及不同语法形式的对

① 本文是作者参加1989年10月7日至9日在美国夏威夷召开的第22届国际汉藏语言学会议的学术论文。

比研究，进一步论证彝缅语的结构助词是怎样产生的。[①]

一

彝缅语的结构助词数量不多，一般在十个左右，最多也不超过二十个。结构助词在彝缅语里自成一个独立的系统，其中各个助词在组织句法结构中各自分担不同的作用。在语音形式上，结构助词大多是单音节的，都是具有稳定特点的固定音节（有声调语言的都有声调）。它虽跟随在各种实词后面，但并不因前面的不同语音特点而出现变音。也就是说，彝缅语的结构助词不是附着在实词后面的语法成分，而是独立于实词之外的虚词。

彝缅语的结构助词在句子中主要起组织句法结构的作用，即指明各类实词在句中充当什么成分，以及同别的实词共同组成什么结构，除了这一主要作用外，还有别的一些次要作用。

彝缅语的句子成分一般有主语、谓语、宾语、定语、状语、补语等六种，它们在句中与别的句子成分组成句法结构时，大多要用结构助词（也有一些不用）。从作用与用途上分，彝缅语的结构助词大致可分为五类：主语助词、宾语助词、定语助词、状语助词、补语助词，其中有的还能再分小类。这些不同类别的助词，在各个语言里的出现情况和作用不完全相同。现分述如下：

1.主语助词：用于主语后，表示前面的成分是主语。彝缅语的主语助词不太发达，有一些语言没有，如彝、哈尼、基诺、阿昌等语言。有主语助词的语言，其使用也不很稳定，往往可用可不用，而且在句中还起停顿、分隔的作用。

2.宾语助词：用于宾语后，表示前面的成分是宾语。除彝语（指凉山

① 彝缅语属汉藏语系藏缅语族。在我国，人们习惯于将其分为缅语支和彝语支两个语支：彝语支包括彝语、傈僳语、哈尼语、拉祜语、纳西语、基诺语、喀卓语等语言；缅语支包括缅语、阿昌语、载瓦语、勒期语、浪速语、波拉语等语言。由于这两个语支的特点比较接近，因而许多语言学家主张将二者合为一个语支（或语组），称彝缅语（Burmese-Lolo）。

彝语）外，所有语言都有宾语助词。但不是所有的宾语都要用宾语助词，一般是宾语由人称代词或表示人的名词充当时才用，以示宾动结构与主谓结构的区别。傈僳语、怒语的情况不同，表示事物或动物的名词做宾语时也能加宾语助词。如傈僳语：

sɿ^{35} dzɿ^{33} lo̠^{33} dzɿ^{33} tᴇ^{55}　　nu^{33} tha^{31} tʃhɿ̠^{33}.　　你别砍树木。

树木　　　　　（宾助）你　别　砍

哈尼语双宾语使用的宾语助词不同于单宾语句子。例如：

ŋa^{55} a^{31} jo^{31} jɔ^{55}　　bi̠^{31}.　　　　　我给他

我　他　（宾助）　给

ŋa^{55} a^{31} jo^{31} a^{33}　　phe^{55} xɔ^{31} bi̠^{33}.　　　我给他衣服。

我　他　（宾助）衣服　　给

缅语的双宾语句子，除了在间接宾语后加宾语助词外，直接宾语也能加宾语助词（也可不加）。例如“给他一本书”。

tθu^{33} ko^{33}　　sa^{33} ou^{ʔ55} ti^{ʔ55} ou^{ʔ55} pe^{55} tɛ^{33}.

他　（间助）书　　一　本　给（句助）

tθu^{33} a^{53}　　sa^{33} ou^{ʔ55} ti^{ʔ55} ou^{ʔ55} ko^{33}　　pe^{53} tθi^{33}.

他　（间助）书　　一　本　（直助）给（句助）

3. 状语助词：用于状语后表示前面的成分是状语。又可分几个小类：

（1）工具助词：用在工具名词之后，表示动作行为是用什么工具进行的。阿昌语没有这类助词，使用动词“拿”表示动作行为与工具的关系。

（2）处所助词：用于处所名词之后，表示动作行为出现、发生的地点。有的语言，处所助词还因所指范围宽窄的不同而区分。

如怒语，do^{35} 所指范围较狭小，ba^{31} 所指范围较宽。

（3）从由助词：用于处所名词之后，表示动作行为与起始地点的关系。有的语言，从由助词与处所助词相同，如拉祜语的tha̠^{31}，喀卓语的kɛ^{33}；而有的语言则不同，如哈尼语的ne^{33}、a^{33}，傈僳语的ne^{33}、kua̠^{33}，基诺语的jə^{33}、a^{33}，缅语的ka^{ʔ55}、ma^{11}，载瓦语的ma^{55} mai^{21}。

（4）状态助词：用于形容词、副词之后表示动作行为是在什么状态下进行的。傈僳语没有状态助词。

4.定语助词：用于定语之后，表示前面的成分是定语。除哈尼、拉祜、纳西等语言外，多数语言的定语助词分修饰性的定语助词和领属性的定语助词两类。

如波拉语：

tă³¹ ʃɔ̃⁵⁵ na̲³¹　nau[?31] kja̲p⁵⁵　小孩的帽子

小 孩（定助）帽子

tʃɔ̲t⁵⁵ tɛ[?31]　ja̲m⁵⁵ saŋ⁵⁵ maŋ⁵¹　可爱的祖国

可爱（定助）祖国

表示领属性的定语助词，有的语言还区分人的领属和处所的领属。

如载瓦语：

ŋa⁵⁵ mo[?55] e⁵⁵　miŋ⁵¹ tan²¹　我们的国家

我们　（定助）国家

ju̲m⁵¹ ma⁵¹　tʃhin⁵¹　家里的米

家　（定助）米

有的语言，人称代词当领属性定语时出现语音变化（大多出现在单数上）。这时，定语助词可加也可不加。如阿昌语的“我”，不定格是ŋɔ⁵⁵，领属格是ŋɔ⁵¹：

ŋɔ⁵¹ tse³¹ = ŋɔ⁵¹ a³¹ tse³¹

我的 衣服　我的（定助）衣服

载瓦语的人称代词当领属格时，即使使用了领属格的语音形式，还得再加定语助词。

例如：

ŋa⁵⁵ e⁵⁵　pui⁵⁵ mo⁵⁵　我的被子

我的（定助）被子　（ŋa⁵⁵的不定格是ŋɔ²¹）

5.补语助词：放在动词、形容词之后表示补充关系。这类助词不发达，载瓦、浪速、波拉等语言都没有。

由于结构助词指明了句子成分的性质，因而某些句子成分在句中的位置能够调换。如主语的位置一般在宾语之前，但可以依靠助词调换位置。

如纳西语的“我打他”：

ŋa³¹ thɯ³³ to⁵⁵　la⁵⁵ = thɯ³³ to⁵⁵　ŋə³¹ nɯ³³　la⁵⁵

我 他 （宾助）打　他 （宾助）我（主助）打

名词受形容词修饰时，一般是形容词在后，若加了结构助词，形容词可至名词之前。

如哈尼语的“红衣服”：

phe³³ xɔ³¹ jo³³ n̥i⁵⁵ = jo³³ n̥i⁵⁵ ɤ³³　phe⁵⁵ xɔ³¹

衣服　红　红（定助）衣服

彝缅语的结构助词大多具有多义性的特点，即一个词兼有几种语法意义，如纳西语的nɯ³³，表示主语、工具、处所、补充等多种意义。

例如：

ŋə³³ nɯ³³　thɯ³³ me⁵⁵.　我教他。

我（主助）他　教

sɿ⁵⁵ kv³³ nɯ³³　dze³³ khv³³.　用镰刀割麦子。

镰刀　（工助）麦子 割

iə³³ ko³¹ nɯ³³ the³³ ɣɯ³³ ly³¹.　在家看书

家（处助） 书　看

tshər³³ nɯ³³　mə³³ tha⁵⁵ iə³³.　热得不行啊。

热　（补助）不　行　啊

另外再举几种：

1.定语助词与补语助词相同。

如哈尼语：

a⁵⁵ go³³ ɤ³³　so³¹ ɣa³¹.　哥哥的书。

哥哥 （定助）书

thu^{55} ɤ^{33} na̱^{31}. 起得早。

起 （补助） 早

2.施动助词与表领属的定语助词相同。

如阿昌语：

ŋ̊aŋ^{31} a^{31} tɕɔ^{31} pɔ^{31}. 被他吃了。

他 （施助）吃 了

ŋaŋ^{31} a^{31} a^{31} ŋ̥i^{55}. 他的弟弟。

他 （施助）弟弟

3.处所助词与间接宾语助词相同。

如哈尼语：

xɔ^{55} gɔ^{31} a^{33} dʑo^{55}. 在山上。

山 （处助）在

a^{31} jo^{31} a^{33} phju^{35} bi̱^{31}. 给他钱。

他（间助） 钱 给

4.主语助词与工具助词相同。

如喀卓语：

ŋa^{33} kɛ^{33} niɛ^{323} jo^{55} ŋ^{31} pa^{33} tsa^{31} khoɤ^{31}.

我 （主助） 弟 弟 两 巴 掌 打

我打了弟弟两巴掌。

ji^{323} tɕa^{53} kɛ^{33} ja^{35}. 用水洗。

水 （工助） 洗

5.宾语助词与处所助词相同。

如拉祜语：

ŋa^{31} nɔ^{31} tha̱^{33} kɔ̱^{53}. 我怕你。

我 你 （宾助）怕

la̱^{31} nɔ^{33} tha̱^{31} la̱^{31} pe^{31} tsɿ^{35}. 在手指上戴戒指。

手 指 （处助）戒 指 戴

彝缅语的结构助词除了主要担负组织句法结构的功能外，还有其他一些次要的作用。主要有：在句子中起强调、停顿、间隔的作用。如载瓦语，当主语需要强调或主语较长需要停顿时，一般要用主语助词，主语助词的作用既指明主语，又起强调、停顿的作用。

例如：

ja̠ŋ^{31} tai^{21} e^{55} ki^{21}　nаŋ^{51} pan^{51} se^{51} ju^{51}　pe^{51} lu^{ʔ21}?

他　说　的（主助）你　全　懂（助动）了　吗

他说的你全懂了吗？

有的结构助词与实词结合后还能改变实词的词性。如纳西语的形容词与定语助词结合后，组成名词性结构。

例如：ʂɯ^{55}“新”——ʂɯ^{55} gə^{33}“新的”，pher^{31}“白”——pher^{31} gə^{33}“白的”①。

此外，有的语言的人称代词做句子成分时有加结构助词和不加结构助词两种形式，不加结构助词的，人称代词出现语音变化。如哈尼语碧约话部分人称代词表示施受关系时存在以下的变化：

施受 / 助词 / 人称、数	施　动		受　动	
	不加助词	加助词ne^{33}	不加助词	加助词tsu^{55}
第一人称单数	ŋa^{55}	ŋɔ^{33}	ŋɔ^{35}	ŋɔ^{33}
第二人称单数	nu^{55}	nɔ^{33}	nɔ^{35}	nɔ^{33}

例如：

nɔ^{33} ne^{33}　mu^{55} sv^{33}.　　被你看见。

你（施动）看　见

① 缅语的结构助词有一个不同于其他语言的特点：书面语与口语各是一套。如定语助词（领属），书面语是n̥i^{55}，口语是nɛ^{55}。

nu⁵⁵ mu⁵⁵ sv³³.　　　　　　　　你看见。

你 看 见

nu⁵⁵ ŋɔ³³ tsu⁵⁵　tɤ³¹ = nu⁵⁵ ŋɔ³³ tɤ³¹.　　你打我。

你 我（宾助）打　你 我 打

二

我认为，彝缅语的结构助词是后起的，大多是在古藏缅语分化为不同的语支后才逐渐出现的。这一认识，可以从亲属语言词源比较以及结构助词发展的不平衡性中得到证明。先看下面的对照表（缅语以上是已确定为彝缅语的诸语言；土家语和白语是否属彝语支尚有不同意见；景颇语以下是其他语支语言）：

	主语	宾语	定语（修饰）	定语（领属）	施动
彝	—	—	su³³	vi³³	kə³¹
傈僳	ne³¹，le³³	tɛ⁵⁵	ma̠³³	tɛ⁵⁵	—
哈尼	—	jɔ⁵⁵	ɤ³³	ɤ³³	ne³³
拉祜	lᴇ³³	tha̠³¹	ve³³	ve³³	—
纳西	nɯ³³	to⁵⁵	gə³³	gə³³	—
基诺	—	a³³	mɤ⁴⁴	ɛ⁵⁵	—
喀卓	kɛ³³	mɛ³³	tɤ³³，la³⁵	pv³²³	—
怒	i³¹	na⁵⁵	a³¹	e³¹	—
载瓦	ki²¹	lĕ⁵⁵，ʒĕ⁵⁵	e⁵⁵	ma⁵¹，e⁵⁵	eʔ²¹
阿昌	—	te⁵³	sɿ³¹	a³¹	a³¹
缅	kaʔ⁵⁵	ko¹¹	tɛ⁵⁵	jɛ⁵⁵，kaʔ⁵⁵	—

土家	ko^{55}，te^{31} to^{21}，le^{21}	na^{21}	ne^{55}，ne^{55}，ne^{55} ci^{21}	ne^{55}	—
白	—	no^{33}	no^{33}	no^{33}	—
景颇	ko^{31}	e^{ʔ55}	ai^{33}	a^{ʔ31}，na^{55}	e^{31}
独龙	mɛ^{31}	dʑaŋ^{55}	ŋa^{31}	ia^{31}	—
羌（雅都）	—	—	—	后缀tɕ	wu
羌（桃坪）	i^{33}	ʐo^{33}，zie^{33}	—	ʐo^{33}	—
普米	gue^{55} iɛ^{13} （单） ʐue^{55} iɛ^{13} （多）	—	ga^{55}（单） ʐa^{55}（多）	ga^{55}（单） ʐa^{55}（多）	—
藏	—	la（du，tu）	—	ki（kji， gyi，ji）	kis（kjis， gyis，jis，-s）
	工具	从由	处所	性状	补充
彝	si^{31}	ta^{33}，tɕo^{44}	ko^{33} mu^{33} ta^{33}， ta^{33}	si^{33} ni^{31}， ʂu^{33}，no^{31}	
傈僳	ne^{33}	ne^{33}	kua̱^{33}	—	ne^{33}
哈尼	ne^{33}	ne^{33}	a^{33}	ne^{55}	ɤ^{33}
拉祜	—	tha̱^{31}	tha̱^{31}	ve^{33}	—
纳西	nɯ^{33}	nɯ^{33}	—	be^{33}	nɯ^{33}，me^{33} le^{33}，pu^{5}
基诺	la^{35}	jə^{33}	a^{33}	ɛ^{44}，tɛ^{42}	—
喀卓	kɛ^{33}	kɛ^{33}	kɛ^{33}	ni^{33}	—
怒	i^{35}	do^{35} le^{31} ba^{31} i^{31}	do^{35} ba^{31}	m^{55}	—
载瓦	e^{ʔ21}	ma^{55}	ma^{55}，la^{21}，lai^{21}	—	—
阿昌	—	a^{ʔ31}	te^{31}	—	xɔ^{ʔ31}
缅	nɛ^{55}	ka^{ʔ55}	ma^{11}	—	ãu^{11}

土家	—	le^{55}	po^{55}，ta^{55}	—	le^{21}，mo^{21} po^{55} ɕi^{55}，ɕi^{21}
白	no^{33}	—	ŋv^{55}	no^{33}	no^{33}
景颇	the^{ʔ31}	ko̱^{ʔ55} n^{31} na^{55}	e^{31}	ʒai^{31}	—
独龙	mɛ^{31}，kai^{53}	paŋ^{35}	kai^{53}，dɔ^{31}	—	—
羌（雅都）	wu	wu	la，ta	—	—
羌（桃坪）	i^{31}，xe^{33}	ti^{33} ko^{33}	ko^{33}，xe^{33}，qa^{33}	—	—
普米	gue^{55} iɛ^{13}（单） ʐue^{55} iɛ^{13}（双）	nãu^{13}	ɣu^{13}，khu^{13} to^{55}，po^{55}	—	gɯ^{13}
藏	kis（kjis，gyis，jis，s）	–nas	la（du，tu）	—	—

从表中可以看到，彝缅语诸语言的结构助词有同源关系的不多，大多是不同源的。有同源关系的，也并非所有语言都同源。以下是有同源关系的词：

主语助词：同源词分为三组，各组之间互为异源。傈僳ne^{33}，纳西nɯ^{33}；傈僳le^{33}，拉祜lᴇ^{33}；喀卓kɛ^{33}；载瓦ki^{21}。

宾语助词：傈僳tɛ^{55}，纳西to^{55}，阿昌te^{55}。

定语助词（修饰）：傈僳ma̱^{33}，基诺mɤ^{44}。

定语助词（领属）：彝vi^{33}，拉祜ve^{33}。

工具助词、从由助词：傈僳ne^{33}，哈尼ne^{33}，纳西nɯ^{33}。

处所助词：彝ko^{33}，傈僳kua̱^{33}，喀卓kɛ^{33}。

除此外，都是异源词。即使是同一语言内的不同方言，结构助词的特点也差别较大，有些词也是异源的。如拿凉山彝语同撒尼彝语进行比较，可以看到多数结构助词不同源。如：定语助词（修饰）前者是su^{33}，后者是ma^{33}；从由助词前者是ta^{33}、tɕo^{44}，后者是qɔ^{33}。又如绿春哈尼语同碧约哈尼语之间也有许多差异：前者无主语助词，后者有，读nɔ^{31}；状态助词前者是ne^{55}，后者是te^{33}。

从结构助词的功能上看，不同语言的发展很不平衡。有的语言结构助词数量较多，多数助词不兼类，一个助词只承担一种语法功能，如缅语、载瓦语；而有的语言结构助词数量较少，兼类较多，如纳西语、喀卓语。词的兼用情况也有许多不同特点。如：彝语的施动助词用kə³¹，工具助词用si³¹，而载瓦语只用一个e²²¹。拉祜语的定语助词只有一个ɤ³¹，而傈傈语的修饰性定语用ma̠³³，领属性定语用tɛ⁵⁵。有的语言，一种语法作用只用一个结构助词；而有的语言，一种语法作用能用几个结构助词。如傈傈语的主语助词有ne³³、le³³两个，浪速语的定语助词（修饰）有ɛ³¹、ʒu³¹两个。结构助词所表示的语法意义，不同语言在分类上也不尽相同。如处所助词，许多语言（如哈尼语）不因方向而分，而载瓦语表示未定方向的用la²¹或lai²¹，表示有定方向的用ma⁵⁵。

若再把彝缅语同其他语支语言进行比较，则能更清楚地看到它们之间绝大多数都是异源的，有同源关系的极少。从结构助词使用的特点上看，它们之间存在许多不同的特点。如：彝缅语结构助词的语音形式比较稳定，极少有变体；而其他语支的语言，有的则有不同的变体（如藏语、普米语）。彝缅语的结构助词比较发达，而其他语支有些语言（如嘉戎语、羌语北部方言）则比较贫乏。

同源词少和发展的不平衡性，能够证明彝缅语结构助词后起的性质。值得进一步研究的是，彝缅语的结构助词是由什么演变来的，是在什么条件下产生的。要弄清这个问题，必须纵观藏缅语语法总的特点。

藏缅语诸语言形态特点发展很不平衡。若以形态变化多少为依据，可以将藏缅语分为两类。一类是形态变化不丰富的，彝缅语、白语、土家语等即属此类。但这类语言结构助词比较发达，语序比较固定，句法结构的各种关系主要靠结构助词和语序来体现。另一类是形态变化丰富；其中尤以动词的形态变化为丰富，如嘉戎语、木雅语、羌语等。形态变化以实词的语音变化和附加成分形式出现，表示各种语法范畴，如动词的人称、数、体、态、式，名词、代词的格等，并指明句子成分的相互关系。这一类语言，结构助词不发达，句子成分的相互关系主要靠一部分实词的形态变化表示，从形态变化上能够看到句子成分的相互关系，如羌语北部方言雅都乡话，有丰富的形态变化，但结构助词很不发达，常用的只有一个表施动、工具、从由等意义的wu，还有两个表处所的la，ta，没有表示主语、宾语、定语、补语的结构助词。由于动词的形态变化指明了主语的人称、数，所以从动词的形态变化上就能区分哪个是主语，哪个是宾语。

例如：

qa tsæ	我看	(ˀũ) qa tsen	你看我
我看		你　我看	
ˀũ tsen	你看	(qa) ˀũ tsæ	我看你
你看		我　你看	
the tse	他看	(ˀũ) tse tsen	你看他
他 看		你　他看	
qa meʐæ	我找	(ˀũ) qa meʐin	你找我
我找		你　我找	
ˀũ meʐæ	你找	(qa) ˀũ meʐæ	我找你
你找		我　你找	
the meʐ	他找	(ˀũ) the meʐin	你找他
他 找		你　他 找	

定语与中心语的关系，也不用结构助词，靠后缀表示。

例如：

ku：tɕ　fa　　哥哥的衣服

哥哥(后缀)衣服

qa tɕ　laɣz　　我的书

我(后缀)书

景颇语的特点介于二者之间，反映了形态变化向虚词的使用转化。景颇语的动词有发达的语法范畴，主要有人称、数、态、式、方向等，但其语法形式已从动词本身的形态变化上分离出去发展成为一类独立的虚词——句尾助词。句尾助词的作用同动词的形态变化一样，既表示词的各种语法范畴，又能指明一部分句子成分在句中的身份。使用了句尾助词，有些句子成分（主要是主语、宾语、领属性定语）在句中就可以省略。但由于在现代口语里，句尾助词已大面积地出现简化、合并的趋势，其指示句子成分的功能严重衰退，因而结构助词得到了发展，成为组织句法结构必不可少的语注手段。例如：

（an^{55} the^{33}）ʃi^{33} phe^{ʔ55}　ʒai^{31} n^{55} ʃă^{31} na^{31} we^{ʔ31} ai^{33}.

我们　　　他（宾助）还　没 通知　（句助）

我们还没有通知他。

上例的句尾助词 we^{ʔ31} ai^{33}，表示主语是第一人称多数，宾语是第三人称单数，所以依靠句尾助词可以省略主语，甚至连宾语也能省略。但由于在口语中句尾助词区分主语、宾语的人称、数已不严格，可以换用不分人称、数的 ai^{33}，因而主语、宾语以及表示宾语的宾语助词就非用不可。

我们从藏缅语语法中能够看到这样一个普遍现象：凡形态变化丰富的（主要是动词形态），结构助词不丰富；凡形态变化不丰富的，结构助词则丰富。凡保留古藏缅语特征多的语言，结构助词不丰富；凡保留古藏缅语特征少的语言，结构助词丰富。这种现象不能不使我们联想到结构助词的产生、发展与形态变化存在特点的承接关系。一种可能的推论是：彝缅语的结构助词是随着形态变化的简化、脱落而逐渐产生与发展的，是以一种新的语法形式与语法手段代替原有的形态变化。

许多现象说明，藏缅语语法体系的演变存在着从形态变化多到形态变化少的发展趋势。如古藏语的形态比较丰富，而到了现代藏语，形态变化不同程度地简化、消失了，这从古藏语与现代口语的比较中就能清楚地看到。有些形态变化少的语言（如彝缅语等），能够通过与形态变化丰富的亲属语言的比较，认识到现存残缺不全的形态变化是简化、脱落的结果。形态变化的简化、脱落，必然要用一种新的形式和手段去补偿，而这种新的形式和手段就是使用虚词。以结构助词代替某些实词的形态变化，是语法类型的一种转变。彝缅语语法类型的这一转变，是由该语支内部特点决定的，而且其存在还对彝缅语的发展（包括词法构造，句法结构、音节形式等）起着一定程度的制约作用。[①]

（此文原载《语言研究》1989年第2期）

① 本文所用的语言点：彝语，四川凉山喜德红玛话；傈僳语，云南碧江里吾底话；哈尼语，云南绿春大寨话，拉祜语，云南澜沧糯福话；纳西语，云南丽江长水话；基诺语，云南景洪曼卡话；喀卓语，云南通海新蒙话；怒语，云南怒江知之罗话；载瓦语，云南潞西西山话；浪速语，云南潞西允欠话；阿昌语，云南陇川户撒话；缅语，仰光话；土家语，湖南龙山靛房话；白语，云南剑川金华话；景颇语，云南盈江铜壁关话；普米语，云南兰坪箐花话。藏语使用的是文字转写材料。

本文使用的材料一部分是我自己调查的，一部分取自《中国少数民族语言简志丛书》，汪大年教授等同行专家热心为我提供、核实材料，在此表示谢意。

从非汉语反观汉语①

［**提要**］本文主要论述从非汉语反观汉语是汉语研究的方法之一；并以实例进步论证从非汉语反观汉语对汉语研究的语言学价值；还初步论述了从非汉语反观汉语的方法论问题。

［**关键词**］非汉语　汉语　反观

今天讲三个问题：一、从非汉语反观汉语是汉语研究的方法之一；二、从非汉语反观汉语能得到什么；三、从非汉语反观汉语的方法论问题[1]。

这次讲座希望能达到以下三方面效果：一、使听者能够初步掌握汉语和非汉语结合研究的基本理论、基本知识；二、使听者能初步掌握“反观”专题研究的基本操作方法；三、在听者中能出现一些做汉语和非汉语比较研究的青年专家。

一、从非汉语反观汉语是汉语研究的方法之一

语言现象极为复杂，难以认识清楚。哪怕是像“鸡不吃了”“一锅饭吃了十个人”“台上坐着主席团”“清洁北京”这样的语法结构，也不是容易认识清楚、说明其语法特点的。所以，要真正认识语言的特点，除了下死功夫做语料搜集工作外，还要讲究方法，从不同的角度、不同的层面、使

a　本文是2010年8月22日在“2010年中国语言学暑期研讨班（在北师大召开）”的讲演稿。

用不同的方法来研究语言。

汉语的研究，前人已经从不同的角度进行了包抄，取得了巨大的成绩。主要方法有：古今汉语、不同方言的比较，语言要素相互关系制约的分析，语言结构不同层面的比较，语言习得规律的分析，语言与文化、社会的结合，等等。但是，半个多世纪以来，一些先知先觉的语言学家们又提出了汉语研究必须与非汉语相结合的新思想，为汉语研究的深化指出了一条新路。下面，摘录几位大师的讲话：

李方桂先生1939年12月29日在国立北京大学文科研究所的演讲中说："我并不希望，比方说，专研究汉语的可以一点不知道别的汉藏系语言。印欧的语言学者曾专门一系，但也没有不通别系的。就拿汉语来说，其中有多少问题是需要别的语言帮助的。""所以依我的意见，将来的研究途径不外是'博而能精'，博于各种汉藏语的知识，而精于自己所专门研究的系统。"李先生这段精辟的论述，奠定了汉语非汉语结合研究的基础。

严学窘先生在《原始汉语研究的方向》(1988)一文中说："经过李方桂、丁声树两位学者的指示，必须求助于汉藏语系的比较研究，才能把汉语的历史扩展得比上古汉语更古一些。"

季羡林先生在《语言应用研究》2000年第1期"卷首语"中强调说："要进行认真的汉语与同一语系的比较研究，从而真正摸索出汉语的特点。再走《马氏文通》的路子，已经不合时宜了。"

人们重视汉语与非汉语的结合，是考虑到我国的语言事实和语言研究的规律的。我国有100多种语言，分属5大语系，语种丰富，特点复杂。几个语系中，汉藏语系语种最多，中国素有"汉藏语的故乡"之称。长期以来，汉语和非汉语相互接触，互相影响，"你中有我，我中有你"。我们有可能通过不同语言的对比，为语言学的理论研究和应用研究，提供大量有价值的语料和认识。汉语研究对少数民族语言研究来说具有特殊价值，我们做民族语言教学和研究的人，都在关注、学习汉语的研究成果。少数民族语言研究对汉语研究同样具有重要价值，受到越来越多的人的关注。

半个多世纪的经验证明，通过非汉语来反观汉语是汉语研究的一个重要方法。汉藏语系语言（以下简称“汉藏语”）是我国特有的、无可替代的一大资源，也是我国的国宝。我们必须充分保护、开发、利用这资源，推动语言学和相关学科——文化学、历史学等的发展。但过去开发得很不够。

从目前我国语言学发展的状况看，必须打破汉语研究与非汉语研究相互隔绝、各自为政的状态。1987年8月朱德熙先生在《汉藏语概论》一书的序中大声疾呼：“为了加强汉藏语研究，就国内的情况来说，首先要清除汉语研究和汉语以外汉藏语言研究之间长期存在的隔绝状态。这种隔绝状态的根源在于高等学校和研究机构的学科设置上。汉语专业设在普通高校的中文系里，而汉语以外的各汉藏语言专业则设在中央和地区的民族学院里。再拿研究机构来说，社会科学院语言研究所则只研究汉语，而民族研究所只研究汉语以外的少数民族语言。高等学校和研究机构在学科设置上的这种不合理现象导致了双方面研究工作的脱节和研究者之间的隔阂。”

在座的大多是汉语专业和语言学专业的博士生，除了掌握汉语外，最好要了解一些少数民族语言的知识和研究情况。这两方面的知识结构都要有，这对大家的研究、成长，肯定会增添一双新翅膀。这些年来，许多做汉语研究的人接触了少数民族语言后，普遍的反映是“大开了眼界”。我国语言学博士生的教学改革，应当包括这一内容。

二、从非汉语反观汉语能得到什么

（一）从非汉语的反观能够进一步认清汉语的特点

汉语的特点究竟是什么？有的说是分析性，有的说是语义性，有的说是文化性，至今都还说不清楚。光从汉语本身看汉语的特点，不容易看得清楚。如果从别的语言特别是亲属语言来看汉语，因为有相互映照，就容易看得清楚些。

例一，从非汉语的反观看汉语的“的”字结构。

20世纪50年代，朱德熙先生首次引入现代语言学中的结构主义理论和方法，对汉语的虚词“的”进行了系统、深入的探讨。他将汉语的“的”字看作其前面词语的后附成分，把“X的”的不同分布看作“的”的不同功能，由此提出了著名的“三个语素”说。即：“的$_1$”是副词性后附成分；“的$_2$”是形容词性后附成分；“的$_3$”是名词性后附成分。此后，学界关于“的”的属性和分类几乎都在此基础上展开。“的”字结构的研究，不仅关系到如何认识“的”字的变化和发展，还与句法结构的演变关系密切。由于它具有重要的理论意义和应用价值，因而一直是汉语语法学界研究的热点。

同样，在汉藏语系大多数非汉语的语言里，定语助词“的”也是一个使用频率高、句法特点多变的虚词，但是丰富程度不一。因此，对比汉语和非汉语“的”字的共性和个性，并从非汉语反观汉语，能够进一步认识汉语“的”字结构的特点。我通过非汉语的反观，对汉语“的”结构的特点取得以下几点认识：

1.汉语的“的”字功能强，在多数句法结构中不可或缺，这与汉语的分析性程度高有关。

汉藏语各语言间“的”的数量多少不一，有的语言没有“的”，有的语言只有一个“的”，而有的语言却有多个“的”。分析性类型是产生“的”字结构的良好土壤。汉藏语内部“的”字结构呈现出发达与不发达的差异，其成因与语言的分析性强弱有关。如藏语支、羌语支形态变化比缅彝语支丰富，分析性较弱，“的”字结构就相对贫乏。嘉戎语是其中形态变化最为丰富的一种语言，至今尚未产生定语助词“的”，其领属性定中结构关系主要靠附加前词缀这一形态变化来体现。而缅彝语支语言的分析性强，定语助词不仅形式多样，而且表义类型丰富，当修饰性定语提前时，定语助词作为一种分析性手段而不可或缺。汉语的分析性强，所以“的”字结构也发达。

2.汉语的“的”字概括程度高，对语义关系的控制力强。同一个“的”字具有多种不同的功能，“的$_1$”“的$_2$”“的$_3$”共用一种语音形式，但在句中不混淆，要通过句法分析才能揭示其不同的类别。

景颇语则采用多种不同的语音形式表示“的”，说明它要靠不同的语音形式来体现不同的语义关系。景颇语有三个不同的“的”$a^{ʔ31}$、ai^{33}、na^{55}。不同的“的”职能界线清楚。例如：

ʃi^{ʔ55} a^{ʔ31} lai^{31} ka̱^{33}　　他的书（a^{ʔ31}表领属）

他 的 书

kǎ^{31} pa^{31} ai^{33} n^{55} ta̱^{51}　　大的房子（ai^{33}表修饰）

大 的 房子

tai^{31} niŋ^{33} na^{55} mam^{33}　　今年的稻子（na^{55}表限制）

今年 的 稻子

3.从比较中能够看到，表示领属关系的“的”出现最早，所以大部分语言都有这一类“的”。而表示修饰和限制语义的“的”，不同语言差异较大，有的有，有的没有，即便是有，语音形式也相差很大，可以认为是出现较晚的。这就是说，“的”字的不同语义类别，在来源上存在不同的时间层次。

4.汉语“的”字结构包括了副词性的“的”（做状语），但非汉语的“的”与汉语不同，即状语的“的”与定语的“的”大多为两套系统，用不同的词表示。

以哈尼语为例，定语的“的”是ɤ^{33}，如ŋa^{31}（我）ɤ^{33}（的）a^{31}ma^{33}（母亲）“我的母亲”，状语的“的”是ne^{33}，如mja^{31}（多）ne^{33}（地）dza^{31}（吃）“多多地吃”。又如景颇语，定语“的”是na^{55}、a^{ʔ31}、ai^{33}，而状语的“的”用ʃa^{31}。

5.汉语“的”字与周围的亲属语言无同源关系，可以证明“的”是在原始汉藏语分化之后产生的。

“的”字的词源关系，可反映亲属语言“的”字的产生和演变。如“的”字在不同语言里有同源关系，说明有共同来源，即在它们未分化时就已出现，不是后创的。弄清汉藏语“的”字的词源关系，区分是同源还是不同源，是研究“的”字结构的重要钥匙。

以藏缅语为例，其中属于同一语支的语言，有些语言的“的”存在同源关系。如表示领属关系的“的”语支内部许多语言有同源关系。如藏语支语言：藏语ki、错那门巴语ko^{31}、仓洛门巴语ka^{31}。羌语支语言：桃坪羌语ʐo^{33}、扎坝语ʐə^{33}；道孚语ji、却域语ji^{33}、史兴语ji^{55}。缅语支语言：阿昌语a^{31}、仙岛语a^{31}、波拉语ɛ^{31}；浪速语nɔ̱^{31}。彝语支语言：拉枯语ve^{33}、彝语vi^{33}。但不同语支之间大多不同源，只有少数同源。缅彝语支与景颇语支、藏语支、羌语支之间也找不出对应规律。而属于修饰、限制关系的“的”，语支之间的同源词更少，异源词的比例大于同源词，可以证明语支之间不存在同源关系；也说明这三个“的”在起源上不是一个层次，领属性定语“的”可能先于修饰性定语“的”。

例二，从藏缅语反观汉语的连动结构。

通过藏缅语与汉语连动结构的比较可以形成以下几个认识：

1.汉语与藏缅语都存在连动结构而且存在诸多共性。如：二者都有不同的句法结构类型，都有语法化现象，都与认知规律有一定的联系。这种共性是由二者的亲属关系的基因和类型学的因素所决定的。

2.制约连动特点的因素是多方面的，但语序是最重要的，其中谓语的语序尤为重要。由于VO型汉语和OV型藏缅语的语序差异，使得连动结构的连用特点出现差异。汉语带宾语的连动结构，连用动词被宾语隔开；而藏缅语则不然，不管是两个动词带有同一个宾语，还是其中一个动词带宾语，都不影响动词的连用。例如：

景颇语　an^{55} the^{33} n^{33} kjin^{33} sep^{31} ʃa^{55} ka^{ʔ31} ai^{33}.　我们削黄瓜吃。

我们　黄瓜　削　吃（句尾）

傈僳语　a^{55} ɣa^{33} ma^{44} dza^{33} tho^{35} dza^{31}.　母鸡啄食吃。

鸡　母　食　啄　吃

彝语　ŋa^{33} dza^{44} dzɯ^{33} nbu^{33} o^{44}.　我饭吃饱了。

我　饭　吃　饱　了

3.连动结构的紧密度，汉语不如藏缅语。汉语在两个连用动词之间可以较灵活地插入宾语、连词和助词等成分；而藏缅语大多数相连紧密，不易插入别的成分，凝聚力强。汉语的连动结构则具有一定的松散性。这个特点使得汉语连动结构包括的内容比较庞杂，被称为“大杂烩”，在范围的划定上出现种种困难以致长期争论不休。

4.藏缅语和汉语连动的补语都容易出现语法化，其制约的条件也大致相同。条件主要有三：一是从位置上看，居后的动词容易语法化，未见有居前的动词语法化。二是从使用频率上看，高频率的动词容易语法化，如“看”“吃”“来”“去”等都是日常生活中最常使用的词。三是从音节上看，语法化的动词大都是单音节。

比如，动词“看”在藏缅语和汉语里，如果用在另一动词之后，大都虚化为“尝试”义，对另一动词进行补充。这是这些语言的共性。例如：

仓洛门巴语　nan^{13} lok^{55} ŋ̥at^{13} kot^{13} tɕo^{55}.　你再听听看。
　　你　再　听　看（助）

基诺语　nə^{42} pə^{42} tε^{44} pə^{42} tε^{44}.　你打打看。
　　打　看　打　看

阿昌语　naŋ^{31} wut^{31} tɕau^{33} ʐε^{ʔ55}！　你穿穿看。
　　你　穿　看（语助词）

动词“死”在汉语里用在另一动词之后，表示前面动作行为的极限程度，相当于“极”。藏缅语里也有相同的情况。例如：

景颇语　ʃi^{33} kă^{31} pu^{33} si^{33} sai^{31}.　他高兴死了。
　　他　高兴　死（句尾）

哈尼语　ŋa^{33} ɣø^{55} si^{55} la^{33} ja^{33}.　我高兴得要死。
　　我　高兴　死　来（助）

藏缅语一些语言，“吃”用在另一动词之后，出现语法化，表示动作行为的“获取”。如景颇语的ʃa^{55}，以及哈尼语的dza^{31}：

景颇语　　n^{55} mǎ^{31} tat^{31} jaŋ^{31} mǎ^{31} ʒa^{31} khʒup^{31} ʃa^{55} u^{ʔ31} !

不 听　　的话 罪　　遭　　吃（句尾）

不听的话就任（你）遭罪吧！

哈尼语　　a^{31} jo^{31} n̥u^{31} tshe^{31} ɣɤ^{55} dza^{31}.　　　　他买犁。

他　　犁　　　买　吃

藏缅语和汉语连动结构表示“趋向”义的补语也都很容易语法化。表示前面动作的发展变化。例如：

白语　　tsha^{55} a^{44} tsi^{55} khɯ^{35} lɔ^{55} mu^{44} ?　　　　饭煮熟了没有？

午饭 些 做　起来　了　没有

阿昌语　　tshʅ^{31} ku^{55} sʅ^{35} ŋa^{33} ŋam^{55} ta^{55} la^{55} kau^{35} lə^{55} kɯ^{33}.

这　　件　事 我　想　　起 来 高兴 很

这件事我想起来很高兴。

景颇语中有一类助动词（又称“貌词”），专门做动词的补语，构成连动结构。这类补语数量很多，表示的意义丰富多彩。但由于它老跟在另一动词之后，容易语法化，而且存在不同的语法化层次。语法化程度高的，动词实在意义较少；语法化程度低的，则含有较多的动词实在意义。如naŋ^{33}，原是实义动词，本义是“跟随”，当助动词用时，语法化为“表示动作行为跟随他人进行”义。又如khat^{55}，原为实义动词，本义是“打仗”，当助动词用时，语法化为“表示动作行为是相互的”义。如：

nan^{55} the^{33} thi^{55} naŋ^{33} mu^{ʔ31} !　　　　你们跟着读吧！

你们　　读　跟随（句尾）

an^{55} the^{33} ʃǎ^{31} ta^{ʔ31} kǎ^{31} ʒum^{33} khat^{55} ka^{ʔ31} !　　　　我们互相帮助吧！

我们　互相　　帮助　　相互（句尾）

在藏缅语和汉语中，连动结构中的“来”“去”容易语法化，而且语法化还具有不同于其他动词的特点。“来”“去”语法化后，补充说明动作行为的趋向、结果、发展等。如勒期语：

tshɔn[55] xjɛ[33] pei[55] ke[33] ŋo[53] ɣəː[53] lɛ[55] tse[53]. 这些菜是我买来的。

菜 这 些（话助）我 买 来 的

（二）认清亲属语言的演变轨迹有助于进一步认识汉语历史演变的线索

亲属语言之间的演变常常呈不平衡性。在某一特征上，有的语言发展快些，有的发展慢些；有的语言保存较早的特点，有的出现后来的特点。因此，有可能借助亲属语言比较，把不同的特征串在一起，勾画出一条历史的演变链，并以此来认识不同语言的演变线索，包括汉语的演变规律。

例一，以汉藏语选择疑问句的演变为例，来说明亲属语言比较对汉语选择疑问句演变的启示。

属于汉藏语的藏缅语在选择疑问句的演变上呈不平衡性。共时的不平衡性反映了历时演变的不同进程。我们通过对28种藏缅语选择疑问句的比较，总结出以下的演变链：①

无标记的选择问句→有标记的选择问句→无标记的选择问句

↓ ↓ ↓

无标记的正反问句→有标记的正反问句→无标记的正反问句→重叠问句

而汉语的选择疑问句，从有文献可考的语料来看，其演变链是：

有标记的选择问句→无标记的选择问句

↓ ↓

有标记的正反问句→无标记的正反问句

无标记的选择问：

玛曲藏语 ndə hgo kan hgo？ 要这个还是那个？

这 要 那 要

汉语 行者合掌道："不知文洗，武洗？"国王道："文洗如何？武洗如何？"（《西游记》第四十六回）

---

① 参阅戴庆厦、朱艳华《藏缅语选择疑问范畴句法结构的演变链》，《汉语学报》2010年第2期。

有标记的选择问句：

西摩洛语　no^{55} ja^{33} tʃhv^{55} ŋjv^{55} liɛ^{55}，mʌ^{55} sɿ^{55} khɯ^{31} tʃhv^{55} ŋjv^{55} liɛ^{55}？

你 鸡 养 想 （语助）（连词）狗 养 想（语助）

你想养鸡呢，还是想养狗呢？

汉语　“且天下立两帝，王以天下为尊齐乎，尊秦乎？”王曰：“尊秦。”（《史记·田敬仲完世家》）

无标记的正反问句：

仓洛门巴语　nan^{13} ka^{13} a^{55} pa^{55} la^{55} sa^{55} ka^{13} te^{13} wa ma^{13} te^{13} wa？

你 的 爸爸 拉萨 （结助）去 没 去

你爸爸到拉萨去了没有？

汉语　已下便即讲经，大众听不听？能不能？愿不愿？（《敦煌变文集·佛说阿弥陀经讲经文》）

有标记的正反问句：

景颇语　naŋ^{33} sa^{33} n^{31}ni$^{\cdot 51}$，ʃiŋ^{31} n^{55} ʒai$^{\cdot 55}$ n^{55} sa^{33} n^{31} ni$^{\cdot 51}$？

你 去（句尾）（连） 不 去（句尾）

你去还是不去？

汉语　尊者赐之曰：“其所取之者义乎不义乎？”（《孟子·万章下》）

重叠问句：

盐源彝语　sɿ^{55} tshɿ^{33} dʑi^{55} nɯ^{33} ndʐɿ^{31} ndʐɿ^{31}？

事 这 件 你 相信 相信

你相信不相信这件事？

汉语现存最早的文献距今仅3000余年，但汉语的历史远不止3000多年。那么，在这之前的汉语究竟是一种怎样的面貌呢？恐怕很难做出准确的考证。但是，从与汉语的亲属语言藏缅语的比较中，我们还是可以做出如下两种可能的推断：

一是从藏缅语反观汉语，可以认为汉语选择疑问句的演变链应该还可以再向前延伸，其初始形式是无标记的选择问句和无标记的正反问句。理由有二:(1)汉语传疑标记(疑问语气词)和关联标记(关联词)的产生,一般认为在春秋战国时期。(2)上古文献中已有少量无标记的选择问句和无标记的正反问句。

二是如果将汉语方言纳入研究视野,则汉语选择疑问句的演变链还可以向后延伸,有可能发展出重叠问句,如"去去?"现代汉语有不少方言存在重叠问句,如江苏淮阴方言、江西于都客家方言、湖北仙桃方言、山东招远方言、黑龙江宾县方言、福建连城客家方言等。这说明,重叠问句可能是无标记正反问句进一步发展的方向。

例二,从非汉语的使动范畴反观汉语。

在现代汉语里,使动范畴的表达大多是通过分析式手段,屈折式使动词已不出几个。但在非汉语里,则保留大量的屈折形式,其语音对应关系有浊声母对清声母、不送气声母对送气声母、松元音韵母对紧元音韵母以及不同元音、不同声调的对应。例如:

	怕	使怕
藏	ɦdrog	dkroŋ
彝	gu^{33}	ku^{33}
傈僳	dʒo^{33}	tʃo^{33}
缅	tɕau$^{?55}$	tɕhau$^{?55}$
阿昌	ʐo$^{?55}$	xʐo$^{?55}$
载瓦	kju$^{?31}$	kju$^{?55}$

这些屈折形式虽然包含了各自语言后来的创新,但在总体上却是原始汉藏语特点的遗留,对我们研究汉语早期使动范畴的特点及其后来的演变会有重要的价值。据研究,古代汉语也有使用浊音对清音的交替形式表示自动、使动,一般是浊音表自动,清音表使动。如:"自败"为b–,"使败"为p–。这与藏缅语有对应关系。

通过语言比较可以看到,汉语和藏缅语的使动范畴,都是从屈折型向分析型转变的。这是共性。但不同的是,汉语走得快,屈折型的使动词大都已消失了，分析型表达形式大量发展。而藏缅语不少语言还保留着不同语音形式的屈折型使动词，相互间还有语音对应规律可循。在演变趋势上，不管是汉语还是非汉语，都存在屈折式向分析式发展的趋势。这种趋势，是受汉藏语整个语法体系由屈折式向分析式演变的共性制约的。

用非汉语反观汉语，至少可以形成两点认识：一是汉语的使动范畴可以推至原始汉藏语阶段，是整个语系语法特点的残留。二是汉语在更早的时候会有更多的屈折型使动词，可惜我们至今为止发现的词还不多。这是一个值得进一步开采的深矿，有兴趣的学者可以在这方面留心，做些新的探索。做这个题目会有一定的难度，因为在汉藏语亲属语言里，没有与汉语特别接近的语言。藏缅语与汉语虽在亲属关系上确定无疑，但由于与汉语分化时间太长，不易提供数量较多的语料的支持。

（三）从非汉语的反观能够证实汉语研究成果的可靠与否

中外研究汉语的人很多，进展很大，但所取得的认识要真正符合汉语的实际，绝非易事。已有的结论后来发现也有认识错的或不完善的。认识语言是无止境的，有承接性的。我们可以通过非汉语的反观，提取旁证来证明过去的结论是否可靠、合理。

例一，过去，汉语学界都把汉语的“一锅饭吃十个人”“台上坐着主席团”中的“十个人”“主席团”都看作施事宾语，对否？前几天陆俭明先生在“走向当代前沿科学的现代汉语语法研究国际学术研讨会”上，做了题为《“构式——语块”句法分析法——一种新的句法分析思路》的报告，提出了“构式——语块”的新思路。他对“施事宾语”的提法提出质疑，而用“构式——语块”来解释上述句子。藏缅语对主语宾语的认定，对汉语会有启示。藏缅语形态特征类型大致可分两类：一类是分析性较强、保留形态变化较少的语言，如哈尼语、傈僳语、缅语等。这些语言由于主语、宾语没有形态标记，在句子成分的判断上也遇到了和汉语同样的问题。另一类是分析性相对较弱、保留形态变化较多的语言，如景颇语、独龙语、羌语、嘉戎语等。由于主语、宾语有形态标志，可以通过形态标志来判断主语、宾语。如“一锅饭吃十个人”，景颇语是这样说的：

ʃat^{31} ti^{ʔ31} mi^{33} mǎ^{31} ʒai^{33} ʃi^{33} ʃa^{55} ka^{ʔ31} ai^{33}

饭 锅 一 个 十 吃（句尾词）

上例由第一人称多数的句尾词ka^{ʔ31}ai^{33}指明主语是mǎ^{31} ʒai^{33} ʃi^{33}“十个人”。“十个人”虽然在宾语后，但还是主语。主语确定后，ʃat^{31} ti^{ʔ31} mi^{33}“一锅饭”自然就是宾语。

景颇语主宾语的身份可以用句尾词、结构助词、语序来标识。例如：

ŋai^{33} ʃi^{33} phe^{ʔ55} ja^{33} n^{31} ŋai^{33}. 我给他。

我 他（宾助）给（句尾词）

句尾词n^{31} ŋai^{33}表示第一人称单数做主语，指明ŋai^{33}是主语；phe^{ʔ55}是宾语助词，指明它前面的ʃi^{33}是宾语。

ʃi^{33} phe^{ʔ55} ŋai^{33} ja^{33} n^{31} ŋai^{33}. 我给他

他（宾助）我 给（句尾词）

虽然主语、宾语的位置改换了。但由于有句尾词和宾语助词的指示，其句子成分的身份不变。

ŋai^{33} ʃan^{55} the^{55} phe^{ʔ55} sa^{33} kǎ^{31} ʒum^{33} mǎ^{31} te^{ʔ31}！ 我帮助他们

我 他 们（宾助）去 帮助（句尾词）

ʃan^{55} the^{55} phe^{ʔ55} ŋai^{33} sa^{33} kǎ^{31} ʒum^{33} mǎ^{31} te^{ʔ31}！ 我帮助他们

他 们（宾助）我 去 帮助 （句尾词）

上面两句的句尾词mǎ^{31} te^{ʔ31}是指示第一人称单数主语和第三人称多数宾语的句尾词。有了它，哪个是主语、哪个是宾语，就一目了然，即使语序发生了变动也不会混淆。

从藏缅语反观汉语，我们认为上述汉语对主、宾语的这种确认方法有待改进。汉语周围有许多亲属语言，所以，在建立汉语句子成分的系统时，不能不考虑亲属语言。

例二，过去，汉语学界都把结构助词、时态助词、语气助词合成一类，称助词。用非汉语来反观，我们觉得不妥。

从非汉语看，这三类助词语法功能和语义特征都不相同。结构助词表示句子成分的结构关系，与各种句子成分关系密切；时态助词表示动词的时态，主要与动词发生关系；语气助词是与全句发生关系的。它们各自的来源也不一样。非汉语的语言在这些不同助词的归类上，是采取分类对待的。汉语怎么处理更好，值得商榷。

例三，汉语辅音韵尾的演变规律的分析，能够得到非汉语的验证。

汉藏语都有丰富的辅音韵尾，但发展不平衡。大致可分为两类：一类是塞音韵尾，如-p、-t、-k、-ˀ；另一类是鼻音韵尾，如-m、-n、-ŋ。还有少量的续音韵尾，如-r、-l、-s等。一般认为，中古汉语有-p、-t、-k、-ˀ、-m、-n、-ŋ几个韵尾，而上古汉语呢？

汉藏语的辅音韵尾存在简化、脱落的趋势，这是共性，但不同的语言还有一些不同于其他语言的个性。以藏缅语辅音韵尾的演变为例：古代藏缅语塞音韵尾有-p、-t、-k三个，但到了现代各语言或方言里，变化不同。藏语的阿力克话全部保留-p、-t、-k三个韵尾，而拉萨话只有-p和-ˀ两个，到了德格话只有一个-ˀ。从发展趋势上看，各个塞音韵尾都向-ˀ的方向发展。拉萨话的变化说明，部位靠后的-t、-k比靠前的-p变化快。古代缅语有-p、-t、-k三个塞音韵尾，到现代的仰光话都演化为-ˀ。景颇、载瓦、阿昌、独龙等语言，现在都有-p、-t、-k、-ˀ四个韵尾，多了一个-ˀ，这是因为韵尾-ˀ是从-k韵尾分化出来的。当-k向-ˀ转化的过程中，有些词先期到达，成了-ˀ，还有部分仍保持-k韵尾不变，于是分化为-k、-ˀ两个韵尾。藏缅语中，彝语支语言走得最快，塞音韵尾已全部丢失，转化为紧元音，出现了松紧元音的对立。

古代藏缅语鼻辅音韵尾有-m、-n、-ŋ三个。到了现代藏语，阿力克话完全保留下来；拉萨话只留有一个-m；德格话全部消失，转为元音的鼻化。缅语的变化较快，几个韵尾都变为元音的鼻化。波拉话在部分词上演化为元音的鼻化，其他保留鼻音韵尾，所以形成了元音的鼻化和鼻音韵尾两套系统。彝语支语言的鼻音韵尾全部消失，都成为无鼻音韵尾的口元音。藏缅语鼻辅音韵尾向鼻化音方向演化，从音理上也是部位后移。

汉语的演变规律与藏缅语大致相同。古汉语的-p、-t、-k、-m、-n、-ŋ到现代汉语方言里，除了粤、客家、闽南等一些方言还比较整齐地保留这六个韵尾外，多数方言的辅音韵尾都出现了脱落、简化的趋势。特别是塞音韵尾的变化比鼻音韵尾的变化更大。塞音韵尾的演变，也是向-ˀ转化。但在三个韵尾中，-p比-t、-k变化得快。据《古今韵会举要》，入声韵尾只保存-t、-k两个，-p已并入-t中去了。鼻音韵尾的变化，也是-m尾消失比较快，其次是-n尾，比较稳定的是-ŋ尾。

从比较中可以看到：这两套韵尾的历史演变，汉语和藏缅语的共同点：一是都出现脱落、简化的趋势，二是其演变都具有发音部位后移的特征。所不同的是哪个部位先变、哪个部位后变，存在一些差异。藏语先变部位靠后的-t、-k，而汉语先变部位靠前的-p。原因何在，有待进一步研究。

至于藏缅语中保留下来的续音韵尾-r、-l、-s，在上古以前的汉语里面是否也有，目前还未有定论。但许多人认为-s尾是有的，它出现在去声上。这是一个尚未投入研究的新课题，值得更多的人去做。

（四）从非汉语的反观有助于发现汉语需要研究的新课题

以量词研究为例。汉藏语都有丰富的量词，但不同语言量词的类别及功能不相同。汉语的量词很发达，成为表量结构的强制性因素。在非汉语里，藏缅语的景颇语量词则不发达，特别是名量词，在句法结构中存在用量词和不用量词两种形式，而且以不用的为多。要用的话与语用强调“量”有关（下例括号中的量词可用可不用）。例如：

kun^{31} ʒa^{31}（khum^{31}）mǎ^{31} sum^{33}　　三匹马

马　　匹　　三

mai^{31} sau^{31}（pa̱^{33}）mǎ^{31} li^{33}　　四张纸

纸　　张　四

但有的名词称量时，不能用量词。即便是强调“量”，也补不出量词。例如：

sǎ^{31} poi^{55} lǎ^{55} khoŋ^{51}　　两张桌子
桌子　　二

n^{31} thu^{33} mǎ^{31} sum^{33}　　三把刀
刀　　三

汉语和非汉语相比，有许多问题值得我们去探索。比如：

1.为什么汉语的量词如此发达？在语言结构特点上有没有适合量词发展的因素呢？我曾经说到藏缅语有的语言个体量词的发展可能与数词的音节数有关。彝语支语言的数词都是单音节的，表数量义时清晰度不够，而且构不成双数韵律特征，所以要有单音节的量词来搭配，加强其清晰度，并构成双数韵律特征。景颇语的数词大多是双音节的，表数量义时有一定的清晰度，而且符合双数韵律特征，所以不需要量词。需要加量词的，量词系统中出现不少双音节量词。① 如

wǎ^{55} phoŋ^{51}	群（牛）	num^{33} po^{33}	个（妻子）
牛　群		妻子　头	
thiŋ^{31} nep^{55}	块（楼饭）	sin^{31} ta^{ʔ31} ka^{ʔ31}	半庹
房子　垫		胸　　分开	
mǎ^{31} kum^{55}	背（柴）	sum^{21} po^{ʔ31}	串（果实）
（前缀）背（用脊背驮）		（前缀）累累状	

2.非汉语的语言有丰富的反响型量词，反响型量词的造词能力极强。如哈尼语

mja̱^{33} tɕhi^{31} mja̱^{33}	一只眼	a^{31} la̱^{31} tɕhi^{31} la̱^{31}	一只手
眼　一　眼		手　一　手	
a^{31} ŋ̥u^{31} tɕhi^{31} ŋ̥u^{31}	一头牛	a^{55} je̱^{33} tɕhi^{31} je̱^{33}	一朵花
牛　一　牛		花　一　花	

汉语的反响型量词主要存在于甲骨文、金文时期。如：

---

① 参阅戴庆厦、蒋颖《论量词的功能与演变——汉语景颇语量词比较》，原载《汉语与少数民族语法比较》，北京：民族出版社，2006年。

羌百羌（合集32042）

俘人十又六人（合集00137）

但后来基本不见了，其原因是什么？为什么汉语的反响型量词没有得到发展？这与什么有关？与语序有关吗？

3.汉语的数量词修饰名词的语序是“数+量+名”，这种语序的生成有无其语言结构内部的原因？

4.量词在上古汉语就已出现，在两汉时期得到快速发展。量词的产生和发展是由什么因素决定的？

5.汉语的量词除了表量功能外，还有些什么其他的功能？比如语用功能、韵律功能。

量词的研究虽然前人写了大量的论文，已有相当深度，但在非汉语的映照下还会有很多论文可写。

三、从非汉语反观汉语的方法论问题

提倡通过非汉语反观汉语已有多年了，并已取得一定的成果。目前需要做些理论和方法论上的总结，以利于这项研究的发展

（一）怎样认识从非汉语反观汉语的可行性

许多中文系专业的青年教师和博士生问我：“我们是学中文的，对少数民族语言一无所知。做这样的研究能行吗？”我都回答：“行！”跟我读博士的学生也大都来自中文专业，之前对非汉语也是一无所知，但他们学习了一些非汉语的知识，很快就能把汉语和非汉语的研究结合起来，有的不仅写出了论文，还出版了专著。如《汉藏语系语言被动句研究》、《汉藏语量词研究》、《汉藏语差比句研究》、《汉藏语四音格词》。

这说明中文专业的学生经过一段培训后，也能从事汉语和非汉语的比较研究。

是否一定要熟悉一两种少数民族语言？当然，能懂是最好的，会给研

究带来很大好处。但这样要求并不现实，因为要熟练掌握一门新语言谈何容易。但最低要求是要有使用已发表的语言资料的能力。近期发表的一些相关论文大都停留在这一水平上。随着研究者的持续探索和不断积累，自然会对少数民族语言有较深的认识。

（二）从事从非汉语反观汉语的研究需要哪些主要的知识和技能

1.必须了解有关非汉语的一般知识：包括地理分布、系属分类、系属关系、不同语系的主要特点以及和汉语的关系。

2.必须掌握专题研究现状：包括哪些专题已经有人研究过，哪些还没有；哪些专题研究的比较深入，哪些不深入。

3.必须掌握语言比较的基本方法：语言比较有类型学比较和亲属语言比较两种。由于比较的目的不同，方法也不同。类型学比较主要寻求不同语言的类型学共性和个性，寻找其特点形成的因素。亲属语言比较是寻求亲属语言的对应关系，理出其演变的先后。除认识共性外，还要探索亲属语言间分化后各自出现哪些创新，有哪些新规律。

4.必须学会使用国际音标。做“反观”，要看大量语料，不懂国际音标寸步难行。现在青年一代大多不会国际音标。要学会记音、辨音、整理音系。

（三）怎样选择“反观”的专题

建议大家根据自己的兴趣和占有的材料，选择专题进行攻关。题目不宜太大，也不宜太小。初做研究的最好把题目选小一些。如果时间、经费允许的话，可选大一点的题目。在内容上，不外乎从语音、语法、词汇、语义几方面选择专题。用来反观的语言，可以是一种语言，也可以是一个语支或一个语族的语言。

我过去已做过的题目有《从藏缅语反观汉语的被动句》《从景颇语的类别名词反观汉语》《从藏缅语的疑问句反观汉语》《从非汉语的四音格词反观汉语》《从藏缅语的连动结构反观汉语》等。

选什么专题要考虑到当前语言研究中的热点问题、未能解决的问题，或有争论的问题。比如上古汉语的复辅音声母问题是一个大家关注的尚未解决的问题，究竟上古汉语或上古汉语之前有没有复辅音声母两种意见对立鲜明。如果能通过非汉语的研究来反观汉语，证明早期汉语有或没有复辅音声母，会有重要的理论价值和创新价值。还有上古汉语有没有长短元音对立、有没有声调的问题等。

（四）“反观”研究的几个主要步骤

第一步是选题。把题选好是最重要的，因为题选得不好，不容易达到预定的目的，也不容易受到社会的重视。过去由于选题不好而半途而废的，不是个别的

第二步是翻阅有关的文献资料。包括前人做了哪些事，解决了哪些问题。确定自己的主攻目标和方向。

第三步是设计研究方案和编写提纲。方案包括要解决哪些问题，突出什么重点，采用什么方法。提纲包括各章节的主要内容。还要根据内容的要求设计问卷。

第四步是在调查的基础上进行论文写作。

（五）“反观”研究中要注意的几个问题

1.不要强扯、硬凑，也就是不要“拉郎配”。语言现象很复杂，亲属语言之间相似的东西不一定有关系，不同的东西不一定就没有关系。所以要从语言系统论上寻找二者的内部联系，对有关系的成分进行反观。这样做才有说服力。

2.要区分亲属语言关系和非亲属语言关系这两种不同质的反观。

3.要“小题大做”，在解释上下功夫，而不要停留在简单的对照、比较上。

4.正确处理好理论与语料的关系。理论是需要的，但要把主力放在材料的分析和论证上。防止贴标签。

参考文献

[1] 戴庆厦、徐悉艰《景颇语语法》，北京：中央民族大学出版社，1992年。

[2] 戴庆厦《景颇语的连动式》,《民族教育研究（动词研究专辑）》增刊，1999年。

[3] 戴庆厦《景颇语名词的类称范畴》,《民族语文》1999年第6期。

[4] 戴庆厦、刘岩《论声调起源的初始特征》,《艺文述林》(语言学卷)，上海：上海文艺出版社，1999年。

[5] 戴庆厦、李泽然《哈尼语的“来”“去”》,《民族语文》2000年第5期。

[6] 戴庆厦《汉语研究与汉藏语》,《语言》第一卷，北京：首都师范大学出版社，2000年。

[7] 戴庆厦《藏缅语族语言使动范畴的历史演变》,[美]《中国语言学报》，Volume29，Number 1.2001年。

[8] 戴庆厦《关于汉藏语语法比较研究的一些理论方法问题》,《中央民族大学学报》2002年第2期。

[9] 戴庆厦《汉语结合非汉语研究的一些理论问题》,《长江学术》(第一辑)，2002年。

[10] 戴庆厦主编《汉语和少数民族语言的语法比较》，北京：民族出版社，2006年。

[11] 戴庆厦、邱月《藏缅语与汉语连动结构的比较研究》,《世界汉语教学》(2)，北京：商务印书馆，2008年,《中国人民大学复印报刊资料〈语言文字学〉》(9) 转载。

[12] 戴浩一《时间顺序和汉语的语序》,《国外语言学》1988年第1期。

[13] 刘丹青《语序类型学与介词理论》，北京：商务印书馆，2003年。

[14] 吕叔湘《语法学习》，北京：中国青年出版社，1953年。

[15] 吕叔湘《汉语语法分析问题》，北京：商务印书馆，1979年。

[16] 马学良、戴庆厦《藏缅语族辅音韵尾的发展》,《语言文字学术论文集》第4期，1989年。

[17] 沈家煊、吴福祥、马贝加主编《语法化与语法研究（二）》，北京：商务印书馆，2005年。

[18] 石毓智《语法化的动因与机制》，北京：北京大学出版社，2006年。

[19] 吴福祥主编《汉语语法化研究》，北京：商务印书馆，2005年。

[20] 赵元任著、吕叔湘译《汉语口语语法》，北京：商务印书馆，1979年。

[21] 周国光《现代汉语里几种特殊的连动句式》,《安徽师范大学学报》(哲学社会科学版) 1985年第3期。

[22] 朱德熙《语法讲义》，北京：商务印书馆，1982年。

（原载《民俗典籍文字研究》2011年第8辑。中国人民大学书报资料中心2012年第8期转载。）

汉藏语并列复合词韵律词序的类型学特征

——兼论汉藏语语法类型学研究的一些认识问题

［提要］既往的汉藏语类型学研究多集中于句法，构词方面特别是复合词的研究，是个薄弱环节。汉藏语并列复合词数量众多、能产性强、词素顺序基本固定，是汉藏语构词的一个重要手段，成为区别于其他语系语言的重要特点。汉藏语控制并列复合词词素的顺序有语音和语义两个因素。其中，语音规则是形态标记，具有韵律和谐的显著特征，是由汉藏语语音结构的类型学特征所规定的。汉语和藏缅语的并列复合词在构造上、语言标记上、演变上都普遍存在相同或相似的特点，通过汉藏语与非汉藏语的比较，能为语言类型关系的研究提供一些旁证材料。

［关键词］汉藏语　并列复合词　韵律词序　类型学

一、引言

语言类型学（language typology；linguistic typology）是语言学的一个分支。它基于人类语言存在共性和类型的前提，以新的视角和分析方法，通过蕴含共性以及语言个性的比较，揭示语言的特点和规律。这是语言研究的一种有效、可行的理论和方法，已被多年语言研究实践所证明。语言类型学自进入中国汉藏语系语言（以下简称“汉藏语”①）研究领域，语言学家们便使用它进行汉藏语内部和外部的类型学比较，揭示汉藏语共时和历时的规律，取得了不少新的突破。但类型学研究过去多集中在句法上，构词方面的研究，特别是复合词方面的研究，所见不多，是一个薄弱环节。语言类型学应如何具体地运用到我国语言的构词研究中，是我们在借鉴、引进国外语言学理论方法时必须进一步思考的问题。

本文主要以汉藏语并列复合词的类型学特征为个案，探讨汉藏语并列复合词的类型学特点以及如何运用类型学理论和方法来深入分析并列复合词的特征，也兼带讨论汉藏语语法类型学研究的一些认识问题。希望本文能对语言类型学的研究以及汉藏语构词法的教学会有一些帮助。

二、并列复合词是汉藏语的一个有特色的构词手段

使用两个词根并列构成的复合词，与非并列的复合词（主从复合词、支配复合词等）具有不同的构词特点，是汉藏语构词的一个重要手段。从跨语言的角度看，阿尔泰、印欧等语系语言的并列复合词，在数量上都不及汉藏语多，而且特点迥异，因此汉藏语的并列复合词成为区别于其他语系语言的一个重要特点。具体说来，汉藏语并列复合词可以归纳出以下几个特点：

第一，汉藏语并列复合词数量多，能产性强，其构成是词汇丰富发展、增强语言表达能力的一个重要的构词手段。

第二，汉藏语并列复合词的词素顺序基本固定，前后顺序一般都不能变动。如：

汉语的“黑白”不能说成“白黑”，“天地”不能说成“地天”。景颇语的“父母”是nu̠^{51}（母）wa̠^{51}”（父），不能说成wa̠^{51}”（父）nu̠^{51}（母），“祖辈”是tʃi^{33}（祖父）wo̠i^{33}（祖母），不能说成wo̠i^{33}（祖母）tʃi^{33}（祖父）。

① 汉藏语系属分类目前意见不一。本文所指的“汉藏语”主要是汉语和藏缅语。

颠倒了就不成复合词。尽管有极少数的词能改变词序，但都有其特殊的条件和原因。不同语言的顺序有相同的，又有不同的，原因种种。

第三，汉藏语控制并列复合词词素的顺序有语音和语义两个因素。语音规则是形态标记，其功能主要是词素之间的语音和谐，属于构词韵律，是一种形态特征。

同一语言内部，普遍是两种因素并存。如：绿春哈尼语的“手脚”，说成khɯ^{55}（脚）l̠a^{31}（手），受语音规则控制，即高元音ɯ在低元音a之前；“叔婶辈”说成da^{33} da^{33}（叔）a^{31} mɯ^{33}（婶），受语义规则控制，即阳性词素在阴性词素之前。但不同语言之间，两种规则的运用比例不同。有的语言，语音规则强些，而有的语言，语义规则强些。

第四，汉藏语语言并列复合词的大量存在及其韵律和谐的显赫特征，其产生的土壤与汉藏语普遍存在分析性特点有关。分析性的特点，决定了汉藏语在构词和句法结构上要采用韵律手段。这是一个值得深入研究的语法类型学特征。

弄清并列复合词的特点、规律和成因，必将充实类型学理论的研究，也有助于对语言之间关系的探讨。

三、制约汉藏语并列复合词词序的因素

制约汉藏语并列复合词词序孰先孰后主要受语音和语义两个因素的制约。但在不同语言里，语音和语义这两个因素的比例存在差异，有的以语音因素为主，有的以语义因素为主。

（一）语音因素

迄今为止发现的语音因素有两种类型：一是声调因素型，即不同声调的固定配合；二是元音型，即不同舌位的元音固定配合。

第一，声调因素型。

声调因素型指的是复合词前后词素按声调组合规则排列。这一类型的

复合词在汉藏语里目前发现的只有汉语、白语两种语言。

汉语并列复合词的词素顺序，绝大多数都是由不同声调的固定配合而成，由语义制约顺序的少。声调的顺序，多是按平上去入的顺序排列。如："天地"，"天"是平声在前，"地"是去声在后；"耳目"，"耳"是上声在前，"目"是入声在后；"等待"，"等"是上声在前，"待"是人声在后。

纵观汉语史，可以看到这种组合模式已有很长的历史。张博对先秦五书中双音节同义连用、类义连用和反义连用的1819个并列式结构做了量化的、微观的、系统的统计和分析，得出了如下结论："先秦双音节并列式连用中词序的主要制约因素是调序；意义与调序双重制约而形成的异调顺序连用数量极少，绝大多数异调顺序连用纯然是调序制约的结果；在意义关系产生矛盾时，意义制约力并不绝对起决定作用"[1]。张文还提出了一些有价值的理论思考问题，如"各种因素制约力度的强弱之比怎样？在语言发展过程中的消长趋势如何？汉语声调的演变对于调序制约力产生了什么影响？所有这些问题都还有待于进一步研究才能探明"[1]。

大理白语的并列复合词的词序主要也是由声调因素决定的。赵燕珍指出："大理白语并列复合词的词素顺序主要受音高制约。""若是两个平调相结合，一般是调高的词素在前，调低的词素在后"；"一般是升调、降调在前，平调在后"。例如：

$\text{xɛ}^{55}\ \text{pha}^{44}$ 菜	$\text{tshɿ}^{33}\ \text{tɕhu}^{33}$ 尺寸	$\text{to}^{35}\ \text{mɔ}^{33}$ 父母	$\text{ŋɯ}^{21}\ \text{mɛ}^{33}$ 牛马
菜 菜（汤里）	尺 寸	父 母	牛 马

"升调与降调结合时，是升调在前、降调在后"[2]例如：

$\text{kuo}^{35}\ \text{mɯ}^{21}$ 锅灶	$\text{ki}^{35}\ \text{te}^{42}$ 鸡猪
锅 瓮	鸡 猪

值得注意的是，大理白语的并列复合词如果两个词素的调值相同，词序则由元音舌位高低并列排列，一般是前一词素的主要元音舌位高于后一词素。这就是说，若声调相同无法作为区别性特征，则以不同的元音舌位作为制约条件。例如：

ti^{33} mɔ^{33} 爹妈　　　　tɕu^{33} me^{33} 迟早

爹 妈　　　　　　迟　早

第二，元音因素型。

元音因素型指的是复合词前后词素按元音舌位高低排列。一般是“前高后低”，即元音舌位高的在前，元音舌位低的在后。这一类型在藏缅语里比较普遍，有景颇语、哈尼语、拉祜语、纳西语等语言。

景颇语的并列复合词是一种严格按元音舌位“前高后低”搭配的语言，绝大部分并列复合词都按这一规则排列顺序。复合词有三个音节的，是第一和第三音节和谐；复合词有四个音节的，是第二和第四音节和谐。从韵律的角度看，“前高后低”的搭配是一种韵律和谐。但这种和谐，不是相同、相近的元音和谐。而是相异的元音和谐。[3] 例如：

nu̠^{51} wa̠^{51} 父母　　ku^{33} mo̠i^{33} 公婆　　kun^{33} phai^{33} 担负　　tʃi̠ŋ^{33} pau^{31} 锣鼓

母 父　　　　公 婆　　　　背　抬　　　　鼓　锣

tʃum^{31} mǎ^{55} tʃap^{55} 调味品　　　　tʃu̠^{55} pǎ^{55} la^{55} 子弹和箭的总称

盐　辣　椒　　　　　　子　弹　箭

若两个词素的元音相同（元音松紧的对立不计），词素的顺序则根据意义的性质排列前后。一般是，两个词素中与整个复合词的意义较近的词素或更重要的放在前面。例如：

ŋaŋ^{31} ka̠ŋ^{33} 结实　　　　ʃan^{31} ŋa^{55} 荤菜

牢　绷紧　　　　　　肉　鱼

上例的“牢”与“结实”接近，“荤菜”中“肉”比“鱼”重要。

此外，少量的词还与词素是否是借词有关。若其中有一个词素是借词，这个借词词素大多放在本族语的词素之后，而不受“前高后低”的搭配规律的制约。例如：

lǎ^{31} khon^{55} khan^{33}si^{33} 苛捐杂税　　　　mǎ^{31} kan^{55} a^{31} mu^{55} 工作

捐　税（傣语）　　　　　　专业　　工作（缅语）

拉祜语也是一种按元音舌位高低安排词序的语言，但其强度不及景颇语，语义的作用较大，有不少词按语义规则排列。李洁指出："拉祜语并列复合词的词序主要受语音因素的制约"；"元音舌位高的居前，舌位低的居后"。[4] 例如：

vi^{53} la^{53} 猛兽　　a^{35} tɕu^{33} khɛ^{53} 碗筷　　xi^{35} be^{31} 哄骗　　zʅ^{31} ŋɛ^{33} 长短

豹 虎　　筷子 碗　　骗 哄　　长 短

哈尼语也是一种由语音、语义两个原则安排词序的语言。制约哈尼语并列复合词词序的条件是语音、语义两个原则。复合词中有的词按语音条件安排先后，有的词按语义条件安排先后，形成两个不同的系统。语音原则是指元音舌位的高低，即元音舌位低的在后，元音舌位高的在前。[5] 如：

kuɯ^{55} la̠^{31} 手脚　　da^{33} ma^{33} 父母

脚 手　　父 母

ɔ^{31} tɕi̠^{31} ɔ^{31} so^{31} 早晚　　mɛ^{31} si^{33} nɔ^{55} xɔ^{33} 前后

晚上 早上　　前 后

（二）语义因素

所谓"语义因素"，就是以语义关系排列词素的顺序，而不顾前后的语音是否和谐。语义关系排列的顺序大多是：凡语义重要的、正面的、阳性的、与整个词的意义更靠近的词素，居于另一词素之前。

景颇语有极少数词的词素顺序违反"前高后低"搭配规律，而受语义制约。如下面两个例子的词素顺序都按语义排列，其中语义重要的或与复合词整体意义更近的居前，而不按元音"前高后低"的规则排列。例如：

tʃa^{31} kum^{31} phʒo^{31} 财产　　tʃă^{31} then^{31} fă^{31} lun^{31} 破坏

金 银　　毁 坏 拆 开

前一例的"财产"，因财产中"金子"比"银子"更为重要，所以"金子"居前；后一例的"破坏"，前一语素的"毁坏"在意义上比后一个"拆开"更贴合复合词整体的意义，所以"毁坏"居前。

拉祜语也有一些复合词根据语义来排列语素顺序，违反了元音舌位高居前、舌位低居后的构词原则。语义规则是："表示正面、肯定、突出、强调意义的词素居前”“雄性居前，雌性居后”“辈分高、地位高的前置，辈分低的、地位低的后置”“基数词按由小到大的顺序排列”。[4]例如：

da²¹ lv³¹ 好坏　　na⁵⁴ phv³³ 黑白　　la²¹ mɛ³¹ la²¹ sa³³ 左右手

好 坏　　黑 白　　手 左 手 右

ɔ³¹ phv³³ ɔ³¹ ma³³ 公母　　ɔ³¹ pa³³ ɔ³¹ ʑa³³ 父子

公 母　　父 子

制约哈尼语并列复合词的两个词素的顺序，除了靠元音舌位规则外，一部分词还靠语义规则安排。并列复合词的两个词素的语义，“在哈尼人的观念中存在主次之分，即一个词比另一个词更重要，或更值得强调。这当中被认为更重要的词素在组成并列复合名词时，在语音相同或不违背语音条件的情况下，大多放在另一词素之前。若语义原则与语音原则发生矛盾，大多是放弃语义原则而采用语音原则，但也有少数按语义原则排列而排斥语音原则的”。[5]例如：

ma³³ mo³¹ ma³³ n̥i⁵⁵ 亲后妈　　a³¹ kha⁵⁵ nɔ⁵⁵ xɔ³³ 以后

亲 妈 后 妈　　以 后 后 面

“亲后妈”一词，“亲妈”比“后妈”重要，放在“后妈”之前，违背了元音舌位“前高后低”的排列原则。“以后”一词中的“以后”词素，与整个词“以后”一样，所以放在“后面”之前。

综上所述，制约汉藏语并列结构复合词的词素顺序是以语音因素为主的。语音规则有声调高低、元音舌位高低两个，不受元音松紧、带不带韵尾的限制，但语义因素也不同程度地起到一定的作用。语音、语义力量的强弱，不同语言的比例不同，构成不同的层次。

四、汉藏语并列结构复合词类型学研究的理论价值

从上述语料的分析可以看到，汉藏语并列结构复合词的语音、语义结构，不同语言之间既有共性又有个性。“麻雀虽小，五脏俱全”，并列结构

复合词的研究，对于类型学的研究可以增添些新的、有价值的内容，具有一定的理论价值。下面提几个问题与大家讨论。

（一）怎样认识汉藏语并列复合词特点形成的原因？

汉藏语普遍存在大量的、丰富的并列结构复合词。胡坦经过藏语共时和历时的分析，认为"复合词的逐渐增多是藏语发展的明显趋势之一。现代藏语里，复合词的数目已远远超过单纯词。构成复合词的方式多种多样，并列式是其中比较能产的一种"[6]。并列复合词这种构词方式，古代已有所见。从早期藏文文献，尤其是宗教典籍和宗教用语中可以找到不少例证。例如：

rgyu – vbras 因果	adig – nyes 罪孽	dge – sdig 善恶	lha – vdre 神鬼
因　果	罪　孽	善　恶	神　鬼

如同藏语一样，汉藏语普遍存在并列式复合词。

那么，从类型学的角度如何解释汉藏语并列结构复合词大量产生的原因呢？我认为，词根性强、分析性强是汉藏语的一个普遍的特点，正是这个特点为大量产生复合词提供了良好的土壤。因为，词根性强、分析性强的语言，蕴含着单音节词根占优势的特点，而单音节词根的组合必然成为丰富词汇的便利手段。相反，多音节词丰富的语言，词素不易固合成音节数量少的复合词，也不易赋予复合词的韵律特征，容易组成不受音节数量限制、没有韵律特征的短语。

如果我们把视野扩大到形态丰富的非汉藏语语言，就会容易看清汉藏语并列结构复合词为什么会大量产生。拿汉藏语与形态丰富的语言如阿尔泰语系、印欧语系的语言，还有系属未定的朝鲜语相比，我们能够清楚地看到，这些形态丰富的语言，并列复合词少，多是并列式短语，而且并列成分多按语义规则排列，不大受韵律规则制约。据王远新研究：阿尔泰语系哈萨克语并列复合词的词序孰先孰后"以受语义规则制约为主，同时受语音规则制约，词源规则基本不起作用"。语义规则主要是："表示正面、肯定、明显、突出意义的语素一般居前。""由表示事物大小、高低或长短特征、时间顺序的词素构成的复合词，按照由大到小、由高到低、由长到短、由前到后的顺序”排列。[7]

又如：朝鲜语没有“宽窄、深浅、长短”等这种结构的复合词，“宽窄”在朝鲜语对应为“宽（名词）”“深浅”对应为“深（名词）”“长短”对应为“长（名词）”。但值得注意的是，朝鲜语中的一些汉字词，与汉语并列复合词词序相同。① 这说明，语言接触对并列复合词的构成能起到一定的影响作用。例如：

pu mo（汉字词）父母

父 母

tɛ so（汉字词）大的和小的

大小

hɯk pek（汉字词）黑色和白色

黑　白

两相映照，能够说明汉藏语并列复合词之所以如此丰富，大约与汉藏语语言分析程度的强弱、韵律的强弱有关。分析性强的语言，容易滋生韵律，要靠韵律来增强语言的表达能力。对这个问题，目前学术界还认识不够，是一个有待今后继续探讨的课题。

过去，研究汉藏语语言类型学多注意句法、语序，现在看来，构词法的语言类型学研究需要加强，像并列复合词的构造就有大量的资源可以开采。

（二）怎样认识制约汉藏语并列复合词词素顺序的条件?

已有的研究成果证明，制约汉藏语并列复合词词素词序的条件是声调高低、元音舌位高低，应该如何解释这两个手段？对汉语，多数学者都持发音省力说，认为声调从高到低比较省力。但马清华持“联合作用”说，认为虽不排除调序成因中有省力的因素在内，但发音省力说至少是十分片面的。从更广泛的意义上说，并列复合词的调序应是语音地位、受关注程

① 朝鲜语的例子是吉林大学黄玉花教授（朝鲜族）提供的。特此致谢。

度、频率、典型性、节奏等联合作用所致，背后则隐藏着更为深刻的功能动机。[8]陈宏持“音域大小”说，认为：“根据四声发音的生理基础，去声的音域最大，因而难度最大；上声是拱调，且调值较低，次之；阳平是高升调，又次之；阴平是高平调，发音最为省力。我们认为：同义并列复合词内部的排列规律为音域小的在前，音域大的在后”。[9–10]

这里有个问题值得我们去思考：声调高低和元音开口度的大小与音域大小有无内在的联系？如果用音域大小来解释声调的高低，是否也能解释舌位的高低，即舌位高的音域相对小，舌位低的音域相对大？如果可以，那就能把藏缅语的两种语法标记统一了起来，看成是同一现象的两个不同变体。为什么并列复合词需要依靠语音规则来组合，而非并列复合词不需要，这是今后要继续研究、解决的问题。

（三）怎样认识制约汉藏语并列复合词构造语音因素的性质？

汉藏语并列复合词主要是按韵律规则（不同声调或不同元音）组成的，但非并列复合词（主从、支配等）和并列式短语的构造都不受韵律特征的制约。所以，韵律规则成为并列复合词区别于非并列复合词和并列式短语的特征。如景颇语：

并列复合词：mu̱^{51} wa̱^{51} 父母　　tiŋ^{31} man^{33} 老实
　　　　　　母　父　　　　直　老实

非并列复合词：khʒai^{33} noi^{55} 吊桥　　man^{33} ju^{31} 镜子　　tʃan^{33} kʒi^{33} 旱天
　　　　　　　桥　　吊　　　　脸　　看　　　　太阳 旱

短语：kǎ^{31} nu^{31} the^{ʔ31} kǎ^{31} wa^{31} = kǎ^{31} wa^{31} the^{ʔ31} kǎ^{31} nu^{31} 父亲和母亲[11]
　　　母 亲　和　父 亲　　父 亲　和　母 亲

上例的并列复合词词素是按元音和谐规则组成的，词序不能变；而后面的非并列复合词和并列短语没有韵律要求，并列短语的词序还能移动。

制约并列复合词词序的韵律特征，应该是并列复合词的语法标记，是一种形态特征。这种形态特征，是由汉藏语语音结构的类型学特征所规定的。

（四）怎样认识制约汉藏语并列复合词词序语音因素和语义因素的关系？

汉藏语并列复合词构成的因素既有语音因素又有语义因素。这两种因素共同存在于同一个语言系统中，必然会出现互补和竞争的关系。这是汉藏语并列复合词存在和演变的一个特点。所谓互补，是指在构词中两种因素各在一方起作用，在有的词上，使用语音因素构词；在有的词上，使用语义因素构词，两种因素相互配合增强语言的表达能力。但在人们的语言行为中，这两种因素在使用中必然会出现竞争，即争夺它自己的使用范围，这时就会产生词的"两读"。

比如：景颇语的并列复合词语音原则要求以元音和谐规律来构词，要求语义服从语音；而语义原则则强调语义领先，不顾语音和谐，违背"前高后低"的语音搭配，竞争的过程出现了两读。例如：nam^{31} lap^{31}（叶子）nam^{31} lo^{33}（配音）"叶子的总称"的词素按语义原则排列，意义实在的在前，配音在后；但也可按语音规则排列，读为 nam^{31} lo^{33}（配音）nam^{31} lap（叶子）。$phot^{55}$ ni^{55}（明天）$phot^{55}$ tin^{31}（后天）"明后天"也可读为 $phot^{55}$ tin^{31}（后天）$phot^{55}$ ni^{55}（明天）。

又如哈尼语，也存在部分词的"两读"，也是语音和语义二者竞争的结果。如：

"哥嫂"读：a^{55} go^{33} a^{31} $tshu^{33}$　又读：a^{31} $tshu^{33}$ a^{55} go^{33}
　　　　　哥　　嫂　　　　　　　　哥　　嫂

"岔路"读：ga^{55} ma^{33} ga^{55} $tshɔ^{55}$　又读：ga^{55} $tshɔ^{55}$ ga^{55} ma^{55}
　　　　　路　　岔路　　　　　　　岔路　　路

语言的状态及其演变，都受语音和语义关系的制约，但在不同语言中二者的关系存在不同的特点。并列复合词的研究，有助于认识语音和语义的关系。

（五）复合词构造的类型学特点，能为确定语言关系提供一些旁证

类型学关系能为语言关系的研究提供一些旁证材料。汉语和藏缅语

的并列复合词在构造上、语言标记上、演变上都普遍存在相同或相似的特点，比如语序固定、主要靠语音标记组合词素等。这不是偶然的，会有其亲缘关系的内在原因。由此，这一类型学共同特点能不能为确定汉语和藏缅语之间的亲缘关系提供一个证据？

为什么同是汉藏语语言，有的语言的复合词词素的顺序受声调因素制约，有的则受元音因素制约？总的看来，汉语主要受声调因素制约，藏缅语主要受元音因素制约，这是什么原因造成的？是否与二者之间声调产生的早晚有关？已有的研究成果初步证实：汉语的声调至少在上古汉语就已产生，而藏缅语的声调产生较晚，藏缅语有的语言和方言至今还没有声调，如门巴语、道孚语、藏语安多方言、羌语北部方言等，有的语言声调正处于萌芽阶段，如嘉戎语。

白语的系属问题——是属于藏缅语还是接近汉语，一直是一个未取得一致认识的难题。有的认为靠近藏缅语，而有的认为靠近汉语。但在复合词词素的顺序上，白语则不同于藏缅语，而接近汉语。这是为什么？过去有的学者认为白语靠近汉语不是完全没有道理的。

参考文献

［1］张博：《先秦并列式连用词序的制约机制》，《语言研究》，1996年2期。

［2］赵燕珍：《大理白语的并列复合词》，《百色学院学报》，2012年2期。

［3］戴庆厦：《景颇语并列结构复合词的元音和谐》，《民族语文》，1986年5期。

［4］李洁：《拉祜语的并列结构复合词》，《民族语文》，2004年4期。

［5］戴庆厦、李泽然：《哈尼语并列复合名词》，《中国哈尼学》，昆明：云南民族出版社，2000年。

［6］胡坦：《藏语并列式复合词的一些特征》，《民族语文》，1986年6期。

［7］王远新：《哈萨克语土耳其语并列复合词词素顺序的特点》，《民族

语文》，1996年6期。

[8] 马清华:《论汉语并列复合词调序的成因》,《语言研究》，2009年1期。

[9] 陈宏:《现代汉语同义并列复合词词性、词序分析》,《南开语言学刊》，2008年1期。

[10] 陈宏:《现代汉语同义并列复合词语义语用分析》,《天津大学学报》(社会科学版)，2008年4期。

[11] 戴庆厦:《景颇语参考语法》，北京：中国社会科学出版社，2012年。

（原载《吉林大学社会科学学校》2015年第3期。《中国人民大学书报资料中心2015年第9期转载。）

再论汉语的特点是什么

——从景颇语反观汉语①

[提要] 本文通过景颇语和汉语的比较认为：汉语的主要特点或起主导作用的特点是超分析性："超"字的特点表现在单音节词的数量、义项扩大能力、词的活用能力、韵律手段、歧义现象等诸方面。分析性语言因为缺少形态变化，必定寻求适合自己语言特点的表达手段。

[关键词] 汉语　特点　反观　景颇语

一　题　解

认识一种语言的具体特点主要有两种方法：一是具体分析这一语言内部的特点，并通过各要素的比较，获取这一语言整体特点的认识。二是通过不同语言的比较，包括有亲缘关系的语言比较和无亲缘关系的语言比较，从异同的比较中获取对这一语言的特点的认识。

我在"第47届国际汉藏语暨语言学会议"上提交的《汉语的特点是什么》报告中（戴庆厦2014），通过汉语与非汉语的比较，从宏观上提出了对汉语特点的几点认识，该报告认为：汉语（指现代汉语，下同）属于分

① 本文为国家社科基金重大项目"基于中国语言及方言的语言接触类型和演化建模研究"（14ZBD102）的科研成果之一。

析性语言，而且是超分析性的语言：该语言属于隐性特点特别丰富，语义具有超强伸张力，特别注重韵律。还认为，准确地把握汉语的特点必须进行语言比较，要从不同特点的比较中挖掘汉语的特点，对汉语特点的认识要防止非汉语眼光。这篇论文偏重于宏观论述，仅仅提出了一个如何认识具体语言的思路；若要证实这一命题，还必须通过一个个具体语言与汉语的系统比较才能获取更有说服力的证据。

世界上的语言大体可分为分析性和非分析性两种类型。分析性语言的类别中还有强分析性、次强分析性、弱分析性的小类：非分析性语言的类别还有粘着型、屈折型的小类。(当然，分析性语言也会有少量的形态变化。) 拿汉藏语系语言来说，这一语系的语言都属于分析性，但分析性的强弱很不同，存在不同的层次。其中，汉语、藏缅语族中的彝缅语、壮侗语、苗瑶语最强；景颇语弱些，居中，即除了分析性特点外，还有不同程度的黏着、曲折的变化；北部的嘉戎语、普米语、羌语等语言，黏着、曲折的变化较丰富，分析性较弱。通过汉藏语内部不同类型语言的比较，能够发现各类语言在演变上的层次特点，求出一条有研究价值的演变链。多年的研究经验告诉我们，区分分析性和非分析性、并进而分析其强弱，是观察语言现象、深化认识语言主要特点的一个重要视点或关键视点，也是认识具体语言特征的一把钥匙。

这两年，我又审视了自己的这一观点，进一步确认从非汉语特别是与汉语有亲缘关系的语言反观汉语，容易挖掘、找准汉语的特点，应该是我国今后语言研究必须重视、加强的一种研究方法，一个有价值的突破点。这期间，我又想到有两点必须强调：一是在2014年提出的几个汉语特点中，应该进一步认识哪个是主要的，起主导作用的，哪个是次要的，伴随主要特点的。经过比较、分析，我认为其中的“汉语是超分析性的语言”，应该是最主要的，起主导作用的。为什么说汉语是“超”分析性语言？其“超”字的表现在哪些方面？二是要做好这一“反观”，除了多语言的综合反观外，还要多做单一语言的反观。因为一个个语言的反观比较扎实，两可性小，是认识汉语特点的可靠基础。

景颇语属于汉藏语系藏缅语族景颇语支，与汉语有亲缘关系是无疑的。但现代景颇语还保留许多屈折型的特点，分析性不如汉语强，这从使动范畴一例就能证明。使动范畴是汉语和藏缅语共有的、古老的语法范畴，通过亲属语言比较能够构拟出原始汉藏语共同语的形式。半个多世纪以来，汉藏语比较的成果已经证明：原始汉藏语的使动范畴有着丰富的形态变化形式，后来形态变化衰退了逐渐被分析式所代替，但不同语言的演变特点不同。

现代藏缅语不同程度地保留了原始的屈折形式，其变音手段主要有浊声母对清声母、不送气声母对送气声母、松元音韵母对紧元音韵母以及不同元音、不同声调的对应。景颇语也保留了原始藏缅语形态变化的遗迹。如：pja^{ʔ55}“垮”—phja^{ʔ55}“使垮”，noi^{33}“挂着”—noi^{55}“使挂着”，tuŋ^{33}“着（锅）”—tun^{55}“使着（锅）”，ʃă^{31} mu^{33}“动”—ʃă^{31} mot^{31}“使动”。

从语言比较中能够看到，现代汉语使动范畴的屈折手段已基本消失，大多是通过分析式手段表达，屈折式使动词已找不出几个。有的学者认为古代汉语也有使用浊音对清音的交替形式表示自动、使动，一般是浊音表自动，清音表使动。如：“自败”为b-，“使败”为p-。这与藏缅语有对应关系。汉语的屈折形式消失后，是通过语义表达功能的扩大来弥补，其中一个重要的手段是使同一个音节的语义扩大为自动和使动两个义项。如“败”“哭”“饮”都有自动和使动两个义项，分别在不同的语境中使用。例如：敌败了，败兵；船沉了，沉船；饮酒，饮马。

上面的“败”一词，藏缅语一些语言还保留有曲折变化，如景颇语的sum^{55}“败”——tʃă^{31} sum^{55}“使败”，就是用前缀tʃă^{31}来表示使动。而汉语只用一个音节表示，“败”包含自动、使动两个义项。此外，景颇语还有大量表示人称、数、方向、语气、体等语法意义的形态变化，都是汉语所没有的。

所以，拿与汉语有亲缘关系的景颇语来与汉语比较，能够较清楚地看到汉语的分析性特点。下面，我提取几个特征来论证汉语的特点究竟是什么。这是一次尝试。

二 从词的音节多少看汉语的超分析性特点

汉语的分析性特点除了缺少形态变化外，还有一个重要特点是单音节性强，即词的表达大多用单音节单纯词，或用单音节词构成的复合词。我拿斯瓦迪士的200个基本词表将汉语和景颇语做了比较，统计出音节多少的异同是：

	单音节	双音节	一个半音节	单双音节变读	三音节
汉语	188	12	—	—	—
景颇语	76	41	49	33	1

从上表能够明显看出汉语的单音节性在基本词汇中的绝对优势。这在汉藏语系语言中是比较突出的。汉语的单音节性特点有着悠久的历史，可以说，单音节性是汉语的一个长期的、稳固的、重要的特点。

再看一下景颇语的音节分布。据《景汉辞典》(徐悉艰等，1983) 15245个词的音节分布数统计，不同音节的数量及比例如下：

单音节	双音节	三音节	四音节	五音节及以上
2693	8317	2103	2001	131
17.66%	54.55%	13.79%	13.12%	0.86%

以上统计说明，景颇语的单音节词不到20%。这显然与汉语不同。单音节性的特点是重要的，它还会伴随一些别的特点，如词的义项扩大能力强、韵律复杂等。

汉语的超分析性特点可用下面一句话来表达：用最经济的短小形式表

达无限的内容。这个特点是其他分析性弱的语言（如景颇语、嘉戎语）或非分析性的语言（如阿尔泰语系的语言、印欧语系的语言）所没有的。因为是单音节，又缺少形态，所以要表达丰富的内容就必须另找出路，寻求适合自己语言特点的表达手段，以利于自身的生存和发展。

三　从义项的扩大能力看汉语的超分析性特点

义项的扩大能力与语言的分析性强弱有关。大凡是：分析性强的语言义项扩大能力强。这是因为分析性强的语言，缺少形态变化，词的音节短，要表示丰富的概念就要从义项上挖掘资源，扩大语言的表达能力。通过景颇语和汉语的义项比较，可以明显地看出汉语义项扩大能力特强，景颇语特弱。下面列举一些常用的基本词来说明这个问题。

“一”　汉语的“一”除了主要表达“数目”义外，还有“同一（一家人）、另（一名西红柿）、全（一冬、一生、一路）、短暂（笑一笑）、一旦（一失足）”等义项。而景颇语的lǎ^{55}ŋai^{51}“一”只表“数目”义。汉语“一”的其他义项，景颇语或用别的词表达，或无表达法。如：“一家人”用tiŋ^{31}khu^{33}（家）tiŋ^{31}（整），即“整家”。“一名西红柿”用mǎ^{33}kʒi^{33}sum^{31}（西红柿）pai^{55}（又）ʃǎ^{31}mjiŋ^{31}（命名），即“又名西红柿”。“一生”用pʒa̱t^{31}（世）tu̱p^{55}（整），即“整世”。“笑一笑”无此表达法。“一失足”用lǎ^{33}ma^{33}wa^{33}（假如）mǎ^{31}ʒa^{31}ʃut^{55}（犯错误），即“假如犯错误”。

“爱”　汉语的“爱”除了主要表达“有深感情（爱祖国）”外，还有“喜欢（爱看电影）、容易（铁爱生锈）、爱护（爱公物）”等义项。景颇语与汉语“爱（有深感情）”对应的是tso̱^{ʔ55}或tso̱^{ʔ55}ʒa^{ʔ31}，如“爱祖国”说成tʃi^{33}woi^{33}muŋ^{55}tan^{33}（祖国）phe^{ʔ55}（宾助）tso̱^{ʔ55}ʒa^{ʔ31}（爱）。而汉语“爱”的其他义项，景颇语或用别的词表达，或无表达法。如：“爱看电影”用tat^{55}ʃin^{33}（电影）ju^{33}（看）mǎ^{31}ju^{33}（想），即“想看电影”。“铁容易生锈”用phʒi^{31}（铁）n^{31}khan^{33}（锈）ʃa^{55}（吃）loi^{31}（容易），即“铁容易被吃”。“爱

公物”用ʃă^{31}wa^{31}ʒai^{55}（公物）tso̠$^{?55}$ʒa$^{?31}$（爱）mă^{31}kop^{31}（保护），即“爱护公物”。“爱吃辣椒”用mă^{55}tʃap^{55}（辣椒）ʃa^{55}（吃）ʒa$^{?31}$（要）即“要吃辣椒”。

“白” 汉语的“白”除了主要表示颜色外，还有“清楚（真相大白）、没加上别的（吃白饭）、没有效果（白去）、非正式（打白条）”等义项。景颇语与汉语“白（表颜色）”对应的是phʒo^{31}（白），如phʒo^{31}（白）ai^{33}（的）pă̠^{33}loŋ^{33}（衣服）。而汉语“白”的其他义项景颇语都用别的词表示。如：“真相大白”说成pjin^{31}ai^{33}lam^{33}（真相）phe$^{?55}$（宾助）mu^{31}ma$^{?55}$tʃe̠^{33}ma$^{?55}$（看穿），即“看穿真相”。“吃白饭”说成ʃat^{31}（白的）tʃă̠^{55}ka^{51}（饭）ʃa^{55}（吃），即“吃没菜的白饭”。“白去”说成kă^{31}man^{31}（空）sa^{33}（去），即“空去”。“打白条”说成sak^{31}se^{31}（证明）mă^{31}su$^{?31}$(欺骗)，即“欺骗证明”。

“走” 汉语的“走”除了主要表示“行走”义外，还有“跑（奔走相告）、移动（钟不走了）、去（走一趟）、死（他走了）、走火（枪走火）、漏出（走风）、改变（走样）”，等义项。而景颇语与汉语“行走义”对应的是khom^{33}“走”。与汉语“走”的其他义项对应的都用别的词。如：“奔走相告”说成n^{55}tʃi^{51}n^{55}ku^{51}ʃa^{31}（奔忙地）khan^{55}（跟）tsu̠n^{33}tan^{55}（告诉）kh̠at^{55}（互相），即“奔忙地跟着告诉”。“钟不走了”说成na^{33}ji^{33}（钟）n^{33}（不）ʃă^{31}mu^{33}（动）sai^{33}（句尾），即“钟不动了”。“走一趟”说成la̠ŋ^{31}（次）mi^{33}（一）sa^{33}（去），即“去一趟”。“他走了”说成ʃi^{33}（他）si^{33}（死）sai^{33}（句尾），即“他死了”。“枪走火”说成să^{55}nat^{55}（枪）tum^{31}phʒan^{33}（走火，用一个词表示），即“枪走火”。“走风”说成ʃi^{31}（消息）ta̠t^{55}（露失），即“消息漏出”。“走样”说成ʃai^{55}（变）mat^{31}（掉），即“变掉”。说明一点，“钟不走了”由于受到汉语的影响，有的也用khom^{33}“走”，说出na^{33}ji^{33}（钟）n^{33}（不）khom^{33}（走）sai^{33}（句尾）。这是语言影响在义项上的表现。

四　从词类的兼用能力看汉语的超分析性特点

一个词能够兼作不同的词类，是语言运用中讲究经济原则而采取的手段。但不同的语言，分析性的强弱会影响词的兼用能力大小。通过景颇语和汉语的相比，可以看到汉语词类的兼用能力大大强于景颇语。

据《景汉词典》的15245个词的统计，其中词类兼用的只有254条。大多是兼作两个词类的，也有少量是兼作三个、四个词类的。具体兼用情况如下：①

名词、动词兼用的有81条；名词、形容词兼用的有19条；名词、状词兼用的有16条；名词、数词兼用的有1条。名词、动词、量词兼用的有3条；名词、动词、状词兼用的有1条；名词、状词、助动词兼用的有1条。名词、动词、状词、量词兼用的有1条。

动词、状词兼用的有35条；动词、助动词兼用的有35条；动词、量词兼用的有14条。动词、状态词、量词兼用的有1条。

形容词、状词兼用的有6条；形容词、量词兼用的有2条。量词、状词、语气词兼用的只有1条。

助词、句尾词兼用的有1条。

景颇语与汉语相比，只有部分词类有兼用能力，且多是名词与动词、量词兼用，动词与量词兼用，形容词与动词兼用。这是共性。汉语的名词与动词兼用的如：盖（用盖盖）、叉（用叉叉）、电（被电电了一下）、歌（唱歌、歌者）、包（用包包）等。景颇语如：kǎ^{31}toŋ^{33} “坡”（名词）和“陡”（形容词），kum^{31}kai^{33} “老太婆”（名词）和“（老太婆）老”（形容词）。汉语的名词兼作量词的如：刀（用刀切，切一刀）、包（布包，一包糖）、根（刨根，一根草）等。景颇语如：n^{31}kup^{31} “嘴”（名词，嘴；量词,（一）口（饭）。wǔ^{33}noŋ^{33} “牛群”（名词，牛群上山了；量词,“（一）群”（牛群）。汉语动词兼作量词的如：卷（卷纸，一卷纸），捆（捆行李，一捆布）。景

① 以上兼类统计是中国社会科学院徐悉艰研究员替我做的。《景汉词典》将景颇语的词分为名词、代词、动词、形容词、数词、量词、助动词、副词、助词、连词、句尾词、语气词等12类。状词是副词的 大类别，由于与其他副词特点存在较大差异，本文单独提取出来统计。

颇语如：mǎ[31]kǎi[31] “包”（动词，包衣服；量词，一包衣服）。[①]

差异主要是：

1.景颇语词类兼用的数量不及汉语多，不及汉语广泛。词类的兼用上，汉语的名词、代词、动词、形容词、数词、量词、副词、介词、连词、助词等词类，都有兼用能力。汉族的“千家姓”，除了用名词外，许多别的词类也能承当。而景颇语的词类中，代词、数词、副词、连词、语气词等，不能与其他词类兼用。句尾词也是基本上不能兼类的，只有一个ai[33]能兼用结构助词。

2.汉语名词的活用能力还在不断增多。如“很阳光”“很明星”“最黄金的时代”“开幕式表演很中国，而闭幕式却很世界”“今天我也阿Q了一把”等名词的活用用法，已在口语出现，并有不断增多的趋势。这已成为汉语的一种能产的活用格式。汉语有的方言具有超强的活用能力，如闽语仙游话，名词也能活用为形容词。例如：猴猴（像猴一样瘦）、纸纸（像纸一样柔软）。

3.汉语有实词和虚词兼类的，如：对（动词兼作介词：刀对刀、对他好），把（动词兼作介词：把脉，把他批评了），多（形容词与副词兼用：人多、多高）、管（动词与连词兼用：老师管学生、管他是谁）；丁（象声词兼作动词：丁冬、拿到微波炉去丁一下）。而景颇语的实词与虚词是不能互相兼用的。

汉语的数词有的能兼做别的词类，如：三（兼做副词，三思而后行）、七（兼做名词，头七）、九（兼做名词，冬练三九）等。汉语早就有数词的使动用法，数词表示事物发生反反复复的数量变化。如：“籍令秦始皇长世，……虽四三皇，六五帝，曾不足比隆也。”“霸主将德是以，而二三之，其何以长有诸侯乎?”汉语数词的兼用还在增多，如“这个人很二”。景颇语的数词绝对不能当别的词类用。

---

① 说明一点，景颇语的名词有的在宾动结构中能当动词用，称宾动同形。名词若是双音节的，当动词用时只取后一音节。由于这类兼用只跟随这个名词使用，是封闭的，缺乏能产，所以与上述名词当动词用的有些差别。

4.汉语词类的活用，还表现在一个词类可以进入多种句法位置，如形容词可以与名词一样做主语或宾语（“卖破烂”“包含酸甜苦辣”）。在文学语言中更为灵活，如“苦过你的苦，悲伤着你的悲伤”，“特别星光大道”，并有不断增多的趋势。汉语的形容词、动词不添加任何标记就能当名词使用，这就造成汉语划分词类的困难。景颇语的形容词若要当主语、宾语，必须加名词标记。如：形容词的“酸”khʒi^{33}，若当主语、宾语必须加名词标记tʃă^{33}前缀，或助词ai^{33}“的”，构成名词性的tʃă^{33}khʒi^{33}或khʒi^{33}ai^{33}的格式。

5.汉语和景颇语的动词、形容词可以活用，有一些词既可以当形容词使用，又可以当动词使用。但汉语的形容词与动词难解难分的程度比景颇语大。比如：景颇语的形容词做谓语时不能出现在命令式句型上，也不能跟命令式句尾词结合，而动词则能。例如：(加*的表示不符合语法规则)

noŋ^{33} kă^{31} lo^{33} u^{ʔ31} !　　你做吧！

你　做　（尾）

*naŋ^{33} kă^{31} pu^{33} u^{ʔ31} !　　你高兴吧！

你　高兴　（尾）

又如，形容词做定语时，能放在名词前，也能放在名词后；而动词做定语时，只能放在名词之前。例如：

kakă^{31} pa^{31} ai^{33} phun^{55}　大的树　　phun^{55} kă^{31} pa^{31}　大树

大　的 树　　树　大

sa^{33} ai^{33} mă^{31} ʃa^{31}　去的人

去 的 人

汉语的动词和形容词都缺乏各自的标记，所以要靠语义和句法结构来区分。但景颇语的形容词能加上前缀a^{55}构成副词，动词则不能。形容词也可重叠构成副词，当作一般动词的状语使用，动词则不能。例如：

a^{55}　lă^{31} wan^{33} kă^{31} lo^{33} u^{ʔ31} !　　你快做吧！

（前）快　做　（尾）

lo^{ʔ55} lo^{ʔ55} mǎ^{31} ʒi^{33} u^{ʔ31}！　　你多多地买吧！

多　多　买　　（尾）

以上分析说明，词类兼用能力的大小，与分析性强弱有关。分析性弱的语言，形态成分会多些，形态成分会使不同词类的区别性面貌更加突出些。

五　从韵律的强弱看汉语的超分析性特点

人类语言都有韵律，但不同语言韵律的强度及特点不同。一般看来，汉语的韵律比景颇语强，这可能与其分析性比景颇语强有关。

比如双音节化是汉藏语韵律普遍使用的一个手段。双音节的特点有的出现在构词上，有的出现在句法构造上。两种语言在构词上都有双音节化的表现，如在单音节词根前加阿（a）前缀构成双音节，三音节词或四音节词缩减成双音节词等。

在并列复合结构的语素组合上，汉语和景颇语都依靠韵律，但有不同的手段。汉语靠声调变换规则组合。大多是平声在前，仄声在后，如“男女、手脚、天地、牛马、耳目、黑白、新旧、横竖、弯曲”等。而景颇语靠元音和谐规则组合，元音舌位高的在前，低的在后。如：nu̠^{51}（母）wa̠^{31}（父）“父母”，num^{33}（女）la^{33}（男）“男女”，lǎ^{31}ko^{33}（脚）lǎ^{31}ta̠^{ʔ55}（手）“手脚”，kǎ^{31}tʃi^{31}（小）kǎ^{31}pa^{31}（大）“大小”。

但在句法中，汉语双音节化的现象比景颇语出现的多。如：动宾结构的组合，汉语讲究“成双”，否则为不合法。如：可以说“植树、种植树木”，而不能说“*种植树”“*植树木”。说“掌声有请”，不说“*掌声请”。可以说“修剪花木”，而不说“*修剪花”或“*修剪木”。

再看文学语言的押韵情况。文学语言是语言的精华。汉语的文学语言中，特别是古诗词中，讲究五言、七言的字数相同以及上下句字的声韵协调；而景颇语则不严格，押韵主要在一句话的最后音节上。而且，“传统诗歌的句子长短不一，长的达八十个音节，最短的仅有四个音节，但一般多用六至八个音节。”（戴庆厦、岳相昆1989）例如：

a^{31} $tʃa^{31}$ $să^{33}$ mui^{33} $mu^{ʔ31}$，kum^{31} $phʒo^{31}$ $mă^{31}$ $ʒaŋ^{33}$ $phʒaŋ^{33}$ $thu^{ʔ31}$.

金子　云　遍布　钱财　雨　落

金子似云遍布，钱财似雨落下。

$noŋ^{33}$ sum^{31} $tu̱^{33}$ $ʃe^{ʔ31}$ kho^{55}，$ŋui^{31}$ $niŋ^{31}$ $phaŋ^{33}$ $ʃe^{ʔ31}$ jo^{55} wa^{31} ju^{33} $ka^{ʔ31}$！

和睦　话 才 说　幸福　根源 才 叙 来 看 吧

说说和睦的话，叙叙幸福的根源。

六　从歧义的多少看汉语的超分析性特点

分析性语言由于缺少形态、词的音节数少，容易出现歧义。所以，其句子意义的判断许多要靠语境（上下文、说话表情等）。汉语由于超分析性的特点，使得它的歧义现象比景颇语多。如：主语（施事）和宾语（受事）的确认，汉语会出现歧义。多年来学术界讨论歧义的经典句子“鸡不吃了”，有“我不吃鸡了”和“鸡不吃（食）了”两种意义。汉语这一公认的歧义句在景颇语里不歧义。这是因为汉语没有主语和宾语的标记，光靠语序不能确定居于句首的是主语还是宾语；而景颇语不存在这类歧义，因为景颇语主语和宾语的确认，有句尾词和结构助词标记的帮助。景颇语有大量的句尾词，它具有指示主语、宾语、领属者的功能，从句子的句尾词上就能看出主语、宾语是哪个。汉语的“鸡不吃了”，到了景颇语必须有“我不吃鸡了”和“鸡不吃（食）了”两种句子的对应，不产生歧义。例如：

$ŋai^{31}$ u^{31} $ʃan^{31}$ n^{55} $ʃa^{55}$ $să^{33}$ $ŋai^{33}$.　　我不吃鸡肉了。

我　鸡肉　不 吃（句尾）

u^{31} n^{55} $ʃa^{55}$ sai^{33}.　　鸡不吃（食）了。

鸡 不 吃（句尾）

上文前一句句尾词sǎ^{33} ŋai^{33}的语法意义是指示主语是第一人称单数，即“我”；而后一句句尾词sai^{33}的语法意义是指示主语是第三人称或非人称单数，即“鸡”。

景颇语有宾语助词，用来指示句中哪个是宾语。所以下面的句子主语、宾语的所指界限分明。例如：

（ŋai^{33}）ʃi^{33} phe^{ʔ55} kǎ^{31} jat^{31} n^{31} ŋai^{33}.　　我打他。

我　他（宾助）打　（句尾）

tʃoŋ^{31} ma^{31} phe^{ʔ55} tsu̱n^{33} tan^{55} sǎ^{33} ŋai^{33}.　　我对学生说了。

学生　（宾助）告诉　（句尾）

再看由于句子层次而引起的歧义，汉语出现很多，而景颇语会依靠句尾词、助词的帮助予以排除。如汉语“我看见他哭了”有“我看见/他哭了”“我看见他/哭了”的歧义，但景颇语有两种表达法，不产生歧义。例如：

ŋai^{33} ʃi^{33} khʒap^{31} ai^{33} phe^{ʔ55} mu^{31} sǎ^{33} ŋai^{33}.　　我看见/他哭了。

我　他　哭　的（宾助）见　（句尾）

ŋai^{33} ʃi^{33} phe^{ʔ55} mu^{31} n^{31} na^{55} khʒap^{31} sǎ^{33} ŋai^{33}.　　我看见他/哭了。

我　他（宾助）见　之后　哭　（句尾）

又如“关心孩子的母亲”，汉语有“关心/孩子的母亲”、“关心孩子的/母亲”的歧义，而景颇语也有两种表达法，不产生歧义。例如：

ma^{31} a^{ʔ31} kǎ^{31} nu^{31} phe^{ʔ55} tsa̱ŋ^{31}.　　关心/孩子的母亲

孩子　的　母亲（宾助）关心

ma^{31} phe^{ʔ55} tsa̱ŋ^{31} ai^{33} kǎ^{31} nu^{31}.　　关心孩子的/母亲

孩子（宾助）关心　的　母亲

结构助词phe^{ʔ55}（宾助）和a^{ʔ31}“的”的辅助，清楚地指明哪个是宾语，哪个是定语，不会出现两可的歧义。

从以上分析可见，景颇语由于有句尾词、助词这些语法成分，使得句子的成分关系、语义关系明确。汉语由于分析性超强，句中缺少表示句子成分关系和语义关系的语法成分，虽有其语言经济的一面，但会出现某些歧义的消极面，需要依靠语境的帮助来确认原本的所指。

七 结 语

以上的对比分析，试图说明区分语言的分析性和非分析性的重要性和必要性。分析性或非分析性是一种语言的核心特点，能影响、控制该语言结构的方方面面。可以说，抓住分析性强弱的特征，是认识具体语言特征的一把钥匙。认识汉语的特点，必须抓住其分析性这一根本性的特点。

本文还想说明：分析性语言的分析性，存在强弱不同的层次；分清不同的层次，有利于看清具体语言的特点。汉语是一个典型的超分析性语言，其特点不同于汉藏语系中的非分析性语言。文中通过景颇语和汉语的对比研究，从音节数、义项分化、词类兼用、韵律、歧义等特点入手，进行类型学对比，指出这两种语言存在的差异。

本文还指出：汉语表达功能的最大特点是，用最经济的音节表达无限的内容。汉语因为缺少形态变化，所以要表达丰富的内容就必须在分析性系统上找出路，尽可能地发掘采用适合自己语言特点的表达手段，以弥补分析性表义功能的不足。

通过分析性特点的分析对比来认识语言的特点，是本文的一个尝试。这里要说明一点：决定一种语言义项分化、词类活用等的强弱有各种内外因素，除了语言内部结构因素外，还会有社会文化、语言接触以及历史文献丰富与否等因素，所以必须多角度地进行分析。但在诸多因素中，语言内部结构因素应该是主要的。拿义项分化来说，其分化的多少，会有社会进步的因素，但更重要的是语言内部有无促使义项分化的要求和机制。

对汉语特点的认识是有很高难度的。汉语为什么会形成这样一种既简明而又复杂、看来不复杂但又有理不清、说不明的特点，这当中除了语言因素外，还有社会文化、地理、心理、认知等因素。要科学地认识汉语的特点，其研究难度怎么估计也不会过分。

最后再强调一点：语言研究长期的历史经验证明，对某种语言面目的认识，光研究这个语言是认识不清、描述不清的，必须借助与其他语言的反观，特别是亲属语言特点的映照才能看清，也才能发现深层的、隐性的特点，单视角的研究是远远不够的。正如说一个人的特点、特征，只有通过与别人的比较后才能描述得准确，刻画得形象。汉语特点的认识，既要通过古今汉语的比较映照、不同方言的比较映照，还要通过亲属语言、非亲属语言的比较映照。汉语有许多亲属语言，它们是研究汉语的珍贵资源，必须重视使用。汉语的特点有许多是能够通过与亲属语言的比较得到认识的。

中国的分析性语言多，类型多，有着丰富的研究分析性语言的资源。中国语言学家应在研究分析性语言上做出更多的贡献。

参考文献

戴庆厦、蒋颖：《论量词的功能与演变——汉语景颇语量词比较》，载《汉语与少数民族语法比较》，民族出版社，2006年。

戴庆厦、岳相昆：《景颇族传统诗歌的语言特点》，《中央民族大学学报》1989（1）增刊。

戴庆厦：《汉语的特点究竟是什么》，《云南师范大学学报》2014年第5期。

戴庆厦：《汉语结合非汉语研究的一些理论问题》，载《长江学术》第1辑，长江文艺出版社，2002年。

李方桂：《藏汉系语言研究法》，《国立北京大学国学季刊》第七卷第二期，1951年。

陆俭明：《学习张斌先生的创新精神，更新汉语句法的分析思路》，载《语法研究的深化与拓展》，商务印书馆，2015年。

马学良主编：《汉藏语概论》，民族出版社，2003年。

梅祖麟：《上古汉语动词浊清别义的来源——再论原始汉藏语*s-前缀

的使动化构词功用》,《民族语文》2008年第3期。

闻静:《从藏缅语定语助词的演变反观汉语》,《汉语学习》2012年第4期。

徐悉艰、肖家成、岳相昆、戴庆厦:《景汉辞典》,云南民族出版社,1983年。

(原载《民族语文》2017年第2期)

汉语和非汉语结合研究是深化我国语言研究的必由之路

［**提要**］本文认为我国蕴藏有用之不尽、不可替代的语言对比资源；过去80年来的历史进程已显示出汉语研究结合非汉语的必要性。最后还对未来路子的发展提出一些建议。

［**关键词**］汉语和非汉语　结合研究　必由之路

汉语和非汉语结合研究，是指通过不同语言的反观、映照，加深对汉藏语的认识。这属于跨语言对比研究。由于汉语在人类语言中的显赫地位，所以跨语言对比在中国主要是指汉语和非汉语对比。汉语和非汉语结合研究，是深化语言研究的一个重要、可行的语言研究方法，也是如何充分利用本土资源深化语言研究的一个必要方法。

我近20年做了一些汉语和非汉语结合研究的个案，越做越觉得这种结合研究是深化我国语言研究的必由之路。本文先通过具体研究事例论述我国有用之不尽的语言对比资源，然后从过去80年来的经验论述这种结合的必要性，最后还对未来发展提出一些建议。

1. 我国蕴藏有用之不尽、不可替代的语言对比资源

发展语言学或深化语言研究，语言学家如果能够立足于本土语言，即

重视开发、利用本国的语言资源，就能较好地建立自己的特色和优势。我国的语言资源取之不尽，用之不竭，对语言学的建设有着不可替代的价值。但是，人们对自己资源的丰富性往往认识不足，这就直接影响到对资源的开发和利用。怎么认识我国的语言资源的丰富性和复杂性呢?

（一）我国语言类型多，能为语言对比提供不同类型、不同层次的语言事实。

我国约有130多种语言，近30种文字。中国语言分属汉藏、阿尔泰、南亚、南岛、印欧等五大语系，这些语言中既有分析型，又有粘着型、屈折型。尤其是世界上使用人口居第二位的汉藏语，主要分布在中国。我国的诸多文字包含有文字发展史上各个阶段文字的特点，通过不同文字的对比，能够深化对文字性质，演变特点的认识。

（二）我国的语言蕴藏着大量的对语言研究有价值的现象，这对通过语言比较认识语言本质、语言历史的演变，以及发展语言学理论，都有着重要的价值。

（三）我国的语言长期以来处于相互交融、相互影响的状态，许多语言“你中有我，我中有你”，这对语言比较、语言接触的研究能够提供大量新鲜的语言事实。

在世界经济一体化、人口流动不断增多的今天，我国语言影响、语言转用、语言兼用的现象不断增多，出现了许多前所未有的新现象、新规律、新问题，等待我们去研究。诸如语言兼用问题应当怎么认识，双语关系要如何处理，怎样摆好强势语言和弱势语言的关系，语言濒危现象在我国如何定位、定性，中国少数民族语言的走势如何等等，都是大有研究价值的课题。

（四）跨境语言也是有待开发的一大语言资源。

中国有30个民族分别住在比邻的两个国家，使用35种民族语言。跨境语言差异有其自身的特点和规律，是语言变异的一种特殊的模式。它不同于因年龄、职业等因素的差异而引起的社会语言学变异；不同于由于地域差异而出现的方言变异；也不同于由于正常的语言分化形成的亲属语言变异。跨境语言研究的理论意义在于：从跨境语言的变异中，能够发现语言演变的新规律。而且，跨境语言往往或多或少地保留着古语言的某些痕迹，有助于历史比较语言学的研究。

世界各国语言学发展的道路告诉我们：立足于本土发展语言学容易做出特色，能够做出别国做不出的特殊贡献。实践证明立足本土是必要的，大有好处的。这是一条经验。

2. 过去八十年的回顾

如果从1939年李方桂先生在为北京大学文科研究所所作的《藏汉系语言研究法》提出“博而能精”的治学原则算起，近80年来语言学家在汉语和非汉语结合研究上做了不懈的探索，取得了许多的成果。这一时期的对比研究证明，汉语研究与非汉语结合是必要的，也是可能的。

（一）有助于语言共时特征的发现和解释。

发现和解释有价值的语言问题，是语言研究者必须具备的素质。但要走好这一步，有效的手段之一是通过跨语言比较。

举个例来说，分析性、单音节性是汉藏语的一个重要特点。但怎样认识这个特点，包括它是如何形成的，是否是由多音节变为单音节，由黏着性变为分析性？再有，分析性、单音节性的特点对语法结构的特点及演变有哪些制约作用，会使句法结构出现什么特点？这些都是有学术价值的问题。而我国汉藏语的不同语言，分析特点存在不同的层次，有些语言（如嘉戎语、普米语等）有不同程度的黏着特点，而且多音节词相对较多，而有的语言（如景颇语）还保留大量“一个半音节”的词，通过这些差异的比较有可能深化对汉藏语分析性、单音节性特点的认识。“一个半音节”，蕴藏着不可忽视的历史演变特点。

其他又如汉藏语的被动句、把字句、疑问句、差比句等句型，也只有通过不同语言的比较才能加深认识。

（二）有助于语言历史演变的研究，包括发现、印证、解释语言的历史演变规律。

通过跨语言比较，能够发现、印证、解释语言的历史演变。

梅祖麟（2008）比较汉藏诸语言，认为“使动化*s-的清化作用产生汉语的清浊别义，如‘败’*b-‘自破’/‘败’*p-< * 要s-b‘破他’……使动化*s-前缀在原始汉藏语中已经存在”。

潘悟云（2008）通过“夜”“死”等例，论证藏文的部分ɕ-与ʑ-对应于上古汉语带*l-的声母辅音，说明汉藏两语中发生过音变：l- > lj- > j- > ʑ- > z-与l̥ > l̥j > ɕ - > s-。石德富（2008）分析了帮组三等汉借词在黔东苗语中不同表现形式，认为“上古汉语重纽三等韵有*-r-介音”。

其他又如汉藏语的互动范畴、人称范畴的历史演变，量词、结构助词、四音格词的产生和演变，复辅音声母、长短元音、松紧元音、辅音韵尾的起源及演变等，都可以从跨语言的比较中得到有用的信息。

（三）有助于语言学理论的建设。

跨语言比较能够深化类型学、语言的共性和个性、语言认知、语言接触等理论的研究。

吴福祥（2010）通过比较，指出东南亚语言的“居住”义语素具有高度平行的多功能模式，并认为“这种共时多功能模式的平行性源自历史演化过程的相似性，实则是语言接触导致的语法化模式区域扩散的产物，而其扩散源和模式语很有可能是汉语。”

再如，汉藏语语序的研究同样需要跨语言比较的帮助。汉藏语中，有的语言是VO语序，有的语言是OV语序，甚至有的语言（如白语），这两种语序共存于一个语言中。在历史演变上，究竟是VO语序在前还是OV语序在前？这两种不同的语序对整个语法系统甚至语义构造有何制约作用？这些理论问题要通过语言对比才能清楚。

如何认识汉语的述宾结构，也要跨语言视角。与藏缅语相比，可以看到汉语述宾结构的类别多、特点复杂，既有受事宾语，又有工具、处所、时间、施事等宾语，如“吃大碗，去北京、等半天、坐着孩子”等。但藏缅语的宾语类别简单，主要是受事宾语。汉语的工具、处所等类的宾语，翻译为藏缅语时大多改为状语，也有改为主语的。说成“用大碗吃、北京方向去、半天等、孩了坐着”等。这种差异，与语法类型包括分析性程度、语序是VO还是OV等特点有关。

类型学的规则显示，汉语的语序有一些不符合一般语言的共性。这从非汉语的反观中看得更清楚。如Greenberg归纳的45条人类语言的共性，其中第2条和第24条就不符合汉语事实。共性2是：使用前置词的语言中，领属语几乎总是后置于中心名词，而使用后置词的语言，领属语几乎总是前置于中心名词。但汉语的情况则相反，它属于前置词型语言，但领属语则前置于中心名词。这是为什么？有的学者依此就认为汉语是受各民族语言影响后形成的混合语，对吗？又如，分布在四川一带的“倒话”，词汇是汉语的，语法是藏语的，因此有的学者认为倒话是汉语和藏语混合而成的混合语。问题是，人类语言究竟有没有混合话，划分混合语的标准又是什么，这些问题语言学界都没有共识的答案。底层理论能否成立，也有待于研究。

又如，为什么汉藏语普遍有四音格词，而非汉藏语的阿尔泰语、印欧语等则没有或者少有？进一步追问，汉藏语诸多语言的四音格现象究竟是亲缘关系，即从原始共同语继承下来的，还是后来各自产生的属于类型学关系？用非汉语的四音格特征反观汉语，有助于认识汉语四音格和揭示汉语四音格形成的语言机制和演变轨迹。通过汉藏语诸多语言的比较，我们找不到不同语言四音格词的同源关系。总的看来，缺乏形态手段的分析性语言，一般比形态手段丰富的语言更易于产生四字格词。由此可以推测，汉藏语普遍存在的四音格现象，并非来源于原始汉藏语，而是各种语言后来各自形成和发展的，是语言类型作用的结果。我们还看到，韵律、双音节化、对称、重叠、类推以及词汇化等因素，是汉藏语四音格词形成和发展的动因。

（四）有助于单一语言研究的深化。

单一语言或单一专题的研究，如果能参照别的语言，对其特征的判定就会更贴近事实。语言研究有了跨语言视野就会加深深度。

比如汉藏语的被动义表达，不同语言存在差异。有的语言有明显的被动义，还有被动语法标记，而有的语言则无被动义，也无被动语法标记。汉语究竟有没有被动范畴，意见不同。有的称被动表述，有的称被字句，有的称被动句等。藏缅语中的一些语言如彝缅语支、景颇语支等，就没有像汉语那样的被动句或“被”字句，但这些语言则有一种强调施事的施动句，即“强调式施动句”。汉语的被动句不同于这些语言的强调式施动句。从藏缅语反观汉语，能够看到汉语的被动句是很特殊的，与藏缅语这些语言挂不上钩，应该是汉语后来独自发展的特点。而藏缅语的“强调式施动句”，过去有的研究者模仿汉语也看成是被动句，现在看来是不合适的。因此在藏缅语的共时研究中，“强调式施动句”是要着力描写的。

汉语闽方言的“有字句”表示的是什么语法意义？我觉得与景颇语的存在式很相似。景颇语的谓语不仅有人称、数的变化，还有存在式和变化式的对立。存在式是告诉别人存在一件什么事，谓语说明主语有什么动作行为，有什么性质状态。这类句子相当于闽方言的“有字句”。另一类叫变化式，表示变化的语气，谓语说明动作行为或性质状态的变化，或发生了一件什么事，做了一件什么事，相当于汉语的句型“……了”景颇语通过谓语后的句尾词的形态变化表示存在式和变化式的对立。如：第一人称的 n^{31} $\mathrm{ŋai}^{33}$ 和 $\mathrm{sǎ}^{33}$ $\mathrm{ŋai}^{33}$，第三人称的 ai^{33} 和 sai^{33}；前一个是存在式，后一个是变化式。试比较下列（1）（2）句：

（1）$\mathrm{ʃi}^{33}$ $\mathrm{kǎ}^{31}$ lo^{33} ai^{33}. 他做的；伊有做。

他 做 （尾）

（2）$\mathrm{ʃi}^{33}$ $\mathrm{kǎ}^{31}$ lo^{33} sai^{33}. 他做了；伊做了。

他 做 （尾）

例（1）的ai^{33}是存在式；例（2）的sai^{33}是变化式，二者通过变换声母表示。而闽方言的“有”是个虚化的动词，表示存在式。

3. 当前亟待做的几件事

80年来，跨语言对比研究虽然取得了不少成绩，但与实际需要还有较大的距离，主要是：做跨语言研究的人尚少，还未形成一支强有力的队伍。而且比较的范围尚不平衡，早期语音比较较多，近期则是语法比较较多。在理论、方法上，还未形成一套切合实际的认识。为了使汉语和非汉语结合研究能得到较大发展，我提出以下两条建议。

一是要加强汉语和非汉语结合研究的理论方法建设，逐渐摸索出一套能够反映我国本土语言特点的语言对比理论和方法。

汉藏语和印欧语一样都是假设，但印欧语的假设已被证实，形成了一套历史比较语言学的理论与方法。说印欧语的民族都以自己创立历史比较法的理论与方法而引以骄傲。汉藏语的假设至今未能解决，不是因为我们当今的语言学家的智慧不及当年的语言学家，而是因为我们面对的语言事实太复杂，遇到了许多新难题。所以我们要探索新理念，根据汉藏语的特点加强理论方法的研究。

二是鉴于汉藏语比较研究还缺乏群体基础，建议今后能在大学语言学专业的研究生中开设汉藏语比较课，使学习汉语言专业的学生也能多少懂得一些非汉语知识，为汉语和非汉语结合研究提供必要的基础。这当中存在“一头热”的现象，做非汉语研究的普遍关心、重视汉语的研究，而做汉语研究的关心、重视非汉语研究的则极少。朱德熙先生慧眼过人，1980年就与时任中央民族学院语文系主任的马学良先生商议在北京大学中文系开设汉藏语概论课。这门课1982年开出，以后又于1983年、1984年重开两次，每次都收到很好的效果，很受听课师生的欢迎。

当然，汉藏语比较研究要得到顺利发展，需要各个语言的深入研究做基础。但目前的情况是，有许多语言还缺乏深入的研究，甚至有些语言还无人研究，成为阻碍汉藏语比较语言学发展的主要瓶颈。

总之，汉藏语是我国语言文化的一笔重大财富，也是未被开发的语言巨大资源，希要汉语学界和非汉语学界共同携手来开发这块宝地，为语言学的建设多作贡献。

参考文献

李方桂 1951《藏汉系语言研究法》,《国立北京大学国学季刊》，第七卷第二期。

梅祖麟 2008《上古汉语动词浊清别义的来源——再论原始汉藏语 * s-前缀的使动化构词功用》,《民族语文》第3期。

潘悟云 2008《藏文的ɕ- 与ʑ-》,《民族语文》第4期。

石德富 2008《黔东苗语帮系三等汉借词的形式》,《民族语文》第4期。

吴福祥 2010《东南亚语言“居住”义语素的多功能模式及语法化路径》,《民族语文》第6期。

（原载《中国语文》2012年第5期）

"濒危语言热"二十年

[**提要**] 本文回顾濒危语言热的20年，认为抢救濒危语言的提出是必要的，也是适时的，因为其理念是主张语言多样性，提倡保护语言生态。同时又认为我国的濒危语言研究必须从实际出发，不能完全照搬国外的做法。中国语言的濒危，没有像国外所说的那么严重，小语种并不是想象的那么脆弱。最后认为，必须加强濒危语言理论研究，建立适合中国国情的濒危语言理论、方法。

[**关键词**] 濒危语言热　20年

20世纪90年代，由于经济全球化的进一步发展而引起了小语种的濒危，人们为语言的消失并导致文化的消失而感到焦虑，在全球范围内出现了一场"濒危语言热"。20年过去了，今天应当冷静地回首认识一下这场"濒危语言热"是如何兴起和发展的，恰如其分地评估抢救濒危语言的成绩和经验，并思考如何根据中国的国情科学地对待濒危语言问题。

一　中国的"濒危语言热"是由国外传入的

科学地评估20年来的"濒危语言热"，有必要回顾一下"濒危语言热"是如何兴起和发展的。

20世纪90年代，全球范围内由于科技、经济的迅猛发展，经济一体化、信息一体化的浪潮一浪高过一浪地向前推进，导致许多小语种的功能随之大幅度下降，甚至有的语言出现濒危。国外有的语言学家由此做出估计：世界上现有的6000多种语言，有2/3的语言将在21世纪消亡。这虽然只是一种可能的、不确切的估计，但却反映了国际上的确有不少语言面临着濒危的威胁。

语言生存的这个巨大变化，引起了联合国教科文组织和一些语言学家、人类学家、社会学家的极大关注。为此，联合国教科文组织把1993年定为“抢救濒危语言年”。国际上先后成立了上百个抢救濒危语言的机构和基金会，做了大量抢救濒危语言的工作。在日本（1995）、西班牙（1996）、法国（2003）等国，举行了多次濒危语言会议。抢救濒危语言在国外很快就成为社会的一个热门话题。

20年来，国际上为了抢救濒危语言做了不懈的努力。所做的工作主要有：抢救记录濒危语言，濒危语言记录的人才培训，确定语言濒危的标准及等级，出版记录研究濒危语言的成果，为相关国家制定政策提供咨询，筹划抢救濒危语言资金，组织濒危语言记录研究项目，召开濒危语言学术会议等。

中国是一个多民族、多语种、多文种的国家，这是中国的一个重要国情。在长期的历史发展过程中，由于各种社会、历史、语言等原因，使得一些语言出现功能衰退甚至走向濒危，如满语、土家语、仡佬语等。但当时人们对这种现象并未引起重视，因为大家觉得语言消亡仅出现在少数几个语言中，是一种自然现象。

到了20世纪90年代，国际上这股濒危语言热传入了中国。中国语言学家、民族学家为之一惊，新奇地一下子就接受了国外提出的“濒危语言”的概念和“抢救濒危语言”的话题。一石激起轩然大波。中国语言学界，特别是中国民族语言学界，纷纷在思考中国少数民族语言和汉语方言的命运，一些人在为“20世纪80%的语言都要消失”而担忧，有的在筹划如何抢救濒危语言。

之后，不同级别、不同类型的濒危语言会议和研究项目陆续出现。如：中国民族语言学会和《民族语文》杂志社于2001年联合召开了“中国濒危语言问题研讨会”。云南玉溪师范学院召开了三次濒危语言研讨会（2005、2006、2010）。李锦芳1998年获得教育部项目“西南地区濒危语言调查”，这是首个部委级以上立项的濒危语言研究项目。国家民委民族语文工作室获得北方少数民族濒危语言保护研究试点项目。孙宏开获得中国社科基金重大项目“中国新发现语言调查研究”（其中有些是濒危语言）。戴庆厦获得国家社科基金重点项目“濒危语言个案对比研究”。韦茂繁获得国家社科基金重点项目“广西濒危语言个案研究”等。此外，徐世璇、阿措、李锦芳、黄成龙、许鲜明等先后获得英国伦敦大学亚非学院组织管理的研究资助项目。

这期间，一批濒危语言的描写记录的成果陆续出版。如：季永海的《濒危的三家子满语》[①]；戴庆厦主编的《中国濒危语言个案研究》[②]；戴庆厦、田静的《仙仁土家语研究》[③]；戴庆厦、丛铁华、蒋颖、李洁的《仙岛语研究》[④]；李锦芳主编的2011年首部进行语法标注、中英释译对照的濒危语言语料集《仡佬语布央语语法标注话语材料集》[⑤]。还有数量甚多的濒危语言研究论文。

近十多年，中国语言学家在濒危语言的研究过程中，努力根据本国的实际力求在理论方法上有所创新，对如下的一些理论问题进行了探讨。如：什么是濒危语言；关于濒危语言的界定和标准；濒危语言是如何产生的；制约濒危语言发生的因素有哪些；语言发生濒危出现哪些类型、哪些规律、哪些过程；语言濒危在本体结构上有什么特点；中国濒危语言有哪些不同于别国的特点；等等。

---

① 季永海：《濒危的三家子满语》，载《民族语文》2003年第6期，第13页。

② 戴庆厦主编：《中国濒危语言个案研究》，民族出版社2004年版。

③ 戴庆厦、田静：《仙仁土家语研究》，中央民族大学出版社2005年版。

④ 戴庆厦、丛铁华等：《仙岛语研究》，中央民族大学出版社2005年版。

⑤ 李锦芳主编：《仡佬语布央语语法标注话语材料集》，中央民族大学出版社2011年版。

中国语言学家为什么会很快、很容易地就接受外来的“濒危语言热”呢？这是因为，中国是个多民族、多语言的国家，不同语言中有强势语言和弱势语言之分。在长期的历史发展过程中，一些语言由于竞争不过强势语言而消亡，转用了强势语言。如西夏、鲜卑、契丹、女真等语言都已消失。历史的事实仍记忆犹新。到了近期，由于经济的发展、民族关系的改善、加上初等教育的普及、人口的流动等因素，使得一些民族青少年的母语能力出现不同程度的下降。面对历史的前车之鉴，人们出于保护多元文化的愿望，自然很快、很容易地就接受抢救濒危语言的理念。

应当怎样评估20年来的“濒危语言热”呢？我认为，抢救濒危语言的提出，是必要的，也是适时的，因为其理念是正确的，是与时俱进的。抢救濒危语言的理念核心，是主张语言多样性，提倡保护语言生态，反对语言一元化和语言生态的流失；而且确认任何一个民族的语言、文化都是人类珍贵的财富。这种多样性的理念，符合社会的发展趋势，它不仅有助于人类人文生态和传统语言文化的保护、传承，而且有利于人类不同民族群体的和谐与团结。濒危语言的研究，其成果对于语言学、民族学、社会学的理论建设，对于解决使用濒危语言的民族的语言教育，都有着重要的参考价值。总之，濒危语言问题是在当今由于经济、科技的快速发展而出现不利于多样性存在的形势下提出的，有其积极的意义。鉴于这种认识，国内外的从事抢救濒危语言的组织和专家们，20年来在抢救濒危语言中付出了不少的心血和行动，值得称赞。

二　濒危语言研究要结合中国实际

上面我们通过20年来“濒危语言热”的产生及升温，充分肯定了“濒危语言热”出现的必然性和必要性。现在需要进一步探讨的是，应当如何根据中国的语言国情来确立对抢救濒危语言的理念，应当如何做好抢救濒危语言的工作。

中国语言当前的国情是什么？

1.中国语言的使用仍具有基本稳定的一面。中国有130种以上的语言，是在长期的语言分化、统一，语言互补、竞争中形成的。历史上，也曾有少数语言由于各种原因出现过一些语言的濒危和消亡，但大部分语言仍基本稳定地保存了下来，成为各民族记载自己传统文化、历史经验、民族智慧以及日常不可缺少的交流思想的工具。这就是说，现有的语言大多是经过历史的考验由于需要而遗存下来的。人们对自己祖先传下的语言，充满着浓浓的、不可替代的感情。这决定了语言的稳定特点是不能轻易改变的。

问题是，到了近期的现代化建设快速发展阶段，我国少数民族语言会不会在强势汉语的影响下快速走向濒危？会不会在21世纪内70%的语言都会出现濒危？这是语言学家必须认真对待和回答的理论问题。

我认为，我国的少数民族语言在现代化的进程中还会延续使用，仍然是少数民族不可缺少的交际工具，在21世纪不会出现70%的濒危。虽然有的人口少的语言或分布在杂居区的语言，在青少年中会出现不同程度的功能下降，但大部分地区仍然还会使用自己的母语。

当然还要看到另一面：有些语言会不同程度地出现使用功能的衰退，还有些历史上已出现濒危的语言还会继续向前演变。我国少数民族出现母语衰退的，主要是青少年一代，特别是杂居和城镇的青少年及外出打工的子弟容易丢失自己的母语。

2.中国小语种的生命力并不脆弱。一些人口较多并有传统文字的民族，如蒙古、藏、维吾尔、哈萨克、朝鲜等民族，绝大部分人目前都还稳定使用自己的语言，至少在今后相当长的一段时间里不会出现濒危，这是容易认识的，也容易取得共识。有争论的是人口较少的民族语言生命力会不会有所变化。

近8年来，我们中央民族大学“985工程”创新基地开展了语言国情调查研究，特别是进行小语种的语言活力研究。我们由商务印书馆先后出版了17部语言国情个案调查报告，今后还将继续出版新的调查成果。这些报告系统地描写、论述了少数民族地区的语言生活，指出母语使用的状况及其功能分布，还对兼用语情况及特点进行了分析。报告中的数据都是调查者亲自在调查第一线，挨户挨人地、一个个地调查统计得来的。此外，还做了大量的访谈和测试。语言生活调查成果显示，中国少数民族大多保存使用自己的母语，还不同程度地兼用了国家通用语汉语，有一些民族的语言生活已进入全民双语型。下面是我们亲自调查的一些语言的数据。

基诺语：基诺族分布在云南省景洪市基诺乡，人口有20899人。据6个调查点的1763人的母语能力统计：能熟练使用母语的占98.1%，没有一个不会自己母语的。基诺语是基诺族日常生活中最重要的交际工具，具有较强的活力①。

阿昌语：阿昌族分布在云南省的陇川、梁河等县市，人口有31800人（2000年）。分为三种方言，方言之间差异较大。现以人口较多的户撒方言为例说明其语言活力。调查组统计了户早村等9个村寨的996位阿昌人，熟练掌握母语的除拉启村是98.4%外，都是100%。阿昌语是他们日常生活中不可缺少的语言工具②。

景颇语：景颇族分布在云南省璐西、盈江、梁河等县市，人口13.54万人。调查组调查了11个有代表性的景颇族村民小组的1732人，结论是熟练掌握母语的有1726人，占99.7%。也可以说明景颇族全民稳定使用自己的母语③。

拉祜语：拉祜族分布在澜沧、普洱等县市，人口有45.37万人（2000年）。课题组调查了澜沧县唐胜拉祜新村、松山林等4个村寨1392位拉祜人，其中熟练掌握拉祜语的有1391人，占99.9%。在日常生活中，拉祜族都使用拉祜语。④

---

① 戴庆厦主编:《基诺族语言使用现状及其演变》，商务印书馆2007年版，第13页。

② 戴庆厦主编:《阿昌族语言使用现状及其演变》，商务印书馆2008年版，第8—61页。

③ 戴庆厦主编:《云南德宏州景颇族语言使用现状及其演变》，商务印书馆2011年版，第249页。

④ 戴庆厦主编:《澜沧拉祜族语言使用现状及其演变》，商务印书馆2011年版，第147页。

喀卓语：喀卓语是云南蒙古族使用的语言，分布在通海县兴蒙乡，人口有5424人。课题组调查了4985人，其中熟练使用喀卓语的有4981人，占99.9%。在喀卓人的日常生活中都使用喀卓语。①

四川盐源县彝语：调查组调查了两个村寨——公母山村、塘泥村的226位彝人，他们百分之百的人都熟练使用彝语。

四川盐源县摩梭语：说这个语言的人自称蒙古族，但他们的语言属汉藏语系藏缅语族。调查组从博树村五组和六组随机抽取了219人进行了调查，调查结果是百分之百的人都熟练使用摩梭语。②

云南元江县羊街乡哈尼语：调查组对9个聚居的村寨进行了穷尽式的调查，调查总人数2429人，达到熟练的有2412人，占99.3%。③

云南元江县羊街乡苦聪语：调查组对两个村寨（烧灰箐寨、坡头寨）的拉祜人的母语进行了穷尽式的调查。调查总人数有195人，其中母语能力达到熟练的有195人，占100%。

云南墨江县西摩洛语：西摩洛语是哈尼族西摩洛支系说的一种方言，大多聚居在墨江县雅邑乡。调查组考察了6个村47个村民小组4024位西摩洛人使用母语的情况，结论是达到熟练的有4007人，占99.6%。④

景洪市嘎洒镇傣语：课题组调查了10个村寨3787位傣人的母语使用情况，结论是3740人熟练掌握自己的母语。⑤

以上调查数据显示，即便是使用人口较少的民族语言和方言，其使用功能在近半个世纪以来也还具有基本稳定的特点，并不出现濒危，而且还能预计至少在今后几代人中还会继续存在下去。

---

① 戴庆厦主编:《云南蒙古族喀卓人语言使用现状及其演变》，商务印书馆2007年版，第16页。

② 戴庆厦主编:《四川盐源县各民族的语言和谐》，商务印书馆2011年版，第14页。

③ 戴庆厦主编:《元江县羊街乡语言使用现状及其演变》，商务印书馆2009年版，第13页。

④ 余金枝等:《西摩洛的语言活力及其成因》，载《中国少数民族语言使用现状及其演变研究》，民族出版社2010年版，第179页。

⑤ 赵凤珠主编:《景洪市嘎洒镇傣族语言文字使用现状及其演变》，商务印书馆2010年版，第14页。

在濒危语言研究中，有的把人口少作为判断濒危语言的主要条件，甚至有的还把使用人数在5万人以下的都列入濒危语言中。这显然是不对的。除了上面的例子外，还有许多例子可以证明。如分布在云南独龙江一代的独龙族，人口只有7426人（2000年），也都稳定地使用自己的母语；景颇族中的波拉人只有500余人，但都稳定地保持使用自己的母语波拉语，而且对自己的母语有很深的感情。

3.中国的濒危语言是长期形成的，并非近期经济的快速发展才出现的。例如：历史上满语的衰亡前后经历了300年左右的时间。顺治元年（1646清军入关，大批满族官兵进入内地，那时大部分满人还不懂汉语，后来清廷皇帝为了统治的需要，积极提倡学习汉语文。从康熙初年至雍正初年的半个多世纪中，汉语在满族中已普及，满语随之逐渐走向衰亡，到19世纪初吉林满人已不识满语文。又如，土家语是一种濒危语言，目前会说土家语的只有9万人，约占总人口802.8万（2000年）的1.1%。土家族转用汉语，在隋唐就已开始，到清朝绝大部分地区已经完成，同样经历了相当长的时间。

4.必须区分濒危语言和衰变语言。这是两个不同的概念，具有不同的“质”。在我国，由于一体化规律的作用，少数民族语言特别是人口较少的、杂居的语言会出现不同形式、不同程度的衰变，表现为使用范围变小了，年轻人兼用通用语的多了。这种“衰变”现象，是多语言国家语言之间互补、竞争的自然规律，但不是濒危。濒危语言，其路径大多不能改变，即使打了“强心针”也只是暂时维持。而衰变语言是可以救的，可以通过各种措施包括政策辅助等，改变其衰变的途径，使其得以更好地向前发展。我认为，我国少数民族语言近期出现的使用功能的变化，大多不是语言濒危，而是程度不同的语言衰变。研究语言功能变化，必须区分“濒危语言”和“衰变语言”这两个不同的概念。①

---

① 戴庆厦、张景霓：《濒危语言与衰变语言——毛南语语言活力的类型分析》，载《中央民族大学学报》（哲学社会科学版）2006年第1期。

5.我国当今语言生活的变化很快、很复杂，对其性质往往不易认清。不同历史时期语言生活的变化都有各自的特点。当今，由于现代化进程加快，出现了许多前所未有的特点，这需要语言学家去研究、去认识。比如，如何认识青少年语言能力的变化，这不是一个简单的问题。社会的进步和发展，语言使用的变化，在青少年身上的反映最明显。由于国家通用语汉语的显赫地位，少数民族有些家长从小就教孩子说汉语，所以孩子的第一语言不是母语，而是汉语。乍一看，容易认为是下一代出现语言转用；殊不知，过了几年这些孩子走上了社会，很快又掌握了使用自己的母语。这是母语的“回升”。我们在基诺族、哈尼族、喀卓人的语言调查中，都见到这种“回升”现象。汉语方言也有这个现象。我就看到，上海的儿童有的在学前不会上海话只会普通话，但后来慢慢就学会了上海话。上海话并不濒危。

又如，怎样看待母语能力的“下降”，其标准是什么？这要做具体的分析。少数民族的青少年由于接触、使用汉语多，母语能力不如父辈熟练，传统词语不如父辈多，怎么看呢？全面地说，如果就传统语言而言，有其下降的一面，的确是在掌握传统语言的能力上不如上一代；但青少年在自己的母语里吸收了许多新借词，则有其与时俱进的另一面。所以，笼统地说“下降”是不全面的。

三　几点认识

回顾20年的“濒危语言热”，有几点认识提出与大家讨论。

1.濒危语言问题的出现，是时代进步、社会变化的产物。它提醒人们要保护自己的语言，保护多元文化的存在，在理念上是正确的。世界各国有必要根据本国的实际，重视濒危语言问题。

2.我国的濒危语言研究，必须从中国的实际出发，不能完全照搬国外的做法。中国语言的濒危，没有像国外所说的那么严重，小语种并不像想象的那么脆弱。看不见有些语言出现濒危、衰变是不对的；而夸大的语言濒危则是有害的。夸大语言濒危，或濒危语言过热，会造成人心惶惶，不能对症下药，还会造成政策上偏差。

3.历史的经验告诉我们：一股新思潮、新认识、新现象的来临，往往一下子会掀起轩然大波，成为众人所关心的热门话题。但它究竟如何，要看后来的定位，这就像钟摆一样会在来回摆动中寻找、确定最后的"平衡点"。如果只按开头摆动的极点定位，就不符合实际，所决定的政策肯定会出现偏误。

4.人们对濒危语言的研究很不够，包括对语言濒危功能状态和结构状态的研究，远远落后于濒危语言热的程度。所以，希望我国语言学界今后要加强濒危语言的理论研究，建立适合中国特点的濒危语言理论、方法。

参考文献

李锦芳:《中国濒危语言研究及保护策略》，载《中央民族大学学报》(哲学社会科学版)2005年第3期。

戴庆厦、邓佑玲:《濒危语言研究中定性定位问题的初步思考》，载《中央民族大学学报》(哲学社会科学版)2001年第2期。

戴庆厦:《中国濒危语言个案研究》，民族出版社2004年版。

徐世璇、廖乔婧:《濒危语言问题研究综述》，载《当代语言学》2003年第2期。

(原载《云南师范大学学报》2012年第4期,《新华文摘》2012年第19期转载,《中国社会科学文摘》2012年第12期转载)

论“语言国情学”

[**提要**] 语言国情是一个国家国情的重要组成部分，也是开展语言规划和语言政策制定的前提和基础。本文对语言国情调查的理论意义、应用价值、主要内容等进行了全面的探讨，肯定了开展语言国情调查的重要性，指出了当前的语言国情调查在理论与方法上存在的主要问题。

[**关键词**] 语言国情　语言国情研究　语言调查

一　从“985”立项说起

由教育部主持的中央民族大学“985工程”创新基地，从2005年设立了“语言国情调查”重点项目。当时立项的目的是：科学地、比较贴合实际地认识我国的语言状况，为解决我国各民族语言文字的使用、发展问题，发展各民族的文化教育提供依据，为语言研究、语言学科的建设提供新的养料。我国目前的现状是，对许多地方的语言国情长期停留在不清晰的、朦胧的状态，缺乏清晰的量化分析，这对现代化建设非常不利，所以做好语言国情调查，不但有其必要性，而且有其紧迫性，具有重要的理论意义和应用价值。

七年来，中央民族大学“985工程”创新基地共组织了20多个子课题，分赴全国各民族地区进行语言国情调查。已主要由商务印书馆出版下列专著：

1.《基诺族语言使用现状及其演变》

2.《阿昌族语言使用现状及其演变》

3.《云南里山彝族语言使用现状及其演变》

4.《云南蒙古族喀卓人语言使用现状及其演变》

5.《贵州苗语黔东方言使用现状及其演变》

6.《贵州布依族语言使用现状及其演变》

7.《中国少数民族语言使用现状及其演变》

8.《人口较少民族语言使用现状及发展情况调查研究——莫旗达斡尔族个案研究》

9.《科尔沁左翼中旗蒙古族语言使用现状及其演变》

10.《四川盐源县各民族的语言和谐》

11.《广西多语种民族自治县民族语言使用情况历时对比调查》

12.《云南元江羊街乡语言使用现状及其演变》

13.《云南德宏州景颇族语言使用现状及其演变》

14.《云南西双版纳州勐腊县克木人语言使用现状及其演变》

15.《片马茶山人语言使用现状及其演变》

16.《耿马景颇族语言使用现状及其演变》

17.《勐腊克木语语言使用现状及其演变》

18.《云南玉龙县九河白族乡少数民族的语言生活》

这一系列调查，将为新时期我国民族地区开展全面的语言国情调查，提供先期的经验和成果，也能为汉语的国情调查提供参考和借鉴。

二　语言国情和语言国情调查的定位

2.1　什么是语言国情①

1.“语言国情”这一术语（又称“语言使用国情”），是指一个国家内

① 苏联学者也用过“语言国情学”这一术语。指的是通过俄语向教学对象介绍苏联情况。这与我们这里所说的语言国情所含内容不同。

的语言状况。它包括以下一些内容：

（1）语言的数量、分类、本体特点；

（2）语言使用情况如何（包括语言在各个领域诸如家庭、公众场合、学校教育、大众媒体等的语言使用情况）；

（3）母语和兼用语的语言功能怎样定位（包括使用场合、使用频率、使用态度的定位）；

（4）制约语言功能的条件是什么（包括人口数量、分布特点、婚姻状况、经济形态、历史来源、民族关系等）；

（5）母语和兼用语的语言关系如何（包括二者功能的分工、互补、和谐度，以及二者的竞争）；

（6）怎样认识语言功能的演变趋势（包括方向、特点、速度等）。

2.语言国情是一个国家国情的重要组成部分。

一个国家的国情包括多方面的内容，上至民族、人口、资源、经济、文化、教育等状况，下至山川、河流、人物、疾病等具体情况和特点。语言是交流思想、传递信息的工具，又是文化、科学的载体和联络民族感情的媒介，国家的建设和发展以及和谐社会的构建，须臾都不能离开语言。因而，语言国情在国情中占有重要的地位。

语言国情如何，是由一个国家的特点、性质决定的，受这个国家的历史传统和现时生态特点的制约。因此，从语言国情的反观镜中，能够看到在语言背后一个国家内部存在的许多特点。

正因为如此，许多国家都重视语言的国情调查，认为政府必须掌握公民使用语言的状况。如苏联的人口普查，历年都包含有语言使用情况的调查项目，所以他们对公民掌握语言的语种、数量都有一定的了解。

2.2 什么是“语言国情调查”

语言国情调查是指对一个国家的语言使用情况和使用特点进行科学的、全面的、深入的调查，并得出规律性的认识。语言国情调查既有理论意义又有应用价值。

1.语言的重要性，决定了语言国情研究的重要性。语言是人类文化的载体。每个群体，其现实和历史的每一个实际事件都要依赖语言来表现，来保存，来积累。每一种语言都独特地反映人类对世界的认识和体验，反映使用者的价值观和世界观。所以，语言国情调查对社会科学的理论建设和发展都能提供语言方面的信息。

2.语言国情包含共时和历时的特点，因而其调查研究对共时语言学、历时语言学的深入研究都能够提供新的认识。比如：语言国情研究中有关语言关系、语言接触的研究，语言功能（包括语言濒危、语言衰退、语言互补）的研究等，对认识在特定条件下的语言演变，都是必要的，对丰富发展语言演变的理论，都是很有价值的。

3.语言国情调查研究能为人文科学研究提供新的思路。

语言国情调查研究必须把语言学同社会学、民族学、历史学结合在一起，才能深入揭示客体的本体特征。这种交叉学科的研究方法，是一种新的方法，对人文科学方法论的建设能够提供一些新的思路。

4.语言国情调查重田野调查，其田野调查的方法有自成系统的特点，不同于语言的本体结构调查。因此，语言国情的田野调查，能为语言调查方法论的建设提供新的养料。

5.一个国家的语文方针政策的制定，必须建立在对语言国情科学认识的基础之上，而语言国情调查有助于国家语文方针政策的制定。因此，语言国情调查从它的任务和意义上来说，是民族语文工作中不可缺少的一个方面。

6.国家的语文方针、政策涉及的内容很多。包括：

（1）国家通用语的规定、语言立法、语言地位的规定；

（2）少数民族语言的使用和发展、第二语言教学（包括少数民族学习汉语、中国人学习外语）；

（3）语言规范、语文现代化等方面的规定；

（4）如何对功能衰退的语言、濒危的语言实行保护等。

如果对语言国情的认识出现偏误，或只停留在朦胧状态，那就不能制定出符合客观实际的方针政策。没有科学的、微观的、切合实际的语言使用国情调查，就难以对语言生活有一个宏观的、整体的估量和把握，也就不可能制定出正确的、有效的对策。

三　中国少数民族语言国情调查的历史回顾

中华人民共和国成立之前，中国没有做过系统的、有组织的语言国情调查，因此长期以来人们对中国的语言国情所知甚少，只能说出少数一些语言的名称。新中国成立后，语言学学科建设受到重视，纳入了中国科学研究的总轨道，民族语文工作成为民族工作的一个重要组成部分。半个多世纪以来，民族语言的调查研究在持续进行，得到了空前未有的发展。其中，规模较大、人数较多的有两次。

第一次是20世纪50年代中期的全国少数民族语言大调查。当时国家为了解决少数民族的语言文字使用问题，在全国组织了7个少数民族语言调查工作队，分赴17个省区开展大规模的少数民族语言大调查。这次调查，为后来少数民族文字的创制、改革、改进提供了语言事实的依据。先后出版了《中国少数民族语言简志丛书》60部（每部一种语言）。通过这次调查，培养出一大批语言学人才。但这次调查的重点是语言结构本体，包括语言结构特点、方言划分等，而对语言使用情况调查不多。经过这次调查，虽然对我国的语言国情比过去有了新的了解，但还只是局部的、不深入的。

第二次是1986年。当时，国家民族事务委员会和中国社会科学院民族研究所建立了《中国少数民族言使用情况和文字问题调查研究》的课题，组织队伍分赴5个自治区、30个自治州、113个自治县开展具有相当规模的语言使用情况调查。在调查的基础上，出版了《中国少数民族语言使用情况》和《中国少数民族语言文字使用和发展问题》两部著作。这次调查，提供了直至20世80年代少数民族语言使用的新情况，对认识新时期少数民族语文使用问题，以及如何做好民族语文工作都有许多帮助。但是，这次调查由于时间短、人员少，所以在调查的深度和广度上还嫌不足，对民族语文使用中出现的新问题未能做出贴近事实的分析。

除此之外，有的民族语文工作者还做了一些语言使用状况调查。但这些调查，或是为语言本体研究服务的，或是为解决文字的推广而作的，因而也不是系统的、深入的。

2005年，由教育部主持的中央民族大学“985工程”专门设立了“中国少数民族语言使用情况调查系列”课题。该课题拟通过有代表性的个案调查研究，进一步认识我国少数民族地区的语言国情。这一系列课题的建立，是过去所没有的，具有重要的语言学理论价值和应用价值。

四　现代化进程中语言国情的新特点

语言国情在不同时期、不同国度、不同地区存在差异。现代化进程中语言国情调查的特点，是由现代化进程中的国情特点及社会、经济、文化的特点决定的。现代化进程中，少数民族语言的语言国情，主要有以下三个新的特点：

4.1　现代化进程中语言状况的变化比任何一个历史时期都快

中国进入现代化建设的新时期，由于实行了改革开放的方针，少数民族地区的面貌发生了前所未有的、涉及各个领域的巨大变化。语言反映社会的变化最敏感、最迅速，必然也会跟随社会的巨大变化，发生前所未有的新变化。这种变化包括语言功能和语言结构两个领域，涉及语言影响、语言兼用、语言转用等几个方面。世界各国由于进入现代化建设的新时期，也会出现类似的变化。

现代化进程中少数民族语言使用的变化，比较明显的有以下两个方面：一是兼用国家通用语汉语的比例空前加大。如云南省通海县蒙古族自治乡的蒙古族已全民兼用汉语。全乡共有蒙古族5424人，除六岁以下的和有语言障碍的人外，4985人中都已兼用了汉语。这里的儿童进了小学三年级，就都能兼用汉语。甚至有的儿童，家长先教他们学习汉语，第一语言是汉语，本族语成了第二语言。二是民族语言的词汇系统里增加了大量的新词。如云南省元江县羊街乡的哈尼族（共15363人），近年来随着改革开放的逐步深入，一些人离开本土到各个城市打工，汉语水平有了很大的提高，都能比较熟练地兼用汉语，从而使该乡双语人口的比例大大增加，改善了原有的语言关系结构。不仅如此，由于现代化建设的需要，这一地区的哈尼语还从汉语里吸收了许多新词术语来丰富自己，从而提高了语言的表达能力。如电气名称“热水器、冰箱、VCD、电视接收器、电炉、变压器、粉碎机”等；农用物资“化肥、复合肥、甲胺磷、颗粒剂、尿素、普钙、碳氨”等。这些新词都是仿汉语读音音译过来的。在借词不断增长的同时，语义、语音和语法的特点也发生了不同程度的变化。

4.2 不同语言的功能互补成为满足现代化进程中语言交际需要的重要手段

中国的不同语言，由于使用人口多少的不同，以及社会经济文化发展状况的差异，其功能也必然存在差异。在历史上，我国多民族分布的地区如新疆、广西、云南等地，都采取语言兼用的手段来弥补单一语言使用的不足。

在当今不同民族广泛接触、交流的现代化进程中，少数民族只使用本族语言更是不够，还必须兼用别的语言特别是通用语汉语，实现语言交际功能的互补，以便更好地满足社会交际和发展文化教育的需要。如今在全国各民族地区，语言互补的现象比比皆是。比如，云南省景洪县基诺乡的基诺族（共11400人），除了使用自己的母语外，还全民兼用汉语。基诺语在家庭内和村寨内使用，汉语在学校、机关、医院等场合使用。本族人在一起时说基诺语，若有其他民族在场就改说汉语。同当地其他民族在一起时说当地汉语，若与省外人则说普通话。每个基诺人的语言认知机制中都储备三套语音系统：一套用来拼读基诺语，一套用来拼读当地汉语，一套用来拼读普通话。他们能够根据实际需要随时调出使用，及时转换。基诺族就是通过两种语言的互补，满足当今社会交际的需要。

又如，元江县羊街乡烧灰涧村的拉祜族（共210人），全民掌握三种语言：苦聪语（母语）、哈尼语（第一兼用语）和汉语（第二兼用语）。母语在家庭和村寨内使用；哈尼语在与哈尼族的交际和赶集时使用；汉语用在学校、机关、商店等场合。他们也能根据实际需要，自然地转换使用这几种不同的语言。语言互补还表现在相互从对方的语言里吸收自己所需要的成分来补充自己的不足，特别是少数民族语言从汉语里吸收补充成分，越来越得到新的发展。

4.3　一些语言或方言的功能出现不同程度的下降

进入现代化进程的新时期，由于经济文化、科技教育的大发展，社会对语言统一性的要求提高了，因而国家通用语——汉语的使用功能也随之提高。在这样的大环境下，一些使用人口较少或杂居的民族语言，以及一些虽然人口多但与汉族交往比较密切的语言，其功能会出现不同程度的削弱。

具体表现在掌握母语的水平会出现代际的差异，许多青少年的母语能力已不及父辈，甚至有的只能对付简单的交际；有的语言使用人口的比例出现下降，使用范围正在缩小；甚至有的语言处于濒危状态。另外，历史上已发生衰退的一些语言如土家语、赫哲语等，在现代化进程中其衰变趋势仍继续向前发展。

五　现代化进程中语言国情调查的重要性和紧迫性

现代化进程中语言国情变化快，这决定了国情调查的重要性和紧迫性。国家的各级政府，如果不能及时掌握现时民族语言的国情，就不能对我国民族语言的现状有恰如其分的认识，也就不可能对民族语言的使用和发展提出正确的、科学的对策。无疑，这会对我国的民族和谐、语言和谐的局面产生不利的影响，也会阻碍现代化进程。

国家语委“十一五”科研规划中有六个方面的大课题要做，其中第五项就是语言国情调查。语委副主任李宇明教授指出：“语言国情是国家语言决策及其他相关决策的基础。要及时了解新世纪的语言国情，努力创造条件，力争启动新世纪语言普查工作，包括方言普查、民族语言普查和外语使用状况的调查，包括对农民工、移民、语言残障人士等特殊人群的语言状况调查。”

语言国情调查不是一件可做可不做的小事，也不是轻而易举就能做好的事情，而是要从上到下重视，齐心协力、有组织地去做的一件大事。因为它关系到民族团结、民族和谐、民族发展，是我国语言文字工作、民族语文工作的一项重要的任务。

六　现代化进程中少数民族语言国情调查的主要内容

不同语言的国情是不同的，同一语言在不同时期的国情也是不同的。因而，语言国情调查的内容不能只有一个模式，而应根据不同民族、不同地区、不同时期的特点确定调查的重点，提出不同的要求。

一般来说，语言共时特点主要包括以下三方面内容：一是语言使用状况；二是语言本体特点；三是与语言有关的社会人文背景。新时期民族语言的国情调查，重点是语言使用状况的调查，语言本体特点调查应侧重在与语言使用状况有关的方面上。

6.1　语言使用状况的调查

语言使用状况调查的主要内容，是具体语言在特定社会生活中的活力、功能、地位及与其他语言的互补、竞争关系。包括：

1.调查不同年龄段（可划分为“老年、中年、青年、少年”四级）、不同职业（工人、农民、干部、学生等）的人，掌握母语的水平（可分为“熟练、一般、差、不懂”四级）。

少年儿童的语言状况反映社会的变化最敏感，往往代表语言功能演变的趋势。因而要特别重视调查少年儿童的语言能力，比较他们与父辈语言能力的差异，揭示代际语言能力的差异。应当注意到，有的民族的儿童第一语言已不是母语，而是汉语，母语成为第二语言。对这种变化及其成因也应进行调查。

2.调查该语言在不同场合（家庭、村寨、田间、学校、政府机关、集市贸易、医院、劳动生产、婚丧喜庆、宗教等）的使用情况，在媒体中的使用情况（广播、电视、戏曲等）。

单一民族家庭和族际婚姻家庭的语言使用情况会有不同，也应列专项进行调查。调查这两类家庭的用语，以及子女多语情况和语言能力状况。

3.调查兼语状况：我国的少数民族，语言兼用现象很普遍。除了兼用汉语外，有的还兼用其他少数民族语言。要调查兼语人的年龄、地区、职业的分布特点，兼语使用的场合，兼语人的母语和兼用语的水平比较，以及语言兼用的成因及其条件等。还要调查兼语人使用兼语（当地方言和普通话）的语音系统及词汇、语法的特点。

有外来人口的村寨，还要调查外来人口兼用该地语言的状况。了解他们掌握当地语言的水平及使用特点。

4.调查语言转用状况：包括语言转用者的年龄、地区、职业的分布特点，以及兼语水平。还要调查转用者使用转用语（当地方言）的语音系统，及词汇、语法的特点。调查语言转用的成因及其条件。

5.语言接触因方言差异而异。阿昌语有陇川、潞西和梁河三个方言，语言功能存在较大差异。潞西和陇川两个方言地区，语言使用功能相当稳定，语言转用现象不明显，“阿昌语—汉语”双语人占绝大多数。与之迥然有别的是，梁河方言的使用功能呈明显下降态势，语言转用现象突出，汉语单语人比例较大。除囊宋乡、九保乡、芒东乡等部分村寨阿昌语保存较好外，其他乡（镇）所辖的阿昌族村寨都存在不同程度的语言转用现象。

6.调查与周围语言的关系：包括语言地位、语言功能的关系。与周围语言在使用功能上如何实现互补，是否存在竞争，特别要调查与通用语汉语的互补、竞争关系。

7. 调查语言态度：即对母语、兼用语的地位、作用、发展趋势的认识，以及对母语、兼用语关系的认识。语言态度，因不同人而异，老年人与青年人不同，工农大众与知识分子不同。还因不同地区、不同方言而异。在调查时，要考虑不同对象的比例。

8. 调查该语言是否出现功能衰退或濒危。从使用人口、使用场合、代际语言能力的变化提取证据，要调查致使语言功能或衰退的内外原因。

9. 有文字、文献的民族或地区，还要调查文字的使用情况和文献的保留情况，以及民众对文字、文献的态度。

6.2 语言本体特点的调查

1. 对至今尚未调查过的语言或方言，应当在语言使用状况调查的同时，进行语言本体基本状况的调查，要求对其系属关系、基本特点有个大致的认识。如果要对这一语言或方言进行比较深入的调查，则应另立课题。

2. 调查新时期语言的新特点和新规律。主要调查在新时期由于社会的急促变化而产生的语言结构特点的变化。比较明显的是词汇的变化，语音、语法也会有所变化。

3. 调查语言的接触关系。在新时期，语言接触关系会加速，特别是民族语言会受到汉语较多的影响。要着力调查民族语言受汉语影响的广度和深度，如实地记录源语和目的语两种语言成分在语言影响中的共存并用现象，以及由于语言影响而出现的母语成分泛化或与源语趋同的现象。

4. 要从不同年龄、不同职业、不同辈分等社会语言学角度研究语言接触的不同层次，探究语言接触的方式、途径及其成因。

6.3 与语言有关的社会人文背景的调查

语言的国情受该语言的社会人文条件的制约。因而，语言国情调查必须调查与语言有关的社会人文背景材料。主要内容有：调查点的民族分布状况（聚居或杂居）；人口数字（直至村寨各户的人口数字及家庭成员状况）；民族、行政区划的历史沿革；自然地理的特点；调查点的经济、文化、教育、交通、宗教等状况。

参考文献

戴庆厦主编:《四川盐源县各民族的语言和谐》，商务印书馆2011年版。

戴庆厦主编:《西摩洛语语言使用现状及其演变》，商务印书馆2009年版。

戴庆厦主编:《云南蒙古族喀卓人语言使用现状及其演变》，商务印书馆2008年版。

戴庆厦:《论新时期我国少数民族的语言国情调查》,《云南师范大学学报》（哲学社会科学版）2008年第3期。

戴庆厦主编:《基诺族语言使用现状及其演变》，商务印书馆2007年版。

戴庆厦主编:《耿马景颇族语言使用现状及其演变》，商务印书馆2000年版。

李宇明:《关注本土语言调查，关心现代语言生活——读〈基诺族语言使用情况现状及其演变〉》,《中央民族大学学报》2008年第2期。

（原载北京市语言学会编《历届语言学前言论坛精选文集》，北京语言大学出版社2015年10月。）

多角度、多方法才能深化中国少数民族语言研究

——中国语言研究方法论刍议

[**提要**] 深化中国少数民族语言研究必须强调以下几点：要有多角度、多方法的宏观把握；必须辩证地处理好“近”和“远”、“大”和“小”的关系；充分使用不同语言的“反观法”；必须重视语言接触关系的研究；要深入语言生活做广泛、持久的田野调查。

[**关键词**] 语言　方法论　少数民族语言

方法论依不同的学科而不同。语言学是一个独立的学科，与别的学科相比在方法论上有同有异。语言研究的方法有大有小，有宏观的有微观的，我今天主要根据自己研究少数民族语言的实践和体会，偏重在宏观上谈谈中国少数民族语言研究的方法论问题。

一、要有多角度、多方法的宏观把握

中国少数民族语言，其存在与发展受不同民族的社会、文化、民族、心理、生理等各种因素的制约，加上我国语言种类多，语言影响历史久远，语言交融与分化的现象十分复杂，因此要深入揭示语言内部规律、理

清各种语言的关系，深化少数民族语言研究，必须坚持多元的方法论，即通过多角度观察、使用多种方法来揭示语言的奥秘，而不能是一元的、单一方法的。

比如，我研究藏缅语松紧元音的现状及其来源，之所以能够揭示松紧元音来自“一头一尾”（声母的“清浊”和韵尾的“舒促”）的演变规律，就是从不同的角度逐渐深入的。其中，既有共时的分析，又有历时的探索。共时的分析，包括分析松紧对立在声母、韵母、声调上的种种变异，以及不同语言存在的不同状态。历时分析是从松紧元音的共时特征和亲属语言的比较中，寻找历史演变的“蛛丝马迹”，并进而理出历史来源和历史演变的规律。共时描写和历时分析的有机结合，相互映照，应该是认识松紧元音特征的基本方法。

语言研究的方法，从大的方面说，有传统方法和现代语言学方法之分，不同方法都是在不同时期、依不同国度的特点产生的，都有其必然性。传统方法和现代语言学方法各有长短，对于语言研究者来说，对其使用存在多选择性。比如，在分析汉藏语的语音结构时，我就习惯于使用传统的声韵调分析法，认为这种方法有明确的位置概念，便于揭示音节内部各成分的关系，包括共时的结构关系和历时的演变关系，它比辅音元音的音位分析法更适合汉藏语的音节特点。当然，在运用传统的声韵调分析法时，还要吸收现代语言学中有关音节分析的方法来补偿声韵调分析法的不足。

但是在我的研究中，特别是在少数民族语言语法的研究中，除了运用传统的分析、描写方法外，还很重视学习和使用现代语言学的一些新的理论方法，如类型学、认知语法、构式语法、优选论、韵律学等。比如，我近年来所写的一些有关汉藏语被动句、话题句、语法化方面的研究，都受到上述理论、方法的启发。现代语言学是当代最新的语言学流派之一，反映了众多语言学家的智慧和思路，是要认真学习和使用的。

这当中，存在一个如何对待不同学派的问题。我认为，不同学派的功能是互补的，都是应客观的某种需要而产生的，各有其某一角度的解释力，不能互相代替，不存在适用于一切语言、“包打天下”的方法。所以，对待不同的学派，要宽容并包，不能以一方之长贬一方之短。只要能揭示语言规律的，包括大规律和小规律，不管是什么方法都可以用。要比较，应该比较揭示语言规律的能力大小，而不是比使用什么方法。

再说，即便是在语言史上已被证明是正确的理论和方法，随着语言事实的新发现和语言研究的深入，也会暴露出其局限性，也要对它再做进一步的修正和补充。比如：历史比较法是在印欧语的基础上产生的，运用于原始印欧语的语音构拟和确定印欧语之间的历史关系时，获得了极大的成功，印欧语学者常常引以为自豪。但半个多世纪以来，研究汉藏语的学者用它来研究汉藏语却遇到许多难以解决的困难。难点主要在于：汉藏语不同语言的同源词和借词的界线难以区分，无法用同源词和语音对应规律来证明同源关系。我们知道，同源词的语音对应是确定印欧语系属的主要依据，已证明是可行的；但壮侗语与汉语的亲缘关系一直得不到解决，主要是因为语言相互交融的情况复杂，分不清哪些是同源词，哪些是借词。多年来，中国的汉藏语言学家在寻找解决汉藏语系属关系的研究中费尽苦心，在方法论方面做了各种探索。如：有的提出了通过“深层语义”研究法来寻找汉语和壮侗语的同源词，有的通过词汇有阶分布研究来论证语言的联盟关系，有的结合社会文化、考古证据来看语言关系等等。能用的都用上了，包括历史比较法的一些基本方法，但汉藏语的系属问题至今依然是一个“悬案”。但不管怎样，语言学家在汉藏语历史比较上所做的许多探索，对汉藏语系属关系的研究都是有益的。

我再强调一句，对待语言学的不同流派必须宽容。我们常看到，在国外或海外的一些语言机构中，语言学流派之间的“门户之见”很厉害，功能派和形式派互相看不起，互相攻击，互相揭短，不能在一个研究室共事，甚至有的连话都不能说。我们在学习外国的经验时，这种偏见不能学，不能受到传染。当然，正常的学术讨论、争论是必要的。

二、辩证地处理好两个关系

深化少数民族语言研究，在方法论上要处理好许多关系。我这里主要讲如何辩证地处理好以下两个关系：

1.“近”和“远”的关系

语言是线形的、历时的，所以语言研究既有共时研究，又有历时研究，二者不可缺少。这当中存在如何处理好“近”和“远”的关系。中国少数民族语言的研究起步晚、底子薄，所以我认为应重点先做身边语言现状的研究，弄清中国少数民族语言的现状，并逐渐再延伸到历史深处。近处入手是基础工程，打得越厚越有后劲。

历史的经验已经证明，有的语言学家过早地（或超前地）做了一些远程项目，如“××语原始声调构拟”，后来证明站不住脚。

我们主张多做近处的基础工程，并不反对有少数学者去做远程的研究。远程的研究，能开阔人们的眼界，也有利于近程的基础研究。

2.“小”和“大”的关系

语言研究的选题有大有小，怎样处理二者关系？从方法论上说，中国少数民族语言的研究，最佳的途径是从小到大，即先做小题目，后作大题目。具体说，先要把一个个语言研究得好些，再做大的语言比较；先要有一个个小专题的研究，大的专题研究才有基础。

小的研究容易深入，更能贴近语言实际，由此引申的理性认识会更可靠，更有说服力。比如：研究藏缅语族彝语支语言，我是先做了彝语支语言的声母清浊、松紧元音、声调等专题的研究，然后才做较大规模的彝语支语音比较和构拟，认为这样的顺序比较合乎认识规律，比较顺手。

现在有些年轻人做研究，次序搞倒了，小文章没写几篇就写书。这样的书让读者看了心里不踏实。

三、充分使用不同语言的“反观法”

不同语言的“反观”，是深化语言认识的重要途径，也是我国语言研究必须重视采用的一种方法。我国的语言类型丰富、特点殊异，有着发展语言学取之不尽的资源，是提炼语言研究理论、方法的宝地。比如，我国的语言中有的语言隐性特征多，有的语言显性特征多。显性特征容易被认识，而隐性特征往往要通过分析对比才能被揭示。在语言研究中，可以使用“反观”的方法从显性特征和隐性特征的相互映照中发现隐性特征。

汉语和非汉语之间，隐性特征和显性特征的分布不平衡，在汉语里是隐性特征，在其他语言里有可能是显性特征，反之亦然。如景颇语在语法形态上有个体名词和类别名词的对立，但汉语没有。如：

nam^{31} si^{31} 水果（个称）　nam^{31} si^{31} nam^{31} so^{33} 水果；果类

ʃă^{55} kṳm^{51} 墙（个称）　ʃă^{55} kṳm^{33} ʃă^{55} ka̱p^{55} 墙（总称）

上例的“水果”一词，在“我吃一个水果”和“水果是有营养的”这两个不同句子里，汉语的“水果”是同一个形式（句法结构不同）；而景颇语不同，通过形态构词表示。所以，景颇语类别名词的显性形式有助于启发思考汉语名词有无类别范畴的问题。

半个多世纪的经验证明，通过非汉语和汉语的相互反观是我国语言研究的一个重要方法，是一条能获得成果的途径。但是，运用“反观”法要区分两种不同类型的反观：同源关系的反观和非同源关系的反观。这两种不同类型的反观，在内容、方法上都存在不同的特点，也各有不同的价值。

1. 同源关系的反观

是指所比较的客体在历史上存在同源关系，即现在的形式和特征都由古代的一个共同的“源流”或“语源”分化下来的，有着共同的“基因”。这种同源关系在各语言形成的共同点和相异点，都有规律可循，可以通过比较确定先后串成一条演变链。如汉语和非汉语使动范畴的反观就属此例。

使动范畴是汉藏语的一个共同特征，是原始汉藏语阶段就已出现的一个语法范畴，但后来由于不同语言在演变速度、演变方式等方面出现不同的特点，各语言存在共时的差异。在现代汉语里，使动范畴主要是通过分析式手段表达的，屈折式使动词所剩无几。但在非汉语的亲属语言里，则保留大量的屈折形式。其语音对应关系有浊声母对清声母、不送气声母对送气声母、松元音韵母对紧元音韵母以及不同元音、不同声调的对应等。例如：

	怕	使怕
藏	hdrog	dkrog
彝	gu^{33}	ku^{33}
傈僳	dʒo^{33}	tʃo^{33}
缅	tɕau^{ʔ55}	tɕhau^{ʔ55}
阿昌	ʐo^{ʔ55}	xʐo^{ʔ55}
载瓦	kju^{ʔ31}	kju̱^{55}

这些屈折形式虽然包含了各种语言后来的各自创新，但在总体上却都是原始汉藏语特点的遗留，通过比较能够追溯到原始汉藏语的形式。这对我们研究汉语早期使动范畴的特点及其后来的演变会有重要的价值。据研究，古代汉语也有使用浊音对清音的交替形式表示自动、使动，一般是浊音表自动，清音表使动。如："自败"为b-，"使败"为p-。这与藏缅语有对应关系。

通过语言比较可以看到，汉语和藏缅语的使动范畴，都是从屈折型向分析型转变的。这是共性。但不同的是，汉语走得快，屈折型的使动词大都已消失了，分析型表达形式大量发展。而藏缅语不少语言还保留着不同语音形式的屈折型使动词，相互间还有语音对应规律可循。在演变趋势上，不管是汉语还是非汉语，都存在屈折式向分析式发展的趋势。这种趋势，是受汉藏语整个语法体系由屈折式向分析式演变的共性制约的。梅祖麟先生通过汉藏语诸语言的比较，认为"使动化*s-的清化作用产生汉语的清浊别义，如‘败’*b‘自破’/‘败’*p-<*s-b‘破他’……使动化*s-前缀在原始汉藏语中已经存在。”[1]

用非汉语反观汉语，使动范畴的研究至少可以形成两个认识：一是使动范畴在汉藏语可以推至原始汉藏语阶段。二是汉语与非汉语在使动范畴上有同源关系，汉语在更早的时候会有更多的屈折型使动词。

2. 非同源关系的反观

这是指所比较的客体或专题在历史上没有同源关系，即没有共同的“基因”。相互间有共同点或相似点，在演变上可能也会有相同、相似的规律，但这属于类型学的关系，没有共同来源的关系。

这里拿OV型语序和VO型语序的比较来说明这个问题。阿尔泰语系的语言是OV型语序，其蕴含性特点不同于汉语的VO型语序。前者是后置词型，后者是前置词型。前者宾语的语义简单，后者复杂。表示句子成分的关系，前者靠形态，后者靠助词。阿尔泰语系和汉语无亲缘关系，但OV和VO语序在蕴含关系上则存在一些对应。

又如，汉藏语的汉语和非汉语普遍有四音格词，但非汉藏语的阿尔泰语、印欧语等则没有或者少有，这是为什么？汉藏语的汉语和非汉语为什么存在四音格词的能产性？汉藏语内部各种语言的四音格现象究竟是亲缘关系，即从原始共同语继承下来的，还是后来各自产生的属于类型学关系？

这些都是需要弄清的问题。用非汉语的四音格特征反观汉语，有助于认识汉语四音格演变的轨迹，有助于揭示汉语四音格形成的语言机制。我们通过汉藏语诸多语言的比较，发现不同语言的四音格词在形式、结构上有许多共同的特点，但找不到相互间的同源关系。总的看来，缺乏形态手段的分析性语言，一般比形态手段丰富的语言更易于产生四音格词。由此可以推测，汉藏语普遍存在的四音格现象，并非来源于原始汉藏语，而是各种语言后来各自形成和发展的，是语言类型作用的结果。我们还看到，韵律、双音节化、对称、重叠、类推以及词汇化等因素，是汉藏语四音格词形成和发展的动因。

不同语言的反观至少有以下几个作用：1.有助于不同语言共时特征的发现、解释和深化；2.有助于发现不同语言历史演变的新轨迹；3.能够证实已有研究成果的可靠与否；4.有助于发现需要研究的新课题。

四、必须重视语言接触关系的研究

我国少数民族语言，在长期的历史发展过程中都不同程度地受到别的语言的影响，吸收别的语言成分来丰富自己，甚至局部改变自己的特点。如有些语言的汉语借词在常用词中已超过了50%，如白语、土家语、勉语等；有的语言还借入汉语的少量语序和虚词，如壮语、苗语等。甚至还有像倒话这样的混合语——词汇是汉语的、语法是藏语的。中国语言的系属问题得不到解决，一个重要原因就是因为弄不清借用与非借用的关系。

所以可以认为，语言接触研究是中国少数民族语言研究中带有很强的理论性和方法论意义的大问题。

中国少数民族语言的接触研究兴起于20世纪八十年代。这之前人们对语言接触问题重视不够；后来的三十多年，语言接触研究有了很大的发展。但伴随着主流也出现少量语言接触扩大化的现象，即把非接触关系的相似现象当成是接触关系。

当前面临的问题是，如何根据中国的语言特点建立语言接触研究的理论与方法。其中包括：怎样认识中国语言的语言接触问题；中国语言接触具有哪些共性和特色；怎样根据中国语言的特点进行语言接触研究；怎样区分语言接触与非语言接触，等等。

五、深入语言生活做广泛、持久的田野调查

对中国少数民族语言调查研究的状况必须要有一个大致的、切合实际的估计。上面说过，中国少数民族语言数量众多，历史演变的情况复杂，

加上研究的起步晚，所以中国少数民族语言的研究与汉语相比差得很远，还有大量的未知领域。这是一个基本的、必要的估计。经过半个多世纪的语言研究实践，我深深感到深入语言生活做广泛、深入的语言调查的必要性。

比如，在语言本体研究上，我们调查到大量过去没有发现过的语言事实。如：声调产生、演变不同阶段的状况；复辅音的特点及其演变的种种表现；语音音素聚合的特殊规律；量词从无到有如何演变的事实；语序演变的内外条件；语言接触对语言演变规律的制约等。这些，对我国语言的研究，包括共时和历时研究、新的理论方法发现等，都有重要的价值。再如，在语言功能上，通过田野调查发现中国小语种的生命力并不脆弱；现代化进程中中国各民族语言存在竞争和互补的客观规律；语言影响与语言内部规律的关系等。此外，在跨境语言中还蕴藏着无数对语言研究非常有价值的语料，而在这一领域我们还所知不多。

深入语言生活做广泛、持久的田野调查，将是发展中语言学的一个重要的方法。

综上所述，中国少数民族语言的方法论研究大有可为。中国语言学家能够从中提炼出有针对性、符合语言实际的、有创新义的语言研究方法，丰富语言学理论宝库。但是，建立中国语言学的方法论，必须要有自己的特色，而且要立足本土资源。

参考文献

[1] 梅祖麟，上古汉语动词浊清别义的来源——再论原始汉藏语*s-前缀的使动化构词功用 [J].民族语文，2008,(3).

（原载《中央民族大学学报》2013年第4期。中国人民大学书报资料中心2014年1月转载。）

论“分析性语言”研究眼光

[**提要**] 分析性语言的研究，有不同于非分析性语言的特点。对其方法论的研究，不但有助于深入地挖掘、分析语言的特点，而且还有助于语言学的研究。本文以汉藏语系语言为例，依据作者及其他学者的调查研究经验，论述为什么要提出分析语的研究眼光，指出分析性语言特点的种种表现，提取分析性语言研究的三个切入点，并归纳分析性语言研究操作的策略。

[**关键词**] 分析性　汉藏语　理论　方法

一、为什么要提出“分析语”的研究眼光

以往研究语言，大多是根据语言的共性共同使用语言学普遍的研究方法，不太讲究针对语言的不同类型（分析性或非分析性，分析性、非分析性不同的层次）采取不同的研究方法。这就出现一个不足：即语言中带有类型学的一些特点不易被发觉，未能从语言类型上去认识具体语言的特点。虽然，语言学家们也不同程度地注意到所研究的语言特点，如研究汉语的，注意汉语的分析性特点，研究阿尔泰语系语言的，注意黏着语的特点，但并未有自觉的、系统的语言类型眼光。

我们在做汉藏语研究过程中逐渐体会到，要揭示汉藏语的特点，包括共时特点和历时特点，需要有分析语的眼光或视角，或者说要有分析语的

研究方法。汉藏语系语言（以下简称“汉藏语”）都属于“分析性语言”（以下简称“分析语”），在语言特点上，包括语音、语法、词汇、语义、语用等方面都有自己不同于非分析性语言的特点。若能把住语言类型的特点分析语言，就更有针对性，就能发现一些使用一般性语言研究方法所不能看到的新现象，也就能够揭示语言的深层特点。

举例来说，四音格词（又称“四音格联绵词”）的研究曾受到汉藏语语言学家的极大兴趣，人们从构词、语音结构、句法特征等诸方面对四音格词的特征进行了大量的微观分析，发现了它不同于词类或词组的特征。但如果能够再从类型学的视角进一步分析研究，就会发现分析性语言的类型模式是大量产生四音格词的土壤或条件，使用分析性眼光就能发掘更多的四音格词的特点。四音格词大量出现在具有分析性特点的汉藏语、南亚语里，具有普遍性，而在形态发达的阿尔泰语、印欧语里则少见。为什么？

因为分析性语言是以单音节为主的语言，词根多是单音节的，而单音节性语言特别讲究双声叠韵、音节成双的韵律和谐，容易生成四音格词。这一角度的观察，使我们对四音格词的生成条件有了新的认识。①

又如声调研究的问题。世界的语言，有的有声调，有的没有。在亚洲大地，有声调的语言占多数。声调研究中蕴含了无数的“谜”，如为什么会产生声调，声调产生的条件是什么，世界语言的声调有哪些类型，声调是如何演变的。我们用分析性语言的眼光研究声调，发现声调的发达与否与语言的分析性强弱有关，即分析性强、形态变化少的语言，如汉语、壮语、侗语、苗语等语言，声调相对发达，而分析性弱、形态变化多的语言，如嘉戎语、普米语等语言，声调相对发达或没有声调。为什么会有这种蕴含关系？因为声调是一种表达意义的手段，只有表义需要时，才能出现。语言表义的手段有多种，如形态变化、声母韵母的数量、词的音节数量、元音的长短和松紧等。汉藏语分析性特点相对弱的语言，由于形态变

① 戴庆厦，孙艳.景颇语四音格词产生的机制及其类型学特征.中国语文2005（5）.

化多些，声母韵母的数量相对会多些、多音节词的比例会大些，这些因素为表义提供了条件，不需要出现声调来补充；但分析性强的语言，由于形态变化少，声母韵母的数量相对少些、单音节词的比例大，这些因素不足以表义，需要用声调来补充，于是声调的产生发展具有了空间。如属于无声调的道孚语，形态变化多，声母有299个，韵母有58个；而属于有4个声调的哈尼语，形态变化少，声母只有30个，韵母也只有20个。通过类型的对比，可以解释汉藏语声调从无到有的演变过程①。总之，声调的产生是在从简原则的作用下，语音系统自我平衡、调节的结果，即声韵系统复杂，形态变化丰富，声调则贫乏、数量少，反之，声调则相对丰富、发达。

再看看南亚语的情况。南亚语原是没有声调的语言，但后来由于形态大量脱落，向单音节性演化，开始产生声调。如：曼蚌索村克木语正处于声调萌芽状态，每个音节已有固定音高，促声韵音节读55调（tɕok^{55}“腿”）舒声韵音节读53调（kən^{53}“停止”）②。但到了老挝琅南塔克木语，固定音高进一步发展为声调。它共有55、53、33三个调，促声韵音节读55调（pat^{55}“鸭子”），舒声韵音节读53调（klaŋ^{53}“老鹰”），33调来自浊声母（ŋɔ^{ʔ33}“害怕”）。③

我们认为，研究分析性语言必须要有分析性眼光。分析性语言的调查研究，必然会有不同于非分析性语言的特点。我国分析性语言的种类众多，半个多世纪以来，调查研究取得了不少的成绩，若能增强分析语方法论的理念，必能有助于语言学的研究。

研究汉语的一些先知先觉们，早就意识到汉语分析性的特点，强调要有研究汉语的独立眼光。如朱德熙先生曾大声疾呼过：“现代语言学的许多重要观点是以印欧语系语言事实为根据逐渐形成的。采用这种观点来分析汉语，总有一些格格不入的地方。这是因为汉语和印欧语在某些方面（最

---

① 戴庆厦.藏缅语族语言声调研究.戴庆厦文集（第二卷）.北京：中央族大学出版社，2012.

② 戴庆厦.勐腊县克木语及其使用现状.北京：商务印书馆，2012：92.

③ 戴庆厦老挝琅南塔省克木族及其语言.北京：中国社会科学出版社，2012.

明显的是语法）有根本性的不同。由此可见，如果我们不囿于常见，用独立的眼光去研究汉藏语系元音，就有可能对目前公认的一些语言学观念加以补充、修正甚至变革。”① 这段话说得多好呀！

本文以汉藏语诸多语言的语料为依据，依据作者及其他学者的调查研究经验，概括分析性语言特点的种种表现，并归纳调查研究分析性语言应采取的策略。

二、我国具有研究分析语丰厚的资源

分析性语言在世界语言中占有相当数量，并具有独有的特征。如果有主要针对分析语特点的研究理论和方法，即有分析语研究的眼光，就能够更好地把握分析语的特点，挖掘更多的语言现象。这应该是语言学研究必须考虑的问题。在中国的语言中，分析语的数量多于非分析性语言，蕴藏着丰厚的研究分析语的资源。根据《中国的语言》一书的语料统计，在所收录的128种语言中，分析语有89种，占语言总数的69.5%，非分析性语言有39种，占语言总数的30.5%，分析语中包括汉藏语75种，南亚语9种，混合语5种：非分析性语言包括阿尔泰语22种，南岛语16种，印欧语1种。②

将语言分为不同的类型是人类认识语言的一大进步。早在18世纪，语言学家就已认识到语言存在类型的区别。德国古典类型学家洪堡特（1767–1835）主要根据语法把世界的语言分为屈折语、黏着语、孤立语，并认为语言有两个极端——汉语和梵语。孤立语又称分析语，与形态丰富的屈折语、黏着语——非分析语相区别。这一进步，为后来进一步认识世界语言的类型奠定了基础，一直延续了下来。

当代语言学的语法研究有三大模式——形式学派模式、功能学派模

① 朱德熙.汉藏语概论序.马学良.汉藏语概论.北京：民族出版社，2003.

② 孙宏开等.中国的语言.北京：商务印书馆，2007：1–5.

式、类型学派模式。从类型学模式研究分析语的特点，揭示分析性语言的具体特点和演变规律，是当代语言类型学研究的内容之一。

分析语有不同于非分析语的特征。其特征主要有：（1）缺少形态。所谓“缺少”，是指形态变化在语法手段中虽然都有一些，但所占比例较小，不同语言的形态也多少不一。如：藏缅语的形态比汉语丰富，藏缅语内部北部语言的形态比南部语言丰富；（2）单音节词根所占比例大，双音节词多由两个单音节词根构成；（3）语序比较固定，不能随意调换。如：主语在谓语之前，补语在述语之后，宾语有的在动词之前，有的在动词之后等。少量可以调换语序的要依靠助词的帮助，还要有一定的条件。如藏缅语形容词修饰名词时多在后，若要提到名词前要加助词，长修饰语移前的概率大；（4）虚词丰富，种类多。如表示句法关系的助词有定语助词、状语助词、补语助词、宾语助词、话题助词、连词、介词等，还有丰富的语气助词；（5）韵律丰富。是构词和组成句法结构重要的元素。分析语的构词韵律比句法韵律更为丰富。韵律手段有多种，以双声叠韵和双音节化出现频率最高。

在分析性语言的内部，分析特点的强弱还存在不同的层次。如：汉藏语的汉语、壮侗语、苗瑶语以及藏缅语南部地区的哈尼语、傈僳语、缅甸语等语言，分析性特征强些，而藏缅语北部地区的嘉戎语、安多藏语、普米语等语言，分析性特点弱些。语言研究可以通过分析语分析性的强弱比较，揭示语言的特点和演变规律。

三、提取分析语研究成果的三个切入点

长期以来，人们对分析性语言的研究，特别是对汉语的研究，虽然未能系统地从语言类型角度提出分析语研究的理论与方法，但都会有意识或无意识地考虑到怎样针对语言的具体特点进行研究，积累了非常丰富的认识。因而，我们能够根据过去研究中的经验，对分析语的研究方法进行理

论概括，更理性地依分析语点进行研究。下面，我们谈几点供大家参考。

（一）根据分析语的特点提取研究成果

1.根据分析性语音结构的特点，提取“声韵调分析法”，深入认识分析语演变中声韵调之间相互制约的关系。

世界语言音节的分析大致有两种方法：一是辅音元音分析法：二是声韵调分析法。19世纪下半叶，随着音位学理论的建立，出现了音位分析法。研究印欧语、阿尔泰语的学者习惯使用音位分析法，把音节的音素分为辅音音位和元音音位两大类。但汉藏语和南亚语的学者大多习惯使用声韵调分析法，把音节分为声、韵、调三部分。这种习惯选择的差异不是偶然的，也不是随意的，而与语言类型的差异有关，符合被描写语言的特点，也有助于揭示分析语语音的演变规律。

汉藏语等分析性语言，音节的划分虽有多种方法，但分为声母、韵母、声调三个层次更符合分析性语言的特点。从语感上看，说汉藏语等分析性语言的人们，早有把音节一分为三的语感。中国古代的诗歌、韵文、构词，都有双声押韵，说明说话人已具有划分声韵调的天然能力。语感，是产生声韵调分析法的基础。① 再从语音的演变上看，汉藏语等分析性语言的语音演变，大多表现为声韵调之间的相互制约、互为条件。如声调的分合受声母清浊的制约，即清声母分出阴声调，浊声母分出阳声调，舒声韵分出舒声调，促声韵分出促声调。

2.根据分析性语法结构的特点，提取“语义语法分析法”，有助于揭示分析语语法结构的特点。

几十年来，汉语语法的研究者逐渐认识到研究分析性的汉语要采用语义语法分析法，认为这是汉语语法分析研究的有效方法。这一方法，也同样适用于其他分析性语言。这是因为，分析性语言缺少形态，句法关系许多要靠语义特点来制约，不弄清语义关系，就难以说清句法关系。

比如，景颇语的支配结构有加或不加宾语标记phe$^{?55}$两种形式，加或

① 戴庆厦.论汉藏语的声韵调分析法.海峡两岸中国少数民族研究与教学研讨会论文集.1996.

不加主要由语义决定。主要有以3个语义条件：一是宾语若是能发出动作行为的，因为会与主语发生谁施行动作行为的混淆，一般要加宾语标记。例如：

ʃi³³ sǎ³¹ ʒa³³ pheʔ⁵⁵ tsu̱n³³ tan⁵⁵ sai³³. 他告诉老师了。

他 老师 （宾助）告诉（句助）

kui³¹ khje³³ kui³¹ tʃa̱ŋ³³ pheʔ⁵⁵ ʃǎ³¹ tʃu̱t⁵⁵ nuʔ⁵⁵ ai³³. 黄狗追黑狗。

黄狗 黑狗 （助）追 （句助）

二是如果是结构复杂的短语做宾语，为了增强表达的清晰度可加宾语助词但也可不加。例如：

naŋ³³ sǎ³³ ʒa³³ ni³³ tsu̱n³³ ai³³ ka³¹ pheʔ⁵⁵ a⁵⁵ tse̱m⁵¹ ʃa³¹ mǎ³¹ tat³¹ uʔ³¹

你 老师 们 说 的 话（宾助）好好地 听 （句助）

你好好听老师们的话！

三是如果宾语移至主语之前，为避免与主语相混，要加宾语助词。例如：

ʃi³³ pheʔ⁵⁵ ko³¹ ŋai³³ n³³ ka̱m³³ kǎ³¹ ʒum³³ n³¹ ŋai³³.

他（助）（话助）不 愿意 帮助 （句助）

对他，我不愿意帮助。

不加宾语助词的是多数。例如：

ŋai³³ ʃat³¹ ʃa⁵⁵ ŋa³¹ n³¹ ŋai³³. 我在吃饭。

我 饭 吃 在（句助）

ʃi³³ sǎ³¹ ʒa³³ ta̱i³³ sai³³ taʔ³¹! 听说他成了老师。

他 老师 成（句助）听说

naŋ³³ nam³¹ si³¹ sa³³ mǎ³¹ ʒi³³ uʔ³¹！ 你去买水果吧！

你 水果 去 买（句助）

但同属于宾语是OV型的非分析性语言，使用宾语标记则带有强制性。如朝鲜语的宾语标记则普遍要加，不受语义的制约。同样，俄罗斯语靠宾语的形态变化表示支配关系，但除了中性名词可以不变外，都要有宾语的形态变化。

（二）通过分析语与非分析语的对比提取研究成果

分析语与非分析语在特点上各有自己的系统。通过二者的对比，能够发现分析语的一些不同于非分析语的特点。

1.抓住重叠手段的分析深化语法结构的研究

重叠是分析性语言的一个重要特征。汉语和其他汉藏语系语言都有重叠手段，其丰富手段和重叠的句法作用是印欧语和阿尔泰语所不及的或不同的。

分析性语言依靠重叠手段表示不同的句法意义和词汇意义。例如景颇语的各类实词可以重叠，包括名词、动词、形容词、量词、代词、状词、貌词等能重叠甚至部分虚词也可以重叠，如连词、副词等。重叠的句法作用有：名词重叠可以做话题主语，动词重叠才能做状语，形容词、副词的重叠可以表示性状加深，量词的重叠表示“逐一”，宾语助词重叠表示强调等。

汉语的词类也是富于重叠的语言，是印欧语人学习的难点。汉语很多方言有许多有特点的重叠形式，如闽语仙游话，“猴猴”是“形容像猴一样瘦的样子”，“纸纸”是“形容像纸一样薄”。又如湖北襄阳话，量词重叠可以表示小量义，如“一勺勺儿药”“一撮撮儿头发”“一碗碗儿米”。动词重叠可以表示多种句法意义，如可表示动作的反复或持续，例如“这肉煮煮就烂了”“自己游游都会了”；可以表示动作的状态、方式，如“他歪歪甚尼过来了”“她急尼哼哼甚尼”；还可以具有背景化的作用，如“玩玩玩到一起了”“看看看睡着了”。分析性语言存在大量重叠的形式，其土壤是单音节性和韵律。

2.揭示韵律的分析，有助于认识分析性语言的特点

分析性语言由于具有词根性的特点，又有双音节化的语音形式，所以容易出现各种类型的韵律。韵律多出现在构词中，称“词法韵律”，还出现在句法结构中，称“句法韵律”。韵律形式有多种：有双声叠韵、双音

节化、元音和谐、重叠等形式，不同语言各有不同的韵律形式。如景颇语的构词有多种韵律形式：元音舌位高低和谐；音节前弱后强；双声、叠韵、谐韵；双音节化；重叠等。

汉语的韵律特征在分析性语言中是超强的。著名的韵律学家冯胜利曾指出“双音动词一般不能支配一个单音成分。[①] 但分析性不及汉语强的哈尼语、景颇语等，则不受此规则的限制。例如：

汉语	种花（*种植花）	读书（*阅读书）
哈尼语	a^{55} je̱^{33} ɕa^{33}	so^{31} ɣa^{31} dzo^{55}
	花 种	书　读
景颇语	nam^{31} pa̱n^{33} khai^{55}	lai^{31} ka̱^{33} thi^{55}
	花　种	书　读

非分析性语言虽然也有韵律，但大大不及分析性语言强，特别是构词韵律主要是元音和谐，而且还缺少双声叠韵及双音节化的韵律手段。如维吾尔语缺少双音节化格律，句法音节数的多少不受限制，双声叠韵也少。

能否求出这样一条规则：分析性越强的语言，韵律越丰富？

（三）通过分析语内部不同语言的差异对比提取研究成果

分析性语言内部存在差异，差异包括不同特点、分析性强弱等，这是分析性内部的小类型。通过分析性内部差异的比较，也能获取语言研究成果。

1.连动结构丰富与否与语言的分析性特征有关联

藏缅语北部地区的语言，如藏语、羌语等没有严格意义上的连动句，而南部地区的彝缅语支存在大量的连动句。这可能与南北语言形态发达程度的不同有关，分析性越强的语言越易产生连动句。

2述补结构存在不同的层次，与语言分析性强弱差异有关

述补结构虽是人类语言的共性，但其丰富性不同。其丰富性的差异，受语言类型差异的制约。大凡是，分析性越强的语言，述补结构越丰富。

---

① 冯胜利.汉语的韵律、词法与句法.北京：北京大学出版社，2009：15.

藏缅语族语言就是这样。藏缅语述补结构的丰富程度存在三种类型：一是句法中无述补结构，如嘉戎语、独龙语、羌语等形态特征较多的语言，用别的结构或形态变化表示述补结构的语义；二是有述补结构但不发达，只有少量的述补结构；三是述补结构比较发达，如彝语、缅语、景颇语等分析性较强的语言，都有丰富的述补结构。这一类里面，景颇语由于分析性不及另外的语言强，所以述补结构也没有其他语言丰富。①

与汉语相比，藏缅语的述补结构没有汉语发达，这是因为汉语的分析性比藏缅语强。拿景颇语与汉语比较，汉语许多述补结构在景颇语里不用述补结构表达，或用别的结构或用单个词表达。例如：

看见	mu^{31}	杀死	sat^{31}
看好	$kă^{31}\ tʃa^{33}\ ai^{33}\ khu^{33}\ \ mu^{31}$ 好　　的（助词）看见	杀光	$ma^{55}\ khʒa^{31}\ sat^{31}\ kau^{55}$ 全　　杀　掉

再把眼光转向属于黏着语的阿尔泰语。阿尔泰语普遍缺少述补结构。汉语的述补结构译为阿尔泰语时都要改装为别的结构。以哈萨克语为例，哈萨克语用4种方式对应表达汉语的补语：（1）用状语对应表达；（2）用动词谓语对应表达；（3）用助动词对应表达；（4）用形动词作间接宾语或状语对应表达。②

3.语言分析性强弱与格范畴的使用呈负相关

由于语言分析性的强弱不同，格范畴的显赫程度存在一定差别。格范畴虽在藏缅语中普遍存在，但南北部语言存在明显差异。如藏缅语代词有主格（施动格）、宾格（受动格）、领格三种格形式，代词的格形式由北向南在严整程度上呈弱化趋势。藏语支、羌语支语言用声母、韵母的变化或用后附词缀来表示主、宾、领格；缅语支、彝语支则主要以韵母和声调变化来表示，有的以词缀来表示。孙宏开指出藏缅语中人称代词三种格形式最古老的应该是声母（辅音）屈折形式，也是最严格的格形式；其次是韵

① 戴庆厦.黎意.藏缅语的述补结构——兼反观汉语的述补结构.语言研究，2004（4）.

② 成燕燕.维吾尔族、哈萨克族汉语语法教学难点释疑.北京：商务印书馆，2009：45–47.

母（元音）屈折形式，是较为严格的格形式；声调高低变化的形式是藏缅语代词格语法意义即将处于消失的前兆，是最不严格的格形式。[①]

又如，提取藏缅语关系从句关系化名词性成分时，能够看到是否使用格策略在南北语言间存在显著差异。形态发达的藏缅语北部语言，拥有丰富的名物化词缀（或助词），不同的词缀（或助词）代表不同的格范畴，用于表示关系化与之对应的句法成分。关系化后的名词性成分在小句中的句法位置，通过名物化词级（助词）得以明确表达。如阿依语使用不同的名物化词缀提取不同的关系化成分，za^{55}用以提取处所宾语，su^{55}用以提取实施主语，dɛm^{55}用以提取工具宾语，以“砍柴的……”为例。

ɕɯŋ^{55} ua^{31} za^{55}　砍柴的地方（森林）

柴　　　砍

ɕɯŋ^{55} ua^{31} su^{55}　砍柴的人（樵夫）

柴　　　砍

ɕɯŋ^{55} ua^{31} dɛm^{55}　砍柴的工具（柴刀）

柴　　　砍

与北部地区不同的是，藏缅语南部形态欠发达地区的语言大量采用关系化助词作为标注手段，在关系化句法成分时多采用空缺型的无格策略。以景颇语为例，关系化助词与名物助词ai^{33}形式统一，可用在多种关系化成分的前置从句中。除关系化比较宾语、领属语时采用了代词保留策略外，其他关系化成分都采用了空位（在句中用哦“Ø”表示）的无格策略。例如：

Ø mǎ^{31} khon^{55} khon^{55} ʃǎ^{31} ʒoŋ^{55} ai^{33}　la^{33} ʃa^{31} n^{55} ta̱^{51} wa^{31} mǎ^{33} sai^{33}.

歌　　　唱　喜欢　（助）男孩　家　回（句尾）(关系化主语）

喜欢唱歌的男孩回家了。

① 孙宏开.藏缅语人称代词格范畴研究.民族语文，1995（2）.

ʃi^{33} ∅ ʃă^{31} tu^{33} ai^{33} ʃat^{31} khut^{31} sai^{33}.

他 煮 （助）饭 熟 （句尾）(关系化宾语)

他煮的饭熟了。

ʃi^{33} ŋai^{33} phe^{ʔ55} ∅tʃo^{31} jo^{33} ai^{33} na^{33} ji^{33} ʃă^{31} mat^{31} ka̱u^{55} sai^{33}.

他 我 （宾助） 给 给（助）表 丢 掉 （句尾）（关系化间接宾语）

他送给我的表丢了。

kă^{31} na^{33} ʃi^{33} tha^{ʔ31} kʒau^{33} tso̱^{31} ai^{33} num^{33} ʃa^{31} wa^{31} mat^{31} sai^{33}.

姐 姐 她（方助）更 高 的 女孩 回（助动）(句尾)（关系化比较宾语）

姐姐和比她高的女孩走了。

作为名物化方式之一的词缀应是最早的关系从句的标注形式。随着语言分析性特征的增强，具有独立语音形式的名物化助词功能不断扩展、增殖，在关系化过程中，有格策略的使用也随之趋向淡化。因此，语言的分析性强弱与格策略呈负相关。即分析性越强，有格策略的使用越受限制；而语言的分析性越弱，有格策略的使用却越广泛。①

四、“分析语”研究眼光的操作策略

了解分析性眼光的重要性还不够，还要具有一定的操作能力。这里根据作者的研究实践，提出一些观察点。

（一）针对具体语言提取观察点

要善于观察，提取能够反映分析性特征的节点，从中发现语言特点和语言规律。

1.从语法中提取分析性特点

① 闻静.藏缅语标记型关系从句的多元构式及其演变.中央民族大学学报（哲社版），2017（3）.

（1）分析复合词的特点，估计双声叠韵、重叠在构词中的地位。看构词是否有双音节化倾向。注意考察分析并列复合词，看存在哪些组合规则。

（2）归纳构形的形态成分有多少，有什么特点，看是否典型。

（3）确定四音格词在词汇系统中的地位、作用，并分析其类型、构造。

（4）分析哪些实词有形态变化，表示哪些语法意义，其语音变化形式有哪些。

（5）动词有无人称、数、时、体貌、方向、互动等语法范畴，语法手段是什么。估量其丰富程度。

（6）使动词的状态如何，有无屈折式的使动词，有多少，语音形式是什么。分析式有多少，使用什么语法手段。屈折式和分析式的比例如何。

（7）代词有无格变化。

（8）量词发达与否，有哪些类别，特别是个体量词发达与否。

（9）结构助词有哪些类别，是否丰富。

（10）语气助词有哪些类别，是否丰富。

（11）短语有哪些类型，各类型有何语法标记。

（12）支配结构有无语法标记，若有，是强制性的，还是有条件的。

（13）动补结构是否发达。不发达的有什么特点。

（14）连动结构的特点是什么。

（15）有无被动句。如果有的话是什么语法形式，没有的话用什么表示被动语义。

（16）有无把字句。如果有的话是什么语法形式，没有的话用什么表示“把”字义。

（17）是否是话题句语言，话题的标志是什么。

（18）差比句的特点是什么。

（19）双宾语是如何构成的。

（20）疑问句的语法表达手段有哪些，有无反复疑问句、重叠疑问句。

（21）复句的构成有什么特点。

（22）复句的连接词是否丰富，其位置如何。

2.从语音中提取分析性特点

（1）分析词的音节数量，包括单音节、双音节、多音节的数量及比例，以及不同词类音节数量的比例。

（2）声母状况。是否发达，有无复辅音声母。

（3）韵母有哪些类型。复元音韵母、辅音韵尾是否发达。

（4）有无声调，声调属何类型。

（5）有无长短元音、轻重音、弱化音。

（6）声韵调之间的相互制约关系强弱如何。

（7）语音变化与语法、语义的关系如何。

（二）明确主攻点

通过类型学视角研究语言，其主要目的是扩大、加深对语言特点的认识。语言内容无非是两大块：一是语言使用功能特征，二是语言结构特征。语言结特征包括共时和历时两个方面。分析语眼光有助于研究者发现、解释分析语的共时特征和历时特征，能够揭示语言结构中只有通过语言类型对比才能被认识的现象。

探讨这一课题的主要目的是，增强分析性眼光，深化分析性语言的研究，避免语言研究方法论上的泛化。

（原载《云南师范大学学报》，2017年第5期，与闻静合写。中国人民大学书报资料中心2018年1月转载。《中国社会科学文摘》2018（2）又转载。）

论汉藏语的声韵调分析法①

[**提要**] 本文分析声韵调分析法的产生和发展，指出声韵调分析法适合汉藏语的语音特点。还论述声韵调分析法适合汉藏语的语音结构特点；有利于分析汉藏语的语音变化。还对声韵调分析法与音位分析法的适应性做了对比。

[**关键词**] 声韵调　分析法

引　言

1.19世纪下半叶随着音位学理论的建立，现代语音学的发展进入了一个崭新的阶段。音位学的重大贡献在于：它从区别意义的特征分出语音的最小单位，把一个语言的复杂的语音现象归纳成数量有限的音位——辅音音位和元音音位，从而使人们有可能通过少量的音位来认识和掌握一个语言的语音特征。一百多年来，音位分析法已成为世界各国语言学家分析语音共同使用的一种方法。用这个方法来分析具体语言，首先要分出它有多少个辅音音位，有多少个元音音位，把音素分为辅音元音两大类。音位分析法的出现，是语音研究的一个重大突破，在理论和实践两方面都有重大

① 这篇论文的初稿是我在1982年写的。其中一些观点和框架当时曾与喻世长、瞿霭堂两位先生讨论过；喻先生曾仔细看了初稿，并提出了一些很好的修改意见。藏语材料参考胡坦的论文《藏语（拉萨话）声调研究》，载《民族语文》1980年第1期。许多语言材料取自《中国少数民族语言简志》。在此，一并表示感谢。

意义。在理论上，它揭示了语音的本质，使语音研究建立在可靠的科学基础之上；在实践上，它对于语音教学、文字的创制和改革以及语文现代化等都有重大的作用。音位分析法传入我国后，同样促进了我国语音学的发展。

2.但是我们看到，在近几十年汉藏语系语言（以下简称“汉藏语”）的调查研究中，人们都习惯于用声韵调分析法，不约而同地认为它是分析汉藏语语音结构的一个比较好的方法，不仅在调查中广泛使用它，而且在进行语音研究（包括语音的历史研究）中也使用它。我们还看到声韵调分析法在长期的使用过程中，随着人们对它的认识的加深以及它同现代语音学理论的结合，它本身的特点也在不断发展。声韵调分析法为什么能这样广泛地被运用在汉藏语的研究中，而且能成为语言学家乐于使用的一种方法？为什么声韵调分析法在长期的实践中能具有如此强大的生命力？这中间必然含有其合乎科学的道理，有其与具体语言相适应的特点。怎样认识声韵调分析法的科学性，怎样认识它同音位分析法的关系，这是本文所要探讨的问题。

3.声韵调分析法源于传统语音学，但同现代语音学结合后又有了新的内容。声韵调分析法同音位分析法既有联系又有区别。我们研究声韵调分析法，目的是探索传统语音学同现代语音学如何结合的问题，即怎样从传统语音学和现代语音学中吸取养分，寻找一个适合我国汉藏语语音研究的方法。

一　声韵调分析法的产生和发展

1.为了便于分析叙述，这里我们先把声韵调分析法的基本概念做个简要的概括。所谓声韵调分析法，就是把语言里的音节一分为二：前一部分叫“声”或“声母”，后一部分叫“韵”或“韵母”，附在整个音节上的音高叫“调”或“声调”。例如北京话的kuaŋ^{55}“光”可切为两部分，k是声母，uaŋ是韵母，声调55。景颇语的ŋai^{55}“我”也可切为声母ŋ和韵母ai两部分，整个音节的声调是55。声母一般由辅音担任，此外少量元音也能做声母；韵母可以是单元音，也可以是几个元音组成的复元音，还可以由元音加辅音组成。反过来说，辅音可以做声母，也可以做韵母，而元音只能做韵母。前头没有辅音或半元音的音节，传统音韵学称之为“零声母”，给声母留个空位，如北京话的a^{55}“啊”。声韵调分析法的基本特点是二分，除少量没有声母的音节外，大多数音节都可以切成“声”和“韵”两部分。音位分析法则不同，它是把音节按音素切分，有几个音素就切分为几段。如上述的kuaŋ^{55}，应切为“辅音+元音+元音+辅音”四段，ŋai^{55}可切为“辅音+元音+元音”三段。可见音位分析法可以是二分的，还可以是三分、四分的；是以音素为单位切分的。

2.声韵调分析法最初是我国传统音韵学家用来分析汉语音韵的。这种分析法所涉及的概念及其所运用的各种具体方法，是经过长期发展而逐渐明确、逐渐完善起来的。从很早起，使用汉语的人们对汉语音节中声韵的区别就很敏感，就已经具有了无意识地区别声韵的能力。早在先秦时代，人们就已使用“双声”“叠韵”的手段组成大量的联绵词，如《诗经》中的“蟋蟀、匍匐、参差、踟蹰、婆娑、逍遥”等。而且在诗文中还使用相同相近的韵母押韵，还用双声叠韵组成人名、地名等，当然，这还不能说当时人们已经懂得了分析音节，或者有了声韵的概念。双声叠韵的广泛使用，说明古人当时在运用语言时已有了区别声韵的语感。这种天然的语感，对于说汉语的人来说，是很强烈的、普遍的，因而势必成为后来人们分析字音的基础。从区别声韵的天然语感，到后来能自觉地把一个字分成声韵两部分，这是感性认识向理性认识的飞跃。如果没有前者感性认识的基础，就不可能出现后者对声韵的理性认识。声韵调分析法的出现，与上述对声韵的“天然语感”有着密切的联系。

3.但是，人们真正懂得把一个字分成声和韵两部分，则是比较晚的事。汉末出现的“反切”，标志着人们进入了学会分析字音的新阶段。反切法是用双声叠韵的原理，用两个字拼另一个字。上字取其“声”，下字取其“韵”和“调”。如:“福”字,“方六”切;“东”字,“德红”切;“冬”

字，“都宗”切。从反切的使用中我们看到，当时的学者已经有了声、韵的概念，懂得了分析音节的基本原理。

反切法的出现，是人们长期认识语音的结果。如果没有双声叠韵的广泛使用，反切法是不可能出现的。当然由于佛教的传入，人们对梵文拼音有了认识，也在一定程度上促进了反切法的出现和发展。

反切法的普遍使用大约是在公元2世纪以后。当时人们称“声母”为“母”或“纽”，称韵母为“韵”。古人所谓的“纽”或“母”，与现在理解的“声母”，在概念上不完全相同，同一“纽”包括腭化和非腭化两类；古人所谓的“韵”一般不包括主要元音前的介音在内。

4.对声调的认识比声韵更晚些，大约是在南北朝时期，这同古代的文人讲究音律有关。相传萧梁时代的沈约著有《四声谱》，已把声调从音节中抽出来，归纳出平上去入四声。这说明当时人们已认识到声调的客观存在。后来出现的韵书，大都以四声分韵。声调的发现，是继认识音韵之后对语音特征认识的一个重大发展。从此，音韵学家们把汉字的字音看成声韵调三部分组成的。由此可见，反切和四声的发现，是产生声韵调分析法的先决条件。

5.隋陆法言的《切韵》一书，总结了前人分析音韵的成果，集先代韵书之大成。《切韵》是按照声韵调分析法分析汉字字音的。它把193个韵按照平上去入四声分为四类，对汉语的韵母进行系统而又严密的分类，这说明人们当时已具有较高的辨音、审音的能力。《切韵》是我国音韵学发展史上的一个重要里程碑。

6.自唐代起，我国传统分析语音的方法又有了新的发展。由于人们逐渐认识了发音的原理和发音的方法，懂得了怎样从发音原理和发音方法上进一步分析语音的特点，于是出现了语音分析的新学科——等韵学，等韵学包含了许多现代语音学的道理。在声母上，古人按发音部位的不同，把声母分为“唇、舌、齿、牙、喉”五音。到了宋朝，五音又发展为“七音”，增加了“半舌音”和“半齿音”两类。后来又按发音方法的不同，把清浊分为“全清、次清、全浊、次浊”四类。在韵母方面，比较重要的是出现了“等”“韵”。这些概念和分析法的出现，反映了人们对韵母的主要元音、韵尾以及介音的特点有了进一步的认识，已经懂得从语音特征的比较中把韵母分解为更小的语音单位。

从上述认识过程中看到，我国传统音韵学对字音的分析在漫长的历史年代里经过由粗到细、由浅到深、由现象到本质的演变过程，从而创立了一套与现代语音学某些原理大致相合的声韵调分析法。但是，传统的声韵调分析法还不完善，还没能达到现代语音学的要求，所以当现代语音学的理论和方法出现后，必然走上对传统音韵学的基本原理中的常用术语进行重新解释的道路。

7.到了近代，随着汉藏语调查研究工作的广泛开展，原来只用于分析汉语的声韵调分析法，很快就运用到分析汉藏语其他语言中去，成为调查研究汉藏语语音结构的一个普遍使用的方法。因为这一群亲属语言在语音上都有许多共同的特点。这套方法与现代音位学理论结合后，得到了新的发展，有了新的内容。它的变化主要表现在：一、对音节作了二分之后，又用分析音位的方法把声母和韵母的结构再分解为区分意义的最小音位单位。二、把现代语音学的一套名称如辅音、元音、塞音、塞擦音、擦音、鼻音、边音等，同传统语言学的名称结合起来使用，形成一套分析汉藏语语音结构的名称。如声母可按组成成分的多少分单辅音声母和复辅音声母，可按发音方法的不同分塞音声母、塞擦音声母、擦音声母、鼻音声母、边音声母等，又可按发音部位分双唇音声母、唇齿音声母、舌尖音声母、舌根音声母等。韵母又可分单元音韵母、复合元音韵母和带辅音尾韵母三类。带辅音尾韵母又可分带鼻音尾韵母、带塞音尾韵母、带续音尾韵母等。三、在对语音系统描写时，除了采用声韵调分析法把语音结构分为声韵调三部分外，还用音位分析法加以补充。如对音节结构类型的描写，一般都采用音位分析法对音节进行分类，而不用声韵调分析法。声韵调分析法同音位分析法结合后，更能科学地反映汉藏语语音的特点，也更便于在实践中使用。本文所要论述的声韵调分析法，就是这种已与音位分析法结合的语音分析方法。

二 从语音结构特点看声韵调分析法

1.分析语音往往可以采取不同的方法。但任何一种比较科学和比较适用的语言分析方法，都必然是从具体语言中来的，同语言的特点相一致，并能科学地反映该语言的本质特征。声韵调分析法，就是根据汉藏语的特点归纳出的一种语音分析方法，它是建立在汉藏语基础之上的。所以，要正确认识声韵调分析法的特点，就必须对汉藏语的特点（主要是语音特点）进行一番分析。

2.汉藏语的词条从构造特点上看，单词素（或称单纯词，即由单一的词素构成的词）占了很大的比重，而单词素所包含的根词素，很大一部分是由单音节构成的。也就是说，单音节词在这一语系语言的词条里，特别是在基本词里，占了相当大的比重。这是汉藏语词条构造的一个重要特点。试看下列词的对照情况：

汉	藏（藏文）	哈尼（绿春）	载瓦（路西）	状（武鸣）	傣（德宏）	苗（黔东）	瑶（勉）
人	mi	tsho^{55}	pju^{51}	vun^{31}	kon^{55}	nɛ^{55}	mjĕn^{21}
我	ŋa	ŋa^{55}	ŋo^{55}	kou^{24}	kau^{33}	vi^{44}	je^{33}
天	gnam	ɔ^{31}	mau^{21}	bɯn^{24}	fa^{53}	vɛ^{55}	lŭŋ^{21}
猪	phag	a^{31} ɣa̱^{31}	va^{ʔ21}	mou^{24}	mu^{35}	pa^{44}	tŭŋ^{231}
马	rta	mo^{31}	mjaŋ^{21}	ma^{42}	ma^{53}	ma^{11}	ma^{231}
三	gaum	sɔ^{55}	sum^{21}	sa∶m^{24}	sa∶m^{35}	pi^{33}	po^{33}
五	lga	ŋa̱^{31}	ŋo^{21}	ha^{55}	ha^{31}	tsa^{33}	pja^{33}
眼	maŋ	mja^{31}	mjo^{21}	la∶i^{24}	lam^{35}	nɛ^{44}	tshăm^{52}
白	dkar po	phju^{55}	phju^{51}	ha∶u^{24}	phək^{11}	l̥u^{33}	pɛ^{12}

吃　sa　　dza^{31}　　tso^{21}　　kɯn^{24}　　kĩn^{33}　　naŋ^{55}　　ȵĕn^{12}

哭　ŋu　　ŋy^{55}　　ŋau^{51}　　tai^{55}　　hai^{31}　　ȵiaŋ^{35}　　ȵŏm^{52}

复音词多数是把两个或两个以上的单音节词当作词素按一定的规则组合而成，如德宏傣语的kə^{33}　va：n^{35}“白糖”，xɔn^{53}　po^{53}“棒槌”，bin^{35}

（盐）（甜）　　（棍子）（打）　　（石头）

lap^{53}“磨石”。也有一部分是由单音节（词或词根）加附加成分（单音节）

（磨）组成。如景颇语：

a^{31}　lai^{31}　脾气　　ʃă^{31}　ni^{55}　天　　tʃă^{33}　khʒi^{33}　酸物

（词头）作风　　（词头）天　　（词头）酸

3.汉藏语多数语言形态变化比较少，词的读音比较固定。形态变化一般是通过声韵调的变化表示的，不像有的语系语言（如印欧语系）那样，变化辅音或元音表示。如凉山彝语通过声母清浊的变换表示使动的语法意义（有单辅音声母相互变换的，也有复辅音声母同单辅音声母变换的）。如：bi^{55}“出”—pi^{55}“使出”，ndi^{55}“悬挂”—ti^{55}“使悬挂”，bu^{33}“开（路）”—phu^{33}“使开（路）”，ȵdʐʅ^{55}“脱落（油漆）”—tɕhʅ^{55}“使脱落（油漆）”。载瓦语通过韵母松紧的变化表示使动的语法意义。如：kju^{ʔ21}“怕”—kju̠^{ʔ55}“使怕”，lui^{21}“摇摆”—lu̠i^{21}“使摇摆”，leŋ^{21}“摔倒”—le̠ŋ^{21}“使摔倒”。

4.汉藏语的声母系统是以单辅音声母为主的。除了单辅音声母外，还有复辅音声母。有些语言只有单辅音声母，没有复辅音声母，辅音数目同声母数目相等。如：拉祜语有p、ph、b、m、f、v、t、th、d、n、l、ts、tsh、dz、s、z、k、kh、g、ŋ、x、ɣ、q、qh 24个单辅音声母，傈僳语有p、ph、b、m、f、v、t、th、d、n、l、ts、tsh、dz、s、z、tʃ、tʃh、dʒ、ʃ、ʒ、k、kh、g、ŋ、x、ɣ、h 28个单辅音声母，都没有复辅音声母。有复辅音声母的语言，复辅音声母的数量一般都比单辅音声母少。如凉山彝语有44个声母，其中单辅音声母有p、ph、b、m、m̥、f、v、t、th、d、n、n̥、l、ɬ、ts、tsh、dz、s、z、tɕ、tɕh、dʑ、ȵ、ȵ̊、ɕ、ʑ、tʂ、tʂh、dʐ、ʂ、ʐ、k、kh、g、ŋ、x、ɣ、h 38个，复辅音声母只有mb、nd、ndz、ȵhʑ、ȵhʐ、ŋg 6个。普米语有65个声母，其中单辅音声母有43个：p、ph、b、m̥、m、f、v、ts、tsh、dz、s、z、t、th、d、l、n、n̥、ɬ、tʂ、tʂh、dʐ、ʂ、ʐ、tʃ、tʃh、dʒ、ʃ、ʒ、tɕ、tɕh、dʑ、ȵ̊、ɕ、k、kh、g、ŋ、x、ɣ、q、qh、ɢ，复辅音有22个：pʐ、phʐ、bʐ、mʐ、pʒ、phʒ、bʒ、sp、sph、sb、st、sth、sd、stʃ、stʃh、sdʒ、sk、skh、sg、sq、sqh、sɢ。

5.单辅音声母中，除了一般的单纯辅音外，还包括带附加成分的声母在内。这类带附加成分的声母，常见的有腭化声母和圆唇化声母、舌化声母等。腭化声母又可分为前腭化声母和后腭化声母两类。汉藏语里，前者比后者常见。前者如哈尼语绿春话的pjɤ̠^{31}“变”、phja^{55}“轻”、bjɔ^{55}“飞”、mja^{31}“多”，后者如仡佬语的pɣa^{42}“山”、phɣa:t^{42}“血”、kɣa^{42}“虫”、khɣa^{42}“耳朵”。圆唇化声母如西双版纳傣语的kwa:ŋ^{55}“鹿”、xwa:ŋ^{55}“横”、xwa̱m^{55}“斧头”。舌化声母如景颇语的pʒa^{55}“散”、phʒoŋ^{55}“逃跑”、kʒoʔ^{55}“心”、khʒa^{55}“碰”。从发音特点上看，这类声母介于单辅音声母和复辅音声母之间，它既不同于单纯的单辅音声母，也不同于一般的复辅音声母。所以在处理上存在一定的灵活性，有的被看成单辅音声母，有的被看成复辅音声母，出现不一致的现象。

6.复辅音声母主要可分为二合辅音声母和三合辅音声母两类。这类声母有两个比较突出的特点：①辅音的结合不是杂乱无章的，而有一定的规则，一种语言往往只有一种或数种结合形式。如纳西语的复辅音声母只有“鼻音加塞音或塞擦音”一种形式，共有mb、ndz、nd、ndʑ、ndʐ、ŋg 6个。又如，达让僜语的复辅音声母有两种形式，一是“塞音或鼻音加l”的，有pl、phl、bl、ml、kl、khl、gl 7个，二是“塞音或鼻音或擦音加半元音“ɹ”的，有pɹ、phɹ、bɹ、mɹ、kɹ、khɹ、gɹ、xɹ 8个。②两个辅音有主次之分，主要辅音决定声母的性质。如带鼻冠音的复辅音声母，居后的一个辅音是主要的；后带l的复辅音声母，居前的一个辅音是主要的。这两个特点说明，汉藏语的复辅音虽然还能进一步分为两个不同的辅音，但在音节中是作为一个整体使用的。也就是说，它在音节中是以声母的形式与韵母、声调发生相互制约、相互影响的关系。音节内声母作为一个单位与韵母、声调发生相互制约、相互影响的关系，证明声韵调分析法是符合汉藏语语音深层特征的。

二合辅音声母的结合形式常见的主要有以下几种：

（1）鼻音加其他辅音的。有mp、mph、mb、nt、nth、nd、ntsh、nts、ndz、ȵtɕ、ȵtɕh、ȵdʑ、ŋk、ŋkh、ŋg、ɴq等。如：纳西语的mbv^{31}“爬”、mdy^{31}“慢”、ndzɯ^{31}“坐”。苗语石门话的ŋko^{11}“泥泞”、ŋkhau^{11}“弯曲”、ɴqɯ^{55}“茅草”。

（2）喉塞音加其他辅音的。有ˀb、ˀm、ˀd、ˀn、ˀg、ˀŋ、ˀj、ˀw。如：水语的ˀbin^{33}“苇子”、ˀma^{24}“青菜”、ˀwen^{35}“埋怨”、ˀna^{24}“厚”。又如：羊场布依话的ˀva^{42}“傻”、ˀja^{42} ta^{24}“睁眼”。

（3）擦音加其他辅音的。有st、sth、sd、sk、sq、sqh、zt、ɣdz、xp、xk、xg、xt等。如：普米话的sta^{55} qu^{55}“盲人”、sdãu^{55}“嫁”、skye^{55}“盖子”。羌语桃坪话的xty^{33}“放牧”、xgy^{33}“绵羊”、xkə^{33}“偷”。

（4）塞音、鼻音加边音的。有pl、bl、ml、kl、gl等。如：独龙语的pla^{53}“炒”、mlaŋ^{55}“梦”、glɔŋ^{53}“净”。错那门巴话的plA^{13}“尘土”、blA^{53}“箭”、klA^{13}“舔”、khlɛ$^{?53}$“尾巴”。

三合辅音声母比较少。如苗语石门话的ndla^{31}“褴褛”，瑶语金秀话的ˀbla^{13}“模”等。

7.韵母主要可分为单元音韵母、复元音韵母和带辅音尾韵母三类。韵母同声母一样，在组合上也有它的严整性和系统性。

8.有些语言的韵母只有单元音韵母一类，元音音位同韵母相等。如彝语支语言的韵母系统都比较简单，除个别语言有少量复合元音外，一般只有单元音韵母。哈尼语绿春话的韵母共有20个，由ɿ、i、e、ø、a、ɔ、o、u、ɯ、ɤ10个单元音，分松紧两类组成。拉祜语有16个单元音韵母，i、e、ɛ、a、ɔ、o、u、ɤ各分松紧。这两种语中少量的复元音，是由于近代借用汉语词而新增加的。

9.元音韵母可分升性复元音韵母和降性复元音韵母两类。升性复元音韵母的前一元音多是高元音i、u、y、ɯ等。如汉语北京话的tɕia^{55}“家”、tɕye^{35}“觉”，傈僳语的ŋua^{33}“我”，独龙语的ɕɯi^{55}“血”。降性复元音的后一元音多是高元音i、u、ɯ。如：载瓦语的tai^{21}“说”tau^{21}“鼓胀”、kɔi^{55}“弯曲”，景颇语的pai^{55}“又”、pau^{31}“错”，德宏傣语的paɯ^{53}“守”，壮语武鸣话的haɯ^{55}“给”。在有二合元音韵母的语言里，多数是既有升性复元音韵母，又有降性复元音韵母，如汉语、布依语、傣语等。但有的语言只有降性复元音韵母，没有升性复元音韵母。如景颇语只有ai、a̠i、oi、o̠i、ui、u̠i、au、a̠u 8个降性复元音韵母。

三合元音韵母在汉藏语里不常见。相对地说，汉语还多些，如tɕiau^{55}“教”、kuai^{55}“乖”、xuai^{51}“坏”等。

10.在汉藏语里，所有的辅音或绝大部分辅音都能做声母，但能做韵尾的辅音只有一小部分。做韵尾的辅音常见的有p、t、k、ˀ、m、n、ŋ 7个。此外，有些语言还有r、s、1、ɹ等续音韵尾。如错那门巴话的tɕir^{55}“拧”、nis^{55}“七”。独龙语的duɹ^{53}“春”、bɛɹ^{53}“飞”。黎语保定话有ȶ、ȵ韵尾，这在汉藏语里比较罕见。如tshăȶ^{55}“买”、ău^{11} uȶ^{55}“踉跄”、ɬěȵ^{53}“好”、kaȵ^{11}“咬”。

韵尾大多是单辅音，但有少数语言还有复辅音韵尾。如嘉戎语梭磨话里除了单辅音韵尾外，还有带s的复辅音韵尾。s出现在p、k、m、ŋ之后。如phoks“薪金”、ka ndzaŋs“小心”、ndʑək lems“法律”、rkonʃəps“被套”。古代藏语的复辅音有一小部分也能作韵尾，但在现代藏语中已完全消失。羌语（北部方言）也有复辅音韵尾。

11.汉藏语里元音同韵尾的结合富有整齐性。即某个元音能同哪几个韵尾结合，另一元音也能同这些韵尾结合，漏缺的情况很少。试看载瓦语辅音韵尾的分布情况：

	–m	–n	–ŋ	–p	–t	–k	–ˀ
i	im	in	iŋ	ip	it	ik	iˀ

i̱	i̱m	i̱n	i̱ŋ	i̱p	i̱t	i̱k	i̱ˀ
e	em	en	eŋ	ep	et	ek	eˀ
e̱	e̱m	e̱n	e̱ŋ	e̱p	e̱t	e̱k	e̱ˀ
a	am	an	aŋ	ap	at	ak	aˀ
a̱	a̱m	a̱n	a̱ŋ	a̱p	a̱t	a̱k	a̱ˀ
ɔ	ɔm	ɔn	ɔŋ	ɔp	ɔt	ɔk	ɔˀ
ɔ̱	ɔ̱m	ɔ̱n	ɔ̱ŋ	ɔ̱p	ɔ̱t	ɔ̱k	ɔ̱ˀ
u	um	un	uŋ	up	ut	uk	uˀ
u̱	u̱m	u̱n	u̱ŋ	u̱p	u̱t	u̱k	u̱ˀ

有些语言的韵尾分布存在参差不齐的现象，但一般说来不太常见。

12.我国传统语言学通常把汉语的韵母分为韵头、韵腹、韵尾三段，韵腹即韵母中的主要元音，韵头在主要元音之前，韵尾即主要元音的辅音或元音。这种分析法把韵母的各音素看成一个相互关联的整体，并用“头尾”来区别其主次关系。应该说，这种分析法抓住了韵母的基本特征。

13.声调在汉藏语里十分重要，是构成音节的不可缺少的成分。除个别语言（如羌语）和方言（藏语的安多方言）外，都有声调。声调主要起区别词义的作用，在有些语言里声调还能区别语法意义，如景颇语的ʒoŋ^{33}“在”和ʒo̱ŋ^{55}“使在”，哈尼语的ŋa^{55}“我”和ŋa^{31}“我的”，no^{55}“你”和no^{31}“你的”。

声调数目在2—15个之间，藏缅语的声调比较少，大多在3—4之间，最少的只有两个，如普米语只有两个调，一个是高调，一个是低调。景颇语有高平、中平、低降、高降四个调。壮侗语的声调在8个上下，一般依四声八类的系统发展。如壮语（武鸣话）有6个舒声调，2个促声调。瑶语也存在这种分化。古苗瑶语有4个调，后来由于声母的清浊各分阴阳。但苗瑶语声调数量各地不一，差别很大，在4—12个之间，如苗语宗地话就有12个调。

每种语言或方言的声调数目是固定的。调值在某种条件下固定，称为本调，在某种条件下变化，称为变调。一个调的本调和变调组成为一个调位。调位数目是固定的，每个调位包含一个或一个以上具体的调值。

14.汉藏语的音节结构，往往以声韵调为单位体现其内部的联系。声韵调“三足鼎立”，互相影响，互相制约。从它们的相互关系中，可以看到声韵调分析法的科学性。

15.声母与声调的互相制约关系最为突出。声母与声调的配合关系，常常同声母的清浊、送气不送气、带不带喉塞音有关。例如，毛南语的送气声母，喉塞音声母和带先喉塞成分的鼻音、浊擦音声母、清擦音声母等，一般只能出现在单数调上，浊塞音声母在双、单数调上都出现，但双数调出现较多。苗语本族固有词中的送气音声母，只出现在阴类调上，不送气的塞音、塞擦音、鼻音、边音，后带边音或浊擦音的双唇塞音、鼻音等做声母时，在阴阳两类调上都出现。哈尼语绿春话高平、中平、低降三个调，浊的塞音、塞擦音在三个调上都出现，清的塞音、塞擦音只出现在中平、低降两个调上。从以上的配合关系中我们看到，复辅音声母同声调的关系往往由其中的一个辅音的性质来定，如上述毛南语带先喉塞成分的鼻音、浊擦音声母，其调类属于单数调，显然是由居前的喉塞音的性质来定的。

16.声母同韵母的关系，常常表现为声母清浊、送气不送气同元音松紧、长短的关系。如哈尼语绿春话的不送气清塞音、清塞擦音p，t，k，tɕ只能同紧元音韵母结合，而送气的清塞音、清塞擦音ph，th，kh，tɕh只同松元音结合，松紧对立实际上只出现在浊声母和清擦音声母之后。景颇语和载瓦语的松元音能同所有的声母结合，而紧元音不同送气声母、清擦音声母结合。

17.韵母同声调的关系多反映在元音长短、松紧以及韵母舒促同声调的配合关系上。有促声韵尾的语言，声调一般都随韵尾的舒促分为舒声调和促声调两类，促声调一般都比舒声调少。如壮语武鸣话有8个调类，其中有舒声调6个，促声调2个。这8个调类同汉语的平、上、去、入各分阴阳的8个调类相当。阴入调又因元音的长短分为两个调值，短元音是55，长元音是35。景颇语有高平、中平、低降、全降4个调，促声韵只出现在高平、低降两个调上，而舒声韵在4个调上都出现。同紧元音韵母结合的声调一般都比同松元音韵母结合的少。如哈尼语绿春话有高平、中平、低降三个调，松元音韵母在3个调上都出现，而紧元音韵母只出现在中平、低降两个调上。拉祜语有中平、低降、高降、高升4个调，松元音韵母在4个调上都出现，紧元音韵母只出现在低降、高降两个调上。

18.双声叠韵是汉藏语构造新词的一个方法，汉藏语普遍都有丰富的双声叠韵词。这类词就是按声韵调的特点组合的。双声就是声母相同，叠韵，就是韵母相同或相近（谐韵）。如：汉语的“玲珑、呼唤、螳螂、徘徊”，景颇语的a^{31} khʒi^{ʔ55} a^{31} khʒai^{55} “仔细地”、nam^{31} si^{31} nam^{31} so^{33} “果子”、mǎ^{31} na^{34} mǎ^{31} ka̱^{31} “特别地” a^{31} tip^{31} a^{31} ʒip^{31} “压迫状”。湘西苗语的pei^{33} gei^{33} paŋ^{33} gaŋ^{33} “轻微地颤抖貌”、pa^{44} ta^{44} puŋ^{44} tuŋ^{54} “疙疙瘩瘩貌”、pa^{44} la^{44} paɯ^{44} ləɯ^{21}“川流不息貌”，西双版纳傣语的xǎu^{13} na^{55} pa^{55} thuk^{51}“丰年”、hɤ^{35} hɤŋ^{11} pɤŋ^{11} sai^{55} “光辉灿烂”、lǎm^{33} loŋ^{35} koŋ^{51} kai^{55} “过分”。分析双声叠韵词的语音结构，用声韵调分析法最清楚、最简便，若用音位分析法，就不可能把问题说得很清楚。

19.语感，也证明声韵调分析法符合汉藏语特点。说汉藏语的人，总感到音节是由前后两部分组成。我国古代的诗歌、韵文，普遍使用了押韵。《诗经》中严密的押韵形式，说明人们很早就会从音节中抽出韵母，并懂得对韵母进行归类。从反切到注音字母，都是把音节分为声、韵两部分。人们这种共同的语感，成为产生声韵调分析法的一种客观依据。

三　从语音的变化看声韵调分析法

1.语音的变化表现在语音的各个方面，因此可以从不同的角度分析研究语音变化的特点。比如可以从音节上看语音的变化，也可以以音位为单位分析语音的变化。汉藏语的语音变化，往往表现为声韵调的变化，即以声韵调为单位互转，或以声韵调为单位互为变化条件。所以研究汉藏语的语音变化，以声韵调为单位比以音位为单位更便于观察语音内部的变化，也便于解释语音变化的规律。

2.汉藏语的语音变化，声韵调之间相互制约，互为条件。一般说来在有声调的语言里，声母和声调的关系比较密切，从声调上可以看到声母的变化，从声母上能看到声调的变化。其次是韵母和声调的关系，再次是声母和韵母的关系。

3.声母和声调的关系，常常表现为声母的清浊、送气不送气、带不带前喉塞音、单辅音或复辅音等，同声调在发展变化上的相互制约关系。下面举些例子来说明这个问题。

古代藏语声母清浊对立，到了现代拉萨话清浊对立消失了，转化为高低调。清声母读高调，浊声母读低调。声调的不同代替了声母清浊的对立。例如：

藏文	拉萨话	汉义
清声母	高调	
kha	kha⁵⁴	口
tɕhu	tɕhu⁵⁴	水
ɕa	ɕa⁵⁴	肉
浊声母	低调	
go	kho¹²	听见
za	sa¹²	吃
dom	thom¹¹³	狗熊

从彝语支语言比较中看到，声母的清浊往往是声调的分化条件。例如哈尼语的中平调松元音韵母在傈僳语、拉祜语里以声母的清浊分为两个调，傈僳语出现在低降调上的是浊声母，出现在高平调上的是清声母，拉祜语出现在高降调上的是浊声母，出现在低降调上的是清声母。例如：

哈尼	傈僳	拉祜	汉义
低降调（浊）	低降调	高降调	
zɔ³¹	ze³¹	zɛ⁵³	用（钱）

di³¹	dɯ³¹	dɔ̱⁵³	打
ɣa³¹	gua³¹	ɣa⁵³	荞
低降调（清）	高平调	低降调	
tshy³¹	tsɿ⁵⁵	tsɿ³²	咳
thɔ³¹	to⁵⁵	te³¹	舂（米）
se³¹	ʃi⁵⁵	se³¹	磨（刀）

载瓦语的促声韵分为55、31两个调，与声母来源于清浊有关。声母来源于清声母的是高平调，来源于浊声母的是低降调。清浊声母对立消失后，转化为高低调的对立。试看它同哈尼语的对应。

哈尼	载瓦	汉义
中平调，清声母	高平调，清声母	
ta̱³³	thoʔ⁵⁵	锐利
pɯ̱³³	phut⁵⁵	烧
ku̱³³	khup⁵⁵	厩
中平调，浊声母	低降调，清声母	
dze̱³³	tʃeʔ²¹	烂
da̱³³	toʔ²¹	上

波拉语和勒期语的高调也是由清声母音节分化出来的，来自浊声母（在塞音、塞擦音上已变为清声母，但韵母是松元音）的音节是低调（波拉语是31，勒期语是33），来自清声母（鼻音、边音的清化特点消失，转为韵母的紧喉）的音节是高调（波拉语是35，勒期语是55）。试看下列对应：

载瓦语	波拉语	勒期语	汉义
21	31	33	
mji²¹	mji³¹	mi³³	火
no²¹	no³¹	no³³	牛
lai²¹	la³¹	laːi³³	重

vɤ21	vɛ31	vɛː33	远
pau21	pau31	pou33	虫
kjo21	kja31	kjɔː33	听
21	35	55	
lo̱21	la̱35	lo̱55	裤
ʃo21	ʃa35	ʃo55	肉
thuŋ21	thauŋ35	thuːŋ55	春
khji21	khji35	khjei55	粪

壮语随着浊声母的清化，古代四声变为八声，古清声母字入1、3、5、7调，古浊声母字入2、4、6、8调。例如：

d←t	tai6	口袋	taŋ2	全部
g←k	kap8	抓住	ku6	双
b←p	pa2	女子	paɯ4	儿媳妇
t←t	ta1	外祖父	tou1	门
k←k	ku3	九	kaːt7	断
p←p	pa3	伯母	po5	吹

4.韵母同声调的关系主要表现在韵母的松紧、长短、韵尾的舒促等影响声调的变化。例如拉萨话的声调因古代韵尾的舒促而分化，高调带舒声韵尾（m、n、ŋ、r、l）的变高平，带促声韵尾（b、d、g、s）的变高降，低调带舒声韵尾的变低升调，带促声韵尾的变低升降调，例如：

藏文	拉萨话	汉义
高调，舒声韵尾	55	
khoŋ	khõː55	他（敬）
khul	khyː55	地区
gnam	nam55	天
高调，促声韵尾	52	
stag	taʔ52	虎

khab	khəp^{52}	针
nkod	khø^{52}	安排
低调，舒声韵尾	13	
dom	thom^{13}	狗熊
bdum	tỹ^{13}	七
ɦdar	tar^{13}	颤
低调，促声韵尾	132	
gzig	si^{ʔ132}	豹
brgjad	tɛ^{ʔ132}	八
nub	nu^{ʔ132}	西

5.声母和韵母的变化常常互相制约，互为条件。常见的有：声母的清浊、送气不送气影响韵母的变化；韵母的松紧、长短影响声母的变化。例如哈尼语七第话浊声母向清声母转化，主要出现在和松元音韵母结合的声母上，和紧元音韵母结合的浊声母还没有发生变化。看看它同浊音尚未向清音转化的绿春话的对应情况：

绿春话	七第话	汉义
di^{31}	ti^{31}	打
dza^{31}	tsa^{31}	吃
dza̱^{33}	dza̱^{33}	（一）滴
dɯ̱^{33}	dɯ̱^{33}	泡

在傈僳语、拉祜语里，有一些紧元音韵母松化了，其条件同声母的特点有关。松化的韵母主要出现在同清声母结合的词上。紧元音韵母松化后，声调也随之发生变化。试看下面同哈尼语对应的例子。

哈尼语	傈僳语	拉祜语	汉义
（紧元音韵母）	（紧元音韵母）	（紧元音韵母）	
31	31	31	
pe̱^{31}	phe̱^{31}	phe̱^{31}	吐

a^{11} ɣa^{31}	a^{55} vᴇ̱^{31}	va̱^{31}	猪
mu̱^{31}	mo̱^{31}	mu̱^{31}	薅
（紧元音韵母）	（松元音韵母）	（松元音韵母）	
31	55	35	
tɕa̱^{31}	tʃa^{55}	tsa^{35}	煮
tsa̱^{31}	tsa^{55}	tsa^{35}	接
tɕi̱^{31}	ku^{55}	pɯ^{35}	会（做）

嘉戎语梭磨话主要有两个声调：高平调55和全降调51；高平调主要出现在带塞音韵尾p，t，k的音节上；全降调主要出现在开音节和非塞音韵尾音节（带鼻音韵尾n，ŋ的音节和带续音韵尾r，l，s的音节）上。可见，嘉戎语声调的分化同韵母的性质有关。例如：

高平：	thɛp^{55} 眨	ksop^{55} 种马
	tɕhat^{55} 山羊	mət^{55} 别
	prak^{55} 悬岩	pak^{55} 猪
全降：	tshɛ^{51} 盐	mtshɔ^{51} 湖
	ka^{33} sam^{51} 三	smɔn^{51} 药
	khuŋ^{51} 老虎	ras^{51} 布
	kɕɛl^{51} 玻璃	

在有些语言里，还存在声母和韵母的特征互转的现象。如载瓦语韵母的松紧韵母就是从声母的清浊转化来的。过去的浊声母转为现在的松元音韵母，过去的清声母转为现在的紧元音韵母。这就是说，经过语音的历史演变，音节的前一部分特征跑到后一部分上去。所以在和声母分清浊的同语族亲属语言的比较中，载瓦语韵母的松紧一般同那些语言声母的清浊相对应。例如：

载瓦语	彝语	哈尼语	汉义
（松元音韵母）	（浊声母）	（浊声母）	
tso^{21}	dzɯ^{33}	dza^{31}	吃

pjo^{21}	dʑi^{22}	bja^{31}	蜂
to^{ʔ21}	dɔ^{33}	da̱^{33}	上（树）
（紧元音韵母）	（清声母）	（清声母）	
tʃo̱^{ʔ55}	tɕo^{55}	tɕa̱^{31}	煮
tʃa̱p^{55}	tshu̱^{33}	tsu̱^{33}	插（花）
tʃu̱p^{55}	tɕʅ̱^{55}	tsu̱^{33}	吮

四　声韵调分析法与音位分析法比较

1.从以上分析中我们看到，声韵调分析法经过长期发展，已成为分析汉藏语的一套科学的语音分析方法。这套方法以传统的声韵调分析法为基础，又吸收了音位分析法中有用的成分来补充自己，也就是说，声韵调分析法包含了音位分析法的一部分内容。正因为如此，对于分析汉藏语来说，声韵调分析法比音位分析法有更大的适应性。

2.声韵调分析法的一个重要特点，是有明确的位置。在音节前头的是声母，在后头的是韵母。这种位置概念，对于分析汉藏语是必要的。因为汉藏语的音素在音节里，往往受位置的制约，同一音素在不同位置上，不但发音特点上可能不同，在发展变化上也可能具有不同的特点。如p、t、k等塞辅音，居于声母位置时发音程序包括成阻与除阻两部分，而用作韵尾时，一般只有成阻而没有除阻。二者的发展变化也有不同的特点。有的语言p、t、k做韵尾时存在逐渐消失的趋势，而做声母时则没有这个特点。

音位分析法则不包含明确的位置概念。从某种语言的音位序列表上，是无法了解各个音位在音节里的位置。辅音的p，并不表明它是在音节的前部，或在音节的后部。因此，从音位表上只能一般地认识它在音节中的属性。从这一点上说，声韵调分析法比音位分析法更便于揭示汉藏语的属性。

3.从语音结构的层次上看，声韵调是低于音节高于音位的一个特殊层次。当声母和韵母是由一个音位组成时，一个声母（或韵母）就等于一个音位，而当声母或韵母是由一个以上的音位组成时，一个声母（或韵母）就等于几个音位。在多音位的音节里（两个以上）声母和韵母反映音节内部音位之间的关系。所以声母表、韵母表、音节表可以把一个语言的语音结构全面展现出来，使读者能够比较容易地看出这个语音的结构特点。音位分析法是无法或很难做到这一点的。

4.研究亲属语言之间或同一语言内方言之间的关系，以声母、韵母、声调为枢纽观察比较方便，因为汉藏语的语音变化是以声、韵、调为枢纽的，如果用音位分析法来归纳语音变化的规律，是不容易说清问题的。

附记：在校对这篇稿子时，不禁引起我对我国著名语言学家、已故的喻世长先生的怀念。1982年，他曾与我和瞿霭堂教授一起讨论过这一课题，初稿还得到他的帮助。事过38年，他那直率的、认真的、创新的、忠于语言学的性格还时时浮现在我的面前。仅以此文的再版，纪念喻世长先生。

（原载《海峡两岸中国少数民族研究与教学研讨会文集》，中国边政协会，1996年）

附：戴庆厦论著总目录（1958—2019）

1958年

《谈谈松紧元音》，载《中国语文丛书：少数民族语文论集》(2)。

《闽语仙游话的变调规律》，载《中国语文》1958年第10期。

《闽语仙游话的语音》(与吴启禄合写)，载《方言与普通话集刊》第一本，文字改革出版社，1958年。

1959年

《哈汉对照小词汇》(与罗书文合编)，云南民族出版社，1959年9月。

《哈尼文普及读物》(译文)六本(与罗书文合译)，云南民族出版社，1959年3月—12月。

1961年

《闽语仙游话的音变规律》(与吴启禄合写)，载《中国语文》1961年第1期。

1962年

《闽语仙游话的文白异读》(与吴启禄合写)，载《中国语文》1962年第8、9期。

1964年

《哈尼语元音的松紧》(与胡坦合写)，载《中国语文》1964年第1期。

1978年

《各民族都有使用和发展自己的语言文字的自由》，载《思想战线》1978年第3期。

1979年

《我国藏缅语族松紧元音来源初探》，载《民族语文》1979年第1期。

1980年

《促进民族语文繁荣发展的一次盛会》（与孙宏开合写），载《民族语文》1980年第1期。

《社会主义时期是民族语文繁荣发展的历史时期》（与马学良合写），载《民族语文》1980年第2期。

《关于少数民族文字中汉语借词拼写法问题》（与周耀文合写），载《中国语文》1980年第4期。

《云南少数民族语言文字概况》（与周耀文合著），云南民族出版社，1980年5月。

1981年

《彝语支语言的清浊声母》，载《中央民族学院学报》1981年第2期。

《论景颇语和载瓦语的关系》，载《思想战线》1981年第4期。

《载瓦语使动范畴的形态变化》，载《民族语文》1981年第4期。

《哈尼族》（与王尔松合写），载《中国少数民族》，人民出版社，1981年。

《论"语言民族学"》（与马学良合写），载《民族学研究》1981年第8期。

《汉景词典》（与岳相昆、肖家成、徐悉艰合著），云南民族出版社，1981年。1987年获北京市哲学社会科学和政策研究优秀成果二等奖。

《语言学概论》（马学良主编，为定稿编写人之一），华中工学院出版社，1981年。获北京市哲学社会科学和政策研究一等奖。1988年1月又获全国高等学校优秀教材奖。

1982年

《白狼歌研究》（与马学良合写），载《民族语文》1982年第5期。

《彝语支语言比较研究》（与马学良合写），载《民族语文论集》，中国社会科学出版社，1981年。

1983年

《语言与民族》(与马学良合写)，载《民族研究》1983年第1期。该文载入《中国语言人类学百年文选》，周庆生主编，知识产权出版社，2008年。该文英文版载*Anthropology in China*，Edited by Gregory Eliyu Guldin，Armonk，New York London，England，1991.

《中国民族语言学对发展语言学的重要性》，载《中央民族学院学报》1983年第1期。

《浪速语初探》(与徐悉艰合写)，载《语言研究》1983年第2期。

《阿昌语概况》(与崔志超合写)，载《民族语文》1983年第3期。

《景颇成语》(与岳相昆合著)，云南民族出版社，1983年3月。

《景汉词典》(与徐悉艰、肖家成、岳相昆合著)，云南民族出版社，1983年。1987年获北京市哲学社会科学和政策研究优秀成果二等奖。

1984年

《藏缅语族某些语言弱化音节探源》，载《民族语文》1984年第2期。

《我国民族地区双语研究中的几个问题》(与马学良合写)，载《民族研究》1984年第4期。

1985年

《阿昌语的清鼻音》，载《民族语文》1985年第2期。

《景颇语的声调》，载《中央民族学院学报》1985年第3期。

《试论我国少数民族辞书的发展》(与王远新合写)，载《民族研究》1985年第4期。

《波拉语概况》(与傅爱兰、刘菊黄合写)，载《民族语文》1985年第6期。

《阿昌语简志》(与崔志超合著)，民族出版社，1985年。该书的丛书获中国社会科学院优秀成果奖。

1986年

《云南民族语文工作中的几个理论研究课题》，载《云南民族语文》

1986年第1期。

《怒江州的双语现象及发展》(与段伶合写)，载《云南民族语文》1986年第2期。

《论我国少数民族文字发展的特点》(与王远新合写)，载《民族学与现代化》1986年第2期。

《独龙语木力王话的长短元音》(与刘菊黄合写)，载《中央民族大学学报》1986年第3期增刊。

《景颇语并列结构复合词的元音和谐》，载《民族语文》1985年第5期。

《景颇语的连写规则》，载《正词法参考资料》，语文出版社，1986年第5期。

《汉藏语系概要》，载《语言调查研究讲座》，青海人民出版社，1986年。

《中国大百科全书·民族卷》中的汉藏语系、藏缅语族、缅语支、景颇语支、景颇语、载瓦语、阿昌语等条目，中国大百科全书出版社，1986年。

《中国少数民族文化大辞典·西南地区卷》中的景颇语文常识(与岳相昆合写)，民族出版社，1986年。

1987年

《关于少数民族辞书编写的几个问题》，载《云南民族语文》1987年第1期。

《独龙语的弱化音节》(与刘菊黄合写)，载《云南民族学院学报》1987年第1期。

《云南蒙古族嘎卓语研究》(与刘菊黄、傅爱兰合写)，载《语言研究》1987年第1期。

《论景颇族支系语言》，载《民族研究》1987年第3期。

《普及教育、开放经济是双语发展的重要因素——基诺族双语现象调查》(与刘菊黄、傅爱兰合写)，载《民族团结》1987年第3期。

《论我国民族的语言转用问题》(与王远新合写)，载《语文建设》1987年第4期。

《我国的民族语文工作与社会语言学》，载《民族语文》1987年第5期。

《克伦语初探》(与刘菊黄、傅爱兰合写)，载《中央民族大学学报》1987年第6期。

"Characteristics of the Language of Traditional Songs and Poetry of the Jingpo Nationality", *Linguistics of the Tibeto-Burman Area*, Volume 10.1 Spring 1987.U.SA

《民族词典》中的汉藏语系、藏缅语族、缅语支、彝语支、景颇语支、彝语、傈僳语、拉祜语、纳西语、白语等30多条目，上海辞书出版社，1987年。

《中国少数民族语言》中的阿昌语、景颇语等条目，四川民族出版社，1987年。

1988年

《论语言学和民族学的结合与发展》(与王远新合写)，载《中南民族学院学报》1988年第1期。

《一座沟通各民族心声的金桥——伊宁市双语掠影》(与王远新合写)，载《语言与翻译》1988年第1期。

《新蒙乡双语调查报告》(与傅爱兰、刘菊黄合写)，载《西南民族学院学报》1988年第2期。

《高山族语言文学·序》，载《高山族语言文学》，中央民族学院出版社，1988年3月。

《再论社会主义时期是民族语文繁荣发展的历史时期》，载《民族研究》1988年第5期。

《藏缅语族某些语言的音节搭配律》(与刘菊黄合写)，载《民族语文》1988年第5期。

"My work in Tibetan-Burman Linguistic", *Linguistic of the Tibeto-Burman Area*, Volume 11.2.Tall 1988.U.S.A.

《中国大百科全书·语言文字卷》中的汉藏语系、藏缅语族、景颇语、载瓦语、阿昌语、缅语支、景颇语支、少数民族语言教学、少数民族学习汉语等条目，并任该卷“中国诸民族语言文字分科”副主编，中国大百科全书出版社，1988年。

《景颇族》(与龚佩华、陈克进合著，并负责全书统稿)，民族出版社，1988年。

1989年

《载瓦语声调研究》，载《中央民族学院学报》1989年第1期。

《景颇族传统诗歌的语言特点》，载《中央民族大学学报》1989年第1期增刊。

《缅彝语的结构助词》，载《语言研究》1989年第2期。

《〈中国少数民族语言简志丛书〉简介》，载《中国语文通讯》1989年第3期。

《关于我国藏缅语族系属的分类问题》(与刘菊黄、傅爱兰合写)，载《云南民族学院学报》1989年第3期。

《我国双语研究的现状与展望》(与赵益真合写)，载《民族教育》1989年第3期。

《论彝语支》，载《彝语研究》1989年第4期。

《藏缅语族辅音韵尾的发展》(与马学良合写)，载《语言文字学术论文集》，知识出版社1989年第4期。

《中国藏缅语描写语言学的现状及展望》，载《民族语文》1989年第4期。

《关于民族语文工作的几个问题》，载《民族团结》1989年第4期。

《勒期语的长短元音》，载日本《东亚语言和历史》1989年第10期。

1990年

《仫佬族的语言观》(与张弼弘合写)，载《中南民族学院学报》1990年第1期。

《藏缅语族语言的研究与展望——马提索夫教授访问记》，载《民族语文》1990年第1期。

《论语言关系》，载《民族研究》1990年第2期。

《怒江傈僳族自治州的双语现象及其发展》（与段伶合写），载《中国少数民族双语研究论集》，民族出版社，1990年2月。

《一种有特色、有价值的语言学杂志——美国〈藏缅语区的语言学〉杂志介绍》，载《民族研究动态》1990年第3期。

《美国柏克加州大学〈汉藏语词源学分类词典〉课题研究》，载《国外语言学》1990年第4期。

《应该建立一个新学科——少数民族语言文字应用学》，载《云南民族语文》1990年第4期。

《从藏缅语看壮侗语言与汉语的关系》，载《汉语与少数民族语言关系研究》，1990年11月。

《景颇语的句尾词》，载《民族语言研究文集》，云南民族出版社，1990年。

《景颇语教学经验点滴》，载《民族语文教学经验文集》，贵州民族出版社，1990年。

《民族语文专业开设社会语言学课程的初步设想》，载《民族语文教学经验文集》，贵州民族出版社，1990年。

"Language and Nationality"（与马学良合写），*Anthropology in China*, Edited by Gregory Eliyu Guldin，1990.

《藏缅语族语言研究》，云南民族出版社，1990年。1991年获北京市第二届哲学社会科学及政策研究二等奖。又获1989—1990年云南优秀图书一等奖。

《语言关系与语言工作》（任主编），天津古籍出版社，1990年。

1991年

《景颇语亲属称谓的语义分析》，载《民族语文》1991年第1期。

《新疆伊宁市双语场的层次分析》（与王远新合写），载《语言·社会·文化》1991年第1期。

《彝语的撮唇音和长重音》(与曲木铁西合写)，载《中央民族学院学报》1991年第2期。

《藏缅语族语言声调研究》，载《中央民族学院建校四十周年学术论文集》，中央民族学院出版社，1991年。

《第23届国际汉藏语言和语言学会议》，载《国外语言学》1991年第2期

《简化汉字是少数民族的心愿》，载《语文建设》1991年第3期。

《彝语义诺话的语音系统》(与曲木铁西合写)，载《彝语义诺话研究》，民族出版社，1991年。

《藏缅语族语言声调研究》，载《中央民族学院建校四十周年学术论文集》，中央民族学院出版社，1991年。

"On the Affiliation of the Kadai (Zhuang Dong) Group:Indications from the Nature of the Relationship between Tibeto-Burman and Chinese", in *Kadai*, October1991.

《藏缅语语音和词汇》中的阿昌语、浪速语的词汇，中国社会科学出版社，1991年。

《汉藏语概论》中的藏缅语景颇语支、缅语支，北京大学出版社，1991年。并负责全书统稿。该书1995年12月获全国高等学校人文社会研究优秀成果二等奖。2005年又获北京高等教育精品教材。

《藏缅语十五种》(与黄布凡、傅爱兰、宁玉、刘菊黄合著)，北京燕山出版社，1991年。

《中国各民族文字与电脑信息处理》(任主编之一)，中央民族学院出版社，1991年。

《云南出版史志资料》第七辑中的云南少数民族语言文字概况(与徐悉艰合写)，云南省新闻出版局，1991年。

1992年

《彝缅语鼻冠声母的来源及发展——兼论彝缅语语音演变的"整化"

作用》，载《民族语文》1992年第1期。

《中央民族学院民族语文专业的语言学教学》，载《中央民族学院学报》1992年第3期。

《彝语义诺话动物名词的语义分析》（与曲木铁西合写），载《民族语文研究新探》，四川民族出版社，1992年。

《嘉戎语梭磨话有没有声调？（与严木初合写），载《纪念王力先生九十诞辰文集》，山东教育出版社，1992年。

"An Observation on the Genesis Development Tibeto-Burman Tones", *Bulletin of the National Museum of Ethenology* Vol.17 No.4，1992.

《汉载词典·序》，四川民族出版社，1992年。

《教育大辞典》中的"景颇族教育"等词条，上海教育出版社，1992年。

《中国人的姓名》中的阿昌族条目（与崔志超合写），中国社会科学出版社，1992年。

《藏缅语族语言词汇》中编写8种语言的词汇，中央民族学院出版社，1992年。并任顾问。该书1991年获北京市第二届哲学社会科学和政策研究优秀成果二等奖。

《汉语与少数民族语言关系概论》中的第一章及第三章第一节（一），中央民族学院出版社，1992年。并任主编。1993年12月获国家民委社会科学二等奖。1998年12月又获普通高等学校第二届人文社会科学研究成果奖。

《景颇语语法》（与徐悉艰合著），中央民族学院出版社，1992年。

1993年

《景颇语双音节词的音节聚合》，载《语言研究》1993年第1期。

《关于纳西语的松紧元音问题——兼论彝缅语语音历史演变的研究方法》，载《民族语文》1993年第1期。

《"诺苏"为"黑族"义质疑——兼论从语言研究民族的方法论问题》（与胡素华合写），载《中央民族学院学报》1993年第3期。

《彝语支语言的颜色词》（与胡素华合写），载《语言研究》1993年第

4期。

《论普米族的语言观念》(与陈卫东合写)，载《云南民族学院学报》1993年第4期。

《对民族文字“创、改、选”经验教训的一些认识》(与贾捷华合写)，载《民族研究》1993年第6期

《一个多民族杂居区的语言使用特点——兰坪县语言使用特点试析》，载《民族语文论文集》，中央民族学院出版社，1993年。

《汉藏语和粤语》，载《第一届国际粤方言研讨会论文集》，香港现代教育研究社出版，1993年。

《彝语古籍文献概要·序》，云南民族出版社，1993年。

《社会语言学教程》，中央民族学院出版社，1993年。

1994年

《略述我国民族语言领域的社会语言学研究》(与陈卫东合写)，载《民族研究动态》1994年第1期。

《景颇语动词与藏缅语语法范畴》(与吴和得合写)，载《中央民族大学学报》1994年第3期。

《景颇语两个语音特点的统计分析》(与杨春燕合写)，载《民族语文》1994年第5期。

《我谈语文规范化》，载《语文建设》1994年第10期。

《藏缅语个体量词研究》，载《藏缅语新论》，中央民族大学出版社，1994年。

《中国少数民族文化史·景颇族》(与徐悉艰合著)，辽宁人民出版社，1994年。

《藏缅语新论》(与马学良、胡坦、黄布凡、傅爱兰合著)，中央民族大学出版社，1994年。

《语言和民族》，中央民族大学出版社，1994年。

1995年

《再论“诺苏”非“黑族”义》(与胡素华合写)，载《中央民族大学学报》1995年第2期。

《少数民族语言文字与教育》，载《中国教育报》，1995（3）。

《击水到中流——访中央民族大学语言文学院院长、博士生导师戴庆厦教授》，载《中国教育报》，1995年3月27日。

《景颇语单纯词在构词中的变异》，载《民族语文》1995年第4期。

《中国少数民族语文使用研究·序》，中国社会科学出版社，1995年12月。

“Jingpo prefixes:Their Classification，Origins，and Implications for General Morphology”(与吴和得合写)，*New Horizons in Tibeto-Burman Morphosyntax*，National Museum of Ethnology，1995.

“The Variation of free Morphemes in Compound，Words in Jingpo”，*Languages of the Tibeto-Burman Area*，Volume 18：1-spring 1995.

《对建立少数民族语言文字应用学的重要贡献（序）》，载周耀文《中国少数民族语文使用研究》，中国社会科学出版社，1995年。

《景颇语词汇学》(与徐悉艰合著)，中央民族大学出版社，1995年。

《哈尼语概论》(与段贶乐合著)，云南民族出版社，1995年。

1996年

《彝语支语言颜色词试析》(与胡素华合写)，载《首届哈尼族文化国际学术讨论会论文集》，1996年1月。

《中国国情与双语教育》(与董艳合写)，载《民族研究》1996年第1期。

《语言调查常识》(一)(与傅爱兰合写)，载《云南民族语文》1996年第1期。

《关于汉藏语系语言的分类问题》(与傅爱兰合写)，载《云南民族学院学报》1996年第2期。

《我国南方少数民族双语教育研究的现状及任务》，载《民族教育研究》1996年第2期。

《中国少数民族双语教育类型》(与董艳合写)，载《民族教育研究》1996年第3期。

《一部研究中国少数民族语文使用问题的佳作——评介周耀文的〈中国少数民族语文使用研究〉》，载《语言文字应用》1996年第3期。

《祝贺与希望》，载《云南民族语文》1996年第4期。

《再论景颇语的句尾词》，载《民族语文》1996年第7期。

《中国少数民族双语教育的历史沿革》(上)(与董艳合写)，载《民族教育研究》1996年第4期。

《我谈语文规范化》，载《云南民族语文》1996年第4期。

《景颇语的实词虚化》，载《中央民族大学学报》1996年第4期。

《从电脑统计结果看白语语音特点》(与赵富芬合写)，载《电脑辅助汉藏语词汇和语音研究》，中国藏学出版社，1996年。

《论汉藏语的声韵调分析法》，载《海峡两岸中国少数民族研究与教学研讨会论文集》，中国边政协会编印，1996年。

《第二语言（汉语）教学论集》(一)(任主编)，民族出版社，1996年。

1997年

《多角度、多方法是深化少数民族语言研究的必由之路》，载《语言与翻译》1997年第1期。

《中国少数民族双语教育概论》(作者之一，并任主编)，辽宁民族出版社，1997年7月。该书获北京市第五届哲学社会科学及政策研究优秀成果一等奖。

《中国少数民族双语教育的历史沿革》(下)(与董艳合写)，载《民族教育研究》1997年第1期。

《论母语》(与何俊芳合写)，载《民族研究》1997年2期。

《中国德昂语广卡语声调分析》(与刘岩合写)，载《语言研究》1997年2期。

《从藏缅语、孟高棉语看亚洲语言声调的产生和发展》（与刘岩合写），载《中国民族语言论丛》（2），云南民族出版社，1997年。

《新时期我国少数民族双语变化的特点及其对策》（与何俊芳合写），载《中国民族教育》1997年2期。

《语言调查常识》（二）（三）（四）（与傅爱兰合写），载《云南民族语文》1997年第2期、第3期、第4期。

《关于汉藏语分类的思考》，载《语言教学与研究》1997年第4期。

《建立双语专业势在必行——内蒙古民族师范学院开设蒙汉双语专业的启示》（与何俊芳合写），载《民族教育研究》1997年第4期。

《城镇民族小学双语教学的新尝试——科左后旗蒙古族实验小学蒙汉双语教学改革实验介绍》（与何俊芳合写），载《中国民族教育》1997年第5期。

《凉山彝语的实词虚化例析》（与胡素华合写），载《中央民族大学研究生学报》1997年第5期。

《景颇语词的双音节化对语法的影响》，载《民族语文》1997年第5期，《中国人民大学书报资料中心》1998年第1期转载。

《三论社会主义时期是民族语文繁荣发展的历史时期》，载《中央民族大学学报》1997年第6期。

《论双语学》（与何俊芳合写），载《民族研究》1997年第6期。

《瑞丽为什么能率先"普九"》（与何俊芳、董艳合写），载《中国教育报》，1997年7月4日。

《发展双语，因地制宜——云南省德宏州双语教学调查报告》（与何俊芳、董艳合写），载《中国教育报》，1997年9月29日。

《中国彝学》（第一辑）（任主编），民族出版社，1997年12月。

《论族际婚姻家庭与语言使用的关系》（与何俊芳合写），载《双语双方言》（五），汉学出版社，1997年。

《我国少数民族汉语教学的现状及问题》（与成燕燕合写），载《语言文字应用》1997年增刊。

《一条切实可行的发展民族教育之路——云南省傣族景颇族自治州双语文教学体制启示录》(与何俊芳、董艳合写)，载《第二语言（汉语）教学论集》(二)，民族出版社，1997年。

《二十世纪的彝语语言学》(与胡素华合写)，载《中国彝学》(第一辑)，1997年。

《中国汉字式诸文字的形成与发展》，载韩国《第一次亚洲汉字式文字讨论会论文集》，1997年。

“Analysis of the tones in the Guangka subdialect of De'ang”(与刘岩合写)，in *Mon-khmer Studies* 27：91–108.

《中国少数民族民间文学概论·序》，吉林民族出版社，1997年。

《中国少数民族双语教育概论》(第2、第3、第7章，与董艳合写)，辽宁民族出版社，1997年。

《中国社会科学家自述》中的“戴庆厦”条，上海教育出版社,1997年。

《第二语言（汉语）教学论集》(二)(任主编)，民族出版社，1997年。

《中国少数民族文化大辞典》(第一卷)(任执行主编)，民族出版社，1997年。

1998年

《语言调查常识》(五)(与傅爱兰合写)，载《云南民族语文》1998年第1期。

《凉山彝语的体词状语助词——兼论彝语词类中有无介词类问题》，载《语言研究》1998年第1期，总第34期。

《彝语 ta^{33} 的多功能性》(与胡素华合写)，载《民族语文》1998年第2期。

《载瓦文短时间内试行成功说明什么》(与何俊芳合写)，载《中国民族教育》1998年第2期。

《从民族关系看我国早期社会双语现象的形成特点》(与何俊芳合写)，

载《民族教育研究》1998年第2期。

《景颇语的结构助词“的”》，载《语言教学与研究》1998年第4期。

《普米语动词的语法范畴·序》，中国文史出版社，1998年5月。

《景颇语方位词“里、处”的虚实两重性——兼论景颇语语法分析中的“跨性”原则》，载《民族语文》1998年第6期。

《现代语言学理论·序》，云南人民出版社，1998年8月。

《中国少数民族双语研究：历史与现实·序》，中央民族大学出版社，1998年9月。

《景颇语的助动词形成的途径和条件》（与王洪梅合写），载《藏缅语族语言研究》（二），云南民族出版社，1998年12月。

《景颇语的“宾动”结构》，载《藏缅语族语言研究》（二），云南民族出版社，1998年12月。

《景颇语的连动式》，载《藏缅语族语言研究》（二），云南民族出版社，1998年12月。

《景颇语使动范畴的结构系统和历史演变》，载《藏缅语族语言研究》（二），云南民族出版社，1998年12月。

《民族古籍与语言学》，载《中国少数民族古籍》，巴蜀出版社，1998年。

《二十世纪的中国少数民族语言研究》（任主编）中的前言、第一章（第八部分除外）、后记，书海出版社，1998年。

《彝语词汇学》（任主编），中央民族大学出版社，1998年。

《第二语言（汉语）教学论集》（三）（任主编），民族出版社，1998年。

1999年

《一生钟情语言科学——记著名民族语言学家、博士生导师戴庆厦教授》，载《中国教育报》，1999年5月18日。

《景颇语名词的类称范畴》，载《民族语文》1999年第6期。

《中国少数民族文化大辞典》（第三、第四、第五卷）（任执行主编），民族出版社，1999年6月。

《民族语文工作五十年》(与傅爱兰合写)，载《中国教育报》，1999年7月13日。

《第二语言(汉语)教学概论》(任主编)中的前言、后记、第一章、第八章，民族出版社，1999年8月。

《难忘的五十年代语言大调查》，载《田野调查实录——民族调查回忆》，社会科学文献出版社，1999年9月。

《仡央语言探索·序》，中央民族大学出版社，1999年10月。

《论声调起源的初始特征》(与刘岩合写)，载《艺文述林》(语言学卷)，1999年10月。

《西夏语比较研究·序》，宁夏人民出版社，1999年11月。

《语言使用功能成因析——阿昌语(户撒)使用功能个案调查》，载《民族语文论坛》，1999年第1期。

《中国少数民族语言文字应用研究》(与成燕燕、傅爱兰、何俊芳合著)，云南民族出版社，1999年12月。2000年获北京市第六届哲学社会科学和政策研究二等奖。

《凉山彝语的结构助词 su^{33}》(与胡素华合写)，载《中国语言学的新拓展》，香港城市大学出版社，1999年。

《我国少数民族学生汉语教学的现状及问题》，载《语言教育问题研究论文集》，华语教学出版社，1999年。

2000年

《泸溪土家语·序》，中央民族出版社，2000年1月。

《汉语研究与汉藏语》，载《语言》(第一卷)，首都师范大学出版社，2000年1月。

《论景颇语在藏缅语中的地位》，载《云南民族学院学报》2000年第1期。

《景颇语重叠式的特点及其成因》，载《语言研究》2000年第1期。

《从语言系统看景颇语动词的重叠》(与傅爱兰合写)，载《汉语学报》

2000年第2期。

《汉藏语研究的一些思考》，载《南开学报》2000年第4期。

《藏缅语的是非疑问句》(与傅爱兰合写)，载《中国语文》2000年第5期。

《哈尼语的“来、去”》(与李泽然合写)，载《民族语文》2000年第5期。

《民族心理与少数民族语言文字应用》，载《中央民族大学学报》2000年第5期。

《西部开发与语言学研究》，载《中国教育报》，2000年7月18日。

《藏语汉语同源词研究·序》，民族出版社，2000年8月。

《现代哈萨克语词汇学研究·序》，民族出版社，2000年8月。

《中央民族大学中国少数民族语言文学学科纵览·序》，民族出版社，2000年10月。

《哈尼语的并列复合名词》(与李泽然合写)，载《中国哈尼学》(第一辑)，云南民族出版社，2000年12月。

《中国哈尼学》(第一辑)(任主编)，云南民族出版社，2000年12月。

《系统论与双语研究》(与关辛秋合写)，载《双语学研究》，《民族教育研究》2000年增刊。

《一次研讨双语学理论与实践的国际盛会——“首届国际双语学研讨会”总结发言》，载《双语学研究》和《民族教育研究》2000年增刊。

《双语学研究（第一辑）——首届国际双语学研讨会论文集》，任《双语学研究》(第一辑)主编。《民族教育研究》2000年增刊。

2001年

《景颇语的话题》，载《语言研究》2001年第1期。

《濒危语言研究中定性定位问题的初步思考》(与邓佑玲合写)，载《中央民族大学学报》2001年第2期。

《城市化：中国少数民族语言使用功能的变化》(与邓佑玲合写)，载

《陕西师范大学学报》2001年第2期。

《哈尼语研究·序》，民族出版社，2001年3月。

《艺术语言再探索·序》，云南人民出版社，2001年3月。

《布农语构词法研究·序》，台湾读册文化事业有限公司，2001年3月。

《藏缅语的述宾结构》(与傅爱兰合写)，载《方言》2001年第4期。

《艺术语言学理论体系的深化与完善——评骆小所新著〈艺术语言再探索〉》(与杨丽姣合写)，载《语言文字应用》2001年第4期。

《中国少数民族古代近代作家文学概论·序》，辽宁民族出版社，2001年5月。

《语言接触与语言演变·序》，民族出版社，2001年5月。

《景颇语的疑问句》，载《中国民族语言文学论集》(第一辑)，民族出版社，2001年7月。

《中国民族语言文学研究论集》(第一辑)(任主编)，民族出版社，2001年7月。

《香港语文问题之我见》，载《语言学问题集刊》(第一辑)，吉林人民出版社，2001年7月。

《仙游县方言志》(与吴启禄合写)，载《福建县市方言志12种》，福建教育出版社，2001年7月。

《朝鲜族双语现象成因论·序》，民族出版社，2001年8月。

《从语言系统看景颇语动词的重叠》(与傅爱兰合写)，载《汉语学报》2001年第9期。

《汉哈尼词典》(与段贶乐、罗书文、李批然合著)，云南民族出版社，2001年11月。

《藏缅语族语言使动范畴的历史演变》，载(美)《中国语言学报》，Volume29，Number1，2001。

《莆仙人学习普通话的难关》，载《福建人学习普通话指南》，语文出版社，2001年。

2002年

《互补与竞争：语言接触的杠杆》（与袁焱合写），载《语言文字应用》2002年第1期。

《关于汉藏语语法比较研究的一些理论方法问题》，载《中央民族大学学报》2002年第2期。

《中国民族语言文学研究论集》（第二辑）（任主编），民族出版社，2002年3月。

《多元一体与中国少数民族语言》（与何俊芳合写），载《山西大学学报》2002年第3期。

《景颇语“形修名”两种语序对比》，载《民族语文》2002年第4期。

《藏缅语的形修名语序》（与傅爱兰合写），载《中国语文》2002年第4期。

《第二语言习得中的语法“空缺”》（与关辛秋合写），载《语言教学与研究》2002年第5期。

《汉语结合非汉语研究的一些理论问题》，载《长江学术》（第一辑），2002年第5期。

《云南语言研究及其走向》，载《云南师范大学学报》2002年第6期。

《汉朝语述宾结构对比研究·序》，延边教育出版社，2002年10月。

《个案研究是双语教育理论建设的必由之路——文化环境与双语教育·序》，民族出版社，2002年10月。

《中国民族语言文学研究论集》（第三辑）（任主编），民族出版社，2002年10月。

《濒危语言的语言状态——仙仁土家语个案分析之一》（与田静合写），载《语言科学》创刊号，2002年11月。

《悠悠岁月，哈尼情深——50年代哈尼文创制工作的回忆》，载《中国哈尼学》（第二辑），民族出版社，2002年11月。

《中国哈尼学》（第二辑）（任主编），民族出版社，2002年11月。

《彝语结构助词研究·序》，民族出版社，2002年11月。

《汉语方言词汇差异比较研究·序》，民族出版社，2002年12月。

《现代哈萨克语结构研究·序》，新疆大学出版社，2002年。

2003年

《双语现象古今谈》，载《中国民族报》，2003年1月7日。

《汉语方言研究及少数民族语言结合的一些理论方法问题》，载《满语研究》2003年第1期。

《景颇语句尾词形成的结构机制》，载《中央民族大学学报》2003年第2期。

《景颇语的"体"和"貌"》，载《中国民族语言文学研究论集》(第二辑)，民族出版社，2003年3月。

《仙岛语的语源及其濒危趋势》(与王朝晖合写)，载《民族语文》2003年第3期。

《中国彝学》(二)(任主编)，民族出版社，2003年4月。

《论彝语支》，载《中国彝学》(二)，民族出版社，2003年4月。

《濒危语言的语言活力——仙仁土家语个案研究之二》(与田静合写)，载《思想战线》2003年第5期。

《清代蒙古族社会转型及语言教育·序》，民族出版社，2003年6月。

《四音格词在汉藏语研究中的价值》(与孙艳合写)，载《汉语学习》2003年第6期。

《汉语同族词的系统性与验证方法·序》，商务印书馆，2003年7月。

《哈萨克族汉语补语习得研究·序》，民族出版社，2003年11月。

《彝语方言比较研究·序》，四川民族出版社，2003年12月。

《现代语言学理论与中国少数民族语言研究》(任主编之一)，民族出版社，2003年12月。

《莆仙方言的形态特征》(与吴启禄合写)，载《莆仙文化研究》，海峡文艺出版社，2003年。

"Jinghpo"（与Lon Diehl合写），*in The Sino-Tibetan Languages*，*Routledge Language Family Series*，London and New York，2003.

"Language and Nationality"（与马学良合写），in *Collection of Anthropology and Ethnology in China*，Proceedings of China Applicant Committee for the 16–（th）Congress（2008）of IUAES，2003.

2004年

《社会语言学概论》（任主编），商务印书馆，2004年1月。

《论语言对比》，载《中央民族大学学报》2004年第1期。

《中国濒危语言研究面临的几个理论问题》，载《中国社会语言学》2004年第1期。

《中国民族语言文字研究论集》（4）（任主编），民族出版社，2004年2月。

《从共时差异看语言濒危——仙仁土家语个案研究之三》（与田静合写），载《中南民族学院学报》2004年第2期。

《阿昌族双语转型的成因及其特点》（与袁焱合写），载《语言接触论集》2004年3月。

《试论新时期的民族语文工作》，载《民族教育研究》2004年第4期。

《藏缅语的述补结构——兼反观汉语的述补结构》（与黎意合写），载《语言研究》2004年第4期。

《高校民族预科教育研究大有可为——〈新疆高校民族预科教育研究〉序》，载《伊犁师范学院学报》2004年第4期。

《从短语结构到最简方案——阿尔泰语言的句法结构·序》，中央民族大学出版社，2004年5月。

《双语学研究》（任主编）（第二辑），民族出版社，2004年6月。

《景颇语的述补结构》（与黎意合写），载《民族语文》2004（6）。

《人口因素与语言濒危——街津口乡赫哲语濒危状态个案研究》（与何俊芳、张海琳合写），载《民族文化遗产》，2004年10月。

《中国濒危语言个案研究》(任主编)，民族出版社，2004年11月。该书获第四届中国高校人文社会科学研究成果三等奖。

《学术气度，学派意识》，载《光明日报》，2004年12月16日。

《仙仁土家语濒危现象个案研究》(与田静合写)，载日本《国立民族学博物馆研究报告》2004年第28卷第3号。

《仙岛语濒危趋势个案研究》(与王朝晖合写)，载日本《国立民族学博物馆研究报告》2004年第28卷第4号。

《藏缅语的述宾结构——兼与汉语比较》(与傅爱兰合写)，载《汉语研究的类型学视角》，北京语言大学出版社，2004年。

《论濒危语言——濒危语言个案对比研究所见》，载《中国濒危语言个案研究》，民族出版社，2004年。

《三家子村满语使用情况个案调查》(与季永海、关辛秋合写)，载《中国濒危语言个案研究》，民族出版社，2004年。

《萌芽期量词的类型学特征——景颇语量词的个案研究》(与蒋颖合写)，载《汉藏语研究》，台湾《语言暨语言学》专刊外编之四，2004年。

2005年

《浪速语研究》，民族出版社，2005年1月。

《论藏缅语的反响型名量词》(与蒋颖合写)，载《中央民族大学学报》2005年第2期。

《哈尼语方言音系八则》，载《中国哈尼学》(第三辑)，民族出版社，2005年3月。

《中国哈尼学》(第三辑)(任主编)，民族出版社，2005年3月。

《深化双语研究的几个问题》，载《暨南学报》2005年第3期。

《藏缅语的强调式施动句》(与李洁合写)，载《语言研究》2005年第3期。

《小陂流苗语概况》(与余金枝、杨再彪合写)，载《民族语文》2005年第3期。

《再论汉语非汉语研究相结合的必要性》，载《语言与翻译》2006年第3期。

《语言接触与语言演变——小陂流苗语为例》（与杨再彪、余金枝合写），载《语言科学》2005年第4期。《中国人民大学书报资料中心》2005年第10期转载。

《景颇语四音格词产生的机制及其类型学特征》（与孙艳合写），载《中国语文》2005年第5期。

《模仿与创新——以少数民族语言为例》，载《暨南大学学报》2005年第5期。

《濒危语言的年龄言语变异》，载《言语与言语学研究》2005年第8期。

《必须大力加强濒危语言的个案研究（代序）》，载《仙岛人及其语言》，民族出版社，2005年。

《古汉语词类转变研究的新探索（代序）》，载张文国《古汉语的名动词类转变及其发展》，中华书局，2005年。《汉语论稿·序》，吉林人民出版社，2005年。

《彝语方言学·序》，中央民族大学出版社，2005年。

《回顾与展望——中央民族大学少数民族语言文学学院十年巡礼（1995—2005）·序》，中央民族大学出版社，2005年。

《汉语景颇语量词比较》，载《第四届国际双语学研讨会论文集》，暨南大学出版社，2005年。

《景颇语基础教程》（与岳相昆合著），中央民族大学出版社，2005年。

《仙仁土家语研究》（与田静合著），中央民族大学出版社，2005年。

《仙岛语研究》（与丛铁华、蒋颖、李洁合著），中央民族大学出版社，2005年。2006年获北京市第九届哲学社会科学优秀成果一等奖。

《中国民族语文工作》（作者之一，并任执行主编），民族出版社，2005年。

《第四届国际双语学研讨会论文集》（任主编），暨南大学出版社，

2005年。

2006年

《勒期语概况》(与李洁合写)，载《民族语文》2006年第1期。

《"十五"期间我国少数民族语言研究综述》，载《云南民族大学学报》2006年第1期。

《濒危语言与衰变语言》，载《中央民族大学学报》2006年第1期。

《濒危语言研究在语言学中的地位》，载《长江学术》2006年第1期。

《跨语言视角与汉语研究》，载《汉语学习》2006年第1期。

《语法比较的几点思考》，载《语言与翻译》2006年第1期。

《〈现代汉语词典〉在少数民族文化教育发展中的贡献》，载《语言文字应用》2006年第1期。

《正确处理民族语言研究中的四个关系》，载《河北师范大学学报》2006年第2期。

《语言竞争与语言和谐》，载《语言教学与研究》2006年第2期；并收入《少数民族语言使用与文化发展政策和法律的国际比较》，中央民族大学出版社，2008年5月。

《田野调查在语言研究中的重要地位》，载《广西民族学院学报》2006年第2期。

《从藏缅语族语言反观汉语的被动句》(与李洁合写)，载《云南师范大学学报》2006年第3期。

《语言接触研究必须处理好的几个问题》(与罗自群合写)，载《语言研究》2006年第4期。《中国人民大学书报资料中心》2007年第3期转载。

《有关非亲属语言语法比较的一些方法论问题》(与金海月合写)，载《世界汉语教学》2006年第4期；并收入《汉韩语言对比研究》(1)，北京语言大学出版社，2007年12月。

《民族文化传承的危机与挑战——土家语濒危现象研究·序》，民族出版社，2006年7月。

《汉语与少数民族语言研究的结合》，是发展我国语言学的一个重要的结合点，载《语言学名家讲座》，中国传媒大学出版社，2006年8月。

《人类语言学在中国大有可为》，载《人类语言学在中国——中国首届人类语言学国际学术研讨会论文集》，黑龙江人民出版社，2006年12月。

《语言接触与语言演变——小陂流苗语的语言接触变异》，载《人类语言学在中国——中国首届人类语言学国际学术研讨会论文集》，黑龙江人民出版社，2006年12月。

《加强壮侗语语法研究势在必行》——张景霓《毛南语动词研究》序，中央民族大学出版社，2006年。

《濒危语言保护与民族文化保护》（与闻静合写），载《中国民族文博》（第一辑），民族出版社，2006年。

《景颇语的否定范畴》，载《语言暨语言学》专刊外编之六，台湾“中央研究院”语言学研究所，2006年。

《景颇语的“NP+e^{31}”式——兼与汉语比较》，载《汉语被动表述问题研究新拓展》，华中师范大学出版社，2006年。

《从词源比较看藏缅语量词演变的层次》（与蒋颖合写），载《语言学论丛》（第34辑），北京大学汉语语言学研究中心，商务印书馆，2006年。

《语言学基础教程》（作者之一，并任主编），商务印书馆，2006年。

《藏缅语族语言研究》（四），中央民族大学出版社，2006年。

《汉语与少数民族语言语法比较》（作者之一，并任主编），民族出版社，2006年。

《语言和民族》（二）（与何俊芳合著），中央民族大学出版社，2006年。

2007年

《汉藏语被动句的类型学分析》（与李洁合写），载《中央民族大学学报》2007年第1期。

《民族语文工作的一部有价值的参考书》（与罗自群合写），载《长江学术》2007年第1期。

《“参考语法”编写的几个问题》(与蒋颖合写)，载《云南师范大学学报》2007年第1期。

《基诺族语言使用现状及其演变》(与罗自群等合写)，载《南开语言学刊》2007年第1期。

《中国语言生活状况研究的新篇章》，载《语言文字应用》2007年第1期。

《中国民族语文政策概述》，载《中国民族语文政策与法律述评》，民族出版社，2007年1月。

《十三世纪傣泰语言的语音系统研究·序》，民族出版社，2007年2月。

《构建双语和谐的多语社会》，载《民族教育研究》2007年第2期；并收入《第五届国际双语学研讨会论文集》，广西民族出版社，2007年8月。

《关于汉藏语语法比较研究的一些理论方法问题》，载《湖北师院人文演讲录》，2007年3月。

《中国少数民族双语的现状及对策》，载《语言与翻译》2007年第3期。

《勒期语研究》(与李洁合著)，中央民族大学出版社，2007年4月。

《李方桂先生的印第安语研究》(与汪锋合写)，载《语言研究》2007年第4期。

《语言接触与语言内部机制》(与田静合写)，载《民族语文》2007年第4期，《中国人民大学书报资料中心》2007年第11期转载。

《对外汉语教学要强调“有的放矢”》，载《云南师范大学学报》(对外汉语教学与研究版)2007年第5期。

《基诺族语言使用现状及其发展趋势》(作者之一，并任主编)，商务印书馆，2007年6月。

《中国的语言》中的阿昌语、浪速语、波拉语、勒期语、仙岛语等五种语言，商务印书馆，2007年6月。

《景颇语的泛指动词》，载《语言科学》2007年第6期。

《第五届国际双语学研讨会论文集》(任主编)，广西民族出版社，2007

年8月。

《汉藏语学报》(第一期)(任主编)，商务印书馆，2007年9月。

《梁河阿昌语概况》(与时建合写)，载《汉藏语学报》(第一期)，商务印书馆，2007年9月。

《波拉语研究》(与蒋颖合著)，民族出版社，2007年11月。

《濒危语言的田野调查》，载《语言学论丛》(第36辑)，商务印书馆，2007年。

"Typology of Bilingualism and Bilingual Education in Chinese Minority Nationality Regions"(与成燕燕合写)，*Ex Bilingual education in China*，Multilingual Matters LTD，2007.

2008年

《中国少数民族双语教学问题》，载《应用语言学讲座》，2008年1月。

《论新时期的民族语言翻译》，载《民族翻译》2008年第1期。

《OV型藏缅语连动结构的类型学特征》(与邱月合写)，载《汉语学报》2008年第2期。

《构建我国多民族语言和谐的几个理论问题》，载《中央民族大学学报》2008年第2期。

《藏缅语与汉语连动结构的比较研究》(与邱月合写)，载《世界汉语教学》2008年第2期；商务印书馆,《中国人民大学书报资料中心》2008年第9期转载。

《构建语言和谐是当前民族语文工作的主要任务——在"民族语文国际学术研讨会"上的总结发言》，载《民族教育研究》2008年第3期。

《论新时期我国少数民族的语言国情调查》，载《云南师范大学学报》2008年第3期。

《一本具有双语研究前沿气息的专著》——《双语与双语教育概论》(汉译版)序，载《双语与双语教育概论》，2008年4月。

《阿昌族语言使用现状及其演变》(作者之一，并任主编)，商务印书馆，2008年4月。

《古汉语研究与少数民族语言》，载《古汉语研究》2008年第4期。《中国人民大学书报资料中心》2009年第4期转载。

《汉哈语言对比研究·序》，新疆人民出版社，2008年5月。

《景颇语谓语人称标记的多选择性》，载《中国语文》2008年第5期。

《第二语言（汉语）教学的难点》（与苗东霞合写），载《汉语学习》2008年第5期。

《景颇语“给”字句的类型学特征》（与邱月合写），载《中国语言学》（第一辑），2008年7月。

《具体语言研究与语言理论研究相结合——怀念徐通锵先生》，载《求索者——徐通锵先生纪念文集》，商务印书馆，2008年7月。

《汉藏语学报》（第二期）（任主编），商务印书馆，2008年8月。

《关于藏缅语研究的对话》（与马提索夫合写），载《汉藏语学报》第二期，2008年8月。

《云南蒙古族喀卓人语言使用现状及其演变》（作者之一，并任主编），商务印书馆，2008年11月。

《中国高校哲学社会科学发展报告（1978—2008）·语言学》中的“民族语言研究”（与罗自群合写），广西师范大学出版社，2008年11月。

《到田野去——语言学田野调查的方法与实践》（与汪锋共任主编），民族出版社，2008年12月。

《发音人的选择与合作》，载《到田野去——语言学田野调查的方法与实践》，民族出版社，2008年12月。

《关于语言使用国情调查研究的几个问题——以基诺族语言使用个案调查研究为例》（与罗自群等合写），载《中国语言学报》2008年总第13期。

《反观是认识语言的一个重要方法——汉藏语系语言被动句研究·序》，民族出版社，2008年。

《构建我国多民族语言和谐的几个理论问题》，载《中央民族大学学报》2008年第2期。

2009年

《中国少数民族语言文字》，语文出版社，2009年3月。

《元江苦聪话概况》（与常俊之合写），载《民族语文》2009年第3期。

《宏伟壮丽，为民造福》，载《语言文字应用》2009年第3期。《中国人民大学书报资料中心》2009年第11期转载。

《从藏缅语语法演变层次看独龙语和景颇语亲缘关系的远近》（与崔霞合写），载《中央民族大学学报》2009年第3期。

《论跨境语言研究的理论与方法》（与乔翔、邓凤民合写），载《云南师范大学学报》2009年第3期。

《景颇语词汇化分析》，载《民族语文》2009年第6期。《中国人民大学书报资料中心》2010年第5期转载。

《片马茶山人和谐的多语生活》（与余金枝、余成林、林新宇、范丽君合写），载《云南师范大学学报》2009年第6期。《中国人民大学书报资料中心》2010年第4期转载。

《赵庄白语概况》（与赵燕珍合写），载《语言研究》2009年第3期。

《汉藏语学报》（第三期）（任主编），商务印书馆，2009年8月。

《量词的深入研究必须进入跨语言比较》——《汉藏语系语言名量词比较研究》序，民族出版社，2009年8月。

《云南里山乡彝族语言使用现状及其演变》（作者之一，并任主编），商务印书馆，2009年8月。

《泰国万伟乡阿卡族及其语言使用现状》（作者之一，并任主编），中国社会科学出版社，2009年9月。

《泰国阿卡语研究》（作者之一，并任主编），中国社会科学出版社，2009年9月。

《元江县羊街乡语言使用现状及其演变》（作者之一，并任主编），商务印书馆，2009年9月。

《西摩洛语语言使用现状及其演变》(作者之一，并任主编)，商务印书馆，2009年9月。

《怎样办好高校民族语文专业》，载《中国社会科学报》，2009年11月26日。

《西摩洛语研究》(与蒋颖、崔霞、余金枝、邓凤民、乔翔合著)，民族出版社，2009年12月。

《中国少数民族语言研究六十年》(任主编)，中央民族大学出版社，2009年12月。

《构建多语和谐的语言生活》(任主编)，民族出版社，2009年12月。

《景颇语“宾谓同形短语”的特点及其成因》，载《语言学论丛》(第40辑)，2009年12月。

《侗台语语源探索·序》，民族出版社，2009年。

《维吾尔族、哈萨克族汉语语法教学难点释疑·序》(并任全书审订)，商务印书馆，2009年。

《戴庆厦访谈录》(由蓝庆元整理)，载《中国民族研究年鉴》2007年卷，中央民族大学出版社。

《喀卓人的双语关系——兼论双语关系在语言国情研究中的地位》(与蒋颖、邱月、常俊之、赵燕珍合写)，载《中国语言资源论丛》(一)，商务印书馆，2009年。

“The Application of Substrate Theory in Research on the Ethnic Languages of China”, *Issues in Tibeto-Burman Historical Linguistics*, National Museum of Ethnology, 2009.

2010年

《怎样培养有扎实功底的民族语言研究博士》，载《民族教育研究》2010年第1期。

《耿马景颇语的语言活力》(与蒋颖、乔翔、朱艳华合写)，载《澳门语言学刊》2010年第1期。

《论量词的功能与演变——汉语景颇语量词比较》(与蒋颖合写)，载《吕叔湘先生百年诞辰纪念文集》，商务印书馆，2010年2月。

《语言关系与国家安全》，载《云南师范大学学报》2010年第2期。《中国社会科学文摘》2010年第8期转载。

《藏缅语选择疑问范畴句法结构的演变链》(与朱艳华合写)，载《汉语学报》2010年第2期。

《李方桂全集·印第安语论文集》(任主编，并撰写“编者序”)，清华大学出版社，2010年3月。

《语言学研究要结合国家需求和学术前沿——以办好〈汉藏语学报〉为视点》，载《中国社会科学报》，2010年3月5日。

《办好高校民族语文专业的几个认识问题》，载《云南民族大学学报》2010年第3期。

《高校民族语文专业教育经验谈》，载《中国民族》2010年第3期。

《汉藏语学报》(第四期)(任主编)，商务印书馆，2010年4月。

《墨江哈尼族卡多话概况》(与赵敏合写)，载《汉藏语学报》(第四期)，商务印书馆，2010年4月。

《片马茶山人及其语言》(作者之一，并任主编)，商务印书馆，2010年6月。

《语言冲突问题探讨的新贡献——语言冲突研究·序》，中央民族大学出版社，2010年6月。

《方言和普通话应和谐共存》，载《社会科学报》，2010年6月3日。

《藏缅语族语言研究》(五)，云南民族出版社，2010年8月。

《〈国家通用语言文字法〉积极影响少数民族语言生活》，载《语言文字报》，2010年9月29日。

《中国少数民族语言使用现状及其演变研究》(任主编)，民族出版社，2010年。

《泰国清莱拉祜族及其语言使用现状》(作者之一，并任主编)，中国社会科学出版社，2010年。

《语言和谐研究中的几个问题》，载《语言学论丛》(第42辑)，2010年。

《语言关系与国家安全》，载《云南师范大学学报》2010年第2期。

《中国少数民族语言文字信息处理研究与发展》(任主编)，民族出版社，2010年6月。

2011年

《景颇语的泛指动词》，载《汉藏语研究四十年》，黑龙江大学出版社，2010年12月—2011年。

《汉朝语动词性结构对比与偏误分析·序》，民族出版社，2011年1月。

《语言和谐研究的几个理论问题》，载《澳门语言文化研究》，2011年1月。

《新疆高校民族教育的理论与实践·序》，新疆人民出版社，2011年1月。

《澜沧拉祜族族语言使用现状及其演变》(作者之一，并任主编)，商务印书馆，2011。

《云南德宏州景颇族语言使用现状及其演变》(作者之一，并任主编)，商务印书馆，2011年。

《云南省勐腊县曼迈村克木人语言使用情况及其成因》(作者之一，并任主编)，商务印书馆，2011年6月。

《初级维吾尔语会话教程·序》，民族出版社，2011年6月。

《两全其美，和谐发展——解决少数民族双语问题的最佳模式》，载《中央民族大学学报》2011年第5期。

《从非汉语反观汉语》，载《民俗典籍文字研究》。《中国人民大学书报资料中心》2011年年第8期转载。

《汉藏语的“的”字结构》(与闻静合写)，载《汉语学报》2011年第4期。

《语言接触与浊音恢复——以缅甸语的浊音演变为例》，载《民族语文》2011年第2期。《中国人民大学书报资料中心》2011年第7期转载。

《论亲属语言演变链》,《贵州民族学院学报》(哲学社会科学版）2011年02期。

《关注国情：语言研究的应有之义》，载《中国社会科学报》，2011年11月22日。

《20年来汉藏语系的语言类型学研究》(与朱艳华合写)，载《云南民族大学学报》(哲学社会科学版)，2011年第5期。《中国人民大学书报资料中心》2010年第1期转载。

《中国的语言国情及民族语言》，载《母语的消失与存留》，民族出版社2011年12月。

《景颇语的重叠及其调量功能》(与朱艳华合写)，载徐丹主编《量与复数的研究——中国境内语言的跨时空考察》，商务印书馆，2011年。

《语言学名词》(2011）中的“民族语言学”部分（任负责人)，商务印书馆。

2012年

《老挝琅南塔省克木族及其语言》(作者之一，并任主编)，中国社会科学出版社，2012年2月。

《中国少数民族语言文学研究》(一)(二)(任主编)，民族出版社，2012年4月,。

《戴庆厦文集》(第1—5卷)，中央民族大学出版社，2012年。

《一部着力白语特点的参考语法·序》，载《赵庄白语参考语法》，中国社会科学出版社，2012年2月。

《景颇语参考语法》，中国社会科学出版社，2012年8月。

《汉语和非汉语结合研究是深化我国语言学研究的必由之路》，载《中国语文》2012年第5期。

《“濒危语言热”二十年》，载《云南师范大学学报》2012年第7期。《新华文摘》2012年第19期转载。《中国社会科学文摘》2012年第12期转载。

《语言研究重在服务的新气象》，载《中国社会科学报》2012年总第

399期。

《深入田野　建构中国语言学理论体系——访云南师范大学汉藏语研究院院长戴庆厦》，载《戴庆厦文集》（第六卷），中国社会科学出版社，2015年。

2013年

《语言调查教程》，商务印书馆，2013年。

《多角度、多方法才能深化中国少数民族语言研究——中国语言研究方法论刍议》，载《中央民族大学学报》（哲学社会科学版）2013年第4期。

《论“科学保护各民族语言文字”》，载《语言文字应用》2013年第1期。

《开展我国语言和谐研究的构想》，载《黔南民族师范学院学报》2013年第3期。

《立足“本土”，讲究“视野”——漫谈当今语言研究之路》，载《汉字文化》2013年第4期。

《中国少数民族双语面临的问题及对策》，载《今日民族》，2013年第1期。

《语言学理论创新要靠语言事实发掘——〈阿尔泰语言元音和谐研究〉一书序》，载《语言与翻译》2013年第3期。

《多角度深化中国少数民族语言研究》，载《中国社会科学报》，2013年4月15日。

《科学保护各民族语言文字》，载《贵州民族报》，2013年5月27日。

《从民族语言宝库中汲取“改进文风”的营养》，载《中国社会科学报》，2013年总第401期。

《领会纲要精神保护好各民族语言文字》，载《中国教育报》，2013年总第8496号。

《加强语言和谐的调查研究是当务之急》，载《语言文字报》，2013年8月14日。

2014年

《科学推进双语教育建设的几个认识问题》，载《双语教育研究》2014

年第1期。

《"科学保护各民族语言文字"研究的理论方法思考》，载《民族翻译》2014年第1期。

《语言类型学的基本方法与理论框架》（与汪锋合任主编），商务出版社，2014年2月。

《大兴状语形容词研究·序》，中国社会科学出版社，2014年。

《跨境语言研究的历史和现状》，载《语言文字应用》2014年第2期。《中国人民大学书报资料中心》2014年第9期转载。《中国社会科学》2014年10月转载。编入《跨境语言与语言生活》（苏金智、卞成林主编），商务印书馆2015年10月。

《由单语向双语的历史转变——少数民族语言生活随想之一》，载《语言文字报》，2014年6月11日。

《加强语言和谐研究势在必行——少数民族语言生活随想之二》，载《语言文字报》，2014年6月11日。

《论开展全国第二次民族语言使用现状大调查的必要性》，载《民族翻译》2014年第3期。

《丽江市古城区七河镇共和村的语言和谐》（与和智利、李旭芳合写），载《青海民族研究》2014年第3期。

《类型学视野下的汉语"体"范畴——兼谈必须充分利用我国语言资源发展语言学》，载《汉语方言时体问题新探索》，中央民族大学出版社，2014年9月。

《汉族干部应加强学习少数民族语言——少数民族语言生活随想之三》，载《语言文字报》，2014年9月17日。

《汉语的特点究竟是什么》，载《云南师范大学学报》2014年第5期。

《云南玉龙县九河白族乡少数民族的语言生活》（作者之一，并任主编），商务印书馆，2014年11月。

《语言和谐论集》（任总主编，收录10篇有关语言和谐的论文），四川大学出版社，2014年11月。

《景颇语弱化音节语音性质的实验研究》，载《中央民族大学学报》2014年第5期。

《描写与比较相结合是跨境语言研究的基本方法·序，载白萍《跨境俄罗斯语：新疆俄罗斯族语言研究》，中国社会科学出版社，2012年12月。

2015年

《科学地、理智地深入开展濒危语言保护的研究》，载《北方民族大学学报》2015年第3期。国家语言文学政策研究中心《语言政策研究热点》（张日培主编，2015）转载。

《汉藏语并列复合词韵律词序的类型学特征——兼论汉藏语语法类型学研究的一些认识问题》，载《吉林大学学报》2015年第3期。《中国人民大学书报资料中心》2015年第9期转载。

《汉字规范有利于少数民族发展，载教育部语言文字信息管理司编《信息时代汉字规范的新发展》，商务印书馆，2015年3月。

《论边疆地区的语言生活——芒海镇吕英村语言生活个案分析》（与和智利、杨露合写），载《贵州民族研究》2015年第4期。

《中国濒危语言研究的四个认识问题》，载《玉溪师范学院学报》2015年第1期。

《语言类型学的基本方法与理论框架》（与汪锋任主编），商务印书馆，2015年。

《汉语的特点究竟是什么》，载《民俗典籍文字研究》2015年第15期。

《景颇语弱化音节的历史来源》，载《庆祝梅祖麟先生八十华诞学术论文集》，首都师范大学出版社，2015年8月。

《中国的语言国情及民族语文政策》，载《语言规划与语言政策》（续），中国社会科学出版社，2015年5月。原载《国际汉语教育》2010年第4期。

《语言国情调查的理论方法问题》，载《语言政策与语言教育》2015年第1期。

《碧约哈尼语概况》（与经典合写），载《汉藏语学报》2015年第8期。

《汉藏语研究的四个困惑及其前景》，载《民俗典籍文字研究》（第16辑），商务印书馆，2015年10月。

《边疆地区语言状况研究须有中国特色》，载《中央民族大学学报》2015年第6期。

《论“语言国情学”》，载北京市语言学会编《历届语言学前沿论坛精选文集》，北京语言大学出版社，2015年10月。

《实体语法理论——哈萨克描写语法学方法论·序》，中央民族大学出版社，2015年12月。

《语言使用研究在社会语言学研究中的地位》，载《中国社会语言学》2015年第2期。

《景颇语的基数词——兼与汉语比较》（与彭茹合写），载《民族语文》2015年第5期。《中国人民大学书报资料中心》2016年第7期转载。

《戴庆厦文集》（第六卷），中国社会科学出版社，2015年。

2016年

《汉语与非汉语结合研究成果汇要》，民族出版社，2016年3月。

《一部有深度的研究汉语句子信息结构的新成果》——《汉语句子信息结构研究》序，北京师范大学出版社，2016年3月。

《景颇语两类句尾词的功能互补》，载《云南师范大学学报》2016年第4期。

《景颇语方式范畴的句法形式及其类型学特征》（与闻静合写），载《语言研究》2016年第3期。

《语言保护的再认识》，载《黔南民族师范学院学报》2016年第3期。

编写周边语言状况丛书的一些想法，载《百色学院学报》2016年第4期。

《哈萨克斯坦维吾尔族及其语言》（与力提甫等合著），中国社会科学出版社，2016年9月。

《景颇语“存变句式”的性质及其在句式中的地位》，载《汉语句式问题探索》，中国社会科学出版社，2016年10月。

《藏缅语的基数词——兼与汉语比较》（与彭茹合写），载《青海民族研究》2016年第2期。

《语言保护与中国的少数民族语言》，载《民族典籍文字研究》（第十八辑），商务印书馆，2016年。

2017年

《再论汉语的特点是什么——从景颇语反观汉语》，载《民族语文》2017年第2期。

《各美其美，美美与共——戴庆厦先生论语言文化多样性，语言传承与华人教育》（白娟记录整理），《世界华文教育》，2017年2月。

《多民族国家少数民族兼用通用语的趋势及国家策略——以中、泰、缅、老四国为例》，载《黔南民族师范学院学报》2017年第2期。

《"科学保护各民族语言文字"的理论与实践——"语言保护"实施后的五年回顾》，载《贵州民族研究》2017年第2期。

《论"分析性语言"研究眼光》（与闻静合写），载《云南师范大学学报》2017年第5期。《中国人民大学书报资料中心》2018年第1期转载。《中国社会科学文摘》2018年第2期又转载。

《呼唤更多的有深度的动量词研究论著问世》——《藏缅语族语言动量词研究》序，中国社会科学出版社，2017年。

《语言国情调查概论》（作者之一，并任主编），中国社会科学出版社，2017年。

《科学保护各民族语言文字需要处理好三个方面的关系》，载《贵州民族报》，2017年12月27日。

《我国少数民族实现双语的两大指标》，载《贵州民族研究》2017年第12期。

《商务是作者的温暖之家》，载《中华读书报》，2017年11月29日。

《语言和谐与边疆稳定——云南省文山州都龙镇各民族语言关系的理

论分析》（与李春风合写），载《中南民族大学学报》（人文社会科学版）2017年第4期。

《两全其美　和谐发展》，载《贵州民族报》，2017年5月16日。

《中国的语言传承工作能够为世界提供参考》，《语言战略研究》2017年第3期。

《再论汉语的特点是什么——从景颇语反观汉语》，载《民族语文》2017年第2期。《汉语言学视野》2018年转载，学林出版社。

《载瓦文创制成功是我国民族语文工作的一大创举》（与徐悉艰合写），载《语言规划学研究》2017年第2期。

2018年

《我做景颇语研究的一些体会》，载《中国民族语言学报》，商务印书馆，2018年1月。

《缅甸的民族及其语言》（与乔翔、曹美爱、朱艳华、蔡向阳等合著），中国社会科学出版社，2018年10月。

《老挝普内语研究》（与陈娥、彭茹合著），科学出版社，2018年3月。

《必须提高全民族谚语使用的水平》——《中华谚语研究论集》序，内蒙古大学出版社，2018年5月。

《上世纪五十年代语言实习生活回忆札记》，载《汉藏语学报》2018年第10期。

《景颇语传讯范畴的类别及性质》，载《黔南民族师范学院学报》2018年第5期。

《语言资源保护的再认识》，载《语言资源》（第一辑），商务印书馆，2018年。

《戴庆厦文集》（第七卷），中国社会科学出版社，2018年。

2019年

《宏观把握　微观入手——老挝跨境语言调查研究的体会》，载《贵州民族研究》2019年第1期。

《语言转型与词类变化：以景颇语句尾词衰变为例》，载《民族语文》2019年第1期。《中国人民大学书报资料中心》2019年第8期转载。

《谚语研究的一个有价值的个案》，载《谚语研究的一个有价值的个案》，商务印书馆，2019年。

《藏缅语人称代词格范畴的类型分析——兼以反观上古汉语人称代词格范畴》（与王洪秀合写），载《云南师范大学学报》2019年第3期。《中国人民大学书报资料中心》2019年第5期转载。

《语言国情调查中的几个问题》，《中国民族语言学报》（第2辑），商务印书馆，2019年。

《分析性语言的单音节性与双音节化——以景颇语为例》，载《黔南民族师范学院学报》2019年第5期。

《中缅跨境景颇族语言研究》（与徐悉艰、金海月、闻静、彭茹、满欣合著），中国社会科学出版社，2019年8月。

《景颇语词汇学》（修订本）（与徐悉艰合著），中央民族大学出版社，2019年12月。